UM OUTRO PAÍS

TRANSFORMAÇÕES NO DIREITO, NA ÉTICA E NA AGENDA DO BRASIL

LUÍS ROBERTO BARROSO

UM OUTRO PAÍS
TRANSFORMAÇÕES NO DIREITO, NA ÉTICA E NA AGENDA DO BRASIL

1ª reimpressão

Belo Horizonte

FÓRUM
CONHECIMENTO JURÍDICO
2019

© 2018 Editora Fórum Ltda.

2019 1ª Reimpressão

É proibida a reprodução total ou parcial desta obra, por qualquer meio eletrônico, inclusive por processos xerográficos, sem autorização expressa do Editor.

Conselho Editorial

Adilson Abreu Dallari
Alécia Paolucci Nogueira Bicalho
Alexandre Coutinho Pagliarini
André Ramos Tavares
Carlos Ayres Britto
Carlos Mário da Silva Velloso
Cármen Lúcia Antunes Rocha
Cesar Augusto Guimarães Pereira
Clovis Beznos
Cristiana Fortini
Dinorá Adelaide Musetti Grotti
Diogo de Figueiredo Moreira Neto
Egon Bockmann Moreira
Emerson Gabardo
Fabrício Motta
Fernando Rossi
Flávio Henrique Unes Pereira

Floriano de Azevedo Marques Neto
Gustavo Justino de Oliveira
Inês Virgínia Prado Soares
Jorge Ulisses Jacoby Fernandes
Juarez Freitas
Luciano Ferraz
Lúcio Delfino
Marcia Carla Pereira Ribeiro
Márcio Cammarosano
Marcos Ehrhardt Jr.
Maria Sylvia Zanella Di Pietro
Ney José de Freitas
Oswaldo Othon de Pontes Saraiva Filho
Paulo Modesto
Romeu Felipe Bacellar Filho
Sérgio Guerra
Walber de Moura Agra

CONHECIMENTO JURÍDICO

Luís Cláudio Rodrigues Ferreira
Presidente e Editor

Coordenação editorial: Leonardo Eustáquio Siqueira Araújo

Av. Afonso Pena, 2770 – 15º andar – Savassi – CEP 30130-012
Belo Horizonte – Minas Gerais – Tel.: (31) 2121.4900 / 2121.4949
www.editoraforum.com.br – editoraforum@editoraforum.com.br

B277o   Barroso, Luís Roberto

Um outro país: transformações no direito, na ética e na agenda do Brasil/ Luís Roberto Barroso. 1. Reimpressão. – Belo Horizonte : Fórum, 2018.

478 p.
ISBN: 978-85-450-0448-6

1. Direito. 2. Ética. 3. Filosofia. I. Título.

CDD 340
CDU 340

Informação bibliográfica deste livro, conforme a NBR 6023:2002 da Associação Brasileira de Normas Técnicas (ABNT):

BARROSO, Luís Roberto. *Um outro país*: transformações no direito, na ética e na agenda do Brasil. 1. reimpr. Belo Horizonte: Fórum, 2018. 478 p. ISBN 978-85-450-0448-6.

Para meu pai, Roberto Bernardes Barroso,
que, às vésperas dos 90 anos, ainda planta árvores.

Para Teori Zavascki,
que nos faz muita falta.

SUMÁRIO

INTRODUÇÃO
UM OUTRO PAÍS 21

PARTE I
ARTIGOS ACADÊMICOS

CAPÍTULO 1
GRANDES TRANSFORMAÇÕES DO DIREITO
CONTEMPORÂNEO E O PENSAMENTO DE ROBERT ALEXY 27

1.1 Introdução 27
1.2 Três grandes mudanças de paradigma no direito contemporâneo 28
1.2.1 O pensamento do professor Robert Alexy e as transformações do direito contemporâneo 31
1.3 As transformações na interpretação constitucional 32
1.4 A nova interpretação constitucional e os casos difíceis 33
1.4.1 A interpretação constitucional tradicional 33
1.4.2 A nova interpretação constitucional 34
1.4.3 O pensamento do professor Robert Alexy e as transformações na interpretação constitucional 36
1.5 Judicialização da vida. Os papéis contramajoritário e representativo do Supremo Tribunal Federal 38
1.5.1 O pensamento do Professor Robert Alexy e a jurisdição constitucional: o Tribunal Constitucional como representação argumentativa da sociedade 42
1.6 Conclusão 43

CAPÍTULO 2
A MORTE COMO ELA É: DIGNIDADE E AUTONOMIA
INDIVIDUAL NO FINAL DA VIDA 45

2.1 Introdução 45
2.2 Morte com intervenção: os conceitos essenciais 47

2.3	O descompasso entre a interpretação dominante do direito vigente e a ética médica	52
2.4	Dignidade da pessoa humana: ideias essenciais	60
2.5	A dignidade humana como autonomia	64
2.6	A dignidade humana como heteronomia	68
2.7	Autonomia *versus* heteronomia: qual dignidade?	74
2.8	O direito à morte digna: em busca de consensos mínimos	79
2.9	Conclusão	86

CAPÍTULO 3
DIREITO TRIBUTÁRIO E O SUPREMO TRIBUNAL FEDERAL: PASSADO, PRESENTE E FUTURO 89

3.1	Introdução	89
3.1.1	Nota prévia	89
3.1.2	Apresentação do tema	90
3.2	O direito tributário e a sua contribuição para a evolução do controle de constitucionalidade na jurisprudência do Supremo	91
3.2.1	Controle de constitucionalidade de emendas à Constituição	92
3.2.2	Ação Declaratória de Constitucionalidade nº 1	95
3.2.3	Inexistência de constitucionalidade superveniente	97
3.2.4	Correção legislativa da jurisprudência e diálogos constitucionais	100
3.3	Protagonismo da matéria tributária, crise numérica e a necessidade de mudança de paradigma em relação à repercussão geral em matéria tributária	103
3.3.1	As razões do protagonismo do direito tributário na agenda do Supremo Tribunal Federal	103
3.3.2	A crise numérica	106
3.3.3	Necessidade de mudança de paradigma na matéria: critérios mais rígidos para a seleção de casos	108
3.4	Alguns temas para atuação futura da Corte em matéria tributária	110
3.4.1	Limites constitucionais ao poder de tributar e as multas tributárias	110
3.4.2	Controle de constitucionalidade e federalismo fiscal	112
3.4.3	Coisa julgada, ação rescisória e mudança de jurisprudência em matéria tributária	116
3.5	Conclusão	118

CAPÍTULO 4
COMO SALVAR O SISTEMA DE REPERCUSSÃO GERAL: TRANSPARÊNCIA, EFICIÊNCIA E REALISMO NA ESCOLHA DO QUE O SUPREMO TRIBUNAL FEDERAL VAI JULGAR 121

4.1	Introdução	121
4.2	O colapso do sistema de repercussão geral	122
4.2.1	A necessidade de um filtro de relevância	122
4.2.2	Repercussão geral: impacto inicial e descontrole superveniente	125
4.2.3	O estoque gerado e o congestionamento do sistema de justiça	127
4.3	Algumas causas da insuficiência do modelo atual de repercussão geral	128
4.3.1	A adoção da prática do "filtro oculto" pelo STF	128
4.3.2	A prática atual se utiliza apenas da recusa de teses, não de casos	132
4.3.3	*Quorum* e efeitos da não manifestação de algum ministro	134
4.4	Solucionando o problema: a forma e o momento do juízo de repercussão geral	138
4.4.1	A existência ou não de repercussão geral deve ser o primeiro exame a ser feito	138
4.4.2	É possível a negativa de repercussão geral com efeitos limitados ao caso concreto e motivação sumária	139
4.4.3	A omissão de algum ministro em se manifestar importa em adesão à posição do relator	144
4.5	Conclusão	144

CAPÍTULO 5
"SABE COM QUEM ESTÁ FALANDO?": NOTAS SOBRE O PRINCÍPIO DA IGUALDADE NO BRASIL CONTEMPORÂNEO .. 147

5.1	Introdução	147
5.2	Uma nota teórica: três dimensões da igualdade	148
5.3	Igualdade formal: ainda não chegamos lá	149
5.4	Igualdade e redistribuição: a luta contra a pobreza	152
5.5	Igualdade e reconhecimento: diferentes, mas iguais	155
5.5.1	Igualdade racial: a herança da escravidão	156
5.5.2	Igualdade entre homens e mulheres em uma tradição patriarcal	161
5.5.3	Igualdade de orientação sexual e identidade de gênero: machismo e violência	164
5.6	Conclusão	168

CAPÍTULO 6
A TRAGÉDIA DE JÚLIO CÉSAR: PODER, IDEAL E TRAIÇÃO 171

6.1	Introdução	171
6.1.1	Shakespeare e seu tempo	172
6.1.2	A República romana	174
6.2	O enredo	176
6.2.1	Primeiro ato	176
6.2.2	Segundo ato	177
6.2.3	Terceiro ato	177
6.2.4	Quarto ato	178
6.2.5	Quinto ato	178
6.3	Os personagens principais	179
6.3.1	César e a arrogância do poder	179
6.3.2	Brutus e o sentimento republicano	182
6.3.3	Marco Antônio e a arte da retórica	186
6.4	Algumas pérolas de sabedoria	191
6.4.1	A multidão é volúvel	191
6.4.2	A ingratidão é da natureza humana	193
6.4.3	Como se livrar da tirania	193
6.4.4	A covardia	193
6.4.5	A virtude não escapa da inveja	194
6.4.6	O bem e o mal	194
6.4.7	Paixões desordenadas geram injustiça	194
6.4.8	Os poderosos desconfiam dos intelectuais	195
6.5	Conclusão	195
6.5.1	Amor e ideal	195
6.5.2	Meios e fins	196

CAPÍTULO 7
TRABALHANDO COM UMA NOVA LÓGICA: A ASCENSÃO DOS PRECEDENTES NO DIREITO BRASILEIRO 199

7.1	Introdução: ascensão do Poder Judiciário, expansão do acesso à Justiça e jurisdição de massa no Brasil	199
7.2	A aproximação entre o sistema romano-germânico e o *common law*	200
7.3	A evolução do papel da jurisprudência no Brasil	203
7.3.1	O avanço do controle concentrado da constitucionalidade	203

7.3.2	A valorização da jurisprudência por meio das normas infraconstitucionais que progressivamente alteraram o CPC/1973	205
7.3.3	A criação de um novo sistema de precedentes vinculantes pelo CPC/2015	207
7.4	A eficácia dos precedentes judiciais no direito brasileiro	209
7.4.1	Os tipos de eficácia: eficácia meramente persuasiva, eficácia normativa e eficácia intermediária	209
7.4.2	A eficácia dos precedentes judiciais na vigência do CPC/1973	210
7.4.3	A eficácia dos precedentes judiciais à luz do CPC/2015	212
7.5	Três razões para a adoção de um sistema de precedentes vinculantes	213
7.6	Categorias fundamentais para a operação com precedentes	215
7.6.1	*Ratio decidendi*	215
7.6.2	*Obiter dictum*	219
7.6.3	Distinção entre casos (*distinguishing*)	220
7.7	Categorias importantes para a operação com precedentes no Brasil	222
7.7.1	Eficácia transcendente dos motivos determinantes: como fica?	222
7.7.2	Tese vinculante, questão de direito, fundamentos determinantes e distinção no CPC/2015	225
7.8	Primeiras notas sobre dificuldades a serem superadas pelo Supremo Tribunal Federal na operação com precedentes vinculantes	227
7.8.1	Diferenciação entre *ratio decidendi* e *Obiter dictum*	228
7.8.2	Determinação do nível de generalidade da tese de direito	233
7.8.3	Prevenção contra uma explosão de reclamações	234
7.9	Conclusão	237

PARTE II
PALESTRAS

Capítulo 1
ÉTICA E *JEITINHO BRASILEIRO*: POR QUE A GENTE É ASSIM? 243

1.1	Introdução	243
1.2	Os antecedentes coloniais	244
1.2.1	Breve nota sobre a colonização brasileira	244

1.2.2 Algumas disfunções da formação social brasileira 245
1.3 O jeitinho brasileiro 246
1.3.1 Tentativa de definição 246
1.3.2 A visão romântica e a dura realidade 247
1.3.3 Alguns exemplos contemporâneos 249
1.3.3.1 Jeitinho e ética pública 250
1.3.3.2 Jeitinho e ética privada 251
1.4 Conclusão 252

CAPÍTULO 2
COMBATE À CORRUPÇÃO, REFORMA POLÍTICA E JUDICIALIZAÇÃO NO BRASIL 255

2.1 Introdução 255
2.2 Algumas conquistas a celebrar 256
2.3 O momento institucional brasileiro 257
2.3.1 O combate à corrupção 257
2.3.1.1 Uma fotografia do momento atual 257
2.3.1.2 O papel do direito penal e as consequências da impunidade 258
2.3.1.3 Mudanças de atitude, da legislação e da jurisprudência 260
2.3.1.4 Os riscos da criminalização da política 262
2.3.1.5 As resistências às mudanças 263
2.3.2 A indispensável reforma política 264
2.3.3 A judicialização da vida no Brasil 267
2.4 Uma agenda para o futuro 270
2.4.1 Introdução 270
2.4.2 Valorização da iniciativa privada e do empreendedorismo 270
2.4.3 Redimensionamento do Estado 270
2.4.4 Reformas imprescindíveis 271
2.4.5 Educação 272
2.4.6 Uma agenda social 272
2.4.7 Outros debates 273
2.5 Conclusão 274

CAPÍTULO 3
O MOMENTO INSTITUCIONAL BRASILEIRO E UMA AGENDA PARA O FUTURO 275

3.1 Introdução 275
3.1.1 Apresentação do tema 275

3.1.2	Algumas conquistas a celebrar	276
3.2	O momento institucional brasileiro	278
3.2.1	O combate à corrupção	278
3.2.2	Redução do foro privilegiado	279
3.2.3	A necessária reforma política	281
3.2.4	Fricções entre os poderes	283
3.2.5	Judicialização da vida e ativismo judicial	284
3.3	Uma agenda para o futuro	286
3.3.1	Valorização da iniciativa privada e do empreendedorismo	287
3.3.2	Redimensionamento do Estado	288
3.3.3	Reformas imprescindíveis	289
3.3.3.1	Reforma da Previdência	289
3.3.3.2	Reforma tributária	290
3.3.3.3	Reforma trabalhista	291
3.3.4	Educação	293
3.3.5	A agenda social	294
3.3.5.1	Habitação popular	294
3.3.5.2	Saneamento básico	294
3.3.5.3	Mobilidade urbana	295
3.3.5.4	Continuidade dos programas sociais	296
3.3.5.5	Preservação do meio ambiente e particularmente da Amazônia	296
3.3.6	Outros debates	297
3.4	Conclusão	297

CAPÍTULO 4
ESTADO E LIVRE INICIATIVA NA EXPERIÊNCIA CONSTITUCIONAL BRASILEIRA 299

4.1	Introdução	299
4.2	Evolução da ordem econômica na experiência brasileira	300
4.2.1	Três disfunções históricas do Estado brasileiro	300
4.2.2	A tradição intervencionista do Estado na economia	302
4.2.3	Necessidade de superação do preconceito contra o empreendedorismo	303
4.3	Aspectos da ordem econômica na Constituição brasileira: serviços públicos, atuação econômica do Estado e livre iniciativa	304
4.3.1	Modalidades de intervenção do Estado no domínio econômico	304
4.3.1.1	Prestação de serviços públicos (CF, art. 175)	305

4.3.1.2 Exploração da atividade econômica pelo Estado (CF, art. 173) 306
4.3.2 Surgimento das agências reguladoras 307
4.3.3 A livre iniciativa 307
4.3.3.1 Ponderações constitucionais à livre iniciativa 309
4.3.4 Algumas linhas jurisprudenciais do STF 309
4.4 Conclusão 310

CAPÍTULO 5
A REVOLUÇÃO DO NOVO – A TRANSFORMAÇÃO DO MUNDO: POLÍTICA, ECONOMIA E VALORES ÉTICOS NO INÍCIO DO MILÊNIO 313
5.1 Introdução 313
5.1.1 Abertura 313
5.1.2 Um pingo de história 314
5.2 O mundo ao final do século XX 315
5.2.1 No plano político: a vitória da democracia constitucional 315
5.2.2 No plano econômico: a hegemonia capitalista 317
5.2.3 No plano social: a busca por justiça social 319
5.3 O que reserva o futuro 320
5.3.1 No plano político: o desprestígio da democracia representativa 320
5.3.2 No plano econômico: a revolução digital, a era da informação e a nova economia 323
5.3.3 No plano social: reconhecimento, sustentabilidade e justiça intergeracional 325
5.4 Propostas para o Brasil 328
5.4.1 Uma agenda para o Brasil 328
5.4.1.1 No plano político 328
5.4.1.2 No plano econômico 328
5.4.1.3 No plano social 329
5.5 Conclusão – Os valores universais 329

CAPÍTULO 6
REFLEXÕES SOBRE AS COMPETÊNCIAS E O FUNCIONAMENTO DO SUPREMO TRIBUNAL FEDERAL 331
6.1 Introdução 331
6.2 Três grandes gargalos no STF 332
6.3 Enfrentando o congestionamento do Plenário 333
6.3.1 Transferência de competências para as Turmas 333

6.3.2	Expansão do Plenário virtual	334
6.4	Equacionamento da repercussão geral	335
6.4.1	A introdução da repercussão geral e seu impacto inicial	335
6.4.2	O congestionamento do sistema de repercussão geral	336
6.4.3	Como lidar com as novas repercussões gerais a serem reconhecidas	338
6.4.3.1	Quantidade de repercussões gerais a serem reconhecidas	338
6.4.3.2	Momento de escolha das repercussões gerais a serem reconhecidas	338
6.4.3.3	Procedimento para julgamento das repercussões gerais novas	339
6.4.4	Procedimento para julgamento do estoque de repercussões gerais já reconhecidas	340
6.5	Algumas outras reflexões	341
6.5.1	Pauta	341
6.5.2	Início das sessões	342
6.5.3	Circulação prévia dos votos	342
6.5.4	Ementa e tese jurídica	342
6.5.5	Reuniões mensais	342
6.6	Conclusão	342

CAPÍTULO 7
VIDA E MORTE DAS CONSTITUIÇÕES NA AMÉRICA LATINA: EMENDAS CONSTITUCIONAIS, PAPEL DOS TRIBUNAIS E LEGITIMIDADE DEMOCRÁTICA 345

7.1	Introdução	345
7.2	A experiência latino-americana	346
7.2.1	A duração das Constituições: o panorama latino-americano	346
7.2.2	Fatores que influenciam a durabilidade das Constituições	347
7.2.2.1	Inclusividade ou representatividade da Constituição	348
7.2.2.2	O caráter analítico ou o grau de abrangência da Constituição	348
7.2.2.3	Grau de plasticidade ou de adaptabilidade da Constituição a novas realidades	349
7.3	O núcleo essencial da Constituição	349
7.3.1	Normas material e formalmente constitucionais: o indispensável, o necessário e o supérfluo	349
7.3.1.1	As normas indispensáveis	349
7.3.1.2	As normas necessárias	350
7.3.1.3	Normas supérfluas	350

7.3.2 O núcleo essencial das Constituições latino-americanas: as cláusulas pétreas 351
7.3.3 O controle de constitucionalidade de emendas 352
7.4 As emendas à Constituição e seu controle no Brasil 353
7.4.1 Muitas emendas, poucas mudanças constitucionais 353
7.4.2 Controle de constitucionalidade de emendas no Brasil 355
7.5 Conclusão 356

PARTE III
ARTIGOS NA IMPRENSA

CAPÍTULO 1
BEM, JUSTIÇA E TOLERÂNCIA 359

CAPÍTULO 2
A FÉ, A RAZÃO E OUTRAS CRENÇAS 361

CAPÍTULO 3
UM OUTRO PAÍS 363

CAPÍTULO 4
UMA TRAPAÇA DA SORTE 367

CAPÍTULO 5
UMA NOVA NARRATIVA PARA O BRASIL 369

PARTE IV
PREFÁCIOS

CAPÍTULO 1
O CICLO DA VIDA 375
1.1 Da autora e sua trajetória 375
1.2 O livro e sua temática 377
1.3 Saindo do caminho 379

CAPÍTULO 2
OS DESCAMINHOS DO ESTADO BRASILEIRO, O SUCESSO ACADÊMICO E A IMPERMANÊNCIA 381
2.1 O autor e sua trajetória 381
2.2 Breve reflexão sobre o tema 383
2.3 Conclusão 384

CAPÍTULO 3
"ASSIM É, SE LHE PARECE": O TEATRO, O DIREITO E A VIDA 385
3.1 Introdução: A busca da razão possível 385
3.2 A autora 386
3.3 O livro 387
3.4 Conclusão 388

CAPÍTULO 4
A CONSTITUCIONALIZAÇÃO DO DIREITO ELEITORAL 391
4.1 A autora 391
4.2 O livro: a necessária constitucionalização do direito eleitoral 392
4.3 Conclusão 394

CAPÍTULO 5
O ESTADO QUE JÁ NÃO PODEMOS SUSTENTAR 395
5.1 O autor 395
5.2 O livro 396
5.3 Conclusão 398

CAPÍTULO 6
LUZES DA RIBALTA 399
6.1 O autor e sua trajetória 399
6.2 O livro e a relevância atual do tema............................... 400
6.3 Conclusão 402

CAPÍTULO 7
QUANDO MENOS É MAIS: REPENSANDO A JURISDIÇÃO CONSTITUCIONAL BRASILEIRA 403
7.1 A autora 403
7.2 O livro e algumas de suas ideias 404

7.3   Um diálogo com a autora 405
7.4   Conclusão 406

CAPÍTULO 8
AVANÇO SOCIAL, EQUILÍBRIO INSTITUCIONAL E
LEGITIMIDADE DEMOCRÁTICA 407
8.1   O autor e seu trabalho 407
8.2   Algumas breves reflexões 408
8.3   Conclusão 411

CAPÍTULO 9
DEMOCRACIA, DIREITO E DIGNIDADE HUMANA: A
TRAJETÓRIA INACABADA DO PROCESSO CIVILIZATÓRIO 413
9.1   De Shakespeare a Sófocles: a viagem de volta 413
9.2   Isso é grego para mim 414
9.3   As ideias essenciais reavivadas nesta obra 416
9.4   Conclusão 418

CAPÍTULO 10
UMA VIDA COMPLETA 419

CAPÍTULO 11
DO DIREITO À POESIA: A VIAGEM REDONDA 423

CAPÍTULO 12
A DIGNIDADE HUMANA NO DIREITO CONTEMPORÂNEO:
EM BUSCA DE UM SENTIDO MÍNIMO UNIVERSAL 425
12.1 A dignidade humana no direito internacional e no discurso
      transnacional 426
12.2 A dignidade da pessoa humana é um princípio jurídico 428
12.3 O conteúdo jurídico da dignidade humana 429

PARTE V
PARECER

CAPÍTULO 1
LEGITIMIDADE DA RECUSA DE TRANSFUSÃO DE SANGUE POR TESTEMUNHAS DE JEOVÁ. DIGNIDADE HUMANA, LIBERDADE RELIGIOSA E ESCOLHAS EXISTENCIAIS..437
1.1   A hipótese...437
1.2   Fundamentos teóricos..439
1.2.1   Do paternalismo médico à autonomia do paciente.........................439
1.2.2   A dignidade da pessoa humana e suas possibilidades de sentido...443
1.2.2.1 Generalidades...443
1.2.2.2 A dignidade humana como autonomia.................................445
1.2.2.3 A dignidade humana como heteronomia..............................446
1.2.3   O exercício de direitos fundamentais: restrições legítimas e possibilidade de disposição pelo titular..................................449
1.2.3.1 A preferência relativa da dignidade como autonomia na Constituição brasileira...449
1.2.3.2 A questão da indisponibilidade dos direitos fundamentais.............452
1.2.4   Os elementos em aparente conflito: valor da vida humana e liberdade de religião..455
1.2.4.1 A vida como direito fundamental e como valor objetivo.................456
1.2.4.2 A liberdade religiosa..458
1.3   Aplicação dos fundamentos teóricos à hipótese examinada...........463
1.3.1   legitimidade da recusa de tratamento médico por fundamento religioso...463
1.3.2   Condições para o exercício válido da autonomia..............................467
1.3.3   Interpretação adequada dos enunciados legais e ético-profissionais pertinentes...469
1.3.3.1 Código Civil..470
1.3.3.2 Código Penal..472
1.3.3.3 O novo Código de Ética Médica..473
1.4   Conclusão 477

INTRODUÇÃO

UM OUTRO PAÍS

As coisas não estão ficando piores, elas estão sendo reveladas. É preciso segurar firme e continuar a puxar o véu.

(Adrienne Maree Brown)

Este livro reúne trabalhos que elaborei nos últimos tempos, incluindo artigos acadêmicos, palestras, artigos jornalísticos e prefácios de livros. Os textos percorrem alguns dos múltiplos interesses que tenho na vida, que incluem direito, literatura e a luta por um país melhor e maior. Subjacentes a todos eles, estão os valores em que acredito e procuro cultivar. Filosoficamente, creio no bem, na justiça e na tolerância. Politicamente, creio em ensino público de qualidade desde a primeira infância, na igualdade essencial entre as pessoas e na livre iniciativa. E, do ponto de vista institucional, creio no constitucionalismo democrático, isto é, no respeito aos direitos fundamentais das pessoas e na soberania popular.

Na Parte I, dedicada a *Artigos acadêmicos*, tenho textos sobre: (i) o pensamento filosófico original e relevante de Robert Alexy; (ii) o papel assumido pelos precedentes no direito brasileiro e as novas categorias com as quais precisamos trabalhar (escrito com Patricia Perrone Campos Mello); (iii) a importância desfrutada pelo direito tributário na jurisprudência do Supremo Tribunal Federal (escrito com Marcus Vinicius Cardoso Barbosa); (iv) uma proposta para salvar o sistema de repercussão geral, que não tem sido interpretado da melhor forma e tem retardado a prestação jurisdicional (escrito com Frederico Montedonio Rego); (v) o complexo enfrentamento da cultura da desigualdade no

Brasil (escrito com Aline Osório); (vi) uma peça de Shakespeare, que provoca reflexões sobre, amor, idealismo e as escolhas políticas que se fazem na vida.

Na Parte II, reúno anotações e reflexões feitas em preparação para palestras diversas, que realizo pelo Brasil e pelo mundo afora. Os temas são igualmente variados e incluem pequenos textos sobre: (i) ética e jeitinho brasileiro, alinhavado para um debate com o professor norte-americano Michael Sandel, na Universidade de Harvard; (ii) combate à corrupção, tema onipresente no debate nacional nos dias atuais; (iii) uma agenda para o Brasil, em que discuto os muitos temas relevantes que precisamos enfrentar em busca do desenvolvimento econômico, humano e social; (iv) a livre iniciativa no Brasil e as muitas desconfianças e preconceitos que ainda enfrenta; (v) a revolução econômica, política e comportamental trazida pelas novas tecnologias e seu impacto sobre o presente e o futuro; (vi) um diagnóstico severo a propósito do funcionamento do Supremo Tribunal Federal e a necessidade de aperfeiçoamento de múltiplas práticas; (vii) a complexidade do constitucionalismo latino-americano, com a multiplicidade de constituições se sucedendo no tempo.

Na Parte III estão agrupados alguns artigos publicados na imprensa, com textos curtos sobre (i) minhas pré-compreensões sobre o direito e a vida, expressas quando ingressei no Supremo Tribunal Federal; (ii) a questão do ensino religioso em escolas públicas; (iii) a chance de fazer um outro país, aproveitando este momento de crise política, econômica e ética; (iv) a dor da perda do amigo e colega Teori Zavascki, em trágico acidente; e (v) a busca de uma nova narrativa para o Brasil, levando em conta nossa herança comum e os projetos para o futuro.

Na Parte IV encontram-se prefácios que escrevi no período mais recente, em sua maior parte para livros de ex-alunos e orientandos, ou de pessoas queridas. Em cada um deles, procuro fazer uma reflexão própria sobre o tema tratado, daí a justificação de sua divulgação. Por fim, na Parte V, incluí um parecer do meu tempo de advocacia, sobre um tema instigante e complexo envolvendo a liberdade religiosa de pessoas que professam a religião Testemunhas de Jeová.

A vida no Supremo Tribunal Federal não deixa muito tempo livre, como qualquer observador atento da cena nacional poderá intuir. Ainda assim, procuro reservar parte do meu dia e, sobretudo, dos fins de semana para estudar, escrever e pensar o Brasil. Apesar do momento devastador que vivemos hoje, o fato é que poucos países do mundo se dispuseram a enfrentar seus problemas e fantasmas com a coragem e a transparência que temos demonstrado. Problemas que, a meu ver, incluem a corrupção, a mediocridade no espaço público, a desigualdade, o baixo grau de idealismo e a falta de patriotismo.

Porém, quem tem olhos de ver e coração de sentir já foi capaz de detectar que há um novo tempo se descortinando. Há uma imensa demanda por integridade, por elevação do patamar ético do Estado e da sociedade e por um país justo, generoso e inclusivo. Um projeto pelo qual vale a pena lutar e viver.

Dedico este livro à legião de pessoas que atuam no meu gabinete, na missão árdua de fazer o bem e de distribuir justiça, trabalhando por um país melhor e maior. Entre elas: Renata Saraiva, Kelly Filipeto, Patricia Perrone Campos Mello, Aline Osório, Alonso Freire, André Araújo, Rafael Gaia Pepe, Ciro Grynberg, Marcelo Costenaro Cavalli, Paulo Cesar Villela Souto Lopes Rodrigues, Nina Pencak, Marluce Fleury Flores, Bernadette Leal Vitorino, Carina Lellis, Leonardo Cunha e Luisa Lacerda.

PARTE I

ARTIGOS ACADÊMICOS

CAPÍTULO 1

GRANDES TRANSFORMAÇÕES DO DIREITO CONTEMPORÂNEO E O PENSAMENTO DE ROBERT ALEXY[1]

1.1 Introdução

Eu tenho muito prazer e muita honra de estar aqui e de partilhar algumas ideias e algumas reflexões sobre as grandes transformações do direito contemporâneo. E, naturalmente, sobre a influência do pensamento do Professor Robert Alexy nessas mudanças filosóficas e conceituais. É sempre um risco falar da obra de um autor na sua presença. Eu me lembro bem, quando era ainda advogado perante o Supremo Tribunal Federal, de ter vivido o seguinte episódio. Em uma sustentação oral, eu baseei um dos meus argumentos em passagem de um livro do Professor Eros Grau, à época Ministro da Corte. Ele, porém, tinha uma posição íntima diferente da que eu sustentava – era o caso da anencefalia, que envolvia a possibilidade legítima de uma mulher interromper a gestação – e fez uma interpretação *autêntica* do que havia escrito, dizendo que não era aquilo que ele tinha querido significar.

Ou, pior ainda, lembro-me do episódio de um filme de Hollywood baseado em um livro de renomado autor. Indagado sobre o que tinha achado da adaptação, ele respondeu: "A adaptação que fizeram do meu livro deu-me inspiração para escrever outro". Para não correr esses riscos, eu pretendo narrar, brevemente, como *eu* vejo

---

[1] O presente texto foi preparado como apontamentos para uma apresentação oral, seguida de debate com o Professor Alexy. A conferência foi realizada por ocasião da outorga do título de Professor *Honoris Causa* a Robert Alexy pela Universidade Federal de Minas Gerais, em 10.2.2014.

as transformações do direito contemporâneo. E, em seguida, procuro identificar como, a meu ver, o pensamento do Professor Robert Alexy teve influência nesse processo. Assim, dou a ele a chance de dizer: "Esse doido pode achar o que quiser, mas eu não tenho nenhuma responsabilidade nisso".

1.2 Três grandes mudanças de paradigma no direito contemporâneo

O constitucionalismo democrático foi a ideologia vitoriosa do século XX. Nesse arranjo institucional se condensam duas ideias que percorreram trajetórias diferentes: o *constitucionalismo*, herdeiro da tradição liberal que remonta o final do século XVII, expressa a ideia de poder limitado pelo direito e o respeito aos direitos fundamentais. A *democracia* traduz a ideia de soberania popular, de governo da maioria, que somente se consolida, verdadeiramente, ao longo do século XX. Para arbitrar as tensões que muitas vezes existem entre ambos – entre direitos fundamentais e soberania popular –, a maior parte das democracias contemporâneas instituem tribunais constitucionais ou cortes supremas. Portanto, o pano de fundo no qual se desenvolve a nossa narrativa inclui: (i) uma Constituição que garanta direitos fundamentais; (ii) um regime democrático; e (iii) a existência de uma jurisdição constitucional.

Pois bem: o século XX foi cenário da superação de algumas concepções do pensamento jurídico clássico, que haviam se consolidado no final do século XIX. Estas transformações chegaram ao Brasil no quarto final do século, sobretudo após a redemocratização. Novos ventos passaram a soprar por aqui, tanto na academia quanto na jurisprudência dos tribunais, especialmente do Supremo Tribunal Federal. Identifico, a seguir, três dessas transformações, que afetaram o modo como se pensa e se pratica o direito no mundo contemporâneo, em geral, e no Brasil das últimas décadas, em particular.

1. *Superação do formalismo jurídico*. O pensamento jurídico clássico alimentava duas ficções: a) a de que o direito, a norma jurídica, era a expressão da razão, de uma justiça imanente; e b) que o direito se concretizava mediante uma operação lógica e dedutiva, em que o juiz fazia a subsunção dos fatos à norma, meramente pronunciando a consequência jurídica que nela já se contínha. Tais premissas metodológicas – na verdade, ideológicas – não resistiram ao tempo. Ao longo do

século XX, consolidou-se a convicção de que: a) o direito é, frequentemente, não a expressão de uma justiça imanente, mas de interesses que se tornam dominantes em dado momento e lugar; e b) em uma grande quantidade de situações, a solução para os problemas jurídicos não se encontrará pré-pronta no ordenamento jurídico. Ela terá de ser construída argumentativamente pelo intérprete.

2. *Advento de uma cultura jurídica pós-positivista.* Nesse ambiente em que a solução dos problemas jurídicos não se encontra integralmente na norma jurídica, surge uma cultura jurídica pós-positivista. Se a solução não está toda na norma, é preciso procurá-la em outro lugar. E, assim, supera-se a separação profunda que o positivismo jurídico havia imposto entre o direito e a moral, entre o direito e outros domínios do conhecimento. Para construir a solução que não está pronta na norma, o direito precisa se aproximar da filosofia moral – em busca da justiça e de outros valores –, da filosofia política – em busca de legitimidade democrática e da realização de fins públicos que promovam o bem comum e, de certa forma, também das ciências sociais aplicadas, como a economia e a psicologia.

A doutrina pós-positivista se inspira na revalorização da razão prática,[2] na teoria da justiça e na legitimação democrática. Nesse contexto, busca ir além da legalidade estrita, mas não despreza o direito posto; procura empreender uma leitura moral da Constituição e das leis, mas sem recorrer a categorias metafísicas. No conjunto de ideias ricas

---

[2] O termo ficou indissociavelmente ligado à obra de Kant, notadamente à *Fundamentação da metafísica dos costumes*, de 1785 e à *Crítica da razão prática*, de 1788. De forma sumária e simplificadora, a razão prática cuida da fundamentação racional – mas não matemática – de princípios de moralidade e justiça, opondo-se à razão cientificista, que enxerga nesse discurso a mera formulação de opiniões pessoais insuscetíveis de controle. De forma um pouco mais analítica: trata-se de um uso da razão voltado para o estabelecimento de padrões racionais para a ação humana. A razão prática é concebida em contraste com a razão teórica. Um uso teórico da razão se caracteriza pelo conhecimento de objetos, não pela criação de normas. O positivismo só acreditava na possibilidade da razão teórica. Por isso, as teorias positivistas do direito entendiam ser papel da ciência do direito apenas descrever o direito tal qual posto pelo estado, não justificar normas, operação que não seria passível de racionalização metodológica. É por isso que, por exemplo, para Kelsen, não caberia à ciência do direito dizer qual a melhor interpretação entre as que são facultadas por determinado texto normativo. Tal atividade exibiria natureza eminentemente política, e sempre demandaria uma escolha não passível de justificação em termos racionais. O pós-positivismo, ao reabilitar o uso prático da razão na metodologia jurídica, propõe justamente a possibilidade de se definir racionalmente a norma do caso concreto através de artifícios racionais construtivos, que não se limitam à mera atividade de conhecer textos normativos.

e heterogêneas que procuram abrigo nesse paradigma em construção, incluem-se a reentronização dos valores na interpretação jurídica, com o reconhecimento de normatividade aos princípios e de sua diferença qualitativa em relação às regras; a reabilitação da razão prática e da argumentação jurídica; a formação de uma nova hermenêutica; e o desenvolvimento de uma teoria dos direitos fundamentais edificada sobre a dignidade da pessoa humana. Nesse ambiente, promove-se uma reaproximação entre o direito e a ética.[3]

3. *Ascensão do direito público e centralidade da Constituição.* Por fim, o século XX assiste à ascensão do direito público. A teoria jurídica do século XIX havia sido construída predominantemente sobre as categorias do direito privado. O século, que começara com o Código Civil francês, o Código Napoleão, de 1804, termina com a promulgação do Código Civil alemão, de 1900. Os protagonistas do direito eram o contratante e o proprietário. Ao longo do século XX assiste-se a uma progressiva publicização do direito, com a proliferação de normas de ordem pública. Não apenas em matéria de direito de família, como era tradicional, mas em áreas tipicamente privadas como o contrato – com a proteção do polo mais fraco das relações jurídicas, como o trabalhador, o locatário, o consumidor – e a propriedade, com a previsão da função social da propriedade.

Ao final do século XX, essa publicização do direito resulta na centralidade da Constituição. Toda interpretação jurídica deve ser feita à luz da Constituição, dos seus valores e dos seus princípios. Toda interpretação jurídica é, direta ou indiretamente, interpretação constitucional. Interpreta-se a Constituição *diretamente* quando uma pretensão se baseia no texto constitucional (uma imunidade tributária, a preservação do direito de privacidade); e interpreta-se a Constituição *indiretamente* quando se aplica o direito ordinário, porque antes de aplicá-lo é preciso verificar sua compatibilidade com a Constituição e, ademais, o sentido e o alcance das normas infraconstitucionais devem ser fixados à luz da Constituição.

---

[3] V. Ricardo Lobo Torres, *Tratado de direito constitucional, financeiro e tributário*: valores e princípios constitucionais tributários. Rio de Janeiro: renovar, 2005. p. 41: "De uns trinta anos para cá assiste-se ao retorno aos valores como caminho para a superação dos positivismos. A partir do que se convencionou chamar de 'virada kantiana' (*kantische Wende*), isto é, a volta à influência da filosofia de Kant, deu-se a reaproximação entre ética e direito, com a fundamentação moral dos direitos humanos e com a busca da justiça fundada no imperativo categórico. O livro *A Theory of Justice* de John Rawls, publicado em 1971, constitui a certidão do renascimento dessas idéias".

1.2.1 O pensamento do professor Robert Alexy e as transformações do direito contemporâneo

A obra do Professor Robert Alexy influenciou ou refletiu muitas dessas transformações, em textos memoráveis e que se tornaram clássicos em diversas partes do mundo, inclusive no Brasil. Merece destaque, nesse contexto, sua valiosa e decisiva contribuição para a criação de uma cultura jurídica "não positivista" (como ele a denomina), bem como para a centralidade dos direitos fundamentais – e, consequentemente, da Constituição – no direito contemporâneo.

Com efeito, no centro das reflexões do Professor Robert Alexy encontra-se a tese de que o direito possui natureza dupla, com uma dimensão real (ou fática) e outra ideal. A dimensão fática se manifesta na validade formal da norma e na sua eficácia social. A dimensão ideal se manifesta na sua correção moral. Ao se agregar a ideia de correção moral como um terceiro elemento, ao lado da validade e da eficácia social, supera-se o conceito positivista de direito. De fato, a fronteira mais visível entre o positivismo e o não positivismo encontra-se, precisamente, nas relações entre o direito e a moral: enquanto os positivistas sustentam a separação entre ambos, os não positivistas afirmam que há uma vinculação necessária entre eles.

Pois bem: a correção moral, ideia característica do pensamento de Alexy, se manifesta no mundo do direito sob a forma de justiça. Em suas palavras textuais: "Quem afirma que algo é justo, afirma sempre, ao mesmo tempo, que é correto".[4] Nessa linha, Alexy refuta a ideia de Kelsen de que "qualquer conteúdo pode ser direito", o que daria lugar à possibilidade de uma normatividade sem moralidade. Contra esta visão, contrapõe-se a célebre fórmula de Radbruch, que em versão abreviada é assim enunciada: "Injustiça extrema não é direito". Indo adiante, Alexy considera que extremamente injusto é tudo aquilo que vulnera os direitos humanos básicos.[5] E este mínimo de justiça tem validade universal.[6]

---

[4] Robert Alexy, *La institucionalización de la justicia*. Granada: Comares, 2005. p. 58.

[5] Robert Alexy, *La institucionalización de la justicia*. Granada: Comares, 2005. p. 76: "[...] as normas jurídicas devidamente promulgadas e socialmente eficazes que são incompatíveis com o núcleo dos direitos humanos básicos são extremamente injustas e, portanto, não são direito".

[6] A propósito, de acordo com Alexy os direitos humanos apresentam cinco propriedades: são universais, fundamentais, abstratos, direitos morais e estabelecem uma prioridade sobre todos os demais tipos de direitos. V. Robert Alexy, Discourse theory and fundamental rights. In: Agustín José Menéndez e Erik Oddvar Eriksen, *Arguing fundamental rights*. Nova York: Springer, 2006. p. 18.

Uma vez incorporados à Constituição, os direitos humanos se convertem em direitos fundamentais, vinculam todos os poderes estatais e representam uma abertura do sistema jurídico perante o sistema moral.[7] Os direitos fundamentais desfrutam de uma posição central no sistema, irradiando-se por todos os domínios do direito infraconstitucional. Essa visão compreensiva ou holística dos direitos fundamentais foi originariamente desenvolvida pelo Tribunal Constitucional Federal alemão no célebre caso Luth, comentado por Alexy em diversos de seus textos. Em resumo apertado: a correção moral do direito e das decisões jurídicas impõe uma vinculação entre o direito e a moral. A correção equivale, no direito, à ideia de justiça. A reserva mínima de justiça corresponde aos direitos humanos básicos. E estes, convertidos em direitos fundamentais pela inclusão na Constituição, condicionam a compreensão de todo o ordenamento jurídico.

1.3 As transformações na interpretação constitucional

O direito constitucional, sobretudo após a 2ª Guerra Mundial, passou por mudanças profundas no mundo romano-germânico, tanto de natureza institucional quanto dogmática. É possível destacar três delas:

a) *o reconhecimento de força normativa à Constituição*, com a superação do modelo europeu tradicional no qual a Constituição era percebida como um documento político, uma convocação à atuação dos poderes públicos, especialmente do Legislativo. Nesse modelo, a Constituição não era vista como norma jurídica nem tinha aplicabilidade direta e imediata.

Como se sabe, o constitucionalismo americano e francês (e, por extensão, europeu), embora contemporâneos, deram origem a modelos constitucionais diversos. Nos Estados Unidos, desde a primeira hora, a Constituição foi vista como um documento jurídico, dotado de supremacia e força normativa, passível de aplicação direta e imediata pelo Poder Judiciário. Em *Marbury v. Madison*, julgado em 1803, a *judicial review* foi aceita com relativa naturalidade e reduzida resistência.

b) *a expansão da jurisdição constitucional*, com a criação de tribunais constitucionais na maior parte das democracias do mundo, a partir da instalação do Tribunal Constitucional Federal

---

[7] Robert Alexy, *Teoria dos direitos fundamentais*. São Paulo: Malheiros, 2008. p. 29.

alemão. É certo que antes mesmo da guerra já havia sido criado o Tribunal Constitucional austríaco, mas em outro contexto e com outra dimensão. De certa forma, prevaleceu na Europa, após o fim do conflito, o modelo americano de supremacia da Constituição e controle judicial da constitucionalidade das leis (*judicial review*). Esta fórmula significa, na verdade, e em alguma medida, um modelo de supremacia judicial, já que compete a um tribunal constitucional ou a uma corte suprema a interpretação final do sentido e do alcance da Constituição.

Supera-se, assim, o modelo europeu tradicional fundado na centralidade da lei – não propriamente da Constituição – e na supremacia do parlamento. De fato, diante da inexistência de controle de constitucionalidade, a palavra final sobre o sentido e o alcance da Constituição era dada pelo parlamento, cuja atuação não era passível de controle judicial. Na verdade, sobretudo na metade final do século XX, o que se verificou, no fundo, foi uma expansão do Poder Judiciário de uma maneira geral. Juízes e tribunais deixam de integrar o que seria um departamento técnico-especializado do governo e se transformam em um efetivo poder político, que disputa espaço com os demais.

c) *o desenvolvimento da nova hermenêutica e de novas categorias para a interpretação constitucional*. Nas últimas décadas, foi ficando progressivamente desacreditada a crença na interpretação como uma atividade puramente técnica e mecânica. Desenvolveu-se a ideia dos casos difíceis (*hard cases*), como tal entendidos aqueles cuja solução não se encontra pré-pronta no ordenamento jurídico, exigindo uma atuação criativa do intérprete.

1.4 A nova interpretação constitucional e os casos difíceis

1.4.1 A interpretação constitucional tradicional

Descrevo, brevemente, a concepção tradicional da interpretação constitucional. A interpretação constitucional é uma modalidade de interpretação jurídica e, como tal, socorre-se dos elementos tradicionais de interpretação jurídica, a saber: o gramatical, o histórico, o sistemático e o teleológico. As especificidades das normas constitucionais e da interpretação constitucional levaram ao desenvolvimento, ao longo do tempo, de alguns princípios específicos de interpretação constitucional, princípios instrumentais, que figuram como pressupostos metodológicos da atuação do intérprete: supremacia da Constituição, presunção de constitucionalidade, interpretação conforme a Constituição, razoabilidade-proporcionalidade e efetividade. Não é o caso, nas circunstâncias, de detalhar cada um desses princípios.

Dentro desse universo da interpretação tradicional, era possível definir com precisão o papel da norma, dos fatos e do intérprete. A *norma* deveria trazer, no seu relato abstrato, a solução para os problemas jurídicos. Os *fatos* lá estavam para serem enquadrados na norma, permitindo o silogismo que solucionava os problemas: a lei é a premissa maior; os fatos, a premissa menor; a sentença, a conclusão, o produto da subsunção dos fatos à norma; e, por fim, o papel do *intérprete*: ele desempenhava uma função técnica de conhecimento, identificando a norma aplicável e pronunciando as consequências de sua incidência sobre o caso concreto. A interpretação, portanto, como um ato de conhecimento e não de vontade.

1.4.2 A nova interpretação constitucional

A nova interpretação constitucional surge para atender às demandas de uma sociedade que se tornou bem mais complexa e plural. Ela não derrota a interpretação tradicional, mas vem para atender a necessidades deficientemente supridas pelas fórmulas clássicas. Ela surge, entre outras razões, para lidar com os *casos difíceis*, que são aqueles para os quais não há soluções pré-prontas no ordenamento. Esta é uma observação importante: não foi o direito e a interpretação constitucional que, deliberadamente, se tornaram mais complicados. Foi a vida que ficou mais complexa, exigindo categorias jurídicas mais sofisticadas e sutis.

Chega-se aqui à noção de *casos difíceis*. *Casos fáceis* são aqueles para os quais existe uma solução pré-pronta no direito positivo. Por exemplo: a) a Constituição prevê que aos 70 anos o servidor público deve passar para a inatividade. Se um juiz, ao completar a idade limite, ajuizar uma ação pretendendo permanecer em atividade, a solução será dada de maneira relativamente singela: pela mera subsunção do fato relevante – implementação da idade – na norma expressa, que determina a aposentadoria; b) a Constituição estabelece que o presidente da República somente pode se candidatar a uma reeleição. Se o Presidente Lula, por exemplo, tivesse pretendido concorrer a um terceiro mandato, a Justiça Eleitoral tê-lo-ia recusado, por simples e singela aplicação de uma norma expressa. Para bem e para mal, a vida nem sempre é fácil assim.

Há muitas situações em que não existe uma solução pré-pronta no direito. A solução terá de ser construída argumentativamente, à luz dos elementos do caso concreto, dos parâmetros fixados na norma e de elementos externos ao direito. São os casos difíceis. Há três grandes situações geradoras de casos difíceis:

   a) *Ambiguidade da linguagem*. O direito se socorre de termos que têm múltiplos significados ou que por serem indeterminados somente podem ser definidos à luz do caso concreto. Exemplos: a) servidor público; b) relevância e urgência; c) interesse social; d) repercussão geral; e) impacto ambiental. A linguagem, muitas vezes, dá lugar a mais de uma interpretação possível.

   b) *Desacordos morais razoáveis*. No mundo contemporâneo, nas sociedades plurais e complexas em que nós vivemos, pessoas esclarecidas e bem-intencionadas pensam de maneira diferente acerca de temas moralmente controvertidos. Exemplos: a) eutanásia e suicídio assistido, existência ou não de um direito à morte digna; b) recusa de transfusão de sangue por pessoas adeptas da religião Testemunhas de Jeová; c) descriminalização das drogas leves. Evidentemente, o desacordo tem que ser razoável. Se o indivíduo disser: "minha opção existencial é a pedofilia", sinto muito, esta não é uma alternativa moralmente aceitável. Aqui não há desacordo, há um consenso contrário.

   c) *Tensões de normas constitucionais ou de direitos fundamentais*. A Constituição, por ser um documento dialético, abriga valores contrapostos. Exemplo 1: quando o cantor Roberto Carlos procura impedir a divulgação de uma biografia sua, não autorizada, há uma tensão entre normas constitucionais de direito fundamental, como a que protege a liberdade de expressão e a que protege o direito à privacidade. Exemplo 2: na construção de duas usinas hidrelétricas na Amazônia, estiveram em concorrência, por igual, duas normas constitucionais que se contrapunham, de certo modo, naquela situação concreta: a que prevê que um dos objetivos da República é o desenvolvimento nacional e a que consagra a proteção ao meio ambiente. Note-se que o Tribunal de Justiça do Estado do Rio de Janeiro, ao julgar a possibilidade ou não de uma emissora de televisão fazer um programa sobre crime ocorrido há muitas décadas, proferiu decisão oposta à do Tribunal Constitucional alemão ao julgar o caso dos soldados de Lebach.

Não é possível chegar-se a uma solução para estas situações pelos métodos tradicionais de interpretação. Há mais de uma solução possível e, em princípio, razoável disputando a escolha do intérprete. Neste admirável mundo novo da interpretação constitucional foram desenvolvidas ou refinadas diversas categorias jurídicas novas, que incluem: (i) o reconhecimento de normatividade aos princípios e sua distinção qualitativa em relação às regras; (ii) o equacionamento do fenômeno das colisões de normas constitucionais, tanto as de princípios como as de direitos fundamentais; (iii) a ponderação como técnica de solução desses conflitos, superando as limitações do raciocínio puramente subsuntivo; e (iv) a reabilitação da argumentação jurídica, da razão prática, como fundamento de legitimação de decisões judiciais que não se sustentam na lógica tradicional da separação de poderes, por envolverem uma parcela de criatividade judicial.

1.4.3 O pensamento do professor Robert Alexy e as transformações na interpretação constitucional

É no domínio da interpretação constitucional – e, notadamente, da interpretação dos direitos fundamentais –, com suas diferentes categorias particulares que se deu a contribuição mais abrangente e revolucionária do Professor Robert Alexy.

A teoria dos princípios é um dos pilares da sua teoria dos direitos fundamentais e, segundo ele, seu sistema de constitucionalismo democrático seria incompleto sem ela.[8] Uma anotação importante, logo de início, é que os princípios são tratados por ele como uma espécie de *norma jurídica*. Embora isso possa parecer relativamente óbvio, esta foi uma conquista importante entre nós. É que, no Brasil – e provavelmente em outras partes do mundo romano-germânico –, os princípios eram tratados como uma fonte meramente subsidiária do direito, a ser utilizada apenas em caso de lacuna normativa e, ainda assim, depois do costume e da analogia. Mesmo quem reconhecia aos princípios constitucionais o caráter de norma, a ela logo agregava o adjetivo *programática*, a significar que sua efetividade ficava a depender de uma integração normativa subsequente, geralmente uma atuação do legislador ordinário. De modo que o simples reconhecimento do *status* de norma, que vem da obra de Alexy, já foi importante em si.

---

[8] Robert Alexy, *Teoria dos direitos fundamentais*. São Paulo: Malheiros, 2008. p. 85; e Robert Alexy, Principais elementos de uma teoria da dupla natureza do direito. *Revista de Direito Administrativo*, v. 253, 2010.

Porém, mais relevante foi a formulação de que as normas de direito fundamental têm, com frequência, a estrutura de princípios. De modo que o termo princípio pode se referir tanto a direitos individuais como a bens coletivos, isto é, fins de interesse público. E princípios, muitas vezes, entram em rota de colisão. Como consequência, ocorrem colisões entre bens coletivos, entre direitos fundamentais e entre direitos fundamentais e bens coletivos. Pois bem: nesse contexto geral, Alexy formulou a sua clássica distinção qualitativa entre regras e princípios. O tema foi explorado à exaustão, em trabalhos doutrinários no Brasil e no exterior. Utilizo aqui a conceituação por ele utilizada em um dos últimos trabalhos publicados no Brasil, traduzido por Fernando Leal:

> Princípios são mandamentos de otimização. Eles exigem que algo seja feito na maior medida possível relativamente às possibilidades fáticas e jurídicas. Sua forma de aplicação é a ponderação. Regras são, ao contrário, normas que obrigam, proíbem ou permitem algo definitivamente. Nesse sentido, elas são mandamentos definitivos. Sua forma de aplicação é a subsunção.[9]

Ainda no âmbito da teoria dos princípios, Alexy expõe a questão das colisões entre princípios e dos conflitos de regras, em *insights* luminosos. Uma colisão de regras somente pode ser solucionada se se introduzir uma cláusula de exceção – isto é, a regra terá sua incidência excluída em determinada hipótese – ou pela declaração de invalidade de uma delas. A colisão de princípios, por sua vez, é solucionada de forma bem diversa. Se dois princípios estão em rota de colisão, um deles terá de ceder. Isso não significa, todavia, que seja inválido. O que ocorre é que, sob determinadas circunstâncias concretas, um deles terá precedência. Sob outras condições, a solução pode ser oposta. É necessário um sopesamento ou ponderação para determinar qual princípio tem maior peso no caso concreto.[10]

Chega-se aqui a uma das questões centrais no debate acerca da interpretação constitucional que é o papel da ponderação ou sopesamento. Boa parte das cortes constitucionais do mundo se valem, hoje em dia, dessa técnica, que tem origem na jurisprudência do Tribunal Constitucional Federal alemão. Na tradição alemã, a ponderação é

---

[9] Robert Alexy, Principais elementos de uma teoria da dupla natureza do direito. *Revista de Direito Administrativo*, v. 253, 2010.
[10] Robert Alexy, *Teoria dos direitos fundamentais*. São Paulo: Malheiros, 2008. p. 92 e 105.

um aspecto de um princípio mais abrangente, que é o princípio da proporcionalidade. Como é corrente, o princípio da proporcionalidade se divide em três subprincípios: o da adequação, o da necessidade e o da proporcionalidade em sentido estrito. Interpretar o direito constitucional ou os direitos constitucionais à luz do princípio da proporcionalidade é implementar o mandado de otimização próprio à concretização dos princípios. Como assinalado acima, isso significa realizar cada direito constitucional, notadamente quando em tensão com outros direitos e bens jurídicos constitucionais, na maior extensão possível, à luz das circunstâncias fáticas e jurídicas a serem levadas em conta.

Alexy esclarece que os princípios da adequação e da necessidade dizem respeito à otimização dentro dos limites das possibilidades de fato presentes na situação específica. De outra parte, o subprincípio da proporcionalidade em sentido estrito diz respeito às possibilidades jurídicas de otimização. A ponderação, em última análise, envolve a busca da solução ótima à vista de princípios concorrentes. A proporcionalidade em sentido estrito dá lugar ao que Alexy denomina de "lei da ponderação", que pode ser assim enunciada: "Quanto maior o grau de não-satisfação ou de afetação de um princípio, tanto maior terá que ser a importância de satisfação do outro".[11]

1.5 Judicialização da vida. Os papéis contramajoritário e representativo do Supremo Tribunal Federal[12]

Como disse ao início, o constitucionalismo democrático foi a ideologia vitoriosa do século XX em boa parte do mundo, derrotando diversos projetos alternativos e autoritários que com ele concorreram. Tal arranjo institucional é produto da fusão de duas ideias que tiveram trajetórias históricas diversas, mas que se conjugaram para produzir o modelo ideal contemporâneo. *Democracia* significa soberania popular,

---

[11] Robert Alexy, *Teoria dos direitos fundamentais*. São Paulo: Malheiros, 2008. p. 167. Entre os principais estudiosos do pensamento de Alexy na América Latina encontram-se, no Brasil, Virgílio Afonso da Silva (v., *e.g.*, *Direitos fundamentais* – conteúdo essencial, restrições e eficácia. São Paulo: Malheiros, 2010) e, na Colômbia, Carlos Bernal Pulido (v., *e.g. The rationality of balancing*. Disponível em: <http://www.upf.edu/filosofiadeldret/_pdf/bernal_rationality_of_balancing.pdf>). Ambos foram tradutores, para o espanhol e para o português, respectivamente, da obra clássica de Alexy referida nesta nota.

[12] As ideias expostas neste tópico foram apresentadas, originariamente, em Luís Roberto Barroso e Eduardo Mendonça, STF entre seus papéis contramajoritário e representativo. *Conjur*, 3 jan. 2013. Disponível em: <http://www.conjur.com.br/2013-jan-03/retrospectiva-2012-stf-entre-papeis-contramajoritario-representativo>.

governo do povo, vontade da maioria. *Constitucionalismo*, por sua vez, traduz a ideia de poder limitado e respeito aos direitos fundamentais, abrigados, como regra geral, em uma Constituição escrita. Na concepção tradicional, a soberania popular é encarnada pelos agentes públicos eleitos, vale dizer: o presidente da República e os membros do Poder Legislativo. Por outro lado, a proteção da Constituição – isto é, do Estado de Direito e dos direitos fundamentais – é atribuída ao Poder Judiciário, em cuja cúpula, no Brasil, se encontra o Supremo Tribunal Federal – STF.

Daí a dualidade, igualmente tradicional, que estabelecia uma distinção rígida entre política e direito, cuja relação vem sendo analisada neste tópico. Nessa ótica, tribunais eram independentes e preservados da política por mecanismos diversos (autonomia financeira e garantias da magistratura, entre outros). Por outro lado, não interfeririam em questões políticas. Para bem e para mal, esse tempo ficou para trás. Ao longo dos últimos anos, verificou-se uma crescente *judicialização* da vida, rótulo que identifica o fato de que inúmeras questões de grande repercussão moral, econômica e social passaram a ter sua instância final decisória no Poder Judiciário e, com frequência, no Supremo Tribunal Federal. Em tom crítico, na academia ou no Parlamento, muitos atores reeditaram o comentário de Carl Schmidt, contrário à ideia de criação de tribunais constitucionais, que falava dos riscos de judicialização da política e de politização da justiça. Ao contrário de Hans Kelsen, que os defendia. Não é o caso de reeditar esse debate, já feito em outros trabalhos doutrinários do autor.[13]

O que cabe destacar aqui é que a Corte desempenha, claramente, dois papéis distintos e aparentemente contrapostos. O primeiro papel é apelidado, na teoria constitucional, de *contramajoritário*: em nome da Constituição, da proteção das regras do jogo democrático e dos direitos fundamentais, cabe a ela a atribuição de declarar a inconstitucionalidade de leis (i.e., de decisões majoritárias tomadas pelo Congresso) e de atos do Poder Executivo (cujo chefe foi eleito pela maioria absoluta dos cidadãos). Vale dizer: agentes públicos não eleitos, como juízes e ministros do STF, podem sobrepor a sua razão à dos tradicionais representantes da política majoritária. Daí o termo *contramajoritário*. O segundo papel, menos debatido na teoria constitucional,[14] pode

---

[13] V. Luís Roberto Barroso, *O controle de constitucionalidade no direito brasileiro*: exposição sistemática da doutrina e análise crítica da jurisprudência. São Paulo: Saraiva, 2011. p. 74-5.

[14] V., no entanto, Corinna Barret Lain, Upside-down judicial review. *The Georgetown Law Journal*, p. 101-113, 2012; Thamy Pogrebinschi, *Judicialização ou representação*: política,

ser referido como *representativo*. Trata-se, como o nome sugere, do atendimento, pelo Tribunal, de demandas sociais e de anseios políticos que não foram satisfeitos a tempo pelo Congresso Nacional. Esse papel representativo do Supremo Tribunal Federal tem despertado grande atenção nos últimos tempos. E tem imposto uma reflexão acerca das relações da Corte com a sociedade e com os outros poderes. A capacidade de uma corte constitucional de interpretar e levar em conta o sentimento social é positiva e desejável. Em uma democracia, todo poder é representativo, vale dizer, deve ser exercido em nome e no interesse do povo, bem como deve contas à sociedade. Por isso, juízes de qualquer grau de jurisdição devem olhar pela janela de seus gabinetes e se esforçarem por compreender a realidade à sua volta. Mas aqui há cuidados a serem tomados: o Judiciário não pode se tornar mais um canal da política majoritária, subserviente à opinião pública ou pautado pela mídia. Muitas vezes, a solução justa não é a mais popular. E o populismo judicial é tão ruim quanto qualquer outro.

No tocante às relações com outros poderes, também se impõem cuidados. No Brasil, o Poder Legislativo vive um momento difícil, certa crise de representatividade e de funcionalidade. Apesar da clara percepção do fenômeno, as lideranças políticas não conseguiram, ainda, avançar uma agenda de reformas, particularmente de uma reforma política. Isso aumenta a pressão sobre o Judiciário, muitas vezes provocado pelos próprios agentes políticos a atuar em questões controvertidas. Outras vezes, entidades da sociedade civil ou particulares postulam judicialmente o atendimento de demandas sociais que emperraram no processo político majoritário. Embora seja inevitável, muitas vezes, uma atuação mais expansiva, é preciso evitar a arrogância judicial ou qualquer pretensão de hegemonia. Nessa questão, como em tudo na vida, é preciso acertar a justa medida.

Por ocasião de minha sabatina perante o Senado Federal, realizada em 5.6.2013, expus o meu ponto de vista na matéria. No mundo ideal, política é política, direito é direito. São domínios diferentes. No mundo real, todavia, as fronteiras nem sempre são demarcadas de maneira nítida. E, assim, surgem tensões inevitáveis. Quando isso ocorre, é preciso critérios para equacionar a questão. Penso ser próprio aqui distinguir duas situações: a) quando tenha havido uma atuação

---

direito e democracia no Brasil. São Paulo: Elsevier-Campus, 2011; e Luís Roberto Barroso, O constitucionalismo democrático no Brasil: crônica de um sucesso imprevisto. In: Luís Roberto Barroso, *O novo direito constitucional brasileiro*. Belo Horizonte: Fórum, 2012. p. 41.

do Legislativo ou do Executivo em relação ao tema; e b) quando *não* tenha havido tal atuação.

A primeira situação, portanto, se dá quando o Legislativo tenha efetivamente deliberado acerca de determinada matéria. Por exemplo: (i) a edição de uma lei permitindo e disciplinando as pesquisas com células-tronco embrionárias; ou (ii) a edição de lei disciplinando a ação afirmativa em favor de negros. Nesses dois casos, embora exista controvérsia política, o Judiciário deve ser deferente para com as escolhas feitas pelo Legislativo. Não cabe ao Judiciário sobrepor a sua própria valoração política à dos órgãos cujos membros têm o batismo da representação popular.

Situação diversa é a que ocorre quando o Legislativo não atuou, porque não pôde, não quis ou não conseguiu formar maioria. Aí haverá uma lacuna no ordenamento. Mas os problemas ocorrerão e o Judiciário terá de resolvê-los. Por exemplo: a) o Congresso não havia ainda regulado a greve no serviço público. A despeito disso, as greves ocorriam, surgiam disputas e o STF viu-se na contingência de estabelecer as regras que deveriam ser aplicadas até que o Congresso viesse a dispor a respeito; ou b) o caso das relações homoafetivas. Elas existem. São um fato da vida, independentemente do que cada um pense sobre o ponto. Não há lei a respeito. Pois bem: o Estado tem que tomar uma posição sobre a existência ou não de um direito desses casais a serem reconhecidos como uma entidade familiar, pela importância moral desse reconhecimento e por uma série de questões práticas (herança, pensão alimentícia, divisão do patrimônio comum). Quando o Congresso Nacional não fornece uma resposta, é natural que os afetados traduzam o seu pleito perante o Judiciário, buscando a afirmação jurídica daquilo que a política se negou a discutir.

É claro que uma corte constitucional poderia também, em linha de princípio, rever uma escolha que o legislador tenha feito, mas isso envolve naturalmente um ônus argumentativo muito mais elevado. Por tudo isso, o papel do Judiciário, quando não tenha havido deliberação política, é mais abrangente do que quando ela tenha ocorrido. Se há lei, o STF só deve invalidá-la se a afronta à Constituição for inequívoca. Se não há lei, o Judiciário não pode deixar de decidir a questão alegando omissão normativa. Nesse caso, seu poder se expande. Portanto, no fundo, quem tem o poder sobre o maior ou menor grau de judicialização é o Congresso: quando ele atua, ela diminui; e vice-versa.

1.5.1 O pensamento do Professor Robert Alexy e a jurisdição constitucional: o Tribunal Constitucional como representação argumentativa da sociedade[15]

A jurisdição constitucional é uma manifestação do poder estatal, do poder político. Em uma democracia, como já assinalado, todo poder político emana do povo e, naturalmente, em seu nome deve ser exercido. Como consequência, todo poder político legítimo é poder representativo. Porém, membros de uma corte constitucional não são eleitos, como são os parlamentares, nem estão sujeitos a controle, na medida em que não há a opção de deixar de reelegê-los. A única maneira de reconciliar a jurisdição constitucional com a democracia é concebê-la, também, como uma representação popular. Para tanto, há dois obstáculos a superar: é preciso (i) desvincular representação de eleição; e (ii) demonstrar porque a representação pelo tribunal constitucional deve ter precedência sobre a representação baseada em eleições.

Na visão de Alexy, a chave para a solução desses problemas e, consequentemente, para o problema geral da jurisdição constitucional é o conceito de representação argumentativa. Com efeito, é possível desenhar um modelo de democracia que não seja baseado exclusivamente nos conceitos de eleições e de governo da maioria. Um modelo assim seria puramente decisional. Mas um conceito adequado de democracia deve incluir não apenas decisão, mas também argumento. Com a inclusão da ideia de argumentos, a democracia se converte em democracia deliberativa. Nesse sentido, a representação do povo pelo parlamento deve ser tanto decisional quanto argumentativa ou discursiva. Por outro lado, a representação do povo por uma corte constitucional é puramente argumentativa. Veja-se que um conceito adequado de representação deve estar conectado com alguns *valores ideais*.[16] A representação deve ter uma pretensão de correção.

A crítica que se faz à jurisdição constitucional e ao papel das cortes constitucionais é de que isso é uma idealização. E que, no fundo, a simples invocação da representação do povo tornaria qualquer argumento legítimo, sem limite ou controle. Essa objeção pode ser rebatida demonstrando-se dois pontos: a) existem argumentos que podem ser

---

[15] As ideias expostas nesse tópico foram colhidas em Robert Alexy, Balancing, constitutional review, and representation. *International Journal of Constitutional Law*, v. 3, 2005. p. 578 e ss.
[16] E a expressão é utilizada por Alexy, que a atribui a Gerhard Leibholz (Robert Alexy, Balancing, constitutional review, and representation. *International Journal of Constitutional Law*, v. 3, 2005. p. 579).

considerados sólidos e corretos; e b) pessoas racionais são capazes de aceitar argumentos sólidos e corretos. Presentes estas condições, vai se constatar que o constitucionalismo discursivo é um projeto de institucionalização da razão e da correção. Vale dizer: se existem argumentos sólidos e corretos, assim como pessoas racionais, a razão e a correção são melhor institucionalizadas com a existência de uma jurisdição constitucional do que sem ela.

1.6 Conclusão

Pretensão de correção moral, princípios como mandados de otimização, lei da ponderação, direitos fundamentais como conteúdo mínimo da ideia de justiça, a corte constitucional como representação argumentativa da sociedade: a gramática e a semântica do direito constitucional contemporâneo, bem como a linguagem de um grande número de cortes constitucionais no mundo incluem as categorias e a terminologia do Professor Robert Alexy. Poucos autores têm a projeção e a influência por ele alcançadas. Tudo isso sem *marketing*, sem interesses políticos ou econômicos, sem qualquer gota de pretensão ou arrogância, mas tão somente pela virtude da qual ele se tornou um dos símbolos: a racionalidade e a qualidade do argumento. E porque o Professor Robert Alexy foi a pessoa que contribuiu para universalizar a proporcionalidade e a ponderação, eu gostaria de encerrar a minha apresentação com uma passagem do filósofo chinês Lao-Tsé, colhida no livro clássico *Tao Te Ching*, escrito há dois mil e seiscentos anos, e que faz justiça ao nosso homenageado:

> O excesso de luz cega a vista.
> O excesso de som ensurdece o ouvido.
> Condimentos em demasia estragam o gosto.
> O ímpeto das paixões perturba o coração.
> A cobiça do impossível destrói a ética.
> Por isto, o sábio em sua alma
> Determina a medida para cada coisa.

CAPÍTULO 2

A MORTE COMO ELA É: DIGNIDADE E AUTONOMIA INDIVIDUAL NO FINAL DA VIDA[1]

2.1 Introdução

> *E quando se vai morrer, lembrar-se de que o dia morre,*
> *E que o poente é belo e é bela a noite que fica.*
> *Assim é e assim seja.*
>
> (Fernando Pessoa, *O guardador de rebanhos*)

Um indivíduo não tem poder sobre o início da própria vida. Sua concepção e seu nascimento são frutos da vontade alheia. É o nascimento com vida que marca o início da condição humana efetiva, com a aquisição de personalidade jurídica e da aptidão para ter direitos e obrigações.[2] O direito à vida constitui o primeiro direito de qualquer pessoa, sendo tutelado em atos internacionais, na Constituição e no direito infraconstitucional. Ao lado do direito fundamental à vida, o direito contemporâneo – também em atos internacionais e domésticos

---

[1] Texto escrito em coautoria com Letícia de Campos Velho Martel, Doutoranda em Direito Público na UERJ; Mestra em Instituições Jurídico-Políticas pela UFSC; Professora licenciada da Universidade do Extremo Sul Catarinense; Pesquisadora do Núcleo de Pesquisas em Direitos Humanos e Cidadania (Nupec/Unesc) e Pós-Graduanda em Estudios Superiores en Bioética pela Flacso/Argentina.

[2] Note-se, no entanto, que a lei põe a salvo, desde a concepção, os direitos do nascituro (Código Civil, art. 2º).

– tutela, igualmente, a dignidade da pessoa humana. O direito de todos e de cada um a uma *vida digna* é a grande causa da humanidade, a principal energia que move o processo civilizatório.

Um indivíduo tem poder sobre o fim da própria vida. A inevitabilidade da morte, que é inerente à condição humana, não interfere com a capacidade de alguém de pretender antecipá-la. A legitimidade ou não dessa escolha envolve um universo de questões religiosas, morais e jurídicas. Existe um direito à morte, no tempo certo, a juízo do indivíduo? A ideia de dignidade humana, que acompanha a pessoa ao longo de toda sua vida, também pode ser determinante da hora da sua morte? Assim como há direito a uma vida digna, existiria direito a uma *morte digna*? O estudo que se segue procura enfrentar essas questões, que têm desafiado a ética e o direito pelos séculos afora.

A finitude da vida e a vulnerabilidade do corpo e da mente são signos da nossa humanidade, o destino comum que iguala todos. Representam, a um só tempo, mistério e desafio. Mistério, pela incapacidade humana de compreender em plenitude o processo da existência. Desafio, pela ambição permanente de domar a morte e prolongar a sobrevivência. A ciência e a medicina expandiram os limites da vida em todo o mundo. Porém, o humano está para a morte. A mortalidade não tem cura. É nessa confluência entre a vida e a morte, entre o conhecimento e o desconhecido, que se originam muitos dos medos contemporâneos. Antes, temiam-se as doenças e a morte. Hoje, temem-se, também, o prolongamento da vida em agonia, a morte adiada, atrasada, mais sofrida. O poder humano sobre *Tanatos*.[3]

As reflexões aqui desenvolvidas têm por objeto o processo de terminalidade da vida, inclusive e notadamente, em situações nas quais os avanços da ciência e da tecnologia podem produzir impactos adversos. Seu principal propósito é estudar a morte com intervenção à luz da dignidade da pessoa humana, com vistas a estabelecer alguns padrões básicos para as políticas públicas brasileiras sobre a matéria. Para tanto, investe-se um esforço inicial na uniformização da terminologia utilizada em relação à morte com intervenção. Na sequência,

---

[3] Na mitologia grega, Tanatos era o Deus da morte, citado por Eurípedes na tragédia *Alceste*. V. Joêl Schmidt, *Dicionário de mitologia greco-romana*. Lisboa: Edições 70, 1994. p. 250. Em trabalho clássico, publicado em 1920, Sigmund Freud procura demonstrar a existência de dois instintos opostos existentes no ser humano: um, de preservação, ligado ao prazer (Eros) e outro de destruição, de ausência de energia, de morte (Tanatos). V. Sigmund Freud, Beyond the pleasure-principle. In: John Rickman, *A general selection from the works of Sigmund Freud*. N. York: Doubleday, 1989.

procura-se produzir uma densificação semântica do conceito de dignidade da pessoa humana. Por fim, são apresentados e debatidos alguns procedimentos destinados a promover a dignidade na morte, alternativos à eutanásia e ao suicídio assistido.

As ideias aqui desenvolvidas, como se verá, valorizam a autonomia individual como expressão da dignidade da pessoa humana e procuram justificar as escolhas esclarecidas feitas pelas pessoas. Nada obstante isso, a morte com intervenção, no presente trabalho, não foi confinada a um debate acerca da permissão ou proibição da eutanásia e do suicídio assistido. O refinamento da discussão permite que se busque consenso em torno de alternativas moralmente menos complexas, antes de se avançar para o espaço das escolhas excludentes. O fenômeno da *medicalização da vida* pode transformar a morte em um processo longo e sofrido. A preocupação que moveu os autores foi a de investigar possibilidades, compatíveis com o ordenamento jurídico brasileiro, capazes de tornar o processo de morrer mais humano. Isso envolve minimizar a dor e, em certos casos, permitir que o desfecho não seja inutilmente prorrogado. Ainda um último registro introdutório: as considerações sobre a morte com intervenção, aqui lançadas, referem-se tão somente aos casos de pessoas em estado terminal ou em estado vegetativo persistente.

2.2 Morte com intervenção: os conceitos essenciais[4]

Nos últimos anos, os estudiosos da bioética têm procurado realizar uma determinação léxica de alguns conceitos relacionados ao final da vida. Muitos fenômenos que eram englobados sob uma mesma denominação passam a ser identificados como categorias específicas. Este esforço de *limpeza* conceitual deveu-se à necessidade de enfrentar a intensa polissemia na matéria, que aumentava, pela incerteza da linguagem, as dificuldades inerentes a um debate já em si complexo. Como intuitivo, facilita a racionalidade da circulação de ideias que se faça a distinção entre situações que guardam entre si variações fáticas e éticas importantes. Em certos casos, as distinções são totalmente

---

[4] Os conceitos aqui apresentados são, com sutis alterações e revisões, os expostos em: Letícia de Campos Velho Martel, Limitação de tratamento, cuidado paliativo, eutanásia e suicídio assistido: elementos para um diálogo sobre os reflexos jurídicos da categorização. In: Luís Roberto Barroso, *A reconstrução democrática do direito público no Brasil*. Rio de Janeiro: Renovar, 2007. p. 369-432.

nítidas; em outros, bastante sutis. Ainda assim, é conveniente identificar, analiticamente, as seguintes categorias operacionais: a) eutanásia; b) ortotanásia; c) distanásia; d) tratamento fútil e obstinação terapêutica; e) cuidado paliativo; f) recusa de tratamento médico e limitação consentida de tratamento; g) retirada de suporte vital (RSV) e não oferta de suporte vital (NSV); h) ordem de não ressuscitação ou de não reanimação (ONR); e i) suicídio assistido.[5] Algumas dessas categorias, como se verá, são espécies em relação ao gênero.

O termo *eutanásia* foi utilizado, por longo tempo, de forma genérica e ampla, abrangendo condutas comissivas e omissivas em pacientes que se encontravam em situações muito dessemelhantes. Atualmente, o conceito é confinado a uma acepção bastante estreita, que compreende apenas a forma ativa aplicada por médicos a doentes terminais cuja morte é inevitável em um curto lapso.[6] Compreende-se que a eutanásia é a ação médica intencional de apressar ou provocar a morte – com exclusiva finalidade benevolente – de pessoa que se encontre em situação considerada irreversível e incurável, consoante os padrões médicos vigentes, e que padeça de intensos sofrimentos físicos e psíquicos. Do conceito estão excluídas a assim chamada eutanásia *passiva*, eis que ocasionada por omissão, bem como a *indireta*, ocasionada por ação desprovida da *intenção* de provocar a morte. Não se confunde, tampouco, com o *homicídio piedoso*, conceito mais amplo que contém

---

[5] Utiliza-se aqui o marco teórico hegemônico da bioética, identificado como o principialismo, proposto por Beauchamp e Childress a partir das noções de obrigações *prima facie* de Ross. Segundo Florência Luna e Arleen L. F. Salles, o principialismo situa-se na primeira onda de reflexão sobre a bioética, assim como os estudos kantianos e o utilitarismo. Além dos marcos teóricos da primeira onda, há os da segunda, que apresentam diversos enfoques para o exame dos problemas morais complexos que exsurgem no cenário da bioética, como a ética da virtude, o comunitarismo, o feminismo e a casuística (Florência Luna; Arleen L. F. Salles, *Bioética*: nuevas reflexiones sobre debates clásicos. México, D.F.: Fondo de Cultura Económica, 2008).

[6] Sobre a elaboração, discussão e crítica dos conceitos, ver: Leo Pessini, *Distanásia*: até quando prolongar a vida? São Paulo: Editora do Centro Universitário São Camilo: Loyola, 2001. v. 2. Coleção Bioética em Perspectiva; Leonard M. Martin, Eutanásia e distanásia. In: Volnei Garrafa (Org.), *Iniciação à bioética*. Brasília: CFM, 1998. p. 171-192; Rodrigo Siqueira-Batista; Fermin Roland Schramm, Eutanásia: pelas veredas da morte e da autonomia. *Ciência e Saúde Coletiva*, v. 9, n. 1, p. 33 e s., 2004; Terrance McConnell, *Inalienable rights*: the limits of consent in medicine and the law. Oxford: Oxford University, 2000. p. 88; Diaulas Costa Ribeiro, Autonomia: viver a própria vida e morrer a própria morte. *Cadernos de Saúde Pública*, Rio de Janeiro, v. 22, n. 8, p. 1749-1754, ago. 2006. Para relevantes visões críticas: Raphael Cohen-Almagor, Language and reality in the end-of-life. *The Journal of law, medicine & ethics*, v. 28, n. 3, p. 267-278, Fall, 2000; Dan W. Brock, *Life and death*: philosophical essays in biomedical ethics. Cambridge: Cambridge University Press, 2000. p. 169-172.

o de eutanásia. De acordo com o consentimento ou não daquele que padece, a eutanásia pode ser *voluntária, não voluntária* e *involuntária*.[7]

Por *distanásia* compreende-se a tentativa de retardar a morte o máximo possível, empregando, para isso, todos os meios médicos disponíveis, ordinários e extraordinários ao alcance, proporcionais ou não, mesmo que isso signifique causar dores e padecimentos a uma pessoa cuja morte é iminente e inevitável.[8] Em outras palavras, é um prolongamento artificial da vida do paciente, sem chance de cura ou de recuperação da saúde segundo o estado da arte da ciência da saúde, mediante conduta na qual "não se prolonga a vida propriamente dita, mas o processo de morrer".[9] A *obstinação terapêutica* e o *tratamento fútil* estão associados à distanásia. Alguns autores tratam-nos, inclusive, como sinônimos. A primeira consiste no comportamento médico de combater a morte de todas as formas, como se fosse possível curá-la, em "uma luta desenfreada e (ir)racional",[10] sem que se tenha em conta os padecimentos e os custos humanos gerados. O segundo refere-se ao emprego de técnicas e métodos extraordinários e desproporcionais de tratamento, incapazes de ensejar a melhora ou a cura, mas hábeis a prolongar a vida, ainda que agravando sofrimentos, de forma tal que os benefícios previsíveis são muito inferiores aos danos causados.[11]

---

[7] Diz-se que é *voluntária* quando há expresso e informado consentimento; *não voluntária*, quando se realiza sem o conhecimento da vontade do paciente; e *involuntária*, quando é realizada contra a vontade do paciente. No que toca à eutanásia involuntária, há um relevante e adequado consenso jurídico quanto ao seu caráter criminoso. Os casos mais comuns da eutanásia não voluntária são os que envolvem pacientes incapazes. Sobre este último ponto, v. Terrance McConnell, *Inalienable rights*: the limits of consent in medicine and the law. Oxford: Oxford University, 2000. p. 89.

[8] Este conceito foi extraído do voto do magistrado colombiano Vladimiro Naranjo Mesa, com leves alterações em seu texto (Colômbia, *Sentencia C-239/97*. Disponível em: <http://web.minjusticis.gov.co/jusrisprudencia>. Acesso em: ago. 2005). Sobre a distanásia, é muito relevante consultar Leo Pessini, *Distanásia*: até quando prolongar a vida? São Paulo: Editora do Centro Universitário São Camilo: Loyola, 2001. v. 2. Coleção Bioética em Perspectiva.

[9] Cf. Leo Pessini, *Distanásia*: até quando prolongar a vida? São Paulo: Editora do Centro Universitário São Camilo: Loyola, 2001. p. 30. v. 2. Coleção Bioética em Perspectiva.

[10] Rodrigo Siqueira-Batista; Fermin Roland Schramm, Eutanásia: pelas veredas da morte e da autonomia. *Ciência e Saúde Coletiva*, v. 9, n. 1, p. 33, 2004. A expressão *cura da morte* foi cunhada por Leo Pessini. Cf. Leo Pessini, *Distanásia*: até quando prolongar a vida? São Paulo: Editora do Centro Universitário São Camilo: Loyola, 2001. p. 331 e ss. v. 2. Coleção Bioética em Perspectiva.

[11] Leo Pessini, *Distanásia*: até quando prolongar a vida? São Paulo: Editora do Centro Universitário São Camilo: Loyola, 2001. v. 2. Coleção Bioética em Perspectiva, especialmente as páginas 163 e ss. Ver também: Raphael Cohen-Almagor, Language and reality in the end-of-life. *The Journal of law, medicine & ethics*, v. 28, n. 3, p. 267-278, Fall, 2000.

Em sentido oposto da distanásia e distinto da eutanásia, tem-se a *ortotanásia*. Trata-se da morte em seu tempo adequado, não combatida com os métodos extraordinários e desproporcionais utilizados na distanásia, nem apressada por ação intencional externa, como na eutanásia. É uma aceitação da morte, pois permite que ela siga seu curso. É prática "sensível ao processo de humanização da morte, ao alívio das dores e não incorre em prolongamentos abusivos com aplicação de meios desproporcionados que imporiam sofrimentos adicionais".[12] Indissociável da ortotanásia é o *cuidado paliativo*, voltado à utilização de toda a tecnologia possível para aplacar o sofrimento físico e psíquico do enfermo.[13] Evitando métodos extraordinários e excepcionais, procura-se aliviar o padecimento do doente terminal pelo uso de recursos apropriados para tratar os sintomas, como a dor e a depressão.[14] O cuidado paliativo pode envolver o que se denomina *duplo efeito*: em determinados casos, o uso de algumas substâncias para controlar a dor e a angústia pode aproximar o momento da morte. A diminuição do tempo de vida é um efeito previsível sem ser desejado, pois o objetivo primário é oferecer o máximo conforto possível ao paciente, sem intenção de ocasionar o evento morte.[15]

A *recusa de tratamento médico* consiste na negativa de iniciar ou de manter um ou alguns tratamentos médicos. Após o devido processo

---

[12] Leo Pessini, *Distanásia*: até quando prolongar a vida? São Paulo: Editora do Centro Universitário São Camilo: Loyola, 2001. p. 31. v. 2. Coleção Bioética em Perspectiva.

[13] Cf. Leo Pessini, *Distanásia*: até quando prolongar a vida? São Paulo: Editora do Centro Universitário São Camilo: Loyola, 2001. p. 203 e ss. v. 2. Coleção Bioética em Perspectiva.

[14] Este conceito foi extraído do voto do magistrado colombiano Vladimiro Naranjo Mesa, com sutis alterações em seu texto (Colômbia, *Sentencia C-239/97*. Demanda de Inconstitucionalidad contra el artículo 326 del decreto 100 de 1980 – Código Penal. Magistrado Ponente: dr. Carlos Gaiviria Diaz. 20 mayo 1997. Disponível em: <http://www.ramajudicial.gov.co/csj_portal/jsp/frames/index.jsp?idsitio=6&ruta=../jurisprudencia/consulta.jsp>. Acesso em: maio 2005).

[15] Cf. Leo Pessini, *Distanásia*: até quando prolongar a vida? São Paulo: Editora do Centro Universitário São Camilo: Loyola, 2001. p. 213. v. 2. Coleção Bioética em Perspectiva; Colômbia, *Sentencia C-239/97*. Demanda de Inconstitucionalidad contra el artículo 326 del decreto 100 de 1980 – Código Penal. Magistrado Ponente: dr. Carlos Gaiviria Diaz. 20 mayo 1997. Disponível em: <http://www.ramajudicial.gov.co/csj_portal/jsp/frames/index.jsp?idsitio=6&ruta=../jurisprudencia/consulta.jsp>. Acesso em: maio 2005, voto do magistrado Vladimiro Naranjo Mesa; T. E. Quill *et al*. Palliative treatments of last resort: choosing the least harmful alternative. *Annals of Internal Medicine*, v. 132, n. 6, p. 488-493, March 2000. Disponível em: <www.annals.org/cgi/content/>. Acesso em: jun. 2006; Maria Teresa de Moraes e Souza; Lino Lemonica, Paciente terminal e médico capacitado: parceria pela qualidade de vida. *Bioética*, v. 11, n. 1, p. 83-100, 2003; Raphael Cohen-Almagor, Language and reality in the end-of-life. *The Journal of law, medicine & ethics*, v. 28, n. 3, p. 267-278, Fall, 2000.

de informação, o paciente – ou, em certos casos, seus responsáveis – decide se deseja ou não iniciar ou continuar tratamento médico. O processo culmina com a assinatura de um termo de consentimento livre e esclarecido (TCLE).[16] A recusa pode ser ampla ou estrita, conforme seja admitida em qualquer circunstância – por pacientes que podem recuperar a sua saúde com o tratamento que recusam – ou em situações bem determinadas de impossibilidade de recuperação da saúde com a intervenção. A última hipótese, referida por alguns como *limitação consentida de tratamento* (ou também suspensão de esforço terapêutico), possui laços com a ortotanásia. A recusa ampla é ainda alvo de muitos debates, ao passo que existe certo consenso no marco teórico hegemônico da bioética quanto à possibilidade de recusa em sentido estrito.

A *retirada de suporte vital* (RSV), a *não oferta de suporte vital* (NSV) e as *ordens de não ressuscitação* ou *de não reanimação* (ONR) são partes integrantes da *limitação consentida de tratamento*. A RSV significa a suspensão de mecanismos artificiais de manutenção da vida, como os sistemas de hidratação e de nutrição artificiais e/ou o sistema de ventilação mecânica; a NSV, por sua vez, significa o não emprego desses mecanismos. A ONR é uma determinação de não iniciar procedimentos para reanimar um paciente acometido de mal irreversível e incurável, quando ocorre parada cardiorrespiratória.[17] Nos casos de ortotanásia, de cuidado paliativo e de limitação consentida de tratamento (LCT) é crucial o consentimento do paciente ou de seus responsáveis legais, pois são condutas que necessitam da *voluntariedade* do paciente ou da aceitação de seus familiares, em casos determinados. A decisão deve ser tomada após o adequado processo de informação e devidamente registrada mediante TCLE.

---

[16] Sobre o termo de consentimento livre e esclarecido, ou consentimento informado, ver: Joaquim Clotet; José Roberto Goldim (Org.); Carlos Fernando Francisconi, *Consentimento informado e sua prática na assistência e pesquisa no Brasil*. Porto Alegre: EDIPUCRS, 2000; Daniel Romero Muñoz; Paulo Antônio Carvalho Fortes, O princípio da autonomia e o consentimento livre e esclarecido. In: Volnei Garrafa (Org.), *Iniciação à bioética*. Brasília: CFM, 1999. p. 53-70; H. Tristan Engelhardt JR., *Fundamentos da bioética*. 2. ed. São Paulo: Loyola, 2000. p. 345-440; Leo Pessini; Volnei Garrafa (Org.), *Bioética*: poder e injustiça. São Paulo: Loyola, 2003. p. 469 e ss. (especialmente a parte IV).

[17] Cf. Délio José Kipper, Medicina e os cuidados de final da vida: uma perspectiva brasileira e latino-americana. In: Leo Pessini; Volnei Garrafa (Org.), *Bioética*: poder e injustiça. São Paulo: Loyola, 2003. p. 413-414. Consultar, ainda: Leo Pessini, *Distanásia*: até quando prolongar a vida? São Paulo: Editora do Centro Universitário São Camilo: Loyola, 2001. v. 2. Coleção Bioética em Perspectiva, *passim*; Maria Teresa de Moraes e Souza; Lino Lemonica, Paciente terminal e médico capacitado: parceria pela qualidade de vida. *Bioética*, v. 11, n. 1, p. 83-100, 2003.

Por fim, *suicídio assistido* designa a retirada da própria vida com auxílio ou assistência de terceiro. O ato causador da morte é de autoria daquele que põe termo à própria vida. O terceiro colabora com o ato, quer prestando informações, quer colocando à disposição do paciente os meios e condições necessárias à prática. O auxílio e a assistência diferem do induzimento ao suicídio. No primeiro, a vontade advém do paciente, ao passo que no outro o terceiro age sobre a vontade do sujeito passivo, de modo a interferir com sua liberdade de ação. As duas formas admitem combinação, isto é, há possibilidade de uma pessoa ser simultaneamente instigada e assistida em seu suicídio. O *suicídio assistido por médico* é espécie do gênero suicídio assistido.

O rearranjo conceitual apresentado atinge a antiga distinção entre as formas ativa e passiva da eutanásia, que passaram a receber denominações distintas. O termo *eutanásia* aplica-se somente àquela que era conhecida como forma ativa.[18] A conduta antes caracterizada como eutanásia passiva – e essa é uma das teses centrais do presente estudo – já não deve ser necessariamente visualizada como antiética, podendo ser expressão da autonomia do paciente, merecedora de respeito por parte da equipe de saúde. No mesmo ensejo, a distinção entre a eutanásia e a distanásia permite concluir que medidas excessivas e desproporcionais (na relação benefício/prejuízo à saúde e à qualidade de vida do enfermo) não devem ser empregadas à revelia da vontade do paciente, tampouco correspondem à *boa técnica*, caso não desejadas pelo doente, seus cuidadores ou seus responsáveis legais.

2.3 O descompasso entre a interpretação dominante do direito vigente e a ética médica

A legislação penal brasileira não extrai consequências jurídicas significativas das categorizações mencionadas no tópico anterior, salvo o suicídio assistido. Assim, tanto a eutanásia quanto a ortotanásia – aí compreendida a limitação do tratamento – constituiriam hipóteses de homicídio.[19] No primeiro caso, na modalidade comissiva e, no segundo,

---

[18] Para uma visão da categorização anterior do tema, com a distinção entre eutanásia ativa e passiva, além dos autores já referidos na nota 4, v. também Michael Tooley, Euthanasia and assisted suicide. In: R. G. Frey; Christopher Heath Wellman, *A companion to applied ethics*. Malden: Blackwell, 2007. p. 326-341.

[19] Código Penal, art. 121: "Matar alguém: Pena – reclusão, de 6 (seis) meses a 20 (vinte) anos".

na omissiva. O auxílio ao suicídio é tratado em tipo penal próprio.[20] Nessa interpretação, que corresponde ao conhecimento convencional na matéria, a decisão do paciente ou de sua família de descontinuar um tratamento médico desproporcional, extraordinário ou fútil não alteraria o caráter criminoso da conduta. A existência de consentimento não produziria o efeito jurídico de salvaguardar o médico de uma persecução penal. Em suma: não haveria distinção entre o ato de não tratar um enfermo terminal segundo a sua própria vontade e o ato de intencionalmente abreviar-lhe a vida, também a seu pedido.[21]

Essa postura legislativa e doutrinária pode produzir consequências graves, pois, ao oferecer o mesmo tratamento jurídico para situações distintas, o paradigma legal reforça condutas de obstinação terapêutica e acaba por promover a distanásia. Com isso, endossa um modelo médico paternalista, que se funda na *autoridade* do profissional da medicina sobre o paciente e descaracteriza a condição de *sujeito* do enfermo. Ainda que os médicos não mais estejam vinculados eticamente a esse modelo superado de relação, o espectro da sanção pode levá-los a adotá-lo. Não apenas manterão ou iniciarão um tratamento indesejado, gerador de muita agonia e padecimento, como, por vezes, adotarão algum não recomendado pela boa técnica, por sua desproporcionalidade. A arte de curar e de evitar o sofrimento se transmuda, então, no ofício mais rude de prolongar a vida a qualquer custo e sob quaisquer condições. Não é apenas a autonomia do paciente que é agredida. A liberdade de consciência do profissional da saúde pode também estar em xeque.[22]

---

[20] Código Penal, art. 122: "Induzir ou instigar alguém a suicidar-se ou prestar-lhe auxílio para que o faça: Pena – reclusão, de 2 (dois) a 6 (seis) anos, se o suicídio se consuma, ou reclusão, de 1 (um) a 3 (três) anos, se da tentativa de suicídio resulta lesão corporal de natureza grave".

[21] Pelo conhecimento convencional no Brasil, ambas as condutas seriam consideradas homicídio, o qual, caso viesse a ser reconhecido pelo júri, poderia contar com uma causa especial de diminuição de pena (*privilégio*). V. Júlio Fabbrini Mirabete, *Código Penal interpretado*. 4. ed. São Paulo: Atlas, 2003. E também: Fernando Capez, *Curso de direito penal*. Parte especial. São Paulo: Saraiva, 2003. p. 34. v. 2; Cezar Roberto Bitencourt, *Tratado de direito penal*. Parte especial. São Paulo: Saraiva, 2003. p. 58. v. 2. Sobre as privilegiadoras e qualificadoras, Juarez Cirino Santos, *A moderna teoria do fato punível*. 4. ed. rev. e ampl. Rio de Janeiro: Lumen Juris, 2005; Raquel Elias Ferreira Dodge, Eutanásia: aspectos jurídicos. *Bioética*, Brasília, v. 7, n. 1, p. 113-120, 1999. Disponível em: <http://www.portalmedico.org.br/revista/bio1v7/eutaspectos.htm>. Acesso em: maio 2006; BRASIL. Ministério Público Federal – 1ª Reg. *Recomendação nº 01/2006 - WD - PRDC*. Disponível em: <www.prdf.mpf.gov.br/prdc/legis/docs/exfile.2006-11-21.7242563592/attach/REC%2001-2006%20CFM.pdf>. Acesso em: 25 nov. 2006.

[22] Quanto ao cuidado paliativo de duplo efeito, a situação é ainda pior, por razões notórias. Se um médico for autorizado pelo enfermo a lançar mão dessa técnica, poderá abreviar seu tempo de vida. Se o mundo jurídico não oferecer amparo seguro a essa ação, o temor

A Resolução CFM nº 1.805/2006, de 9.11.2006, editada pelo Conselho Federal de Medicina, procurou contornar as deficiências e insuficiências de um Código Penal cuja parte especial é da década de 40 do século passado. Nessa linha, invocando sua função disciplinadora da classe médica, bem como o art. 5º, III da Constituição, pretendeu dar suporte jurídico à ortotanásia. Sem menção à eutanásia e ao suicídio assistido – que continuam a ser considerados pelo Conselho como práticas não éticas –, a resolução tratou da limitação do tratamento e do cuidado paliativo de doentes em fase terminal, nas hipóteses autorizadas por seus parentes ou por seus familiares. Trazendo uma fundamentada exposição de motivos, a Resolução CFM nº 1.805/2006 tem o conteúdo assim resumido em sua ementa:

> Na fase terminal de enfermidades graves e incuráveis é permitido ao médico limitar ou suspender procedimentos e tratamentos que prolonguem a vida do doente, garantindo-lhe os cuidados necessários para aliviar os sintomas que levam ao sofrimento, na perspectiva de uma assistência integral, respeitada a vontade do paciente ou de seu representante legal.

É possível fazer uma defesa da resolução do Conselho Federal de Medicina, quer dentro das categorias do próprio direito penal, quer mediante uma leitura de seu texto à luz da Constituição. Por ora, no entanto, faz-se o registro de que, em 2007, o Ministério Público Federal ajuizou ação civil pública, com pedido de antecipação de tutela, perante a Justiça Federal de Brasília contra o Conselho Federal de Medicina, pleiteando o reconhecimento da nulidade da referida resolução e, alternativamente, sua alteração a fim de que se definissem critérios a serem seguidos para a prática da ortotanásia. Na petição inicial, de 131 páginas, o procurador da República que a subscreve colocou-se frontalmente contra o conteúdo da resolução. Em meio a muitas considerações jurídicas, morais e metafísicas, afirmou: "A ortotanásia não passa de um *artifício homicida*; expediente desprovido de razões lógicas e violador da Constituição Federal, mero desejo de dar ao homem, pelo próprio homem, a possibilidade de uma decisão que nunca lhe pertenceu".[23] A resolução foi primeiramente suspensa

---

de cometer um crime pode ensejar o uso de dosagens medicamentosas menores do que o necessário para aplacar o imenso sofrimento físico e psicológico daqueles que estão no leito de morte.

[23] BRASIL. Ministério Público Federal. *ACP nº 2007.34.00.014809-3*. Petição Inicial (Wellington Divino Marques de Oliveira – Procurador Regional dos Direitos do Cidadão/1ª Região).

por meio de decisão cautelar. Na ocasião, entendeu o juiz de primeiro grau pela existência de "aparente conflito entre a resolução questionada e o Código Penal".[24]

A decisão marcou o encontro, no Brasil, de dois fenômenos do nosso tempo: a *medicalização*[25] e a *judicialização*[26] da vida. Ambos potencializados por um terceiro fenômeno: a sociedade espetáculo, em que os meios de comunicação transmitem, em tempo real, ao vivo e em cores, dramas como os de Terri Schiavo (EUA),[27] Hannah Jones (Reino Unido)[28] ou Eluana (Itália).[29] O pronunciamento judicial suspensivo

---

Disponível em: <http://noticias.pgr.mpf.gov.br/noticias-do-site/pdfs/ACP%20Ortotanasia. pdf>. Acesso em: out. 2007; BRASIL. Ministério Público Federal – 1ª Reg. *Recomendação nº 01/2006 - WD - PRDC*. Disponível em: <www.prdf.mpf.gov.br/prdc/legis/docs/exfile.2006-11-21.7242563592/attach/REC%2001-2006%20CFM.pdf>. Acesso em: 25 nov. 2006.

[24] V. inteiro teor da decisão em: <www.df.trf1.gov.br/.../2007.34.00.014809-3_decisao_23-10-2007.doc>.

[25] A expressão "medicalização da vida" foi cunhada e definida em Ivan Illich, The medicalization of life. *Journal of Medical Ethics*, v. I, p. 73-77, 1975.

[26] Luís Roberto Barroso, Judicialização, ativismo judicial e legitimidade democrática. *Revista de Direito do Estado*, Rio de Janeiro, n. 13, 2009.

[27] Em decorrência de uma parada cardíaca, Terri Schiavo viveu em estado vegetativo até falecer, em 2005. Nos últimos sete anos de sua vida, seu marido e representante legal, Michael Schiavo, vinha pedindo ao Judiciário dos EUA o desligamento dos tubos que a mantinham viva. Para tanto, afirmava que, antes de entrar em estado vegetativo, a mulher havia se manifestado diversas vezes no sentido de que não gostaria de ser mantida viva artificialmente. À pretensão do marido se opuseram tanto os próprios pais de Terri quanto diversas autoridades norte-americanas, como o Presidente Geoge W. Bush. A longa controvérsia jurídica envolveu desde a Justiça Estadual da Flórida até a Justiça Federal dos EUA, passando pelo Legislativo e pelo Governador do Estado. Por sua vez, a Suprema Corte dos EUA se recusou a analisar a matéria. Terri Schiavo faleceu em 31.3.2005. O resultado de sua autópsia confirmou que nenhum tratamento poderia tê-la ajudado a superar os danos neurológicos que sofreu. V. Saiba mais sobre o conflito judicial do caso Schiavo. *Folha de S. Paulo*, São Paulo, 29 mar. 2005. Disponível em: <http://www1.folha.uol.com.br/folha/mundo/ult94u82068.shtml>. Acesso em: 24 jun. 2009; Abby Goodnough, Schiavo autopsy says brain, withered, was untreatable. *New York Times*, 16 jun. 2005. Disponível em: <http://www.nytimes.com/2005/06/16/national/16schiavo.html>. Acesso em: jun. 2009.

[28] Aos cinco anos de idade, Hannah Jones foi diagnosticada com uma forma rara de leucemia e, desde então, sua vida passou a envolver frequentes internações hospitalares. Seu tratamento incluiu doses de um forte medicamento contra uma infecção, o que acabou causando danos ao seu coração. Sua única chance de viver longamente viria com um transplante. Mas a menina de treze anos recusou o tratamento, afirmando que já sofrera traumas demais e não queria passar por novas cirurgias – preferia morrer com dignidade. Irresignado com a decisão da paciente, o hospital foi ao Judiciário. Decidiu-se, porém, que Hannah era madura o suficiente para decidir por si própria. V. Jenny Percival, Teenager who won right to die: 'I have had too much trauma'. *Guardian.co.uk*, 11 nov. 2008. Disponível em: <http://www.guardian.co.uk/society/2008/nov/11/child-protection-health-hannah-jones>. Acesso em: jun. 2009.

[29] Eluana Englaro ficou em coma por dezessete anos, desde que sofreu um acidente de carro, em 1992. Seu caso causou grande comoção na Itália, mobilizando setores ligados à Igreja

da resolução exibiu, igualmente, o descompasso entre ordenamento jurídico e a ética médica. E, no mundo pós-positivista, de reaproximação entre o direito e a ética, este é um desencontro que deve ser evitado. A propósito, deve-se registrar que a orientação do Conselho Federal de Medicina está em consonância com as da Associação Médica Mundial (AMM), as da Organização das Nações Unidas para a Educação, a Ciência e a Cultura (Unesco) e as do Conselho Europeu e da Corte Europeia de Direitos Humanos (CEDH).[30] E, também, com o tratamento jurídico adotado em países como Estados Unidos da América, Canadá, Espanha, México, Reino Unido, França, Itália, Suíça, Suécia, Bélgica, Holanda e Uruguai.[31]

Católica e gerando uma crise entre o Primeiro-Ministro Silvio Berlusconi e o Presidente Giorgio Napolitano. Por dez anos, o pai da moça lutou para garantir o direito de deixá-la morrer, mas só conseguiu em 21.1.2009. Ela passou três dias sem receber comida e hidratação, mas uma "crise" acabou antecipando sua morte. V. Morre Eluana, a italiana que estava em coma havia 17 anos. *G1*, São Paulo, 9 fev. 2009. Disponível em: <http://g1.globo.com/Noticias/Mundo/0,,MUL993961-5602,00.html>. Acesso em: jun. 2009.

[30] a) as Resoluções da AMM sobre eutanásia e suicídio assistido consideram tais condutas antiéticas, mas assumem que é *direito* do paciente recusar tratamento médico, ainda que da recusa decorra a morte, e que é *direito* do paciente ter respeitada a sua escolha de que o "processo natural da morte siga seu curso na fase terminal da doença"; b) a Declaração Universal sobre Bioética e Direitos Humanos da Unesco determina que "qualquer intervenção médica preventiva, diagnóstica e terapêutica só deve ser realizada *com o consentimento prévio, livre e esclarecido do indivíduo envolvido, baseado em informação adequada*. O consentimento deve, quando apropriado, ser manifesto e *poder ser retirado pelo indivíduo envolvido a qualquer momento e por qualquer razão*, sem acarretar desvantagem ou preconceito". Para os casos de incapacidade, há dispositivos específicos, que visam a proteger a parcela de autonomia remanescente e os melhores interesses do envolvido; c) o Conselho Europeu posicionou-se favoravelmente à implementação de cuidados paliativos e do respeito dos direitos dos pacientes de recusarem tratamentos fúteis ou extraordinários. O Conselho determinou aos Estados-membros a normatização dos testamentos de vida e das diretivas avançadas; d) ao decidir o caso Pretty, a CEDH permitiu entrever que abaliza a limitação consentida de tratamento em pacientes terminais ou em estado irreversível, muito embora tenha se recusado a aceitar o suicídio assistido. Cf. Letícia de Campos Velho Martel, Limitação de tratamento, cuidado paliativo, eutanásia e suicídio assistido: elementos para um diálogo sobre os reflexos jurídicos da categorização. In: Luís Roberto Barroso, *A reconstrução democrática do direito público no Brasil*. Rio de Janeiro: Renovar, 2007; PARLIAMENTARY ASSEMBLY. *Resolution 1.649 (2009)*. Palliative Care: a model for innovative health and social policies. Disponível em: <http://assembly.coe.int/main.asp?Link=/documents/adoptedtext/ta09/eres1649.htm>. Acesso em: mar. 2009.

[31] a) a Suprema Corte dos Estados Unidos assentou o seu posicionamento nos casos *Vacco v. Quill* e *Washington v. Glucksberg et al.*, já lastreados em decisões anteriores, como o caso *Cruzan*; b) a Suprema Corte do Canadá reafirmou seu entendimento no tema em *Rodriguez v. British Columbia*; c) no Reino Unido, são importantes as decisões dos casos *Airedale N.H.S. Trust v. Bland* e *The Queen on the Application of Mrs. Dianne Pretty (Appellant) v. Director of Public Prosecutions (Respondent) and Secretary of State for the Home Department (Interested Party)*; d) a Bélgica e a Holanda reconhecem não apenas a LCT, como também a eutanásia e/ou o suicídio assistido; e) a Suíça permite o suicídio assistido; f) na Espanha, as decisões de suspensão de suporte vital em pacientes terminais são respeitadas e desde 2000 há leis

Estão em choque, aqui, dois modelos. Um de índole paternalista, que desconsidera a vontade do paciente e de seus familiares, privados de fazerem escolhas morais próprias. O outro, fundado na deontologia médica, valoriza a autonomia e o diálogo, aceitando que a arte de curar se converta em cuidado e amparo. Cabe procurar entender e enfrentar as razões do desencontro entre as imposições jurídicas e as exigências éticas. O principal argumento contrário a qualquer hipótese de morte com intervenção decorre da compreensão do direito à vida como um direito fundamental absoluto. No Brasil, essa valorização máxima da vida biológica e do modelo biomédico intensivista e interventor tem sua origem em algumas doutrinas morais abrangentes, muitas de cunho religioso, que penetram na interpretação jurídica. Esta visão do mundo se manifesta em diferentes passagens da ação civil pública acima referida.

A boa notícia é que, posteriormente, em alegações finais subscritas por outro procurador da República, o Ministério Público Federal se manifestou, entretanto, pela improcedência do pedido formulado na inicial. Em 2010, ao sentenciar o caso, o juiz de primeiro grau declarou que se alinhava à tese defendida pelo Conselho Federal de Medicina e pelo Ministério Público em suas alegações finais, por entender que ela representa "a interpretação mais adequada do Direito em face do atual estado da arte da medicina". Em sua decisão, o magistrado evocou como seus fundamentos as razões lançadas nas alegações finais do Ministério Público, transcrevendo-as quase integralmente. Com a decisão pela improcedência dos pedidos, e não tendo sido interposto qualquer recurso, a discussão se encerrou em primeiro grau. Assim, permanece válida a resolução do Conselho Federal de Medicina.

Em 2012, o Conselho Federal de Medicina aprovou a Resolução CFM nº 1995, dispondo sobre diretivas antecipadas de vontade dos pacientes. A resolução, portanto, introduz no país as chamadas *Advance Healthcare Directives*, que surgiram nos Estados Unidos da América durante a década de 1960. Trata-se de um gênero do qual são espécies

---

sobre testamentos vitais (*Ley Catalana*); g) na França, a limitação consentida de tratamento foi permitida por lei em 2005. Cf. Guido Miccinesi *et al*. Physician's attitudes towards end-of-life decisions: a comparison between seven countries. *Social Science & Medicine*, p. 1961-1974, 2005; Joachim Cohen *et al*. European public acceptance of euthanasia: Socio-demographic and cultural factors associated with the acceptance of euthanasia in 33 European countries. *Social Science & Medicine*, v. 63, p. 743-756, 2006; Leo Pessini, *Distanásia*: até quando prolongar a vida? São Paulo: Editora do Centro Universitário São Camilo: Loyola, 2001. p. 257 e ss. v. 2. Coleção Bioética em Perspectiva.

o *living will* e o *durable power attorney*. Enquanto a primeira espécie refere-se a instruções sobre futuros cuidados médicos os quais o paciente que esteja incapaz de expressar sua vontade deve receber, na hipótese de um diagnóstico de terminalidade da vida, a segunda, por sua vez, refere-se à nomeação de um terceiro para tomar decisões em nome do paciente quando este estiver impossibilitado de manifestar sua vontade. Na resolução, fica claro que os pacientes têm autonomia, junto ao seu médico, para decidir sobre a não realização de procedimentos inúteis em fase de terminalidade da vida (art. 1º). Mas a resolução também estabelece que, "nas decisões sobre cuidados e tratamentos de pacientes que se encontram incapazes de comunicar-se, ou de expressar de maneira livre e independente suas vontades, o médico levará em consideração suas diretivas antecipadas de vontade" (art. 2º).

Assim, à luz da normatização do Conselho Federal de Medicina, que é a única existente, é lícita a prática de ortotanásia pelos médicos, desde que presentes os seguintes requisitos: a) terminalidade da vida; b) doença grave e incurável; c) consentimento livre e esclarecido do paciente ou de seu responsável legal, se incapaz o paciente. Tal resolução, portanto, assegura ao paciente o direito de não prolongar seu sofrimento. O Conselho, assim, baseou-se na ideia de que a distanásia, bastante comum nas unidades de terapia intensiva, é uma atitude perversa e que pode contrariar os interesses dos pacientes. A doutrina especializada formula críticas à redação da resolução, não obstante apoie, no geral, o seu conteúdo.

Em 2013, o Ministério Público Federal ajuizou ação civil pública, com pedido de antecipação de tutela, perante a Justiça Federal de Goiás, contra o Conselho Federal de Medicina, alegando que a Resolução CFM nº 1995/2012 seria inconstitucional e ilegal, pois, entre outras razões, não poderia ela autorizar os pacientes a optarem pela ortotanásia. Segundo o Ministério Público, a resolução deveria ter facultado ao paciente apenas a designação de um representante legal. Além disso, argumentou-se que a resolução teria extrapolado os poderes conferidos pela Lei Federal nº 3.268/1957, ao regulamentar tema que possui repercussões familiares, sociais e nos direitos de personalidade. Afirmou-se também que somente a União poderia dispor sobre diretivas antecipadas de vontade dos pacientes, nos termos do art. 22, I, XVI e XXIII, da Constituição Federal. Também foi contestada suposta omissão da resolução em não prever o direito de a família influenciar na formação da vontade e de fiscalizar o seu cumprimento, o que, alegou-se, violaria o art. 226, *caput*, da Constituição Federal.

Ao negar o pedido de tutela antecipada, o juiz federal entendeu:

> a Resolução é constitucional e se coaduna com o princípio da dignidade da pessoa humana, uma vez que assegura ao paciente em estado terminal o recebimento de cuidados paliativos, sem submeter, contra sua vontade, a tratamentos que prolonguem o seu sofrimento e não mais tragam qualquer benefício.

Entendeu também que a vontade do paciente é livre, consoante o disposto no art. 107 do Código Civil, que somente exige forma especial quando a lei expressamente estabelecer. Em fevereiro de 2014, o juiz sentenciou o caso, julgando improcedentes os pedidos formulados na inicial. O Ministério Público, no entanto, interpôs apelação perante o Tribunal Regional Federal da Primeira Região. Em finais de 2017, o julgamento ainda não havia sido concluído, sendo certo que a resolução questionada segue inteiramente em vigor.

Ao avançar no debate, é preciso ter em conta que o direito à vida é de fato especial. Qualquer flexibilização de sua força jurídica ou moral é delicada e deve envolver cautelas múltiplas. Qualquer desprezo pela vida humana, mesmo nas circunstâncias mais adversas, é suspeito. Um dos consensos mínimos que compõem a dignidade humana nas sociedades ocidentais é a preservação da vida como um valor em si, que se atinge, naturalmente, por sua promoção e proteção rigorosa. Com efeito, basta considerar que, além do seu caráter substantivo, o direito à vida é pré-condição, é instrumento que permite a própria dignidade, pois sua negação leva à inexistência do sujeito da dignidade. Diante de tais premissas, criminalizar atos que atentem contra a vida humana tende a ser um meio adequado, entre outros, de preservação da vida e da dignidade humanas. Mas nem mesmo o direito à vida é absoluto.

É precisamente no ambiente da morte com intervenção que cabe discutir a visão da dignidade que impõe ao indivíduo *a vida como um bem em si*. Como intuitivo, não se está aqui diante de uma situação banal, temporária ou reversível, na qual um indivíduo decide morrer e outros se omitem em evitar ou prestam-lhe auxílio. Justamente o contrário, trata-se de pessoas que, em condições nada ordinárias, reclamam a possibilidade de renunciar a intervenções médicas de prolongamento da vida. Ou, em outros casos, de optar pela abreviação direta da vida, por ato próprio ou alheio, por estarem acometidas de doenças terminais extremamente dolorosas ou por enfermidades degenerativas que conduzem à perda paulatina da independência. Nessas situações extremas, aparecem outros direitos e interesses que competem com o direito à vida, impedindo que ele se transforme em um insuportável dever à vida. Se, em uma infinidade de situações, a dignidade é o fundamento da valorização da vida, na morte com intervenção as motivações se invertem.

O prolongamento sacrificado da vida de pacientes com doenças para as quais a medicina desconhece a cura ou a reversão, contra a sua vontade ou de seus responsáveis legais, enseja dor, sofrimento, humilhação, exposição, intrusões corporais indevidas e perda da liberdade. Entram em cena, então, outros conteúdos da própria dignidade. É que a dignidade protege, também, a liberdade e a inviolabilidade do indivíduo quanto à sua desumanização e degradação. É nesse passo que se verifica uma tensão dentro do próprio conceito, em busca da determinação de seu sentido e alcance diante de situações concretas. De um lado, a dignidade serviria de impulso para a defesa da vida e das concepções sociais do que seja o *bem morrer*. De outro, ela se apresenta como fundamento da morte com intervenção, assegurando a autonomia individual, a superação do sofrimento e a morte digna.[32]

Como se viu até aqui, o direito vigente – na interpretação dominante – e a ética médica apontam direções diferentes em tema de morte com intervenção.[33] Nesse mesmo contexto, a dignidade da pessoa humana se apresenta de maneira ambivalente, sendo invocada para justificar as duas posições contrapostas. Os tópicos seguintes procuram aprofundar as possibilidades de sentido da dignidade humana e seu papel nas escolhas e nas imposições que envolvem a fronteira entre a vida e a morte.

2.4 Dignidade da pessoa humana: ideias essenciais

Como assinalado anteriormente, a dignidade da pessoa humana tornou-se, ao final da Segunda Guerra Mundial, um dos grandes consensos éticos do mundo ocidental. Ela é mencionada em incontáveis

---

[32] Suzan Millns, Death, dignity and discrimination: the case of Pretty v. United Kingdom. *German Law Journal*, v. 3, n. 10, October 2002.

[33] Há, todavia, ao menos um precedente divulgado em que decisão judicial chancelou a recusa de obstinação terapêutica. Tratou-se de caso, envolvendo um bebê de oito meses, portador de amiotrofia espinhal progressiva tipo I, uma doença genética incurável, degenerativa e com curto prognóstico médico de sobrevida. A hipótese vem narrada em Débora Diniz, Quando a morte é um ato de cuidado: obstinação terapêutica em crianças. *Cadernos de Saúde Pública*, Rio de Janeiro, v. 22, n. 8, p. 1741-1748, ago. 2006.

documentos internacionais, em Constituições, leis e decisões judiciais.³⁴ No plano abstrato, a dignidade traz em si grande força moral e jurídica, capaz de seduzir o espírito e angariar adesão quase unânime. Tal fato, todavia, não minimiza a circunstância de que se trata de uma ideia polissêmica,³⁵ que funciona, de certa maneira, como um espelho: cada um projeta nela a sua própria imagem de dignidade. E, muito embora não seja possível nem desejável reduzi-la a um conceito fechado e plenamente determinado, não se pode escapar da necessidade de lhe atribuir sentidos mínimos. Onde não há consenso, impõem-se escolhas justificadas e convenções terminológicas.

Na temática da morte com intervenção, por exemplo, abstração, polissemia e natureza especular da dignidade permitem que ela seja invocada pelos dois lados do debate.³⁶ Tal fato conduz a argumentos circulares, tornando difícil seu emprego nesse cenário.³⁷ Essa plasticidade e ambiguidade do discurso da dignidade já levou autores a

---

[34] Para uma revisão profunda do tema, inclusive quanto a documentos anteriores à Declaração Universal de Direitos Humanos de 1948, consultar: Christopher McCrudden, Human dignity and judicial interpretation of human rights. *The European Journal of International Law*, v. 19, n. 4, p. 664-671, 2008. Destaca-se que o autor nota que, em documentos mais atuais, não apenas a expressão "dignidade humana" passou a figurar nos preâmbulos dos documentos internacionais de direitos humanos, como também foi introduzida na parte substantiva dos textos. Ele percebe, ainda, que nos documentos regionais a expressão figura nos preâmbulos dos principais instrumentos interamericanos, árabes, africanos e alguns europeus, "[...] [e] com isso, parece demonstrar um destacado grau de convergência acerca da dignidade como um princípio central de organização" (tradução livre).

[35] Autores admitem no conceito de dignidade diferentes "dimensões" e "elementos". V. Ingo Wolfgang Sarlet, As dimensões da dignidade da pessoa humana: construindo uma compreensão jurídico-constitucional necessária e possível. In: Ingo Wolfgang Sarlet (Org.). *Dimensões da dignidade*: ensaios de filosofia do direito e direito constitucional. Porto Alegre: Livraria do Advogado, 2005. p. 13-43, para quem a dignidade possui dimensões: a) ontológica; b) relacional e comunicativa; c) de limite e de tarefa; d) histórico-cultural. V. também Maria Celina Bodin de Moraes, O conceito de dignidade humana: substrato axiológico e conteúdo normativo. In: Ingo Wolfgang Sarlet (Org.). *Constituição, direitos fundamentais e direito privado*. Porto Alegre: Livraria do Advogado, 2003. p. 105-147, para quem a dignidade envolve quatro elementos: a) liberdade; b) integridade psicofísica; c) igualdade; d) solidariedade.

[36] Nas palavras de Suzan Millns: "Mais particularmente, parece que a elasticidade do discurso da dignidade, com a sua capacidade de conduzir a diversas direções, significa que ele pode ser invocado por todos os protagonistas (os idosos e dependentes, suas famílias, a equipe médica, o Estado) para justificar todos os resultados (preservar a vida ou buscar a morte). Sua natureza dúplice, por consequência, quando combinada aos argumentos e contra-argumentos que impregnam o discurso dos direitos, parece, em última análise, minar a causa daqueles que tentam usá-la para assegurar seu direito de morrer com dignidade" (Suzan Millns, Death, dignity and discrimination: the case of Pretty v. United Kingdom. *German Law Journal*, v. 3, n.10, October 2002. Tradução livre).

[37] Jorge Reis Novais, Renúncia a direitos fundamentais. In: Jorge Miranda, *Perspectivas constitucionais nos 20 anos da Constituição de 1976*. Coimbra: Coimbra, 1996, p. 327-328.

sustentarem a *inutilidade* do conceito, como um *slogan* ambivalente, que pouco acrescenta à solução de desacordos e dilemas morais.[38] A crítica é relevante, mas não deve levar ao descarte da ideia basilar do discurso ético contemporâneo, ao menos no mundo ocidental, inclusive por seu grande apelo ao espírito. Ao revés, ela reforça a necessidade de se dar à locução *dignidade humana* maior densidade jurídica, objetividade e precisão. Até porque as dificuldades que ela apresenta no plano aplicativo – isto é, como critério de solução de conflitos – não desmerecem o seu papel como elemento de justificação no plano moral.[39] Na sequência, uma tentativa inicial de densificação do conceito, à luz do sistema jurídico brasileiro.

A dignidade da pessoa humana vem inscrita na Constituição brasileira como um dos *fundamentos* da República (art. 1º, III). Funciona, assim, como fator de legitimação das ações estatais e vetor de interpretação da legislação em geral. Na sua expressão mais essencial, dignidade significa que toda pessoa é um fim em si mesma, consoante uma das enunciações do imperativo categórico kantiano.[40] A vida de

---

[38] CF. Ruth Macklin, Dignity is a useless concept. *British Medical Journal*, v. 327, p. 1419-1420, 2003. Na mesma linha, a autora expressou seu pensar na obra sobre o "duplo padrão na pesquisa médica": "Quem poderia se opor ao respeito à dignidade? Provavelmente ninguém afirmaria que os seres humanos não devem ser tratados com respeito por sua dignidade. Contudo, o conceito é tão vago que se aproxima de ser vazio de significado sem esclarecimentos mais profundos. Isso torna as demandas pela dignidade humana especialmente problemáticas no contexto da compreensão e aplicação de argumentos que invocam a dignidade humana como base para ações ou políticas de vários tipos. Nem acadêmicos nem os elaboradores de diretrizes e declarações nacionais, regionais ou internacionais parecem ter analisado o conceito de dignidade humana de uma forma tal que torne claros os critérios de sua aplicação. Mas muito do discurso da Organização das Nações Unidas e dos órgãos europeus se baseia na vaga e imprecisa noção de dignidade humana quando da formulação de diretrizes e declarações. O 'respeito pela dignidade humana' se tornou, em alguns contextos, um mero slogan, como na afirmação de que a clonagem é 'contrária à dignidade humana' e mesmo 'uma violação da dignidade da espécie humana' [...]. Quando desafiados a explicar precisamente como a produção de uma criança por meio de transplante nuclear constitui uma violação da dignidade humana, aqueles que o alegam se viram contra os desafiadores e os acusam de algum tipo de cegueira moral por não conseguirem reconhecer a dignidade inerente a todos os seres humanos" (Ruth Macklin, *Double standards in medical research in developing countries*. Cambridge: Cambridge, 2004. p. 196-197. Tradução livre).

[39] Vários textos buscaram discutir, relativizar ou negar a posição de Macklin, entre eles, Roberto Andorno, La notion de dignité humaine est-elle superflue en bioéthique? *RGDM*, n. 16, p. 95-102, 2005; Roberto Andorno, Dignity of the person in the light of international biomedical law. Medicina e Morale. *Rivista Internazionale bimestrale di Bioetica, Deontologia e Morale Medica*, v. 1, p. 91-104, 2005; Richard E. Ashcroft, Making sense of dignity. *Journal of Medical Ethics*, v. 31, p. 679-682, 2005; Márcio Fabri dos Anjos, Dignidade humana em debate. *Bioética*, Brasília. Disponível em: <http://www.portalmedico.org.br/revista/bio12v1/seccoes/seccao04.pdf>. Acesso em: maio 2006.

[40] Immanuel Kant, *Fundamentação da metafísica dos costumes*. Lisboa: Edições 70, 2004. p. 68 e ss.

qualquer ser humano tem uma valia intrínseca, objetiva. Ninguém existe no mundo para atender aos propósitos de outra pessoa ou para servir a metas coletivas da sociedade. O valor ou princípio da dignidade humana veda, precisamente, essa instrumentalização ou funcionalização de qualquer indivíduo. Outra expressão da dignidade humana é a responsabilidade de cada um por sua própria vida, pela determinação de seus valores e objetivos. Como regra geral, as decisões cruciais na vida de uma pessoa não devem ser impostas por uma vontade externa a ela.[41] No mundo contemporâneo, a dignidade humana tornou-se o centro axiológico dos sistemas jurídicos, a fonte dos direitos materialmente fundamentais, o núcleo essencial de cada um deles.

De fato, no plano dos direitos individuais, ela se expressa na *autonomia privada*, que decorre da liberdade e da igualdade das pessoas. Integra o conteúdo da dignidade a autodeterminação individual e o direito ao igual respeito e consideração. As pessoas têm o direito de eleger seus projetos existenciais e de não sofrer discriminações em razão de sua identidade e de suas escolhas. No plano dos direitos políticos, ela se traduz em *autonomia pública*, no direito de participação no processo democrático. Entendida a democracia como uma parceria de todos em um projeto de autogoverno,[42] cada pessoa tem o direito de participar politicamente e de influenciar o processo de tomada de decisões, não apenas do ponto de vista eleitoral, mas também através do debate público e da organização social. Por fim, a dignidade está subjacente aos direitos sociais materialmente fundamentais, que correspondem ao mínimo existencial.[43] Todo indivíduo tem direito a prestações e

---

[41] Sobre essas duas "dimensões" ou "princípios" da dignidade – do valor intrínseco da vida humana e da responsabilidade pessoal –, v. Ronald Dworkin, *Is democracy possible here?* Princeton e Oxford: Princeton University Press, 2006. p. 9 e ss.

[42] Ronald Dworkin, *Is democracy possible here?* Princeton e Oxford: Princeton University Press, 2006. p. xii.

[43] A respeito do "aspecto material" da dignidade humana e seu elo com o mínimo existencial, consultar, sobre todos: Ricardo Lobo Torres, *O direito ao mínimo existencial*. Rio de Janeiro: Renovar, 2009; Ana Paula de Barcellos, *A eficácia jurídica dos princípios constitucionais* – O princípio da dignidade da pessoa humana. 2. ed. rev. e atual. Rio de Janeiro: Renovar, 2008; John Rawls, *Uma teoria da justiça*. Tradução de Almiro Pisetta e Lenita M. R. Esteves. São Paulo: Martins Fontes, 1997; Luís Roberto Barroso, Fundamentos teóricos e filosóficos do novo direito constitucional brasileiro (Pós-modernidade, teoria crítica e pós-positivismo). *Revista Diálogo Jurídico*, Salvador, v. I, n. 6, set. 2001. Disponível em: <http://www.direitopublico.com.br>. Acesso em: dez. 2008. Em uma intensa pesquisa sobre o conteúdo da expressão "dignidade humana" em decisões de cortes internacionais e estrangeiras, Christopher McCrudden identifica e discute criticamente a existência de consenso justaposto no uso da locução. Um dos elementos muito frequentes é exatamente

utilidades imprescindíveis à sua existência física e moral, cuja satisfação é, ademais, pré-condição para o próprio exercício da autonomia privada e pública. Seria possível estender e aprofundar o debate, a fim de fazer a ligação entre dignidade e direitos de nova geração, como os de natureza ambiental e o direito à paz. Mas o desvio seria excessivamente longo para os fins deste trabalho.

Assim, sem prejuízo das muitas variações existentes sobre o tema, identifica-se um consenso razoável no sentido de se considerar a dignidade humana o fundamento e a justificação última dos direitos fundamentais. A preservação e promoção desses direitos têm uma dimensão individual e outra social. A dimensão individual está ligada ao sujeito do direito, seus comportamentos e suas escolhas. A dimensão social envolve a atuação do Estado e de suas instituições na concretização do direito de cada um e, em certos casos, de intervenção para que comportamentos individuais não interfiram em direitos próprios, de outros ou de todos. A intervenção estatal, portanto, pode ser: (i) de oferta de utilidades que satisfaçam a dignidade; (ii) de restrição a condutas individuais que violem a dignidade do próprio agente; e (iii) de restrição a condutas individuais para que não violem a dignidade de outros ou determinados valores comunitários. As dimensões individual e social da atuação fundada na dignidade humana são também referidas, respectivamente, pelas designações de dignidade como autonomia e como heteronomia.[44]

2.5 A dignidade humana como autonomia

A dignidade como autonomia, como poder individual (*empowerment*), é a concepção subjacente aos grandes documentos de direitos humanos do século XX,[45] bem como às inúmeras Constituições do segundo pós-guerra. Esta é a visão que serve de fundamento e justificação para os direitos humanos e fundamentais, podendo-se nela destacar quatro aspectos essenciais: a) a capacidade de autodeterminação; b) as condições para o exercício da autodeterminação;

---

a associação entre dignidade e as condições materiais mínimas à existência humana (Christopher McCrudden, Human dignity and judicial interpretation of human rights. *The European Journal of International Law*, v. 19, n. 4, p. 664-671, 2008).

[44] Sobre autonomia e heteronomia, v. Immanuel Kant, *Fundamentação da metafísica dos costumes*. Lisboa: Edições 70, 2004. p. 75.

[45] Deryck Beyleveld; Roger Brownsword, *Human dignity in bioethics and biolaw*. Oxford: Oxford University Press, 2004. p. 10.

c) a universalidade; e d) a inerência da dignidade ao ser humano. A ideia de dignidade como autonomia é especialmente relevante para os propósitos do presente trabalho. É que nele se procura retirar o tema da morte com intervenção do domínio dos tabus e das concepções abrangentes, para trazê-lo para o âmbito do debate acerca dos direitos humanos e fundamentais. E determinar se existe, afinal, o direito a uma morte no tempo certo, como fruto de uma escolha individual.

A dignidade como autonomia envolve, em primeiro lugar, a *capacidade de autodeterminação*, o direito de decidir os rumos da própria vida e de desenvolver livremente a própria personalidade. Significa o poder de realizar as escolhas morais relevantes, assumindo a responsabilidade pelas decisões tomadas. Por trás da ideia de autonomia está um sujeito moral capaz de se autodeterminar, traçar planos de vida e realizá-los. Nem tudo na vida, naturalmente, depende de escolhas pessoais. Há decisões que o Estado pode tomar legitimamente, em nome de interesses e direitos diversos. Mas decisões sobre a própria vida de uma pessoa, escolhas existenciais sobre religião, casamento, ocupações e outras opções personalíssimas que não violem direitos de terceiros não podem ser subtraídas do indivíduo, sob pena de se violar sua dignidade.

O segundo aspecto destacado diz respeito às *condições para o exercício da autodeterminação*. Não basta garantir a possibilidade de escolhas livres, mas é indispensável prover meios adequados para que a liberdade seja real, e não apenas retórica. Para tanto, integra a ideia de dignidade o denominado *mínimo existencial* (v. *supra*), a dimensão material da dignidade, instrumental ao desempenho da autonomia. Para que um ser humano possa traçar e concretizar seus planos de vida, por eles assumindo responsabilidades, é necessário que estejam asseguradas mínimas condições econômicas, educacionais e psicofísicas. O terceiro e o quarto aspectos da dignidade como autonomia – universalidade e inerência – costumam andar lado a lado. O cunho ontológico da dignidade, isto é, seu caráter inerente e intrínseco a todo ser humano, impõe que ela seja respeitada e promovida de modo universal.[46]

---

[46] Roberto Andorno intitula de *standard attitude* (atitude-padrão) a aceitação da universalidade da dignidade humana, bem como de sua função de justificação e de fundação dos direitos fundamentais e dos direitos humanos (Roberto Andorno, The paradoxical notion of human dignity. *Persona – Revista Electrónica de Derechos Existenciales*, n. 9, set. 2002. Disponível em: <http://www.revistapersona.com.ar/Persona09/9Andorno.htm>. Acesso em: dez. 2008). Como exemplos, Flávia Piovesan, Declaração Universal de Direitos Humanos: desafios e

Ela é conferida a todas as pessoas, independentemente de sua condição nacional, cultural, social, econômica, religiosa ou étnica.[47] A contingência espaço-temporal e a contingência entre pessoas (como mais ou menos dignas) representam uma afronta para a dignidade, sem prejuízo de certos temperamentos admitidos em razão do multiculturalismo.[48]

A identificação da dignidade humana com a liberdade/autonomia, com a habilidade humana de autodeterminação, é frequente na doutrina, ainda que não com caráter exclusivo ou mesmo predominante.[49] É certo que em domínios como o da bioética, inclusive e especialmente nas pesquisas clínicas, a autonomia figura como princípio fundamental, por ser o modelo baseado no consentimento livre e

---

perspectivas. In: Letícia de Campos Velho Martel (Org.), *Estudos contemporâneos de direitos fundamentais*. Rio de Janeiro: Lumen Juris, 2009. p. 346 e ss. Em sentido semelhante, embora utilizando o termo *pessoa*, Luís Roberto Barroso, Fundamentos teóricos e filosóficos do novo direito constitucional brasileiro (Pós-modernidade, teoria crítica e pós-positivismo). *Revista Diálogo Jurídico*, Salvador, v. I, n. 6, set. 2001. p. 26. Disponível em: <http://www.direitopublico.com.br>. Acesso em: dez. 2008. Ana Paula de Barcellos reconhece o viés ontológico da dignidade humana (Ana Paula de Barcellos, *A eficácia jurídica dos princípios constitucionais* – O princípio da dignidade da pessoa humana. 2. ed. rev. e atual. Rio de Janeiro: Renovar, 2008. p. 126, nota nº 213). Ingo Sarlet, embora aponte alguns problemas e contestações sobre a inerência da dignidade ao ser humano, reafirma que a dignidade humana possui uma dimensão ontológica (Ingo Wolfgang Sarlet, As dimensões da dignidade da pessoa humana: construindo uma compreensão jurídico-constitucional necessária e possível. In: Ingo Wolfgang Sarlet (Org.). *Dimensões da dignidade*: ensaios de filosofia do direito e direito constitucional. Porto Alegre: Livraria do Advogado, 2005. p. 19-20).

[47] Passa-se ao largo do debate, referido como "contingência epistemológica", acerca da razão pela qual se afirma que os seres humanos possuem valor intrínseco. Vale dizer: qual é a característica ou propriedade que os distingue dos demais seres, especialmente dos animais não humanos. A ideia da dignidade como autonomia e do valor intrínseco do ser humano dependeria, assim, da aceitação e da manutenção de uma cultura que a defenda. V. Deryck Beyleveld; Roger Brownsword, *Human dignity in bioethics and biolaw*. Oxford: Oxford University Press, 2004. p. 22. V. também Pedro Serna, La dignidad de la persona como principio del derecho público. *Derechos e Libertades – Revista del Instituto Bartolomé de Las Casas*, Madrid, n. 10, p. 294-295.

[48] V. Flávia Piovesan, Declaração Universal de Direitos Humanos: desafios e perspectivas. In: Letícia de Campos Velho Martel (Org.). *Estudos contemporâneos de direitos fundamentais*. Rio de Janeiro: Lumen Juris, 2009. p. 346 e ss.; e Will Kymlicka, Multiculturalismo liberal. In: Daniel Sarmento; Flávia Piovesan; Daniela Ikawa (Org.). *Igualdade, diferença e direitos humanos*. Rio de Janeiro: Lumen Juris, 2008. Sobre a universalidade e uma perspectiva do cosmopolitismo kantiano, Judith Martins-Costa, Bioética e dignidade da pessoa humana: rumo à construção do biodireito. *Bioética y Bioderecho*, Rosário, v. 5, p. 40, 2000.

[49] Na linha do caráter primacialmente autonomista da dignidade, que não é dominante na doutrina nacional, vejam-se Roxana Cardoso Brasileiro Borges, *Direitos da personalidade e autonomia privada*. 2. ed. rev. São Paulo: Saraiva, 2007. p. 146-147; e Alexandre dos Santos Cunha, *A normatividade da pessoa humana* - O estatuto jurídico da personalidade e o Código Civil de 2002. Rio de Janeiro: Forense, 2005, *passim*.

esclarecido dos sujeitos.⁵⁰ Também na jurisprudência estrangeira é possível encontrar decisões fundadas na noção de dignidade como autonomia. No julgamento do caso *Rodriguez*,⁵¹ a Suprema Corte canadense fez expressa menção à "habilidade individual de fazer escolhas autônomas", embora, no caso concreto, tenha impedido o suicídio assistido.⁵² Na Suprema Corte americana, o mesmo conceito foi invocado em decisões como *Lawrence v. Texas*, a propósito da legitimidade das relações homoafetivas.⁵³ Na mesma linha da dignidade como autonomia foi a decisão da Corte Constitucional da Colômbia ao decidir pela inconstitucionalidade da proibição da eutanásia. O julgado fez expressa menção a uma perspectiva secular e pluralista, que deve respeitar a autonomia moral do indivíduo.⁵⁴

---

⁵⁰ Florencia Luna, Consentimento livre e esclarecido: ainda uma ferramenta útil na ética em pesquisa. In: Debora Diniz *et al*. *Ética em pesquisa*: temas globais. Brasília: UnB, 2008. p. 153 e s.

⁵¹ CANADÁ. *Rodriguez v. British Columbia (Attorney General), [1993] 3 S.C.R 519*. 30 set. 1993. Disponível em: <http://scc.lexum.umontreal.ca/en/1993/1993rcs3-519/1993rcs3-519.html>. Acesso em: maio 2006.

⁵² Com efeito, a Corte validou a distinção feita pela legislação canadense entre recusa de tratamento – reconhecida como direito do paciente – e o suicídio assistido, que é proibido. Por 5 votos a 4, negou o direito de uma mulher com esclerose lateral – enfermidade degenerativa irreversível – de controlar o modo e o momento da própria morte, com assistência de um profissional de medicina. Na decisão restou lavrado: "O que a revisão precedente demonstra é que o Canadá e outras democracias ocidentais reconhecem e aplicam o princípio da santidade da vida como um princípio geral que é sujeito a limitadas e estreitas exceções em situações nas quais as noções de autonomia pessoal e dignidade devem prevalecer. Todavia, essas mesmas sociedades *continuam a traçar distinções entre formas ativas e passivas de intervenção no processo de morrer*, e, com pouquíssimas exceções, proíbem o suicídio assistido em situações semelhantes à da apelante. A tarefa então se torna a de identificar as razões sobre as quais essas diferenças são baseadas e determinar se elas são suportáveis constitucionalmente".

⁵³ Em *Lawrence* discutiu-se uma decisão da década de 1980, na qual foi considerada constitucional lei que criminalizava as relações sexuais entre pessoas do mesmo sexo. O caso *Lawrence* reverteu a decisão anterior – *Lawrence v. Texas*. 539 U.S. 558 (2003). Embora as menções à dignidade humana não sejam tão frequentes nas manifestações da Suprema Corte dos Estados Unidos, há outros casos nos quais ela se fez presente no sentido de "dignidade como autonomia", como exemplo: a) *Planned Parenthood of Southeastern Pennsylvania v. Casey*. 112 U.S. 2791 (1992), em que se discutiu a constitucionalidade de uma lei da Pensilvânia que regulamentava restritivamente a prática do aborto; b) *Thornburgh v. American College of Obstetricians and Gynecologists*. 476 U.S. 747 (1986), na discussão sobre o aborto, no voto do *Justice* Blackmun; c) *Roper v. Simons*, a respeito da proibição da pena de morte para pessoas com menos de dezoito anos. Cf. Christopher McCrudden, Human dignity and judicial interpretation of human rights. *The European Journal of International Law*, v. 19, n. 4, p. 664-671, 2008. p. 688; 695.

⁵⁴ "En Colombia, a la luz de la Constitución de 1991, es preciso resolver esta cuestión desde una perspectiva secular y pluralista, que respete la autonomía moral del individuo y las libertades y derechos que inspiran nuestro ordenamiento superior. La decisión, entonces, no puede darse al margen de los postulados superiores. El artículo 1 de la Constitución,

A visão da dignidade como autonomia valoriza o indivíduo, sua liberdade e seus direitos fundamentais. Com ela são fomentados o pluralismo, a diversidade e a democracia de uma maneira geral. Todavia, a prevalência da dignidade como autonomia não pode ser ilimitada ou incondicional. Em primeiro lugar, porque o próprio pluralismo pressupõe, naturalmente, a convivência harmoniosa de projetos de vida divergentes, de direitos fundamentais que podem entrar em rota de colisão. Além disso, escolhas individuais podem produzir impactos não apenas sobre as relações intersubjetivas, mas também sobre o corpo social e, em certos casos, sobre a humanidade como um todo. Daí a necessidade de imposição de valores externos aos sujeitos. Da dignidade como heteronomia.

2.6 A dignidade humana como heteronomia

A "dignidade como heteronomia" traduz uma visão da dignidade ligada a valores compartilhados pela comunidade, antes das escolhas individuais.[55] Nela se abrigam conceitos jurídicos indeterminados como bem comum, interesse público, moralidade ou busca do bem do próprio indivíduo. Nessa acepção, a dignidade não é compreendida na perspectiva do indivíduo, mas como uma força externa a ele, tendo em conta os padrões civilizatórios vigentes e os ideais sociais do que seja uma *vida boa*. Como intuitivo, o conceito de "dignidade como heteronomia" funciona muito mais como uma constrição externa à liberdade individual do que como um meio de promovê-la. Inúmeros autores chancelam a noção de dignidade como freio à liberdade, no

---

por ejemplo, establece que el Estado colombiano está fundado en el respeto a la dignidad de la persona humana; esto significa que, *como valor supremo, la dignidad irradia el conjunto de derechos fundamentales reconocidos, los cuales encuentran en el libre desarrollo de la personalidad su máxima expresión.* [...]. Este principio atiende necesariamente a la superación de la persona, respetando en todo momento su autonomía e identidad" (Colômbia, *Sentencia C-239/97*. Demanda de Inconstitucionalidad contra el artículo 326 del decreto 100 de 1980 – Código Penal. Magistrado Ponente: dr. Carlos Gaviria Diaz. 20 mayo 1997. Disponível em: <http://www.ramajudicial.gov.co/csj_portal/jsp/frames/index.jsp?idsitio=6&ruta=../jurisprudencia/consulta.jsp>. Acesso em: maio 2005, citando as decisões T-401 de 1992, Magistrado Ponente: Eduardo Cifuentes Muñoz e Sentencia T-090 de 1996. Magistrado Ponente: Eduardo Cifuentes Muñoz). É preciso salientar que tal foi a posição majoritária da Corte. Nos votos de dissidência a proposta de entender a "dignidade humana como autonomia" foi muito criticada. Ao defender a posição majoritária, foram mencionados julgados anteriores da Corte, nos quais a "dignidade como autonomia" foi a concepção prevalente.

[55] Deryck Beyleveld; Roger Brownsword, *Human dignity in bioethics and biolaw*. Oxford: Oxford University Press, 2004. p. 29.

sentido de obstar escolhas que possam comprometer valores sociais ou a dignidade do próprio indivíduo cuja conduta se cerceia.[56]

Do parágrafo anterior se extrai como consequência que, na concepção heterônoma, a dignidade não tem na liberdade seu componente central, mas, ao revés, é a dignidade que molda o conteúdo e dá limite à liberdade. Existem algumas decisões consideradas emblemáticas para a visão da "dignidade como heteronomia". Uma delas, por variados fatores, tornou-se muito conhecida no Brasil: o caso do arremesso de anões. O Prefeito da cidade de Morsang-sur-Orge interditou a atividade conhecida como *lancer de nain*, atração existente em algumas casas noturnas da região metropolitana de Paris. Consistia ela em transformar um anão em projétil, sendo arremessado de um lado para outro de uma discoteca. A casa noturna, tendo como litisconsorte o próprio deficiente físico (Sr. Wackenheim), recorreu da decisão para o tribunal administrativo, que anulou o ato do prefeito, por *excès de pouvoir*. O Conselho de Estado, todavia, na qualidade de mais alta instância administrativa francesa, reformou a decisão e restabeleceu a proibição. A liberdade de trabalho e a liberdade empresarial não foram consideradas obstáculos ao entendimento que prevaleceu, justamente por haver ele se fundado na defesa da dignidade da pessoa humana.[57]

---

[56] Oscar Vieira Vilhena, *Direitos fundamentais* – Uma leitura da jurisprudência do STF. Colaboração de Flávia Scabin. São Paulo: Malheiros, 2006. p. 67. Após explicitar a visão autonomista da dignidade, o autor explora o pensamento kantiano e demonstra que, apesar de nele residir uma versão autonomista, há também espaço para a heteronomista: "O princípio da dignidade, expresso no imperativo categórico, refere-se substantivamente à esfera de proteção da pessoa enquanto fim em si, e não como meio para a realização de objetivos de terceiros. A dignidade afasta os seres humanos da condição de objetos à disposição de interesses alheios. *Nesse sentido, embora a dignidade esteja intimamente associada à idéia de autonomia, da livre escolha, ela não se confunde com a liberdade no sentido mais usual da palavra – qual seja, o da ausência de constrangimentos. A dignidade humana impõe constrangimentos a todas as ações que não tomem a pessoa como fim.* Esta a razão pela qual, do ponto de vista da liberdade, não há grande dificuldade em se aceitar um contrato de prestação de serviços degradantes. Se o anão decidiu, à margem de qualquer coerção, submeter-se a um tratamento humilhante em troca de remuneração, qual o problema? De fato, da perspectiva da liberdade não há problema algum. *A questão é se podemos, em nome de nossa liberdade, colocar em risco nossa dignidade*. Colocada em termos clássicos, seria válido o contrato em que permito a minha escravidão? *Da perspectiva da dignidade, certamente não*".

[57] A decisão assim lavrou: "Que le respect de la dignité de la personne humaine est une des composantes de l'ordre public; que l'autorité investie du pouvoir de police municipale peut, même en l'absence de circonstances locales particulières, interdire une attraction qui porte atteinte au respet de la dignité de la personne humaine" ("Que o respeito à dignidade da pessoa humana é um dos componentes da ordem pública; que a autoridade investida do poder de polícia municipal pode, mesmo na ausência de circunstâncias locais particulares, interditar uma atração atentatória à dignidade da pessoa humana"). V. M. Long *et al. Le grands arrêts de la jurisprudence administrative*. Paris: Dalloz, 1996. p. 790 e ss. Veja-se, em língua portuguesa, o comentário à decisão elaborado por Joaquim

São também consideradas paradigmáticas da ideia de "dignidade como heteronomia" as decisões que consideram ilícitas relações sexuais sadomasoquistas consentidas.[58] Tanto no Reino Unido quanto na Bélgica, prevaleceu o ponto de vista de que o consentimento não poderia funcionar como defesa em situações de violência física. Embora a expressão "dignidade humana" não tenha sido diretamente empregada no caso inglês, a tese esposada é plenamente conciliável com a "dignidade como heteronomia".[59] Na visão dos Lordes que compuseram a maioria, a sociedade está autorizada a recorrer ao direito penal para coibir comportamentos autorreferentes que possam impactar moralmente o grupo social, ao passo que a minoria deliberou no sentido de preservar a privacidade e a liberdade das pessoas quanto a atos autorreferentes.[60] Já na decisão belga, a dignidade humana como limite à liberdade, em sua versão heterônoma, foi o principal fundamento do julgado.[61] Nos dois casos, a Corte Europeia de Direitos Humanos confirmou as decisões dos Estados, embora não se tenha ancorado na dignidade humana.[62]

Barbosa Gomes, O poder de polícia e o princípio da dignidade da pessoa humana na jurisprudência francesa. *Seleções Jurídicas ADV*, n. 12, 1996. p. 17 ss. V. também Alexandre dos Santos Cunha, *A normatividade da pessoa humana* – O estatuto jurídico da personalidade e o Código Civil de 2002. Rio de Janeiro: Forense, 2005. p. 249. Convém reportar que este jogo não se apresentou apenas na França. A situação ocorreu também em Portugal, e vem se mostrando nos Estados Unidos da América. Conferir: Arthur Kuflik, The inalienabilty of autonomy. *Philosophy and Public Affairs*, v. 13, n. 4, p. 271-298, Autumm, 1984; Deryck Beyleveld; Roger Brownsword, *Human dignity in bioethics and biolaw*. Oxford: Oxford University Press, 2004. p. 25 e ss.

[58] UNITED KINGDOM. *House of Lords. R. v. Brown. [1993] All ER 75*. Disponível em: <http://www.parliament.the-stationery-office.com/pa/ld199798/ldjudgmt/jd970724/brown01.htm>. Acesso em: dez. 2008; CEDH. *Affaire K.A. et A.D. c. Belgique*. Requêtes nºs 42758/98 et 45558/99. 2005.

[59] Pode-se entrever a motivação com ênfase no voto do Lord Coleridge (maioria) (UNITED KINGDOM. *House of Lords. R. v. Brown. [1993] All ER 75*. Disponível em: <http://www.parliament.the-stationery-office.com/pa/ld199798/ldjudgmt/jd970724/brown01.htm>. Acesso em: dez. 2008).

[60] Lord Mustill e Lord Slynn of Hadley dissentiram (UNITED KINGDOM. *House of Lords. R. v. Brown. [1993] All ER 75*. Disponível em: <http://www.parliament.the-stationery-office.com/pa/ld199798/ldjudgmt/jd970724/brown01.htm>. Acesso em: dez. 2008). Em variados pontos, a decisão faz lembrar a contenda entre H. L. A. Hart e Lord Devlin: H. L. A. Hart, *Law, liberty, and morality*. Stanford: Stanford University, 2007; Patrick – Lord Devlin, *The enforcement of morals*. Oxford: Oxford University, 1968.

[61] Há que se ter atenção aos fatos deste caso, que são bastante diferentes daqueles de *R. v. Brown*. Cf. CEDH. *Affaire K.A. et A.D. c. Belgique*. Requêtes nºs 42758/98 et 45558/99. 2005.

[62] CEDH. *Laskey, Jaggard and Brown v. United Kingdom*. 1997. Disponível em: <http://cmiskp.echr.coe.int/tkp197/view.asp?item=1&portal=hbkm&action=html&highlight=Laskey%2C%20|%20Jaggard%20|%20Brown%20|%20v.%20|%20United%20|%20Kingdom&sessionid=25693996&skin=hudoc-en>. Acesso em: dez. 2008. Apenas o voto do *Justice* Pettit

Outro caso típico de consideração da "dignidade como heteronomia" refere-se aos chamados *peep shows*. O Tribunal Federal Administrativo alemão considerou atentatória à dignidade humana a realização deste tipo de apresentação, uma vez que uma pessoa se submete, como objeto, à vontade de outra: "essa violação da dignidade humana não é removida nem justificada pelo fato de que a mulher que atua em um *peep show* age voluntariamente. A dignidade do homem é um valor objetivo, inalienável [ ] o seu respeito não pode ser renunciado pelo indivíduo".[63] Do excerto, percebe-se que a dignidade humana foi tomada como "um valor objetivo", que ultrapassa a esfera individual e pode ser violado mesmo que o indivíduo não considere estar atingido na *sua dignidade*. Nessa linha de entendimento, "onde a dignidade humana assim concebida estiver em jogo, a livre escolha é irrelevante".[64]

O exame de decisões judiciais que se fundaram na dignidade humana, em diferentes partes do mundo, revela a existência de uma visão *comunitarista* e restritiva de direitos (*rights-constraining*), em oposição à visão individualista e protetiva de direitos (*rights-supporting*).[65] Nessa perspectiva, que se justapõe à ideia de "dignidade como heteronomia", as Cortes aceitaram ou impuseram limites, por exemplo, à liberdade de expressão, visando a evitar a proliferação da pornografia e da indecência, e também dos chamados discursos do ódio.[66] Paralelamente, também há diversos julgados nos quais se

---

tocou diretamente no ponto da proteção da moral pública, relacionando-a com a dignidade humana: "Os perigos da permissividade excessiva, que pode conduzir à indulgência, à pedofilia [...] ou à tortura de terceiros, foram destacadas na Conferência Mundial de Estocolmo. A proteção da vida privada significa a proteção da intimidade e da dignidade de uma pessoa, não a proteção da sua desonra ou a promoção da imoralidade criminosa".

[63] Cf. Dierk Ullrich, Concurring visions: human dignity in the Canadian Charter of Rights and Freedoms and the Basic Law of the Federal Republic of Germany. *Global Jurist Frontiers*, v. 3, n. 1, p. 83, 2003.

[64] Deryck Beyleveld; Roger Brownsword, *Human dignity in bioethics and biolaw*. Oxford: Oxford University Press, 2004. p. 34.

[65] Sobre o ponto, v. especialmente o já referido estudo de Christopher McCrudden, Human dignity and judicial interpretation of human rights. *The European Journal of International Law*, v. 19, n. 4, p. 664-671, 2008.

[66] Sobre a proibição dos discursos do ódio para a proteção da dignidade humana são citadas decisões da Corte de Israel, da Comissão Europeia de Direitos Humanos, do Canadá e também da África do Sul e da Hungria. No Brasil, um dos fundamentos utilizados pelo STF para a proibição dos discursos do ódio foi justamente a dignidade humana (Christopher McCrudden, Human dignity and judicial interpretation of human rights. *The European Journal of International Law*, v. 19, n. 4, p. 664-671, 2008. p. 699 e ss.; BRASIL. STF. *HC nº 82.424/RS*. Rel. Min. Moreira Alves, 19 mar. 2004).

considera que existem limites para que uma pessoa possa dispor de sua própria dignidade, dando a ela uma dimensão heterônoma. Em muitas situações, o conceito é utilizado como forma de impor um ponto de vista moral abrangente, que varia de lugar para lugar.[67] Aliás, em alguns documentos mais recentes sobre bioética, como a Convenção Europeia de Direitos Humanos e Biomedicina e a Declaração Universal do Genoma Humano e Direitos Humanos, da Unesco, a expressão *dignidade humana* trata *mais* de limitar a liberdade em nome de valores compartilhados, ou seja, *tende* à dignidade como heteronomia.[68]

Na petição inicial da ação civil pública contra a resolução do Conselho Federal de Medicina que autorizava a ortotanásia, está subjacente a "dignidade como heteronomia". O simples fato de o procurador sustentar que todos os pacientes terminais e seus familiares estão destituídos de capacidade para tomar decisões referentes aos tratamentos médicos que serão ou não realizados torna claro que a "dignidade como autonomia" não se faz presente em seu raciocínio. *A priori*, pessoas são destituídas de sua autonomia, sem qualquer exame das particularidades do caso, sem qualquer análise individualizada, por profissionais, para tomar decisões. Descarta-se, sumariamente, a *possibilidade* de os pacientes terminais ou seus responsáveis legais optarem pela limitação consentida de tratamento, que é considerada, na peça exordial, uma fuga, uma facilidade. Indigno seria não enfrentar o sofrimento e não lutar contra a morte, ou seja, a escolha da morte *é um mal em si* ou é uma escolha que pode ser reputada *errônea* por uma sociedade política. Como a dignidade pode limitar a liberdade, são os pacientes e seus responsáveis considerados impedidos de decidir.

---

[67] "o que emerge dessas diferenças é que algumas jurisdições usam a dignidade como a base para (ou como outro modo de expressar) um ponto de vista moral abrangente, que parece significativamente diferente de região para região" (Christopher McCrudden, Human dignity and judicial interpretation of human rights. *The European Journal of International Law*, v. 19, n. 4, p. 664-671, 2008. p. 675).

[68] Sobre o ponto, v. Deryck Beyleveld; Roger Brownsword, *Human dignity in bioethics and biolaw*. Oxford: Oxford University Press, 2004. p. 29-34; 38-44. Todavia, os autores reconhecem nesses documentos elementos, ainda que menos fortes, da "dignidade como autonomia". Conferir os documentos e seus relatórios: CONSELHO DA EUROPA. *Convenção para a proteção dos direitos do homem e da dignidade do ser humano face às aplicações da biologia e da medicina*, 4 abr. 1997; COUNCIL OF EUROPE. *Convention for the protection of Human Rights and dignity of the human being with regard to the application of biology and medicine*: Convention on Human Rights and Biomedicine – Explanatory Report, 17 dez. 1996; UNESCO. *Universal Declaration on the Human Genome and Human Rights*, 11 nov. 1997. Importa conferir ainda a Declaração Universal de Bioética e Direitos Humanos, da Unesco. O texto é posterior aos demais e parece ligar a dignidade humana à autonomia com mais intensidade (UNESCO. *Universal Declaration on Bioethics and Human Rights*, 19 out. 2005).

É uma compreensão heterônoma do que é ou não digno para o ser humano em seu leito de morte.[69]

Em suma, pode-se dizer que a "dignidade como heteronomia" traduz uma ou algumas concepções de mundo e do ser humano que não dependem, necessariamente, da liberdade individual. No mais das vezes, ela atua exatamente como um freio à liberdade individual em nome de valores e concepções de vida compartilhados. Por isso, a "dignidade como heteronomia" é justificada na busca do *bem* para o sujeito, para a preservação da sociedade ou comunidade, para o aprimoramento moral do ser humano, entre outros objetivos. Entretanto, assim como a "dignidade como autonomia", a "dignidade como heteronomia" também possui inconsistências teóricas e práticas. Como críticas principais, é possível compendiar: a) o emprego da expressão como um rótulo justificador de políticas paternalistas,[70]

---

[69] BRASIL. Ministério Público Federal. *ACP nº 2007.34.00.014809-3*. Petição Inicial (Wellington Divino Marques de Oliveira – Procurador Regional dos Direitos do Cidadão/1ª Região). Disponível em: <http://noticias.pgr.mpf.gov.br/noticias-do-site/pdfs/ACP%20Ortotanasia. pdf>. Acesso em: out. 2007; BRASIL. Ministério Público Federal – 1ª Reg. *Recomendação nº 01/2006 - WD - PRDC*. Disponível em: <www.prdf.mpf.gov.br/prdc/legis/docs/exfile.2006-11-21.7242563592/attach/REC%2001-2006%20CFM.pdf>. Acesso em: 25 nov. 2006.

[70] O *paternalismo jurídico* é um princípio que justificaria a constrição de um direito de liberdade (geral ou específico), autorizando o emprego da coerção, da proibição, do não reconhecimento jurídico de atos ou de mecanismos análogos, para a proteção do indivíduo ou grupo contra comportamentos próprios autoinfligidos ou consentidos, sem contar com o endosso atual dos que são destinatários da medida. São institutos afins: a) o *moralismo jurídico*: a.1) *em sentido estrito*: pode ser justificado ao Estado proibir uma conduta por ser ela inerentemente imoral, mesmo que não cause dano nem ofensa a terceiros; a.2) *em sentido amplo*: pode ser justificado ao Estado proibir condutas que causem *mal* aos outros, sem que causem dano ou ofensa; b) *o princípio do benefício aos demais*: é justificado ao Estado proibir certas condutas quando a proibição for provavelmente necessária para a produção de algum benefício a terceiros; c) *o perfeccionismo*: é justificado ao Estado proibir condutas que são provavelmente necessárias para o aprimoramento do caráter dos indivíduos (para que eles se tornem moralmente mais elevados); d) *o moralismo jurídico paternalista*: o princípio refere-se à manutenção de um ambiente moral em uma sociedade política, ou seja, que uma sociedade, mesmo liberal, deve preservar a ideia de "um mundo moralmente melhor". V. Joel Feinberg, Legal paternalism. In: Rolf Sartorius (Ed.), *Paternalism*. Minnesota: Minnesota University, 1987. p. 3-18; Gerald Dworkin, Paternalism: some second thoughts. In: Rolf Sartorius (Ed.), Paternalism. Minnesota: Minnesota University, 1987. p. 105-112; Joel Feinberg, *Harm to others* – The moral limits of the criminal law. Oxford: Oxford University, 1986. v. I; Macário García Alemany, *El concepto y la justificación del paternalismo*. Tesis (Doctorado) – Universidad de Alicante, Alicante, 2005. p. 160-161. Disponível em: <http://www.cervantesvirtual.com/FichaObra.html?Ref=14591&ext=pdf&portal=0>. Acesso em: set. 2007; Dan Brock, Paternalism and promoting the good. In: Rolf Sartorius (Ed.), *Paternalism*. Minnesota: Minnesota University, 1987. p. 237-260; Manuel Atienza, Discutamos sobre paternalismo. *Doxa: Cuadernos de Filosofía del Derecho*, n. 5, p. 203, 1988; Ronald Dworkin, *A virtude soberana*. A teoria e a prática da

jurídico-moralistas e perfeccionistas; b) o enfraquecimento dos direitos fundamentais mediante o discurso da dignidade, especialmente em sociedades democrático-pluralistas; c) perda da força jurídico-política da locução "dignidade humana"; d) problemas práticos e institucionais na definição dos valores compartilhados por uma comunidade ou sociedade política.

Relatados os principais conteúdos da expressão *dignidade humana*, constata-se que as versões autônoma e heterônoma competem entre si, sem se excluírem. Cabe verificar, então, a aplicação de ambos os conceitos no contexto da morte com intervenção.[71]

2.7 Autonomia *versus* heteronomia: qual dignidade?

A dignidade como autonomia traduz as demandas pela manutenção e ampliação da liberdade humana, desde que respeitados os direitos de terceiros e presentes as condições materiais e psicofísicas para o exercício da capacidade de autodeterminação. A dignidade como heteronomia tem o seu foco na proteção de determinados valores sociais e no próprio bem do indivíduo, aferido por critérios externos a ele. No primeiro caso, prevalecem o consentimento, as escolhas pessoais e o pluralismo. No segundo, o paternalismo e institutos afins, ao lado dos valores morais compartilhados pela sociedade. A liberdade e as escolhas individuais são limitadas mesmo quando não interfiram com direitos de terceiros.[72] Como se pode intuir singelamente, a dignidade como

---

igualdade. Tradução de Jussara Simões. São Paulo: Martins Fontes, 2005 (especialmente os capítulos 5 e 6); Ernesto Garzón Valdés, ¿És eticamente justificable el paternalismo jurídico? *Doxa: Cuadernos de Filosofia del Derecho*, n. 5, 1988; Gerald Dworkin, Moral paternalism. *Law and Philosophy*, v. 24, p. 305-319, 2005.

[71] Não se explorou aqui a denominada "concepção dialógica da dignidade". De acordo com ela, o conteúdo da dignidade humana seria desenvolvido a partir do diálogo entre atores morais autônomos, mediante um *procedimento* que a proteja em diversos aspectos. Como em outros ambientes teóricos, é bem de ver que as situações ideais de diálogo e as exigências teóricas formuladas para o plano discursivo são de implementação muito difícil nas sociedades atuais (Deryck Beyleveld; Roger Brownsword, *Human dignity in bioethics and biolaw*. Oxford: Oxford University Press, 2004. p. 45). A proposta dialógica é identificada pelos autores como uma forma de "dignidade como heteronomia". A "concepção dialógica da dignidade" tem por base os escritos habermasianos: Jürgen Habermas, *O futuro da natureza humana* – A caminho da eugenia liberal? Tradução de Karina Jannini. São Paulo: Martins Fontes, 2004.

[72] Christopher McCrudden, Human dignity and judicial interpretation of human rights. *The European Journal of International Law*, v. 19, n. 4, p. 664-671, 2008, *passim*; Dierk Ullrich, Concurring visions: human dignity in the Canadian Charter of Rights and Freedoms and

autonomia legitima diferentes modalidades de morte com intervenção, desde que o consentimento seja genuíno, informado e livre de privações materiais. Já a dignidade como heteronomia serve de fundamento à proibição da morte com intervenção.[73]

Trazendo o debate para o âmbito do sistema jurídico brasileiro, não parece possível adotar, de forma excludente, um ou outro viés da dignidade humana. Mas, tendo como ponto de partida a Constituição, afigura-se fora de dúvida o predomínio da ideia de dignidade como autonomia. Dentro de uma perspectiva histórica, a Carta de 1988 representou uma ruptura com o modelo ditatorial intervencionista, constituindo o marco inicial da reconstrução democrática do Brasil.[74] Daí a sua ênfase nas liberdades pessoais, parte essencial de um longo elenco de direitos individuais e garantias procedimentais. A dignidade como heteronomia obteve menos ênfase. Como visto, ela se move em torno de conceitos indeterminados como "moral pública" e "bons costumes", por exemplo, que nem figuram no texto constitucional brasileiro.[75] Outras locuções, como "interesse público" e "ordem pública",

---

the Basic Law of the Federal Republic of Germany. *Global Jurist Frontiers*, v. 3, n. 1, p. 83, 2003; Deryck Beyleveld; Roger Brownsword, *Human dignity in bioethics and biolaw*. Oxford: Oxford University Press, 2004. p. 20 e ss.

[73] É bem de ver que é na *cena atual* que a "dignidade como heteronomia" apresenta-se como óbice à morte com intervenção, pois, em épocas pretéritas, ela foi empregada por alguns regimes, como o nazista, para definir, de modo externo ao sujeito e mesmo contra a sua vontade, as vidas indignas de serem vividas, trazendo à tona uma cultura de extermínio altamente discriminatória e cruel. Na época, tais assassinatos eram cognominados eutanásia, mas hoje eles seriam reputados genocídio ou, em alguns casos, *mistanásia*, a morte em tempo equívoco, fundada em discriminações, erros, preconceitos e falta de acesso à proteção e à promoção da saúde. Sobre o termo *mistanásia*, v. Sonia Wendt Nabarro, Morte: dilemas éticos do morrer. *Arquivos do Conselho Federal de Medicina do Paraná*, Curitiba, v. 23, n. 92, p. 185-244, out./dez. 2006.

[74] Luís Roberto Barroso (Org.), *A reconstrução democrática do direito público no Brasil*. Rio de Janeiro: Renovar, 2007.

[75] Na Constituição de 1967, as locuções "bons costumes" e "ordem pública" foram utilizadas uma vez para autorizar expressamente a restrição da liberdade de culto (art. 150, §5º). Na Constituição de 1946, há dispositivo análogo ao mencionado, e, duas vezes, a "ordem pública" é o autorizador expresso para restrição de direitos, a reunião pacífica e a permanência de estrangeiro no território nacional (art. 141, §§7º e 11, respectivamente). A Constituição de 1937, por seu turno, foi mais pródiga na utilização dos termos "moral pública", "moralidade pública", "bons costumes" e "ordem pública", para autorizar a restrição expressa de direitos, como: a) liberdade de manifestação do pensamento (art. 15, "b"); a) a liberdade de culto (art. 122, §4º); c) o direito de manifestação dos parlamentares (art. 43) e d) como justificadores da instituição, por lei, da censura prévia (art. 15, "a") e da condução dos rumos da educação (art. 132). Do exposto, percebe-se que a Constituição de 1988 efetivamente consagrou o não uso de tais conceitos indeterminados (ou similares) para autorizar expressamente a restrição de direitos fundamentais.

são mencionadas no texto para hipóteses bem contadas e de aplicação específica, que não incluem – ao menos expressamente – a restrição a direitos fundamentais.

As diferenças em relação a textos constitucionais anteriores, portanto, demarcam a superação de modelos inspirados na imposição de uma moralidade social unitária, carente de dialética e de pluralismo. Na história nacional, esta sempre foi a porta de entrada para o paternalismo, o perfeccionismo moral e a intolerância, combustíveis para o arbítrio e o autoritarismo. Com isso, não se quer sustentar, todavia, que a Constituição de 1988 sirva de fundamento e justificação para um individualismo exacerbado, para um primado caótico de vontades individuais, unidas apenas pela geografia. Há uma dimensão comunitarista no texto constitucional, que se manifesta em diferentes instâncias. Nela se destacam os compromissos com o bem de todos, a erradicação da pobreza e a solidariedade social. De parte isso, a Constituição reconhece a relevância de instituições que são expressões coletivas do eu, como a família, os partidos políticos e os sindicatos. A tudo isso se somam certos consensos substantivos, impeditivos de condutas que afetem a dignidade.[76] Estes e outros elementos permitem identificar uma sociedade política ligada por valores sociais e morais comuns.

Na jurisprudência do Supremo Tribunal Federal há inúmeros julgados que se referem à dignidade humana. Por vezes, o emprego da locução é puramente ornamental. Em muitos casos, ela não é o único ou o principal fundamento de decidir, sendo frequentemente associada a um direito fundamental específico, como reforço argumentativo. Sem embargo, é possível detectar uma predominância da ideia de dignidade como autonomia sobre a dignidade como heteronomia.[77] A análise dos

---

[76] A Constituição de 1988 possui diversos elementos substantivos dessa natureza, como a proibição dos trabalhos forçados, das penas cruéis, de morte (ressalva feita à guerra), perpétuas, da tortura e da *imposição* de tratamento desumano ou degradante, bem como a proibição da comercialização de órgãos e tecidos do corpo humano (art. 5º, III e XLVII).

[77] Quanto à dignidade como autonomia, especialmente: a) a discussão sobre a recepção de artigos da Lei de Imprensa na ordem constitucional pós-88. Nos votos, demarcado está o cunho pluralista e protetor das liberdades. A correlação direta com a dignidade está no voto do min. relator e, indiretamente, perpassa todo o *decisum*; b) a discussão da constitucionalidade da proibição de progressão de regime nos crimes hediondos. É bem de ver, todavia, que há insinuação de um elemento da "dignidade como heteronomia" em alguns votos desse acórdão, dado o modo de compreender a ressocialização dos condenados criminalmente. Porém, impera a vertente autonomista, como atesta longo trecho da lavra do Min. Cezar Peluso sobre a assimetria entre o direito e a moralidade, o crime e o pecado. A laicidade e a pluralidade são consideradas limites ao *jus puniendi*, o que está de todo associado à "dignidade como autonomia"; c) o elo entre dignidade e as

diferentes votos permite apontar certas formulações recorrentes, que figuram como "consensos sobrepostos"[78] na matéria, que podem ser assim sumariados: a) correlação da fórmula do "homem objeto", ou da não instrumentalização dos seres humanos, à liberdade humana e às garantias constitucionais da liberdade;[79] b) manutenção da integridade

---

condições mínimas de vida. Quanto à dignidade como heteronomia, o caso paradigmático é, sem dúvida, o chamado caso *Ellwanger*, acerca dos discursos do ódio. Entretanto, é bom trazer à tona que a CF/88 contém dispositivo específico sobre o crime de racismo (art. 5º, XLII) (BRASIL. STF. *ADPF nº 130-7/DF – MC*. Rel. Min. Carlos Britto, 7 nov. 2008; BRASIL. STF. *HC nº 82.959-7/SP*. Rel. Min. Marco Aurélio, 1 set. 2006; BRASIL. STF. *HC nº 82.424/RS*. Rel. Min. Moreira Alves, 19 mar. 2004).

[78] *Consenso sobreposto* é uma expressão cunhada por John Rawls. Ao elaborar sua célebre *teoria da justiça*, tomou ele como pressuposto o fato do pluralismo, assumindo que é um traço permanente da cultura política de uma democracia a convivência de diversas crenças religiosas, filosóficas, políticas e morais. Para que seja possível a construção de uma sociedade política, faz-se necessária a adesão razoável de todos a princípios básicos de justiça. A partir dessa adesão primeira, formam-se, mediante emprego do procedimento da razão pública, outros pontos de consenso político, justamente aqueles que podem ser razoavelmente aceitos por indivíduos ou grupos que não compartilham as mesmas crenças. Tais pontos são o chamado *consenso sobreposto* (John Rawls, *Justiça como eqüidade – Uma reformulação*. Tradução de Cláudia Berliner. Rev. Técnica Álvaro de Vita. São Paulo: Martins Fontes, 2003. p. 44-53).

[79] A fórmula do homem-objeto, oriunda do direito germânico, tem por base os trabalhos de Dürig, que, por sua vez, partiu de premissas kantianas. Como exemplo, vários julgados tornaram cediço que o indivíduo não pode, a pretexto de manutenção da ordem e da segurança públicas: a) ter sua liberdade cerceada no curso do processo penal por tempo indeterminado ou maior do que os prazos permitidos, se não deu causa à mora processual, ou se, ressalvados outros fatos muito relevantes, exauriu-se a justificativa para mantê-lo preso; b) ser conduzido ou mantido preso no curso do processo apenas em razão da gravidade ou da repercussão do crime, ainda que hediondo, tampouco por fundamentos decisórios genéricos; c) ter o seu silêncio, na persecução penal, interpretado em seu desfavor; d) não ser devidamente citado em processo penal. Na linha de casos, a motivação é a de que o indivíduo não pode ser mais uma engrenagem do processo penal, ou seja, não pode ser instrumentalizado para o efetivo funcionamento da máquina persecutória estatal, impondo-se sua dignidade a proteger as liberdades e as garantias constitucionais da liberdade. Ademais, por insistência do Min. Gilmar Mendes, a prisão instrumental à extradição está sendo revisitada, pois, como entende o Ministro, o extraditando torna-se um instrumento ante objetivos estatais. A ideia kantiana de *fim em si* foi utilizada em acórdão que discutiu a competência para o julgamento de crimes de redução de pessoas à condição análoga à de escravo. Pese embora ser o conteúdo da dignidade passível de leitura como "heteronomia", pois a escravidão é considerada um mal em si, o seu conteúdo é fortemente relacionado à preservação da liberdade humana e de suas pré-condições. Cf. BRASIL. STF. *HC nº 92.604-5/SP*. Rel. Min. Gilmar Mendes, 25 abr. 2008; BRASIL. STF. *HC nº 88.548-9/SP*. Rel. Min. Gilmar Mendes, 26 set. 2008; BRASIL. STF. *HC nº 91.657-1/SP*. Rel. Min. Gilmar Mendes, 28 mar. 2008; BRASIL. STF. *HC nº 91.414-4/BA*. Rel. Min. Gilmar Mendes, 25 abr. 2008; BRASIL. STF. *HC nº 91.121-8/MS*. Rel. Min. Gilmar Mendes, 28 mar. 2008; BRASIL. STF. *HC nº 91.524-8/BA*. Rel. Min. Gilmar Mendes, 25 abr. 2008; BRASIL. STF. *HC nº 91.662/PR*. Rel. Min. Celso de Melo, 4 abr. 2008 (neste acórdão, o ponto principal da motivação é o *due processo f law*); BRASIL. STF. *HC nº 92.842/MT*. Rel. Min. Gilmar Mendes, 25 abr. 2008; BRASIL. STF. *RE nº 398.041-6/PA*. Rel. Min. Joaquim Barbosa, 19 dez. 2008.

física e moral dos indivíduos;[80] c) proibição da tortura, da *imposição* de tratamento desumano ou degradante e da crueldade.[81]

É possível assentar, assim, que o conceito de dignidade como autonomia tem presença mais forte no texto constitucional, com alguma permeabilidade à dignidade como heteronomia. A prevalência dessa última, fora dos casos expressos ou inequívocos, envolverá especial ônus argumentativo. Na jurisprudência do STF, a despeito da adoção do critério da dignidade como heteronomia em um ou outro caso, é possível identificar um razoável consenso em relação a certos conteúdos da dignidade como autonomia. Ele reside, justamente, na compreensão de ser a dignidade humana o escudo protetor da "inviolabilidade do indivíduo" – especialmente no que tange a diferentes formas de manifestação da liberdade –, assim como fundamento de proteção da sua integridade física e psíquica e do repúdio ao tratamento cruel, desumano ou degradante. Merece referência, nesse contexto, a longa linha de precedentes do Superior Tribunal de Justiça sobre *dano moral*. Tal modalidade de dano, caracterizado por elementos como "dor, sofrimento e humilhação", também avilta a dignidade humana.[82]

No plano infraconstitucional, especialmente no entrelaçamento da bioética com o direito, a versão autonomista da dignidade prevalece nitidamente. O modelo adotado em diversas leis e regulações é centrado no consentimento do paciente, seus responsáveis, dos sujeitos

---

[80] O *leading case* quanto à integridade física parece ser o que versou sobre a possibilidade de realização compulsória de exame de DNA para fins de comprovação de paternidade. Mesmo que deveras relevante o interesse do outro polo da relação processual, o STF considerou que a realização forçada de exames invade a privacidade, a intimidade e a integridade física individuais, protegidas pela dignidade. Mais recente foi a discussão sobre o uso de algemas, que culminou, inclusive, na edição da Súmula Vinculante nº 11. O uso acriterioso de algemas e a divulgação abusiva de imagens de indivíduos nessa condição foram considerados tratamentos humilhantes e desonrosos (BRASIL. STF. *HC nº 71.373-4/RS*. 22 nov. 1996; BRASIL. STF. *HC nº 89.429-1/RO*. 2 fev. 2007).

[81] Importante referir os acórdãos e a súmula sobre o uso de algemas, bem como a decisão acerca do crime de tortura perpetrado contra crianças e adolescentes (BRASIL. STF. *HC nº 70.389-5/SP*. 10 ago. 2001). Na doutrina estrangeira, é interessantíssima a produção de Waldron no tema: Jeremy Waldron, Inhuman and degrading treatment: a non-realist view. *NYU Public Law Colloquium*, April, 23 (second draft).

[82] É efetivamente longa essa linha de precedentes. Como ilustração, destacam-se: BRASIL. STJ. *REsp nº 910.794/RJ*. Rel. Min. Denise Arruda, 4 dez. 2008; BRASIL. STJ. *RE nº 802.435/PE*. Rel. Min. Luiz Fux, 30 out. 2006. Do último, vale destacar trecho: "10. Deveras, a dignidade humana retrata-se, na visão Kantiana, na autodeterminação; na vontade livre daqueles que usufruem de uma vivência sadia. É de se indagar, qual a aptidão de um cidadão para o exercício de sua dignidade se tanto quanto experimentou foi uma 'morte em vida', que se caracterizou pela supressão ilegítima de sua liberdade, de sua integridade moral e física e de sua inteireza humana?".

de pesquisa ou outros envolvidos.[83] Até mesmo no campo da morte com intervenção encontram-se enunciados normativos fundados no consentimento para as hipóteses de ortotanásia, cuidado paliativo, internação domiciliar e escolha do local da morte.[84] Em suma: à luz do sistema jurídico brasileiro, é possível afirmar certa predominância da dignidade como autonomia, sem que se deslegitime o conceito de dignidade como heteronomia. O que significa dizer que, como regra geral, devem prevalecer as escolhas individuais. Mas não invariavelmente.

2.8 O direito à morte digna: em busca de consensos mínimos

No ambiente da morte com intervenção, a ideia de dignidade como autonomia deve prevalecer, por diferentes razões. A primeira

---

[83] A confirmar a assertiva: a) a legislação vigente sobre *transplantes* de órgãos *inter vivos* e *post mortem*, fulcrada no consentimento. Tamanha é a relevância do consentimento que o sistema de doação presumida inicialmente instituído foi alvo de intensa polêmica, o que gerou alteração no texto legal. A nova forma, que deixa ao encargo do consentimento dos familiares, também causa dissenso, havendo sustentações bastante razoáveis no sentido de que a decisão do provável doador, se formulada, deveria prevalecer sobre a da família (Lei nº 9.434/1997, com as alterações introduzidas pela Lei nº 10.211/2001); b) a Resolução nº 196/96 do Conselho Nacional de Saúde, cujo paradigma de proteção dos sujeitos de pesquisa está centrado no consentimento livre e esclarecido; c) a regulamentação das técnicas de *reprodução assistida* adota por princípio o consentimento informado de pacientes e doadores (Resolução nº 1.358/1992 do CFM); d) a regulamentação da *gestação por substituição* (hipótese de reprodução assistida) determina que, uma vez seguidos certos padrões, há de prevalecer o consentimento da gestante por substituição e dos pais biológicos (Resolução nº 1.358/1992 do CFM); e) a regulamentação da *cirurgia de transgenitalização* é orientada pela manifestação do desejo expresso (Resolução nº 1.652/2002 do CFM); f) a necessidade de consentimento dos genitores para uso de *células tronco embrionárias* em pesquisa ou processo terapêutico, prevista pela Lei de Biossegurança e reafirmada pelo STF (Lei nº 11.105/2005).

[84] São os seguintes documentos: a) a Carta de Direitos dos Usuários do Sistema de Saúde, aprovada pela Portaria nº 675/GM/2006 do Ministério da Saúde; b) Lei Covas (assim intitulada em razão do Ex-Governador Mário Covas, que afirmou sancioná-la como governador e como paciente), do estado de São Paulo; c) a Lei nº 3.613/2001, do estado do Rio de Janeiro; d) a Lei nº 12.770/2005, do estado de Pernambuco; e) a Lei nº 2.804/2001, do Distrito Federal; f) a Lei nº 14.254/2003, do estado do Paraná; g) Lei nº 16.279/2006, do estado de Minas Gerais Cf. Letícia de Campos Velho Martel, Limitação de tratamento, cuidado paliativo, eutanásia e suicídio assistido: elementos para um diálogo sobre os reflexos jurídicos da categorização. In: Luís Roberto Barroso, *A reconstrução democrática do direito público no Brasil*. Rio de Janeiro: Renovar, 2007. Merece relevo a Resolução nº 41/95 do Conselho Nacional dos Direitos das Crianças e dos Adolescentes (Conanda), que estabelece os direitos das crianças e adolescentes hospitalizados: "20. Direito a ter uma morte digna, junto a seus familiares, quando esgotados todos os recursos terapêuticos disponíveis" (BRASIL. Conselho Nacional dos Direitos da Criança e do Adolescente. Resolução nº 41 de outubro de 1995. *DOU*, 17 out. 1995).

delas é de cunho normativo e foi explorada no tópico anterior: o sistema constitucional dá maior importância à liberdade individual do que às metas coletivas.[85] Ademais, do ponto de vista filosófico, é melhor a fórmula que reconhece o indivíduo como um ser moral, capaz de fazer escolhas e de assumir responsabilidades por elas. Note-se, a propósito, que ao se valorizar a autonomia, não se está definindo o resultado: o paciente – ou seu responsável, em certos casos – poderá optar entre várias possibilidades, que incluem o prolongamento máximo da vida, seu não prolongamento artificial e, em situações-limite, sua abreviação. Também em relação aos profissionais de saúde, a dignidade como autonomia é o melhor critério: assegura-lhes o direito de não realizar procedimentos que não considerem adequados, permite que atendam à vontade do paciente de não lhe causarem sofrimento inútil, sem excluir a possibilidade de objeção de consciência por parte do médico, caso não esteja de acordo com as escolhas manifestadas.

Registre-se que a adoção do critério da dignidade como heteronomia enfrentaria ainda uma particular dificuldade. É que, no seu interior, há duas proposições que competem entre si e, de certa forma, neutralizam-se. De um lado, a que valoriza a preservação da vida humana como um bem em si; de outro, a proibição de impor aos indivíduos tratamento desumano ou degradante. Jano, com suas duas faces. Reitere-se, uma vez mais, que o pressuposto fático da tese aqui desenvolvida inclui a impossibilidade de cura, melhora ou reversão do quadro clínico, importando o tratamento em extensão da agonia e do sofrimento, sem qualquer perspectiva para o paciente. Em outros cenários, por certo, seria admissível a aplicação da dignidade como heteronomia.[86] Outro pressuposto relevante consiste na certeza do diagnóstico, do prognóstico e das alternativas existentes. O consentimento, por sua vez, deve ser aferido por padrões seguros, para que se tenha certeza de que as decisões foram tomadas de modo livre, consciente e esclarecido.[87] Relembre-se, por fim, que as *condições* para o exercício

---

[85] No fundo, as situações em que as imposições externas se dão em nome do direito de terceiros envolve a demarcação ou a ponderação entre autonomias. A questão, portanto, é de alteridade, da igual dignidade do outro, e não propriamente de heteronomia.

[86] É o que ocorre, por exemplo, quando se trata de portadores de transtornos mentais ou de adictos que põem em risco as próprias vidas, muitas vezes com a autonomia já nebulosa. São submetidos a tratamentos e a situações que julgam humilhantes e degradantes, mas a justificação está na temporariedade, na possibilidade de reversão e de recuperação ou, ainda, na possibilidade de uma subsistência sem padecimentos insuportáveis.

[87] Quanto aos pacientes impossibilitados de manifestar sua vontade ou os civilmente incapazes, é tarefa planejar como será feito o processo de decisório. Para tanto, a referência

da liberdade são decisivas nesse contexto. Isso significa ausência de privações materiais, que abrange não apenas a despreocupação de ser um peso para os entes queridos, como também o acesso a sistemas adequados de saúde.

Ao se concluir pela prevalência da ideia de dignidade como autonomia, na morte com intervenção, deve-se admitir, como escolhas possíveis por parte do paciente – ou seus familiares e responsáveis –, a ortotanásia, a eutanásia e o suicídio assistido. Contudo, em um ambiente jurídico e médico no qual a ortotanásia seja tratada de maneira adequada, as alternativas da eutanásia e do suicídio assistido serão excepcionais, raras mesmo. É bem de ver que o debate jurídico e moral sobre essas duas últimas categorias consumiria tempo e energia, sem garantia de sucesso em curto prazo. Em razão disso, no momento presente, torna-se mais importante a busca do consenso em torno da *ortotanásia*, que inclui a limitação consentida de tratamento, o cuidado paliativo e as intervenções de duplo efeito. A legitimação de um modelo intermediário se justifica, especialmente, pelo fato de que, no Brasil, não se tem feito qualquer diferenciação jurídica significativa entre a obstinação terapêutica, de um lado, e as condutas ativas e intencionais de abreviação da vida, de outro. Por essa razão, a Resolução CFM nº 1995/2012 deve ser vista como um meio legítimo de assegurar que a autonomia individual seja adequadamente exercida.

Pesquisas desenvolvidas em países que oficialmente implementaram fórmulas intermediárias permitiram constatar que o desejo de morrer mediante atos de eutanásia e de suicídio assistido foi substancialmente reduzido.[88] Portanto, antes de trazer para o topo da agenda o

---

seria a manifestação anterior de vontade, enquanto o indivíduo mantém a capacidade decisória, por meio de "diretrizes antecipadas" e de "testamentos de vida", que podem conter a indicação de um responsável por tomar decisões (decisão por substituição). Se ausentes os instrumentos, caberia recuperar o estilo de vida e os valores edificados pelo indivíduo no curso de sua existência e moldá-los lado a lado com *os melhores interesses* do enfermo. No ponto, v. por todos, Dan W. Brock, Surrogate decision making for incompetent adults: na ethical framework. In: Thomas A. Mappes; David DeGrazia, *Biomedical Ethics*. 5. ed. New York: McGraw-Hill, 2000. p. 350-355. Em junho de 2009, o parlamento alemão aprovou lei sobre diretrizes antecipadas e testamentos de vida, validando mais de 9 milhões de atos dessa natureza então existentes.

[88] Cf. Timothy E. Quill *et al.*, The debate over physician-assisted suicide: empirical data and convergent views. *Annals of Internal Medicine*, v. 128, issue 7, April 1998. Em entrevista concedida em 2007, Diego Gracia afirmou que "La eutanasia será una excepción cuando los cuidados paliativos sean los adecuados" (Jorge Napal, La eutanasia será una excepción cuando los cuidados paliativos sean los adecuados. *Diario de Noticias de Álava*, Vitoria-Gasteiz, 16 mar. 2007. Disponível em: <http://www.siis.net/documentos/hemeroteca/703164.pdf>. Acesso em: abr. 2009).

tratamento dessas outras duas alternativas de morte com intervenção, deve-se investir energia em um consenso possível em relação à ortotanásia, que envolve escolhas morais menos drásticas.[89] Enfatize-se bem: à luz das premissas filosóficas aqui assentadas em relação à dignidade da pessoa humana, a eutanásia e o suicídio assistido são possibilidades com elas compatíveis. Porém, em lugar de um debate público que produziria inevitavelmente vencedores e vencidos, optou-se por construir uma solução que possa ser aceita por todos. A seguir, breve detalhamento das proposições centrais em relação ao tema, que são aqui reputadas como plenamente compatíveis com a Constituição e a legislação em vigor, podendo ser desde já concretizadas. São elas: a) a limitação consentida de tratamento; b) o cuidado paliativo e o controle da dor; c) os comitês hospitalares de bioética; e d) a educação dos profissionais e a informação do público.

A *limitação consentida de tratamento* (LCT) constitui uma das políticas públicas cruciais para a dignidade da pessoa humana no final da vida. Pacientes terminais, em estado vegetativo persistente ou portadores de doenças incuráveis, dolorosas e debilitantes, devem ter reconhecido o direito de decidir acerca da extensão e intensidade dos procedimentos que lhes serão aplicados. Têm direito de recusar a obstinação terapêutica. Nesse contexto, a omissão de atuação do profissional de saúde, em atendimento à vontade livre, esclarecida e razoável do paciente ou de seus responsáveis legais, não pode ser considerada crime. Não há, na hipótese, a intenção de provocar o evento morte, mas, sim, de impedir a agonia e o sofrimento inútil. A imposição de

---

[89] A própria Igreja Católica, em documento da Sagrada Congregação para a Doutrina da Fé, intitulado *Declaração sobre a Eutanásia*, após reiterar sua condenação ao aborto, à eutanásia e ao suicídio assistido, admitiu expressamente a recusa de tratamento, nos seguintes termos: "É sempre lícito contentar-se com os meios normais que a medicina pode proporcionar. Não se pode, portanto, impor a ninguém a obrigação de recorrer a uma técnica que, embora já em uso, ainda não está isenta de perigos ou é demasiado onerosa. Recusá-la não equivale a um suicídio; significa, antes, aceitação da condição humana, preocupação de evitar pôr em acção um dispositivo médico desproporcionado com os resultados que se podem esperar, enfim, vontade de não impor obrigações demasiado pesadas à família ou à colectividade. Na iminência de uma morte inevitável, apesar dos meios usados, é lícito em consciência tomar a decisão de renunciar a tratamentos que dariam somente um prolongamento precário e penoso da vida, sem contudo, interromper os cuidados normais devidos ao doente em casos semelhantes. Por isso, o médico não tem motivos para se angustiar, como se não tivesse prestado assistência a uma pessoa em perigo". V. Franjo Seper; Jerónimo Hamer, *Declaração sobre a Eutanásia*. Vaticano: Sagrada Congregação para a Doutrina da Fé. Disponível em: <http://www.vatican.va/roman_curia/congregations/cfaith/documents/rc_con_cfaith_doc_19800505_euthanasia_po.html>. Acesso em: jun. 2009.

tratamento, contra a vontade do paciente e contra o que a equipe médica considera recomendável, viola a autonomia dos indivíduos e dos profissionais. O papel do direito, nesse particular, deve ser o de disciplinar a genuinidade do consentimento e os cuidados a serem adotados.[90] Não mais. A suspensão da Resolução CFM nº 1.805/2006, por decisão judicial, constitui um retrocesso na matéria e impede o exercício de uma autonomia individual protegida constitucionalmente.

Os sistemas de cuidados paliativos e de controle da dor lastreiam-se em uma filosofia de atenção e amparo quando o diagnóstico e o prognóstico indicam que os esforços de cura serão pouco frutíferos e que haverá sofrimento no processo de morte. A ideia central é aumentar e manter a qualidade de vida do enfermo, da sua família e de seu cuidador, direcionando atividades ao controle da dor, dos sintomas (respiratórios, digestivos, da fadiga, da anorexia e da caquexia, da depressão, do delírio, da angústia) e de outros problemas, sejam físicos, psicológicos, espirituais e até mesmo jurídicos.[91] Na medicina contemporânea, os cuidados paliativos possuem *status* de cientificidade paralelo ao da saúde curativa.[92] Não obstante, são intensos os obstáculos aos cuidados paliativos, entre os quais: a) o desconhecimento; b) o apego à

---

[90] A doutrina identifica como imprescindíveis, além dos pressupostos civilistas já definidos para o consentimento, os seguintes passos: a) verificação da origem da decisão e da maturidade da manifestação de vontade por profissionais habilitados, após o adequado processo de informação; b) confirmação do diagnóstico e do prognóstico; c) verificação da inocorrência de depressão tratável; d) verificação da adequação dos paliativos e tratamentos para a dor oferecidos; e) verificação de eventuais conflitos de interesses entre a instituição hospitalar, a equipe de saúde e os interesses dos pacientes e de seus responsáveis; f) garantia de assistência plena, se desejada, e verificação da inexistência de conflitos econômicos; g) verificação da inexistência de eventuais conflitos de interesses entre o paciente e seus familiares ou responsáveis legais; h) debate dos casos e condutas por comitês hospitalares de bioética, quando ainda não houver posicionamento em situações análogas; i) formulação de TCLE (termo de consentimento livre e esclarecido) específico. Estes passos foram definidos a partir de estudos diversos, especialmente os de Timothy E. Quill.

[91] Diz-se jurídicos porque há casos nos quais algumas angústias que acometem os enfermos podem ser relativas a questões testamentárias, de partilhas, de regularização de uniões, de reconhecimento de paternidade, de ajuste de pensões e de benefícios (*e.g.*, levantamento de FGTS), entre outros. Cf. Ricardo Tavares de Carvalho, Legislação em cuidados paliativos. In: Reinaldo Ayer de Oliveira (Org.), *Cuidado paliativo*. São Paulo: Conselho Regional de Medicina do Estado de São Paulo, 2008. p. 613-630.

[92] A OMS assim define os cuidados paliativos: "Cuidado paliativo é uma abordagem que melhora a qualidade de vida de pacientes e de suas famílias que enfrentam problemas associados a uma doença que ameaça sua vida, através da prevenção e do alívio do sofrimento por meio de identificação precoce, avaliação impecável e tratamento da dor e de outros problemas físicos, psicossociais e espirituais" (WORLD HEALTH ORGANIZATION. *Palliative care definition*. Disponível em: <http://www.who.int/cancer/palliative/definition/en/>. Acesso em: mar. 2009. Tradução livre).

medicina curativa; c) os conflitos de interesses entre diferentes ramos profissionais em saúde; d) os conflitos de interesses econômicos, pelo não emprego de algumas tecnologias altamente avançadas e da não realização de alguns procedimentos cirúrgicos; e) dificuldade de acesso a substâncias restritas empregadas no controle da dor; f) insegurança dos profissionais da saúde, mormente médicos, quanto à aceitação legal de práticas de cuidados paliativos.[93]

Os *comitês hospitalares de bioética* (ou comitês de bioética clínica – CBs) são colegiados multidisciplinares instituídos com o objetivo de discutir dilemas e conflitos morais ocorridos na prática clínica. Os CBs buscam uma solução prudencial,[94] debatendo de forma plural os pontos relevantes de um caso concreto, visando sempre respeitar a autonomia e os direitos fundamentais da equipe de saúde, dos enfermos e de seus familiares. Suas orientações não são compulsórias. Sua composição assegura a diversidade, admitindo membros das mais diversas áreas da saúde e também juristas, teólogos, representantes dos usuários dos sistemas de saúde e da comunidade, entre outros.[95] Os CBs costumam

---

[93] No Brasil, os profissionais envolvidos com cuidados paliativos demonstram temor quanto a possíveis sanções jurídicas, em razão da ausência de lei específica sobre o assunto e da confusão da atividade com o homicídio impróprio ou a omissão de socorro e, na seara civilista, com a negligência. V. Ricardo Tavares de Carvalho, Legislação em cuidados paliativos. In: Reinaldo Ayer de Oliveira (Org.), *Cuidado paliativo*. São Paulo: Conselho Regional de Medicina do Estado de São Paulo, 2008. A situação conflitiva dos profissionais de cuidados paliativos no Brasil ficou bem expressa no *Boletim Informativo da Academia Nacional de Cuidados Paliativos*, 30 mar. 2009. Disponível em: <http://www.paliativo.org.br/Boletins.asp?BoletimAtivo=22>. Acesso em: abr. 2009. Há insegurança também sobre substâncias de duplo efeito para controle da dor, tanto no acesso aos fármacos, quanto no seu emprego, que pode ser indevidamente interpretado como eutanásia. Na matéria, há a Portaria nº 19/GM/MS, de 2002, que instituiu o Programa Nacional de Assistência à Dor e Cuidados Paliativos e constituiu um Grupo Técnico Assessor do Programa Nacional de Assistência à Dor e Cuidados Paliativos, além da Portaria nº 2.439/GM/MS de 2005, que reconheceu os cuidados paliativos como parte da Política Nacional de Atenção Oncológica.

[94] Diego Gracia, Teoria e práctica de los comités de ética. In: J. L. Martinez (Ed.), *Comités de bioética*. Madrid: Comillas, 2003. p. 194 e ss.

[95] A nomenclatura dos CBs pode variar. Fora do Brasil, usa-se "comitês de bioética" tanto para designar os comitês de ética em pesquisa (dedicados à bioética na pesquisa envolvendo seres humanos) e os comitês hospitalares. Neste ensaio, as atenções estão voltadas apenas para os comitês de bioética clínica. Segundo a Unesco, um comitê de bioética é "um comitê que lida sistemática e continuamente com as dimensões éticas: (a) das ciências da saúde (b) das ciências da vida e (c) das políticas inovadoras na área da saúde. O termo 'comitês de bioética' simplesmente aponta que o grupo – um diretor [*chairperson*] e os membros – se reunirá para abordar questões que não são simplesmente factuais, mas são profundamente normativas. Isto é, eles não se reúnem apenas para determinar o que é ou não certo [*what is or is not the case*] em relação a certo domínio de interesse. A atuação do comitê vai além do nível factual dos dados empíricos. Ele é criado para responder não apenas a pergunta 'Como devo decidir e agir?', mas à questão mais ampla 'Como devemos decidir e agir?'. Isso nos levará da ética – um ramo tradicional da filosofia – para a política: 'Como um

atuar mediante provocação, seja da equipe de saúde – especialmente em caso de dissenso entre seus membros –, seja dos pacientes e de seus familiares. Os pacientes terminais ou em estado vegetativo persistente constituem uma população especialmente vulnerável e de baixa visibilidade. Assim, os CBs podem funcionar como o fórum que traz à luz as demandas dessa parcela de indivíduos, desobstruindo déficits de representação em fóruns majoritários de tomada de decisão e de construção de políticas públicas. No Brasil, ainda existe muito desconhecimento acerca dos CBs.[96]

Por fim, outra importante política refere-se à *educação dos profissionais da saúde e a informação do público em geral*. A bioética é um ramo do conhecimento recentemente sedimentado, surgido essencialmente da necessidade, cada vez mais presente, de os profissionais da saúde, pacientes, familiares e a comunidade em geral tomarem posição diante de dilemas e de conflitos morais ensejados pela evolução tecnocientífica. Para enfrentá-los, impõe-se que sejam trabalhadas e aprimoradas – e também compreendidas – as habilidades de julgamento moral dos integrantes dos sistemas de saúde, dos seus usuários e do público. Consequentemente, a aproximação dos profissionais, desde seus cursos de graduação, dos marcos teóricos da bioética, da análise crítica dos casos, do humanismo e da empatia pelo *outro* precisa de estímulo. Além da abertura em ambiente acadêmico e profissional, deve-se valorizar a informação ao público em geral, capaz de ensejar o debate e de promover o exercício de moralidade crítica nos pontos difíceis da bioética. O conhecimento adequado dos dados relevantes contribui para a redução do sensacionalismo e da passionalidade.[97]

---

governo deve agir?'" (UNESCO. *Guia nº 2* – Bioethics committees at work: procedures and policies. 2005. Disponível em: <http://portal.unesco.org/shs/ethics>. Acesso em: abr. 2009; UNESCO. *Guia nº 3* – Educating bioethics committees. 2007. Disponível em: <http://portal.unesco.org/shs/ethics>. Acesso em: abr. 2009; UNESCO. *Guia nº 1* – Establishing bioethics committees. 2005. Disponível em: <http://portal.unesco.org/shs/ethics>. Acesso em: abr. 2009; BORGES, Gustavo Silveira. *Os comitês de bioética e as vias de acesso à justiça criminal*. Dissertação (Mestrado) –Pontifícia Universidade Católica do Rio Grande do Sul, Porto Alegre, 2007. p. 50 e ss. Tradução livre).

[96] Cf. Ana Paula Reche Côrrea; Volnei Garrafa, Conselho Nacional de Bioética – A iniciativa brasileira. *Revista Brasileira de Bioética*, v. 1, n. 4, 2005. p. 401, *passim*. Além de serem relativamente novos – as primeiras iniciativas datam de pouco mais de dez anos – ainda é muito pequeno o número de CBs. Entretanto, há frentes pela implementação de um conselho nacional de bioética e pela difusão de CBs em ambiente hospitalar.

[97] Ver, a respeito: F. C. Rittmann; Jovino Pizzi, A bioética: um estranho conceito para a comunicação social. In: CONGRESSO BRASILEIRO DE BIOÉTICA, VII; CONGRESSO MUNDIAL EXTRAORDINÁRIO DA SOCIEDADE INTERNACIONAL DE BIOÉTICA, I; CONGRESSO DA REDBIOÉTICA/UNESCO, I, 2007. Anais... São Paulo, 2007; F. C.

2.9 Conclusão

O presente estudo procurou refletir sobre a morte com intervenção à luz da dignidade da pessoa humana. Sua hipótese de trabalho recaiu sobre pessoas que se encontram em estado terminal ou em estado vegetativo persistente. É possível enunciar algumas das principais ideias desenvolvidas nas proposições seguintes:

1 A morte é uma fatalidade, não uma escolha. Por essa razão, é difícil sustentar a existência de um direito de morrer. Contudo, a medicina e a tecnologia contemporâneas são capazes de transformar o processo de morrer em uma jornada mais longa e sofrida do que o necessário, em uma luta contra a natureza e o ciclo natural da vida. Nessa hora, o indivíduo deve poder exercer sua autonomia para que a morte chegue na hora certa, sem sofrimentos inúteis e degradantes. Toda pessoa tem direito a uma morte digna.

2 No contexto da morte com intervenção, alguns conceitos devem ser bem demarcados. *Eutanásia* consiste no comportamento ativo e intencional de abreviação da vida de um doente terminal, adotado pelo profissional de saúde, com finalidade benevolente. *Suicídio assistido* é a retirada da própria vida com auxílio de terceiro. *Distanásia* é o retardamento máximo da morte, inclusive com o emprego de meios extraordinários e desproporcionais. *Ortotanásia* identifica a morte no tempo certo, de acordo com as leis da natureza, sem o emprego de meios extraordinários ou desproporcionais de prolongamento da vida. Elementos essenciais associados à ortotanásia são a limitação consentida de tratamento e os cuidados paliativos.

3 A dignidade da pessoa humana, na sua expressão mais essencial, significa que todo indivíduo é um fim em si mesmo. Não deve, por essa razão, servir de instrumento à satisfação dos interesses de outros indivíduos ou à realização de metas coletivas. A dignidade é fundamento e justificação dos direitos fundamentais, que devem conviver entre si e harmonizar-se com valores compartilhados pela sociedade. Ela pode se apresentar como uma condição interna ao indivíduo –

Rittmann; Jovino Pizzi, Bioética e os novos desafios de uma comunicação. In: CONGRESSO BRASILEIRO DE BIOÉTICA, VII; CONGRESSO MUNDIAL EXTRAORDINÁRIO DA SOCIEDADE INTERNACIONAL DE BIOÉTICA, I; CONGRESSO DA REDBIOÉTICA/UNESCO, I, 2007. *Anais...* São Paulo, 2007. Como exemplo, podem ser citadas as imagens de Eluana, mundialmente transmitidas. Apesar de ela ter permanecido por 17 anos em estado vegetativo persistente, as fotos veiculadas foram as de uma moça saudável e ativa, de 21 anos, quando, na realidade, Eluana já estava com 38 anos, imobilizada e inconsciente desde os 21.

dignidade como autonomia – ou como produto de uma atuação externa a ele – dignidade como heteronomia.

4 A concepção da dignidade como autonomia valoriza o indivíduo, sua liberdade e seus direitos fundamentais. A dignidade como heteronomia, por sua vez, funciona como uma limitação à liberdade individual, pela imposição de valores sociais e pelo cerceamento de condutas próprias que possam comprometer a dignidade do indivíduo. No sistema constitucional brasileiro, embora haja lugar para expressoes heterônomas da dignidade, ela se manifesta predominantemente sob a forma de autonomia individual.

5 No contexto da morte com intervenção, deve prevalecer a ideia de dignidade como autonomia. Além do fundamento constitucional, que dá mais valor à liberdade individual do que às metas coletivas, ela se apoia, também, em um fundamento filosófico mais elevado: o reconhecimento do indivíduo como um ser moral, capaz de fazer escolhas e assumir responsabilidades por elas.

6 A prevalência da noção de dignidade como autonomia admite, como escolhas possíveis, em tese, por parte do paciente, a ortotanásia, a eutanásia e o suicídio assistido. Todavia, onde a ortotanásia é disciplinada adequadamente, do ponto de vista médico e jurídico, a eutanásia e o suicídio assistido perdem muito de sua expressão, ficando confinados a situações excepcionais e raras.

7 Admitida a ortotanásia como uma fórmula intermediária capaz de produzir consenso entre diferentes visões do tema da morte com intervenção, quatro ideias centrais devem ser trabalhadas pela comunidade médica, jurídica e pela sociedade: a) a limitação consentida de tratamento; b) o cuidado paliativo e o controle da dor; c) os comitês hospitalares de bioética; e d) a educação dos profissionais e a informação do público.

CAPÍTULO 3

DIREITO TRIBUTÁRIO E O SUPREMO TRIBUNAL FEDERAL: PASSADO, PRESENTE E FUTURO[1]

3.1 Introdução
3.1.1 Nota prévia

Esta nota prévia traz um breve depoimento pessoal do primeiro autor. O presente artigo foi escrito para integrar coletânea destinada a homenagear os 25 anos de magistratura do Ministro Marco Aurélio junto ao Supremo Tribunal Federal, onde somos colegas e amigos. Afogado em processos, não consegui me desincumbir a tempo da missão. Foi preciso aguardar o recesso de final de ano. Mais que ninguém, o homenageado é capaz de entender as razões do atraso. Porém, já que não pudemos ser os primeiros a participar da celebração devida, merecida e festejada, pelos menos somos os últimos. E, assim, contribuímos para prolongar um pouco mais a lembrança do impressionante jubileu. Na vida, sempre há o que comemorar.

A convivência pessoal e funcional com o homenageado, ao longo desse tempo que integro o Tribunal, serviu para reforçar minha percepção de alguns traços de sua atuação judicante: independência, dedicação ao trabalho e inquietação intelectual. Marco Aurélio não é submisso a dogmas, nem mesmo ao conhecimento convencional. O caminho próprio, que trilha com frequência, já mudou, por mais de uma vez, ideias que haviam se consolidado pela repetição acrítica. Não é pequeno este papel: o de fazer com que todos estejam preparados

---
[1] Texto escrito em coautoria com Marcus Vinícius Cardoso Barbosa.

para testar as próprias convicções e, evidentemente, de repensá-las à luz de uma visão crítica e original. A seguir, algumas reflexões de direito tributário, uma área em que a atuação do homenageado foi particularmente profícua.

3.1.2 Apresentação do tema

O primeiro coautor deste trabalho tem defendido, desde que ingressou no Supremo Tribunal Federal em junho de 2013, uma racionalização profunda da agenda da Corte. O segundo coautor foi aluno de mestrado do primeiro e tem atuado como assessor no seu gabinete ao longo dos anos de 2015 e 2016, com foco principal na área tributária. O presente artigo procura refletir um pouco dessa experiência de ambos no esforço de construção de um tribunal mais ágil e eficiente, inclusive em matéria de direito tributário.

Jurisdição constitucional e direito tributário mantêm uma relação de desenvolvimento mútuo. Porém, como toda relação de longo prazo, está sujeita a crises. E, dentro da crise numérica que vive o Supremo Tribunal Federal hoje, o direito tributário é um capítulo à parte. Registre-se, desde logo, o relevantíssimo papel que esse ramo do direito tem exercido, e continuará exercendo, como um móvel fundamental para o desenvolvimento do controle de constitucionalidade no Brasil. Além de demonstrar isso, o texto que se segue procura destacar, também, as razões que fizeram do direito tributário uma das principais matérias na agenda do Supremo Tribunal Federal, com destaque para alguns dados quantitativos que apontam para o futuro preocupante que ronda o tema da repercussão geral. Ao fim deste capítulo, é apresentada uma proposta do que, ao ver dos autores, deveria ser o norte da atuação do STF na matéria daqui para frente.

Na parte final do trabalho, tomando como ponto de partida julgados recentes e recursos pendentes de apreciação, são analisados três temas relativos ao direito tributário que representam bem a função que, como regra, o Supremo deve exercer nesse campo. A ideia central do texto é que a racionalização da agenda futura do Tribunal passa por uma seleção mais contida e realista de casos que terão a repercussão geral reconhecida em matéria tributária, com especial enfoque para escolhas que digam com normas materialmente constitucionais, como os direitos e garantias individuais dos contribuintes e os conflitos federativos.

3.2 O direito tributário e a sua contribuição para a evolução do controle de constitucionalidade na jurisprudência do Supremo

As múltiplas competências do Supremo Tribunal Federal, enunciadas no art. 102 da Constituição, podem ser divididas em duas grandes categorias: ordinárias e constitucionais. O Tribunal presta *jurisdição ordinária* nas diferentes hipóteses em que atua como qualquer outro órgão jurisdicional, aplicando o direito infraconstitucional a situações concretas, que vão do julgamento criminal de parlamentares à solução de conflitos de competência entre tribunais. De parte isso, o Tribunal tem, como função principal, o exercício da *jurisdição constitucional*, que se traduz na interpretação e aplicação da Constituição, tanto em ações diretas como em processos subjetivos. Ao prestar jurisdição constitucional nos diferentes cenários pertinentes, cabe à Corte: (i) aplicar diretamente a Constituição a situações nela contempladas, como faz, por exemplo, ao assegurar ao acusado em ação penal o direito à não autoincriminação; (ii) declarar a inconstitucionalidade de leis ou atos normativos, como fez no tocante à resolução do TSE que redistribuía o número de cadeiras na Câmara do Deputados; ou (iii) sanar lacunas do sistema jurídico ou omissões inconstitucionais dos poderes, como fez ao regulamentar a greve no serviço público.

O direito tributário tem servido como um dos principais catalisadores para o desenvolvimento de diversos aspectos especialmente relevantes da jurisdição constitucional no Brasil. Como se trata de uma matéria muito presente na rotina do STF, e com um forte interesse governamental, as disputas tributárias têm sido historicamente um indutor importante de inovação, aperfeiçoamento e discussão de novos mecanismos e técnicas relativas ao controle de constitucionalidade. A variedade de temas que chegam ao Tribunal sobre o assunto, que vão desde a simples definição da competência tributária da União Federal para instituir validamente as contribuições para a seguridade social, até discussões relativas aos direitos e garantias dos contribuintes, passando pela solução de conflitos federativos, forma um espectro extremamente rico e complexo de casos de controle difuso e concentrado de constitucionalidade de atos normativos federais, estaduais e municipais. Isso tem alimentando o debate prático e doutrinário sobre a jurisdição constitucional no país, com reflexos para além dos limites do direito tributário. Quatro exemplos ilustram essa constatação: (i) a afirmação da competência do Supremo Tribunal Federal para declarar a inconstitucionalidade de emendas à Constituição; (ii) o julgamento da primeira ação direta de constitucionalidade; (iii) a consagração da ideia de inexistência de constitucionalidade superveniente; e (iv) as emendas constitucionais editadas com o objetivo de promover a correção legislativa da jurisprudência da Corte. A seguir, abre-se um tópico para cada um desses temas.

3.2.1 Controle de constitucionalidade de emendas à Constituição

As emendas à Constituição Federal, como produto da atuação do poder constituinte derivado, sujeitam-se aos limites estabelecidos pelo poder constituinte originário e podem ser objeto de ação direta de inconstitucionalidade.[2] Esse entendimento, que é hoje pacífico no âmbito do Supremo Tribunal Federal, foi professado e efetivamente exercido pela primeira vez em decisão histórica tomada no julgamento da ADI nº 939.[3] Na hipótese, questionava-se o dispositivo da Emenda

---

[2] Em ordem cronológica, é possível sistematizar os seguintes precedentes em que o STF declarou a inconstitucionalidade de dispositivos de emendas à Constituição: (i) declaração de inconstitucionalidade da EC nº 3/93, que havia instituído o IPMF – Imposto Provisório sobre Movimentações Financeiras, sob o fundamento de não terem sido observadas determinadas limitações constitucionais ao poder de tributar, como a anterioridade e a imunidade recíproca dos entes federativos (STF, ADI nº 939, Rel. Min. Sydney Sanches, DJ, 9 mar. 1994); (ii) interpretação conforme a EC nº 20/98, assentando que o teto instituído para o custeio estatal de benefícios do regime geral de previdência não seria aplicável à licença-gestante, de modo a evitar que o repasse de encargos aos empregadores prejudicasse a inserção das mulheres no mercado de trabalho formal (STF, ADI nº 1.946, Rel. Min. Sydney Sanches. DJ, 16 maio 2003); (iii) declaração de inconstitucionalidade de dispositivos pontuais da EC nº 41/2004, apenas na parte em que se instituía variação entre União, estados e municípios no tocante ao cálculo da contribuição previdenciária devida pelos servidores inativos, sob o fundamento de ofensa ao princípio federativo (STF, ADI nº 3.128, Rel. p/ o acórdão Min. Cezar Peluso. DJ, 18 fev. 2005); (iv) suspensão cautelar da parte central da EC nº 30/2000, que estabelecera um regime especial para o pagamento de precatórios vencidos, com parcelamento em dez anos, sob os argumentos de quebra da ordem de pagamentos e da isonomia, bem como de violação à autoridade das decisões judiciais (STF, MC na ADI nº 2.356. Rel. p/ o acórdão Min. Ayres Britto. DJe, 19 maio 2011); (v) declaração de inconstitucionalidade de parte substancial da EC nº 62/09, que pretendeu instituir um novo regime transitório para a regularização dos precatórios, novamente sob os argumentos centrais de quebra da ordem cronológica e da isonomia, bem como de violação ao princípio da moralidade administrativa (STF, ADI nº 4.357 e ADI nº 4.425. Rel. Min. Luiz Fux. DJe, 19 dez. 2013).

[3] Apesar de o julgamento da ADI nº 939 ter sido pioneiro no controle de constitucionalidade por via direta de uma emenda à Constituição, inclusive com a efetiva utilização desse poder, a medida já era admitida em tese pela jurisprudência do Supremo. Em 1980, no julgamento do MS nº 20.257, o Plenário do Supremo Tribunal Federal admitiu o cabimento de mandado de segurança preventivo contra projeto de emenda à Constituição, o que

Constitucional nº 3/1993 que cuidava da criação do IPMF – Imposto sobre Movimentação ou Transmissão de Valores e de Créditos e Direitos de Natureza Financeira de competência da União. Mais especificamente, impugnavam-se as exceções criadas pela emenda à anterioridade de exercício e à imunidade tributária recíproca.

No julgamento ocorrido em dezembro de 1993, primeiramente o Tribunal conheceu da ação direta ajuizada em face da emenda constitucional, inaugurando assim a possibilidade de controle de constitucionalidade dessa espécie normativa, o que não é uma prática em todos os países do mundo.[4] No mérito, a ADI nº 939 foi julgada procedente em parte e, para o que interessa mais diretamente ao presente trabalho, pela primeira vez o Supremo Tribunal Federal declarou a inconstitucionalidade de uma emenda constitucional, por considerar que foram violados: (i) o princípio da anterioridade, que é garantia individual do contribuinte (art. 5º, §2º, art. 60, §4º, inc. IV e art. 150, III, "b" da CF); (ii) o princípio da imunidade tributária recíproca (que veda à União, aos estados, ao Distrito Federal e aos municípios a instituição de impostos sobre o patrimônio, rendas ou serviços uns dos outros), que é garantia da Federação (art. 60, §4º, inc. I, e art. 150, VI, "a", da CF).

Uma segunda questão importante decidida no julgamento da ADI nº 939 diz respeito à interpretação conferida ao termo "direitos e garantias individuais" constante do art. 60, §4º, IV, CF. Isso porque o princípio da anterioridade tributária não consta do rol de direitos e garantias fundamentais individuais listados no art. 5º, da CF, mas sim do art. 150, III, "b", da CF, estando localizado na Seção "Das Limitações Constitucionais ao Poder de Tributar". Portanto, com base em uma visão mais restritiva, não estaria abrangido pela proteção dada às cláusulas pétreas. Entretanto, o Supremo Tribunal Federal afirmou nesse precedente que a proteção contra a atuação ilegítima do poder constituinte reformador abrange os direitos e garantias individuais espalhados pela Constituição, e não apenas aqueles constantes do art. 5º, da CF.[5] Indo além, o Ministro Carlos Velloso expressamente sustentou

---

pressupõe a possibilidade de inconstitucionalidade da futura emenda. Todavia, nesse caso o mandado de segurança foi admitido e julgado improcedente por ausência de violação à Constituição.

[4] Sobre o tema, v. Rodrigo Brandão. *Direitos fundamentais, democracia e cláusulas pétreas*. Rio de Janeiro: Renovar, 2008.

[5] Essa orientação foi traçada de forma clara pelo seguinte trecho do voto do Ministro Carlos Velloso na ADI nº 939: "Direitos e garantias individuais não são apenas aqueles que estão inscritos nos incisos do art. 5º. Não. Esses direitos e garantias se espalham pela

em seu voto que todas as limitações ao poder de tributar inscritas no art. 150 da Constituição eram inatingíveis pelo constituinte derivado.[6] Sendo assim, a conclusão mais relevante desse julgado é que o Supremo Tribunal Federal considera que todos os direitos materialmente fundamentais estão, em alguma medida, protegidos contra o poder constituinte derivado, mesmo que não estejam localizados no catálogo do art. 5º, da Carta. Tal circunstância, como intuitivo, não suprime a complexa discussão acerca do sentido e alcance da expressão direitos materialmente fundamentais.[7]

Concluindo este tópico, embora a norma declarada inconstitucional dissesse respeito à criação de um imposto sobre movimentações financeiras que vigeu durante um ano apenas, o julgamento foi célebre e nele o Supremo estabeleceu importantes balizas para o controle de constitucionalidade de emendas à Constituição. Primeiro, assentando a própria competência para declarar a inconstitucionalidade dessa espécie normativa em sede de controle concentrado. Segundo, estabelecendo que o rol de direitos e garantias individuais que podem servir como parâmetro para esse controle não se esgota no elenco previsto no art. 5º da Carta.[8]

---

constituição. O próprio art. 5º, parágrafo 2, estabelece que os direitos e garantias expressos nesta Constituição não excluem outros decorrentes do regime e dos princípios por ela dotados, ou dos tratados internacionais em que a República do Brasil seja parte".

[6] Voto do Ministro Carlos Mário Velloso na ADI nº 939/DF, Rel. Min. Sydney Sanches: "12. Nem me parece que, além das exceções ao princípio da anterioridade, previstas expressamente no §1º do art. 150, pela Constituição originária, outras pudessem ser estabelecidas por emenda constitucional, ou seja, pela Constituição derivada. 13. Se não se entender assim, o princípio e a garantia individual tributária, que ele encerra, ficariam esvaziados, mediante novas e sucessivas emendas constitucionais, alargando as exceções, seja para impostos previstos no texto originário, seja para os não previstos".

[7] No próprio julgamento da ADI nº 939, os ministros Sepúlveda Pertence e Otávio Galloti votaram no sentido da inconstitucionalidade do art. 2º, §2º da EC nº 3/93 apenas na parte em que se excluía do regime constitucional no IPMF a imunidade recíproca. Ou seja, dois ministros consideraram que o princípio da anterioridade tributária não é um direito individual materialmente fundamental e, portanto, não mereceria proteção contra a ação do poder constituinte reformador. Para uma visão crítica do julgamento, v. Flávio Bauer Novelli, Norma constitucional inconstitucional: a propósito do art. 2º, §2º, da Emenda Constitucional nº 3/93. *Revista de Direito Administrativo*, v. 21, p. 21-57, 1995.

[8] Sobre o tema, o primeiro autor do texto tem defendido que o princípio da dignidade da pessoa humana desempenha um papel central nessa discussão: "Esse princípio integra a identidade política, ética e jurídica da Constituição e, como consequência não pode ser objeto de emenda tendente à sua abolição, por estar protegido por uma limitação material implícita ao poder de reforma. Pois bem: é a partir do núcleo essencial do princípio da dignidade da pessoa humana que se irradiam todos os direitos materialmente fundamentais, que devem receber proteção máxima, independentemente de sua posição formal, da geração a que pertencem e do tipo de prestação a que dão ensejo. Diante disso, a moderna doutrina constitucional, sem desprezar o aspecto didático da classificação

3.2.2 Ação Declaratória de Constitucionalidade nº 1

A ação declaratória de constitucionalidade foi criada pela Emenda Constitucional nº 3, de 17.3.1993, tendo como finalidade afastar a incerteza jurídica e estabelecer uma orientação homogênea em relação a determinada matéria. Para tanto, partiu-se da premissa de que textos normativos estão sujeitos a interpretações diversas e contrastantes.[9] Assim, sem embargo da presunção de constitucionalidade de que gozam os atos emanados do Poder Público, criou-se um mecanismo de reconhecimento expresso da compatibilidade entre uma norma infraconstitucional e a Constituição, para aquelas situações que demandam uma pronta pacificação da controvérsia. Pois bem, ainda em 1993, foi ajuizada a ADC nº 1, que impugnava a constitucionalidade da criação da Cofins pela Lei Complementar nº 70/91, ou seja, os holofotes novamente se voltaram à matéria tributária.[10]

Ao analisar o mérito da ação, o Tribunal declarou a constitucionalidade dos arts. 1º, 2º e 10 da Lei Complementar nº 70/1991, que instituiu a Cofins, bem como das expressões "A contribuição social sobre o faturamento de que trata esta lei não extingue as atuais fontes de custeio da Seguridade Social" contidas no art. 9º, e das expressões

---

tradicional em gerações ou dimensões de direitos, procura justificar a exigibilidade de determinadas prestações e a intangibilidade de determinados direitos pelo poder reformador *na sua essencialidade para assegurar uma vida digna*. Com base em tal premissa, não são apenas os direitos individuais que constituem cláusulas pétreas, mas também as demais categorias de direitos constitucionais, na medida em que sejam dotados de fundamentalidade material. [...] Também em relação aos direitos políticos, certas posições jurídicas ligadas à liberdade e à participação do indivíduo na esfera pública são imunes à ação do constituinte derivado. [...] Em suma: não apenas os direitos individuais, mas também os direitos fundamentais materiais como um todo estão protegidos em face do constituinte reformador ou de segundo grau. Alguns exemplos: o direito social à educação fundamental gratuita (CF, 208, I), o direito político à não alteração das regras do processo eleitoral a menos de um ano do pleito (CF, art. 16) ou o direito difuso de acesso à água potável ou ao ar respirável (CF, art. 225)" (Luís Roberto Barroso, *Curso de direito constitucional contemporâneo. Os conceitos fundamentais e a construção do novo modelo*. São Paulo: Saraiva, 2015. p. 213-215).

[9] Sobre o tema, v. Luís Roberto Barroso, *O controle de constitucionalidade no direito brasileiro*. São Paulo: Saraiva, 2016. p. 276.

[10] Na ação declaratória de constitucionalidade mencionada, os contribuintes alegavam, em síntese, que a criação da Cofins: (i) resultaria em bitributação, por incidir sobre a mesma base de cálculo do PIS; (ii) feriria o princípio constitucional da não cumulatividade dos imposto da União Federal; (iii) como contribuição social, não autorizaria a sua arrecadação e cobrança pela Receita Federal; (iv) tratar-se-ia, em rigor, de imposto inominado, fruto da competência residual da União Federal; (v) violava o princípio constitucional da anterioridade, posto que o *Diário Oficial* de 31.12.1991 só circulou no dia 2.1.1992. O julgado rebateu cada uma dessas alegações e, na parte em que a ação foi conhecida, julgou procedentes os pedidos formulados na ADC nº 1.

"Esta lei complementar entra em vigor na data de sua publicação, produzindo efeitos a partir do primeiro dia do mês seguinte nos noventa dias posteriores, aquela publicação [...]" constantes do art. 13, todos da Lei Complementar nº 70/1991. Com isso, assentou algumas das principais teses que passaram a guiar a disciplina das contribuições sociais, influenciando diversos outros julgamentos importantes que se sucederam sobre o tema. Todavia, em conclusão capaz de produzir efeitos para além da matéria tributária, assentou também, pela primeira vez após a promulgação da Constituição de 1988, que não há relação de hierarquia entre lei complementar e lei ordinária.[11]

No que se refere especificamente ao controle de constitucionalidade, o caso deu a oportunidade para o Supremo Tribunal Federal assentar a própria constitucionalidade da Emenda Constitucional nº 3/1993, na parte em que criava a ação direta de constitucionalidade, e de disciplinar o seu procedimento, já que a Lei nº 9.868/99 viria a ser editada apenas alguns anos mais tarde, promovendo assim a regulamentação definitiva dos instrumentos de controle direto.[12] Nesse particular, o voto proferido pelo Ministro Moreira Alves é especialmente relevante para o estudo do controle de constitucionalidade.[13]

---

[11] Nesse ponto, é esclarecedor o seguinte trecho do voto do Min. Moreira Alves, relator da ADC nº 1:
"Sucede, porém, que a contribuição social em causa, incidente sobre o faturamento dos empregadores, é admitida expressamente pelo inciso I do artigo 195 da Carta Magna, não se podendo pretender, portanto, que a Lei Complementar nº 70/91 tenha criado outra fonte de renda destinada a garantir a manutenção ou a expansão da seguridade social. Por isso mesmo, essa contribuição poderia ser instituída por lei ordinária. A circunstância de ter sido instituída por lei formalmente complementar – a Lei Complementar nº 70/91 – não lhe dá, evidentemente, a natureza de contribuição social nova, a que se aplica o disposto no §4º do artigo 195 da Constituição, porquanto essa lei, com relação aos dispositivos concernentes à contribuição social por ela instituídos – que são objeto desta ação –, é materialmente ordinária, por não tratar, nesse particular, de matéria reservada, por texto expresso da Constituição, à lei complementar. A jurisprudência desta Corte, sob o império da Emenda Constitucional nº 1/69 – e a Constituição atual não alterou esse sistema -, se firmou no sentido de que só se exige lei complementar para as matérias para cuja disciplina a Constituição expressamente faz tal exigência, e, se por ventura a matéria, disciplinada por lei cujo processo legislativo observado tenha sido o da lei complementar, não seja daquelas para que a Carta Magna exige essa modalidade legislativa, os dispositivos que tratam dela se têm como dispositivos de lei ordinária".

[12] A Lei nº 9.868/99 disciplina o procedimento da ação direta de inconstitucionalidade, ação direta de constitucionalidade e da ação direta de inconstitucionalidade por omissão.

[13] Já havia sido manejada a ADI nº 913 em face da Emenda Constitucional nº 3/1993 que sustentava, em síntese, que as alterações por ela trazidas violavam: (i) as garantias fundamentais do acesso ao Judiciário; (ii) do devido processo legal; (iii) do contraditório e da ampla defesa; e (iv) o princípio da separação de poderes. A mencionada ADI foi ajuizada pela Associação dos Magistrados Brasileiros – AMB, mas foi julgada prejudicada por ausência de legitimidade ativa *ad causam*. Assim, o relator entendeu por bem destacar a

3.2.3 Inexistência de constitucionalidade superveniente

A teoria da nulidade da lei inconstitucional foi amplamente acolhida no direito brasileiro desde o início da República e é o entendimento que prevalece ainda hoje, embora não de forma absoluta.[14] Segundo essa ideia, se a Constituição é a lei suprema, admitir a aplicação de uma lei com ela incompatível é uma violação à sua supremacia. Em razão disso, o fenômeno da inconstitucionalidade deve ser tido como uma forma de nulidade, conceito que denuncia o vício de origem e a impossibilidade de convalidação. Essa não é a única forma de se encarar esse problema, mas é a tese que prevaleceu no Brasil. Em Portugal, por exemplo, vigora a possibilidade da constitucionalização superveniente.[15]

---

questão da constitucionalidade da própria emenda via questão de ordem, antes de iniciar o julgamento sobre a da própria ADC nº 1. O voto do Ministro Relator Moreira Alves na QO levantada na ADC nº 1-DF, proferido em 1993, além de ser uma bela retrospectiva da história do controle de constitucionalidade no Brasil até aquele momento, ajudou a definir os contornos da ação direta de inconstitucionalidade e da ação declaratória de constitucionalidade até o advento da Lei nº 9.868/99.

[14] Ruy Barbosa asseverava que: "toda medida legislativa, ou executiva, que desrespeitar precedentes inconstitucionais, é, de sua essência, nula" (Ruy Barbosa, *Os actos inconstitucionaes do Congresso e do Executivo ante a Justiça Federal*. Rio de Janeiro: Companhia Impressora, 1893. p. 47). Por outro lado, esse dogma hoje não é mais absoluto, pois encontra expressa ressalva no art. 27 da Lei nº 9.868/99 e no art. 11 da Lei nº 9.882/99, que autorizam a modulação dos efeitos das decisões que declaram a inconstitucionalidade de leis e atos normativos.

[15] Nesse sentido, v. o Acórdão nº 408/1989 do Tribunal Constitucional português, que teve como relator o Professor e Conselheiro Vital Moreira: "[...] estando em causa a regularidade da *formação* da lei, as normas constitucionais relevantes seriam as do momento da emissão daquela. E incontestável que, se a norma legal em causa tivesse violado as normas constitucionais vigentes na altura em matéria de forma e de competência legislativa, seguramente que essas normas teriam nascido inconstitucionais, e *inconstitucionais continuariam a ser*, mesmo que uma revisão constitucional viesse a alterar as regras constitucionais pertinentes. Em matéria de forma e competência, as alterações constitucionais só são relevantes para o futuro, isto é, só relevam para os actos normativos posteriores; os actos normativos anteriores continuam a ser constitucionalmente válidos ou inválidos de acordo com as normas constitucionais vigentes à data deles; nem se tornam inconstitucionais, se o não eram; nem deixam de ser inconstitucionais, se o eram. [...] Em suma, no capítulo da competência e da forma dos actos normativos, a norma constitucional relevante é a da data daqueles, fixando-se, definitiva e inalteravelmente, a sua legitimidade constitucional quanto a esses aspectos. Quando, porém, se trata de aferir a legitimidade constitucional do *conteúdo* das normas jurídicas (ou seja, a constitucionalidade *material*), os dados da questão alteram-se radicalmente. Do que se cuida então é de saber se a Constituição consente as *soluções* contidas na norma em questão; o que importa averiguar é se o que a norma estipula é permitido pela Constituição, *independentemente da natureza formal, da autoria, da origem e da data da norma*. O facto de uma norma ter nascido materialmente conforme à Constituição não impede que ela *passe a ser inconstitucional*, se a Constituição vier a ser alterada de modo a tornar a norma incompatível com ela (era conforme à Constituição, mas deixou de o ser); inversamente, o facto de uma norma ter nascido materialmente inconstitucional não veda que a inconstitucionalidade desapareça (era inconstitucional, mas deixou de o ser), se e a partir do momento em que a Constituição for alterada de modo a permitir a so-

Ou seja, segundo a jurisprudência do Supremo Tribunal Federal, uma lei inconstitucional é inconstitucional desde o seu nascimento, como decorrência lógica da teoria da nulidade. Portanto, ainda que seja alterado posteriormente o parâmetro de controle que gerou a inconstitucionalidade, esse vício não pode ser convalidado. Esse entendimento foi consagrado exatamente em um caso que versava sobre direito tributário e que teve como relator para acórdão o Ministro Marco Aurélio. Trata-se do julgamento do RE nº 346.084, que cuidava da constitucionalidade das alterações promovidas na disciplina da Cofins pela Lei nº 9.718/1998. A mais importante delas dizia respeito à discussão sobre a constitucionalidade do alargamento da base de cálculo efetuada pelo art. 3º, §1º da legislação mencionada,[16] que igualou os conceitos de faturamento e receita bruta.

Quanto à impossibilidade de equiparar tais conceitos, o Supremo já tinha posição pacífica consagrada no julgamento da ADC nº 1.[17] Ocorre que o caso teve a seguinte peculiaridade: a Lei nº 9.718/1998 foi editada em 27.11.1998, quando a redação do art. 195, I, da CF[18] autorizava que fossem instituídas contribuições para a seguridade social apenas sobre folha de salários, faturamento e lucro. Ocorre que, em 15.12.1998, portanto, menos de 20 dias depois, foi editada a Emenda Constitucional nº 20/1998, que alterou o texto constitucional, passando a prever a possibilidade de criação de contribuição previdenciária sobre

---

lução contida na referida norma (supondo, evidentemente, que ela continua em vigor, não tendo ela caducado, ou sido revogada ou declarada inconstitucional com força obrigatória geral). Na primeira hipótese, haverá uma *inconstitucionalidade superveniente*; na segunda, uma *constitucionalização superveniente*. Nem uma nem outra têm naturalmente efeitos retroactivos; a inconstitucionalidade superveniente não invalida a norma para o passado (ela continua a não ser inconstitucional nesse segmento temporal) e a constitucionalização superveniente não convalida a norma desde a origem (ela continua a ser inconstitucional no período decorrido até à alteração constitucional que a validou)". A propósito, v. também Claudio Pereira de Souza Neto; Daniel Sarmento, *Direito constitucional*: teoria, história e métodos de trabalho. Belo Horizonte: Fórum, 2012. p. 570.

[16] A redação do art. 3º, §1º da Lei nº 9.718/1998 que era questionada previa que:
"Art. 3º O faturamento a que se refere o artigo anterior corresponde à receita bruta da pessoa jurídica.
§1º Entende-se por receita bruta a totalidade das receitas auferidas pela pessoa jurídica, sendo irrelevantes o tipo de atividade por ela exercida e a classificação contábil adotada para as receitas".

[17] No julgamento da ADC nº 1, o Supremo já assentara, nos termos do voto do relator Min. Moreira Alves, o conceito de faturamento como "a receita bruta das vendas de mercadorias, de mercadorias e serviços e de serviços de qualquer natureza".

[18] O texto constitucional vigente à época previa o seguinte:
"Art. 195. A seguridade social será financiada por toda a sociedade, de forma direta e indireta, nos termos da lei, mediante recursos provenientes dos orçamentos da União, dos Estados, do Distrito Federal e dos Municípios, e das seguintes contribuições sociais:
I - dos empregadores, incidente sobre a folha de salários, o faturamento e o lucro".

a receita bruta e não mais apenas sobre o faturamento.[19] Em razão disso, tentou-se então sustentar que a emenda teria tido o intuito apenas de explicitar o que já constava do texto constitucional anterior ou, ainda, teria promovido a convalidação de eventuais vícios de inconstitucionalidades existentes na Lei nº 9.718/1998.

Diante desse cenário, em maioria conduzida a partir de voto do Ministro Marco Aurélio, o Supremo Tribunal Federal decidiu que o vício de inconstitucionalidade é congênito e não pode ser convalidado pela posterior alteração do parâmetro de controle.[20] O julgado mencionado, mais do que decidir sobre a legítima base de cálculo da Cofins, serviu para consagrar a noção que os atos normativos incompatíveis com a Constituição, como regra geral, são nulos de pleno direito e, portanto, jamais chegam a se incorporar de maneira válida ao ordenamento jurídico, pouco importando se o vício que ostentavam era formal ou material. Vale dizer, não são passíveis de serem convalidados.[21]

---

[19] Após as alterações promovidas pela Emenda Constitucional nº 20/1998, o art. 195, I, da CF, passou a vigorar com a seguinte redação:
"Art. 195. A seguridade social será financiada por toda a sociedade, de forma direta e indireta, nos termos da lei, mediante recursos provenientes dos orçamentos da União, dos Estados, do Distrito Federal e dos Municípios, e das seguintes contribuições sociais:
I - do empregador, da empresa e da entidade a ela equiparada na forma da lei, incidentes sobre
a) a folha de salários e demais rendimentos do trabalho pagos ou creditados, a qualquer título, à pessoa física que lhe preste serviço, mesmo sem vínculo empregatício;
b) a receita ou o faturamento;
c) o lucro".

[20] Nesse sentido, é esclarecedor o seguinte trecho do voto do Ministro Marco Aurélio no RE nº 346.084:
"Como, então, dizer-se, a esta altura, que houve simples explicitação do que previsto na Carta? É admitir-se a vinda à baila de emenda constitucional sem conteúdo normativo. É admitir-se que o legislador ordinário possa, até mesmo, modificar enfoque pacificado mediante jurisprudência do Supremo Tribunal Federal, no que haja atuado, à luz das balizas constitucionais, como guardião da Lei Fundamental. Descabe, também, partir para o que, ao nascer, mostrou-se em conflito com a Constituição Federal. Admita-se a inconstitucionalidade progressiva. No entanto, a constitucionalidade posterior contraria a ordem natural das coisas. A hierarquia das fontes legais, a rigidez da Carta, a revelá-la documento supremo, conduz à necessidade de as leis hierarquicamente inferiores observarem-na, sob pena de transmudá-la com nefasta inversão de valores. Ou bem a lei surge no cenário jurídico em harmonia com a Constituição Federal, ou com ela conflita, e aí afigura-se írrita, não sendo possível o aproveitamento, considerado texto constitucional posterior e que, portanto, à época não existia. Está consagrado que o vício de constitucionalidade há de ser assinalado em face dos parâmetros maiores, dos parâmetros da Lei Fundamental existentes no momento e que aperfeiçoado o ato normativo. A constitucionalidade de certo diploma legal deve se fazer presente de acordo com a ordem jurídica em vigor, da jurisprudência, não cabendo reverter a ordem natural das coisas. Daí a inconstitucionalidade do §1º do artigo 3º da Lei nº 9.718/98".

[21] Claudio Pereira de Souza Neto e Daniel Sarmento, *Direito constitucional*: teoria, história e métodos de trabalho. Belo Horizonte: Fórum, 2012. p. 571-573.

3.2.4 Correção legislativa da jurisprudência e diálogos constitucionais

No Brasil, poucos domínios são tão férteis em exemplos de atuação do Poder Legislativo com o objetivo de modificar uma interpretação cunhada pelo Judiciário quanto o tributário. Atualmente, considera-se essa atitude um dos aspectos de um fenômeno conhecido na doutrina como *diálogo constitucional* ou *diálogo institucional*.[22] Embora a corte constitucional ou corte suprema seja o intérprete final da Constituição em cada caso, três situações dignas de nota podem subverter ou atenuar esta circunstância, a saber: a) a interpretação da Corte pode ser superada por ato do Parlamento ou do Congresso, normalmente mediante emenda constitucional; b) a Corte pode devolver a matéria ao Legislativo, fixando um prazo para a deliberação ou c) a Corte pode conclamar o Legislativo a atuar, o chamado "apelo ao legislador".

Na experiência brasileira, a maioria dos precedentes relativos à primeira hipótese tem natureza tributária. Aqui, o direito tributário desempenhou um papel especialmente significativo, catalisando o debate sobre a legitimidade da jurisdição constitucional e sua relação com os demais poderes. Como exemplos de reação normativa às decisões do Supremo Tribunal Federal pela via de emendas à Constituição, podem ser listados: a criação de taxas municipais de iluminação pública,[23] a progressividade das alíquotas do IPTU,[24] a

---

[22] A expressão tem origem na doutrina canadense, ao comentar disposições da Carta Canadense de Direitos que instituem um diálogo entre a Suprema Corte e o Parlamento a propósito de eventuais restrições impostas a direitos fundamentais. Na sua expressão mais radical – e incomum –, a Carta permite até mesmo que o Parlamento, presentes determinadas circunstâncias, reveja certas decisões judiciais. Sobre o tema, v. Peter Hogg e Allison A. Bushell, The Charter dialogue between courts and legislatures (or perhaps the chart isn't such a bad thing after all). *Osgoode Hall Law Journal*, v. 35, n. 75, 1997; e Mark Tushnet, *Weak courts, strong rights*: judicial review and social welfare rights in comparative constitutional law. Princeton: Princeton University Press, 2009. p. 24-33. Na literatura brasileira, v. Rodrigo Brandão, *Supremacia judicial versus diálogos constitucionais*: a quem cabe a última palavra sobre o sentido da Constituição? Rio de Janeiro: Lumen Juris, 2012. p. 273 e ss.

[23] O julgamento do RE nº 233.332/RJ, sob a relatoria do Ministro Ilmar Galvão, em 1999, assentou o entendimento de que "o serviço de iluminação pública não pode ser remunerado mediante taxa", dada a sua indivisibilidade. De tão reiterado, foi editado um novo verbete de súmula consagrando exatamente essa ideia. O Congresso Nacional, porém, poucos anos depois, editou a EC nº 39/02, acrescentando a contribuição de iluminação pública ao rol das espécies tributárias previstas na Constituição e, na prática, restabelecendo a cobrança desejada pelos municípios. A questão retornou à apreciação do STF que validou a cobrança da contribuição tal qual estabelecida na emenda constitucional editada para superar a anterior jurisprudência do Tribunal (STF. RE nº 573.675, Rel. Min. Ricardo Lewandowski. *DJ*, 22 maio 2009).

[24] Em diversos precedentes, o STF declarou a natureza real do IPTU e, com base nisso, a invalidade de leis municipais que pretendiam fixar alíquotas progressivas, estabelecidas

cobrança de contribuição previdenciária de inativos,[25] a incidência de ICMS nas operações de importação realizadas por pessoas físicas e não contribuintes do imposto[26] e a possibilidade de inclusão na base de cálculo da contribuição patronal para financiar a seguridade social dos valores pagos a administradores e autônomos, conforme previa a Lei nº 7.787/1989.[27]

---

segundo dados da capacidade contributiva dos contribuintes. O entendimento da Corte foi superado pela EC nº 29/2000, que admitiu, expressamente, a progressividade. Decidindo casos de leis que instituíram a progressividade após a EC nº 29/2000, o Tribunal tem considerado constitucional a correção legislativa promovida (STF. AI nº 629.959 AgR. Rel. Min. Marco Aurélio. *DJ*, 5 set. 2012).

[25] Ao julgar a ADI nº 2.010/DF, relatada pelo Ministro Celso de Mello, o STF declarou inconstitucional a incidência de contribuição previdenciária sobre os proventos dos servidores públicos inativos. Na sequência, o Congresso promulgou a EC nº 41/03, que admitiu expressamente a possibilidade de incidência, a ser imposta por lei do ente responsável por cada sistema próprio. O debate foi devolvido ao Tribunal, que resolveu manter a opção política do constituinte derivado, notadamente a partir do argumento de que inexiste direito adquirido a não ser tributado (STF. ADI nº 3.128. Rel. p/ o acórdão Min. Cezar Peluso. *DJ*, 18 fev. 2005).

[26] No julgamento do RE nº 203.075, de relatoria do Min. Maurício Corrêa, o Supremo Tribunal Federal decidiu que o ICMS não poderia incidir nas operações de importação realizadas por pessoas físicas e demais não contribuintes. As discussões ficaram concentradas na abrangência da regra de competência que permitia, à época, a cobrança do ICMS na importação, analisando se era possível extrair da materialidade escolhida pela Constituição a autorização para tributação de tais contribuintes. A Corte respondeu de maneira negativa a essa indagação, valendo-se de uma interpretação semântica dos termos "circulação de mercadorias" e "estabelecimento", constantes da regra de competência então vigente. Entendeu a Corte que as pessoas físicas não têm estabelecimento, mas sim domicílio, e que os contribuintes em geral não praticam atos de comércio, ficando, por conseguinte, fora do alcance da regra de competência do imposto. Esse julgamento teve vigorosa influência sobre a jurisprudência do Tribunal dali em diante, culminando com a edição da Súmula nº 660/STF, que pacificou o tema. Na sequência, foi aprovada a Emenda Constitucional nº 33/2001, para superar o entendimento da Corte para tais casos. A discussão foi novamente levada à apreciação do Supremo Tribunal Federal que, no Recurso Extraordinário com Repercussão nº 474.267, confirmou a constitucionalidade da emenda e a possibilidade de incidência do ICMS em relação a pessoas físicas e não contribuintes diante do novo texto constitucional. Para uma análise detalhada e crítica de todo o histórico jurisprudencial e legislativo dessa discussão, v. Ricardo Lodi Ribeiro, *Tributos*: teoria geral e espécies. Niterói: Impetus, 2013. p. 252-255.

[27] A redação original do art. 195, I da Constituição autorizava a instituição da contribuição previdenciária devida pelo empregador com base na "folha de salários", termo que, no julgamento do RE nº 166.772, de relatoria do Min. Marco Aurélio, o STF decidiu interpretar de modo a excluir os valores pagos aos administradores e autônomos, que não tinham vínculo jurídico com o empregador nos moldes da CLT. Assim, foi declarada a inconstitucionalidade da Lei nº 7.787/1989. Posteriormente, esse entendimento foi reafirmado na ADI nº 1.102, de relatoria do Min. Maurício Corrêa, o Tribunal declarou a inconstitucionalidade dos termos "empresário" e "autônomos" constantes do art. 22, I da Lei nº 8.212/91 baseados nas mesmas razões. Pois bem, em razão disso, foi aprovada a Emenda Constitucional nº 20/1998 que alterou o art. 195, inc. I, da CF, para deixar claro que a contribuição patronal poderia incidir sobre "a folha de salários e demais rendimentos do trabalho pagos ou creditados, a qualquer título, à pessoa física que lhe preste

É preciso dizer que, em relação a essa discussão, a prática caminhou de forma mais rápida do que a teoria. Principalmente no Brasil, as obras que procuraram tratar do tema dos diálogos constitucionais são mais recentes do que a maioria dos exemplos de emendas constitucionais que promoveram a correção legislativa da jurisprudência do Supremo Tribunal Federal. Dessa forma, a atuação legislativa teve o efeito de chamar atenção para o assunto e de servir de fonte de reflexão para os trabalhos acadêmicos que lhes sucederam.[28] Embora o debate sobre a correção/alteração legislativa da jurisprudência não encerre toda a ideia de diálogo constitucional, ela com certeza é uma das suas manifestações mais explícitas, consubstanciando-se em exemplo de debate constitucional entre os dois poderes, que, no caso brasileiro, teve como móvel principal a matéria tributária.[29] É de relevo notar que, em praticamente todos os casos mencionados, o Supremo Tribunal Federal foi deferente com a interpretação constitucional realizada pelo parlamento pela via da emenda à Constituição e, chamado a decidir

---

serviço, mesmo sem vínculo empregatício". Ou seja, houve o claro intuito de superar o entendimento jurisprudencial do Supremo Tribunal Federal e, até pela forma como o novo texto afastou o argumento utilizado pelo Tribunal para declarar a inconstitucionalidade da legislação anterior, a discussão não prosseguiu, prevalecendo a decisão do Congresso.

[28] As principais obras sobre o assunto no Brasil foram publicadas no começo da década, em ordem cronológica: Conrado Mendes Hübner, *Direitos fundamentais, separação de poderes e deliberação*. São Paulo: Saraiva, 2011; Rodrigo Brandão, *Supremacia judicial versus diálogos constitucionais. A quem cabe a última palavra sobre o sentido da Constituição?* Rio de Janeiro: Lumen Juris, 2012; e Gustavo da Gama Vital de Oliveira. *Direito tributário e diálogo constitucional*. Niterói: Impetus, 2013. Cabe registrar que, embora sem menção expressa ao tema dos diálogos constitucionais, Ricardo Lobo Torres já alertava para a importância do tema da correção legislativa da jurisprudência. Cf. Ricardo Lobo Torres, *Tratado de direito financeiro e tributário*: valores e princípios constitucionais tributários. Rio de Janeiro: Renovar, 2005. p. 443. v. II.

[29] Reconhecendo a correção legislativa pela via de emenda constitucional como característica importante da teoria dos diálogos constitucionais v. Rodrigo Brandão, *Supremacia judicial versus diálogos constitucionais. A quem cabe a última palavra sobre o sentido da Constituição?* Rio de Janeiro: Lumen Juris, 2012. p. 299. No mesmo sentido, em obra que trabalha a questão sob o prisma do direito tributário, Gustavo da Gama Vital de Oliveira pontua o seguinte: "Conforme já mencionado, com base nos conceitos já desenvolvidos no presente trabalho, podemos compreender a correção legislativa da jurisprudência como uma das manifestações do diálogo constitucional. A mecânica da correção legislativa da jurisprudência pressupõe um antecedente lógico, que é a existência de entendimento jurisprudencial acerca de determinado tema de natureza constitucional. Discordando da solução dada pelo Judiciário ao tema, o Legislativo pode editar uma emenda constitucional que altere o texto constitucional com o intuito de superar o entendimento jurisprudencial. No caso brasileiro, mesmo após a edição da emenda constitucional corretiva, o debate ainda não é necessariamente encerrado, pois pode caber ao poder Judiciário o controle de constitucionalidade da emenda constitucional de forma a verificar eventual violação ao conteúdo de cláusula pétrea". V. Gustavo da Gama Vital de Oliveira, *Direito Tributário e diálogo constitucional*. Niterói: Impetus, 2013. p. 73.

novamente sobre a validade das alterações constitucionais promovidas, não as declarou inconstitucionais.

O que se deduz desse registro final é que o modelo vigente não pode ser caracterizado como de supremacia judicial. O Supremo Tribunal Federal tem a prerrogativa de ser o intérprete final do direito, nos casos que são a ele submetidos, mas não é o dono da Constituição. Justamente ao contrário, o sentido e o alcance das normas constitucionais são fixados em interação com a sociedade, com os outros poderes e com as instituições em geral. A perda de interlocução com a sociedade e a eventual incapacidade de justificar suas decisões ou de ser compreendido retiraria o acatamento e a legitimidade do Tribunal. Por outro lado, qualquer pretensão de hegemonia sobre os outros poderes sujeitaria o Supremo a uma mudança do seu desenho institucional ou na superação de seus precedentes por alteração no direito, competências que pertencem ao Congresso Nacional. Portanto, o poder do Supremo Tribunal Federal tem limites claros e a Corte tem reconhecido isso ao declarar a constitucionalidade de praticamente todas as correções legislativas de sua jurisprudência tributária que foram promovidas por emendas constitucionais. Na vida institucional, como na vida em geral, ninguém é bom demais e, sobretudo, ninguém é bom sozinho.[30]

3.3 Protagonismo da matéria tributária, crise numérica e a necessidade de mudança de paradigma em relação à repercussão geral em matéria tributária

3.3.1 As razões do protagonismo do direito tributário na agenda do Supremo Tribunal Federal

O Supremo Tribunal Federal tem uma participação central no debate tributário também no que se refere ao aspecto quantitativo.[31] No Brasil, a proximidade entre direito tributário e jurisdição constitucional é histórica e o número de demandas tributárias discutidas sob a ótica constitucional é imenso. Aqui, tanto os juízes, em geral, quanto os

---

[30] Luís Roberto Barroso, A razão sem voto: o Supremo Tribunal Federal e o governo da maioria. In: D. Sarmento (Coord.), *Jurisdição constitucional e política*. Rio de Janeiro: GEN, 2015. p. 3-34.

[31] Sobre o tema, v. Sergio André Rocha, O protagonismo do STF na interpretação da Constituição pode afetar a segurança jurídica em matéria tributária? In: Valdir de Oliveira Rocha (Org.), *Grandes questões atuais de direito tributário*. São Paulo: Dialética, 2011. p. 415-430. v. 15.

ministros do Supremo, em particular, são obrigados a decidir uma grande quantidade de temas fiscais diferentes, tendo sempre o texto constitucional como principal norte. Sob o ponto de vista da atuação do Supremo Tribunal Federal, esse fato se explica por pelo menos três motivos principais.

Primeiro, a Constituição de 1988 reservou um amplo espaço para a matéria, que vai além do estabelecimento de imunidades e garantias fundamentais dos contribuintes.[32] Nossa opção constitucional por uma federação em três níveis acarretou a necessidade de criação de um modelo bastante rígido de repartição de competências entre União Federal, estados, Distrito Federal e municípios, de modo a realizar a autonomia financeira inerente ao modelo federativo adotado. Em muitos casos, mais do que o mero poder de instituir determinados tributos, houve a inserção de materialidades econômicas na própria Carta (ex.: renda, lucro, faturamento, receita, folha de salários), como no caso dos impostos e de algumas contribuições para a seguridade social de competência exclusiva da União Federal. Essa escolha do poder constituinte de constitucionalizar a matéria tributária tem gerado intermináveis discussões sobre o espaço deixado ao legislador infraconstitucional para instituir de maneira válida diversos tributos, gerando infindáveis litígios, muitas vezes de ordem meramente semântica e raramente diretamente ligados à justiça fiscal.[33]

A segunda causa desse protagonismo está na (compreensível) insistência dos advogados públicos e privados em fazer com que suas causas sejam efetivamente julgadas pelo Supremo, superando todos os filtros existentes. Como praticamente toda discussão tributária envolve direta ou indiretamente cifras financeiras expressivas de parte

---

[32] Mesmo à luz do ordenamento constitucional anterior, Geraldo Ataliba já alertava para a rigidez constitucional do sistema tributário brasileiro. Cf. Geraldo Ataliba, Hermenêutica e sistema constitucional tributário. *Revista Jurídica Lemi*, v. 13, n. 17, p. 17-38, 1980. É preciso reconhecer que o quadro não melhorou após a edição da Constituição de 1988, ao revés, se agravou, especialmente com a constitucionalização do regime das contribuições sociais.

[33] Esse paradoxo foi muito bem captado pela lente de Ricardo Lodi Ribeiro, que divide a relação entre o direito tributário e a Constituição em duas dimensões: uma primeira, formal, ligada às regras de repartição de competência e de limitação constitucional ao poder de tributar, e que sempre recebeu muita atenção e prestígio da doutrina e da jurisprudência pátrias; outra de índole material e desenvolvimento mais recente, preocupada com a legitimação do sistema tributário e com a correta aplicação dos princípios constitucionais – em especial os ligados à ideia de justiça – que, na visão do autor, ainda não goza de tantos adeptos quanto à primeira. Cf. Ricardo Lodi Ribeiro, A constitucionalização do direito tributário. In: Ricardo Lodi Ribeiro, *Temas de direito constitucional tributário*. Niterói: Impetus, 2009.

a parte, compensa suportar o risco e o custo da demanda judicial até o final, utilizando, e muitas vezes abusando, de toda sorte de recursos, na expectativa de um desfecho positivo. Mesmo porque, não raro, o próprio Supremo Tribunal Federal modifica o seu entendimento sobre determinado assunto, reforçando essa percepção por parte dos litigantes. Foi o que ocorreu no caso dos créditos presumidos de IPI nas entradas sujeitas à alíquota zero ou não tributadas, em que o Tribunal mudou de posição, revertendo uma linha jurisprudencial que era favorável ao contribuinte.[34] Como exemplo oposto, basta lembrar que o Plenário da Corte, em 2014, ao julgar o RE nº 240.785,[35] de relatoria do Ministro Marco Aurélio, reconheceu a impossibilidade de inclusão do ICMS na base de cálculo da Cofins, contrariando várias decisões anteriores que consideravam a matéria como de natureza infraconstitucional, o que representava, na prática, a manutenção da posição então pacífica no Superior Tribunal de Justiça[36] que era favorável à tese da Fazenda Nacional.[37]

A última razão é mais recente em relação às demais: o principal filtro criado para barrar a avalanche de processos que chegam ao Supremo atualmente é facilmente ultrapassado quando estão em jogo demandas fiscais. Essa afirmação pode ser comprovada pela análise dos temas com repercussão geral já reconhecida, em que há um domínio amplo da matéria tributária, como será demonstrado à frente. É razoavelmente simples estruturar argumentos capazes de, a princípio, demonstrar que uma causa tributária contém "questões relevantes do ponto de vista econômico, político, social ou jurídico, que ultrapassem os interesses subjetivos da causa", tal como estabelecido no art. 103, III, §3º, CF, e regulamentado pelo art. 543-A, §1º do CPC/1973. O Tribunal,

---

[34] Sobre a virada jurisprudencial ocorrida no caso do crédito presumido de IPI, v. Luís Roberto Barroso, Mudança da jurisprudência do Supremo Tribunal Federal em matéria tributária. Segurança jurídica e modulação dos efeitos temporais das decisões judiciais. *Revista de Direito do Estado*, v. 2, n. 261, p. 261-288, 2006.

[35] RE nº 240.785, Rel. Min. Marco Aurélio.

[36] No STJ a discussão já tinha se definido de forma favorável à Fazenda Nacional, como se observa, entre outros, do seguinte julgado que então representava o entendimento da Corte: "TRIBUTÁRIO. COFINS. BASE DE CALCULO. INCLUSÃO DO ICMS. SUMULA 94/STJ. 1. E PACIFICO O ENTENDIMENTO NESTA CORTE NO SENTIDO DE QUE A PARCELA RELATIVA AO ICMS INCLUI-SE NA BASE DE CALCULO DO FINSOCIAL. INTELIGÊNCIA DA SÚMULA 94/STJ. 2. RECURSO IMPROVIDO" (REsp nº 156.708/SP, Rel. Min. José Delgado).

[37] Negando seguimento aos recursos por considerar a matéria infraconstitucional, mencionem-se as seguintes decisões do Supremo: RE nº 390.056, Rel. Min. Gilmar Mendes; RE nº 436.661, Rel. Min. Gilmar Mendes; e RE nº 462.574, Rel. Min. Gilmar Mendes.

por sua vez, tem se mostrado extremamente sensível a tais argumentos pró-repercussão geral em matéria tributária. Pensamos que a junção desses fatores explica o número tão expressivo de repercussões gerais sobre o tema.

3.3.2 A crise numérica

Dito isso, é preciso consultar os dados.[38] O número de processos sobre a matéria que chega ao Tribunal, a princípio, não parece expressivo. Apenas para que se coloque em perspectiva, segundo dados colhidos no próprio sítio eletrônico do Tribunal, entre 1990 e 2014 foram autuados no total 1.539.732 processos no STF. Destes, apenas 181.105 (11%) tratam de matéria tributária, o que inclui recursos e processos originários.[39] Considerando o estoque atual de demandas que aguardam julgamento, com números atualizados até 19.10.2015, as causas envolvendo direito tributário representam 14,5% do total de processos em tramitação hoje na Corte. Fazendo o recorte para abranger apenas os processos que chegaram ao Tribunal pela via recursal, que é a via mais natural de acesso à Corte, esse número já sobe para 18,2% do total de recursos em tramitação.

Por outro lado, o espaço concedido ao tema aumenta quando se olha para a súmula de jurisprudência dominante da Corte. Dos 728 verbetes ainda em vigor, 172 dizem respeito à matéria tributária, ou seja, 23,63% do total. Em relação a esse número, é possível observar que a maioria dos enunciados foi editada antes do atual texto constitucional.[40] Isso poderia levar à suposição de que este quadro poderia ter sido alterado pela Constituição de 1988. Mas, na verdade, não foi isso o que ocorreu. Analisando-se a incidência do direito tributário nas súmulas vinculantes, instrumento que surgiu a partir da Emenda Constitucional nº 45/2004, verifica-se que das atuais 53 súmulas vinculantes já editadas, 13 tratam de matéria tributária.[41] Vale dizer, em torno de 24% dos

---

[38] Os dados utilizados neste tópico foram todos colhidos no sítio eletrônico do Tribunal e estão atualizados até outubro de 2015.
[39] Para fins de estatística, Supremo Tribunal Federal considera como recursos os recursos extraordinários, os agravos de instrumentos e os agravos em recurso extraordinário. São considerados processos originários as demais classes de ações julgadas pelo Tribunal.
[40] Ricardo Lobo Torres chega a afirmar que a súmula de jurisprudência dominante do Supremo "é um instrumento valioso para a concretização do direito tributário no Brasil" (Ricardo Lobo Torres, *Tratado de direito financeiro e tributário*: valores e princípios constitucionais tributários. Rio de Janeiro: Renovar, 2005. p. 443. v. 2).
[41] São elas as súmulas vinculantes nºs 8, 19, 21, 24, 28, 29, 31, 32, 41, 48, 50, 52 e 53.

enunciados vinculantes, o que demonstra que a tendência se mantém praticamente a mesma.

Os números se tornam mais impressionantes quando se observa de perto o instituto da repercussão geral, que foi a principal inovação introduzida no modelo de atuação do Supremo Tribunal Federal em tempos recentes. Dos atuais 867 temas de repercussão geral, entre julgados e pendentes de julgamento, 257 se referem a direito tributário. Isso equivale a aproximadamente 30% do total. Com isso, a matéria fiscal só perde para o direito administrativo, que tem 300 repercussões gerais em relação a este mesmo total já mencionado. Por outro lado, dos atuais 324 temas de repercussão geral pendentes de julgamento, 117 tratam de matéria tributária, ou seja, praticamente 36% do quantitativo de processos com repercussão geral à espera de uma decisão de mérito. Já direito administrativo conta com apenas 101 recursos pendentes de julgamento em sede de repercussão.

A situação da repercussão geral é agravada pelo acúmulo geral de processos no Tribunal. Apenas para que se tenha ideia, e tratando apenas de matéria tributária, entre 1954 e 2005, portanto, em um espaço de meio século, a Suprema Corte americana julgou 279 casos.[42] Isso porque direito tributário é considerado uma das matérias que mais movimenta a agenda de julgamentos da Corte também por lá.[43] Embora se imponha reconhecer a diferença do sistema judicial existente entre os dois países,[44] é preciso dizer que um ministro do Supremo Tribunal Federal decide sozinho esse mesmo número de casos envolvendo direito tributário (279) em três meses, no máximo. Pior, em quase todos eles, sequer chegará a ser proferir uma decisão mérito.

---

[42] Nancy C. Staudt; René Lindstädt; Jason O'Connor, Judicial decisions as legislation: congressional oversight of Supreme Court tax cases, 1954-2005. *New York University Law Review*, v. 82, p. 1340-1402, 2007.

[43] Nancy C. Staudt; René Lindstädt; Jason O'Connor, Judicial decisions as legislation: congressional oversight of Supreme Court tax cases, 1954-2005. *New York University Law Review*, v. 82, p. 1340-1402, 2007. p. 1349.

[44] Nos EUA, a principal forma de caso chegar à Suprema Corte é pelo *writ of certiorari*, instrumento recursal que, especialmente após o *Supreme Court Selection Act* em 1988, confere ampla discricionariedade judicial à Corte para selecionar os casos a serem julgados. Esse formato possibilita um controle tanto quantitativo quanto qualitativo dos casos que serão julgados pelo Tribunal, o que torna diferentes as experiências brasileira e americana. Para um estudo do tema sob a perspectiva do direito processual comparado, v. Bruno Dantas, *Repercussão geral* – Perspectivas histórica, dogmática e de direito comparado: questões processuais. São Paulo: Revista dos Tribunais, 2008.

3.3.3 Necessidade de mudança de paradigma na matéria: critérios mais rígidos para a seleção de casos

No campo tributário, a eternização de litígios que aguardam julgamento gera insegurança aos contribuintes.[45] Além disso, a demora na solução dessas demandas fiscais agrava o impacto econômico que o processo terá ao final para a parte que sair derrotada. No caso das empresas, muitas vezes os valores encontram-se depositados como forma de se precaver da demora e manter a regularidade fiscal, o que acarreta a indisponibilidade de altas quantias por longo período de tempo. Para a Fazenda Pública, essas demandas se transformam em verdadeiros esqueletos, obrigando o Supremo Tribunal Federal a lidar com argumentos consequencialistas de matriz econômica de parte a parte quando finalmente resolve a causa. Todos perdem com a demora. E mais: nesse quadro, aumentam sensivelmente as chances de um resultado que module os efeitos da decisão de inconstitucionalidade, excepcionando a regra da nulidade *ex tunc* e, em geral, frustrando uma das partes do litígio.[46]

Para que se tenha a dimensão do desafio que a matéria representa nesse momento, levando em conta o estoque atual de recursos com repercussão geral reconhecida, caso o Tribunal resolva pelo menos um que verse sobre tributário por semana e não reconheça a repercussão geral de mais nenhum caso novo que envolva o assunto, demorará cerca de quatro anos para julgá-los. Por essa razão, a Corte precisa ser mais criteriosa nos temas submetidos à repercussão geral daqui em diante. No campo tributário, *uma boa medida é que seja dada preferência a temas que mais diretamente se liguem aos conflitos federativos e à defesa dos direitos e liberdades individuais dos contribuintes*.

Nesse contexto, acreditamos que o Supremo deve fazer um esforço para deslocar o eixo temático das repercussões gerais, que hoje está muito centrado em questões relativas à incidência e à base de cálculo de contribuições, assuntos que não têm nenhuma ligação

---

[45] Sobre o tema, v. Sergio André Rocha, O protagonismo do STF na interpretação da Constituição pode afetar a segurança jurídica em matéria tributária? In: Valdir de Oliveira Rocha (Org.), *Grandes questões atuais de direito tributário*. São Paulo: Dialética, 2011. p. 415-430. v. 15.

[46] Sobre o tem, v. Ricardo Lobo Torres, O consequencialismo e a modulação dos efeitos das decisões do Supremo Tribunal Federal. In: Heleno Taveira Tôrres (Coord.), Direito tributário e ordem econômica: homenagem aos 60 anos da ADBF. São Paulo: Quartier Latin, 2010. p. 439-463.

com normas materialmente constitucionais. Por exemplo, do total de temas de repercussão geral hoje, é possível localizar ao menos quatro diferentes e que dizem respeito à contribuição para o Funrural.[47] No tocante à base de cálculo da Cofins, o número é ainda maior e atinge oito temas com repercussão geral reconhecida.[48]

Diante desse quadro, um bom parâmetro para a futura seleção de casos seria dar enfoque àqueles que tenham uma relação mais direta com normas tributárias materialmente constitucionais, como exemplo, as relacionadas aos direitos e garantias fundamentais dos contribuintes e aos conflitos federativos. E, por outro lado, adotando uma postura mais rígida e seletiva em relação aos temas que tratam exclusivamente da extensão da base de cálculos de contribuições, entre outros. No próximo item, são abordados três temas dessa nova postura aqui defendida, tendo por referência casos já julgados pela Corte. E, a partir deles, estabelecem-se conexões com outros casos que têm o mesmo fio condutor e que já tiveram a repercussão geral reconhecida, tratando de matéria constitucional da mais alta relevância.

---

[47] Quanto ao Funrural, o Supremo já reconheceu a repercussão geral em quatro casos distintos, todos relativos a temas muito próximos: (i) contribuição para o Funrural do segurado especial (RE nº 761.263, Rel. Min. Teori Zavascki); (ii) contribuição para o Funrural da agroindústria (RE nº 611.601, Rel. Min. Dias Toffoli); (iii) contribuição para o Funrural do empregador pessoa física antes da Emenda Constitucional nº 20/1998 (RE nº 596.177, Rel. Min. Ricardo Lewandowski); (iv) contribuição para o Funrural do empregador rural pessoa física pós Emenda Constitucional nº 20/1998 (RE nº 718.874, Rel. Min. Edson Fachin).

[48] Apenas quanto a esse assunto, o Supremo já reconheceu a repercussão geral de discussões relativas: (i) à base de cálculo do PIS/Cofins na importação (RE nº 559.937, Rel. Min. Ellen Gracie); (ii) à ampliação da base de cálculo da Cofins pela Lei nº 10.833/2003 (RE nº 570.122, Rel. Min. Marco Aurélio), (iii) à inclusão do ICMS na base de cálculo do PIS/Cofins (RE nº 574.706, Rel. Min. Cármen Lúcia); (iv) à ampliação da base de cálculo do PIS/Cofins pela Lei nº 9.718/1998 (RE nº 585.235, Rel. Min. Cezar Peluso); (v) à inclusão do ISS na base de cálculo do PIS/Cofins (RE nº 592.616, Rel. Min. Celso de Mello); (vi) à inclusão dos créditos presumidos de IPI na base de cálculo do PIS/Cofins (RE nº 593.544, Rel. Min. Roberto Barroso); (vii) à inclusão da receita decorrente da locação de bens imóveis na base de cálculo da contribuição do PIS/Cofins, tanto para empresas que tenham por atividade econômica preponderante esse tipo de operação, como para as empresas em que a locação é eventual e subsidiária ao objeto social principal (RE nº 599.658, Rel. Min. Luiz Fux); e, por fim, (viii) à inclusão de créditos presumidos de ICMS decorrentes de incentivos fiscais concedidos pelos estados e pelo Distrito Federal na base de cálculo do PIS/Cofins (RE nº 835.818, Rel. Min. Marco Aurélio).

3.4 Alguns temas para atuação futura da Corte em matéria tributária

3.4.1 Limites constitucionais ao poder de tributar e as multas tributárias

Recentemente, a Primeira Turma produziu um acórdão no Agravo Regimental no Agravo de Instrumento nº 727.872, de relatoria do primeiro autor, em que se discutiu o limite da multa tributária moratória frente ao princípio da vedação ao confisco.[49] A controvérsia está diretamente relacionada com os limites para restrição de direitos fundamentais dos contribuintes, especialmente com os direitos de propriedade, liberdade e com a vedação ao excesso.[50] Por outro lado, tem como contraponto a necessidade de se instituir um sistema justo, mas que assegure o efetivo cumprimento das obrigações tributárias, potencializando o dever fundamental geral de contribuir para a manutenção do Estado Fiscal.[51]

Definir até onde vai o espaço de livre conformação do legislador para instituir validamente a tributação e seus consectários é um tema materialmente constitucional do qual já se ocupam, rotineiramente, as Supremas Cortes de outros países.[52] Na Alemanha, por exemplo,

---

[49] As duas Turmas e o Plenário do Supremo Tribunal Federal já reconheceram que o patamar de 20% para a multa moratória e de 100% para multa punitiva não seria confiscatório. Este parece ser, portanto, o índice ideal. Considerando as peculiaridades do sistema constitucional brasileiro e a tensão entre o dever de pagar tributos e as garantias constitucionais. Em sentido próximo, veja-se os seguintes julgados: RE nº 582.461, Rel. Min. Gilmar Mendes; RE nº 596.429 AgR, Rel. Min. Joaquim Barbosa; RE nº 239.964, Primeira Turma, Rel. Min. Ellen Gracie.

[50] Sobre o tema do princípio da vedação do excesso aplicado às multas, v. Humberto Ávila, Multa de mora: exames de razoabilidade, proporcionalidade e excessividade. In: H. Bergmann Ávila (Org.), *Fundamentos do Estado de Direito* – Estudos em homenagem ao Professor Almiro do Couto e Silva. São Paulo: Malheiros, 2005. p. 149-168.

[51] Sobre o tema, José Casalta Nabais, em síntese, sustenta que não há necessidade de uma cláusula constitucional explícita que estabeleça o pagamento de tributos como um dever fundamental. Para o autor, basta que uma Constituição preveja em seu corpo uma "constituição fiscal", ou se constitua efetivamente em um Estado Fiscal ou ainda traga um rol de direitos fundamentais cuja promoção, garantia e defesa, por certo, dependerá dos valores recolhidos pela via dos tributos (José Casalta Nabais, *O dever fundamental de pagar impostos*: contributo para a compreensão constitucional do Estado Fiscal contemporâneo. Lisboa: Almedina, 2009. p. 63).

[52] Na Argentina, embora a Suprema Corte de Justiça não tenha estabelecido critérios gerais a respeito do que seria uma incidência confiscatória, assentou que uma tributação que grave com mais 33% o proveito econômico de exploração normal de um imóvel é confiscatória (Osvaldo H. Soler, *Tratado de derecho tributário*. 4. ed. atual. y ampl. Buenos Aires: La Ley, 2011. p. 250-251). Para uma visão geral sobre o debate relativo à aplicação do princípio do não confisco no Tribunal Federal Constitucional Alemão, v. Andrei Pitten Velloso,

a despeito das dificuldades de objetivar tal fronteira, o Tribunal Constitucional Federal (*Bundesverfassungsgericht*) admitiu a premissa de que se deve respeitar o núcleo do direito de propriedade, limitando-se a tributação sobre o que seria meia parte da riqueza revelada.[53] Na Espanha, ao analisar o limite constitucionalmente adequado das infrações tributárias, o Tribunal Constitucional expressamente assentou a relação ontológica entre as sanções tributárias e as sanções criminais, por considerar que ambas decorrem do *ius puniendi* estatal.[54] Com isso, em mais de uma oportunidade, a Corte Suprema espanhola transportou para o campo do controle das sanções administrativas fiscais categorias típicas de direito penal, como exemplo, a noção de culpabilidade.[55]

No Brasil, a Constituição de 1988 estabeleceu como baliza para esse controle os princípios do não confisco e da proporcionalidade, que são normas dirigidas ao Estado como um contraponto ao poder de tributar, de modo a impedir eventuais arbítrios do legislador

---

A proibição de tributos com efeito de confisco na Alemanha. *Revista de Doutrina da 4ª Região*, n. 35, 2010. Disponível em: <http:www.revistadoutrina.trf4.jus.br/artigos/edicao035/andrei_velloso.html> Acesso em: 25 out. 2015.

[53] O Tribunal Federal Constitucional Alemão consagrou o chamado princípio da semidivisão, adotando como limite para a tributação não ultrapassar a linha do confisco o percentual de 50% (Klaus Tipke e Joachim Lang. *Direito tributário (Steurrecht)*. Tradução da 18. ed. alemã por Luiz Dória Furquim. Porto Alegre: Sergio Fabris, 2008. p. 273-279. v. I). Esse parâmetro encontra ressonância na doutrina nacional, como destacado por Fábio Goldschmidt: "Se o Estado pertence e serve ao povo, não é admissível que o resultado de seu trabalho reverta em maior parte ao Estado, e não ao povo. O cidadão não trabalha e não existe para sustentar o Estado. O Estado é que existe para amparar o cidadão [...] O tributo ou a carga tributária como um todo que grava mais de 50% da renda ou do patrimônio, nesse sentido, é nítido exemplo de tributação em colisão com o princípio republicano, na medida em que coloca o povo não como senhor, mas como refém do Estado. O povo passa a existir para sustentar o Estado. Trabalha não para si, mas para o Estado. Vive e existe, enfim, não em seu próprio proveito e regozijo, mas para atender e satisfazer as necessidades do Poder Público, que matemática e objetivamente passam a ser prioritárias" (Fábio Goldschmidt, *O princípio do não-confisco no direito tributário*. São Paulo: Revista dos Tribunais, 2004. p. 224).

[54] Sobre o tema, v. Amelia González Méndez, *Buena fe y derecho tributario*. Madrid: Marcial Pons, 2001. p. 69-70.

[55] Nesse sentido, o Tribunal Constitucional espanhol se pronunciou na Sentença nº 76/1990 sobre a impossibilidade de se compatibilizar um regime de responsabilização objetiva com a Constituição espanhola. Em tradução livre, veja-se o seguinte trecho da decisão:
"É certo que, ao contrário do que aconteceu no Código Penal, em que esse termo foi substituído pela expressão 'dolosa ou culposa', na Lei Geral Tributária (LGT) foi excluída qualquer adjetivação das ações ou omissões constitutivas de infrações tributárias. Mas isso não pode levar à conclusão errônea de que se excluiu da configuração do ilícito tributário o elemento subjetivo da culpabilidade, passando-se para um sistema de responsabilidade objetiva ou sem culpa. Na medida em que as infrações tributárias constituem-se como uma das manifestações *jus puniendi* do Estado, seria inaceitável em nosso ordenamento a possibilidade de aplicação de sanções tributárias sem dolo ou culpa".

na instituição de tributos.⁵⁶ Desde meados dos anos cinquenta, a jurisprudência do Supremo já concebia que o poder de tributar deve ser compatível com o direito de propriedade, conforme se depreende da conclusão lançada no RE nº 18.331, de relatoria do Min. Orozimbo Nonato.⁵⁷ Mais recentemente, os precedentes do Tribunal têm convergido para uma análise da matéria à luz do não confisco e do princípio da proporcionalidade, como instrumentos de defesa do direito de propriedade.⁵⁸

No futuro, o Plenário do Supremo deverá revisitar esse tema em pelo menos mais três oportunidades, para julgar os recursos extraordinários nºs 882.461, 736.090 e 640.452, todos com repercussão geral já reconhecida. Os dois primeiros são de relatoria do Ministro Luiz Fux e tratam, respectivamente, dos limites para a instituição válida de multa fiscal de caráter moratório e da multa qualificada de 150%, esta última, aplicada para os casos de fraude e sonegação fiscal em âmbito federal.⁵⁹ O último dos três casos citados é de relatoria do primeiro coautor do presente trabalho, e nele se busca definir parâmetros para aplicação das chamadas multas isoladas, que incidem nas hipóteses de descumprimento de alguma obrigação tributária instrumental. Com o julgamento desses casos acerca da interpretação das limitações constitucionais ao poder de tributar, espera-se que o Supremo possa contribuir de forma positiva para organizar o campo das sanções tributárias, parte especialmente sensível do complexo sistema tributário brasileiro.

3.4.2 Controle de constitucionalidade e federalismo fiscal

O STF já consolidou jurisprudência⁶⁰ firme no sentido da inconstitucionalidade dos benefícios fiscais concedidos em desrespeito

---

⁵⁶ Além disso, a jurisprudência da Corte que proclama a possibilidade de se reverem multas excessivas no âmbito do direito tributário, à luz da vedação aos efeitos confiscatórios, é antiga. Como exemplo, o RE nº 57.904, Rel. Min. Evandro Lins e Silva; RE nº 60.964 e RE nº 78.291, Rel. Min. Aliomar Baleeiro; RE nº 91.707, Rel. Min. Moreira Alves. Neste último precedente, o relator afirmou expressamente que o *STF tem admitido a redução de multa moratória imposta com base em lei*.

⁵⁷ Na ocasião o Supremo considerou que um aumento de mais de 100% de um ano para o outro do imposto de licença sobre cabines de banho era imodestíssimo e ameaçava aniquilar a atividade particular.

⁵⁸ Entre vários precedentes, v. ADI nº 1.075 MC, Rel. Min. Celso de Mello.

⁵⁹ No caso, é questionado o §1º do art. 44, inc. I, da Lei nº 9.430/1996.

⁶⁰ Nesse sentido, entre vários julgados sobre esse assunto, *vide* os acórdãos prolatados nas ações diretas de inconstitucionalidade nºs 2.906, 2.376, 3.674, 3.413, 4.457, todas de relatoria do Min. Marco Aurélio e julgadas na mesma sessão plenária de 1º.6.2011.

ao art. 155, §2º, XII, "g", da Constituição Federal e, por conseguinte, ao que determina LC nº 24/75.[61] Vale dizer, aqueles instituídos sem prévia aprovação por convênio do Conselho Nacional de Política Fazendária – Confaz e que são concedidos rotineiramente por quase todos os estados da Federação na tentativa de atrair investimentos e receitas. Em razão disso, as mais variadas formas de concessão de benefícios fiscais já foram declaradas inconstitucionais pelo Tribunal, entre as quais: isenções,[62] diferimentos impróprios,[63] reduções de base de cálculo,[64] concessões de créditos presumidos.[65]

Disputas judiciais entre os entes parciais – isto é, entre estados-membros ou, eventualmente, entre municípios – é algo absolutamente ínsito ao modelo federativo.[66] Não raro o conflito se instaura em razão de discussões que envolvem aspectos relativos à autonomia financeira, como decorrência de um exercício abusivo de alguma competência constitucionalmente prevista, que acaba por avançar sobre os limites válidos do poder de tributar.[67] Essas violações à *conduta amistosa federativa* podem ocorrer tanto na relação entre ente central e entes

---

[61] O art. 2º, §2º da LC nº 24/75 dispõe que: "A concessão de benefícios dependerá sempre de decisão unânime dos Estados representados; a sua revogação total ou parcial dependerá de aprovação de quatro quintos, pelo menos, dos representantes presentes".

[62] ADI nº 4.276, Rel. Min. Luiz Fux.

[63] ADI nº 3.702, Rel. Min. Dias Toffoli.

[64] ADI nº 2.548, Rel. Min. Gilmar Mendes.

[65] ADI nº 3.803, Rel. Min. Cezar Peluso.

[66] Sobre o tema, v. Augusto Zimmermann, *Teoria geral do federalismo democrático*. Rio de Janeiro: Lumen Juris, 2005. p. 97-98.

[67] Uma das decisões judiciais mais famosas e citadas do mundo surge exatamente nesse contexto de disputa tributária entre entes federativos. No julgamento do caso *Macculloch v. Maryland*, a Suprema Corte Americana teve que decidir se o estado de Maryland poderia instituir tributo sobre títulos do *Second Bank of the United States*, que acabara de ser incorporado pela União por ato do Congresso. O governo central argumentou que a tributação estadual sobre um instrumento de atuação federal era indevida. Por sua vez, o estado de Maryland afirmou que, ao determinar a incorporação do *Second Bank of the United States* à União, o Congresso excedeu os poderes que lhe foram constitucionalmente outorgados e que a competência do estado de Maryland para instituir tributos é ilimitada dentro de suas fronteiras. A decisão proferida pela Suprema Corte para o caso assentou duas importantes conclusões que influenciaram diversos julgados posteriores da Corte. Em resumo, são elas: (i) o Congresso americano detém poderes implícitos para levar a efeito outros poderes expressamente previstos na Constituição; (ii) conferir a um estado o poder tributar um serviço da União coloca em risco a própria supremacia do poder conferido à autoridade nacional, já que o poder de tributar importa também no poder de destruir. Sobre o tema, v. Robert. G. McCloskey, *The American Supreme Court*. Chicago: University of Chicago Press, 2010. p. 42-44. Ressaltando a ligação entre o direito tributário e as principais batalhas federativas, v. Reuven Avi-Yonah, James Hines e Michael Lang, *Comparative fiscal federalism*: comparing the European Court of Justice and the US Supreme Court's Tax Jurisprudence. Alphen aan den Rijn: Kluwer Law International, 2007. p. XIX -XX.

parciais, quanto naquelas travadas entres os diversos entes parciais.[68] No Brasil, o Supremo é *locus*, por excelência, para resolução de tais problemas, sendo o intérprete preferencial das regras e princípios constitucionais que promovem a divisão de competências entre os membros da Federação.

A noção do que se constitui ou não violação ao mandamento de se manter uma conduta amistosa entre os entes federativos parece ter influenciado uma das únicas exceções encontradas na jurisprudência do Supremo Tribunal Federal de benefício fiscal de ICMS concedido sem prévia anuência dos demais estados da Federação, que foi considerado constitucional. De fato, no julgamento da ADI nº 3.421, de relatoria do Ministro Marco Aurélio, o Tribunal validou isenção de ICMS para os serviços públicos de água, luz, telefone e gás devidos pelas igrejas e templos de qualquer crença, a despeito de a desoneração concedida pelo estado do Paraná não ter sido precedida de autorização por parte dos demais estados via Confaz.[69] Em seu voto, o relator destacou que "[a] proibição de induzir-se benefício fiscal, sem o assentimento dos demais estados, tem como móvel evitar competição entre as unidades da federação e isso não acontece na espécie". Ou seja, não se verificando a deslealdade federativa que a regra constitucional objetiva impedir, a ausência de prévia autorização pelos demais estados não pode invalidar a livre manifestação da autonomia financeira de um ente. Essa decisão tem um elevadíssimo significado para a forma como se percebe o federalismo fiscal no Brasil e tem merecido elogios da doutrina.[70]

No futuro, o Supremo Tribunal Federal continuará se deparando com diversas outras situações envolvendo disputas federativas relativas ao ICMS, seja no controle difuso ou no controle concentrado.

---

[68] Konrad Hesse destaca que o dever de fidelidade para com a federação e o mandamento da conduta amistosa federativa são princípios não inscritos da Constituição alemã, importando em um mandamento geral de colaboração e cooperação recíproca. Cf. Konrad Hesse, *Elementos de direito constitucional da República Federal da Alemanha*. Tradução Luís Afonso Heck. Porto Alegre: Sergio Fabris, 1998. p. 212-215.

[69] O Supremo tem entendimento consolidado no sentido da inaplicabilidade das regras de imunidade aos contribuintes de fato dos impostos indiretos. Nesse sentido, entre vários, v. ARE nº 758.886 AgR, Rel. Min. Roberto Barroso.

[70] Nesse sentido, elogiando a decisão, v. Ricardo Lodi Ribeiro, Paternalismo federativo e a competência para a concessão de benefícios fiscais no ICMS e no ISS. *Revista Fórum de Direito Tributário*, Belo Horizonte, v. 59, p. 133-151, 2012. Disponível em: <http://bid.editoraforum.com.br/bid/PDI0006.aspx?pdiCntd=81900>. Acesso em: 14 nov. 2015. No mesmo sentido, v. Carlos Alexandre de Azevedo Campos, O STF deve pesar razões econômicas e sociais ao julgar o ICMS. *Revista Consultor Jurídico*, 28 jan. 2014. Disponível em: <http://www.conjur.com.br/2014-jan-28/carlos-alexandre-stf-pesar-razoes-economicas-sociais-julgar-icms>.

À propósito, há um caso pendente de julgamento, mas com repercussão geral já reconhecida, que suscita questões interessantes e complexas.[71] Trata-se do Tema nº 817, que é relevante, primeiro, porque envolve um debate sobre o nível de proteção devido aos contribuintes que possuem dívidas oriundas de benefícios fiscais declarados inconstitucionais pelo Supremo, naquelas hipóteses em que não houve qualquer modulação de efeitos. E, por outro lado, por discutir a possibilidade de o estado-membro, posteriormente à manifestação do Supremo Tribunal Federal, promover a mitigação de determinados efeitos da decisão de declaração de inconstitucionalidade, através de ato normativo próprio. Por exemplo, efetuando o perdão dessas dívidas por meio de lei específica.

O caso não é simples e, sem antecipar qualquer juízo sobre julgamento futuro, é possível afirmar que será uma daquelas decisões em que o pano de fundo é a matéria tributária, mas os efeitos se projetam para além desse campo. Nela o Supremo irá mais uma vez testar os limites da autoridade de suas decisões e a relação com os demais poderes. E, com isso, revisitar a discussão dos diálogos constitucionais, desta vez analisando a constitucionalidade da correção legislativa de jurisprudência promovida pelo legislador estadual e sua prevalência, ou não, diante de uma decisão prévia do Supremo sobre a modulação dos efeitos da decisão.[72]

---

[71] RE nº 851.421, Rel. Min. Marco Aurélio.

[72] Especificamente sobre a possibilidade de correção legislativa por lei ordinária, o Supremo tem pelo menos dois julgados em sentidos opostos, tratando de leis editadas pelo Congresso Nacional. No primeiro caso, a Lei nº 10.628/02 introduziu um §1º ao art. 84, do Código de Processo Penal, estabelecendo que o foro por prerrogativa de função seria mantido mesmo após o fim da função pública, em relação aos atos praticados no exercício do cargo. Essa disposição significava, na prática, o restabelecimento do entendimento constante da Súmula nº 394, do Supremo Tribunal Federal, que havia sido cancelada pela Corte em tempo recente (Inq nº 687-QO, Rel. Min. Sydney Sanches). No entanto, em um caso singular de reação jurisdicional à reação legislativa, o STF declarou a inconstitucionalidade da lei, afirmando que não caberia ao Congresso rever a interpretação do texto constitucional dada pela jurisdição. V. STF. ADI nº 2.797. Rel. Min. Sepúlveda Pertence. DJ, 19 dez. 2006. O outro caso também envolvia o enunciado de uma súmula do Tribunal, notadamente o de nº 726 que, interpretando o art. 40, §5º da CF, estabelecia que "para efeito de aposentadoria especial, não se computa o tempo de serviço prestado fora da sala de aula". Pois bem, foi editada a Lei nº 11.301/2006 que acrescentou o §2º ao art. 67 da Lei nº 9.394/1996, basicamente para dizer o contrário do que decidira o Supremo. Assim, pelo novel dispositivo são consideradas funções de magistério aquelas exercidas por professores e especialistas em educação no desempenho de atividades educativas, quando exercidas em estabelecimento de educação básica em seus diversos níveis e modalidades, incluídas, além do exercício da docência, as de direção de unidade escolar e as de coordenação e assessoramento pedagógico. Essa norma foi objeto da ADI nº 3.772, proposta pelo procurador geral da República, alegando que essa alteração legislativa violava a autoridade de decisões anteriores do Supremo. Contudo,

3.4.3 Coisa julgada, ação rescisória e mudança de jurisprudência em matéria tributária

O Plenário do Tribunal julgou, em 2014, o RE nº 590.809, de relatoria do Ministro Marco Aurélio. No caso concreto, o recurso extraordinário foi interposto contra acórdão que julgou procedente o pedido formulado em ação rescisória para desconstituir decisão que julgou em desconformidade com a tese firmada no Recurso Extraordinário nº 353.657/PR. O precedente do Supremo mencionado pelo tribunal de origem concluiu pela inviabilidade do creditamento do IPI nas hipóteses de insumo adquirido não tributado ou sujeito à alíquota zero, revertendo a tendência jurisprudencial inaugurada no julgamento dos recursos extraordinários nºs 212.484[73] e 350.446.[74] No RE nº 590.809, os recorrentes alegavam violação aos princípios da segurança jurídica e da estabilidade das relações sociais. Inicialmente, salientava-se não ser cabível a ação rescisória, dada a excepcionalidade do instituto. Asseverava-se, ainda, haver sido reconhecido o direito ao crédito com base em jurisprudência consolidada pelo Supremo à época.

Quanto ao instituto da rescisória, a Corte tinha convencimento firmado que dizia ser possível afastar a aplicação do Enunciado nº 343[75] de sua súmula sempre que se tratasse de discussão constitucional.[76]

---

a ADI nº 3.772 foi julgada parcialmente procedente para excluir da nova regra apenas os especialistas em educação, mantida a parte final que objetivava superar claramente a posição do Supremo em relação aos professores. V. ADI nº 3.772, Rel. Min. Carlos Brito e Rel. p/ acórdão Min. Ricardo Lewandowski. Nos dois casos citados, mais do que discutir a legitimidade da jurisdição constitucional ou a questão dos diálogos constitucionais, o que pesou foi a manutenção ou a mudança de opinião do Tribunal quanto ao mérito envolvido na questão.

[73] RE nº 212.484, Pleno, Min. Rel. Ilmar Galvão. Relator p/ acórdão Min. Nelson Jobim: "Não ocorre ofensa à CF (art. 153, §3º, II) quando o contribuinte do IPI credita-se do valor do tributo incidente sobre insumos adquiridos sob o regime de isenção".

[74] RE nº 350.446, Rel. Min. Nelson Jobim: "Se o contribuinte do IPI pode creditar o valor dos insumos adquiridos sob o regime de isenção, inexiste razão para deixar de reconhecer-lhe o mesmo direito de aquisição de insumos favorecidos pela alíquota zero, pois nada extrema, na prática, as referidas figuras desonerativas, notadamente quando se trata de aplicar o princípio da não-cumulatividade. A isenção e a alíquota zero em um dos elos da cadeia produtiva desapareceriam quando da operação subsequente, se não admitido o crédito".

[75] STF, Súmula nº 343: "Não cabe ação rescisória por ofensa a literal disposição de lei, quando a decisão rescindenda se tiver baseado em texto legal de interpretação controvertida nos tribunais".

[76] O entendimento da Corte se construiu inicialmente no sentido de que a matéria constitucional não se submeteria aos requisitos constantes do Verbete nº 343 de sua súmula, conforme consagrado no julgamento do RE nº 328.812. Mais tarde, essa posição foi reafirmada no julgamento das ações rescisórias nºs 1.409 e 1.578. Por ser mais elucidativa,

Por essa lógica, a interpretação constitucional definida pelo Supremo, como decorrência da aplicação dos princípios da força normativa da Constituição e da máxima eficácia das normas constitucionais, deveria prevalecer em qualquer hipótese. Ou seja, por essa lógica, até o final do prazo decadencial para ajuizamento da rescisória, era possível desconstituir qualquer decisão transitada em julgada contrária à visão atual da Corte sobre determinada questão, por se tratar de uma "coisa julgada inconstitucional".[77]

Pois bem. Resolvendo a demanda, o Tribunal manteve no caso a aplicação do Enunciado nº 343 de sua súmula e concluiu que, a despeito de se tratar de matéria constitucional, o acórdão que se buscava rescindir tinha sido prolatado em consonância com o decidido pelo Supremo Tribunal Federal até então, o que impunha a sua manutenção. Assim, forte na ideia de respeito à segurança jurídica e, em especial, ao seu aspecto subjetivo consubstanciado pela proteção à confiança legítima, o Tribunal decidiu tendo em conta a posição jurídica daqueles que estavam respaldados por uma decisão transitada em julgada formada segundo a interpretação constitucional consagrada pelo Supremo Tribunal Federal à época.

Em doutrina, o primeiro coautor deste artigo sempre defendeu que a mudança de jurisprudência do Supremo Tribunal Federal gera

---

faz-se a citação da ementa do *leading case*, o RE nº 328.812, de relatoria do Ministro Gilmar Mendes: "Embargos de Declaração em Recurso Extraordinário. 2. Julgamento remetido ao Plenário pela Segunda Turma. Conhecimento. 3. É possível ao Plenário apreciar embargos de declaração opostos contra acórdão prolatado por órgão fracionário, quando o processo foi remetido pela Turma originariamente competente. Maioria. 4. Ação Rescisória. Matéria constitucional. Inaplicabilidade da Súmula 343/STF. 5. A manutenção de decisões das instâncias ordinárias divergentes da interpretação adotada pelo STF revela-se afrontosa à força normativa da Constituição e ao princípio da máxima efetividade da norma constitucional. 6. Cabe ação rescisória por ofensa à literal disposição constitucional, ainda que a decisão rescindenda tenha se baseado em interpretação controvertida ou seja anterior à orientação fixada pelo Supremo Tribunal Federal. 7. Embargos de Declaração rejeitados, mantida a conclusão da Segunda Turma para que o Tribunal a quo aprecie a ação rescisória".

[77] O termo não tem um sentido unívoco e tem sido utilizado em doutrina para definir fenômenos distintos, desde sentenças proferidas em desacordo com determinado entendimento do STF, até decisões absolutamente teratológicas e que, a despeito de não violarem algum precedente em especial da Corte, vão de encontro a princípios e regras expressos na Carta (relativização da coisa julgada). Aqui ele é utilizado para definir, como no caso concreto, uma coisa julgada que foi produzida em desacordo com a posição atual do Supremo Tribunal Federal sobre determinado assunto e cujo prazo de dois anos para ajuizamento da ação rescisória ainda não tenha transcorrido. Sobre o tema, v. Luís Roberto Barroso, *O controle de constitucionalidade no direito brasileiro*. São Paulo: Saraiva, 2012. p. 252-257. Com um enfoque no direito processual, v. Luiz Guilherme Marinoni, *Coisa julgada inconstitucional*. São Paulo: Revista dos Tribunais, 2010.

direito novo e, portanto, não deve ser aplicada de maneira retroativa.[78] De modo que, embora estivesse impedido para julgar o caso comentado, fez o registro em Plenário da alegria pela maioria formada em torno do belíssimo voto do relator, Ministro Marco Aurélio. Aqui, se nossas ideias não coincidiram lá no início, fiquei feliz que elas tenham podido, em essência, se encontrar em um lugar no futuro.[79]

3.5 Conclusão

O Supremo Tribunal Federal exerceu, exerce e continuará exercendo um papel de protagonismo no direito tributário, com relevantes contribuições para o desenvolvimento dos principais temas de jurisdição constitucional no Brasil. Por outro lado, a Corte atualmente vive

---

[78] Luís Roberto Barroso, Mudança da jurisprudência do Supremo Tribunal Federal em matéria tributária. Segurança jurídica e modulação dos efeitos temporais das decisões judiciais. *Revista de Direito do Estado*, v. 2, p. 272-273, 2006.

[79] Sobre o tema, vale conferir trecho do voto do Ministro Marco Aurélio no RE nº 590.809, especialmente na parte em que explica a relação desse caso com a opção por não modular os efeitos das decisões produzidas nos RE nºs 353.657/PR e 370.682/SC, processos em que atuei, na época, como advogado, veja-se: "Nesses recursos apreciados em 2007, o ministro Ricardo Lewandowski suscitou questão de ordem no sentido de modular os efeitos do pronunciamento, cogitando da eficácia *ex nunc* da nova interpretação ante a alteração da jurisprudência que prevalecera naquele precedente de 1998. Sua Excelência sustentou que, 'em homenagem não apenas ao princípio da segurança jurídica, mas também aos postulados da lealdade, da boa-fé e da confiança legítima, sobre os quais se assenta o próprio Estado Democrático de Direito', os efeitos prospectivos se impunham. Os demais Ministros refutaram a proposta. Explicitaram que, apenas na declaração de inconstitucionalidade, a modulação se faz possível e que, em razão da ausência de posição consolidada do Tribunal, inexistia base de confiança suficiente para tanto. Votei contra a modulação porque não a admito em situação alguma. A falta de decisões plenárias transitadas em julgado, alusivas ao direito de crédito quanto a insumos não tributados e sujeitos à alíquota zero – havia, tão somente, para isenção –, realmente, inviabilizava a plena modulação nesses específicos casos – isso, claro, para os que concordam com a modulação. Contudo, desses mesmos fatos não se podem extrair quaisquer consequências negativas à observância do Verbete nº 343 da Súmula do próprio Supremo, ante a particularíssima importância de se proteger o instituto da coisa julgada. Os novos precedentes implicaram, sem dúvida, superação do entendimento sufragado anteriormente, de modo a impor-se a observância do Verbete nº 343 da Súmula. Há a necessidade de distinguiras circunstâncias relativas à modulação e à tutela da coisa julgada, identificando os pressupostos de cabimento do verbete quando são efetivamente satisfeitos consideradas as particularidades, já descritas, dos litígios quanto aos insumos e matérias-primas isentos, não tributados e sujeitos à alíquota zero. [...] A verdade é que, diante do quadro decisório revelado até então, o acórdão rescindendo não pode ser visto como a violar a lei, mas como a resultar da interpretação possível segundo manifestações do próprio Plenário do Supremo Tribunal Federal". Conforme me manifestei em Plenário à época, embora estivesse impedido de participar do julgamento, por ter atuado como advogado nos RE nºs 353.657/PR e 370.682/SC, fiquei contente com a decisão do Tribunal e, em especial, com o voto do ministro Marco Aurélio, que primou pela segurança jurídica e pela proteção da confiança legítima.

uma crise numérica, que é ainda mais aguda quando se olha para a repercussão geral, cujo grande passivo hoje está nas causas de direito tributário. Parece ser esse um bom momento de repensar os critérios de seleção de casos e adotar uma posição mais restritiva quanto aos recursos dessa natureza que terão a repercussão geral reconhecida. Em lugar de um modelo idealizado e que prometa julgar muito mais do que o Tribunal racionalmente consegue, gerando um acúmulo que caminha para 40% de causas tributárias entre todas as repercussões gerais pendentes de julgamento, é necessário avançarmos para um modelo mais sincero e realista.

A percepção geral de que todos os casos relevantes do ponto de vista econômico precisam ser decididos pelo Supremo Tribunal Federal alimenta uma corrida para que praticamente todas as discussões envolvendo matéria tributária busquem seu espaço na agenda futura da Corte. Isso tem um potencial preocupante de tornar o Tribunal disfuncional, o que causaria efeitos negativos para o ambiente tributário, em geral, e para a atuação do Tribunal, em particular. Para o ambiente fiscal, em que a segurança jurídica tem um peso ainda maior, permanecer anos à espera de uma decisão sobre a incidência ou não de determinada contribuição ou imposto aumenta os custos dos negócios, freia os investimentos mais expressivos e não garante a previsibilidade que demandam os orçamentos públicos, cada dia mais escassos. Em relação ao prejuízo à atuação da Corte, o excessivo gasto de energia e tempo em questões tributárias sem verdadeira expressão constitucional impede o avanço do trabalho do Supremo em discussões verdadeiramente ligadas a direitos fundamentais, que deveriam fazer parte do cardápio diário de decisões de um Tribunal Constitucional.

Como foi dito no início do texto, a ideia central é que a racionalização da agenda futura do Tribunal passa por uma seleção minimalista de casos que terão a repercussão geral reconhecida em matéria tributária, com especial ênfase na escolha dos temas que têm maior relevância constitucional. Em especial, como demonstrado pelos exemplos alinhados no item 3.4 do presente artigo, aqueles que envolvam normas materialmente constitucionais, como a aplicação das limitações constitucionais ao poder de tributar, a resolução de conflitos federativos e a garantia dos direitos fundamentais dos contribuintes, como exemplo, a segurança jurídica.

CAPÍTULO 4

COMO SALVAR O SISTEMA DE REPERCUSSÃO GERAL: TRANSPARÊNCIA, EFICIÊNCIA E REALISMO NA ESCOLHA DO QUE O SUPREMO TRIBUNAL FEDERAL VAI JULGAR[1]

4.1 Introdução

Supremas cortes têm como principal papel a prestação de jurisdição constitucional, cabendo a elas interpretar o sentido e o alcance da Constituição, bem como declarar a inconstitucionalidade das normas que sejam com ela incompatíveis. Supremas cortes devem julgar com visibilidade pública, fundamentação transparente e parcimônia, para que sua jurisprudência seja conhecida, compreendida e observada. Para tanto, não podem se perder no varejo das miudezas.

No Brasil, cabe ao Supremo Tribunal Federal a guarda da Constituição, competência que desempenha, principalmente, em dois cenários: a) no julgamento de recursos extraordinários; e b) no julgamento de ações diretas. Há dificuldades estruturais em relação a ambos. As reflexões que se seguem concentram-se no primeiro cenário, que envolve os recursos extraordinários, cuja admissibilidade e julgamento de mérito ficam condicionados, no modelo vigente, à existência de repercussão geral.

O artigo que se segue procura alinhar a atuação do Supremo Tribunal Federal às principais cortes constitucionais do mundo, superando o momento algo caótico e disfuncional que atravessa. Nele estão

---

[1] Texto escrito em coautoria com Frederico Montedonio Rego.

combinadas ideias defendidas de longa data pelo primeiro autor com ideias desenvolvidas em recente trabalho acadêmico pelo segundo autor.

4.2 O colapso do sistema de repercussão geral

4.2.1 A necessidade de um filtro de relevância

Desde o final da 2ª Guerra Mundial, deu-se uma expressiva ascensão institucional do Poder Judiciário na vida dos países, trazendo como consequência um aumento crescente da demanda por prestação jurisdicional. Diante deste fenômeno, tribunais superiores de todo o mundo viram-se confrontados por um volume de processos superior à sua capacidade de trabalho. Em razão disso, tem-se difundido o uso de "filtros de relevância" em tribunais de muitos países, como Alemanha, Argentina, Austrália, Canadá, Espanha, Estados Unidos, França, Japão e Reino Unido.[2] Filtros de relevância são aqui definidos como mecanismos qualitativos de seleção de causas a serem julgadas. A necessidade de um filtro de relevância também foi sentida no Brasil, devido ao assoberbamento do Supremo Tribunal Federal (STF), especialmente quanto aos recursos extraordinários. Não se trata de um problema novo, tanto que é discutido desde as primeiras décadas do século passado,[3] tendo sido enfrentado por mecanismos diversos.[4]

Daí o surgimento da *arguição de relevância*, prevista na Emenda Regimental (ER) nº 3/1975 ao Regimento Interno do STF (RI/STF),

---

[2] Sobre filtros de relevância no mundo, cf., *v.g.*: Bruno Dantas, *Repercussão geral*. São Paulo: Revista dos Tribunais, 2012. p. 96-139; Leandro Giannini, *El certiorari*: la jurisdicción discrecional de las Cortes Supremas. La Plata: Platense, 2016. p. 211-571. t. I-II; Daniela Allam e Giacomet, *Filtros de acesso a Cortes Constitucionais*. Brasília: Gazeta Jurídica, 2017. p. 9-76.

[3] "Dados estatísticos que remontavam a 1926 já sugeriam uma reforma constitucional com vistas a superar a crise de nossa Corte Constitucional. Desde a Constituição de 1946, o STF passou a sentir, em maior escala, dificuldade para atender ao crescente número de recursos extraordinários vindos de todas as unidades da federação. Na década de 1960, o STF já registrava uma sobrecarga de 7.000 processos anuais, um acúmulo de processos e um afluxo insuportável de serviços a indicar um possível estrangulamento. [...] Em 1990, foram protocolados 18.564 processos no STF e, em 2000, esse número tinha subido para 105.307, deixando mais do que evidente a necessidade e a urgência de mudanças, especialmente em vista da funcionarização do Poder Judiciário" (Damares Medina, *A repercussão geral no Supremo Tribunal Federal*. São Paulo: Saraiva, 2016. p. 42-44).

[4] Para uma análise dessas medidas, como a criação de óbices regimentais, o aumento do número de ministros e a criação de jurisprudência vinculante, cf. Rodolfo de Camargo Mancuso, *Recurso extraordinário e recurso especial*. São Paulo: Revista dos Tribunais, 2015. p. 87-110.

numa época em que o recurso extraordinário destinava-se não apenas à guarda da Constituição, mas também de tratados e leis federais (CF/1969, art. 119, III). Segundo o desenho final do instituto, dado pela ER nº 2/1985, a regra geral era a inadmissão do recurso, salvo em casos pontuais (*e.g.*, ações populares – art. 325, VII, do RI/STF), se a matéria fosse constitucional, ou, ainda, se demonstrada a "relevância da questão federal", assim entendida a que, "pelos reflexos na ordem jurídica, e considerados os aspectos morais, econômicos, políticos ou sociais da causa, exigir a apreciação do recurso extraordinário pelo Tribunal" (RI/STF, art. 327, §1º). O instituto terminou estigmatizado por ter sido implantado durante o regime militar,[5] muito embora tivesse entre seus principais idealizadores ministros que vieram a ser aposentados compulsoriamente pelo AI-5, como Victor Nunes Leal e Evandro Lins e Silva. Com a criação e instalação do Superior Tribunal de Justiça (STJ) e a redução do escopo do recurso extraordinário às questões constitucionais, a arguição de relevância foi considerada extinta.[6]

A criação do STJ, no entanto, não foi capaz de desafogar o STF, encontrando-se hoje ambas as Cortes notoriamente sobrecarregadas. Paralelamente, países filiados tanto ao *civil law* quanto ao *common law* continuaram a ter experiências exitosas com os filtros de relevância. Nos EUA, segundo a Regra 10 das *Rules of the Supreme Court*, a Suprema Corte exerce uma jurisdição amplamente discricionária, podendo deixar de conhecer causas sem motivação, desde que o faça por ao menos dois terços dos seus juízes: tal *quorum* qualificado – regra consuetudinária – serve como contrapeso ao exercício da discricionariedade na concessão do *certiorari*.[7] De forma semelhante, o Tribunal Constitucional Federal alemão pode inadmitir uma reclamação constitucional (*Verfassungbeschwerde*) sem motivação (BVerfGG, §93d, (1)), desde que o faça por unanimidade, se o caso for julgado em uma das Câmaras, ou por três quartos dos juízes, se o caso for de competência de um dos Senados. Na França, onde as decisões sempre são *unânimes*,[8] a Corte

---

[5] "[A] arguição de relevância veio a ser totalmente eliminada do sistema com a promulgação da Constituição de 1988. Diante da pecha de antidemocrático, o instituto sucumbiu à sede de mudança que guiava o constituinte de 1988. A ideia de que o produto dos vinte e um anos de ditadura militar deveria ser, tanto quanto possível, banido do cenário nacional foi determinante para o ocaso da arguição de relevância" (Bruno Dantas, *Repercussão geral*. São Paulo: Revista dos Tribunais, 2012. p. 269).

[6] STF, Pleno. ARv nº 14.159. Rel. Min. Néri da Silveira, j. 27.4.1989.

[7] William Rehnquist, *The Supreme Court*. Nova York: Random House, 2007. p. 244-246.

[8] A explicação para essa prática é a de que os julgamentos devem expressar o entendimento unitário da Corte, cuja autoridade ficaria minada por votos individuais divergentes. Além disso, o anonimato protegeria os juízes de pressões, preservando sua independência.

de cassação pode inadmitir recursos por "decisões não especialmente motivadas" (CPC francês, art. 1.014), prática já validada pela Corte Europeia de Direitos Humanos, à luz do dever de motivação decorrente do art. 6º, 1, da Convenção Europeia de Direitos Humanos (caso *Burg et autres c. France*, j. 28.1.2003, entre outros).

A ideia de um filtro de relevância no Brasil retornou a partir da "repercussão geral", incluída no art. 102, §3º, da Constituição pela EC nº 45/2004. Trata-se de instrumento pelo qual o STF pode "recusar" recursos extraordinários, desde que o faça pelo *quorum* qualificado de dois terços de seus membros (oito de onze ministros). Reconhecidamente inspirada em experiências internacionais, a repercussão geral foi celebrada como uma "novidade [que] servirá para restaurar o caráter paradigmático das decisões do STF, à medida que possibilitará que essa Corte examine apenas as grandes questões do país discutidas no Poder Judiciário".[9]

O instituto foi regulamentado pela Lei nº 11.418/2006, que introduziu os arts. 543-A e 543-B no CPC/1973. Tais dispositivos, hoje substituídos pelos arts. 1.035 a 1.041 do CPC/2015, não definiram "repercussão geral", mas apenas aludiram a conceitos vagos a serem "considerados" para tal fim, na seguinte fórmula: "[p]ara efeito da repercussão geral, será considerada a existência, ou não, de questões relevantes do ponto de vista econômico, político, social ou jurídico que ultrapassem os interesses subjetivos do processo" (CPC/2015, art. 1.035, §1º).

Entre outros preceitos, estabeleceu-se ainda o seguinte: a) a repercussão geral é requisito de conhecimento do recurso – anterior, assim, ao juízo de mérito –, sendo irrecorrível a decisão de negativa de repercussão (art. 1.035, *caput*); b) negada a existência da repercussão geral, a decisão valerá para todos os recursos sobre matéria idêntica (art. 1.035, §8º, e 1.039, parágrafo único); c) pode ser determinada a suspensão de todos os processos que versem sobre a matéria enquanto o STF não decidir o mérito do recurso (arts. 1.035, §5º, e 1.036, §1º); e d) o julgamento deverá ocorrer no prazo de um ano, com preferência sobre os demais feitos, ressalvados os que envolvam réu preso e os pedidos de *habeas corpus* (art. 1.035, §9º).

---

[9] Trecho do relatório final da Comissão Mista Especial do Judiciário, criada pelo art. 7º da EC nº 45/2004, para elaborar os projetos de lei necessários à regulamentação da referida emenda (BRASIL. Congresso Nacional. Relatório nº 1, de 2006 – CN. *Diário do Senado Federal*, 21 jan. 2006. p. 1403. Disponível em: <http://legis.senado.leg.br/diarios/BuscaDiario?datDiario=21/01/2006&tipDiario=1>. Acesso em: 25 maio 2017).

O mecanismo entrou em efetivo funcionamento a partir da ER nº 21/2007 ao RI/STF, com a criação do chamado Plenário Virtual, meio eletrônico para manifestação dos ministros quanto à existência ou não de repercussão geral. Nos primeiros anos de funcionamento do sistema, quando o relator afetava determinado caso, os demais ministros deveriam responder a uma única pergunta: "há (ou não) repercussão geral da questão constitucional?". A partir da ER nº 31/2009, a votação virtual também passou a se referir, separadamente, à definição do caráter constitucional ou não da controvérsia. Assim, duas perguntas passaram a existir: "há questão constitucional?" e "há repercussão geral?". Embora elas devam ser respondidas simultaneamente, é possível votar "por eventualidade": assim, um ministro pode entender que não há questão constitucional, mas deixar registrado seu voto pela existência de repercussão geral, caso prevaleça o entendimento de que a questão é constitucional.

Por fim, com a ER nº 42/2010, que permitiu a realização de julgamentos virtuais de mérito em caso de reafirmação de jurisprudência (RI/STF, art. 323-A), foi introduzida uma terceira pergunta, a ser respondida com "sim" ou "não": "deve ser reafirmada a jurisprudência do Tribunal?". Em vinte dias, os ministros deverão marcar suas respostas no sistema, podendo ainda oferecer manifestações por escrito, se assim desejarem. Eventual silêncio será computado como um voto pela existência de repercussão geral, salvo se o relator votar pela ausência de questão constitucional (RI/STF, art. 324, §§1º e 2º). Os ministros podem ainda assinalar eventual impedimento ou suspeição no sistema.[10]

Feita essa descrição sumária da disciplina normativa da repercussão geral e das razões que inspiraram sua criação, passa-se a analisar os seus resultados práticos.

4.2.2 Repercussão geral: impacto inicial e descontrole superveniente

A partir da ER nº 21/2007, houve uma significativa redução do número de processos novos até 2011, especialmente os de competência recursal extraordinária, que respondem por cerca de 85% da

---

[10] No Processo Administrativo nº 350.575/2012, do Supremo Tribunal Federal, constam todos os detalhes sobre as regras de funcionamento do Plenário Virtual, inclusive com fotos das telas do sistema.

movimentação da Corte.[11] Porém, em 2012, os números voltaram a subir, como revela o quadro a seguir:[12]

Ano	Novos processos protocolados no STF	Número de julgamentos (monocráticos + colegiados)
2016	89.971	109.174
2015	93.503	109.193
2014	79.943	107.964
2013	72.072	85.000
2012	72.148	84.039
2011	64.018	93.712
2010	71.670	98.529
2009	84.369	89.355
2008	100.781	104.237
2007	119.324	159.522
2006	127.535	110.284

Mesmo com todo esse volume de decisões – 109.174, entre monocráticas e colegiadas –, a "taxa de congestionamento" do STF em 2016 foi de 40%, a significar que, de cada dez processos que tramitaram na Corte, apenas seis foram baixados no mesmo ano.[13]

---

[11] O percentual de processos novos das classes recurso extraordinário (RE), agravo em recurso extraordinário (ARE) e agravo de instrumento (AI – utilizado até a Lei nº 12.322/2010) oscilou de 82,6% em 2009 a 85,7% em 2016 (BRASIL. Conselho Nacional de Justiça. *Supremo em ação 2017*: ano-base 2016. Brasília, 2017. p. 43. Disponível em: <http://rsa.cnj.jus.br/>. Acesso em: 2 jul. 2017).

[12] BRASIL. Supremo Tribunal Federal. *Movimento processual a partir de 1940*. Disponível em: <http://www.stf.jus.br/portal/cms/verTexto.asp?servico=estatistica&pagina=movimentoProcessual>. Acesso em: 10 maio 2017. Há uma ligeira diferença entre esses números e os que constam no relatório *Supremo em ação 2017* (aqui não utilizado porque somente possui dados a partir de 2009, quando a repercussão geral já estava em funcionamento), segundo o qual o STF teria recebido 89.959 processos novos em 2016. Este último relatório apresenta a seguinte justificativa para tais diferenças: "[p]ontuais descompassos entre este e outros relatórios estatísticos disponíveis no Portal do STF podem ocorrer em virtude da data-base de extração dos dados, tendo em vista a possibilidade de ocorrência de movimentos de baixa retroativa (que impacta no cômputo dos pendentes e dos baixados) e de lançamento tardio no sistema de eventuais movimentações" (BRASIL. Conselho Nacional de Justiça. *Supremo em ação 2017*: ano-base 2016. Brasília, 2017. p. 13. Disponível em: <http://rsa.cnj.jus.br/>. Acesso em: 2 jul. 2017). De toda forma, essas pequenas discrepâncias não prejudicam a linha de raciocínio ora desenvolvida, pois a ordem de grandeza dos números é semelhante.

[13] "A taxa de congestionamento corresponde à proporção de processos que não foram baixados durante o ano-base, em relação ao total que tramitou no período (soma do acervo

Essa taxa é ainda maior quando se levam em conta apenas os processos de controle concentrado de constitucionalidade, que foi de 94,6% em 2016, a revelar, conforme diagnóstico oficial, "uma concentração de esforços nas tarefas próprias de um tribunal de instrução ou revisão, em detrimento da atuação como Corte Constitucional".[14] Nem mesmo os casos com repercussão geral reconhecida vêm sendo julgados com rapidez, como se verá a seguir.

4.2.3 O estoque gerado e o congestionamento do sistema de justiça

Até o dia 1º.7.2017, isto é, cerca de dez anos depois da ER nº 21/2007, estes são os números:
  (i) 947 questões foram afetadas ao regime de repercussão geral;
  (ii) em 308 temas ela foi negada, significando que recursos versando sobre aquelas matérias não subirão mais;
  (iii) das 639 questões remanescentes, 354 haviam sido julgadas;
  (iv) 285 ainda estavam pendentes;[15]
  (v) a média de julgamento ao longo do período foi de 35,4 temas com repercussão geral por ano (354 em dez anos).

Veja-se, então: mantida esta média, o Tribunal demoraria mais de oito anos para exaurir um estoque de 285 temas, e isso apenas se nenhum novo caso tiver repercussão geral reconhecida. Além disso, criou-se um novo problema: *no final de 2016, havia no mínimo 1,5 milhão de processos sobrestados nas instâncias de origem aguardando as decisões a serem tomadas pelo STF nos cerca de 300 feitos pendentes afetados ao regime*

---

e dos baixados)". O índice já foi pior, de 57,2% em 2009 (BRASIL. Conselho Nacional de Justiça. *Supremo em ação 2017*: ano-base 2016. Brasília, 2017. p. 36. Disponível em: <http://rsa.cnj.jus.br/>. Acesso em: 2 jul. 2017).

[14] BRASIL. Conselho Nacional de Justiça. *Supremo em ação 2017*: ano-base 2016. Brasília, 2017. p. 56-57. Disponível em: <http://rsa.cnj.jus.br/>. Acesso em: 2 jul. 2017.

[15] BRASIL. Supremo Tribunal Federal. *Números da repercussão geral (situação atual detalhada)*. Disponível em: <http://www.stf.jus.br/portal/cms/verTexto.asp?servico=jurisprudenciaRepercussaoGeral&pagina=numeroRepercussao>. Acesso em: 13 jul. 2017. O relatório acima apresentava 288 recursos ainda pendentes, mas foram identificadas algumas inconsistências. Isso porque, entre esses temas, apareciam os de nº 16 (RE nº 643.247, Rel. Min. Marco Aurélio) e nº 544 (RE nº 846.854, Rel. Min. Luiz Fux), que já constam entre os 354 julgados. Também aparece como pendente o Tema nº 192 (RE nº 601.384, Rel. Min. Marco Aurélio), que, no entanto, foi cancelado. Suprimindo-se os temas nºs 16, 192 e 544 dos 288 temas pendentes, restam 285.

da repercussão geral,¹⁶ casos esses que, na sistemática anterior à criação do filtro, estariam tramitando. *Esse número não inclui os processos sobrestados pelos tribunais de origem por iniciativa própria ao identificar controvérsia repetitiva (CPC/2015, art. 1.036, §1º), sobre os quais as estatísticas nacionais ainda estão em construção.*¹⁷ Considerando que as decisões tomadas em regime de repercussão geral até o final de 2016 haviam solucionado "apenas" 151.505 processos nas instâncias de origem,¹⁸ o saldo revela-se amplamente negativo: a razão é de dez processos sobrestados para cada um resolvido por julgamento de mérito de repercussão geral.

Como se nota, a repercussão geral é um filtro de relevância que não tem impedido a chegada de 100 mil casos por ano ao STF, nem desobrigado a Corte a proferir aproximadamente o mesmo número de decisões no mesmo intervalo. O alívio de processos verificado até 2011 foi temporário e ilusório: a diminuição dos feitos remetidos ao STF não significa que eles tenham deixado de existir, mas apenas que continuam aguardando julgamento em algum escaninho, ainda que virtual, longe da Praça dos Três Poderes. É inegável, portanto, que a sistemática, tal como praticada até hoje, fracassou. A seguir, identificam-se algumas das causas desse fracasso.

4.3 Algumas causas da insuficiência do modelo atual de repercussão geral

4.3.1 A adoção da prática do "filtro oculto" pelo STF

Nas cortes que adotam filtros de relevância, os casos são submetidos ao filtro – que pode ser mais ou menos severo – logo na *chegada* ao tribunal. Somente os processos que superem esta etapa inicial, e que preencham os demais requisitos de admissibilidade, terão o seu mérito apreciado, em quantidade compatível com a capacidade de o

---

[16] BRASIL. Supremo Tribunal Federal. *Processos sobrestados em razão da repercussão geral.* Disponível em: <http://www.stf.jus.br/portal/cms/verTexto.asp?servico=estatistica&pagina=sobrestadosrg>. Acesso em: 14 jan. 2017.

[17] Trata-se do Banco Nacional de Dados de Casos Repetitivos, criado pela Resolução CNJ nº 235/2016, em cumprimento ao art. 979 do CPC/2015. Em 23.5.2017, dos 91 tribunais brasileiros, apenas 38 integravam a base de dados (Thaís Cieglinski, Banco de demandas repetitivas do CNJ tem mais de 2 mil temas. *CNJ*, 23 maio 2017. Disponível em: <http://www.cnj.jus.br/noticias/cnj/84823-banco-de-demandas-repetitivas-do-cnj-tem-mais-de-2-mil-temas>. Acesso em: 13 jul. 2017).

[18] BRASIL. Supremo Tribunal Federal. *Impacto da repercussão geral.* Disponível em: <http://www.stf.jus.br/portal/cms/verTexto.asp?servico=estatistica&pagina=impactorg>. Acesso em: 14 jan. 2017.

tribunal resolvê-los com qualidade e em prazo razoável. Assim é que, na Suprema Corte dos EUA[19] e no Tribunal Constitucional alemão,[20] cerca de 99% dos casos não superam o filtro.

Esse não é o procedimento-padrão adotado no STF em relação à repercussão geral, com se demonstra, singelamente, a seguir. Tomando como base o período desde o início da efetiva prática do instituto (maio de 2007) até meados de 2017, há um grande contraste entre o número de temas afetados ao regime de repercussão geral (que, como visto acima, foi de 947) e o de decisões proferidas (*aproximadamente um milhão*).[21] Ao arredondar os números, será possível constatar que, na média de um período de dez anos, apenas uma em cada mil decisões do Tribunal foi proferida em processo cujo tema fora afetado ao regime de repercussão geral, para reconhecê-la ou negá-la. Sob uma ótica meramente quantitativa, portanto, apenas cerca de um milésimo das decisões do STF se insere diretamente no mecanismo criado para concentrar a sua força de trabalho no que fosse verdadeiramente importante. Em outras palavras, o STF vive situação exatamente oposta à de outros tribunais congêneres: embora se trate de um número aproximado, é possível dizer que, no Brasil, 99,9% dos casos sequer passam pelo filtro.

Isto porque o art. 323 do RI/STF prevê que, "[q]*uando não for caso de inadmissibilidade do recurso por outra razão*, o(a) Relator(a) ou o Presidente submeterá, por meio eletrônico, aos demais Ministros, cópia de sua manifestação sobre a existência, ou não, de repercussão geral". São essas "outras razões" – e não a falta de repercussão geral – que normalmente se invocam para inadmitir recursos, razões essas identificadas com óbices já "tradicionais", de há muito erguidos pela jurisprudência da Corte ao acolhimento das pretensões dos recorrentes, como qualificar a matéria controvertida como infraconstitucional, e não constitucional (súmulas nºs 280 e 636), como fática, e não jurídica (Súmula nº 279), ou apontar a falta de pré-questionamento (súmulas nºs 282 e 356). Todas essas alternativas podem ser adotadas de forma monocrática pelo relator, cabendo agravo para a respectiva Turma,

---

[19] Dados estatísticos oficiais da Suprema Corte dos EUA de 2011 a 2015 podem ser encontrados em <http://www.uscourts.gov/sites/default/files/supcourt_a1_0930.2016.pdf>.

[20] De 1951 a 2016, o Tribunal Constitucional Federal alemão julgou procedentes apenas 2,3% das reclamações constitucionais, classe que responde por 96,61% do seu volume processual (ALEMANHA. *Bundesverfassungsgericht*. Anual Statistics 2016. Disponível em: <http://www.bundesverfassungsgericht.de/SharedDocs/Downloads/EN/Statistik/statistics_2016.pdf?__blob=publicationFile&v=2>. Acesso em: 27 maio 2017).

[21] Trata-se da ordem de grandeza da soma do número de decisões constantes da tabela acima.

um colegiado de cinco ministros, e não para o Plenário. Como regra, esse agravo confirmará a decisão singular, por julgamento em lista: um mecanismo sumário em que não há debate, e no qual dezenas de casos podem ser julgados por vez.

Atualmente, portanto, a repercussão geral é um filtro de relevância só utilizado de forma expressa em última hipótese, "[q]uando não for caso de inadmissibilidade do recurso por outra razão". O Tribunal não prioriza a análise da relevância das discussões que lhe chegam via recursos extraordinários, mas sim a aplicação de óbices formais que, nos termos do art. 323 do RI/STF, são preferidos ao juízo sobre a relevância da matéria de fundo. Tal paradoxo, que confina o filtro de relevância a um milésimo das decisões da Corte, explica-se, ao menos em parte, pelo elevado *quorum* de dois terços exigido para a prolação de decisões formais negativas de repercussão geral. Diante disso, os ministros não aproveitam as potencialidades do novo instituto e terminam mantendo o comportamento padrão anterior, que é o de se valerem das autorizações legais (CPC/2015, art. 932) e regimentais (RI/STF, art. 21) para julgamento monocrático. Tal prática, no entanto, é mais trabalhosa e pouco lógica, além de gerar muitas perplexidades.

Como já identificado por alguns autores antes mesmo da EC nº 45/2004,[22] a chamada "jurisprudência defensiva" constitui um *"certiorari* à brasileira",[23] um *certiorari de facto*[24] ou um "mecanismo informal de seletividade recursal".[25] Utiliza-se, assim, um "filtro oculto",[26] pelo qual os ministros denegam recursos não considerados relevantes, em decisões com efeitos limitados ao caso concreto. Fazem-no sem dizê-lo expressamente e sem utilizar o mecanismo da repercussão geral, que exigiria *quorum* qualificado e produziria efeitos abrangentes. Não é difícil

---

[22] "[A] realidade chegou antes da norma [EC nº 45/2004]. Em termos práticos, mesmo à míngua de dados estatísticos que respaldem a assertiva, o aludido tribunal [STF] só julga – efetivamente por colegiado – as questões que tem como relevantes" (Flávio Luiz Yarshell, A reforma do Judiciário e a promessa de "duração razoável do processo". *Revista do Advogado*, São Paulo, ano XXIV, abr. 2004. p. 29).

[23] Marcos Paulo Verissimo, A Constituição de 1988, vinte anos depois: Suprema Corte e ativismo judicial à brasileira. *Revista Direito GV*, v. 4, p. 420-421, 2008.

[24] Teresa Arruda Alvim Wambier; Luiz Rodrigues Wambier, Repercussão geral: como transformá-la num instituto adequado à magnitude da missão de uma Corte Superior? In: Luiz Fux; Alexandre Freire; Bruno Dantas (Coord.), *Repercussão geral da questão constitucional*. Rio de Janeiro: Forense, 2014. p. 621.

[25] Damares Medina, *A repercussão geral no Supremo Tribunal Federal*. São Paulo: Saraiva, 2016. p. 83-85.

[26] Frederico Montedonio Rego, O filtro oculto de repercussão geral: como o obscurecimento dos juízos de relevância contribui para a crise do STF. *Revista de Direito Brasileira*. No prelo.

demonstrar que se trata, em última análise, de um juízo de relevância, e não apenas uma questão técnica de cabimento. Há numerosos exemplos de controvérsias que passam anos sendo enquadradas pelo STF como meramente fáticas ou infraconstitucionais –[27] sobretudo por decisões monocráticas, que, entre 2009 e 2016, representaram entre 84% e 89% do total de julgados. Os recursos contra estas decisões são julgados em lista e, como regra, elas são mantidas. No entanto, subitamente, quando a Corte passa a entender que o mesmo tema é de algum modo relevante, a matéria começa a ser reputada como constitucional, vindo o recurso a ser provido e a decisão recorrida revista.

Observe-se que apenas 5% dos recursos de natureza extraordinária decididos monocraticamente foram providos pelo STF entre 2007 e 2013, enquanto, nos temas com repercussão geral julgados no mesmo período, houve provimento em 38% dos casos.[28] Isso sugere que a Corte mantém monocraticamente 95% das decisões que lhe são submetidas, não por considerá-las corretas, mas por não as reputar suficientemente relevantes para um reexame. Tanto que, nas matérias relevantes, o índice de provimento é bastante superior.

Embora aparentemente mais econômico, esse modo de trabalho gera uma série de efeitos colaterais, a começar pela inflação desordenada de julgamentos, tornando evidente o risco de decisões contraditórias e tornando virtualmente impossível o adequado conhecimento da jurisprudência da Corte.

Além disso, a utilização de óbices formais de admissibilidade demanda um tempo de análise processual muito superior ao que exigiria um filtro inicial assumidamente baseado na relevância: do modo como é feito hoje, por menos relevantes que sejam as discussões, é preciso tempo para debruçar-se sobre elas e compreender os fundamentos do acórdão recorrido, as teses do recurso extraordinário, as contrarrazões e a decisão de admissibilidade, tudo a fim de aferir se a controvérsia "pouco relevante" é fática, infraconstitucional, não está pré-questionada etc. Este estudo do caso, embora seja "invisível"[29] para

---

[27] Para uma análise de vários desses exemplos (RE nº 614.406, Rel. Min. Ellen Gracie; RE nº 638.115, Rel. Min. Gilmar Mendes; ARE nº 909.437, Rel. Min. Luís Roberto Barroso; RE nº 590.415, Rel. Min. Menezes Direito), v. Frederico Montedonio Rego, *Os efeitos das decisões negativas de repercussão geral: uma releitura do direito vigente*. Dissertação (Mestrado) – UniCEUB, Brasília, 2017. p. 64-79.

[28] Damares Medina, *A repercussão geral no Supremo Tribunal Federal*. São Paulo: Saraiva, 2016. p. 93-94.

[29] V. Leandro Giannini, *El certiorari: la jurisdicción discrecional de las Cortes Supremas*. La Plata: Platense, 2016. p. 202. t. I.

as partes e seus advogados, consome boa parte dos recursos humanos e materiais do tribunal.

Quanto maior a demora para tornar definitiva uma conclusão desfavorável, maior o incentivo para recorrer. Nesse sentido, a idade média dos processos ainda pendentes no STF em 31.12.2016 foi de dois anos e três meses.[30] Trata-se de uma dilação muito expressiva, especialmente considerando que tais casos em geral já tramitaram por dois ou até três graus de jurisdição. Isso retroalimenta a litigiosidade, frustrando os esforços de produtividade do Tribunal. Mas este não é o único problema decorrente da subutilização da repercussão geral.

4.3.2 A prática atual se utiliza apenas da recusa de teses, não de casos

Por força do art. 102, §3º, da Constituição, a repercussão geral é um requisito de admissibilidade aplicável a todos os recursos extraordinários, quer se refiram a controvérsias de natureza repetitiva ou não. Porém, a prática do instituto levou ao seu confinamento à primeira hipótese, vale dizer, afetou-o apenas com relação à solução de casos repetitivos. Na prática, a transcendência – vale dizer, a qualidade da questão que "ultrapass[a] os interesses subjetivos do processo" (CPC/2015, art. 1.035, §1º) – foi associada ao caráter repetitivo da controvérsia. Assim, ao deparar-se com um recurso extraordinário que discuta uma questão considerada pouco relevante, o STF não tem se limitado a "recusá-lo" por falta de repercussão geral: nos pouquíssimos casos em que o filtro foi expressamente aplicado, o *modus operandi* da Corte consistiu em extrair do caso concreto a questão em tese debatida, fazer um juízo sobre a sua relevância *in abstracto* e projetar os efeitos desse juízo a todos os processos no país que discutam tal questão.

Essa eficácia ampla faz todo o sentido para os casos em que há a afirmação da repercussão geral: de fato, ainda que não se trate de

---

[30] BRASIL. Conselho Nacional de Justiça. *Supremo em ação 2017*: ano-base 2016. Brasília, 2017. p. 61. Disponível em: <http://rsa.cnj.jus.br/>. Acesso em: 2 jul. 2017. Levando em conta o mesmo relatório, mesmo que se considerem apenas os recursos de natureza extraordinária pendentes, a média é menor, mas ainda muito elevada: um ano e dez meses de idade em 2016 (p. 66). Não se está levando em conta aqui o tempo médio de tramitação apenas dos processos *baixados* em 2016, que foi de oito meses nos processos em geral e de sete meses nos recursos de natureza extraordinária (p. 61 e 66): isto se dá em razão das taxas de congestionamento da Corte – 40% no geral e 36,4% para recursos de natureza extraordinária em 2016 (p. 36 e 57) –, a revelar que o STF só conseguiu baixar entre seis e sete processos a cada dez que tramitaram no ano.

uma controvérsia repetitiva, trata-se de uma hipótese em que o STF reconhece estar diante de um recurso cujo mérito terá de ser resolvido, por apresentar "questões relevantes do ponto de vista econômico, político, social ou jurídico que ultrapassem os interesses subjetivos do processo". Entretanto, no caso de negativa de repercussão geral, essa expansão de efeitos significa criar precedentes sobre questões de pouca relevância, ou melhor, sobre a pouca relevância de questões em tese, para fins de (des)cabimento de recurso extraordinário. Trata-se de uso um tanto anômalo do sistema de precedentes: como regra, precedentes são firmados em matérias de alta relevância, e não a partir de decisões que atestam a ausência de questões relevantes que transcendam os interesses das partes.

A existência de um mecanismo de filtragem de teses é uma boa ideia, com potencial para solucionar milhares de feitos com uma única decisão. Mas a restrição da prática atual do filtro a teses tem gerado mais problemas do que benefícios. Quando se nega repercussão geral a uma questão em tese, o STF abre mão de decidir sobre o assunto não apenas no caso concreto, mas em todos os casos semelhantes, e de forma, na prática, definitiva.

Embora teoricamente haja a possibilidade de revisão da tese (CPC/2015, art. 927, §§2º a 4º, e RI/STF, arts. 103 e 327), o juízo de ausência de repercussão geral impede que o STF volte a ser provocado em futuros recursos extraordinários sobre o tema, pois não cabe sequer agravo da decisão que inadmite recurso extraordinário por falta de repercussão geral. Essa já era a jurisprudência da Corte na vigência do CPC/1973,[31] confirmada nos arts. 1.030, I, e seu §2º, e 1.042 do CPC/2015. Assim, salvo se ocorrer uma remessa por engano, não há meios para fazer chegar ao STF um recurso extraordinário sobre questão cuja repercussão geral já tenha sido negada, de modo que a Corte fica privada de receber novos casos nos quais pudesse veicular a revisão.

Além disso, como resultado da projeção automática de efeitos da negativa formal de repercussão geral a todos os feitos que tratem da mesma questão, o filtro só tem incidido sobre "blocos" de processos, o que o torna incapaz de conter a demanda para o STF. Basta lembrar que o Judiciário terminou o ano de 2016 com quase *80 milhões de processos*

---

[31] STF, Pleno. Rcls nºs 7.547 e 7.569, Rel. Min. Ellen Gracie, j. 19.11.2009; AI nº 760.358-QO, Rel. Min. Gilmar Mendes, j. 19.11.2009; MS nº 29.009 AgR, Rel. Min. Cármen Lúcia, j. 2.3.2011.

pendentes.³² Todos esses casos, ao menos teoricamente, podem chegar ao STF. Quantas teses são discutidas em 80 milhões de processos? Quantas teriam de ser classificadas e ter a repercussão geral negada para reduzir a demanda de processos sobre a Corte? Em outras palavras: quantos blocos temáticos seriam necessários para agrupar 80 milhões de processos? Em dez anos de efetivo funcionamento da repercussão geral, o STF não afetou nem 1.000 teses, das quais 285 ainda estavam pendentes em meados de 2017, gerando o sobrestamento *sine die* de mais de um milhão de processos. Atualmente, portanto, a repercussão geral é como um filtro com uma trama dilatada, capaz de conter somente pedras muito grandes ("blocos" de processos), enquanto a areia fina (processos não agrupados em "blocos") escoa incessantemente, deixando a Corte cada vez mais soterrada.

Esse descomunal número de processos torna insuficientes todos os esforços de contenção da demanda sobre o STF a partir de um filtro que opera apenas como instrumento de resolução de demandas repetitivas, ou de processos que possam ser agrupados em "blocos" em torno de uma tese. Filtra-se uma tese, surgem outras dez, cem, mil, todas potencialmente reconduzíveis à Constituição de 1988, devido ao seu caráter analítico. E, mesmo quanto à tese filtrada, sempre será possível alegar que os casos concretos têm especificidades que escapam ao que foi decidido, implicando a necessidade de um novo exame particular. Em síntese: não se conseguiu até hoje, nem se conseguirá, reduzir a demanda sobre o STF com um filtro de escopo limitado.

4.3.3 *Quorum* e efeitos da não manifestação de algum ministro

Outra causa da insuficiência do modelo atual é a compreensão inadequada da razão de ser do *quorum* de dois terços para negar repercussão geral (CF, art. 102, §3º). Trata-se de um *quorum* extremamente qualificado, superior ao exigido para a declaração de inconstitucionalidade de leis ou atos normativos (maioria absoluta, conforme art. 97 da CF), e igual ao necessário para modular os efeitos de declaração de inconstitucionalidade "por razões de segurança

---

³² O número é de 79,7 milhões de processos (BRASIL. Conselho Nacional de Justiça. *Justiça em Números 2017*: ano-base 2016. Brasília: Conselho Nacional de Justiça, 2017. p. 65. Disponível em: <http://www.cnj.jus.br/files/conteudo/arquivo/2017/09/904f097f215cf19a2 838166729516b79.pdf>. Acesso em: 7 set. 2017).

jurídica ou de excepcional interesse social" (art. 27 da Lei nº 9.868/1999), bem como para editar, revisar ou cancelar súmulas vinculantes (CF, art. 103-A, também incluído pela EC nº 45/2004).

Afirmar que a finalidade do *quorum* é evitar a "acumulação de poderes na figura do relator"[33] não é justificativa suficiente, pois para isso bastaria exigir maioria simples de um órgão fracionário. Por outro lado, dizer que se trata de uma forma de compensar o caráter indeterminado da repercussão geral[34] é correto, mas incompleto. Isso porque faz parte da rotina judiciária – especialmente a de um tribunal constitucional – aplicar normas com alto grau de vagueza e indeterminação, como dignidade da pessoa humana (CF, art. 1º, III), intimidade (CF, art. 5º, X), moralidade (CF, art. 37, *caput*) etc. Estar diante de um conceito indeterminado não explica, por si só, a razão do *quorum* qualificado: do contrário, haveria *quorums* reforçados em todos os outros casos que envolvessem conceitos indeterminados. Por outro lado, não é razoável concluir que uma deliberação com *quorum* tão qualificado seja igual a todas as outras, sujeita aos mesmos requisitos de quaisquer decisões que já podiam ser tomadas monocraticamente antes da EC nº 45.

A explicação mais coerente com a natureza do instrumento – e apta a justificar a instituição de um requisito de admissibilidade mais dificultoso que o necessário para julgar o mérito – é a de que o *quorum* constitui um contrapeso destinado a compensar a impraticabilidade de uma motivação analítica das decisões negativas em larga escala. Em outras palavras: para dificultar que a inevitável discricionariedade[35] desse tipo de juízo desnature-se em arbitrariedade. Se a repercussão geral obrigasse a Corte a elaborar uma decisão analiticamente motivada com as razões pelas quais entende que determinada controvérsia é despida de "questões relevantes do ponto de vista econômico, político, social ou jurídico que ultrapassem os interesses subjetivos do processo", o instituto não justificaria sua existência, pois não permitiria ao STF se concentrar nas suas funções mais importantes. O tempo da Corte seria consumido por análises econômicas, políticas, sociais e jurídicas,

---

[33] André Ramos Tavares, A repercussão geral no recurso extraordinário. In: André Ramos Tavares; Pedro Lenza; Pietro de Jesús Alarcón, *Reforma do Judiciário*: analisada e comentada. São Paulo: Método, 2005. p. 218.

[34] Bruno Dantas, *Repercussão geral*. São Paulo: Revista dos Tribunais, 2012. p. 233.

[35] Para uma defesa da natureza inevitavelmente discricionária do filtro de repercussão geral, v. Frederico Montedonio Rego, *Os efeitos das decisões negativas de repercussão geral: uma releitura do direito vigente*. Dissertação (Mestrado) – UniCEUB, Brasília, 2017. p. 142-172.

quase todas para afirmar o pouco impacto das controvérsias que lhe são submetidas para além das partes do processo. Seria mais fácil resolver o mérito de todos os casos, em vez de empreender, na análise prévia de sua admissibilidade, um debate exaustivo sobre a sua relevância. Não é esse, evidentemente, o fim para o qual se concebeu o instituto.

A repercussão geral tem uma dimensão intrinsecamente comparativa,[36] já que, por definição, o direito em geral e o direito constitucional em particular não cuidam de assuntos irrelevantes, de modo que toda controvérsia tem *alguma* relevância. Nem por isso, entretanto, todas as questões devem ser tratadas com o mesmo grau de prioridade: "[q]uando tudo é tratado como importante... nada é".[37] Se é assim, a repercussão geral pressupõe que a questão apresente um grau *diferenciado* de relevância, tanto que há uma *preferência* legal para julgamento dos casos com repercussão geral reconhecida (CPC/2015, art. 1.035, §9º), em detrimento da regra geral de ordem cronológica da conclusão (CPC/2015, art. 12).

Motivar analiticamente uma conclusão pela baixa relevância de uma controvérsia *constitucional* – algo argumentativamente trabalhoso por definição – é muitas vezes uma tarefa tão onerosa quanto a de decidir o mérito da mesma controvérsia, o que faria o filtro perder sua razão de ser. Nessa linha, há que se reconhecer uma discricionariedade da Corte sobre o que substancialmente motivar, a partir do filtro da repercussão geral. A visão segundo a qual o mecanismo não seria discricionário e poderia conduzir a uma única solução correta muitas vezes reflete menos a realidade e mais um desejo, particularmente o desejo de que a única resposta correta seja a de quem a enuncia. Assim, se a repercussão geral se mostra uma noção vaga, e se não é possível um debate exaustivo sobre o requisito em dezenas de milhares de decisões, o constituinte considerou seguro afirmar a pouca relevância de uma controvérsia se dois terços dos ministros concordassem a respeito. Trata-se de fórmula claramente inspirada nas experiências dos EUA e da Alemanha, onde o *quorum*, tão ou mais qualificado, compensa a indeterminação das fórmulas dos filtros de relevância e a falta de motivação das decisões negativas.

---

[36] Nesse sentido: Luís Roberto Barroso, Prefácio: quando menos é mais: repensando a jurisdição constitucional brasileira. In: Daniela Allam e Giacomet, *Filtros de acesso a Cortes Constitucionais*. Brasília: Gazeta Jurídica, 2017. p. IX.

[37] Luiz Manoel Gomes Júnior; Fernando da Fonseca Gajardoni, Anotações sobre a repercussão geral nos recursos extraordinário e especial. In: Luiz Fux; Alexandre Freire; Bruno Dantas (Coord.), *Repercussão geral da questão constitucional*. Rio de Janeiro: Forense, 2014. p. 443.

À luz dessa razão de ser, compreende-se que o *quorum* de dois terços não traduz uma presunção de repercussão geral: basta lembrar que, apesar de exigirem *quorums* semelhantes, a Suprema Corte dos EUA e o Tribunal Constitucional alemão rejeitam cerca de 99% dos casos que chegam a tais cortes. O *quorum* qualificado nada tem a ver com a excepcionalidade da inadmissão do recurso extraordinário, que, como o próprio nome indica, é de natureza excepcional. Sustentar o contrário significa esquecer que a repercussão geral surgiu para limitar e racionalizar o acesso ao STF, e não para ampliá-lo ainda mais. Levando isso em conta, é fácil ver os problemas da sistemática segundo a qual se considera reconhecida a repercussão geral se não houver manifestações expressas para a recusa do recurso, salvo se o relator votar no sentido de que a matéria é infraconstitucional (RI/STF, art. 324, §§1º e 2º). Não há aqui um problema decorrente da consideração do silêncio como manifestação de vontade, situação comum no direito em geral (*e.g.*, art. 111 do Código Civil), mas apenas sobre como o silêncio é contado.

Se o relator votar no sentido de que a controvérsia é constitucional, mas *não tem* repercussão geral, o silêncio é contado no sentido de que a matéria *tem* repercussão geral. Ou seja: o silêncio significa divergência. Não deveria ser assim, pois, como visto, o *quorum* qualificado não traduz uma presunção de repercussão geral: o silêncio deveria ser contado como assentimento com o voto do relator, tal como ocorre nas sessões presenciais de todos os tribunais, em que o presidente da sessão indaga, depois do voto do relator, se há alguma divergência. Essa forma de contar o silêncio levou à afetação de temas de relevância duvidosa: em sete anos, 25 temas foram afetados com a abstenção de cinco ministros,[38] aumentando o estoque de temas pendentes e de processos sobrestados.[39]

---

[38] Damares Medina, *A repercussão geral no Supremo Tribunal Federal*. São Paulo: Saraiva, 2016. p. 71-73.
[39] Exemplo emblemático foi o do RE nº 584.247, em que o então relator, Min. Ricardo Lewandowski, votou, em 22.3.2012, pela ausência de repercussão geral da questão relativa à "competência para processar e julgar ação em que se discute pagamento de adicional de insalubridade a servidor público de ex-Território Federal ante a existência de convênio firmado entre a União e o Estado-membro para o qual foi cedido", o que definiria a competência para julgar cerca de cinquenta processos referentes a servidores do ex-Território Federal de Roraima. O entendimento do relator quanto à ausência de repercussão geral foi acompanhado por outros seis votos expressos, mas, haja vista que os outros quatro ministros permaneceram silentes no Plenário Virtual, a repercussão geral foi reconhecida em razão dessas omissões, sem um único voto expresso pela relevância da questão. Houve, por assim dizer, um reconhecimento de repercussão geral "por W.O.". O caso terminou por ser desafetado do regime da repercussão geral por nove votos (RE nº 584.247 QO, Rel. Min. Luís Roberto Barroso, j. 27.10.2016).

Mais grave é a regra do art. 324, §2º, do RI/STF, que exige *quorum* de dois terços para negar repercussão geral a matérias *infraconstitucionais*. Como se sabe, a distinção entre questões constitucionais e infraconstitucionais é problemática e utilizada para fins de jurisprudência defensiva. Mas, se a questão é infraconstitucional, a rigor, não se deveria deliberar sobre a repercussão geral, que só se refere a matérias constitucionais (CF, art. 102, §3º). No entanto, essa sistemática passou a ser adotada a partir do RE nº 584.608, de relatoria da Min. Ellen Gracie, julgado em 4.12.2008, e apenas se explica como forma de atribuir ao tema os efeitos transcendentes da falta de repercussão geral, impedindo a subida de novos processos sobre o assunto. Trata-se, porém, de um procedimento que gera perplexidades,[40] sendo preferível, nesta hipótese, a utilização do incidente de resolução de demandas repetitivas, que dispensa *quorum* de dois terços.[41]

Identificados os problemas e suas respectivas causas, é hora de propor soluções.

4.4 Solucionando o problema: a forma e o momento do juízo de repercussão geral

4.4.1 A existência ou não de repercussão geral deve ser o primeiro exame a ser feito

O CPC/2015 ajuda a tornar a relevância o critério preferencial, tirando o suporte da jurisprudência defensiva ao dispor que o STF e o STJ poderão "desconsiderar vício formal de recurso tempestivo ou determinar sua correção, desde que não o repute grave" (art. 1.029, §3º).[42] Assim, *o filtro da repercussão geral deve ser o primeiro a ser aplicado*,

---

[40] Outro exemplo: no RE nº 946.648, Rel. Min. Marco Aurélio, j. 30.6.2016, seis ministros entenderam que a matéria era infraconstitucional e sem repercussão geral, enquanto outros cinco manifestaram-se no sentido de que se tratava de controvérsia constitucional e com repercussão geral. A proclamação eletrônica do resultado foi pelo reconhecimento do caráter constitucional e da repercussão geral do tema, embora a maioria absoluta dos ministros tenha entendido que o tema não era sequer constitucional. Há impugnações pendentes e ainda não analisadas quanto a essa proclamação do resultado.

[41] Trata-se da solução preconizada por Fredie Didier Jr.; Leonardo Carneiro da Cunha, *Curso de direito processual civil*. Salvador: JusPodivm, 2017. p. 427. v. 3.

[42] Mesmo antes do CPC/2015, o STF já relevou um problema com o preparo do recurso em razão da importância do tema, ao qual foi atribuída repercussão geral: "saber se o ensino domiciliar (*homeschooling*) pode ser proibido pelo Estado ou viabilizado como meio lícito de cumprimento, pela família, do dever de prover educação, tal como previsto no art. 205 da CRFB/1988" (RE nº 888.815, Rel. Min. Luís Roberto Barroso, j. 4.6.2015).

não o último. Do contrário, o Tribunal passará a maior parte do tempo consumido pela análise de casos que provavelmente não sobreviveriam a um juízo assumido e prioritário de relevância – casos que, por isso mesmo, não podem ser considerados relevantes.

O Tribunal deve, portanto, analisar a repercussão geral com precedência sobre os demais requisitos de admissibilidade, exceto nos casos de recursos intempestivos ou que contenham vícios formais graves, não alcançáveis pelo art. 1.029, §3º, do CPC/2015. Mais: deve abster-se de classificar previamente a controvérsia como constitucional ou infraconstitucional, assumindo, pela mera afirmação do recorrente (*in statu assertionis*), a existência de questão constitucional apenas para fins de debate sobre sua eventual repercussão geral. Isso porque, considerando o caráter obscuro da distinção entre questões constitucionais e infraconstitucionais, especialmente numa Constituição analítica como a brasileira, esse debate classificatório prévio conspiraria contra a agilidade propiciada pelo filtro de relevância. Além disso, trata-se de uma fonte quase inesgotável de inconsistências e que pode vir a resultar em sobrecarga para o STJ, já que agora os recursos extraordinários sobre matérias tidas como infraconstitucionais não devem mais ser simplesmente extintos, mas sim remetidos àquela Corte Superior (CPC/2015, art. 1.033).

4.4.2 É possível a negativa de repercussão geral com efeitos limitados ao caso concreto e motivação sumária

Como visto, a razão de ser do *quorum* qualificado é compensar a impraticabilidade de uma motivação analítica dos juízos de repercussão geral. Como consectário dessa motivação atenuada ou genérica, a decisão somente pode produzir efeitos para o caso concreto, não afetando outros casos versando sobre a mesma controvérsia. Nesse sentido, a Constituição não prevê uma expansão *automática* dos efeitos da decisão de ausência de repercussão geral para todos os processos que discutam uma mesma questão jurídica. Diversamente, o art. 102, §3º, preceitua que o requisito se refere à "admissão do recurso" (no singular), podendo a Corte "recusá-lo" (também no singular), por manifestação de dois terços dos seus membros. Vale dizer, a Constituição não prevê que a decisão negativa de repercussão geral se aplica *sempre* a *todos os recursos* (no plural) sobre uma mesma questão.

O Código de Processo Civil previu essa expansão de eficácia (CPC/1973, art. 543-A, §5º, e 543-B, §2º; CPC/2015, arts. 1.035, §8º, e 1.039, parágrafo único), como uma forma de resolver demandas repetitivas com uma única decisão, o que pode ser útil. No entanto, embora possa ocorrer, tal expansão de eficácia não é *automática* ou *obrigatória*. Em verdade, se a decisão de ausência de repercussão geral, por definição, refere-se a discussões que não "ultrapass[a]m os interesses subjetivos do processo" (CPC/2015, art. 1.035, §1º), é de se esperar que normalmente a decisão negativa de repercussão geral tenha seus efeitos limitados ao caso dos autos em que proferida. Essa possibilidade de modulação ou limitação dos efeitos da decisão negativa de repercussão geral decorre até mesmo da lógica segundo a qual "quem pode o mais, pode o menos": se o STF pode, com uma única decisão tomada por dois terços dos seus membros, produzir o efeito de inadmitir todos os recursos extraordinários presentes e futuros que tramitem no território nacional sobre determinada questão jurídica, com maior razão o mesmo *quorum* pode inadmitir apenas um único recurso extraordinário – o do caso concreto.

Daí porque, à luz do direito brasileiro vigente, as decisões negativas de repercussão geral podem operar de duas formas: a) como um instrumento de resolução de demandas repetitivas; e b) como um instrumento de seleção qualitativa de recursos extraordinários. A primeira corresponde à praxe atual: decisões que se expandem para todos os processos em que se discuta certa controvérsia, cuja eficácia consiste em autorizar a inadmissão de recursos extraordinários pendentes e futuros sobre a questão na origem. Isso, naturalmente, pressupõe uma motivação analítica, até para que seja possível identificar a questão jurídica objeto da decisão.

A segunda forma, embora não se verifique na atual prática brasileira, encontra-se autorizada pelo direito vigente e corresponde ao modelo típico de operação dos filtros de relevância no mundo: decisões negativas com efeitos restritos ao caso concreto, isto é, que inadmitem apenas o recurso extraordinário em questão (CF, art. 102, §3º), sem gerar precedentes. Esse tipo de decisão, por seus efeitos limitados, pelo elevado *quorum* exigido e por poder ser tomada exclusivamente pelos ministros do STF, não exige motivação analítica, sendo suficiente, *e.g.*, a referência à base normativa que a autoriza. Não utilizar esta segunda forma, mas apenas a primeira, é reduzir a repercussão geral a um instrumento de resolução de demandas repetitivas, de feição tímida e pouco eficaz, como tem sido até agora a prática do Tribunal. Nada mais distante dos fins para os quais foi concebido o instituto.

Demandar motivação analítica para *todas as decisões negativas* de repercussão geral é inviabilizar o uso do filtro para os fins a que se destina e, portanto, contrariar o art. 102, §3º, da Constituição. Em outras palavras: exigir que o STF, como requisito de conhecimento de dezenas de milhares de recursos extraordinários, faça um debate exaustivo sobre a (pouca) relevância – nem sequer sobre o mérito – das questões jurídicas neles trazidas é inviabilizar o próprio funcionamento da Corte. Essa visão fundamentalista do dever de fundamentação impede que o Tribunal cumpra efetivamente sua função de guardar (toda) a Constituição – e não apenas o art. 93, IX –, pois a profusão de decisões pretensamente motivadas gera pronunciamentos inevitavelmente contraditórios, dificulta a observância da jurisprudência e retarda os julgamentos, contrariando assim também, no mínimo, os arts. 5º, LXXVIII, e 102, *caput*, da CF. Considerações relativas à eficiência de regimes jurídicos não são indiferentes ao direito, mesmo porque o princípio constitucional da *eficiência* está previsto no art. 37, *caput*, da Constituição como aplicável a toda a Administração Pública, inclusive ao Poder Judiciário.

Não há, por assim dizer, uma contraposição entre o que seria "justo" (um direito de amplo acesso ao STF, correspondente a um dever de motivação analítica em *todas* as suas decisões, inclusive aquelas pelas quais se assenta a pouca relevância de controvérsias concretas) e o que seria "prático" (a desnecessidade da motivação analítica das decisões negativas). Isso porque esse "justo" terminaria num resultado "injusto" para todos, pois ninguém poderá contar com uma suprema corte inviabilizada e incapaz de responder de forma tempestiva e eficaz – em outras palavras, "justa" – às demandas que lhe são submetidas.[43] Portanto, para que a repercussão geral possa cumprir a sua função, isto é, para permitir que o STF "examine apenas as grandes questões do país discutidas no Poder Judiciário" e deixe "de se pronunciar sobre questões sem qualquer relevância para a sociedade",[44] é preciso que a Corte, de um lado, decida o que é mais relevante, e, de outro, *não decida o que é menos relevante*. Ambos os aspectos estão relacionados: se o STF

---

[43] Nesse sentido: Leandro Giannini, *El certiorari*: la jurisdicción discrecional de las Cortes Supremas. La Plata: Platense, 2016. p. 97. t. I.

[44] Trecho do relatório final da Comissão Mista Especial do Judiciário, criada pelo art. 7º da EC nº 45/2004, para elaborar os projetos de lei necessários à regulamentação da referida emenda (BRASIL. Congresso Nacional. Relatório nº 1, de 2006 – CN. *Diário do Senado Federal*, 21 jan. 2006. p. 1403. Disponível em: <http://legis.senado.leg.br/diarios/BuscaDiario?datDiario=21/01/2006&tipDiario=1>. Acesso em: 25 maio 2017).

for obrigado a decidir todos os casos que se lhe apresentam, ainda que pouco relevantes, e mesmo que apenas para afirmar a sua pouca relevância, mas de forma analiticamente fundamentada, o Tribunal não será capaz de decidir de forma tempestiva e com qualidade as controvérsias mais relevantes. E essa é uma situação violadora dos arts. 5º, LXXVIII, 102, *caput* e §3º, da CF.[45]

Tampouco há ofensa à isonomia, como se poderia supor, à vista da possibilidade de determinada questão, veiculada em caso rejeitado no passado, vir a ter repercussão geral reconhecida tempos depois. Em primeiro lugar porque o tratamento desequiparado ilegítimo é aquele que se dá sob as mesmas condições de fato e de direito. Se as circunstâncias mudaram, não há que se exigir igualdade. Em segundo lugar porque, sob essa ótica, o problema já existiria hoje, nas situações em que o STF conhece e provê um recurso extraordinário, após anos deixando de admitir casos idênticos, sob o fundamento de ser a questão infraconstitucional. No fundo, portanto, trata-se de admitir, porque inelutável, a dimensão discricionária do juízo de repercussão geral, sujeito à dinâmica da vida social e jurídica, e consequentes avaliações de conveniência e oportunidade.

O CPC reforçou aquilo que já decorre da Constituição: a repercussão geral é um requisito "para apreciação exclusiva pelo Supremo Tribunal Federal" (art. 1.035, §2º), ou seja, trata-se de um requisito que refoge à regra geral segundo a qual a admissibilidade do recurso deve ser analisada primeiramente pela própria instância recorrida (art. 1.030). Os ministros do STF são "nomeados pelo Presidente da República, depois de aprovada a escolha pela maioria absoluta do Senado Federal" (CF, art. 101, parágrafo único). Essas credenciais de natureza política legitimam tais juízes para decidir discricionariamente em hipóteses específicas e explicam porque os tribunais de origem não podem, ao analisar a admissibilidade de recursos extraordinários, negar-lhes processamento por entender ausente a repercussão geral, salvo se o próprio STF já tiver negado repercussão geral à questão em tese (art. 1.042 do CPC/2015).[46]

---

[45] Nesse sentido: "[...] o Supremo Tribunal Federal poderá escolher os casos sobre os quais irá se debruçar. Isso é legítimo, é a concretização do princípio da efetividade da prestação jurisdicional. Tornar a atividade do Tribunal viável é garantia de sua competência [...]" (Daniela Allam e Giacomet, *Filtros de acesso a Cortes Constitucionais*. Brasília: Gazeta Jurídica, 2017. p. 6).

[46] Como visto, tal dispositivo apenas consagrou a jurisprudência que o STF já havia construído antes da entrada em vigor do CPC/2015: Pleno, Rcls nºs 7.547 e 7.569, Rel. Min.

Reforça essa conclusão a *irrecorribilidade das decisões negativas de repercussão geral* (CPC/2015, art. 1.035, *caput*). Como se sabe, uma das funções do dever de motivação das decisões judiciais é permitir à parte prejudicada o exercício do direito de recorrer: assim, se não cabe recurso, o dever de motivação perde uma de suas funções. Embora, como regra geral, ele se estenda inclusive às decisões irrecorríveis, como parte de seu caráter não apenas endoprocessual (voltado às partes do processo), mas também extraprocessual (voltado à sociedade como um todo),[47] esta última função pode ser satisfeita por outros meios, como a ampla divulgação das decisões e a formação de bancos de dados sobre a repercussão geral (RI/STF, art. 329). Uma exigência inatingível de motivação, longe de tornar o processo controlável, o empurrou para a informalidade e resultou num "filtro oculto" com sérios efeitos colaterais, como se procurou demonstrar ao longo do texto.

Ainda em reforço da tese, o art. 1.035, §11, do CPC/2015, assim como fazia o art. 543-A, §7º, do CPC/1973, prevê que "[a] súmula da decisão sobre a repercussão geral constará de ata, que será publicada no diário oficial e valerá como acórdão". Trata-se do único preceito em que o Código usa a expressão "súmula *da decisão*", e não "súmula *da jurisprudência*", "súmula *de tribunal*", "enunciado de súmula" ou simplesmente "súmula", isoladamente ou acompanhada do adjetivo "vinculante". Isso indica que o Código aqui usou a expressão "súmula" no sentido de "pequena suma; breve epítome ou resumo; sinopse, condensação".[48] Se para essa decisão fosse necessária uma fundamentação como a exigida para os acórdãos em geral, não haveria sentido na parte final do preceito, segundo o qual essa súmula "valerá *como acórdão*", isto é, como decisão colegiada (CPC/2015, art. 204), tomada por no mínimo oito ministros do STF. Por que se daria valor de acórdão à "súmula da decisão" se fosse necessário depois publicar "outro" acórdão? Tudo indica que a decisão negativa de repercussão geral possa consistir numa declaração sintética, com dispensa de motivação analítica.

Decisões genéricas, como regra, são proibidas pelo art. 489, §1º, III, do CPC/2015. Porém, as decisões negativas de repercussão geral

---

Ellen Gracie, j. 19.11.2009; AI nº 760.358-QO, Rel. Min. Gilmar Mendes, j. 19.11.2009; MS nº 29.009 AgR, Rel. Min. Cármen Lúcia, j. 2.3.2011.

[47] Michele Taruffo, *A motivação da sentença civil*. São Paulo: Marcial Pons, 2015. p. 317-347.
[48] DICIONÁRIO HOUAISS. Disponível em: <https://houaiss.uol.com.br/pub/apps/www/v3-2/html/index.php#0>. Acesso em: 21 jul. 2017.

são um caso especial, por todas as razões acima expostas: a) *quorum* qualificadíssimo de dois terços; b) exclusividade na apreciação pelo STF; c) âmbito restrito à admissibilidade do recurso extraordinário; d) alcance limitado ao caso concreto. Sem mencionar que ao chegar ao STF, o processo já passou por pelo menos dois graus de jurisdição. A entender-se que o art. 489, §1º, III, do CPC/2015 proíbe essa prática, o preceito impediria o filtro de funcionar eficazmente e, assim, teria uma incidência inconstitucional quanto às decisões negativas de repercussão geral, exigindo interpretação conforme a Constituição.

4.4.3 A omissão de algum ministro em se manifestar importa em adesão à posição do relator

Aqui, trata-se apenas de defender a necessidade de alteração dos §§1º e 2º do art. 324 do RI/STF, à luz da compreensão adequada da razão de ser do *quorum* de dois terços previsto no art. 102, §3º, da Constituição. Tratando-se de um mecanismo para compensar a impraticabilidade de motivação analítica de todas as decisões negativas de repercussão geral, e não de um mecanismo de presunção de repercussão geral, os dispositivos devem ser substituídos pela regra geral dos julgamentos nos tribunais: o silêncio dos vogais significa concordância integral com o relator.

4.5 Conclusão

É possível sumariar as ideias aqui apresentadas em quatro proposições objetivas bastante simples, a saber:

1 A existência ou não de repercussão geral deve ser o primeiro exame a ser feito na apreciação da admissibilidade de um recurso extraordinário, o que assegurará transparência e celeridade na verificação do seu cabimento. Com isso será possível superar a prática até aqui prevalecente de se fazer um "juízo oculto" de relevância, pelo qual, sob a roupagem de um juízo técnico, o Tribunal recorre a fórmulas defensivas de inadmissão, em que afirma que a matéria controvertida é infraconstitucional, fática ou não foi pré-questionada.

2 É possível a negativa de repercussão geral com efeitos limitados ao caso concreto e motivação sumária. O juízo de repercussão geral tem uma dimensão comparativa e inelutavelmente discricionária. A fundamentação objetiva é expressamente admitida pelo Código de

Processo Civil para este caso e o risco de arbitrariedade é minimizado pela exigência do *quorum* de 2/3 (dois terços).

3 A omissão de algum ministro em se manifestar deverá importar em adesão à posição do relator, o que impedirá, como já aconteceu muitas vezes, de se dar o reconhecimento de repercussão geral pela ausência de manifestação de ministros.

4 As ideias aqui veiculadas são plenamente compatíveis com a Constituição e a legislação aplicável, podendo ser implantadas por mera alteração regimental.

Algumas observações finais. É muito difícil fiscalizar adequadamente o que o Tribunal faz de relevante e os critérios que realmente adota quando recebe cerca de cem mil processos por ano e profere, no mesmo período, mais de cem mil decisões. As inconsistências são inevitáveis e prejudicam tanto os jurisdicionados quanto a Corte. Reconhecer a impraticabilidade de uma motivação analítica de *todas* as decisões negativas de repercussão geral é um passo necessário para obter o grau de controle político-social possível.

Mesmo que não se altere o número de recursos no curto prazo, essas mudanças libertariam imediatamente o Tribunal da necessidade de proferir uma enxurrada de decisões monocráticas e julgamentos em lista, que não são nada além de uma ficção de justiça, uma forma de obscurecer um juízo inevitavelmente discricionário, com um verniz pretensamente técnico que não se sustenta e apenas desgasta a Corte. Investe-se um esforço monumental, apenas para chegar ao mesmo resultado de forma pior e mais trabalhosa. E, na prática do Tribunal, não deverá ele reconhecer mais repercussões gerais do que possa julgar em um ano, sob pena de atravancar o funcionamento da justiça, em razão do sobrestamento na origem.

Cortes Supremas, por sua própria natureza, têm o poder de definir sua agenda de julgamentos. Esse poder, como se procurou demonstrar, vem sendo exercido pelos ministros do STF de forma solitária, inconsistente e não transparente, por um juízo oculto de relevância veiculado predominantemente em decisões monocráticas. A repercussão geral é um instrumento pelo qual o tribunal pode recuperar sua saudável colegialidade e seu poder como instituição. Para a Corte assumir o controle da sua agenda, mais vale uma discricionariedade forte, transparente e exercida com desassombro do que uma tecnicalidade mal disfarçada.

CAPÍTULO 5

"SABE COM QUEM ESTÁ FALANDO?": NOTAS SOBRE O PRINCÍPIO DA IGUALDADE NO BRASIL CONTEMPORÂNEO[1] [2]

5.1 Introdução

O Brasil é um país adorável. Faz sol na maior parte do ano, a trilha musical é ótima e as pessoas, no geral, são amistosas e têm alegria de viver. Muitos dizem que a vida aqui é uma festa. E de fato ela pode ser. O problema é que se você for pobre, mulher, negro ou *gay*, é muito provável que não tenha sido convidado. Por trás do mito do "brasileiro cordial" e da democracia racial, esconde-se uma história de injustiça e discriminação. A desigualdade extrema é marca profunda da formação social do Brasil. Somos herdeiros de uma sociedade escravocrata – fomos o último país do continente americano a abolir a escravidão –, acostumada a distinguir entre senhores e servos, brancos e negros, ricos e pobres. Fomos criados em uma cultura em que a origem social está acima do mérito e da virtude, e na qual, na percepção dos cidadãos e dos agentes estatais, parece existir superiores e inferiores.

A despeito desse cenário desolador, temos feito extraordinário progresso nas últimas décadas. A mudança mais revolucionária e que merece maior destaque foi o surgimento de uma consciência social. Quando o primeiro coautor deste trabalho era jovem – em outra vida, portanto –, a elite brasileira, tal como a classe dominante latino-americana em geral, tinha planos de fazer um país só para si e para

---

[1] Texto escrito em coautoria com Aline Osorio.
[2] Texto-base da apresentação no *Seminario en Latinoamérica de Teoría Constitucional y Política – SELA*, organizado pela Yale Law School, no Rio de Janeiro, de 11 a 14.6.2014.

os seus. Organizava uma festa opulenta, mas bem pequena. Pequena em todos os sentidos. A exclusão social era uma ideologia professada ora abertamente, ora de modo sub-reptício. E mesmo quando não se manifestasse em declarações expressas, poderia ser detectada nas políticas públicas que invariavelmente beneficiavam os que se encontravam no topo da pirâmide.

Felizmente, esse tempo já se foi. Nossa geração foi contemporânea de uma mudança profunda de consciência e percepção. No Brasil de hoje, é possível identificar projetos progressistas, liberais ou conservadores de inclusão social. Mas nenhum grupo politicamente relevante cometeria a ousadia de não ter um. Esse é um avanço notável. É verdade que ele veio mais por medo do que por generosidade, na medida em que os índices de violência e criminalidade dispararam. Mas o fato incontestável é que descobrimos que não é possível fazer um país, digno desse nome, somente para alguns. Ou a festa é para todos, ou não haverá festa. Como intuitivo, o despertar de uma nova consciência não muda a realidade no curto prazo, nem conquista todos os corações e mentes de uma vez. Trata-se de um processo que precisa de valores, persistência e paciência. E de gente disposta a empurrar a história.

As anotações que se seguem procuram trazer uma reflexão sobre os desafios da igualdade na realidade brasileira. Nos tópicos iniciais, faz-se uma breve digressão teórica acerca das dimensões da igualdade – formal, material e como reconhecimento –, com comentários sucintos sobre as duas primeiras. O foco principal do texto, porém, recai sobre a igualdade como reconhecimento, explorando três de suas vertentes: (i) a discriminação racial; (ii) a discriminação contra as mulheres; e (iii) a discriminação em relação à orientação sexual e à identidade de gênero. A conclusão a que se chega é a de que percorremos, com sucesso, um longo caminho. Porém, ainda estamos atrasados e com pressa.

5.2 Uma nota teórica: três dimensões da igualdade

A igualdade constitui um direito fundamental e integra o conteúdo essencial da ideia de democracia. Da dignidade humana resulta que todas as pessoas são fins em si mesmas,[3] possuem o mesmo valor

---

[3] Uma das formulações do imperativo categórico kantiano tem a seguinte dicção: "toda pessoa, todo ser racional existe como um fim em si mesmo, e não como meio para o uso arbitrário pela vontade alheia" V. Immanuel Kant, *Fundamentação da metafísica dos costumes*. Tradução de Leopoldo Holzbach. São Paulo: Martin Claret, 2004. p. 71 e 68.

e merecem, por essa razão, igual respeito e consideração.[4] A igualdade veda a hierarquização dos indivíduos e as desequiparações infundadas, mas impõe a neutralização das injustiças históricas, econômicas e sociais, bem como o respeito à diferença. Em torno de sua maior ou menor centralidade nos arranjos institucionais, bem como no papel do Estado na sua promoção, dividiram-se as principais ideologias e correntes políticas dos últimos séculos. No mundo contemporâneo, a igualdade se expressa particularmente em três dimensões: a *igualdade formal*, que funciona como proteção contra a existência de privilégios e tratamentos discriminatórios; a *igualdade material*, que corresponde às demandas por redistribuição de poder, riqueza e bem-estar social; e a *igualdade como reconhecimento*, significando o respeito devido às minorias, sua identidade e suas diferenças, sejam raciais, religiosas, sexuais ou quaisquer outras.

A Constituição brasileira de 1988 contempla essas três dimensões da igualdade. A igualdade formal vem prevista no art. 5º, *caput*: "todos são iguais perante a lei, sem distinção de qualquer natureza". Já a igualdade como redistribuição decorre de objetivos da República, como "construir uma sociedade livre, justa e solidária" (art. 3º, I) e "erradicar a pobreza e a marginalização e reduzir as desigualdades sociais e regionais" (art. 3º, III). Por fim, a igualdade como reconhecimento tem seu lastro em outros dos objetivos fundamentais do país: "promover o bem de todos, sem preconceitos de origem, raça, sexo, cor, idade e quaisquer outras formas de discriminação" (art. 3º, IV).

Não será o caso aqui de se aprofundar a análise teórica dessas três dimensões. O objetivo dessa apresentação é destacar a evolução da matéria na experiência brasileira recente. Todavia, é pertinente enfatizar, antes de prosseguir, que esses três planos não são independentes um do outro. A igualdade efetiva requer igualdade perante a lei, redistribuição e reconhecimento.

5.3 Igualdade formal: ainda não chegamos lá

A igualdade formal é a do Estado liberal, cuja origem foi a reação aos privilégios da nobreza e do clero. Na sua formulação contemporânea, ela se projeta em dois âmbitos diversos. Em primeiro lugar, na proposição tradicional da *igualdade perante a lei*, comando dirigido

---

[4] Ronald Dworkin, *Taking rights seriously*. Cambridge: Harvard University Press, 1997. p. 181. A primeira edição é de 1977.

ao aplicador da lei – judicial e administrativo –, que deverá aplicar as normas em vigor de maneira impessoal e uniforme a todos aqueles que se encontrem sob sua incidência. Em segundo lugar, no domínio da *igualdade na lei*, comando dirigido ao legislador, que não deve instituir discriminações ou tratamentos diferenciados baseados em fundamento que não seja razoável ou que não vise a um fim legítimo.

Esta é uma página virada na maior parte dos países desenvolvidos, mas ainda existem problemas não resolvidos entre nós. É certo que a maior parte das dificuldades nessa área têm mais a ver com comportamentos sociais do que com prescrições normativas. O Brasil é um país no qual relações pessoais, conexões políticas ou hierarquizações informais ainda permitem, aqui e ali, contornar a lei, pela "pessoalização", pelo "jeitinho" ou pelo "sabe com quem está falando".[5] Paralelamente a isso, as estatísticas registram que os casos de violência policial injustificada têm nos mais pobres a clientela natural. Sem mencionar que certos direitos que prevalecem no "asfalto" nem sempre valem no "morro", como a inviolabilidade do domicílio e a presunção de inocência.

É inegável, todavia, que no plano normativo também subsistem resquícios aristocráticos e pouco republicanos. Cabe lembrar que até a Constituição de 1988, juízes e militares eram imunes ao pagamento de imposto de renda.[6] Já sob a vigência da nova Constituição, e até a aprovação da Emenda Constitucional nº 35/2001, não era possível instaurar ação penal contra parlamentares, independentemente de qual fosse o crime, sem prévia licença da casa legislativa a que pertencesse. Atualmente, não é possível a decretação de prisão, salvo em caso de flagrante delito, mesmo quando presentes os requisitos da prisão preventiva. Por fim, com intensa gravidade, subsiste o foro privilegiado para diversas autoridades e para parlamentares, que respondem a ações penais perante o Supremo Tribunal Federal. Nesse particular, uma jurisprudência leniente do STF tem permitido a manipulação corriqueira da jurisdição, com renúncias e eleições para cargos diversos, fazendo com que processos subam e desçam, gerando prescrição e impunidade.

A igualdade formal é um ponto obrigatório de passagem na construção de uma sociedade democrática e justa. Porém, notadamente

---

[5] Roberto Damatta, *O que faz o brasil, Brasil?*. Rio de Janeiro: Rocco, 1986. p. 12; 63.
[6] Sobre o tema, v. Ricardo Lobo Torres, *Os direitos humanos e a tributação*: imunidades e isonomia. Rio de Janeiro: Renovar, 1999. p. 376-380.

em países com níveis importantes de desigualdade socioeconômica e exclusão social, como é o caso do Brasil, ela é necessária, mas insuficiente. A linguagem universal da lei formal nem sempre é sensível aos desequilíbrios verificáveis na realidade material. Tomem-se dois exemplos históricos. O princípio da igualdade está presente nas constituições brasileiras desde a Constituição Imperial de 1824. Sob sua vigência, porém, o país conviveu, sem que se assinalassem perplexidade ou constrangimento, com o voto censitário, os privilégios aristocráticos e o regime escravocrata. Já a Constituição de 1891, a segunda Constituição do país, editada após a proclamação da República, aboliu a necessidade de comprovação de renda para votar. No entanto, como o sufrágio não era estendido aos analfabetos, que correspondiam à esmagadora maioria da população, na prática, o voto permanecia censitário. A igualdade de todos perante a lei convivia perfeitamente com a exclusão dos pobres, dos negros e das mulheres da vida social.

Ainda hoje, muitas vezes, normas pretensamente neutras (i.e., compatíveis com a igualdade formal) produzem efeitos práticos sistematicamente prejudiciais a determinado grupo, de modo a violar o princípio da igualdade em sua vertente material. Trata-se da chamada discriminação indireta, relacionada à teoria do impacto desproporcional (*disparate impact*).[7] A teoria já foi aplicada pelo Supremo Tribunal Federal na ADI nº 1.946 (Rel. Min. Sydney Sanches), em que se conferiu interpretação conforme o art. 14 da Emenda Constitucional nº 20/1998, que instituiu um valor máximo para o pagamento de benefícios pelo INSS, para excluir de seu âmbito de incidência o salário-maternidade. Isso porque, caso o empregador fosse obrigado a arcar com a diferença entre o teto previdenciário e o salário da trabalhadora gestante, haveria um desestímulo à contratação de mulheres, produzindo um impacto desproporcional e discriminatório sobre elas.

Mais recentemente, a existência de discriminação indireta foi invocada no STF no julgamento da ADPF nº 291 (Rel. Min. Luís Roberto Barroso), proposta contra o art. 235, do Código Penal Militar, que prevê o crime de "pederastia ou outro ato de libidinagem", tipificando o sexo

---

[7] Sobre o tema, cf. John E. Nowak e Ronald D. Rotunda, *Constitutional law*. St. Paul, MN: West, 1995; Daniel Sarmento, A igualdade étnico-racial no direito constitucional brasileiro: discriminação "de facto", teoria do impacto proporcional e ação afirmativa. In: Daniel Sarmento, *Livres e iguais*: estudos de direito constitucional. Rio de Janeiro: Lumen Juris, 2006; Joaquim B. Barbosa Gomes, *Ação afirmativa & princípio constitucional da igualdade*: o direito como instrumento de transformação social. A experiência dos EUA. Rio de Janeiro: Renovar, 2001.

consensual "homossexual ou não" entre adultos, em lugar sujeito a administração militar. O primeiro coautor, relator do processo, defendeu que o dispositivo não poderia ser mantido, ainda que com a supressão das suas expressões pejorativas, pois produz, apesar de sua aparente neutralidade e em razão do histórico e das características das Forças Armadas, um impacto desproporcional sobre militares homossexuais. Porém, a maioria do Plenário não encampou o argumento, entendendo apenas que não foram recepcionadas pela Constituição de 1988 as expressões "pederastia ou outro" e "homossexual ou não", mantendo-se o restante do dispositivo.

A miopia da igualdade formal é perfeitamente captada pela irônica observação do escritor francês Anatole France, em passagem frequentemente lembrada: "A majestosa igualdade da lei, que proíbe ricos e pobres de dormirem sob pontes, de mendigarem pelas ruas e de furtarem pão".[8]

5.4 Igualdade e redistribuição: a luta contra a pobreza

Foi precisamente esse contraste entre pobres e ricos que conduziu, ao longo do século XX, a uma percepção crítica da dimensão puramente formal da igualdade. Surge, assim, historicamente, o conceito de igualdade material, ligado a demandas por redistribuição de riqueza e poder e, em última análise, por justiça social. Nesse novo ambiente, o Estado Liberal incorpora um amplo sentido social: não basta proscrever os privilégios, é preciso atuar ativamente contra a desigualdade econômica e pela superação da miséria. Mais do que a igualdade perante a lei, procura-se assegurar algum grau de igualdade perante a vida. Antídotos contra as situações de desequilíbrio e de exploração incluem a proteção jurídica do polo mais fraco de certas relações econômicas, a criação de redes de proteção social e mecanismos de redistribuição de riquezas. Um dos cursos de ação necessários à promoção de justiça material é a satisfação de direitos sociais fundamentais, mediante a entrega de prestações positivas adequadas, em matérias como educação, saúde, saneamento, trabalho, moradia, assistência social. Também desempenham função relevante os programas de transferência de renda e criação de empregos.

---

[8] Anatole France, *Le lys rouge*. Paris: Gallimard, 1894. p. 81. No original: "la majestueuse égalité des lois, qui interdit au riche comme au pauvre de coucher sous les ponts, de mendier dans les rues et de voler du pain".

Como já mencionado ao início, a pobreza e a desigualdade extrema são traços indeléveis da formação social brasileira. O coeficiente Gini, um índice que mede a distribuição de renda nos países, dá ao Brasil um desconfortável 79º lugar em distribuição justa de riqueza. Passando do mundo das estatísticas para o mundo real, não é difícil identificar, em múltiplas situações, algumas consequências dramáticas dessa desigualdade. Um exemplo emblemático é o do sistema de justiça criminal, que é manso com os ricos e duro com os pobres. Entre nós, é muito mais fácil enviar para a prisão um jovem de 18 anos portando 100 gramas de maconha do que um empresário ou político que tenha cometido uma fraude milionária. O sistema é perversamente "de classe", concebido contra os pobres e para a proteção dos ricos. O problema não está apenas no ordenamento jurídico, mas também em uma atitude cultural da sociedade e dos tribunais. A desigualdade extrema torna invisíveis os muito pobres e dá imunidade aos privilegiados.[9]

É preciso reconhecer que tem havido progressos nessa área, mas a velha ordem conta com defensores poderosos. A despeito das críticas pertinentes veiculadas acima, o fato é que entre 1985 e 2012 – isto é, desde o retorno à democracia – aproximadamente 30 milhões de pessoas ultrapassaram a linha de pobreza. Nas últimas três décadas, o Índice de Desenvolvimento Humano – IDH do Brasil, medido pelo Programa das Nações Unidas para o Desenvolvimento (PNUD), foi o que mais cresceu entre os países da América Latina e do Caribe. Segundo o IPEA, os brasileiros ganharam 11,2 anos de expectativa de vida e viram a renda aumentar em 55,9%. Na educação, 98,4% das crianças em idade compatível como o ensino fundamental (6 a 14 anos) estão na escola. Além do crescimento econômico do país, merece registro o Programa Bolsa Família, que unificou e ampliou diversos programas sociais existentes, sendo um programa de transferência condicionada de renda mundialmente aclamado. Conforme dados de 2014, ele atende a cerca de 13,8 milhões de famílias, o equivalente a 50 milhões de pessoas, quase um quarto da população brasileira. Os avanços são notáveis. Porém, alguns indicadores ainda são muito ruins. O analfabetismo atinge 13 milhões de pessoas a partir de 15 anos (8,5% da população) e

---

[9] Na pertinente análise de Oscar Vilhena Vieira: "[A] exclusão social e econômica, decorrente de níveis extremos e duradouros de desigualdade, destrói a imparcialidade da lei, causando a *invisibilidade* dos extremamente pobres, a *demonização* daqueles que desafiam o sistema e a *imunidade* dos privilegiados, aos olhos dos indivíduos e das instituições" (Oscar Vilhena Vieira, A desigualdade e a subversão do Estado de Direito. *Sur. Revista Internacional de Direitos Humanos*, v. 6, 2007. p. 52).

existiam, em dados de 2012, aproximadamente 10 milhões de pessoas em situação de extrema pobreza.

Antes de encerrar este tópico, merece registro a vertiginosa ascensão social e institucional do Poder Judiciário e, particularmente, do Supremo Tribunal Federal nos últimos anos. Neste cenário, tem sido ajuizado no país um conjunto amplo de demandas relativas à concretização dos direitos sociais. Em matéria de educação fundamental, por exemplo, existem decisões determinando (i) a efetiva realização do investimento mínimo em educação exigido pela Constituição (que é de 25% da receita de impostos, no caso dos municípios); (ii) a obrigatoriedade da matrícula de crianças em creches e em pré-escolas próximas da residência ou do trabalho dos pais ou responsáveis; (iii) o oferecimento de transporte da residência até a escola; (iv) a contratação de professores; e (v) a realização de obras de recuperação de prédios de escolas. A Constituição prevê a educação fundamental como um direito constitucional e juízes e tribunais, em diversos casos, têm entendido ser seu papel dar concretude a esse direito.

Em questões envolvendo o direito à saúde, as decisões judiciais são mais numerosas ainda. Há julgados determinando (i) o fornecimento de medicamentos para portadores de Aids/HIV; (ii) o fornecimento de medicamentos de alto custo a pessoas que demonstrem sua necessidade e a impossibilidade de adquiri-los com recursos próprios; (iii) a realização de tratamentos médicos complexos, mesmo quando não oferecidos na rede de hospitais públicos; (iv) a contratação de médicos e técnicos para hospitais públicos; e (v) o aumento da oferta de vagas e UTI em hospitais públicos. A judicialização da saúde e seus limites tornou-se um importante debate público no Brasil. Este fenômeno da judicialização da tutela dos direitos sociais tem complexidades e ambiguidades, sofrendo a crítica de que nem sempre os atendidos são os que estão na parte mais pobre da pirâmide social brasileira.[10] Seja como for, a persistência do abismo social e da enorme concentração de renda (os 5% mais ricos respondem por cerca de 40% da renda total)[11] faz com que o tema da igualdade material e da redistribuição de riquezas ocupe lugar relevantíssimo na agenda política do país.

---

[10] Sobre o ponto, v. Ana Paula de Barcellos, Sanitation rights, public law litigation, and inequality: a case study from Brazil. *Health and Human Rights Journal*, v. 16, 2014. p. 42.
[11] Cf. Censo 2010 do IBGE.

5.5 Igualdade e reconhecimento: diferentes, mas iguais[12]

O discurso da igualdade material, historicamente centrado na questão da redistribuição de riquezas e de poder na sociedade, recentemente passou a ser acompanhado por uma nova concepção, relacionada à ideia de igualdade como reconhecimento. O discurso de base marxista acerca da igualdade se demonstrou insensível às minorias.[13] A busca pela homogeneidade não era capaz de perceber o reconhecimento das diferenças étnicas ou culturais de diversos grupos e a necessidade de afirmação da sua identidade. A injustiça a ser combatida nesse caso tem natureza *cultural* ou *simbólica*.[14] Ela decorre de modelos sociais de representação que, ao imporem determinados códigos de interpretação, recusariam os "outros" e produziriam a dominação cultural, o não reconhecimento ou mesmo o desprezo. Determinados grupos são marginalizados em razão da sua identidade, origens, religião, aparência física ou opção sexual, como negros, judeus, povos indígenas, ciganos, deficientes, mulheres, homossexuais e transgêneros.

A questão, portanto, não é propriamente econômica – embora possa ter implicações dessa natureza. Seu remédio seria a *transformação cultural ou simbólica*. Nas palavras de Nancy Fraser, uma das principais teóricas da perspectiva do reconhecimento, o objetivo é constituir um mundo aberto à diferença (*a difference-friendly world*), onde a assimilação aos padrões culturais dominantes ou majoritários não seja o preço a ser pago pelo mútuo respeito.[15] Portanto, diversamente do que se passa em

---

[12] O título deste tópico remete a artigo do primeiro coautor publicado em 2007: Luís Roberto Barroso, Diferentes, mas iguais: o reconhecimento jurídico das relações homoafetivas no Brasil. *Revista de Direito do Estado*, v. 5, 2007.

[13] Na observação de Daniel Sarmento: "A ênfase predominante na dimensão econômica da igualdade, tributária do pensamento marxista, acabava relegando a um plano secundário as demandas por reconhecimento de certos grupos portadores de uma identidade própria" (Daniel Sarmento, A Igualdade étnico racial no direito constitucional brasileiro: discriminação "de facto", teoria do impacto desproporcional e ação afirmativa. In: Marcelo Novelino (Org.), *Leituras complementares de direito constitucional*: direitos humanos e direitos fundamentais. Salvador: JusPodivm, 2007. p. 194).

[14] Nancy Fraser, *Redistribution, recognition and participation*: toward an integrated conception of justice. World Culture Report 2000, Cultural Diversity, Conflict and Pluralism. Paris: UNESCO Publishing, 2000. p. 48-57.

[15] Nancy Fraser, Social justice in the age of identity politics: redistribution, recognition, and participation. The Tanner lectures on human values. *WZB Discussion Paper*, Berlin, n. FS I 98-108, 1996. p. 1. No original: "Here the goal, in its most plausible form, is a difference-friendly world, where assimilation to majority or dominant cultural norms is no longer the price of equal respect".

relação às demandas por redistribuição, a luta pelo reconhecimento não pretende dar a todos o mesmo *status* por meio da eliminação dos fatores de distinção, mas pela superação dos estereótipos e pela valorização da diferença. Nas palavras felizes de Boaventura Souza Santos: "As pessoas têm o direito de ser iguais quando a diferença as inferioriza, e o direito a ser diferentes quando a igualdade as descaracteriza".[16]

A igualdade material requer, assim, tanto redistribuição, quanto reconhecimento. Nenhum desses eixos isoladamente é suficiente. A adoção de uma concepção bidimensional de justiça que acomode ambas as demandas é mais eficaz porque tais eixos de injustiça se interpenetram.[17] As mulheres e os negros, por exemplo, sofrem injustiças cujas raízes se encontram tanto na estrutura econômica, quanto na estrutura cultural-valorativa, exigindo ambos os tipos de remédio. Mesmo no caso dos homossexuais e transgêneros, cuja discriminação tem origem cultural ou simbólica, também é necessário remediar as injustiças econômicas sofridas por tais coletividades, que decorrem diretamente do não reconhecimento. Ademais, tais eixos de injustiça que decorrem do gênero, classe, raça e sexualidade sofrem interseções no próprio indivíduo (*e.g.*, uma mulher negra e homossexual), exigindo também a integração das demandas por redistribuição e por reconhecimento.

A seguir, procede-se ao exame objetivo de três áreas em que a igualdade como reconhecimento ainda apresenta desafios relevantes: negros, mulheres e homossexuais/transgêneros.

5.5.1 Igualdade racial: a herança da escravidão

Em 2001, uma revista alemã divulgou que, em uma conversa com o então presidente do Brasil Fernando Henrique Cardoso, em Washington, George W. Bush teria lhe perguntado: "Vocês também têm negros no Brasil?".[18] Na verdade, o Brasil é o país com a maior população negra fora do continente africano. Porém, a pergunta do presidente norte-americano revelava uma inocultável realidade: nas

---

[16] Boaventura de Souza Santos, As tensões da modernidade. Texto apresentado no Fórum Social Mundial, Porto Alegre, 2001.

[17] Nancy Fraser, Social justice in the age of identity politics: redistribution, recognition, and participation. The Tanner lectures on human values. *WZB Discussion Paper*, Berlin, n. FS I 98-108, 1996. p. 1.

[18] Sérgio Dávila, Bush aproveita documento para seu "mea culpa". *Folha de S. Paulo*, São Paulo, 21 jun. 2003. Disponível em: <http://www1.folha.uol.com.br/fsp/brasil/fc2106200311.htm>.

posições de poder, nos meios de comunicação e nos espaços públicos elitizados, a imagem do Brasil era – e, de certa forma, ainda é – a imagem de um país de formação predominantemente europeia. Isso porque, apesar de o país ser altamente miscigenado, a convivência entre brancos e negros se dá majoritariamente em relações hierarquizadas, de subordinação e subalternidade. Os brasileiros estão acostumados a ver a população afrodescendente desempenhar determinados papéis, como os de porteiro, pedreiro, operário, empregada doméstica e também o de jogador de futebol. Salvo exceções – felizmente, cada vez mais frequentes –, os negros não ocupam os estratos mais elevados da sociedade, os cargos de prestígio político e as posições sociais e econômicas mais elevadas.

Este fato é, sem dúvida, um dos estigmas deixados pela escravidão. Após a abolição da escravatura, a ascensão do negro à condição de trabalhador livre não foi capaz de alterar as práticas sociais discriminatórias e os rótulos depreciativos da cor de pele (muito embora, do ponto de vista biológico, não existam raças humanas). A falta de qualquer política de integração do ex-escravo na sociedade brasileira, como a concessão de terras, empregos e educação, garantiu que os negros continuassem a desempenhar as mesmas funções subalternas. Assim, no Brasil, criou-se um aparato apto à manutenção da exclusão e da marginalização sem que fossem instituídas leis discriminatórias propriamente ditas. Diferentemente dos Estados Unidos, aqui, não houve a necessidade de aprovação de leis de segregação racial, as chamadas *Jim Crow Laws*, que institucionalizaram naquele país a doutrina "separados, mas iguais" (*separate, but equal*), obtendo, inclusive o beneplácito da Suprema Corte norte-americana, em *Plessy v. Fergusson*.[19]

---

[19] De acordo com o voto da maioria, a igualdade perante a lei não significava a abolição de todas as distinções baseadas na cor. "The object of the [14th] amendment was undoubtedly to enforce the absolute equality of the two races before the law, but, in the nature of things, it could not have been intended to abolish distinctions based upon color, or to enforce social, as distinguished from political, equality, or a commingling of the two races upon terms unsatisfactory to either. Laws permitting, and even requiring, their separation in places where they are liable to be brought into contact do not necessarily imply the inferiority of either race to the other, and have been generally, if not universally, recognized as within the competency of the state legislatures in the exercise of their police power. [...] Legislation is powerless to eradicate racial instincts or to abolish distinctions based upon physical differences, and the attempt to do so can only result in accentuating the difficulties of the present situation. If the civil and political rights of both races be equal, one cannot be inferior to the other civilly or politically. If one race be inferior to the other socially, the Constitution of the United States cannot put them upon the same plane" (*Caso Plessy v. Ferguson*, 163 U.S. 537 (1896)).

No Brasil, diversamente, nunca houve um conflito racial aberto ou uma segregação formal. O racismo nesses trópicos é velado, dissimulado, encoberto pelo mito da democracia racial e pela cordialidade do brasileiro. Este mito não resiste, porém, às análises estatísticas.[20] Dados do IPEA demonstram que a população negra e parda, que corresponde a cerca de metade do total de habitantes, segue sub-representada entre os mais ricos e sobrerrepresentada entre os mais pobres, equivalendo a 72% dos 10% mais pobres.[21] Recebe, ademais, em média, 55% da renda percebida pelos brancos e a taxa de desemprego é 50% superior em relação ao restante da sociedade. Na educação, enquanto 62,8% dos estudantes brancos de 18 a 24 anos cursam nível superior, apenas 28,2% dos negros nessa idade estão nas universidades.

Apesar da eloquência dos números, como apontou Florestan Fernandes, no nosso país os brancos ainda cultivam o preconceito de não ter preconceito.[22] Algo muito bem ilustrado por recente pesquisa de opinião, na qual, apesar de 92% dos brasileiros reconhecerem a existência de racismo, somente 1,3% se declarou racista.[23] A ideia de democracia racial representa, assim, uma máscara que tem dificultado tremendamente o enfrentamento dos processos históricos e culturais de discriminação contra a população afrodescendente.[24] É preciso desconstruir a ideia romântica e irreal de que somos uma sociedade homogeneizada pela miscigenação e de que aqui transcendemos a questão racial, na linha da tese de doutorado de Adílson Moreira, apresentada na Universidade de Harvard.[25] Nas palavras do Juiz

---

[20] O racismo também transparece em algumas expressões típicas brasileiras que importam na depreciação da negritude, como "a coisa está preta", usada em situações ruins, "serviço de preto", empregada para qualificar um serviço malfeito, ou "ele é um negro de alma branca", expressão usada como um elogio, mas que tem embutida uma ideia de superioridade dos brancos.

[21] IPEA, *Retrato das desigualdades de gênero e raça*, Brasília, 2009. Disponível em: <http://www.ipea.gov.br/retrato/pdf/revista.pdf>.

[22] Florestan Fernandes, *A integração do negro na sociedade de classes*. São Paulo: Dominus, 1965.

[23] Instituto Data Popular, 2014. Disponível em: <http://www.datapopular.com.br/abert_pt.htm>.

[24] Luís Roberto Barroso, Cotas e justiça racial: de que lado você está? *Conjur*, 6 maio 2013. Disponível em: <http://www.conjur.com.br/2013-mai-06/luis-roberto-barroso-justica-racial-lado-voce>.

[25] Adílson Moreira, *Racial justice in Brazil*: struggles over equality in times of New constitutionalism. Tese (Doutorado) – Universidade de Harvard, Cambridge, 2013, mimeo. Participei como membro da banca de defesa da tese referenciada e comentei o excelente texto em artigo intitulado *Cotas e justiça racial: de que lado você está?* (Luís Roberto Barroso, Cotas e justiça racial: de que lado você está? *Conjur*, 6 maio 2013. Disponível em: <http://www.conjur.com.br/2013-mai-06/luis-roberto-barroso-justica-racial-lado-voce>).

Blackmun, "a fim de superar o racismo, é preciso primeiro ter em conta a raça. Não há outro caminho".[26]

Um parêntesis. Nos EUA, nas últimas décadas, após decisão seminal da Suprema Corte no caso *Brown v. Board of Education*, de 1954, que pôs fim à segregação racial nas escolhas públicas e ao modelo *separate but equal*, e decisões subsequentes que aprofundaram o processo de dessegregação,[27] pode-se dizer que lá também passou a vigorar um "racismo à brasileira", mais camuflado e manifestado nas estatísticas e na seletividade do sistema prisional. Esta é, aliás, a tese do *best-seller The new Jim Crow: mass incarceration in the age of colorblindness*, que aponta que o encarceramento em massa de negros na guerra às drogas representa a recriação da segregação racial na América, na medida em que milhões de negros presos por crimes relativamente brandos são estigmatizados e excluídos após passarem pelo sistema de justiça criminal.[28]

Voltando ao Brasil, nas últimas décadas, nosso país iniciou uma trajetória de combate mais aberto à discriminação racial, tendo obtido notáveis avanços no tema. Em relação à *igualdade formal*, a Constituição de 1988 definiu a prática do racismo como crime inafiançável e imprescritível (art. 5º, XLII) e proibiu a diferença de salários, de exercício de funções e de critério de admissão por motivo de cor (art. 7º, XXX). Já em relação à *igualdade material*, a maior conquista foi a introdução de políticas de ação afirmativa para acesso de negros e estudantes de escolas públicas às universidades públicas. Para nós, da Universidade do Estado do Rio de Janeiro – UERJ, é motivo de grande orgulho que aqui tenha sido inaugurada, em 2003, a experiência brasileira com a política de cotas. Rapidamente, a iniciativa se espalhou por diversas instituições públicas de ensino superior do país, estaduais e federais.[29] Em 2012, em decisão histórica, o Supremo Tribunal Federal, por unanimidade, afirmou a constitucionalidade da política de cotas em

---

[26] Frase proferida em voto no caso *University of California Regents v. Bakke* (*opinion concurring in part and dissenting in part*), 1978. No original, "In order to get beyond racism, we must first take account of race. There is no other way".

[27] A título ilustrativo, cf. *Browder v. Gayle*, 142 F. Supp. 707 (M.D. Ala. 1956), que julgou inconstitucional a segregação racial em ônibus; *Gomillion v. Lightfoot*, 364 U.S. 339 (1960), na qual a Suprema Corte entendeu que a distritalização eleitoral tendenciosa feita para prejudicar negros é inconstitucional; *Boynton v. Virginia*, 364 U.S. 454 (1960), que declarou inconstitucional a segregação racial em todos os meios de transporte público; *Loving v. Virginia*, 388 U.S. 1 (1967), que declarou inconstitucionais leis que proibiam casamento inter-racial.

[28] Michelle Alexander, *The new Jim Crow*: Mass incarceration in the age of colorblindness. Nova York: The New Press, 2012.

[29] Desde 2013, por força de lei, todas as universidades públicas federais adotam a política.

universidades públicas, entendendo que, em princípio, são admissíveis cotas socioeconômicas, cotas puramente raciais e combinações de ambas.[30]

A decisão do Tribunal brasileiro vai, é certo, na contramão da tendência restritiva da Suprema Corte dos EUA em relação às ações afirmativas que utilizam a raça como elemento de discrímen. Em *Regents of University of California v. Bakke*, julgado em 1978, a Corte invalidou política de cotas com recorte puramente racial, mas afirmou a validade de políticas de ação afirmativa que tenham a raça como um dos critérios, à luz do pluralismo (e não do princípio da igualdade).[31] [32] Mais recentemente, em 2014, no caso *Schuette v. Coalition to Defend Affirmative Action*, a Corte, por maioria, declarou a constitucionalidade de emenda à Constituição do Estado de Michigan que proibiu a implementação de ações afirmativas com recorte racial nas escolas e universidades públicas estaduais.

No Brasil, apesar das resistências iniciais, a experiência das cotas tem logrado grande sucesso e tem sido um instrumento eficaz de enfrentamento da desigualdade racial. Segundo dados do Ministério da Educação, entre 1997 e 2013, o percentual de estudantes pardos e negros entre 18 e 24 anos que cursam ou concluíram curso de graduação subiu de 4% para 19,8%. Os receios de que a instituição da política de cotas fosse ameaçar a qualidade do ensino público e agravar a discriminação racial se mostraram infundados. Nossas universidades se tornaram um espaço de convivência não hierarquizado entre todos os estratos da população e o ensino público apenas se beneficiou da criação de um ambiente de diversidade. Hoje, os negros egressos das universidades, de posse de um diploma, começam aos poucos a ocupar posições de prestígio e poder, tornando-se advogados, juízes e médicos, contribuindo para a eliminação de estereótipos sociais e raciais. E ainda quando tenham, eventualmente, maior dificuldade competitiva, o fato é que seus filhos iniciarão a vida em igualdade de condições. Os maiores beneficiários desse investimento são as próximas gerações.

É preciso ter em conta, porém, que a reserva de vagas no ensino superior não é uma fórmula suficiente e definitiva para suprir

---

[30] ADPF nº 186/DF, Rel. Min. Ricardo Lewandowski, j. 26.4.2012.
[31] Suprema Corte dos EUA, *Caso Regents of University of California v. Bakke*, 438 U.S. 265 (1978).
[32] Ainda sobre o tema, confiram-se as decisões da Suprema Corte dos EUA nos casos: *Adarand Constructors Inc. v. Peña*, 515 U.S. 200 (1995); e *Grutter v. Bollinger*, 539 U.S. 306 (2003).

as demandas de redistribuição e de reconhecimento exigidas para superação da questão racial. O debate não pode se limitar às cotas que, de resto, não devem ser um modelo perene, mas transitório. Ensino público fundamental de qualidade e, antes disso, estruturas de apoio na primeira idade e na pré-escola são políticas que permitirão que pobres e negros tenham igualdade de oportunidades no mercado de trabalho e na vida. Mais recentemente, iniciaram-se também experiências com a introdução de cotas para negros em concursos públicos, tema que ainda tem gerado muitas controvérsias.[33] Além disso, é necessário discutir e enfrentar seriamente a questão dos estigmas sociais e do racismo ainda persistente, inclusive praticado pelo próprio Estado, que se manifesta na violência policial e no fenômeno do genocídio da juventude negra, revelado de forma nítida pelas estatísticas (segundo dados, em 2011, a participação de jovens negros no total de homicídios no país foi de 76,9%).[34]

5.5.2 Igualdade entre homens e mulheres em uma tradição patriarcal

A afirmação da condição feminina, com autonomia e igualdade, em sociedades patriarcais como a brasileira, tem sido uma luta histórica e complexa. "Protegida" por estruturas sociais e jurídicas criadas por homens, é relativamente recente o processo de conscientização e reação a uma visão estereotipada do papel social da mulher, que combinava submissão, maternidade e prendas do lar. Até a década de 1960, as mulheres casadas eram consideradas relativamente incapazes, dependendo do consentimento do marido para trabalhar e para praticar atos da vida civil, como assinar cheques e celebrar contratos.[35] A histórica posição de subordinação das mulheres em relação aos homens institucionalizou a desigualdade socioeconômica entre os gêneros e promoveu visões excludentes, discriminatórias e estereotipadas da identidade feminina. Além disso, estimulou a

---

[33] A Lei nº 12.990/2014 reserva aos negros 20% das vagas oferecidas nos concursos públicos no âmbito da Administração Pública Federal, direta e indireta.

[34] V. Julio Jacobo Waiselfisz, *Mapa da violência 2014* – Os jovens do Brasil. Brasília, 2014. Disponível em: <http://www.mapadaviolencia.org.br/pdf2014/Mapa2014_JovensBrasil.pdf>.

[35] Somente em 1962, com a aprovação do Estatuto da Mulher Casada (Lei nº 6.121/62), foi permitido o livre exercício de profissão e foi conferida a capacidade para o exercício de direitos pela mulher casada.

formação de uma perniciosa cultura de violência física e moral contra a mulher.

Em termos de *igualdade formal*, a Carta de 88 é revolucionária na garantia dos direitos das mulheres. Ela prevê a igualdade de homens e mulheres em direitos e obrigações, inclusive os referentes à sociedade conjugal (arts. 5º, I, e 226, §5º), proíbe a diferença de salários, de exercício de funções e de critério de admissão por motivo de sexo (art. 7º, XXX), reconhece a união estável entre o homem e a mulher como entidade familiar (art. 226, §3º), estabelece o planejamento familiar como livre decisão do casal, (art. 226, §7º) e institui o dever do Estado de criar mecanismos para coibir a violência no âmbito das relações familiares (art. 226, §8º). Tais conquistas não devem ser subestimadas. Porém, no plano da *igualdade material*, existe ainda uma agenda inconclusa, que engloba três grandes eixos: a participação da mulher no *mercado de trabalho*, o exercício de *direitos sexuais e reprodutivos*, bem como o *combate à violência doméstica*.

Em relação ao *mercado de trabalho*, a última década registrou um inegável aumento da presença feminina, com a conquista gradual de posições de prestígio e poder, que incluem até mesmo a Presidência da República. Estudo apresentado pelo IBGE em 2014 demonstra que, apesar do maior espaço conquistado pelas mulheres na realidade socioeconômica do país, elas ainda estão longe de alcançar a igualdade.[36] Estatísticas demonstram que, entre 2000 e 2010, o seu rendimento aumentou 12% (enquanto o dos homens apenas 8%). Apesar disso, a diferença salarial ainda é altíssima: mulheres recebem, em média, 68% do que ganham os homens.[37]

No tocante aos *direitos sexuais e reprodutivos*, as mulheres têm lutado pela liberdade e autonomia no exercício e na determinação de sua sexualidade e na possibilidade de controle do próprio corpo. A pauta de reivindicações sobre o tema tem incluído demandas relativas ao planejamento familiar, à saúde materna e neonatal e ao aborto. O primeiro coautor deste trabalho esteve à frente de um caso de

---

[36] IBGE, *Estatísticas de gênero* – Uma análise dos resultados do Censo Demográfico 2010. Rio de Janeiro: IBGE, 2014. Disponível em: <http://saladeimprensa.ibge.gov.br/noticias?view=noticia&id=1&busca=1&idnoticia=2747>.

[37] As estatísticas também mostraram que na faixa etária de 18 a 24 anos, havia um contingente maior de mulheres nas universidades (57,1% do total). Muito embora o nível educacional das mulheres seja maior, a pesquisa identificou que as mulheres possuem formação em maior proporção em áreas com menor rendimento mensal médio entre as pessoas ocupadas.

grande complexidade teórica e filosófica debatido perante o Supremo Tribunal Federal: a interrupção terapêutica da gestação em casos de anencefalia.[38] O debate judicial teve final feliz. Por maioria, o Supremo descaracterizou o crime de aborto quando as gestantes optarem pela antecipação do parto nos casos em que o feto sofra de anencefalia, anomalia que impossibilita o nascimento com vida (cerebral). No caso, todos os ministros que compuseram a maioria destacaram que o direito à antecipação do parto decorre diretamente de um conjunto de preceitos fundamentais, em especial a dignidade da pessoa humana. No entanto, embora instados por via de memorial e na sustentação oral, os ministros não encamparam o argumento da liberdade reprodutiva das mulheres. O STF permanece, assim, sem reconhecer os direitos sexuais e reprodutivos como direitos fundamentais das mulheres.[39]

Como consequência, ainda não houve avanços na questão mais abrangente, referente à descriminalização do aborto. A interrupção voluntária da gravidez é uma questão moral altamente controvertida no Brasil e em todo o mundo. Porém, nenhum país desenvolvido – nem mesmo os de forte influência católica, como Itália, França e Espanha – lida com este problema com direito penal. Antes de ir para o STF, o primeiro coautor deste trabalho se manifestou extensamente sobre o tema. Em tais trabalhos, defendeu o argumento de que a criminalização é uma política pública equivocada e incompatível com a Constituição, com base em argumentos que incluem os seguintes: (i) *autonomia da mulher*: situa-se no âmbito da autonomia privada da mulher e, portanto, no núcleo essencial da sua liberdade básica, decidir por si mesma quanto à cessação da gravidez, ao menos até o momento em que o feto passe a ter potencialidade de vida fora do útero materno; (ii) *igualdade de direitos*: o aborto deve ser considerado no plano da igualdade de direitos entre homens e mulheres; na medida em que é a mulher que suporta o ônus integral da gravidez, somente haverá igualdade plena se a ela for reconhecido o direito de decidir acerca da sua manutenção ou não; e (iii) *discriminação ilegítima contra as mulheres pobres*: a criminalização produz uma discriminação *de facto* contra as mulheres pobres, que não

---

[38] ADPF nº 54/DF, Rel. Min. Marco Aurélio, j. 12.4.2012.
[39] Ressalte-se, porém, que no julgamento do HC nº 84.025-6, relativo também a caso de feto anencefálico, embora o HC tenha restado prejudicado, em razão do nascimento da criança, o Ministro Joaquim Barbosa se posicionou pela possibilidade de interrupção terapêutica do parto e reconheceu expressamente que os direitos reprodutivos são "componentes indissociáveis do direito fundamental à liberdade e do princípio da autodeterminação pessoal".

têm acesso a médicos e clínicas particulares nem podem se valer do sistema público de saúde para realizar o procedimento, e, em razão disso, precisam recorrer a procedimentos precários e primitivos, que lhes causa lesões, mutilações e óbitos. As estatísticas demonstram que o número de abortos em países que o admitem não é maior do que o dos países em que é ilegal. A principal diferença é, portanto, o número de abortos legais e de vítimas.[40]

Já no que se refere ao *combate à violência doméstica*, a maior conquista feminina foi, sem dúvida, a edição da Lei Maria da Penha (Lei nº 11.340/2006), que instituiu regras diferenciadas para tratar da violência doméstica contra mulheres. A lei foi questionada perante o STF, que declarou a sua constitucionalidade, por entender que a criação de um regime diferenciado para esse tipo de crime seria perfeitamente compatível com o princípio da igualdade, tendo em vista a existência de uma grave desigualdade material a ser compensada.[41] Mais recentemente, foi aprovada a chamada Lei do Feminicídio, que modifica o Código Penal para incluir o assassinato de mulheres por razões de gênero entre as hipóteses de homicídio qualificado. Por fim, em um *front* ainda mais complexo e sutil, será preciso eliminar *padrões discriminatórios*, *estereotipados* e *desrespeitosos* em relação à mulher, que ainda expressam uma cultura machista e opressora. Para dar um exemplo simples, mas muito visível, o homem que vive sua liberdade sexual plena é exaltado ("o garanhão"), ao passo que a mulher que proceda da mesma forma é rotulada de maneira negativa e depreciativa ("a vadia").

5.5.3 Igualdade de orientação sexual e identidade de gênero: machismo e violência

Por fim, cabe tratar da questão da discriminação em relação à orientação sexual e à identidade de gênero. Nas últimas décadas,

---

[40] Sobre o tema, v. Luís Roberto Barroso, *"Aqui, lá e em todo lugar"*: a dignidade humana no direito contemporâneo e no discurso transnacional. *Revista dos Tribunais*, v. 919, p. 127-196, 2012. p. 183 e ss.

[41] ADC nº 19/DF e ADIn nº 4.424/DF, Rel. Min. Marco Aurélio. Em relação à regra que condicionava a ação penal à representação da vítima, a maioria dos ministros optou por conferir interpretação conforme os dispositivos questionados para estabelecer que, nos crimes de que se trata, a ação penal será sempre incondicionada. Isso porque, nas relações domésticas, sobretudo nas classes mais desfavorecidas, não é raro que a dependência econômica estimule a complacência e conduza à impunidade reiterada. Ponderou que a autonomia da mulher deveria ser respeitada em nome da dignidade da pessoa humana.

culminando um processo de superação do preconceito e da discriminação, inúmeras pessoas passaram a viver a plenitude de sua orientação sexual e, como desdobramento, assumiram publicamente suas relações homoafetivas. No Brasil e no mundo, milhões de pessoas do mesmo sexo convivem em parcerias contínuas e duradouras, caracterizadas pelo afeto e pelo projeto de vida em comum. Paralelamente, iniciou-se um movimento de redefinição das identidades de gênero, em que pessoas passaram a manifestar os gêneros pelos quais se reconhecem, ainda que discordantes do sexo biológico. É o caso dos travestis, transexuais e demais transgêneros.

O movimento LGBT – Lésbicas, Gays, Bissexuais e Transgêneros, apesar de sua enorme diversidade interna, ganha unidade a partir de duas dimensões principais.[42] A primeira relativa à possibilidade de manifestar publicamente seus desejos, afetos e identidades, sem qualquer sorte de discriminação. Trata-se, assim, de uma demanda de reconhecimento, que atravessa as ordens cultural-valorativa e simbólica, pretendendo modificar determinados padrões de aceitabilidade social e conquistar a valorização da diferença. A segunda diz respeito ao acesso ao mundo dos direitos, seja por meio da extensão de direitos já reconhecidos aos heterossexuais (*e.g.*, uniões civis), seja pelo reconhecimento de novos direitos decorrentes da legitimação das diferenças (*e.g.*, direito à mudança de nome no registro civil).

No Brasil, o reconhecimento jurídico de direitos LGBT tem avançado a passos largos, sobretudo pela via judicial. Em relação à questão da *orientação sexual*, em 2011, o Supremo Tribunal Federal reconheceu, por unanimidade, as uniões estáveis entre pessoas do mesmo sexo, em igualdade de condições em relação às uniões heterossexuais[43], caso em que o primeiro coautor desse texto atuou como advogado, representando o Estado do Rio de Janeiro, proponente da ação. O precedente é histórico e constitui uma das atuações mais importantes do STF na proteção dos direitos fundamentais de minorias. Segundo o entendimento adotado enfaticamente pelo STF, a exclusão baseada na orientação sexual seria incompatível com o princípio da igualdade, o direito à busca da felicidade, a proibição do preconceito, a proteção à autonomia privada e a própria dignidade da pessoa humana, que impede o Estado de impor determinada visão do que seja a vida boa.

---

[42] V. Vera Lúcia Marques e Paulo D'Ávila, O movimento LGBT e os partidos políticos no Brasil. *Revista Brasileira de Ciência Política*, v. 3, 2010.
[43] ADPF nº 132/RJ e ADIn nº 4.277/DF, Rel. Min. Carlos Britto.

Merece destaque, igualmente, que a decisão do STF abriu caminho para o casamento civil entre pessoas do mesmo sexo no país. Embora não tenha havido manifestação expressa nesse sentido, trata-se de uma decorrência natural, já que a Constituição permite a conversão da união estável em casamento. O direito ao casamento veio a ser definitivamente assegurado por meio de resolução do Conselho Nacional de Justiça – CNJ, que proibiu que cartórios se recusassem a celebrar o casamento nesse caso.[44] Nos Estados Unidos, a Suprema Corte apenas se pronunciou definitivamente sobre o tema quatro anos depois da decisão do STF, em junho de 2015. Na mundialmente celebrada decisão no caso *Obergefell v. Hodges*,[45] o Tribunal decidiu, por 5 votos a 4, que a Constituição norte-americana exigisse que os estados licenciem e reconheçam legalmente casamentos entre pessoas do mesmo sexo.[46]

Além do casamento homoafetivo, uma importante demanda do movimento LGBT é a aprovação de leis que reconheçam o direito de adoção de crianças por casais do mesmo sexo, assim como a garantia de que a criança possa ser registrada em nome do casal na certidão de nascimento. Muito embora não haja no direito brasileiro impedimentos legais à adoção por casais em união homoafetiva, muitos ainda precisam recorrer ao Poder Judiciário para a garantia do direito. Recentemente, a 2ª Turma do Supremo Tribunal Federal manifestou-se pela primeira vez sobre o tema em caso sob a relatoria da Ministra Cármen Lúcia, tendo reconhecido a possibilidade de adoção por casais homoafetivos, sem restrição de idade.[47] Outros dois itens importantes da pauta de reivindicações são a criminalização da homofobia[48] e a distribuição de material educativo contra a homofobia nas escolas, como forma de combater a intolerância e o preconceito, ilustrados pelo recente caso de um jovem de 14 anos que faleceu após ser agredido por colegas por ser filho de um casal homossexual.[49]

---

[44] Resolução nº 175, de 14.5.2013, do Conselho Nacional de Justiça.

[45] Suprema Corte dos EUA, caso *Obergefell v. Hodges*, 576 U.S. (2015).

[46] Em caso anterior, o *United States v. Windsor* 570 U.S. (2013), a Corte norte-americana manifestou-se sobre a constitucionalidade de Lei Federal (*The Defense of Marriage Act – Doma*) que definia "casamento" como a união entre homem e mulher apenas, para fins de uma série de benefícios. Na decisão, a Corte entendeu, por maioria, que a lei é inconstitucional, sob o argumento de que os estados têm competência para definir o que se entende por matrimônio e que, se alguns estados, no legítimo exercício dessa competência, optaram por admitir casamentos homoafetivos, não poderia a lei federal discriminar os casais que se casaram ao abrigo dessas leis estaduais.

[47] RE nº 846.102, Rel. Min. Cármen Lúcia, j. 5.3.2015.

[48] Desde 2006, tramita no Congresso projeto que equipara a homofobia ao crime de racismo.

[49] V. Filho de casal gay morre após suposta agressão sofrida em colégio. *Veja*, São Paulo, 9 mar. 2015. Disponível em: <http://vejasp.abril.com.br/materia/filho-casal-gay-morre-

Em relação à *identidade de gênero*, também há alguns motivos para celebrar. O Superior Tribunal de Justiça já assegura aos transexuais a possibilidade de alteração do nome de registro civil após a cirurgia de mudança de sexo.[50] Ademais, desde 2008, o Ministério da Saúde custeia operações de redesignação de sexo pelo Sistema Único de Saúde (SUS),[51] na esteira de decisões judiciais anteriores.[52] No entanto, há diversas demandas relevantes ainda em discussão, como (i) a possibilidade de mudança do nome no registro civil de transexual mesmo sem a realização de procedimento cirúrgico de redesignação de sexo, já permitida em várias decisões judiciais no país;[53] (ii) a possibilidade de uso do nome social nos espaços públicos;[54] e (iii) o direito ao tratamento social adequado à identidade de gênero, incluindo o uso de banheiro. Esta última questão já está em discussão perante o STF no âmbito do RE nº 845.779 (Rel. Min. Luís Roberto Barroso, com repercussão geral reconhecida). No julgamento, ainda em curso, o primeiro coautor votou no sentido de reconhecer o direito de transexuais a serem tratados socialmente em conformidade com a identidade de gênero, à luz dos princípios da igualdade, da dignidade da pessoa humana e democrático.[55]

A despeito das conquistas aqui noticiadas, a sociedade ainda precisa avançar muito no reconhecimento dos direitos e da identidade de travestis, transexuais e transgêneros. Para que se tenha uma ideia da

---

agressao-sofrida-colegio/>. Embora a agressão tenha efetivamente ocorrido, não se confirmou que ela tenha sido a causa direta da morte. V. Jamile Santana e Douglas Pires, Laudo aponta que filho de casal gay morreu de causas naturais, diz polícia. *G1*, 27 mar. 2015. Disponível em: <http://g1.globo.com/sp/mogi-das-cruzes-suzano/noticia/2015/03/laudo-aponta-que-filho-de-casal-gay-morreu-de-causas-naturais-diz-policia.html>.

[50] O Superior Tribunal de Justiça tem autorizado a modificação do nome que consta do registro civil, após a cirurgia de alteração do sexo. O primeiro recurso sobre o tema foi julgado pela 3ª Turma do STJ em 2007 (REsp nº 678.933, Rel. Min. Carlos Alberto Menezes Direito, j. 22.3.2007), que concordou com a mudança desde que o registro de alteração de sexo constasse da certidão civil. Posteriormente, em 2009, o STJ voltou a analisar o assunto e garantiu ao transexual a troca do nome e do gênero em registro, sem que constasse a anotação no documento, mas apenas nos livros cartorários (REsp nº 1.008.398, Rel. Min. Nancy Andrighi, j. 15.10.2009).

[51] V. Portaria nº 457, de agosto de 2008.

[52] A título exemplificativo, cf.: Tribunal Regional Federal da 4ª Região, AC nº 2001.71.00. 026279-9, j. 14.8.2007.

[53] V. TJ-MG, Ap. Cível nº 1.0521.13.010479-2, *DJ*, 7 maio 2014; TJ-SP, Ap. Cível nº 0055269-67.2008.8.26.0576, *DJ*, 3 fev. 2015; TJ-RS, Ap. Cível nº 70060459930. *DJ*, 21 ago. 2014.

[54] A questão já foi colocada perante o STF no âmbito do RE nº 670.422, com repercussão geral reconhecida, que deverá se manifestar sobre ela em um futuro próximo.

[55] O Min. Edson Fachin votou no mesmo sentido, mas o julgamento foi suspenso em razão de pedido de vista do Min. Luiz Fux.

gravidade do problema, o Brasil lidera o *ranking* de violência transfóbica, registrando o maior número de mortes no cenário mundial,[56] e a expectativa de vida desse grupo é de cerca de 30 anos, muito abaixo daquela apontada pelo IBGE para o brasileiro médio, de quase 75 anos.[57] Além disso, estima-se que 90% dos travestis e transexuais no país estejam se prostituindo, já que não há outras oportunidades de trabalho.[58] Não por outro motivo, a agenda política desses grupos tem sido ocupada cada vez mais por demandas relacionadas ao combate à violência, à garantia do acesso e permanência nas escolas, e à criação de políticas de inserção no mercado de trabalho que promovam alternativas à prostituição.

5.6 Conclusão

Este, portanto, é o painel sobre a situação da igualdade no Brasil, em suas múltiplas incidências. Algumas das ideias aqui apresentadas podem ser sintetizadas, de maneira sumária, nas cinco proposições objetivas que se seguem.

1 A desigualdade atávica e renitente é um problema grave, que tem acompanhado a formação social do Brasil desde o seu início como nação. Nada obstante isso, sobretudo nas últimas décadas, avanços significativos têm ocorrido.

2 No plano teórico, a igualdade pode ser considerada em três dimensões: igualdade formal, que veda privilégios e discriminações na lei e perante a lei; igualdade material, que expressa as demandas por redistribuição de poder, riqueza e bem-estar social; e igualdade como reconhecimento, que se destina à proteção das minorias, sua identidade e diferenças.

3 A questão da igualdade formal é um tema relativamente superado na maior parte do mundo desenvolvido. No Brasil, todavia, ainda há problemas tanto no sistema normativo – como a abrangência do foro por prerrogativa de função –, como no plano da execução das leis: é mais fácil punir um jovem de 18 anos pela posse de 100 gramas

---

[56] V. BRASIL Ministério dos Direitos Humanos. *Relatório sobre violência homofóbica no Brasil*: ano de 2012. Disponível em: <http://www.sdh.gov.br/assuntos/lgbt/pdf/relatorio-violencia-homofobica-ano-2012>.

[57] V. BRASIL. *Expectativa de vida dos brasileiros sobe para 74,9 anos, de acordo com IBGE*. 1º dez. 2014. Disponível em: <http://www.brasil.gov.br/economia-e-emprego/2014/12/expectativa-de-vida-dos-brasileiros-sobe-para-74-9-anos-de-acordo-com-ibge>.

[58] Dados da Associação Nacional de Travestis e Transexuais do Brasil (Antra).

de maconha do que um empresário ou político que tenha cometido uma fraude milionária.

4 No plano da igualdade material associada à redistribuição, o Brasil tem avanços notáveis a comemorar, com a recente inclusão social de aproximadamente 30 milhões de pessoas, bem como com a universalização do ensino fundamental. Nada obstante isso, ainda possuímos indicadores muito ruins em temas como analfabetismo, distribuição de renda e violência.

5 No âmbito da igualdade como reconhecimento, também existem inúmeras conquistas recentes a celebrar, em relação a negros, mulheres, homossexuais e transgêneros. Porém, em relação a todos esses grupos vulneráveis, ainda subsistem problemas dramáticos ligados ao preconceito, à discriminação e à violência.

Em suma: somos bem melhores do que éramos antes, e não devemos subestimar o longo caminho percorrido, que envolveu resistência, determinação e luta de muitas gerações. Porém, ainda estamos longe dos padrões mínimos de igualdade exigíveis em uma sociedade que se pretenda democrática, justa para todos e fundada na dignidade da pessoa humana.

CAPÍTULO 6

A TRAGÉDIA DE JÚLIO CÉSAR: PODER, IDEAL E TRAIÇÃO[1]

6.1 Introdução[2]

Até tu, Brutus! ("Et tu, Brute!"). Eis uma frase que atravessou os tempos como símbolo da perplexidade e da traição. E não do desprendimento e do idealismo, que estavam por trás do gesto de Brutus. Mesmo quem jamais leu a tragédia de *Júlio César* ou sequer ouviu falar de William Shakespeare conhece o significado deste desabafo. A peça é, na verdade, como muitos comentadores sugerem, a tragédia de Brutus, cuja integridade moral e valores republicanos o levaram a sacrificar sentimentos pessoais de afeto por César para matá-lo em nome de um bem maior. E, assim, conjurar o risco da ditadura e da tirania. Assim supunha ele. A peça narra, em essência, o assassinato de César: conspiração, execução e consequências.

---

[1] Sou grato a Felipe Meneses Graça pela ajuda valiosa na pesquisa e desenvolvimento deste artigo.

[2] William Shakespeare, *Tragédias e comédias sombrias*: obras completas. Tradução de Barbara Heliodora. São Paulo: Nova Aguilar, 2006; William Shakespeare, *Obras escolhidas*. Tradução de Millor Fernandes e Beatriz Viégas-Faria. Porto Alegre: L&PM, 2008; William Shakespeare, *The complete works*. [s.l.]: [s.n.], 2006; José Roberto Castro Neves, *Medida por medida*: o direito em Shakespeare, Rio de Janeiro: Edições de Janeiro, 2014; Barbara Heliodora, *O homem político em Shakespeare*. São Paulo: Agir, 2005; Andrew David Hadfield (Ed.), *Julius Caesar/William Shakespeare*. Nova York: Barnes & Noble, 2007; BLOOM, Harold. *Shakespeare*: A invenção do humano. São Paulo: Objetiva, 1998; Emma Smith, *The Cambridge Shakespeare Guide*. Cambridge: Cambridge University Press, 2012; The New Encyclopaedia Britannica, *William Shakespeare*. Londres: Encyclopedia Britannica, 2002; Wikipédia, *William Shakespeare*. Disponível em: <https://en.wikipedia.org/wiki/William_Shakespeare>; Biography.com, *William Shakespeare*. Disponível em: <http://www.biography.com/people/william-shakespeare-9480323#video-gallery>.

A tragédia de César e de Brutus foi um capítulo precursor da tragédia de Roma. A partir dali, às vésperas do início da Era Comum, sobreviriam disputas e guerras que culminariam com o colapso da República e a chegada ao poder de alguns dos grandes tiranos da história da humanidade: Tibério, Calígula e Nero.[3] Os personagens principais da peça são Júlio César, Brutus e Marco Antônio. Sintomaticamente, Marcus Túlio Cícero, o grande intelectual e símbolo das virtudes romanas, tem papel menor, meramente incidental na narrativa. A peça termina sem referência ao seu fim trágico, ao tornar-se adversário de Marco Antônio. O final da República romana assistiu à ascensão de generais vitoriosos e ambiciosos, insensíveis às sutilezas e complexidades de um regime político que almejava algum grau de igualdade e participação dos cidadãos, combinando o papel do Senado com o dos tribunos da plebe. Neste sentido, a queda da República – cuja antevéspera é retratada na peça – prenunciou uma história que se repetiria pelos séculos afora, em diferentes partes do mundo, em todos os hemisférios e latitudes: a dominação do poder militar sobre o poder civil.

É possível que a história de Roma não tivesse mudado muito se César tivesse permanecido vivo. Isso jamais se saberá. Mas especular como teria sido daria um bom tema para outra estória. Se ninguém fez isso ainda, fica a sugestão.

6.1.1 Shakespeare e seu tempo

He was not of an age, but for all time.

(Ben Johnson)

William Shakespeare nasceu em 1564 e morreu em 1616, aos 52 anos. Produziu 38 peças teatrais e 154 sonetos, em meio a diversos outros escritos. Em 1623, foi publicado postumamente o conjunto da sua obra dramática, em volume que se tornou célebre, intitulado *First Folio*. No prefácio do livro, Ben Johnson prenunciava sua importância para a história da literatura mundial, em passagem cuja versão original abre este tópico: "Ele não foi de uma época, mas para todos os tempos".[4]

---

[3] Andrew David Hadfield (Ed.), *Julius Caesar/William Shakespeare*. Nova York: Barnes & Noble, 2007. p. 5.

[4] The New Encyclopaedia Britannica, *William Shakespeare*. Londres: Encyclopedia Britannica, 2002. p. 254. p. 254.

Shakespeare não chegou a ser reverenciado em vida, apesar de ter conquistado reconhecimento entre seus contemporâneos. Também foi alvo de críticas, como a que lhe dirigiu o dramaturgo Robert Greene, que o acusava de pretensiosamente querer equiparar-se a autores com muito mais estudo e formação.[5] A verdade, porém, é que seus textos foram traduzidos para quase todas as línguas conhecidas, tornando-o mundialmente aclamado como o autor que "escreveu a melhor poesia e a melhor prosa em língua inglesa, talvez, não apenas em língua inglesa, mas em qualquer idioma ocidental".[6] Shakespeare foi, de fato, um extraordinário intérprete da alma humana e sua obra, mais abrangente e universal do que a de outros gigantes da literatura mundial, como Homero, Dante Alighieri ou Leon Tolstoi.

O período de vida de Shakespeare correspondeu a uma transformação profunda da Inglaterra, com a mudança de patamar de um país periférico que aos poucos se converteu em uma potência internacional. Um ano antes de seu nascimento, em 1563, um surto de peste dizimou um terço da população de Londres. Ao longo dos anos 1560, a escassez de comida e a *influenza* consumiram outros tantos milhares de vidas. A chegada de Elizabeth à condição de rainha – protestante que sucedeu sua meia-irmã, Mary, que era católica e perseguiu e executou os protestantes, a ponto de ser apelidada de *Bloody Mary* – deflagrou o temor de guerras e de uma invasão por parte das monarquias católicas, insufladas por Roma. Esta, portanto, a Inglaterra em que Shakespeare nasceu: pobre, atrasada e instável, situada na periferia da Europa.

O inglês, por sua vez, era uma língua menor, falada tão somente no âmbito da ilha que viria, pouco à frente, a se tornar a Grã-Bretanha. Apesar de uma revolta dos nobres do Norte, em 1569, que procurou destronar a rainha e restaurar o catolicismo, o fato é que a história começou a mudar em favor dos ingleses. Elizabeth I impôs-se progressivamente sobre a nação, conseguiu contemporizar os conflitos religiosos com ambiguidade e tolerância e, mais notável ainda, saiu-se a improvável vitoriosa do conflito com a Espanha. Em 1588, suas forças impuseram dramática derrota à armada espanhola.

O que se quer destacar aqui, portanto, é que no curso da vida de Shakespeare a Inglaterra tornou-se uma nação mais próspera, mais autoconfiante e passou a ocupar um lugar de destaque no cenário mundial. Tendo morrido solteira e sem filhos, Elizabeth foi sucedida – ao

---

[5] William Shakespeare, *The complete works*. [s.l.]: [s.n.], 2006. p. vi.
[6] Harold Bloom, *Shakespeare*: A invenção do humano. São Paulo: Objetiva, 1998. p. 20.

contrário de todos os temores, sem disputas relevantes – por James VI, da Escócia, que se tornou James I, da Inglaterra. Apesar de não desfrutar do prestígio e da autoridade de sua antecessora, James fez a paz com a Espanha, em 1604, e tornou-se historicamente conhecido pela versão da Bíblia cuja edição patrocinou (*The King James Bible*), unificando as diferentes e conflitantes versões existentes. A Inglaterra tornou-se, ao longo do período em que Shakespeare viveu e produziu suas peças, um ambiente propício para o florescimento da dramaturgia e do teatro: de um lado, algum grau de prosperidade – que gerava recursos para financiar estas atividades – e de educação, que gerava autores e um público interessado; e, de outro, os dramas envolvendo tensões bélicas, disputas religiosas e incertezas na sucessão real. Quando voltou à sua cidade natal, Stratford-upon-Avon, pouco antes de morrer, Shakespeare já era um cidadão ilustre. Porém, seriam necessários ainda mais cem anos para o mundo reconhecê-lo como um dos grandes gênios da humanidade, tendo transformado as grandes questões políticas, sociais e morais de suas peças em temas universais e atemporais.

6.1.2 A República romana[7]

Atenas é historicamente identificada como o primeiro grande precedente de limitação do poder político – *governo de leis e não de homens* – e de participação dos cidadãos nos assuntos públicos. Embora tivesse sido uma potência territorial e militar de alguma expressão, seu legado perene é de natureza intelectual, como berço do ideal constitucionalista e democrático. Ali se conceberam e praticaram ideias e institutos que ainda hoje se conservam atuais, como a divisão das funções estatais por órgãos diversos, a separação entre o poder secular e a religião, a existência de um sistema judicial e, sobretudo, a supremacia da *lei*, criada por um processo formal adequado e válida para todos.

O ideal constitucionalista de limitação do poder foi compartilhado por Roma, onde a República se implantou em 529 a.C., ao fim

---

[7] Gordon Scott, *Controlling the State*. Cambridge: Harvard University Press, 1999; R. C. Van Caenegem, *An historical introduction to western constitutional law*. Cambridge: Cambridge University Press, 1995; Julius H. Wolff, *Roman law*: an historical introduction. Norman, OK: University of Oklahoma Press, 1951; Fritz Schulz, *History of roman legal science*. Wotton-under-Edge, GL: Clarendon Press, 1953; Henrique Modanez de Santana, *História da República romana*. Petrópolis: Vozes, 2014; The New Encyclopaedia Britannica, v. 14, 1998; Encyclopedia Britannica, v. V, 1975; The Columbia Encyclopedia, 1993; Wikipedia. *Julius Caesar*. Disponível em: <https://en.wikipedia.org/wiki/Julius_Caesar>. Acesso em: 30 out. 2016.

da monarquia etrusca, com a Lei das Doze Tábuas.[8] O poder militar e político romano estendeu-se por quase todo o Mediterrâneo, mas sua estrutura jurídica e instituições políticas seguiram sendo as de uma cidade-estado, com as decisões concentradas em um número limitado de órgãos e pessoas. Tais instituições incluíam a Assembleia (que, a rigor, eram diversas, e encarnavam o poder de elaborar leis), os cônsules (que eram os principais agentes executivos) e outros altos funcionários (pretores, questores, tribunos da plebe), além do Senado, cujo caráter formal de mero órgão consultivo encobria seu papel de fonte material e efetiva de poder. Havia algum grau de participação dos cidadãos, embora reduzido.[9]

A despeito de seu caráter aristocrático, o poder na República era repartido por instituições que se controlavam e temiam reciprocamente.[10] Nada obstante, um conjunto de causas conduziram ao ocaso do modelo republicano, entre as quais o sistema de privilégios da aristocracia patrícia e a insatisfação das tropas, do povo e das outras aristocracias excluídas dos cargos consulares e do Senado. Do ponto de vista institucional, o fim veio pela via previsível, que destruiu inúmeros outros sistemas pluralistas ao longo da história: os comandantes militares tornaram-se excessivamente poderosos e escaparam ao controle efetivo dos órgãos políticos. Quando a República ruiu e deu-se a coroação do imperador, não foi o fim de Roma, cujo domínio duraria ainda mais meio milênio. O que terminou, na véspera do início da era cristã, foram a experiência e o ideal constitucionalistas, que vinham dos gregos e haviam sido retomados pelos romanos. A partir dali, o constitucionalismo desapareceria do mundo ocidental por bem mais de mil anos, até o final da Idade Média.

---

[8] Somente alguns fragmentos desta lei ficaram conhecidos. Em um deles lê-se: "salus populi suprema lex esto" ("o bem estar do povo é o bem supremo"). A história da civilização romana compreende um período aproximado de doze séculos e é normalmente dividida pelos historiadores em três fases: (i) a *realeza*, que vai da fundação de Roma, em 753 a.C., até a deposição do rei etrusco Tarquínio; (ii) a *República*, que começa em 529 a.C., com a eleição dos dois cônsules; e (iii) o *império*, iniciado com a sagração de Otávio Augusto como imperador, em 27 a.C., até 476 da nossa era.

[9] A estimativa é de que houvesse cerca de 400 mil cidadãos, dos quais possivelmente cerca de dez por cento participava de reuniões da Assembleia.

[10] Dois autores contemporâneos da República romana – Polibius e Cícero –, ambos próximos da aristocracia do poder, escreveram textos historicamente importantes acerca do período. Em seu clássico *Da República*, Cícero, endossando Polibius, sustentou que a República romana era um sistema misto, no qual estavam presentes elementos das três formas puras de governo reconhecidas então, por influência dos escritos de Aristóteles: os cônsules eram o elemento *monárquico*, o Senado, o *aristocrático* e as assembleias, o *democrático* (Livro I).

No contexto específico relevante para a peça, Júlio César integra uma aliança política com Crasso e Pompeu, conhecida como Triunvirato. O sucesso de César nas Guerras Gálias estendeu o poder de Roma até a Britânia e o Reno, dando-lhe prestígio e poder político. Este fato, aliado à morte de Crasso, na Batalha de Carras, e de Júlia – filha de César e esposa de Pompeu –, desestabilizou o equilíbrio de poder entre César e Pompeu. Pompeu alinha-se com o Senado, que determina a César que dissolva seu exército e retorne a Roma. César desafia as ordens e volta a Roma à frente de suas legiões, violando a lei que impedia generais de marcharem com exércitos para além do Rubicão. Ao atravessar o rio, César teria pronunciado a frase célebre: "Allea jacta est" ("A sorte está lançada"). Instaurada a guerra civil, César sagra-se vitorioso e assume o poder absoluto. A República assistia ao início do seu fim.

6.2 O enredo

6.2.1 Primeiro ato

O enredo da peça *Júlio César*, de 1599, é composto de cinco atos. O primeiro ato tem início em Roma, com plebeus festejando a vitória do general Júlio César sobre os filhos de Pompeu. Durante a festa de Lupercais,[11] um vidente se destaca no meio da multidão, encontra Júlio César e o avisa para ter cuidado com os Idos de Março.[12] Júlio César dá de ombros. Enquanto isso, Caius Cassius, um nobre, encontra Marcus Brutus, homem conhecido pela sua integridade moral, e tenta convencê-lo de conspirar contra Júlio César. Durante a conversa de Caius Cassius e Marcus Brutus, o nobre Marco Antônio oferece a coroa a Júlio César três vezes, mas ele a nega em todas. Isso faz com que a população de Roma fique extremamente comovida com a nobreza de Júlio César, gerando preocupação em Marcus Brutus, que teme a tirania do governo de um homem só. Sabendo que o Senado pretendia coroar Júlio César no dia seguinte, Caius Cassius reúne Casca, Cinna, Decius Brutus, Trebonius e Metellus Cimber, e organiza a conspiração contra Júlio César.

---

[11] Lupercais era um festival romano religioso que ocorria no fim do ano, que acabava em fevereiro (Wikipédia, *Lupercália*. Disponível em: <https://pt.wikipedia.org/wiki/Lupercália>).

[12] No calendário romano, os meses eram divididos em Idos, Calendas e Nonas. No mês de março, os Idos ocorriam no dia 15. No caso, os Idos de Março referidos na narrativa ocorreram no ano 44 a.C. (Wikipédia, *Idos*. Disponível em: <https://pt.wikipedia.org/wiki/Idos>).

6.2.2 Segundo ato

O segundo ato retrata Marcus Brutus sozinho, em casa, refletindo sobre qual seria o melhor futuro para Roma: com Júlio César ou sem Júlio César. Movido por ideais republicanos e preocupado com o bem comum, decide se reunir com os conspiradores e, juntos, planejam matar Júlio César no dia seguinte, durante a cerimônia do Capitólio. Na casa de Júlio César, Calpúrnia, sua esposa, acorda várias vezes durante a noite, prevendo a tragédia que ocorreria no dia seguinte. Pela manhã, Calpúrnia tenta convencer Júlio César a não comparecer à cerimônia do Capitólio. Quando Júlio César está quase convencido de ficar em casa, Décius Brutus, um dos conspiradores, aparece e o convence a ir ao Capitólio. Pouco antes da cerimônia, Artemidorus prevê que algum mal será feito a Júlio César, bem como Pórcia, mulher de Marcus Brutus.

6.2.3 Terceiro ato

O terceiro ato se inicia em uma rua, em frente ao Capitólio. Chegando à cerimônia, Júlio César encontra novamente o vidente que havia visto em Lupercais, e diz que os Idos de Março chegaram, se gabando de que nada iria acontecer. O vidente responde que os Idos de Março chegaram, mas ainda não se foram. Júlio César entra no Capitólio e, de maneira inesperada, os conspiradores se ajoelham em frente a ele, um a um, pedindo liberdade a Publius Cimber, irmão de Metellus Cimber. Júlio César nega o pedido a Metellus, depois a Marcus Brutus, Caius Cassius, Cinna, Decius Brutus, até que Casca o apunhala, proferindo a frase: "Mãos, falem por mim!". Nesse momento, todos os conspiradores atacam Júlio César. Marcus Brutus dá o último golpe, seguido da frase dita por Júlio César: "Et tu, Brute?", então Júlio César morre.

No dia seguinte, durante o funeral de Júlio César, Marcus Brutus e Caius Cassius dividem a multidão de plebeus e proferem discursos explicando as razões de seus atos. Após o discurso de Marcus Brutus, a multidão passa a acreditar que Júlio César seria um homem perigoso para Roma, e agradecem aos conspiradores por terem-no matado. Porém, pouco depois da fala de Marcus Brutus, Marco Antônio é autorizado pelos conspiradores a fazer um discurso, sob a condição de que não fale mal dos conspiradores. O discurso de Marco Antônio, carregado de recursos retóricos, choca a multidão. Utilizando-se da ironia e de apelos emocionais, Marco Antônio enobrece a imagem de Júlio César e recrimina – indiretamente – a atitude dos conspiradores.

No final de sua fala, Marco Antônio lê o testamento de Júlio César, que legava a cada romano setenta e cinco dracmas, além de seus passeios, bosques e pomares à margem do Tibre, para que tivessem o prazer da atividade ao ar livre. Após o discurso de Marco Antônio, a multidão se inflama contra os conspiradores, e sai à caça de cada um, prometendo nada menos que a morte. Inclusive, ao encontrar com um cidadão na rua, chamado Cinna, o poeta, o confundem, inicialmente, com Cinna, o conspirador, e o matam sem nenhum motivo razoável, mesmo após esclarecidos do equívoco.

6.2.4 Quarto ato

No quarto ato, Marco Antônio se encontra com Otávio César e Lépido, para combinar um ataque contra os conspiradores que, após o discurso de Marco Antônio, haviam fugido de Roma. Ao mesmo tempo, Marcus Brutus e Caius Cassius se encontram, com seus respectivos exércitos, em um acampamento perto de Sardes. No acampamento, Marcus Brutus e Caius Cassius se desentendem e trocam ofensas, até o momento em que Marcus Brutus afirma que Pórcia, sua mulher, se suicidou após a fuga dos conspiradores. Após a notícia chocante, Caius Cassius pede desculpas, e os dois vão dormir. Ao longo da noite, o fantasma de Júlio César aparece para Marcus Brutus e diz que se encontrariam no campo de batalha em Philippi.

6.2.5 Quinto ato

O quinto ato se inicia na planície de Philippi, onde os conspiradores Marcus Brutus e Caius Cassius pretendem atacar Marco Antônio e Otavio César. Antes da batalha, os quatro generais se encontram no meio da planície para trocar ameaças. Em seguida, eles se afastam e combinam estratégias de ataque. Durante a batalha, Caius Cassius percebe que suas tropas estão sendo devastadas pelo exército de Marco Antônio, e resolve recuar. Avistando fogo em suas barracas, Caius Cassius pede a Titinius que vá averiguar a situação, e que Pindarus o vigie do alto de uma colina. Pindarus narra a Caius Cassius que avistou Titinius sendo preso. Com o peso na consciência de ter recuado e perdido seu amigo Titinius, Caius Cassius se suicida com a espada que matou Júlio César. Pindarus foge para bem longe.

Pouco depois, Titinius retorna com Messala, para avisar Caius Cassius de que o exército de Marcus Brutus havia vencido o de Otávio

César, e se depara com Caius Cassius morto. Na verdade, Titinius não havia sido preso; Pindarus mentira para fugir da batalha. Porém, Titinius fica com peso na consciência de ter demorado para voltar e avisar Caius Cassius, e acaba se suicidando ao lado dele. Marcus Brutus chega e se depara com Caius Cassius e Titinius mortos no chão, e assume que foi o espírito de Júlio César que os matou. No outro lado do campo de batalha, Lucilius é feito prisioneiro pelo exército de Marco Antônio, se passando por Marcus Brutus. Porém, levado a Marco Antônio, é desmascarado. Enquanto isso, Marcus Brutus, devastado pela morte dos colegas, afirma que o fantasma de Júlio César havia planejado encontrá-lo no campo de batalha em Philippi e, se assim desejava, era hora de Marcus Brutus morrer. Marcus Brutus pede a Strato que segure a espada, e se atira, suicidando-se.

No fim, Marco Antônio e Otávio César encontram todos mortos no chão e admiram a atitude de Marcus Brutus. Marco Antônio afirma que todos os outros conspiradores mataram Júlio César por inveja, enquanto Marcus Brutus foi o único que realmente se preocupou com o bem comum e com o futuro de Roma. Otávio planeja um funeral digno a Marcus Brutus, e ambos se retiram. Assim termina a peça.

6.3 Os personagens principais
6.3.1 César e a arrogância do poder

Ao longo da narrativa, é perceptível o tom de soberba nas falas de Júlio César, inebriado pelas próprias vitórias e pelo poder que lhe é conferido pelos romanos. Logo no início da peça, a extensão da obediência que lhe devotam se revela. Ao fazer um pedido a Marco Antônio, ouve como resposta: "Prometo. Quando César me diz 'Faz', já está feito". A arrogância se revela ainda na mesma cena. Alertado pelo vidente para ter cuidado com os Idos de Março, César reage com desdém: "É um sonhador. Pode esquecer. Passemos".[13]

Em duas outras situações, no curso da peça, a presunção e o desprezo pelo outro se manifestam nas atitudes de Júlio César. A primeira se dá na discussão com sua mulher Calpúrnia, no segundo ato, cena II. O diálogo antecede sua ida fatal ao Capitólio, quando ela diz

---
[13] Salvo onde assinalado, as traduções são as que se encontram em William Shakespeare, *Tragédias e comédias sombrias*: obras completas. Tradução de Barbara Heliodora. São Paulo: Nova Aguilar, 2006.

não ser um bom dia para sair de casa, pois havia sonhado com a sua morte. Cheio de si, César responde:

> César irá sair. Quem me ameaça
> Só o faz pelas costas, pois ao ver
> A minha face, desvanece.

Ainda assim, diante dos sonhos de Calpúrnia, César pede aos sacerdotes que sacrifiquem um animal e, nele, vejam se o seu futuro é sair ou ficar em casa. Seu criado volta com a notícia:

> Dizem que hoje não deve sair.
> Arrancando as entranhas de uma ave,
> A oferenda não tinha coração.

É bem clara a previsão dos sacerdotes. Mas César a rejeita, dizendo-se maior do que qualquer perigo:

> Os deuses sempre humilham a covardia:
> Besta sem coração seria César
> Se só por medo ficasse hoje em casa.
> Mas César, não. O perigo bem sabe
> Que eu sou mais perigoso do que ele.
> Somos leões paridos num só dia,
> Sendo eu o mais velho e mais terrível;
> E César vai sair.

Diante de um último apelo emocional de Calpúrnia, ele ainda hesita. Porém, cede ao argumento definitivo de Décius Brutus, que o convence a sair:

> Ouça agora: o Senado resolveu
> Conceder hoje uma coroa a César;
> Mas se mandar dizer que hoje não vai,
> Talvez mudem de ideia. É um desrespeito
> Que pode levar alguns a afirmar,
> "Interrompamos a sessão um tempo,
> Até Calpúrnia ter sonhos melhores".

Se César se esconde, talvez digam
"Vejam só; estará César com medo?"

Tentado pela oferta de poder feita por Décius Brutus e temendo o abalo à sua imagem política perante os senadores, Júlio César vai ao Capitólio, onde será assassinado pelos conspiradores.

Já próximo à cena do seu assassinato, César revela, em uma segunda situação, arrogância e soberba. Pouco antes de entrar no Capitólio, ele encontra o vidente que o havia avisado para ter cuidado com os Idos de Março. Gaba-se então para o adivinho: "Chegaram os Idos de Março". O vidente, sábio, responde: "Mas inda não se foram". Em seguida, ocorre a cena fatal. No momento em que Júlio César entra no Capitólio, Metellus Cimber pede a liberdade para o seu irmão, Publius Címber, que havia sido exilado. Nessa cena, fica evidente o desprezo pelo outro, sua imensa prepotência:

Chega, Cimber;
Curvaturas e grandes reverencias
Podem afoguear homens comuns,
E transformar decretos e leis firmes
Em jogo de criança. Não se iluda;
Julgando tão rebelde este meu sangue,
Que se desvie de alta qualidade
E se derreta, tolo, com elogios,
Mesuras demonstrações bajuladoras.
Um decreto baniu o seu irmão;
Se por ele se curva e, lambe e gane,
Eu o afasto com o pé, como a um cão.
Saiba que César não erra e, sem causa,
Não fica satisfeito.

Na sequência, Marcus Brutus e Caius Cassius reiteram o mesmo pedido, que é negado, de novo com grande empáfia:

Isso me tocaria se eu pudesse
Como você por isso ser tocado;
Se eu orasse, ouviria a sua prece.
Mas sou firme qual a Estrela d'Alva

Que, por seus muitos dotes de firmeza,
Não tem par nem igual no firmamento.
Pintam os céus milhares de faíscas,
Todas de fogo, todas rebrilhando;
Porém só uma permanece fixa.
Assim é o mundo bem fornido de homens,
Homens de carne e osso, que têm medo;
Mas nesse número só sei de um
Que mantém o seu posto, inabalável
Pela emoção; e esse um sou eu.
E vou mostrá-lo um pouco, neste caso:
Constante como fui ao punir Cimber,
E em mantê-lo banido sou constante.

No desfecho da cena, Cinna, Decius e Casca fazem o mesmo pedido que, negado por Júlio César, gera o ataque dos conspiradores. Prudência, humildade e respeito pela opinião dos outros poderiam ter-lhe poupado da morte. Antes mesmo de chegar ao poder absoluto, que ainda se prenunciava, César já exibia a faceta arrogante dos tiranos e ditadores.

6.3.2 Brutus e o sentimento republicano

Logo no início da peça, no Ato I, Cena II, Shakespeare apresenta o dilema existencial de Marcus Brutus: matar ou não matar Júlio César. Brutus respeitava César, tinha dívidas de gratidão para com ele e o amava fraternalmente. Por isso não era fácil a decisão. Por outro lado, estava convencido de que César havia se tornado poderoso demais desde que vencera os filhos de Pompeu e seu comportamento imperial ameaçava a República romana de se tornar o governo de um homem só. A perspectiva da tirania aguçou o sentimento republicano de Marcus Brutus. Quando Caius Cassius tenta convencer Marcus Brutus de conspirar contra Júlio César, ainda no começo da trama, revela-se o amor de Marcus Brutus pela coisa pública. Enquanto conversam, Brutus escuta os gritos do povo, vindos da festa de Lupercais, e exclama: "Que grito é esse? Eu já temo que o povo escolha César pra rei". Caius Cassius, então pergunta: "Então, teme? Devo crer, nesse caso, que não o quer?". Assim responde Marcus Brutus:

> Não quero, Cassius, embora o ame.
> Mas qual a causa de reter-me assim?
> O que deseja, enfim, comunicar-me?
> Se for algo que vise ao bem comum
> Mostre a honra num olho e a morte no outro,
> E aos dois hei de encarar com indiferença.
> Os deuses sabem que amo mais a honra
> Do que possa jamais temer a morte.

No curso da peça, o dilema de Brutus se revela com cores fortes em dois momentos distintos. O primeiro deles ocorre quando, sozinho em sua casa, toma a decisão fatídica de matar César, unindo-se aos conspiradores. A cena se inicia com um monólogo de Brutus no pomar:

> Ele tem de morrer; e quanto a mim
> Não tenho causa para repudiá-lo,
> Senão a pública. Se coroado,
> Como isso o mudaria? É esse o ponto.
> É a luz do sol que faz sair a cobra,
> Exigindo cuidados no pisar.
> Se o coroamos damos-lhe um ferrão,
> Perigo para ele usar a qualquer hora.
> O abuso da grandeza é separar
> O poder do remorso; e, na verdade,
> Em César jamais vi a emoção
> Pesar mais que a razão. Mas é sabido
> Que a humildade é a escada da ambição,
> Pra qual sempre se volta o carreirista;
> Mas uma vez alcançando o ponto máximo,
> Ele dá suas costas à escada,
> Olha pras nuvens, despreza os degraus
> Por que subiu. Talvez César o faça;
> É impedi-lo pra evitar. E se à causa
> Falta hoje base pelo que é agora,
> Digamos antes que o que é, crescendo,
> O levaria a tais atos extremos.
> Temos de vê-lo um ovo de serpente

Que chocado, segundo o seu destino,
Virá a ser maligno e deve então
Ser morto inda na casca.

Nessa hora, seu criado Lucius o interrompe e entrega uma carta selada que alguém lhe deixara. Com a iluminação das estrelas ("Os meteoros que voam nos ares dão luz bastante pra que eu leia isto"), abre a carta e a lê:

"Brutus, tu dormes; desperta e faz justiça!
Será que Roma...etc...etc...
Fala, vibra teu golpe, faz justiça!
Brutus, tu dormes; desperta"
Muitas instigações iguais a esta
Têm caído onde esta foi achada.
"Será que Roma..." O que devo pensar?
Que ela não pode curvar-se ante um homem?
Meus ancestrais expulsaram Tarquínio
De Roma quando foi chamado rei.
"Fala, vibra teu golpe", então me pedem
Que eu fale e aja? Roma a ti eu juro
Que se é por justiça tu hás de ter
Das mãos de Brutus tudo o que hoje pedes.[14]

A decisão de Brutus em agir se dá antes mesmo de qualquer ação de César contra a República. O segundo momento em que Brutus procura justificar seu gesto em nome do amor à República se dá por ocasião do funeral de César, quando procura expor os motivos que justificaram a conspiração:

Romanos, compatriotas e amigos! Ouvi-me
por minha causa, e ficai em silêncio,
para poder ouvir. Acreditai-me por minha
honra, e respeitai minha honra para
poder acreditar. Censurai-me em vossa

---

[14] 2º ato, 1ª cena. p. 39.

sabedoria e despertai vossos sentidos para julgar melhor. Se houver alguém nesta assembleia, algum querido amigo de César, a ele eu direi que o amor de Brutus por César não foi menor do que o seu. *Se então ele perguntar por que Brutus levantou-se contra César, esta é a minha resposta: não foi porque amei menos a César, mas porque amei mais a Roma. Preferireis vós que César estivesse vivo, para que morrêsseis todos escravos, a que César estivesse morto, para viverdes livres?* Porque César me amava, choro por ele; porque foi feliz, regozijo-me; porque foi bravo, honro-o; mas porque era ambicioso, matei-o. Há lagrimas por seu amor, regozijo por sua felicidade, honra por sua bravura e morte por sua ambição. Quem há aqui tão baixo que quisesse ser escravo? Se há alguém, que fale, pois a ele eu ofendi. Quem há aqui tão rude que não quisera ser romano? Se há alguém, que fale; pois a ele eu ofendi. Quem há aqui tão vil que não ame o seu país? Se há alguém, que fale; pois a ele eu ofendi. Espero uma resposta. [...]
Então não ofendi ninguém. Não fiz mais a César do que faríeis vós a Brutus. Toda a questão de sua morte está lavrada no Capitólio; sua glória não está diminuída, pois ele a mereceu; nem são exageradas as suas culpas, pelas quais ele morreu.
Eis que chega o seu corpo, pranteado por Marco Antônio que, muito embora não tenha participado de sua morte,

receberá o benefício de seu passamento,
seu lugar na comunidade. E
a qual de vós não acontecerá o mesmo?
Com isso eu parto, eu que assassinei
aquele a quem amava pelo bem
de Roma, e tenho a mesma adaga para
mim, quando aprouver ao meu país ter
a necessidade da minha morte. (Grifos nossos)

E assim a causa pública prevalece sobre o sentimento privado.

6.3.3 Marco Antônio e a arte da retórica

A retórica, a arte de falar com eloquência, para persuadir, inspirar ou conquistar, tem papel destacado na trama, sobretudo na figura de Marco Antônio. Logo após o assassinato de César, ele procura os conspiradores para entender a razão do ato extremo que perpetraram. Ao se manifestar, disfarça a indignação que sente sob um manto de simpatia irônica e sarcástica:

Senhores eu não sei o que planejam,
Quem mais deve sangrar, quem julgam podre,
Se sou um deles não há melhor hora
Que a da morte de César, e nem armas
Que valham essas suas, que estão ricas
Com o sangue mais nobre deste mundo.
Eu lhes imploro, se me querem mal,
Que agora, enquanto as rubras mãos tresandam,
Tenham o seu prazer. Pois em mil anos
Nunca estarei tão pronto para a morte;
Nenhum lugar ou instrumento fatídico
Me agradará como este, junto a César,
Ceifado pelos homens que reúnem
A nata e a inteligência destes tempos [...]
Sei que foi sábio.
Me deem todos suas mãos sangrentas.
Primeiro, Brutus, eu aperto a sua;
E a seguir a sua, Caius Cassius;

Agora Decius Brutus e Metellus;
A sua, Cinna; a sua, valente Casca;
Por fim, com igual amor, o bom Trebonius;
Cavalheiros, que posso dizer eu?
Meu credito está hoje tão precário
Que hão de julgar-me mal de um modo ou outro;
Por ser covarde ou bajulador.
Que a ti amei, oh César, é verdade!
Se a tua alma, então, ora nos vê,
Não há de lamentar mais do que a morte
Ver teu Antônio aqui buscando a paz,
Cerrando as mãos sangrentas do inimigo,
Todos tão nobres, diante do teu corpo?
Se tantas chagas fossem olhos meus,
Jorrando com o sangue que perdeste,
Faria eu melhor do que buscando
Ter a amizade dos teus inimigos.
Perdoa, Júlio, corça aqui caçada!
Aqui caíste e aqui teus caçadores
Eu vejo rubros com as tuas entranhas.
O mundo foi o bosque dessa corça,
E deste mundo foste o coração.
E como caça abatida por príncipes
Aí jazes tu!

Após esse discurso, os conspiradores autorizam Marco Antônio a falar no funeral de Júlio César, que ocorreria no dia seguinte. Porém, antes de finalizar a cena, Marco Antônio, sozinho, expressa seu verdadeiro sentimento quanto aos conspiradores:

Eu te imploro perdão, barro sangrento,
Por ser servil ante esses assassinos.
És a ruína do homem mais nobre
Que jamais houve na maré dos tempos.
Pobre da terra que te derramou
O nobre sangue! E ante as tuas chagas –
Que abrem mudas os lábios de rubi

Pra pedir voz a esta minha língua –
Eu juro que uma praga há de abater-se;
Fúria doméstica e luta civil
Virão cobrir a Itália toda inteira.
Tao comuns serão sangue e destruição,
Horrores serão tão familiares,
Que mães irão sorrir ao deparar
Com o filho esquartejado pela guerra,
Sufocada a piedade pelo hábito:
E a alma de César pedirá vingança
Vinda do inferno, com Atê do lado,
E com voz de monarca nestas plagas
Soltará com alarma os cães da guerra,
Até que este ato feda toda a terra
Com corpos podres a implorar enterro.

É na fala no funeral de César, todavia, que Marco Antônio exibe toda a sua verve, numa oração tida como verdadeira aula de retórica:[15]

Amigos, cidadãos de Roma, ouvi-me;
Venho enterrar a César, não louvá-lo.
O mal que o homem faz vive após ele,
O bem se enterra às vezes com seus ossos.
Com César que assim seja. O honrado Brutus
Disse que César era ambicioso;
Se isso é verdade, era uma dura falta,
E duramente César a pagou.
Com a permissão de Brutus e dos outros
(Pois Brutus é um homem muito honrado,
Tal como os outros, todos muito honrados.)
Venho falar no funeral de César.
Foi meu amigo, justo e dedicado;
Mas Brutus diz que ele era ambicioso,

---

[15] Segundo José Roberto de Castro Neves, "[n]ão há advogado que não se emocione com o discurso" (José Roberto Castro Neves, *Medida por medida*: o direito em Shakespeare, Rio de Janeiro: Edições de Janeiro, 2012. p. 212).

E Brutus é um homem muito honrado.
Ele trouxe pra Roma mil cativos
Cujo resgate enchia nossos cofres;
Mostrou-se assim a ambição de César?
Quando o pobre clamava, ele sofria:
Ambição deve ter mais duro aspecto;
Mas Brutus diz que ele era ambicioso,
E Brutus é um homem muito honrado.
Vós todos vistes que, no Lupercal,
Três vezes lhe ofertei a real coroa:
Três vezes recusou. Isso é ambição?
Mas Brutus diz que ele era ambicioso,
E sabemos que é um homem muito honrado.
Não falo pra negar o que diz Brutus
Mas para dizer aqui tudo o que sei:
Que causa vos impede de chorá-lo?
Bom senso, hoje existes só nas feras;
O homem perde a razão! Mas perdoai-me,
Meu coração com César vai, no esquife,
E eu calarei até que ele me volte. [...]
Ainda ontem, com uma palavra,
César enfrentava o mundo. Hoje, ali,
Não tem um só mendigo para honrá-lo.
Oh, senhores! Quisesse eu comover-vos,
Em mente e coração até a revolta,
Faria mal a Brutus, mal a Cassius,
Que vos sabeis serem homens bem honrados.
Mas não lhes farei mal; prefiro, antes
Fazê-lo ao morto, a vós e a mim mesmo,
Do que fazê-lo a homens tão honrados.
Eis um escrito com o selo de César;
Achei-o no seu quarto; é a sua palavra.
Se o povo ouvisse aqui seu testamento,
O qual, perdão, eu não pretendo ler,
Ele iria beijar essas feridas,
Molhar seus lenços no sangue sagrado,
Tentar guardar um cabelo de César

> E, ao morrer, haveria de testar,
> Deixando-o qual legado precioso,
> Aos seus herdeiros. (Grifos nossos)

Os plebeus pedem para que Marco Antônio leia o testamento, mas ele se nega. Porém, volta atrás e decide lê-lo. Pede para que todos façam uma roda em volta do corpo de Júlio César, e volta a discursar:

> Se tendes lágrimas, chorai agora.
> Conheceis este manto. Eu inda lembro
> A vez primeira em que ele o usou:
> Era tarde de estio; em sua tenda,
> No mesmo dia em que venceu os Nérvios.
> Vede aqui onde Cassius o feriu,
> E onde rasgou a inveja de Casca.
> Aqui o apunhalou o amado Brutus,
> E quando este puxou pra fora a faca,
> Vede o sangue de César a segui-la,
> Assim como se corresse porta afora
> Pra ver se o golpe fora do cruel Brutus.
> Pois esse Brutus, como vós sabeis,
> Era o anjo de César. Vós, oh deuses,
> Julgai o quanto César o amava!
> Essa foi a ferida mais cruel,
> Pois quando César o viu golpeando-o,
> A ingratidão, mais forte que os traidores,
> Venceu e arrebentou seu coração;
> E, protegendo o rosto com seu manto,
> Junto à base da estátua de Pompeu,
> Todo em sangue, caiu o grande César.
> E que queda foi essa, meus patrícios!
> Pois então vós e eu caímos todos,
> Com o triunfo sangrento da traição.
> Ora chorais e eu vejo que sentis
> Dor e piedade. Esse é um belo pranto.
> Por que chorais se vedes tão apenas
> As feridas de um manto? Olhai agora,
> Pra ver como a traição feriu seu corpo.

Marco Antônio tira o manto do corpo de Júlio César, e expõe suas feridas. Volta ao discurso. Enfurecidos, os plebeus planejam caçar os conspiradores. Marco Antônio chama-lhes a atenção:

> Amigos, não sabeis o que fazeis.
> Qual a razão de vosso amor por César?
> Ah, não sabeis! Pois devo então dizer-vos:
> Vós esquecestes já do testamento. [...]
> Aqui está ele, e selado por César.
> Aos cidadãos romanos ele deixa,
> A cada um, setenta e cinco dracmas. [...]
> Além disso, deixou-vos seus passeios,
> Seus bosques e pomares mais recentes,
> Nesta margem do Tibre, para vós
> E vossos filhos, pra sempre, pra terdes
> O prazer do recreio ao ar livre.
> Esse era um César! Quando haverá outro?

Após a fala de Marco Antônio, os conspiradores fogem de Roma, com medo do povo. Isso mostra, por si só, a força retórica do discurso feito por Marco Antônio. Ao iniciar sua fala, o povo havia acabado de escutar Marcus Brutus. E estavam todos a comemorar a morte de Júlio César, que supostamente era um tirano. Ao fim de sua fala, o povo percebe que o ato dos conspiradores não teve fundamento, senão o argumento de autoridade utilizado por Marcus Brutus, acerca do fato de ser um homem nobre. Marco Antônio consegue reverter toda a situação, por meio de apenas um discurso.

6.4 Algumas pérolas de sabedoria

Ao longo do texto, Shakespeare exibe sua fina compreensão da vida e da condição humana, na sua grandeza e miséria. A seguir, algumas dessas percepções, em passagens antológicas.

6.4.1 A multidão é volúvel

Após o assassinato de César, os plebeus exigem uma explicação. Brutus sobe ao púlpito e faz-se silêncio para ouvi-lo. Em oração breve, explica que matou César para evitar que todos se tornassem escravos.

Matou-o, não porque não amava César, mas porque amava mais Roma. Compreendendo as razões, a multidão o apoia:

> TODOS
> Vive, Brutus, vive!
> 1º PLEBEU
> Vamos levá-lo em casa, com um desfile.
> 2º PLEBEU
> Fazer-lhe a estátua junto aos ancestrais.
> 3º PLEBEU
> Que ele seja César.
> 4º PLEBEU
> E o melhor.
> De César será coroado em Brutus. [...]
> 1º PLEBEU
> César foi um tirano.
> 3º PLEBEU
> Isso é certo.
> É uma bênção ver Roma livre dele.

No entanto, após a fala de Marco Antônio, a multidão muda de lado e se põe em crescente fúria:

> 1º PLEBEU
> Acho que tem razão no que ele diz.
> 2º PLEBEU
> Pensando bem em toda essa questão,
> César foi muito injustiçado.
> 3º PLEBEU
> Muito.
> Eu só temo que venha outro pior.
> 4º PLEBEU
> Ouviram? Ele não quis a coroa;
> É óbvio que não era ambicioso.

E ao final do discurso de Marco Antônio, já fora de controle, todos voltam a se manifestar:

2º PLEBEU

Queremos vingança.

TODOS

Vingança! Vamos! Busquem! Queimem! Torrem! Matem! Cacem! Não deixem vivo nem um só traidor. [...]

1º PLEBEU

Vamos queimar a casa de Brutus!

3º PLEBEU

Em frente. Vamos pegar os conspiradores!

6.4.2 A ingratidão é da natureza humana

Ao manifestar temor à ambição de César, assim como às mudanças que a conquista do poder nele provocaria, assim falou Brutus:

> Mas é coisa
> sabida em demasia que a humildade
> para a ambição nascente é boa escada.
> Quem ascende por ela, olha-a de frente;
> Mas, uma vez chegado bem no cimo,
> Volta-lhe o dorso, e as nuvens, só, contempla,
> desprezando os degraus por que subira.[16]

6.4.3 Como se livrar da tirania

> Todo servo carrega em suas mãos
> Poder pra cancelar seu cativeiro.

6.4.4 A covardia

> Morre mil vezes o covarde,
> O bravo prova a morte uma só vez.

---

[16] A tradução, aqui, é a de Carlos Alberto Nunes.

6.4.5 A virtude não escapa da inveja

Lamento que a virtude não possa
Viver longe dos dentes do invejoso.

6.4.6 O bem e o mal

O mal que o homem faz vive após ele,
O bem se enterra às vezes com seus ossos.

6.4.7 Paixões desordenadas geram injustiça

Um dos conspiradores contra Júlio César chamava-se Cinna. Após o assassinato e o discurso de Marco Antônio, o povo sai pelas ruas em busca de vingança. No caminho, os plebeus ensandecidos encontram um homem de nome Cinna, homônimo de um dos assassinos. Pela coincidência, não hesitam em matá-lo:

3º PLEBEU
E o seu nome, senhor, de verdade.
CINNA
Em verdade, meu nome é Cinna.
1º PLEBEU
Acabem com ele! É um conspirador.
CINNA
Eu sou Cinna, o poeta, Cinna, o poeta.
4º PLEBEU
Matem-no por seus maus versos! Matem-no por seus maus versos.
CINNA
Eu não sou Cinna, o conspirador.
4º PLEBEU
Não importa. Ele se chama Cinna; é só arrancar-lhe o nome do coração, e depois mandá-lo embora!
3º PLEBEU
Matem! Matem!

6.4.8 Os poderosos desconfiam dos intelectuais

É certo que, no caso concreto, com razão. Em diálogo com Marco Antônio, César considera Cassius perigoso, porque lê muito e pensa demais:

> Cassius, ali, tem ar magro e faminto;
> Pensa demais, seu tipo é perigoso. [...]
> Precisava engordar! Eu não o temo;
> Mas se o meu nome fosse dado a medos
> Não sei de homem que eu mais evitasse
> Que esse Cassius magrela. Ele lê muito,
> Observa ainda mais, e vê no fundo
> Do que fazemos. Não ama o teatro
> Como tu amas, Antônio; e nem música.
> Raramente sorri, e quando o faz
> Parece fazer pouco de si mesmo
> Por chegar a sorrir de qualquer coisa.
> Homens assim jamais ficam tranquilos
> Se vêem alguém maior do que eles mesmos,
> E são por isso muito perigosos.

6.5 Conclusão

6.5.1 Amor e ideal

O *amor* move a vida privada. Em suas múltiplas manifestações: fraternal, paternal, filial, conjugal, erótico. Amar significa dar à vida uma dimensão transcendente, que faz com que ela seja mais do que a mera sobrevivência física, o acúmulo de bens, a satisfação de prazeres sensoriais ou conquistas pessoais. O amor é o contraponto ao egoísmo inerente à condição humana. A autorreferência e a obsessão de si são atenuadas pelo sentimento, pela capacidade de se ter empatia e de compartilhar afetos. O amor é a descoberta do outro e do bem que nos faz servir a ele. Na passagem inspirada de Vinicius de Moraes, "bastar-se a si mesmo é a maior solidão". O amor está associado a virtudes como solidariedade, compaixão e bondade. É fora de dúvida que Brutus amava César.

Por sua vez, o *idealismo* está para a vida pública como o amor está para a vida privada. Ter ideal significa viver para objetivos que estão além do interesse imediato, do proveito próprio. Justo ao contrário, idealismo pode significar sacrifício e renúncia, em troca de realizações que não são puramente pessoais e frequentemente são intangíveis. O ideal, sem fanatismo ou onisciência, também é uma forma de transcender, de viver além das conquistas materiais e incluir o outro no nosso universo de preocupações. O idealismo está ligado a valores éticos, à virtude, às conquistas do espírito. É fora de dúvida, igualmente, que Brutus era um homem idealista.

A vida boa envolve o equilíbrio entre amor, idealismo e interesses próprios. *Júlio César* retrata um conflito excruciante: quando o amor e o idealismo estão em lados diferentes, opostos, inconciliáveis. A tragédia de Brutus foi não poder colocar o seu amor – amor de gratidão, amor quase filial – onde habitava o seu ideal. Não era o seu interesse pessoal que estava em jogo. Na sua visão, a equação perversa era César *versus* Roma. Se ambos eram incompatíveis, se a ambição tirânica de César se contrapunha aos valores da República romana, de que lado um homem de bem como Brutus deveria ficar? A peça revela não mais que breve hesitação: a República estava acima dos sentimentos pessoais. Para muitos, a dignidade de Brutus colocou-o acima de sua própria humanidade.

6.5.2 Meios e fins

Meios e fins formam a dualidade que move o mundo físico, o mundo da racionalidade, o mundo pragmático. Viver é escolher meios para realizar fins. Legislar é prever meios para concretizar objetivos legítimos. A adequação, a necessidade e a proporcionalidade dos meios que o indivíduo, a sociedade e o Estado elegem para buscar seus fins dão a dimensão de sua civilidade, constitucionalidade e moralidade. O desequilíbrio entre meios e fins, o emprego de instrumentos ilegítimos ou imorais para atingir fins legítimos, morais e desejáveis constitui um dilema ético que atravessa os séculos. Desde muito antes de Maquiavel, que não produziu a frase "os fins justificam os meios", mas mereceu a autoria.

A preservação da República romana era um fim mais do que legítimo. Evitar o desencontro histórico e o despotismo que se irradiou a partir do seu fim, com a implantação do Império, justificaria esforços extremos. Porém, matar um ente querido; trair a confiança de um amigo;

aliar-se a adversários que se moviam por sentimentos mesquinhos (e não por ideais republicanos) custaram a Brutus uma condenação moral insuperável, certa repulsa histórica. Transplantando o imperativo categórico de Kant do Iluminismo para a Antiguidade Clássica, se todos pudessem matar, trair e derrotar o amor em nome de um ideal legítimo, o prêmio final viria sem mérito nem virtude. E embora fosse moralmente maior do que César, para destruí-lo, Brutus tornou-se menor que ele. O mal não é fonte do bem. Por melhores que sejam as intenções.

CAPÍTULO 7

TRABALHANDO COM UMA NOVA LÓGICA: A ASCENSÃO DOS PRECEDENTES NO DIREITO BRASILEIRO[1]

7.1 Introdução: ascensão do Poder Judiciário, expansão do acesso à Justiça e jurisdição de massa no Brasil

O Poder Judiciário, em todo o mundo, vive um momento de ascensão institucional. Este é um fenômeno que tem início após a 2ª Guerra Mundial: boa parte dos países democráticos se deu conta da importância de um Judiciário forte e independente para a garantia dos direitos fundamentais e para a preservação das regras do jogo democrático. Juízes e tribunais, assim, deixam de ser órgãos técnicos especializados do Estado e se convertem, progressivamente, em integrantes de um verdadeiro poder político. Esta ascensão do Poder Judiciário foi, em ampla medida, contemporânea de certo desencanto com a política majoritária, acossada por múltiplas vicissitudes e distorções. No Brasil pós-1988, o maior prestígio e visibilidade do Poder Judiciário foi potencializado por uma Constituição abrangente e detalhada, que em medida significativa estimulou a judicialização da vida.

A massificação do acesso à justiça modificou de maneira inclu tável o perfil da atuação de juízes e tribunais. Nas últimas décadas, criaram-se novos direitos, ações e tribunais. No plano dos direitos, pode-se destacar a proteção do consumidor, a tutela do meio ambiente e a promoção da saúde. No tocante às ações judiciais, foram introduzidos tanto processos objetivos – *e.g.* ação declaratória de constitucionalidade

---

[1] Texto escrito em coautoria com Patricia Perrone Campos Mello.

e arguição de descumprimento de preceito fundamental – quanto ações subjetivas, aí incluídos a ação civil pública, o mandado de segurança coletivo e as diferentes possibilidades processuais de tutela de direitos individuais homogêneos, coletivos e difusos. No plano estrutural, foram criados os juizados especiais, expandindo exponencialmente a chance de cada cidadão de obter pronunciamentos judiciais, independentemente da expressão pecuniária de sua pretensão. Uma das consequências do fenômeno aqui descrito foi a multiplicação de órgãos judiciais, espalhados capilarmente por todo o país. De acordo com a Associação dos Magistrados Brasileiros, o Brasil possui cerca de 16 mil juízes.

A massificação, como intuitivo, reduz a atenção individual que juízes de todos os graus de jurisdição podem dar a cada processo, impondo a otimização do tempo e dos recursos humanos e materiais disponíveis. Esta não é uma escolha comportamental ou filosófica, mas uma inevitabilidade dos tempos modernos, das sociedades de massas contemporâneas. O juiz tradicional, que tecia como artesão cada sentença, ficou reservado para as hipóteses excepcionais de casos com complexidades e peculiaridades que refogem ao padrão usual. Juízes nos dias atuais trabalham com assessores, modelos e fórmulas pragmáticas de atuação e construção de decisões. Neste novo universo, a entrega de justiça se dá pela sinergia de órgãos e de instâncias diversas, de modo a evitar retrabalho, como exemplo, pelo aproveitamento da fundamentação e de teses de julgamento desenvolvidas pelos tribunais. É nesse ambiente que o papel da jurisprudência e o uso pragmático de precedentes se tornam indispensáveis para a entrega de uma prestação jurisdicional que possa conciliar justiça do caso concreto com duração razoável do processo. Trabalhar com precedentes, todavia, exige o domínio de conceitos, técnicas de decisão e categorias que não fazem parte da rotina de juízes formados na tradição romano-germânica. Este é o tema do presente artigo.

7.2 A aproximação entre o sistema romano-germânico e o *common law*

O tratamento conferido à jurisprudência pelo direito ocidental varia de acordo com dois grandes sistemas de direito: o sistema romano-germânico e o *common law*. O sistema romano germânico, que predominou na Europa continental, tem a lei como principal fonte do direito. A norma jurídica constitui um comando geral e abstrato, que se propõe a abranger, em sua moldura, uma variedade de casos futuros. A sua aplicação firma-se em um raciocínio dedutivo, que parte do comando geral para regular a situação particular. Neste sistema, as decisões judiciais, geralmente, não produzem efeitos vinculantes para o julgamento de casos futuros[2] e, por isso, afirma-se que, como regra, desempenham um papel secundário como fonte do direito. Podem influenciar a sua compreensão, podem inspirar iniciativas legislativas, mas não geram direito novo, funcionando como fontes mediatas de novas normas.

No *common law*, típico dos países de colonização anglo-saxã, tem-se a situação inversa. As decisões judiciais são a principal fonte do direito e produzem efeitos vinculantes e gerais. A norma de direito corresponde ao comando extraído de uma decisão concreta, que será aplicado, por indução, para solucionar conflitos idênticos no futuro. Ela é determinada a partir do problema e deve ser compreendida à luz dos seus fatos relevantes. É mais fragmentada, ligada às particularidades da demanda e à justiça do caso concreto; é menos voltada a produzir soluções abrangentes e sistemáticas. O uso da lei como fonte do direito no *common law* é menos usual do que no direito romano-germânico.

Esses sistemas não evoluem, contudo, de forma estanque. Ao contrário, há relativo consenso de que se encontram em processo de aproximação. O triunfo das ideias democráticas, a assunção de certos compromissos internacionais e a necessidade de implementar mudanças sociais rápidas são fatores que contribuíram historicamente para uma maior produção de norma legislada em países do *common law*.[3]

Assistiu-se, assim, à promulgação, na Inglaterra, da Lei de Direitos Humanos de 1998 (*Human Rights Act*), que permitiu, de forma inédita no sistema inglês, a declaração de incompatibilidade de

---

[2] Todas as decisões judiciais produzem efeitos vinculantes. Quando tais efeitos obrigam apenas às partes do caso concreto, afirma-se que os efeitos são vinculantes e *inter partes*; quando a orientação firmada em um julgado tem de ser observada nos demais casos futuros e idênticos, afirma-se que produzem efeitos vinculantes e gerais (*erga omnes*). Entretanto, o jargão jurídico vem utilizando a expressão *efeito* ou *precedente vinculante* para referir-se a esta segunda categoria de precedentes, cujos efeitos obrigatórios ultrapassam o caso concreto e equivalem aos efeitos dos *binding precedents* do *common law*. Trata-se de uso menos técnico, porém consolidado na comunidade jurídica. Por essa razão, a menção a efeitos ou a precedentes vinculantes neste trabalho designará sempre aqueles entendimentos que firmam orientações gerais obrigatórias para o futuro. V., neste sentido: Luís Roberto Barroso, *O controle de constitucionalidade no direito brasileiro*. 7. ed. Rio de Janeiro: Saraiva, 2015. p. 160-161 e 235-248.

[3] René David, *Os grandes sistemas do direito contemporâneo*. São Paulo: Martins Fontes, 2002. p. 434-435.

normas internas com os direitos previstos na Convenção Europeia de Direitos Humanos.⁴ Aprovou-se a Lei de Reforma Constitucional de 2005 (*Constitutional Reform Act*), pela qual se criou a Suprema Corte do Reino Unido,⁵ situada fora do Parlamento, a fim de reproduzir o sistema tradicional de tripartição de poderes adotado pela Comunidade Europeia.⁶ E, entre 2014 e 2015, uma série de reformas promovidas por lei tornaram possível a aposentadoria, a suspensão e a exclusão de membros da *House of Lords*, bem como previram a nomeação preferencial, pelo prazo de dez anos contados do início de vigência da norma, de sacerdotes mulheres para a posição de lordes espirituais.⁷

Nos Estados Unidos, a título de ilustração, foi editada, em 2010, uma importante reforma do sistema de saúde, por meio da Lei de Proteção ao Paciente e de Tratamento a Custo Acessível (*Patient Protection and Affordable Care Act*), que ficou conhecida como *Obama Care*, com o propósito de implementar rápidas mudanças sociais no acesso aos serviços de saúde e de reduzir seus custos.⁸

Já no que respeita aos países de direito romano-germânico, constata-se, hoje, uma tendência indiscutível a conferir efeitos vinculantes e gerais às decisões judiciais proferidas pelas cortes constitucionais. Essa tendência pode ser constatada, exemplificativamente, nos efeitos atribuídos aos julgados das cortes constitucionais da Alemanha, da Itália e da Espanha,⁹ todas produtoras de precedentes vinculantes,

---

⁴ Human Rights Act 1998. *Legislation.gov.uk*. Seção 4. Disponível em: <http://www.legislation.gov.uk/ukpga/1998/42/contentes>. Acesso em: 16 maio 2016.

⁵ Constitutional Reform Act 2005. *Legislation.gov.uk*. Seção 3. Disponível em: <http://www.legislation.gov.uk/ukpga/2005/4/contentes>. Acesso em: 16 maio 2016.

⁶ A *House of Lords*, que funcionara como a corte superior do Reino Unido até outubro 2009, integrava o Parlamento, o que gerava certo desconforto quanto ao respeito à concepção tradicional de separação de poderes.

⁷ V. Lei de Reforma da *House of Lords* de 2014 (*House of Lords Reform Act 2014*), Seção 1 da Lei de Expulsão e Suspensão de Membros da *House of Lords* de 2015 (*House of Lords Expulsion and Suspension Act 2015*) e Seção 1 da Lei de Lordes Espirituais Mulheres de 2015 (*Lords Spiritual Women Act 2015*) (House of Lords (Expulsion and Suspension) Act 2015. *Legislation.gov.uk*. Disponível em: <http://www.legislation.gov.uk/ukpga/2015/14/contents/enacted/data.html> e Lords Spiritual (Women) Act 2015. *Parliament.uk*. Disponível em: <http://services.parliament.uk/bills/2014-15/lordsspiritualwomen.html>. Acesso em: 16 maio 2016).

⁸ Compilation of Patient Protection and Affordable Care Act. *Office of The Legislative Counsel*, May, 2010. Disponível em: <http://housedocs.house.gov/energycommerce/ppacacon.pdf>. Acesso em: 13 jun. 2016.

⁹ Robert Alexy e Ralf Dreier, Precedent in the Federal Republic of Germany. In: D. Neil Maccormick e Robert S. Summers (Org.), *Interpreting precedents*: a comparative study. England: Dartmouth Publishing Company Limited e Ashgate Publishing Limited, 1997. p. 26-27; Michele Taruffo e Massimo La Torre. Precedent in Italy. In: D. Neil Maccormick

e, porque não, na eficácia atribuída às próprias decisões do Supremo Tribunal Federal, como se verá a seguir.

7.3 A evolução do papel da jurisprudência no Brasil

O processo de valorização da jurisprudência no Brasil pode ser compreendido em três perspectivas ou etapas: (i) o avanço do controle concentrado da constitucionalidade; (ii) a valorização da jurisprudência por meio das normas infraconstitucionais que progressivamente alteraram o Código de Processo Civil de 1973 (CPC/1973); (iii) a criação de um novo sistema de precedentes vinculantes no direito brasileiro, pelas normas integrantes da Lei nº 13.105/2015, nosso Novo Código de Processo Civil (CPC/2015).[10]

7.3.1 O avanço do controle concentrado da constitucionalidade

O ordenamento constitucional brasileiro alberga dois modelos de controle da constitucionalidade.[11] Há, primeiramente, o modelo difuso, de inspiração norte-americana, no qual o controle de constitucionalidade pode ser desempenhado por todo e qualquer juiz de todos os graus de jurisdição. Nele, o exame da constitucionalidade ocorre em caráter incidental, no âmbito de um caso concreto, como questão prejudicial à decisão do mérito da causa; pode se iniciar em primeiro grau de jurisdição e chegar até o STF por meio de recurso extraordinário. Os entendimentos produzidos pelo STF sobre matéria

---

    e Robert S. Summers (Org.), *Interpreting precedents*: a comparative study. England: Dartmouth Publishing Company Limited e Ashgate Publishing Limited, 1997. p. 154-155; Alfonso Ruiz Miguel; Francisco J. Laporta, Precedent in Spain. In: *Interpreting precedents*: a comparative study. England: Dartmouth Publishing Company Limited e Ashgate Publishing Limited, 1997. p. 272.

[10] Luís Roberto Barroso, *O controle de constitucionalidade no direito brasileiro*. 7. ed. Rio de Janeiro: Saraiva, 2015; Patrícia Perrone Campos Mello, *Precedentes*: o desenvolvimento judicial do direito no constitucionalismo contemporâneo. Rio de Janeiro: Renovar, 2008. p. 11-60; Aluisio Gonçalves de Castro Mendes, Precedentes e jurisprudência: papel, fatores e perspectivas no direito brasileiro contemporâneo. In: Aluisio Gonçalves de Castro Mendes, Luiz Guilherme Marinoni e Teresa Arruda Alvim Wambier. *Direito jurisprudencial*. São Paulo: Revista dos Tribunais, 2014. p. 11-37. v. II. V., ainda, sobre o tema, os votos proferidos pelos ministros Luís Roberto Barroso e Teori Zavascki no julgamento da Reclamação nº 4.335 (Pleno, Rel. Min. Gilmar Mendes. *DJe*, 20 out. 2014).

[11] Roberto Barroso, *O controle de constitucionalidade no direito brasileiro*. 7. ed. Rio de Janeiro: Saraiva, 2015. p. 23-90.

constitucional, neste primeiro modelo, tradicionalmente, obrigavam apenas às partes do caso.

Em paralelo, há, ainda, o controle concentrado da constitucionalidade, de inspiração europeia, que confere exclusivamente ao Supremo Tribunal Federal a competência para processar e julgar ações diretas. O pedido principal de tais ações consiste, em regra, na aferição da (in)constitucionalidade da norma, em tese, perante a Constituição Federal.[12] Trata-se de processo abstrato e objetivo, no qual não se debatem direitos subjetivos, mas, ao revés, busca-se essencialmente preservar a higidez da ordem constitucional. As decisões proferidas pelo STF nesta sede produzem entendimentos – pela constitucionalidade ou inconstitucionalidade de uma norma – a serem obrigatoriamente observados pelos demais órgãos judiciais e pela Administração Pública. Por isso se diz que os julgados proferidos em sede concentrada dão ensejo à produção de precedentes vinculantes.[13]

A Constituição de 1988 potencializou o uso das ações diretas com inovações diversas, que compreenderam: a) maior autonomia reconhecida ao Procurador-Geral da República, nomeado para mandato certo e não mais sujeito à exoneração *ad nutum*; b) ampliação do elenco de órgãos e entidades com legitimação para proporem ações diretas; e c) ampliação dos instrumentos de deflagração de controle concentrado, com a inclusão da ação direta de inconstitucionalidade (ADI), da ação direta de inconstitucionalidade por omissão (ADO) e da arguição de descumprimento de preceitos fundamental (ADPF), esta última, inicialmente, sem contornos definidos. Por fim, a Emenda Constitucional nº 3/1993 criou a ação declaratória de constitucionalidade (ADC).

Na sequência, a Lei nº 9.868/1999 regulamentou a ADI, a ADO e a ADC, explicitando que as decisões proferidas nestas ações, inclusive aquelas que procediam à interpretação conforme a Constituição e à declaração parcial de inconstitucionalidade sem redução de texto, produziriam efeitos vinculantes e gerais em relação aos órgãos judiciais

---

[12] Há, contudo, exceções. A ação direta interventiva, por exemplo, é uma ação direta que integra o controle concentrado da constitucionalidade. Entretanto, a questão constitucional nela versada – violação a algum princípio constitucional sensível – constitui uma questão prejudicial ao julgamento do mérito (Roberto Barroso, *O controle de constitucionalidade no direito brasileiro*. 7. ed. Rio de Janeiro: Saraiva, 2015. p. 372-375).

[13] Roberto Barroso, *O controle de constitucionalidade no direito brasileiro*. 7. ed. Rio de Janeiro: Saraiva, 2015. p. 235-250.

e à Administração Pública.¹⁴ A Lei nº 9.882/1999 regulamentou a ADPF como mais uma ação componente do sistema de controle concentrado da constitucionalidade. Por fim, a Emenda Constitucional nº 45/2004 estabeleceu a possibilidade de edição de súmula vinculante, pelo Supremo Tribunal Federal, que refletisse o entendimento defendido pelo Supremo em reiteradas decisões sobre matéria constitucional, tornando sua observância obrigatória para o Judiciário e para a Administração Pública.¹⁵

Tais normas já indicavam que uma ampliação gradual e permanente do sistema de controle concentrado da constitucionalidade brasileiro estava em curso, o que naturalmente importava na expansão dos precedentes vinculantes em sede constitucional.

7.3.2 A valorização da jurisprudência por meio das normas infraconstitucionais que progressivamente alteraram o CPC/1973

Paralelamente ao movimento descrito acima, o Código de Processo Civil de 1973 vinha sendo objeto de uma série de alterações pontuais que conferiam maior eficácia à jurisprudência consolidada nos tribunais. Nessa linha, a Lei nº 9.756/1998 permitiu que o relator inadmitisse, monocraticamente, recursos em confronto com súmulas ou com a jurisprudência consolidada nos tribunais superiores, ou que desse provimento aos apelos compatíveis com tais precedentes;¹⁶ e estabeleceu a desnecessidade de submissão da arguição incidental de inconstitucionalidade de uma norma ao plenário dos tribunais, quando já houvesse pronunciamento da Corte Constitucional ou do próprio tribunal a seu respeito.¹⁷

A Lei nº 10.352/2001 dispensou o duplo grau obrigatório de jurisdição em decisões contra a Fazenda Pública que estivessem em consonância com jurisprudência do plenário do STF ou com súmula deste ou do tribunal superior competente.¹⁸ A Lei nº 11.232/2005 criou os embargos desconstitutivos da coisa julgada incompatível com

---

¹⁴ Lei nº 9.868/1999, art. 28, parágrafo único.
¹⁵ CF/88, art. 103-A, com redação conferida pela EC nº 45/2004.
¹⁶ Cf. redação atribuída pela Lei nº 9.756/1998 ao art. 557, *caput* e §1º, CPC.
¹⁷ Cf. redação atribuída pela Lei nº 9.756/1998 ao art. 481, parágrafo único, CPC.
¹⁸ Cf. art. 475, §3º, CPC, incluído pela Lei nº 10.352/2001.

a Constituição à luz da jurisprudência do STF.[19] Em 2006, editou-se a Lei nº 11.418, que regulamentou a exigência, estabelecida pela EC nº 45/2004, de "repercussão geral" como requisito necessário ao conhecimento do recurso extraordinário; e determinou-se que tal requisito estaria presente quando o acórdão contrariasse preceitos sumulados ou entendimentos consolidados na Corte Constitucional.[20]

A mesma Lei nº 11.418/2006 criou um procedimento especial para o julgamento de recursos extraordinários repetitivos, que previa que a orientação firmada pela Corte Constitucional sobre o mérito da questão, em um caso paradigma, abriria para o tribunal de origem a possibilidade de declarar prejudicados apelos idênticos nele sobrestados ou de se retratar de suas decisões anteriores, objeto de outros recursos extraordinários que ali se encontrassem, sob pena de, não o fazendo, tê-las liminarmente cassadas ou reformadas no STF.[21] Posteriormente, o procedimento especial para julgamento de recursos repetitivos foi replicado para recursos especiais apreciados pelo Superior Tribunal de Justiça e para recursos de revista julgados no Tribunal Superior do Trabalho, por meio da Lei nº 11.672/2008[22] e da Lei nº 13.015/2014,[23] respectivamente.

A lógica do procedimento para julgamento de recursos repetitivos estava justamente em produzir um sistema pelo qual os precedentes firmados pelos tribunais superiores fossem replicados pelas demais instâncias judiciais. Entretanto, na prática, tais precedentes nem sempre foram voluntariamente observados pelos juízos inferiores. E os tribunais superiores entenderam que seu descumprimento não poderia ser corrigido por meio de reclamação, diferentemente do que ocorria nos casos de violação a súmulas vinculantes ou a julgados oriundos do controle concentrado, em que a reclamação era cabível por disposição constitucional expressa.[24]

---

[19] Cf. redação do art. 475-L, inc. II e §1º, CPC e art. 741, parágrafo único, CPC, dada pela Lei nº 11.232/2005.
[20] Cf. art. 543-A, §3º, CPC, introduzido pela Lei nº 11.418/2006.
[21] Cf. art. 543-B, §3º, CPC, introduzido pela Lei nº 11.418/2006.
[22] CPC/1973, art. 543-C, inserido pela Lei nº 11.672/2008.
[23] CLT, arts. 896-B e 896-C, inseridos pela Lei nº 13.015/2014.
[24] V., no que respeita ao STF: Pleno, Rcl nº 7.569. Rel. Min. Ellen Gracie. *DJe*, 11 dez. 2009; Rcl nº 10.973. Rel. Min. Ellen Gracie. *DJe*, 6 jun. 2011; Segunda Turma, Rcl nº 17.036 AgR. Rel. Min. Teori Zavascki. *DJe*, 27 abr. 2016; Segunda Turma, Rcl nº 16.245 AgR-ED. Rel. Min. Gilmar Mendes. *DJe*, 1º set. 2015; Segunda Turma, Rcl nº 17.914 AgR. Rel. Min. Ricardo Lewandowski. *DJe*, 4 set. 2014; no que respeita ao STJ: Primeira Seção, AgRRcl

Nesse ponto, a inexistência de uma medida que permitisse cassar, de forma rápida, o entendimento divergente das decisões das cortes superiores proferidas em recursos repetitivos comprometeu, em parte, a efetividade do procedimento especial para julgamento destes recursos, comprovando a importância da reclamação para criar uma cultura de respeito aos precedentes. A correção da decisão divergente por meio do sistema recursal tradicional encontrava as dificuldades já conhecidas: morosidade, em virtude do grande volume de recursos pendentes nos tribunais e da necessidade de passar pelas demais instâncias para acessar o STF; e incerteza, tendo em vista os muitos filtros defensivos utilizados pelas cortes para reduzir seu volume de recursos e a necessidade de julgarem um quantitativo muito alto de casos, comprometendo-se a qualidade da tutela jurisdicional que prestavam.

Todos os aludidos avanços, em sede infraconstitucional, indicavam uma persistente inclinação a atribuir às decisões judiciais efeitos para além do caso específico, bem como uma tendência a conferir efeitos expansivos também aos precedentes oriundos do controle difuso da constitucionalidade.

7.3.3 A criação de um novo sistema de precedentes vinculantes pelo CPC/2015

A trajetória descrita acima completou-se com o Novo Código de Processo Civil. Nele se instituiu um sistema amplo de precedentes vinculantes, prevendo-se a possibilidade de produção de julgados com tal eficácia não apenas pelos tribunais superiores, mas igualmente pelos tribunais de segundo grau. Nessa linha, o art. 927 do novo Código definiu, como entendimentos a serem obrigatoriamente observados pelas demais instâncias: (i) as súmulas vinculantes; (ii) as decisões proferidas pelo STF em sede de controle concentrado da constitucionalidade; (iii) os acórdãos proferidos em julgamento com repercussão geral ou em recurso extraordinário ou especial repetitivo; (iv) os julgados dos tribunais proferidos em incidente de resolução de demanda repetitiva

---

nº 25.299. Rel. Min. Sérgio Kukina. *DJe*, 4 dez. 2015; Segunda Seção, AgRRcl nº 22.505. Rel. Min. Ricardo Villas Bôas Cueva. *DJe*, 15 abr. 2015; Primeira Seção, AgRRcl nº 15.473. Rel. Min. Benedito Gonçalves. *DJe*, 1º set. 2014. Na verdade, havia grande preocupação com o volume de reclamações que poderia ser recebido pelos tribunais superiores, caso afirmassem a sua admissibilidade, e produziu-se, então, um entendimento defensivo.

e (v) em incidente de assunção de competência; (vi) os enunciados da súmula simples da jurisprudência do STF e do STJ; e (vii) as orientações firmadas pelo plenário ou pelos órgãos especiais das cortes de segundo grau.

Entre tais institutos, dois eram absolutamente novos e foram concebidos pelo CPC/2015: os incidentes de resolução de demanda repetitiva e de assunção de competência. O incidente de resolução de demanda repetitiva corresponde a um procedimento especial para julgamento de caso repetitivo que pode ser instaurado em segundo grau de jurisdição. O incidente de assunção de competência possibilita que o julgamento de relevante questão de direito, com grande repercussão social, que não se repita em diferentes processos, seja apreciado por órgão específico, indicado pelo regimento interno do tribunal. Em ambos os casos, as decisões proferidas em segundo grau produzirão efeitos vinculantes.

O art. 988 do novo Código previu, por sua vez, a possibilidade de utilização da reclamação para cassar decisões divergentes de todos os entendimentos e precedentes indicados como obrigatórios pelo art. 927, ressalvadas apenas as hipóteses de descumprimento de súmulas simples e de orientações firmadas pelo pleno e pelos órgãos especiais dos tribunais. Portanto, como já ocorria nos casos de súmulas vinculantes, as decisões divergentes de entendimentos firmados em repercussão geral e em recursos extraordinários e especiais repetitivos, desde que exauridas as instâncias ordinárias, poderão ser cassadas por meio de reclamação. O mesmo passou a ser possível em casos de julgados em desacordo com decisões produzidas em incidente de resolução de demanda repetitiva e em incidente de assunção de competência.[25]

---

[25] É válido observar, contudo, que, na hipótese de precedentes vinculantes criados pelo novo Código – julgados produzidos em repercussão geral, nos casos repetitivos e em incidente de assunção de competência –, os efeitos vinculantes *não* obrigam a Administração Pública, diferentemente do que ocorre com as súmulas vinculantes e com as decisões proferidas em controle concentrado, em que disposição constitucional expressa prevê que também a Administração Pública está obrigada a seu cumprimento, sob pena de ter seu ato cassado por reclamação proposta diretamente no STF (CF/88, art. 102, §2º, e art. 103-A).

7.4 A eficácia dos precedentes judiciais no direito brasileiro

7.4.1 Os tipos de eficácia: eficácia meramente persuasiva, eficácia normativa e eficácia intermediária

Diante das considerações acima, pode-se afirmar que os precedentes judiciais, no direito brasileiro, produzem três espécies de eficácia.[26] Há, primeiramente, os *precedentes com eficácia meramente persuasiva*. Esta é a eficácia que tradicionalmente se atribuía às decisões judiciais em nosso ordenamento, em razão de sua própria raiz romano-germânica. Os julgados com esta eficácia produzem efeitos restritos às partes e aos feitos em que são afirmados; são relevantes para a interpretação do direito, para a argumentação e para o convencimento dos magistrados; podem inspirar o legislador; e sua reiteração dá ensejo à produção da jurisprudência consolidada dos tribunais. São, contudo, fonte mediata ou secundária do direito.

Há, no outro polo, os *precedentes normativos* em sentido forte, correspondentes aos julgados e entendimentos que devem ser obrigatoriamente observados pelas demais instâncias e cujo desrespeito enseja reclamação. Nos países do *common law*, um instrumento como a reclamação é prescindível para que a eficácia normativa se torne efetiva. O respeito aos *binding precedents* é pressuposto e tradição do sistema. A experiência mostrou, contudo, que não é isso o que ocorre no Brasil. O cabimento de reclamação é essencial, em nosso sistema, para a efetividade do respeito ao precedente. Não há, aqui, tradição neste sentido. Ao contrário, há mesmo alguma resistência em aceitar a ampliação dos precedentes vinculantes, por se considerar que estes interferem indevidamente na independência e no livre convencimento dos juízes. E a correção das decisões que violam os precedentes judiciais pelo sistema recursal tradicional pode levar muitos anos.

---

[26] A classificação proposta a seguir inspira-se em Patrícia Perrone Campos Mello, *Precedentes*: o desenvolvimento judicial do direito no constitucionalismo contemporâneo. Rio de Janeiro: Renovar, 2008. p. 61-112. Para outras classificações, cf. Luiz Guilherme Marinoni, *Precedentes obrigatórios*. 4. ed. São Paulo: Revista dos Tribunais, 2016; D. Neil Maccormick e Robert S. Summers (Org.), *Interpreting precedents*: a comparative study. England: Dartmouth Publishing Company Limited e Ashgate Publishing Limited, 1997. p. 554-555; Nelson de Souza Sampaio, O Supremo Tribunal Federal e a nova fisionomia do Judiciário. *Revista de Direito Público*, São Paulo, n. 75. p. 5-20, jul./set. 1985.

Consequentemente, só é possível falar em eficácia normativa forte, por ora, para aqueles casos em que é cabível a reclamação.[27]

Há, ainda, em nosso sistema, um conjunto de julgados que produzem uma *eficácia intermediária*. Não são dotados de eficácia meramente persuasiva porque o próprio ordenamento lhes atribui efeitos para além dos casos em que foram produzidos, em favor ou desfavor de quem não era parte nestes, ou, ainda, porque o próprio direito determina expressamente que a observância dos entendimentos proferidos em tais julgados é obrigatória. Não é possível, por outro lado, afirmar que tais precedentes produzem eficácia normativa em sentido forte porque a lei não permite o uso de reclamação, em caso de desrespeito à orientação neles traçada. Esta terceira categoria é residual. Abriga, por isso, decisões judiciais com efeitos heterogêneos que produzem efeitos impositivos em diferentes graus.

7.4.2 A eficácia dos precedentes judiciais na vigência do CPC/1973

A partir das categorias acima, pode-se afirmar que, na vigência do CPC/1973, as decisões proferidas pelos juízos de primeiro grau e pelos tribunais produziam eficácia meramente persuasiva. Os entendimentos firmados nestas decisões obrigavam apenas as partes do processo e não determinavam como seriam julgados casos futuros, embora pudessem contribuir argumentativamente para a defesa da aplicação de solução semelhante em demandas análogas. No outro polo, as súmulas vinculantes e os acórdãos proferidos em controle concentrado eram dotados de eficácia normativa. De acordo com determinação

---

[27] Patrícia Perrone Campos Mello, *Precedentes*: o desenvolvimento judicial do direito no constitucionalismo contemporâneo. Rio de Janeiro: Renovar, 2008. p. 61-68 . No mesmo sentido, Wambier, Conceição, Silva Ribeiro e Torres de Mello afirmam: "Há a obrigatoriedade que poderíamos chamar de *forte* – se não respeitada cabe, para a correção da decisão que a desrespeitou, um remédio especificamente concebido com esta finalidade. Infelizmente, no Brasil, este parece ser o único caso em que se considera realmente haver obrigatoriedade. Um bom exemplo é o cabimento de reclamação contra decisão que desrespeita acórdão do STJ ou do STF, em julgamento de casos repetitivos" (*Primeiros comentários ao Novo Código de Processo Civil*. São Paulo: Revista dos Tribunais, 2015. p. 1315-1318; 1413-1421). Na mesma linha, ainda, v. Marinoni, Arenhart e Mitidiero: "[A]té que as Cortes Supremas, as Cortes de Justiça e os juízes de primeiro grau assimilem uma cultura jurídica de verdadeiro respeito ao precedente judicial, é imprescindível que se admita a reclamação com função de outorga de eficácia de precedente. E foi com esse objetivo deliberado que o novo Código ampliou as hipóteses de cabimento da reclamação" (*Novo Código de Processo Civil*. São Paulo: Revista dos Tribunais, 2015. p. 920).

constitucional expressa, as decisões que os desrespeitassem seriam cassadas, de forma imediata, por meio de reclamação. Não seria preciso, portanto, aguardar a sua correção pela via recursal tradicional, sujeita a delongas e incertezas.[28]

Por fim, a jurisprudência consolidada nos tribunais, as súmulas simples e as decisões do pleno dos tribunais que declarassem a inconstitucionalidade de uma norma eram dotadas de eficácia intermediária. Nos dois primeiros casos, permitiam a inadmissão ou o provimento monocrático de recursos contra decisões que se harmonizassem ou que conflitassem com a orientação neles firmada. No último caso, dispensavam nova submissão da questão constitucional ao plenário para a afirmação da inconstitucionalidade da mesma norma. Entretanto, tais entendimentos não tinham de ser obrigatoriamente observados.[29]

Até mesmo as decisões proferidas em repercussão geral e em recurso extraordinário repetitivo, à luz do CPC/1973, eram dotadas de uma eficácia intermediária, mesmo que com nível impositivo um pouco diferenciado das anteriores. Diferentemente do que ocorria com a jurisprudência consolidada nos tribunais ou com as súmulas simples, a observância dos entendimentos firmados em repercussão geral era *obrigatória*, mesmo à luz do antigo Código. Tais entendimentos deveriam ser seguidos pelos tribunais, sob pena de serem os acórdãos divergentes cassados ou reformados liminarmente, na dicção da norma processual.[30]

Entretanto, na prática, o STF e o STJ entendiam ser incabível o ajuizamento de reclamação para provocar tal cassação. Assim, para reverter a decisão divergente, a parte ficava na dependência da admissão do recurso extraordinário ou do recurso especial pelo tribunal de origem – o mesmo que se recusava a aceitar a orientação firmada nos tribunais superiores. Tais recursos tendiam a ser inadmitidos. Era preciso então lançar mão do recurso de agravo contra despacho denegatório de recurso extraordinário ou de recurso especial. O caso passava a integrar o volumoso acervo de casos repetitivos e/ou de recursos inadmitidos dos tribunais superiores e podia permanecer por

---

[28] Patrícia Perrone Campos Mello, *Precedentes*: o desenvolvimento judicial do direito no constitucionalismo contemporâneo. Rio de Janeiro: Renovar, 2008. p. 74-112.
[29] Patrícia Perrone Campos Mello, *Precedentes*: o desenvolvimento judicial do direito no constitucionalismo contemporâneo. Rio de Janeiro: Renovar, 2008. p. 74-112.
[30] CPC/1973, art. 543, §4º, com redação conferida pela Lei nº 11.418/2006: "Mantida a decisão e admitido o recurso, poderá o Supremo Tribunal Federal, nos termos do Regimento Interno, cassar ou reformar, liminarmente, o acórdão contrário à orientação firmada".

anos aguardando uma decisão. Portanto, ainda que a lei determinasse a observância dos precedentes firmados em repercussão geral, as cortes não conferiam efetividade plena a este mandamento. Tratava-se, assim, de precedentes normativos em sentido fraco.

Portanto, à luz do CPC/1973, os precedentes dotados de efeitos normativos fortes eram raros.

7.4.3 A eficácia dos precedentes judiciais à luz do CPC/2015

A eficácia das decisões judiciais foi substancialmente alterada pelo CPC/2015. Permaneceram dotadas de *eficácia persuasiva* as decisões proferidas pelos juízos de primeiro grau. O mesmo ocorreu com os acórdãos dos tribunais em geral, desde que proferidos em casos não sujeitos a incidente de resolução de demanda repetitiva ou ao incidente de assunção de competência.

Por outro lado, são dotados de *eficácia normativa em sentido forte*: as súmulas vinculantes, os julgados produzidos em controle concentrado da constitucionalidade, os acórdãos proferidos em julgamento com repercussão geral ou em recurso extraordinário ou especial repetitivo, as orientações oriundas do julgamento de incidente de resolução de demanda repetitiva e de incidente de assunção de competência. O desrespeito a estes precedentes enseja a sua cassação, por meio de reclamação, junto à corte que o proferiu, nos termos do art. 988 do CPC.[31]

Produzem *eficácia intermediária* ou *eficácia normativa em sentido fraco* os enunciados da súmula simples da jurisprudência do STF e do STJ sobre matéria constitucional e infraconstitucional, respectivamente, e as orientações firmadas pelo plenário ou pelos órgãos especiais das cortes. Esses entendimentos são obrigatórios e devem ser seguidos. Entretanto, sua inobservância não possibilita o ajuizamento de reclamação. Por consequência, tal "dever" tenderá a funcionar, na prática, como mera

---

[31] Patrícia Perrone Campos Mello, O Supremo e os precedentes constitucionais: como fica a sua eficácia após o Novo Código de Processo Civil. *Universitas Jus*, Brasília, v. 26, n. 2, p. 41-54, jul./dez. 2015; Teresa Arruda Alvim Wambier *et al.*, *Primeiros comentários ao Novo Código de Processo Civil*. São Paulo: Revista dos Tribunais, 2015. p. 1315-1318; 1413-1421; Luiz Guilherme Marinoni, Sérgio Cruz Arenhart e Daniel Mitidiero, *Novo Código de Processo Civil*. São Paulo: Revista dos Tribunais, 2015. p. 872-876; 920-921; Nelson Nery Junior e Rosa Maria de Andrade Nery, *Comentários ao Código de Processo Civil*. São Paulo: Revista dos Tribunais, 2015. p. 1835-1846, sendo de se destacar, contudo, que estes últimos autores questionam a constitucionalidade de atribuição de efeitos vinculantes aos precedentes por meio de norma infraconstitucional.

recomendação, ao menos no estágio cultural em que nos encontramos no que respeita à operação com precedentes judiciais.

Nota-se, assim, que, a despeito da raiz romano-germânica do direito brasileiro, este parece ter efetivamente assumido, com o Novo Código de Processo Civil, o compromisso de implementar e de dar efetividade a um sistema amplo de precedentes normativos, que inclui a produção de julgados vinculantes inclusive pela segunda instância – um desafio e tanto para um ordenamento jurídico que dispõe de pouca tradição no assunto e de baixa adesão aos precedentes judiciais de um modo geral. Por que se optou por seguir esse caminho?

7.5 Três razões para a adoção de um sistema de precedentes vinculantes

Três valores principais justificam a adoção de um sistema de precedentes normativos ou vinculantes: a segurança jurídica, a isonomia e a eficiência.[32] A obrigatoriedade de observar as orientações já firmadas pelas cortes aumenta a previsibilidade do direito, torna mais determinadas as normas jurídicas e antecipa a solução que os tribunais darão a determinados conflitos. O respeito aos precedentes constitui um critério objetivo e predeterminado de decisão que incrementa a segurança jurídica. A aplicação das mesmas soluções a casos idênticos reduz a produção de decisões conflitantes pelo Judiciário e assegura àqueles que se encontram em situação semelhante o mesmo tratamento, promovendo a isonomia.

Por fim, o respeito aos precedentes possibilita que os recursos de que dispõe o Judiciário sejam otimizados e utilizados de forma racional. Se os juízes estão obrigados a observar os entendimentos

---

[32] V., nessa linha, voto do Ministro Luís Roberto Barroso na Reclamação nº 4.335, Rel. Min. Gilmar Mendes. Cf., ainda, Patrícia Perrone Campos Mello, *Precedentes*: o desenvolvimento judicial do direito no constitucionalismo contemporâneo. Rio de Janeiro: Renovar, 2008. p. 69-74; Teresa Arruda Alvim Wambier, Estabilidade e adaptabilidade como objetivos do direito: *civil law* e *common law*. Revista de Processo, São Paulo, v. 172, jun. 2009. p. 121; Luiz Guilherme Marinoni, *Precedentes obrigatórios*. 4. ed. São Paulo: Revista dos Tribunais, 2016. p. 121-126; Luiz Henrique Volpe Camargo, A força dos precedentes no moderno processo civil brasileiro. In: Aluisio Gonçalves de Castro Mendes, Luiz Guilherme Marinoni e Teresa Arruda Alvim Wambier, *Direito jurisprudencial*. São Paulo: Revista dos Tribunais, 2012. p. 553-673; Dierle Nunes e Alexandre Bahia, Jurisprudência instável e seus riscos: a aposta nos precedentes vs. uma compreensão constitucionalmente adequada do seu uso no Brasil. In: Aluisio Gonçalves de Castro Mendes, Luiz Guilherme Marinoni e Teresa Arruda Alvim Wambier, *Direito jurisprudencial*. São Paulo: Revista dos Tribunais, 2014. p. 433-471. v. II.

já proferidos pelos tribunais, eles não consumirão seu tempo ou os recursos materiais de que dispõem para redecidir questões já apreciadas. Consequentemente, utilizarão tais recursos na solução de questões inéditas, que ainda não receberam resposta do Judiciário e que precisam ser enfrentadas. A observância dos precedentes vinculantes pelos juízes, mesmo que não concordem com eles, reduz, ainda, o trabalho dos tribunais, que não precisam reexaminar e reformar as decisões divergentes dos entendimentos que já pacificaram.

Tal ambiente contribui para a redução do tempo de duração dos processos, desestimula demandas aventureiras e reduz a litigiosidade. Tem ainda o condão de minimizar a sobrecarga experimentada pelas cortes e aumentar a credibilidade e legitimidade do Judiciário, que são comprometidas pela demora na entrega da prestação jurisdicional e por aquilo que a doutrina convencionou chamar de jurisprudência lotérica:[33] a produção de decisões díspares, conferindo tratamento desigual a jurisdicionados em situações idênticas, muitas vezes até em um mesmo tribunal.

A busca por conferir maior eficiência ao Judiciário não é nova. No final da década de noventa, a questão era já identificada como uma prioridade pela sociedade e resultou na aprovação da Emenda Constitucional nº 45/2004, que ficou conhecida como *Reforma do Judiciário*. Esta emenda criou o Conselho Nacional de Justiça, com competências para exercer o controle sobre a atuação administrativa e financeira dos tribunais, bem como sobre o cumprimento dos deveres funcionais pelos magistrados. Além disso, como já mencionado, inseriu no sistema a súmula vinculante e a exigência de repercussão geral. Posteriormente, diversas leis instituíram procedimentos especiais para o julgamento de recursos repetitivos no STF, no STJ e no TST, como registrado acima.

O novo Código constitui mais uma etapa deste esforço de melhorar o funcionamento do Judiciário: de tornar a prestação da tutela jurisdicional mais previsível, mais isonômica, mais rápida e eficaz. Esses foram os propósitos e os valores que levaram à criação de um novo sistema de precedentes vinculantes pelo CPC/2015.

---

[33] Eduardo Cambi, Jurisprudência lotérica. *Revista dos Tribunais*, São Paulo, v. 786, p. 108-128, abr. 2001.

7.6 Categorias fundamentais para a operação com precedentes

O que significa, contudo, dizer que os "precedentes" ou a "orientação" firmada pelas cortes devem ser obrigatoriamente observados pelas cortes inferiores? Quais são os conteúdos de uma decisão judicial que determinarão a solução de novos casos e em que medida? Como se devem tratar casos que se assemelham àqueles já julgados, mas que possuem particularidades que impõem o enfrentamento de questão jurídica específica? Esses temas, que são relativamente novos para um país de raiz romano-germânica, já foram amplamente debatidos pelos países de *common law*. Em tais ordenamentos, a operação com precedentes normativos envolve a utilização de três conceitos cuja compreensão é essencial também para a aplicação do sistema de precedentes no Brasil. São eles: *ratio decidendi* ou *holding*, *Obiter dictum* e distinção entre casos (*distinguishing*).

7.6.1 *Ratio decidendi*

A noção de *ratio decidendi* ou de *holding* é fundamental para a argumentação jurídica e construção de decisões com base em precedentes. Ainda assim, mesmo nos países da tradição do *common law*, sua delimitação constitui tema tormentoso. A *ratio decidendi* ou o *holding* corresponde justamente ao entendimento jurídico emergente de um precedente que vinculará a decisão dos casos futuros. Há grande divergência na doutrina sobre o método mais adequado para definir a *ratio decidendi* e sobre o alcance ou a abrangência que lhe deve ser conferida.[34]

---

[34] Larry Alexander, Constrained by precedent. *Southern California Law Review*, Los Angeles, v. 63, p. 1-64, nov. 1989; Charles D. Cole, Stare decisis na cultura jurídica dos Estados Unidos. O sistema de precedente vinculante do *common law*. Tradução de Maria Cristina Zucchi. *Revista dos Tribunais*, São Paulo, v. 87, n. 752, p. 11-21, jun. 1998; Earl Maltz, The nature of precedent. *North Carolina Law Review*, Chapel Hill, v. 66, p. 372-376, jan. 1988; Geoffrey Marshall, What is binding in a precedent. In: D. Neil Maccormick e Robert S. Summers (Org.), *Interpreting precedents*: a comparative study. England: Dartmouth Publishing Company Limited e Ashgate Publishing Limited, 1997. p. 503-518; Henry Paul Monaghan, Stare decisis and constitutional adjudication. *Columbia Law Review*, Nova Iorque, v. 88, n. 4, p. 763-766, maio 1988; Edward D. Re, Stare decisis. *Revista de Processo*, São Paulo, v. 19, n. 73, p. 47-54, jan./mar. 1994; Frederick Schauer, Precedent. *Stanford Law Review*, Palo Alto, v. 39, p. 571-605, fev. 1987; Robert S. Summers, Precedent in the United States (New York State). In: D. Neil Maccormick e Robert S. Summers (Org.), *Interpreting precedents*: a comparative study. England: Dartmouth Publishing Company Limited e Ashgate Publishing Limited, 1997. p. 355-406; Isabelle Rorive, La Rupture de la House of Lords avec un Strict Principe du Stare decisis dans le contexte d'une réflexion sur l'accélération

Segundo um primeiro método, denominado *fático-concreto*, a *ratio decidendi* deve corresponder à regra extraída de um conjunto de fatos, de forma que se afirme que sempre que estiverem presentes o fato A (relevante) e o fato B (relevante), e mesmo que ausente o fato C (irrelevante), a decisão será X. Para o método fático-concreto, importa o que a corte decidiu com relação a determinado conjunto de fatos, não o que disse ou os fundamentos que invocou para justificar a decisão. A utilização do método fático-concreto tende a ensejar a elaboração de *holdings* bem restritivos e presos às particularidades do caso, o que pode não favorecer uma abordagem sistemática do direito. Além disso, a própria compreensão de quais são os fatos relevantes de um caso – para definir o comando emergente da decisão – pressupõe considerar o que a corte disse e compreender minimamente as razões que a levaram a tal avaliação.

De acordo com o método *abstrato normativo*, quando o tribunal decide uma ação, ele produz a solução para o caso concreto e, ao mesmo tempo, decide como serão julgados os casos futuros semelhantes. Portanto, sua decisão tem em conta a norma mais adequada para solucionar todas as demandas que se encontrem dentro de uma apropriada categoria de similitude. Nesta hipótese, os fundamentos da decisão são essenciais para compreender o entendimento que funcionou como pressuposto para a solução concreta alcançada pelo tribunal e com que nível de generalidade a corte pretendeu afirmá-los.

Quanto mais genérica for a *ratio decidendi*, maior o número de casos que serão regidos por ela. Por outro lado, a formulação da *ratio* em termos muito amplos pode tornar seu comando superinclusivo, abrangendo situações de fato que não chegaram a ser sequer consideradas. Nesta medida, a perquirição sobre qual foi o conjunto de fatos sobre os quais se erigiu a solução do caso, proposta pelo método fático-concreto, pode ser fundamental para evitar a afirmação de um precedente abrangente demais.

O exemplo clássico utilizado pela doutrina para ilustrar a situação acima corresponde ao precedente proferido em *Donoghue v. Stevenson* (1932). A demanda neste caso teve por pano de fundo

---

du temps juridique. In: Philippe Gerard, François OST e Michel Van de Kerchove (Org.), *L'Accélération du Temps Juridique*. Bruxelles: Facultés Universitaires Saint-Louis, 2000. p. 807; Patrícia Perrone Campos Mello, *Precedentes*: o desenvolvimento judicial do direito no constitucionalismo contemporâneo. Rio de Janeiro: Renovar, 2008. p. 118-131; Thomas da Rosa Bustamante, *Teoria do precedente judicial*: a justificação e a aplicação das regras jurisprudenciais. São Paulo: Noeses, 2012. p. 259-282.

o fato de que a autora entrou em um bar e ali comprou e consumiu o conteúdo de uma garrafa opaca de *ginger beer*, até verificar que havia uma lesma morta dentro dela. Na sequência, a autora contraiu gastroenterite severa e sofreu danos em virtude do incidente. Por isso, postulou uma indenização em face do produtor. A corte condenou o produtor a indenizar a autora porque entendeu que ele tinha o dever de controlar a qualidade do seu produto e que era previsível que a omissão no cumprimento deste dever poderia gerar danos a seus consumidores. A partir destes fatos, o *holding* da decisão poderia ser formulado, de forma bem restritiva, nos seguintes termos: "sempre que bebidas contaminadas, acondicionadas em garrafas opacas, gerarem danos a quem consumi-las, seu produtor estará obrigado a indenizar os prejudicados".

O *holding* poderia, ainda, ser formulado em diferentes níveis de generalidade, para estabelecer que: sempre que o produtor de alimentos gerar danos ao consumidor, por falha no dever de controlar a sua qualidade, estará obrigado a indenizá-lo; ou sempre que um produtor de qualquer bem ou o fornecedor de qualquer serviço gerar danos ao consumidor, deverá indenizá-lo; ou sempre que o produtor de bens ou o fornecedor de serviços, inclusive de bens imóveis, gerar danos ao consumidor, deverá indenizá-lo; ou, por fim, qualquer um que gere dano a outrem está obrigado a indenizar.

Algumas formulações acima seriam aceitáveis como *holding*. Outras, claramente exorbitariam do entendimento realmente afirmado pela corte para decidir. Por isso, ambos os métodos – fático-concreto e abstrato-normativo – são fundamentais para chegar a uma formulação adequada da norma emergente do precedente. A identificação da *ratio decidendi* pressupõe, em verdade, a avaliação de alguns aspectos essenciais: (i) os fatos relevantes; (ii) a questão jurídica posta em juízo; (iii) os fundamentos da decisão; e (iv) a solução determinada pela corte. Em tribunais em que a definição da decisão se dá pelo sistema de votação em série é preciso identificar qual foi a posição adotada pela maioria dos julgadores sobre tais aspectos. Com base nestas considerações, afirma-se que a *ratio decidendi* de uma decisão corresponde a uma descrição do entendimento adotado pela corte como a premissa necessária ou adequada para decidir o caso concreto, à luz das razões invocadas pela maioria.[35]

---

[35] Desde que ingressou no Supremo Tribunal Federal, em 26.6.2013, um dos coautores deste trabalho tem defendido que a Corte, ao final de todo julgamento, proclame de modo expresso a tese jurídica que embasou a decisão. A ideia tem ganhado adesões.

Frise-se: a *ratio decidendi* ou o *holding* não é o próprio fundamento aprovado pela maioria para decidir. A *ratio decidendi* ou a tese é uma descrição do entendimento jurídico que serviu de base à decisão. Essa diferença sutil foi objeto dos debates travados durante o julgamento da ADI nº 4.697, quando parte do pleno do Supremo Tribunal Federal inclinou-se a aprovar, como tese afirmada no julgamento, a proposição segundo a qual é constitucional a lei que delega a fixação da anuidade aos conselhos profissionais, desde que determine o seu limite máximo e defina parâmetros para a sua gradação. No caso, o fundamento da decisão era a compatibilidade da delegação da competência para definir tal anuidade com o princípio da legalidade, na medida em que a lei delimitava ao menos seu teto e critérios mínimos de escalonamento.[36]

Uma última anotação: o segundo autor deste trabalho tem defendido – e já vem prevalecendo no Supremo Tribunal Federal – a ideia de que ao final de todo julgamento seja fixada a tese jurídica em que se fundamenta a decisão. No caso da repercussão geral, trata-se de exigência legal (CPC, art. 1.035, §11). Mas a providência se impõe, também, nos demais casos. Isto porque, como assinalado, o que vincula efetivamente os demais juízos e tribunais é a *ratio decidendi*. Daí ser imprescindível que ela, como tese de julgamento, fique inequívoca para quem tenha de aplicá-la aos demais casos.

Nos Estados Unidos, embora as decisões da Suprema Corte contenham um *syllabus*, a providência de explicitação da tese jurídica do julgamento é menos necessária. Isto porque o modelo de decisão naquele país é *deliberativo*: os *justices* se reúnem reservadamente, *in conference*, e produzem uma decisão unânime ou majoritária. Em seguida, um dos que figuraram na maioria ficará incumbido de redigir o acórdão, enunciando as razões que embasaram a posição vencedora. Já no Brasil, a deliberação é pública e por um método agregativo: cada ministro profere o seu voto. Mas a formação da maioria quanto à conclusão do acórdão não quer dizer que os fundamentos de decidir tenham sido comuns. Daí a necessidade de se fixar uma tese, que figure como denominador comum das razões de decidir.

---

[36] V. ADI nº 4.697, Rel. Min. Edson Fachin, sessão plenária de 30. 6.2016. Entretanto, o julgamento não chegou a se encerrar em razão do pedido de vista do Ministro Marco Aurélio.

7.6.2 *Obiter dictum*

Quando determinada discussão é desnecessária à solução do caso concreto ou, ainda, quando certo argumento não foi aprovado pela maioria da corte como justificativa para a solução dada a uma demanda, tais elementos não se prestam a compor a *ratio decidendi* e não produzem efeitos vinculantes para julgados futuros. Diz-se, então, que constituem *obiter dicta* ou considerações marginais estranhas à decisão do caso. Isso ocorre porque o *judge made law* pressupõe a atuação jurisdicional pelo Poder Judiciário e encontra limites nas mesmas regras e princípios que regem esta atividade.[37] Para produzir um precedente vinculante é preciso, antes, respeitar os princípios da inércia da jurisdição e da congruência (o pedido formulado é o limite da decisão).[38]

O exame de um caso específico não abre caminho para que o Judiciário se manifeste sobre, e decida, toda e qualquer questão relacionada àquela que é o objeto do feito, mesmo que seja dispensável o seu enfrentamento para julgá-lo. O Judiciário só age mediante provocação e aprecia as questões nos limites em que postas pela ação que é chamado a decidir. A partir de suas decisões concretas, produzidas no exercício da tutela jurisdicional, pode-se extrair uma norma que, além de permitir a decisão do caso específico, possibilitará a decisão de outros casos semelhantes. Se determinado entendimento não é necessário a solucionar o caso concreto e, portanto, se é produto de mera especulação em tese, tal entendimento não constitui *judge made law*.

Além disso, quando uma corte decide indevidamente questão desnecessária à solução do caso concreto, ela decide a matéria sem que um verdadeiro contraditório tenha se firmado sobre o assunto. As partes não a debatem porque entendem que ela não é necessária ou pertinente para a solução do seu caso. Por consequência, a corte decide com um nível inadequado de informação sobre o assunto, sem ser exposta aos aspectos favoráveis e contrários a uma tomada de posição em determinado sentido ou a suas consequências.

---

[37] John E. Nowak, Ronald D. Rotunda, *Constitutional Law*. 7. ed. Saint Paul: Thomson West, 2004. p. 65-110; Laurence H. Tribe, *American Constitutional Law*. 3. ed. New York: Foundation Press, 2000. p. 311 e ss. v. 1; Luís Roberto Barroso, *Interpretação e aplicação da Constituição*. 7. ed. São Paulo: Saraiva, 2013. p. 184-186.

[38] CPC/2015: "Art. 2º O processo começa por iniciativa da parte e se desenvolve por impulso oficial, salvo as exceções previstas em lei"; "Art. 492. É vedado ao juiz proferir decisão de natureza diversa da pedida, bem como condenar a parte em quantidade superior ou em objeto diverso do que lhe foi demandado".

Uma decisão proferida nessas condições é frágil, baseada em uma visão incompleta da questão e, portanto, mais sujeita ao erro. Não será surpreendente se o tribunal, a breve termo, tiver de superar ou alterar seu entendimento a respeito do assunto, gerando justamente a instabilidade que um sistema de precedentes deseja combater. Atribuir caráter normativo a decisões proferidas em tais condições importaria em violar os princípios do contraditório, da ampla defesa e do devido processo legal.

A mesma lógica aplica-se quando determinado fundamento para decidir foi acolhido apenas por uma minoria de membros da corte. As regras que presidem o processo de decisão em um colegiado determinam que este decide por maioria. Portanto, um fundamento que não tem a adesão da maioria não se presta à produção de uma *ratio decidendi*. E, de fato, é possível que nenhum fundamento seja acolhido pela maioria e que essa só convirja sobre a solução a ser dada a um caso, mas não sobre as razões que levam a tal solução. Nesta hipótese, parte considerável da doutrina entende que a decisão não gerará um precedente vinculante para o julgamento de casos futuros.[39]

Essas considerações não significam, contudo, que os *obiter dicta* não tenham relevância jurídica. Entendimentos minoritários, votos vencidos e considerações desnecessárias à solução de um caso podem ser muito importantes para sinalizar as inclinações da corte quanto a julgamentos futuros, para indicar tendências deste ou daquele membro do colegiado, para inspirar novas teses e intervenções do legislador. Além disso, o *dictum* de hoje pode ser o *holding* de amanhã. Portanto, os *dicta* podem ter grande relevância para o desenvolvimento judicial do direito. Apenas não produzem – enquanto *dicta* – orientações vinculantes para o julgamento de casos futuros.

7.6.3 Distinção entre casos (*distinguishing*)

Um terceiro conceito muito importante para a operação com precedentes diz respeito à distinção entre casos – o *distinguishing*, tal como concebido pelo *common law*.[40] É que a aplicação de um precedente

---

[39] Thomas da Rosa Bustamante, *Teoria do precedente judicial*: a justificação e a aplicação das regras jurisprudenciais. São Paulo: Noeses, 2012. p. 272-273.
[40] Karl N. Llewelyn, *The common law tradition*: deciding appeals. Boston: Little, Brown and Company, 1960. p. 77 e ss.; Arthur L. Goodhart, Determining the *ratio decidendi* of a case. *Modern Law Review*, London, v. 22, p. 117-124, 1959; Robert S. Summers, Precedent in the United States (New York State). In: D. Neil Maccormick e Robert S. Summers (Org.),

para a solução de novas demandas se dá por um mecanismo de associação ou de distinção entre antigas e novas ações. O que justifica a aplicação de um entendimento anterior a novas causas é o fato de estas serem efetivamente semelhantes àquela em que o precedente se formou. Se forem diferentes, o precedente não incide e o juiz deve indicar o motivo da distinção.

Quatro elementos essenciais devem ser examinados e confrontados para avaliar a semelhança entre dois casos para fins de aplicação (ou não) de um precedente: (i) os fatos relevantes de cada qual; (ii) os valores e normas que incidem sobre cada conjunto de fatos; (iii) a questão de direito que suscitam; (iv) os fundamentos que justificaram a decisão do precedente e sua adequação para orientar a decisão do novo caso. Quando duas demandas possuem fatos relevantes distintos, há uma tendência a que normas diferentes incidam na nova causa e, por consequência, que esta coloque uma questão de direito diferenciada. Nessa hipótese, os fundamentos que justificaram a decisão do precedente possivelmente serão insuficientes para decidir a nova ação.

O *distinguishing* é, portanto, uma espécie de exceção à *ratio decidendi* de um precedente. A um primeiro exame, o precedente e a nova ação são semelhantes e mereceriam o mesmo tratamento. Entretanto, a argumentação desenvolvida pelas partes pode demonstrar e existência de peculiaridades de fato ou de argumentos diferenciados que levem a uma discussão jurídica distinta. Quando isso ocorre, qualquer órgão judicial tem legitimidade para deixar de aplicar o precedente.

Nota-se, assim, que a *ratio decidendi* dos precedentes está sempre se redefinindo em alguma medida. Cada novo caso que a aplica pode ampliar o seu alcance. E os casos em que se produz uma distinção restringem a incidência de seu *holding*, excluindo-a em determinadas situações. Por isso se afirma que o *judge made law* dá ensejo a um desenvolvimento incremental do direito. Cada nova ação, cada novo caso, conferem um *plus* de determinação e de detalhamento ao sistema.

Interpreting precedents: a comparative study. England: Dartmouth Publishing Company Limited e Ashgate Publishing Limited, 1997. p. 390-394; Frederick Schauer, Precedent. *Stanford Law Review*, Palo Alto, v. 39, p. 571-605, fev. 1987; Frederick Schauer, Rules, the rule of law, and the Constitution. *Constitutional Commentary*, Minneapolis, v. 6, p. 69-85, 1989; Toni M. Fine, O uso do precedente e o papel do princípio do stare decisis no sistema legal norte-americano. *Revista dos Tribunais*, v. 89, n. 792, p. 247-258, 2000; Patrícia Perrone Campos Mello, *Precedentes*: o desenvolvimento judicial do direito no constitucionalismo contemporâneo. Rio de Janeiro: Renovar, 2008. p. 202-209; Celso de Albuquerque Silva, *Efeito vinculante*: sua legitimação e aplicação. Rio de Janeiro: Lumen Juris, 2005. p. 247-258.

7.7 Categorias importantes para a operação com precedentes no Brasil

7.7.1 Eficácia transcendente dos motivos determinantes: como fica?

Uma das primeiras discussões relevantes sobre a forma de operar com precedentes judiciais vinculantes no direito brasileiro envolveu o debate travado sobre a eficácia transcendente da fundamentação em sede de controle concentrado. Discutiu-se, então, basicamente: (i) se os efeitos vinculantes produzidos pela decisão se limitavam à norma declarada inconstitucional e, portanto, ao dispositivo do acórdão; ou (ii) se se estendiam também aos seus motivos determinantes.

A análise da questão tinha por pano de fundo a seguinte situação. Uma instrução normativa do Tribunal Superior do Trabalho – a Instrução Normativa nº 11/1997 do TST – determinara a realização de sequestro para fins de pagamento de precatório, caso a respectiva verba não fosse incluída no orçamento ou caso houvesse pagamento a menor do crédito, sem a devida atualização ou fora do prazo legal (itens III e XII da instrução). A norma do TST teve a sua constitucionalidade questionada nos autos da ADI nº 1.662, sob o fundamento de que o art. 100, §2º, da Constituição só autorizava a realização de sequestro para pagamento de precatório em caso de preterição do direito de precedência dos credores, de forma que a aludida resolução criava novas hipóteses de sequestro em norma constitucional expressa.[41]

O Supremo Tribunal Federal julgou a ação direta procedente.[42] O dispositivo do acórdão afirmou a inconstitucionalidade da Instrução Normativa nº 11/1997 do TST. O fundamento determinante da decisão foi de que não era possível ordenar o sequestro em qualquer hipótese diversa daquela de preterição do direito de precedência do credor

---

[41] O art. 100, §2º, da Constituição, em sua redação original, estabelecia: "Art. 100. À exceção dos créditos de natureza alimentícia, os pagamentos devidos pela Fazenda Federal, Estadual ou Municipal, em virtude de sentença judiciária, far-se-ão exclusivamente na *ordem cronológica de apresentação dos precatórios* e à conta dos créditos respectivos, proibida a designação de casos ou de pessoas nas dotações orçamentárias e nos créditos adicionais abertos para este fim. [...]. §2º As dotações orçamentárias e os créditos abertos serão consignados ao Poder Judiciário, recolhendo-se as importâncias respectivas à repartição competente, cabendo ao Presidente do Tribunal que proferir a decisão exequenda determinar o pagamento, segundo as possibilidades do depósito, e *autorizar, a requerimento do credor e exclusivamente para o caso de preterimento de seu direito de precedência, o sequestro da quantia necessária à satisfação do débito*" (grifos nossos).

[42] STF, Pleno. ADI nº 1.662. Rel. Min. Maurício Correa. *DJ*, 19 set. 2003.

porque a Constituição optou por conferir tratamento restritivo à matéria. Outros argumentos utilizados no voto do relator diziam respeito ao fato de que os sequestros eram realizados sem que se assegurasse o direito do Poder Público ao contraditório e à ampla defesa e que acabavam por gerar preterição no direito de precedência de outros credores.

Pouco tempo mais tarde, o Tribunal Regional do Trabalho da 10ª Região determinou o sequestro de verba para pagamento de precatório em hipótese diversa daquela prevista no art. 100, §2º, da Constituição, mas sem usar como base para a decisão a Instrução Normativa nº 11/1997 do TST, declarada inconstitucional na ADI nº 1.662. O governador do Distrito Federal ajuizou, então, uma reclamação, perante o STF, alegando que o ato do TRT violara a autoridade da decisão proferida da ADI nº 1.662.[43]

O caso dividiu a Corte. A maioria entendeu, ao julgar a Reclamação nº 1.987, que os efeitos vinculantes e gerais produzidos pelas decisões proferidas em controle concentrado da constitucionalidade abrangiam não apenas o dispositivo da decisão, referente à inconstitucionalidade de determinada norma, mas também o que se chamou de motivos determinantes do julgado. *Tais motivos determinantes correspondiam, em verdade,* à *interpretação constitucional adotada pela Corte* como a premissa necessária para decidir sobre a validade da norma impugnada.

Assegurar a observância desta interpretação era importante, na visão da maioria, para garantir a força normativa da Constituição e o respeito à competência do Supremo como corte constitucional.[44] Por isso, entendeu-se cabível a reclamação contra qualquer ato que determinasse o sequestro de verba para pagamento de precatório em

---

[43] STF, Pleno. Rcl nº 1.987. Rel. Min. Maurício Correa. *DJ*, 21 maio 2004.
[44] Confira-se trecho da ementa do julgado: "3. Entendimento de que a única situação suficiente para motivar o seqüestro de verbas públicas destinadas à satisfação de dívidas judiciais alimentares é a relacionada à ocorrência de preterição da ordem de precedência, a essa não se equiparando o vencimento do prazo de pagamento ou a não-inclusão orçamentária. 4. Ausente a existência de preterição, que autorize o seqüestro, revela-se evidente a *violação ao conteúdo essencial do acórdão proferido na mencionada ação direta, que possui eficácia erga omnes e efeito vinculante.* A decisão do Tribunal, em substância, teve sua autoridade desrespeitada de forma a legitimar o uso do instituto da reclamação. *Hipótese a justificar a transcendência sobre a parte dispositiva dos motivos que embasaram a decisão e dos princípios por ela consagrados,* uma vez que *os fundamentos resultantes da interpretação da Constituição devem ser observados por todos os tribunais e autoridades,* contexto que contribui para a preservação e desenvolvimento da ordem constitucional. 5. Mérito. Vencimento do prazo para pagamento de precatório. Circunstância insuficiente para legitimar a determinação de seqüestro. Contrariedade à autoridade da decisão proferida na ADI 1662. Reclamação admitida e julgada procedente" (grifos nossos).

hipótese diversa daquela de preterição da ordem de precedência – *tese jurídica* afirmada na ADI nº 1.662.

É notório, contudo, que a expressão "eficácia transcendente dos motivos determinantes" não oferecia uma descrição precisa do que o STF realmente havia decidido na Reclamação nº 1.987. A compreensão da operação com precedentes à época era ainda muito incipiente. Mas, à luz das categorias utilizadas pelo *common law*, nota-se que o que restou afirmado na aludida reclamação foi apenas que a *ratio decidendi* do acórdão proferido na ADI nº 1.662 também vinculava as demais instâncias.

A decisão não foi unânime.[45] Entre os ministros que restaram vencidos destacou-se o Ministro Marco Aurélio, contrário à atribuição de efeitos vinculantes e gerais à exegese afirmada pela Corte, e não apenas ao dispositivo da decisão. Segundo ele, tal linha de entendimento abria desmedidamente o acesso direto à jurisdição do STF por meio de reclamação, o que poderia impactar negativamente a viabilidade do Tribunal. Confira-se, a esse propósito, trecho do voto do Ministro Marco Aurélio:

> Não posso, Senhor Presidente, caminhar nesse sentido, potencializando, a mais não poder, o aspecto prático; potencializando a autoridade dos julgados desta Corte e até mesmo, e já foi ressaltado, engessando o próprio Direito no que vindo à baila novos atos normativos, como foi o caso quanto à Emenda nº 30, se terá sempre o caminho aberto para se chegar *per saltum* ao Supremo Tribunal Federal, com a reclamação, a partir da premissa de que o ato praticado desrespeitou fundamento de um julgado da Corte. Não sei onde vamos parar em termos de inviabilização do próprio Supremo Tribunal Federal. (Grifos nossos)

A discussão sobre a eficácia transcendente dos motivos determinantes foi reaberta, então, nos autos da Reclamação nº 4.219, da relatoria do Ministro Joaquim Barbosa. O relator suscitou, como questão de ordem, a impossibilidade de se aplicarem as conclusões da ADI nº 2.602, referente a uma norma do estado de Minas Gerais, para cassar, por meio de reclamação, ato administrativo praticado pelo estado de

---

[45] Ficaram vencidos o Ministro Ayres Britto e o Ministro Marco Aurélio. Manifestaram-se favoravelmente à eficácia transcendente dos ministros Gilmar Mendes, Celso Mello, Cezar Peluso, Nelson Jobim e Maurício Correa. O Ministro Carlos Velloso votou com a maioria, mas afirmou expressamente, durante os debates, que os fundamentos da decisão não vinculavam.

São Paulo, ainda que pelos mesmos fundamentos. A reclamação não chegou a ter a apreciação de mérito concluída porque perdeu seu objeto, em razão da morte do reclamante.

No entanto, foram proferidos cinco votos pelo seu não conhecimento e quatro pelo conhecimento,[46] ficando pendentes apenas os votos da Ministra Ellen Gracie e do Ministro Marco Aurélio. Como este último tinha entendimento firme contra a eficácia transcendente e bastava um voto para formar a maioria pelo não conhecimento, mesmo que o julgamento desta reclamação não tenha chegado ao fim, prestou-se para sinalizar a inclinação da Corte no sentido de abandonar o entendimento originalmente afirmado na Reclamação nº 1.987. A partir de então, foi se consolidando no Supremo Tribunal Federal a tese oposta, que rejeitou a eficácia transcendente dos motivos determinantes.[47]

Entretanto, esse entendimento precisará ser revisitado à luz do CPC/2015, uma vez que o novo Código reconheceu explicitamente que a tese afirmada pela decisão proferida em controle concentrado produz efeitos vinculantes e que seu desrespeito possibilita a propositura de reclamação.

7.7.2 Tese vinculante, questão de direito, fundamentos determinantes e distinção no CPC/2015

O Novo Código de Processo Civil acolheu categorias muito semelhantes àquelas do direito estrangeiro, já descritas acima.[48] Determinou, em primeiro lugar, que o teor vinculante do precedente, a ser observado pelas demais instâncias, corresponderá à tese jurídica afirmada pela

---

[46] Votaram pelo não conhecimento da reclamação os ministros Joaquim Barbosa, Sepúlveda Pertence, Ricardo Lewandowski, Ayres Britto e Cármen Lúcia. Havia, contudo, duas questões de ordem quanto ao cabimento da reclamação. Apenas uma delas versava sobre a eficácia transcendente. Votaram pelo conhecimento da reclamação os ministros Eros Grau, Cezar Peluso, Gilmar Mendes e Celso de Mello.

[47] STF, Primeira Turma. Rcl nº 21.884 AgR. Rel. Min. Edson Fachin. *DJe*, 11 abr. 2016; Primeira Turma. Rcl nº 6.416 AgR-ED. Rel. Min. Luz Fux. *DJe*, 11 set. 2014; Primeira Turma. Rcl nº 11.477 AgR. Rel. Min. Marco Aurélio. *DJe*, 30 ago. 2012; Pleno. Rcl nº 3.294 AgR. Rel. Min. Dias Toffoli. *DJe*, 29 nov. 2011; Pleno. Rcl nº 3.014. Rel. Min. Ayres Britto. *DJe*, 21 maio 2010.

[48] Patrícia Perrone Campos Mello, O Supremo e os precedentes constitucionais: como fica a sua eficácia após o Novo Código de Processo Civil. *Universitas Jus*, Brasília, v. 26, n. 2, p. 41-54, jul./dez. 2015; Luiz Guilherme Marinoni, *Precedentes obrigatórios*. 4. ed. São Paulo: Revista dos Tribunais, 2016; Luiz Guilherme Marinoni, Sérgio Cruz Arenhart e Daniel Mitidiero, *Novo Código de Processo Civil*. São Paulo: Revista dos Tribunais, 2015. p. 872-876.

corte ao decidir.⁴⁹ O conceito de tese jurídica adotado pelo novo Código parece guardar correspondência com o conceito de *ratio decidendi*, já aludido. A tese jurídica constitui uma descrição da interpretação constitucional produzida pela Corte como uma premissa necessária à decisão. Não se confunde com os próprios fundamentos da decisão, embora estes sejam importantes para determinar-lhe o teor e o alcance.

Tanto é assim que o CPC/2015 implicitamente diferencia os dois conceitos – tese e fundamentos –, prevendo, por exemplo, que a aplicação da tese vinculante pressupõe a demonstração de que os motivos que determinaram a sua afirmação estão presentes igualmente no novo caso.⁵⁰ O novo Código estabelece, ainda, que o registro eletrônico das teses jurídicas constantes do cadastro de julgamento dos incidentes de resolução de demandas repetitivas deve conter, no mínimo, os fundamentos determinantes da decisão e os dispositivos a ela relacionados, de forma a permitir "a identificação dos processos abrangidos pela decisão do incidente".⁵¹ Tese e fundamentos determinantes são, assim, conceitos distintos para o novo Código.

O CPC/2015 acolhe, ainda, a concepção de que os casos se identificam ou se diferenciam com base: (i) nos seus fatos relevantes; (ii) na questão jurídica que submetem à decisão dos tribunais; e (iii) nos fundamentos adequados para enfrentá-la e responder-lhe. Assim, a nova norma processual admite que fatos diferentes podem ensejar o

---

⁴⁹ CPC/2015, art. 988: "Caberá reclamação da parte interessada ou do Ministério Público para: [...] III - garantir a observância de enunciado de súmula vinculante e de decisão do Supremo Tribunal Federal em controle concentrado de constitucionalidade; IV - garantir a observância de acórdão proferido em julgamento de incidente de resolução de demandas repetitivas ou de incidente de assunção de competência; [...] §4º *As hipóteses dos incisos III e IV compreendem a aplicação indevida da tese jurídica e sua não aplicação aos casos que a ela correspondam*". No caso da repercussão geral: "Art. 1.039. Decididos os recursos afetados, os órgãos colegiados declararão prejudicados os demais recursos versando sobre idêntica controvérsia ou os *decidirão aplicando a tese firmada*" (grifos nossos).

⁵⁰ CPC/2015, art. 489, §1º: "Não se considera fundamentada qualquer decisão judicial, seja ela interlocutória, sentença ou acórdão, que: [...]; V - se limitar a invocar precedente ou enunciado de súmula, *sem identificar seus fundamentos determinantes nem demonstrar que o caso sob julgamento se ajusta àqueles fundamentos*; VI - deixar de seguir enunciado de súmula, jurisprudência ou precedente invocado pela parte, sem demonstrar a existência de distinção no caso em julgamento ou a superação do entendimento" (grifos nossos).

⁵¹ CPC/2015, art. 979: "A instauração e o julgamento do incidente [de resolução de demandas repetitivas] serão sucedidos da mais ampla e específica divulgação e publicidade, por meio de registro eletrônico no Conselho Nacional de Justiça. [...] §2º *Para possibilitar a identificação dos processos abrangidos pela decisão do incidente, o registro eletrônico das teses jurídicas constantes do cadastro conterá, no mínimo, os fundamentos determinantes da decisão* e os dispositivos normativos a ela relacionados" (grifos nossos).

debate sobre questões jurídicas diversas.⁵² E prevê que um precedente só deve ser aplicado quando o caso subsequente versar sobre a mesma questão de direito tratada no primeiro⁵³ e desde que os fundamentos utilizados para decidi-lo sejam aplicáveis à nova demanda. Do contrário, deve-se proceder à distinção entre os casos, tal como ocorre no *common law*.⁵⁴

7.8 Primeiras notas sobre dificuldades a serem superadas pelo Supremo Tribunal Federal na operação com precedentes vinculantes

As considerações efetuadas até aqui demonstram que a operação com precedentes não comporta uma atuação mecânica e automática do juiz, tampouco prescinde de uma sofisticada atuação interpretativa. Cada precedente precisa ser cuidadosamente examinado, tanto para que se possa compreender adequadamente a sua *ratio decidendi* quanto para que se possa fazer seu confronto com eventual novo caso, que poderá (ou não) ser decidido com base nesta *ratio*. Esta análise pressupõe o manejo de categorias cujo alcance pode ser controvertido até mesmo

---

⁵² CPC/2015, art. 966: "§5º Cabe ação rescisória, com fundamento no inciso V do *caput* deste artigo, contra decisão baseada em enunciado de súmula ou acórdão proferido em julgamento de casos repetitivos que não tenha considerado a existência de *distinção entre a questão discutida no processo e o padrão decisório que lhe deu fundamento*. §6º Quando a ação rescisória fundar-se na hipótese do §5º deste artigo, caberá ao autor, sob pena de inépcia, demonstrar, fundamentadamente, tratar-se de *situação particularizada por hipótese fática distinta ou de questão jurídica não examinada, a impor outra solução jurídica*" (grifos nossos).

⁵³ CPC/2015, art. 985: "Julgado o incidente [de resolução de demandas repetitivas], a tese jurídica será aplicada: I - a todos os processos individuais ou coletivos que versem sobre idêntica questão de direito e que tramitem na área de jurisdição do respectivo tribunal, inclusive àqueles que tramitem nos juizados especiais do respectivo Estado ou região; II - aos casos futuros que versem idêntica questão de direito e que venham a tramitar no território de competência do tribunal, salvo revisão na forma do art. 986. §1º Não observada a tese adotada no incidente, caberá reclamação"; art. 987: "Do julgamento do mérito do incidente caberá recurso extraordinário ou especial, conforme o caso [...]. §2º Apreciado o mérito do recurso, *a tese jurídica adotada pelo Supremo Tribunal Federal ou pelo Superior Tribunal de Justiça será aplicada no território nacional a todos os processos individuais ou coletivos que versem sobre idêntica questão de direito*" (grifos nossos).

⁵⁴ CPC/2015, art. 966, §5º (supra); art. 1037: "§9º Demonstrando *distinção* entre a questão a ser decidida no processo e aquela a ser julgada no recurso especial ou extraordinário afetado, a parte poderá requerer o prosseguimento do seu processo. [...] §12. Reconhecida a distinção no caso: I - dos incisos I, II e IV do §10, o próprio juiz ou relator dará prosseguimento ao processo; II - do inciso III do §10, o relator comunicará a decisão ao presidente ou ao vice-presidente que houver determinado o sobrestamento, para que o recurso especial ou o recurso extraordinário seja encaminhado ao respectivo tribunal superior, na forma do art. 1.030, parágrafo único" (grifos nossos).

no *common law*, com as quais não se tem ainda familiaridade no Brasil. Portanto, não é pequeno o desafio posto pelo CPC/2015 às cortes ou ao Supremo Tribunal Federal.

7.8.1 Diferenciação entre *ratio decidendi* e *Obiter dictum*

Um caso julgado pelo STF ainda sob a vigência do CPC/1973 é bem ilustrativo das possíveis dificuldades que serão enfrentadas pelo Tribunal (e provavelmente também pelas demais cortes) nos primeiros momentos de implementação do CPC/2015. Nos autos do RE nº 669.069, a União insurgiu-se contra acórdão que afirmara a prescrição de sua pretensão de se ressarcir por prejuízos gerados por um particular em um acidente de trânsito. O fato ocorreu em 1997, ao passo que a ação foi proposta apenas em 2008, transcorridos mais de onze anos do evento danoso. A União alegou, em sua defesa, que as ações de ressarcimento movidas pela Fazenda Pública eram imprescritíveis, em virtude do que dispõe o art. 37, §5º, da Constituição:

> Art. 37. [...]
> §5º A lei estabelecerá os prazos de prescrição para ilícitos praticados por qualquer agente, servidor ou não, que causem prejuízos ao erário, ressalvadas as respectivas ações de ressarcimento. (Grifos nossos)

A Corte reconheceu a existência de repercussão geral no caso, formulando a questão posta pelo recurso extraordinário com o seguinte teor:

> ADMINISTRATIVO. PRETENSÃO DE RESSARCIMENTO AO ERÁRIO. PRESCRIÇÃO. INTERPRETAÇÃO DA RESSALVA FINAL PREVISTA NO ARTIGO 37, §5º, DA CONSTITUIÇÃO FEDERAL. EXISTÊNCIA DE REPERCUSSÃO GERAL. Apresenta repercussão geral o recurso extraordinário no qual se discute o alcance da imprescritibilidade da pretensão de ressarcimento ao erário prevista no artigo 37, §5º, da Constituição Federal.

O relator, Ministro Teori Zavascki, iniciou seu voto defendendo que a imprescritibilidade de toda e qualquer pretensão de ressarcimento por danos ao erário público, com base no art. 37, §5º, da Constituição, seria um entendimento estremado e sistematicamente incompatível com o ordenamento constitucional. Isso porque, a se defender tal orientação, as próprias execuções fiscais seriam imprescritíveis, já que a não satisfação de tributos constituiria ato ilícito causador de dano ao erário público. No entendimento do relator, não haveria justificativa para conferir tratamento tão gravoso a todo e qualquer dano, independentemente do grau de reprovabilidade do ato que o gerou. Também segundo ele, a prescritibilidade é a regra em nosso ordenamento, de modo que a imprescritibilidade deveria estar expressa na Constituição e ser objeto de interpretação restritiva.

Com base nesses fundamentos, o relator defendeu que a ressalva final do art. 37, §5º, da Constituição deveria ser interpretada conjuntamente com o §4º do mesmo art. 37, que previa que os atos de improbidade administrativa importariam na suspensão dos direitos políticos, na perda da função pública, na indisponibilidade dos bens e no ressarcimento ao erário, na forma e gradação previstas em lei, e sem prejuízo da ação penal cabível. Segundo a interpretação proposta pelo ministro, seriam imprescritíveis apenas as ações de reparação de danos gerados por ato de improbidade administrativa ou por crime contra a Administração Pública, danos estes pertinentes a ilícitos dotados de alto grau de reprovabilidade na sua opinião.

Uma vez defendida tal interpretação e a partir dela, o Ministro Teori Zavascki concluiu que o caso concreto deveria ser julgado desfavoravelmente à União porque, não se tratando de ato de improbidade administrativa ou de crime contra a Administração, não haveria de se falar em imprescritibilidade da ação de reparação. Propôs, assim, a adoção da seguinte tese:

> A imprescritibilidade a que se refere o art. 37, §5º, da CF diz respeito apenas a ações de ressarcimento de danos ao erário decorrentes de atos praticados por qualquer agente, servidor ou não, tipificados como ilícitos de improbidade administrativa ou como ilícitos penais.

Esse foi, portanto, o raciocínio percorrido pelo relator: (i) primeiramente, definiu a interpretação do art. 37, §5º, da Constituição, premissa maior; (ii) posteriormente, aplicou-a ao caso concreto, premissa menor; e, por fim, (iii) decidiu o recurso.[55] *Tal raciocínio partia, portanto, do conteúdo mais amplo – o texto da norma – para o conteúdo mais*

---

[55] Este aspecto fica muito claro no quarto parágrafo do voto do relator, quando afirma: "Estabelecida a tese, cumpre concluir o julgamento do caso concreto". Primeiro, o significado do dispositivo constitucional foi apreciado. Definiu-se a sua interpretação, como se fazia tradicionalmente com as leis, a partir dos métodos da hermenêutica clássica (interpretação literal, lógica, sistemática, teleológica). Só depois disso é que se passou à situação objeto do recurso.

específico – o caso concreto –, como é de praxe nos países cujo direito possui raiz romano-germânica.

Veja-se, contudo, quais eram os fatos relevantes postos pela demanda: o caso versava sobre acidente automobilístico. A questão jurídica que precisava ser resolvida para que o recurso extraordinário fosse decidido era inequivocamente menor. Dizia respeito à prescritibilidade da ação para ressarcimento de dano decorrente de colisão de veículos. A discussão sobre os ilícitos de improbidade era absolutamente prescindível para a solução do caso. Era, ainda, irrelevante para o recorrido, que não praticara ato de improbidade. Importava apenas à União. Não havia, portanto, no feito, quem tivesse interesse em defender a prescritibilidade das ações para ressarcimento de atos de improbidade. Caso se adotasse a proposta do relator, eventual definição de entendimento a este respeito ocorreria, assim, sem que o assunto pertinente ao ilícito de improbidade administrativa tivesse sido sequer debatido.

Tratava-se, ainda, de matéria altamente controvertida não apenas na Corte – como os debates do caso deixaram claro – como também na doutrina. A título ilustrativo e como mencionado nos debates havidos entre os ministros, Celso Antônio Bandeira de Mello, administrativista de referência para muitas gerações, que já defendera a imprescritibilidade das ações para ressarcimento de danos emergentes de improbidade administrativa, reconsiderou seu entendimento, passando a afirmar a prescritibilidade das ações de ressarcimento também neste caso, por entender que a imprescritibilidade poderia frustrar, na prática, o exercício do direito de defesa do acusado. A seu ver, nenhum particular guardaria a documentação necessária ao exercício de tal direito além de um período razoável, não demasiadamente longo, ao passo que o Estado teria condição de guardá-la por prazo muito superior.

Além disso, segundo o autor, quando a Constituição quis estabelecer a imprescritibilidade ela o fez expressamente e sempre em matéria penal, matéria esta cuja discussão não ultrapassaria o prazo de duração da vida do acusado. Entretanto, a obrigação de indenizar o erário por ato de improbidade poderia passar aos descendentes e, por consequência, estender-se indefinidamente, se acolhida a imprescritibilidade da ação de ressarcimento. Esses argumentos, indiscutivelmente relevantes, não haviam sido sequer suscitados ou enfrentados no processo justamente porque, como já observado, ele não versava efetivamente sobre esta matéria.[56]

---

[56] Celso Antônio Bandeira de Mello, *Curso de direito administrativo*. 30. ed. São Paulo: Malheiros, 2013. p. 1064-1065.

Ora, de acordo com as categorias examinadas acima, se a discussão sobre a imprescritibilidade das ações para ressarcimento de danos decorrentes de improbidade administrativa era desnecessária para a decisão do caso concreto, toda e qualquer consideração efetuada a respeito desta tese constituía mero *Obiter dictum*. Mesmo que constasse da fundamentação, não correspondia à questão jurídica posta pelo caso. Não poderia, por isso, compor a tese de direito afirmada na decisão, sob pena de se violarem os princípios da inércia da jurisdição, da congruência, do contraditório e do devido processo legal. Nesse sentido, a aplicação do método-fático concreto de delimitação do *holding* teria auxiliado a compreensão crítica do quanto a Corte estava se distanciando da causa que efetivamente tinha que julgar. O fato "dano decorrente de acidente automobilístico" em nada se aproximava do fato "dano decorrente de improbidade administrativa".

Decidir sobre a imprescritibilidade das ações de reparação por danos decorrentes de ato de improbidade, neste contexto, poderia ser, ainda, uma má estratégia de decisão. Não se tendo formado um amplo contraditório sobre a matéria, a Corte apreciaria a questão sem reunir uma massa de informações que lhe permitisse conhecer e enfrentar todos os argumentos favoráveis e desfavoráveis ao entendimento que viria a afirmar. Não seria surpreendente, por isso, se mais adiante novos argumentos a obrigassem a abrandar ou até mesmo a superar o entendimento firmado, trazendo um fator de instabilidade para o sistema.

Na verdade, as dificuldades encontradas pelo STF no julgamento do RE nº 669.069 são comumente enfrentadas pelas cortes do *civil law*. A preocupação de julgar a matéria de forma ampla e sistemática, a maior dificuldade em diferenciar *ratio decidendi* de *Obiter dictum* e o raciocínio por dedução são algumas características usuais que marcam a atuação dos tribunais do sistema romano-germânico com precedentes, segundo a literatura comparada.[57]

---

[57] Como esclarecem MacCormick e Summers: "Generalizando, os precedentes [nos países do *civil law*] são comumente concebidos como uma ferramenta que abrigará normas abstratas, e é geralmente a tais normas que interpretam um código ou uma lei escrita que se atribui força vinculante sobre casos futuros"; e, mais adiante: "no que respeita à metodologia empregada pelo *civil law*, não há tradição em diferenciar *ratio decidendi* e *obiter dicta*" (D. Neil Maccormick e Robert S. Summers (Org.), *Interpreting precedents*: a comparative study. England: Dartmouth Publishing Company Limited e Ashgate Publishing Limited, 1997. p. 536-537. Tradução livre).

A lógica do *judge made law* é, contudo, a inversa. Nela, a norma é gerada por um raciocínio *indutivo*. Primeiro, decide-se o caso concreto. Depois, infere-se dele a tese universalizável que permitirá a solução de casos idênticos no futuro. No *judge made law* e, portanto, na formulação de um precedente normativo, o *julgamento começa pela premissa menor*. Apenas depois de decidida esta, passa-se à formulação da proposição maior. Quando o tribunal define a tese, torna genérica a orientação que solucionou o caso concreto, de forma a que possa servir de norte para a decisão de casos semelhantes. De todo modo, esses aspectos não passaram despercebidos pela Corte, tendo-se observado:

> O SENHOR MINISTRO LUÍS ROBERTO BARROSO – [...]. Eu gostaria de adiantar, desde logo, que eu estou de acordo com o voto do Ministro Teori Zavascki naquilo em que decidiu a demanda posta. Portanto, *acho que, nas ações de reparação de dano por ilícito civil, a prescritibilidade se impõe*, e, no caso concreto, se impõe de acordo com os critérios que Sua Excelência apontou. De modo que não tenho nenhuma dúvida em acompanhá-lo na solução desta lide específica.
>
> Sua Excelência, no entanto, *foi um pouco além, preocupado em sistematizar o tema*, e, talvez, nós não estejamos ainda em condições de sistematizar o tema. Entre outras razões, porque a questão da imprescritibilidade em matéria de improbidade, ou mesmo em matéria de crime, ela *não foi objeto – eu diria – de um contraditório neste processo*. Ou seja, nós não fomos expostos aos diferentes argumentos, alguns deles suscitados agora, pelo Ministro Toffoli e pelo Ministro Gilmar Mendes. E *eu não gostaria de ter um pronunciamento do Plenário sobre esta questão importante e delicada da imprescritibilidade, sem um contraditório em que nós pudéssemos considerar todos os argumentos.* [...]. (Grifos nossos)

Diante dessas ponderações e depois de um longo debate, o Supremo Tribunal Federal optou por não incluir na tese firmada em repercussão geral o entendimento sobre a (im)prescritibilidade das ações de ressarcimento por atos de improbidade administrativa. Afirmou-se como orientação decorrente do julgado que: "É prescritível a ação de reparação de danos à Fazenda Pública decorrente de ilícito civil".

No entanto, os prejuízos de se ter delimitado preliminarmente a questão jurídica a ser decidida em repercussão geral de forma tão abrangente estavam claros: um rol amplíssimo de casos fora sobrestado em segundo grau de jurisdição e aguardou, por anos a fio, o julgamento da Corte. Todavia, esta, até por ter reconhecido, posteriormente, a amplitude excessiva conferida à questão, não a decidiu em toda a sua extensão. Muito provavelmente, entre os casos sobrestados existiam aqueles que versavam sobre ressarcimento de danos decorrentes de atos de improbidade ou de crime contra a Administração, nos quais se perderam anos à espera de um pronunciamento do STF que não veio – um mau resultado em termos de razoável duração do processo.[58]

Essas considerações demonstram, portanto, que um primeiro desafio a ser enfrentado pelo STF na implantação do sistema de precedentes normativos criado pelo Novo Código liga-se ao esforço em diferenciar, com maior precisão, *ratio decidendi* e *Obiter dictum* e, por consequência, em delimitar adequadamente a questão jurídica suscitada pela ação. Além disso, a Corte precisará enfrentar um segundo desafio, que diz respeito à definição do nível de generalidade com que formulará as suas teses. Como se verificará a seguir, discutir o nível de generalidade da tese de direito ou da *ratio decidendi* é diferente de incluir na *ratio* questão jurídica que o caso não coloca, como apontado acima.

7.8.2 Determinação do nível de generalidade da tese de direito

No caso em exame, mesmo depois de se ter descartado produzir uma tese que tratasse sobre a (im)prescritibilidade das ações de reparação por ato de improbidade administrativa, restaram ao menos duas opções de tese. Podia-se afirmar que: (i) "é prescritível a ação de reparação de danos à Fazenda Pública decorrente de acidente automobilístico"; ou que (ii) "é prescritível a ação de reparação de danos à Fazenda Pública decorrente de ilícito civil".

O dilema quanto ao nível de generalidade a ser adotado na formulação da tese vinculante no RE nº 669.069 é semelhante àquele narrado acima sobre o nível de generalidade que se poderia hipoteticamente atribuir ao *holding* do caso *Donoghue v. Stevenson* (1932). Definir a tese de forma mais restritiva imporia que a doutrina sobre a (im)prescritibilidade das ações de ressarcimento fosse construída de forma gradual. Cada nova ação reconhecida como prescritível pelo Judiciário expandiria o precedente e, ao final de certo período, diversas pequenas teses possibilitariam a determinação de um entendimento mais amplo sobre o assunto.

---

[58] Confira-se, nesse sentido, o que ponderou o Ministro Luiz Fux durante os debates: "Eu posso garantir a Vossa Excelência que essa repercussão geral trava todas as ações de reparação em razão de improbidade administrativa. O STJ é o intérprete da legislação infraconstitucional. Nunca recebemos uma ação de indenização por colisão de veículo antes de discutir isso. Nunca. Em dez anos, nenhuma. Todas elas em relação à improbidade".

Formular a tese diretamente de maneira mais ampla, por outro lado, pressupunha alguma convicção de que os danos decorrentes de acidentes de veículos e dos demais ilícitos civis em geral são similares e não guardam particularidades que possam impedir a absorção de todas as espécies na categoria "ilícito civil". Era importante, ainda, que fosse bem clara a delimitação deste conceito e, portanto, do conjunto de fatos e de ilícitos que a ele se subsomem. Caso contrário, a *ratio decidendi* mais abrangente teria pouca utilidade prática, ensejaria muitas distinções por parte das cortes vinculadas e ainda abriria caminho amplo para a discussão do assunto por meio de reclamação.

Quando se opta por uma tese mais restritiva, assumem-se os ônus de uma orientação subinclusiva: persistência, em alguma proporção, de insegurança jurídica, de tratamento desigual e de litigiosidade envolvendo o tema. Quando a escolha recai sobre a tese mais ampla, incidem os riscos de uma tese superinclusiva: a produção de muitas distinções pelas cortes vinculadas e, por consequência, até que a matéria retorne ao tribunal vinculante, mais uma vez, insegurança jurídica, desigualdade e litigiosidade.

Por isso, não há necessariamente uma melhor opção *a priori* entre teses restritivas e teses um pouco mais abrangentes. É razoável que a discussão sobre o nível de generalidade ocorra caso a caso. Há questões e domínios do direito aos quais as teses mais restritivas atenderão melhor e outros em que teses um pouco mais abrangentes se mostrarão adequadas. Entretanto, a questão apresenta uma dificuldade adicional no caso do sistema de precedentes vinculantes brasileiro, relacionada ao cabimento de reclamação.

7.8.3 Prevenção contra uma explosão de reclamações

A reclamação é uma ação que tem por objetivo preservar a competência dos tribunais e garantir a autoridade das suas decisões. É proposta diretamente perante a corte que teve o precedente desrespeitado, tramita independentemente de eventual recurso interposto contra a decisão reclamada e permite que esta seja imediatamente cassada.[59] Por isso, se diz que as reclamações possibilitam o acesso *per saltum* às cortes vinculantes.

---

[59] Não cabe, contudo, reclamação contra decisão transitada em julgado (CPC/2015, art. 988, §5º, I). Por isso, será necessário recorrer da decisão que desrespeita o precedente normativo, a fim de evitar o trânsito em julgado. Mas, em paralelo, pode-se ajuizar a reclamação

Antes da entrada em vigor do CPC/2015, admitia-se a propositura de reclamação em hipóteses mais restritas: (i) permitia-se seu ajuizamento pelas partes de um caso concreto, se a decisão nele proferida fosse descumprida; e (ii) possibilitava-se a sua propositura, por qualquer prejudicado, em caso de desrespeito às súmulas vinculantes e aos acórdãos proferidos no controle concentrado, ambos precedentes normativos à luz do sistema anterior.

Nas duas últimas hipóteses, a reclamação poderia ser proposta tanto contra ato judicial quanto contra ato da Administração Pública que descumprisse a súmula ou o acórdão vinculante porque disposição constitucional expressa estabelece que os efeitos vinculantes e gerais produzidos nestes dois casos alcançam os demais órgãos do Judiciário e também a Administração Pública direta e indireta, nas esferas federal, estadual e municipal.[60]

Entretanto, no que se refere às decisões proferidas no controle concentrado e como igualmente demonstrado acima, o Supremo firmou posição no sentido de que a reclamação só seria possível quando o dispositivo da decisão proferida em ação direta fosse desrespeitado. Para que o STF acolhesse a reclamação era necessário que a decisão reclamada tivesse dado tratamento diverso à mesma norma apreciada pelo Tribunal em ação direta. O Supremo não admitia reclamação para que o interessado se insurgisse contra o desrespeito à tese que serviu de base para a decisão proferida em ação direta.

O novo Código ampliou consideravelmente as hipóteses de cabimento das reclamações. Manteve sua utilização contra o desrespeito a súmulas vinculantes e a julgados proferidos em controle concentrado. E estendeu sua aplicação para o caso de descumprimento das decisões

---

diretamente no tribunal vinculante. A vantagem da reclamação é que, diferentemente do que ocorre no sistema recursal, em que será necessário acessar as diferentes instâncias até que a causa chegue ao STF, no caso da reclamação o descumprimento do precedente normativo será examinado diretamente pelo Supremo, possibilitando uma decisão célere pelo tribunal que tem a palavra final sobre o assunto.

[60] CF, art. 102, §2º: "As decisões definitivas de mérito, proferidas pelo Supremo Tribunal Federal, nas ações diretas de inconstitucionalidade e nas ações declaratórias de constitucionalidade produzirão *eficácia contra todos e efeito vinculante, relativamente aos demais órgãos do Poder Judiciário e à administração pública* direta e indireta, nas esferas federal, estadual e municipal"; art. 103-A: "O Supremo Tribunal Federal poderá, de ofício ou por provocação, mediante decisão de dois terços dos seus membros, após reiteradas decisões sobre matéria constitucional, aprovar súmula que, a partir de sua publicação na imprensa oficial, terá *efeito vinculante em relação aos demais órgãos do Poder Judiciário e à administração pública* direta e indireta, nas esferas federal, estadual e municipal, bem como proceder à sua revisão ou cancelamento, na forma estabelecida em lei" (grifos nossos).

proferidas em incidente de resolução de demanda repetitiva e em incidente de assunção de competência. Nessas quatro hipóteses, previu seu cabimento inclusive para atacar decisão que deixe de aplicar a *tese de direito* fixada em cada qual desses precedentes normativos ou que a aplique de forma equivocada. O CPC/2015 autorizou, ainda, o ajuizamento de reclamação para assegurar o respeito às teses firmadas em recurso extraordinário com repercussão geral ou em recursos extraordinário e especial repetitivos, desde que exauridas as instâncias ordinárias. Confira-se a redação da norma:

> Art. 988. Caberá reclamação da parte interessada ou do Ministério Público para:
> I - preservar a competência do tribunal;
> II - garantir a autoridade das decisões do tribunal;
> III - garantir a observância de enunciado de súmula vinculante e de decisão do Supremo Tribunal Federal em controle concentrado de constitucionalidade;
> IV - garantir a observância de acórdão proferido em julgamento de incidente de resolução de demandas repetitivas ou de incidente de assunção de competência; [...].
> §4º As hipóteses dos incisos III e IV compreendem a aplicação indevida da tese jurídica e sua não aplicação aos casos que a ela correspondam.
> §5º É inadmissível a reclamação:
> I - proposta após o trânsito em julgado da decisão reclamada;
> II - proposta para garantir a observância de acórdão de recurso extraordinário com repercussão geral reconhecida ou de acórdão proferido em julgamento de recursos extraordinário ou especial repetitivos, quando não esgotadas as instâncias ordinárias

Ressalvadas as súmulas vinculantes e as decisões proferidas em controle concentrado, os demais casos possibilitam o ajuizamento de reclamação contra decisões judiciais apenas.

De todo modo, não há dúvida de que se pretendeu, com a ampliação das hipóteses de cabimento de reclamações, utilizá-las para assegurar o respeito aos precedentes vinculantes. Em um país com pouca tradição neste sentido, o manejo deste instrumento demonstrou ser, de fato, essencial para tornar efetivo o novo sistema de precedentes que se procurou criar. Entretanto, é indiscutível que a admissão da reclamação com esta amplitude pode abarrotar o Supremo Tribunal Federal com essas demandas e acabar por frustrar a própria finalidade para a qual foi instituída, tornando lenta e ineficaz a cassação das decisões que descumpram os precedentes normativos.

O STF precisará, por isso, buscar mecanismos para fazer um uso racional deste instrumento. Entre estes mecanismos inclui-se um cuidado redobrado da Corte na formulação da tese que vinculará os casos futuros. A decisão acerca do nível de generalidade deve ter em perspectiva não apenas o entendimento jurídico que serviu de base para a decisão, mas igualmente os efeitos que gerará sobre a efetividade e sobre a viabilidade da própria jurisdição da Corte. Na dúvida, uma tese mais restritiva evita o excesso de reclamações; e nada impede que, percebido o impacto inicial do precedente, seu escopo venha a ser progressivamente ampliado pelo julgamento de novos casos, um *modus operandi* que é a essência do *judge made law*.

7.9 Conclusão

O Novo Código de Processo Civil promoveu um grande avanço no reconhecimento do papel das decisões judiciais como fonte do direito e criou um sistema de precedentes vinculantes com amplitude e alcance inéditos para o país. A adequada operação desse sistema pressupõe uma exata compreensão das suas implicações e o domínio de algumas noções essenciais que se passam a resumir a seguir.

1 No Brasil, com a vigência da Constituição de 1988, iniciou-se uma longa e progressiva trajetória de valorização da jurisprudência e de atribuição de efeitos vinculantes aos precedentes jurisprudenciais. Ilustram tal trajetória: a expansão do controle concentrado da constitucionalidade; a aprovação de diversas alterações ao CPC/1973, pelas quais se conferiu a certas decisões judiciais uma eficácia intermediária, para além dos casos em que foram proferidas; e, por fim, a aprovação do CPC/2015, que criou um novo sistema de precedentes vinculantes no ordenamento jurídico brasileiro e conferiu-lhe eficácia através do alargamento das hipóteses de cabimento de reclamação.

2 Os precedentes judiciais podem ser classificados, quanto à sua eficácia, em precedentes com eficácia persuasiva, precedentes com eficácia normativa e precedentes com eficácia intermediária. Os precedentes com eficácia persuasiva vinculam apenas as partes do caso em que foram proferidos. Os precedentes com eficácia normativa forte, no caso brasileiro, são aqueles cujo entendimento deve ser obrigatoriamente observado pelo Judiciário, sob pena de cassação da decisão por meio de reclamação. Os precedentes com eficácia intermediária foram identificados como uma categoria residual, que estará presente quando um entendimento judicial não tiver de ser obrigatoriamente observado, mas produzir efeitos para além do caso em que foi afirmado; ou, ainda, quando tal entendimento tiver de ser observado, mas não for possível utilizar a reclamação para conferir efetividade a tal dever. Neste último caso, aludiu-se também a tais julgados como precedentes com eficácia normativa em sentido fraco.

3 Em um país sem tradição de respeito aos precedentes vinculantes, como é o caso do Brasil, a possibilidade de ajuizar reclamação diretamente na corte vinculante para provocar a cassação da decisão que desrespeita o precedente pode ser essencial para efetivamente assegurar-lhe tal eficácia normativa.

4 Durante a vigência do CPC/1973 predominaram, no Brasil, os precedentes com eficácia persuasiva e com eficácia intermediária. Apenas as súmulas vinculantes e os julgados proferidos em controle concentrado da constitucionalidade produziam efeitos normativos em sentido forte.

5 O CPC/2015 alterou esse quadro, estabelecendo como precedentes com eficácia normativa em sentido forte: as súmulas vinculantes, os julgados produzidos em controle concentrado da constitucionalidade, os acórdãos proferidos em julgamento com repercussão geral ou em recurso extraordinário ou especial repetitivo, as orientações oriundas do julgamento de incidente de resolução de demanda repetitiva e de incidente de assunção de competência. O desrespeito a estes precedentes enseja a cassação da decisão divergente, por meio de reclamação.

6 Três valores principais justificam a adoção de um sistema de precedentes normativos ou vinculantes: a segurança jurídica, a isonomia e a eficiência. No caso brasileiro, buscou-se com o novo sistema de precedentes vinculantes superar a incerteza e a desigualdade decorrentes de decisões conflitantes em situações idênticas, um quadro de sobrecarga e de morosidade da justiça e de insatisfação da sociedade com a prestação da tutela jurisdicional.

7 São categorias fundamentais para a operação com precedentes vinculantes, a partir da literatura comparada, os conceitos de (i) *ratio decidendi* ou *holding*, (ii) *Obiter dictum* e (iii) distinção entre casos (*distinguishing*). São fundamentais, ainda, para a adequada compreensão de cada caso levado a exame judicial a análise dos seus fatos relevantes, da questão de direito posta pelo caso e dos fundamentos que conduziram a determinada decisão.

8 A *ratio decidendi* ou o *holding* de uma decisão corresponde a uma descrição do entendimento adotado pela corte como a premissa necessária ou adequada para decidir o caso concreto, à luz das razões invocadas pela maioria. Este é o teor que vinculará o julgamento de casos futuros semelhantes. Sua identificação pressupõe a avaliação dos fatos relevantes da ação, da questão jurídica posta em juízo, dos fundamentos da decisão e da solução determinada pela corte.

9 Os *obiter dicta* equivalem aos argumentos não acolhidos pela maioria da corte como justificativa para a solução dada a uma demanda, aos fundamentos não determinantes da decisão ou, ainda, a entendimentos ou comentários não diretamente necessários à solução do caso concreto. Esses elementos não se prestam a compor a *ratio decidendi* e não produzem efeitos vinculantes para o julgamento de casos futuros.

10 A distinção entre casos (*distinguishing*) deve ocorrer sempre que se demonstrar que a nova demanda apresenta peculiaridades de fato, suscita questão jurídica distinta e/ou não é perfeitamente solucionável com base nos fundamentos que justificaram a decisão do precedente. Em caso de distinção, não se aplicará a solução preconizada pelo precedente vinculante à nova demanda.

11 O CPC/2015 acolheu categorias muito semelhantes àquelas do direito comparado. Determinou, assim, que o teor vinculante do precedente corresponderá à tese firmada no julgamento (art. 988, III, IV e §4º c/c art. 987, §2º). Previu, também, que a tese não se confunde com os fundamentos da decisão, embora reconheça a importância destes para determinar o teor e o alcance daquela. O exame sistemático dos vários dispositivos que tratam do assunto permite a definição da tese como um conceito assemelhado ao conceito de *ratio decidendi* do *common law*, ou seja, como uma descrição do entendimento jurídico firmado pela corte como premissa necessária para a decisão do caso.

12 Se o CPC/2015 acolheu tal concepção de tese jurídica vinculante, inclusive em sede de controle concentrado da constitucionalidade, isso significa que, com a sua vigência, o entendimento do STF que rejeitava a eficácia transcendente da fundamentação precisará ser revisitado. É que a eficácia transcendente significa justamente atribuir efeitos vinculantes à *ratio decidendi* das decisões proferidas em ação direta. Mesmo que este entendimento não fosse acolhido pelo STF no passado, o fato é que, ao que tudo indica, o novo Código o adotou.

13 Ainda segundo o CPC/2015, a distinção entre casos pressupõe um confronto: dos fatos relevantes de cada qual, das questões jurídicas que suscitam e dos fundamentos adequados para enfrentá-las.

Um precedente só deve ser aplicado quando o caso subsequente versar sobre a mesma questão de direito tratada no primeiro e desde que os fundamentos utilizados para decidi-lo sejam aplicáveis à nova demanda. Do contrário, deve-se proceder à distinção entre os casos, tal como ocorre no *common law* (arts. 966, §5º, 985, §2º, c/c art. 966, §§9º e 12).

14 Alguns cuidados especiais precisam ser tomados na definição das teses jurídicas pelo Supremo Tribunal Federal. Em primeiro lugar, não se deve incluir nas teses questão de direito não suscitada pelo caso concreto ou cuja solução era desnecessária para a sua decisão. Esta postura preserva os princípios da inércia da jurisdição, da congruência, do contraditório e do devido processo legal. Decidir matéria estranha à causa em exame e atribuir-lhe efeitos normativos significa decidir com nível inadequado de informação e sem conhecer todos os argumentos pró e contra que a questão envolve, expondo-se a Corte ao erro e à instabilidade jurisprudencial.

As considerações acima são produzidas nos primeiros momentos da vigência do novo Código. As dificuldades em sua implementação e as consequências sistêmicas decorrentes da utilização de alguns de seus institutos ainda não se fizeram sentir. Portanto, trata-se de considerações iniciais, abertas a novas reflexões. Mas é tempo de a comunidade jurídica e os tribunais debruçarem-se sobre o CPC/2015, de se arriscarem em seu terreno pouco conhecido e de buscarem operacionalizá-lo. Um tempo de riqueza ímpar, em que se tem a oportunidade rara de mudar de paradigma na operação com precedentes judiciais e de alterar profundamente o nosso sistema. Uma oportunidade que não se deve perder.

PARTE II

PALESTRAS

CAPÍTULO 1

ÉTICA E *JEITINHO BRASILEIRO*: POR QUE A GENTE É ASSIM?

1.1 Introdução

> *A noite nunca tem fim,*
> *Por que que a gente é assim?*
>
> Cazuza

O ensaio que se segue procura refletir sobre ética e *jeitinho brasileiro* (pronuncia-se jay-cheen-yo e o significado literal em inglês é *little way* ou *the Brazilian way of doing things*). São anotações escritas para um debate com o Professor Michael Sandel, na Harvard Brazil Conference, em Cambridge, MA, no dia 8.4.2017. Como intuitivo, não se trata de um texto com pretensões acadêmicas, mas um mero roteiro para uma conversa informal. O ensaio encontra-se dividido em duas partes. Na primeira parte, comento brevemente aspectos da colonização do Brasil, para concluir que começamos tarde e fomos herdeiros de tradições menos iluministas do que, por exemplo, os Estados Unidos. Na segunda parte, analiso a categoria sociológica do jeitinho, identificando seus (poucos) traços positivos, seus aspectos negativos e contextualizando-o em suas influências sobre a realidade contemporânea brasileira. A conclusão é que o jeitinho brasileiro tem custos morais elevados e, na maior parte de suas manifestações, deve ser superado pelo avanço civilizatório.

1.2 Os antecedentes coloniais[1]
1.2.1 Breve nota sobre a colonização brasileira

Nos primeiros anos após a descoberta, Portugal nutriu pouco interesse pelas novas terras. Nas primeiras três décadas, vieram predominantemente degredados, indivíduos condenados que tinham a pena comutada e eram *lançados* para serem precursores da colonização.[2] A colonização de fato do Brasil só começa com as capitanias hereditárias,[3] a partir de 1532: o Rei D. João III, para coibir o avanço francês sobre a costa brasileira, dividiu o território nacional em 14 frações, cuja posse foi entregue a capitães donatários para desenvolvê-las com recursos próprios. Seguindo um modelo de base feudal, os donatários detinham amplos poderes, que incluíam a exploração econômica, a arrecadação de tributos, a autoridade sobre os habitantes do território e o monopólio da justiça. Podiam, também, fundar vilas e doar sesmarias, isto é, largas extensões de terra. Está aí a origem da formação de latifúndios na estrutura fundiária brasileira.[4] Os portugueses que aqui aportavam eram aventureiros ou vinham sem as famílias, em busca de fortuna rápida. E, a partir de 1539, começou a vinda de escravos. Estima-se que entre 1550 e 1855, cerca de 4 milhões de negros foram trazidos compulsoriamente da África para o Brasil.[5] A religião oficial era, naturalmente, o catolicismo.

O modelo de capitanias hereditárias não produziu os resultados desejados, mas só veio a ser formalmente extinto em 1821. Todavia, o ponto que se quer aqui assentar é que o Brasil só começou verdadeiramente como país em 1808, com a vinda da família real, fugindo de uma Europa à mercê de Napoleão. Até então, os portos eram fechados a todas as nações que não Portugal, i.e., não havia comércio

---

[1] Carlos Guilherme Mota e Adriana Lopez, *História do Brasil*: uma intepretação. São Paulo: Editora 34, 2015; Ana Maria dos Santos *et al.*, *História do Brasil*: da terra ignota ao Brasil atual. Rio de Janeiro: LogOn, 2002; Boris Fausto, *História do Brasil*. São Paulo: Editora da Universidade de São Paulo, 2008; Eduardo Bueno, *Brasil*: uma história. São Paulo: Ática, 2003; Caio Prado Junior, *Formação do Brasil contemporâneo*: colônia. São Paulo: Companhia das Letras, 2011 (a 1ª edição é de 1942); Laurentino Gomes, *1808*. São Paulo: Planeta do Brasil, 2007.

[2] Carlos Guilherme Mota e Adriana Lopez, *História do Brasil*: uma interpretação. São Paulo: Editora 34, 2015. p. 54-335.

[3] Ana Maria dos Santos *et al.*, *História do Brasil*: da terra ignota ao Brasil atual. Rio de Janeiro: LogOn, 2002. p. 40.

[4] Boris Fausto, *História do Brasil*. São Paulo: Editora da Universidade de São Paulo, 2008. p. 43-46.

[5] Boris Fausto, *História do Brasil*. São Paulo: Editora da Universidade de São Paulo, 2008. p. 51.

exterior. A metrópole proibia a construção de estradas e a existência de manufaturas. Não havia escolas e 98% da população era analfabeta. Um terço dos habitantes da colônia eram escravos.[6] Mais que tudo, não éramos herdeiros da tradição cultural e política que produziu, por exemplo, a Magna Carta inglesa, ainda em 1215, mas, sim, do último país da Europa a acabar com a Inquisição, com o tráfico negreiro e com o absolutismo. Começamos lá atrás e percorremos um longo caminho, até nos tornarmos uma relevante democracia de massas e uma das dez maiores economias do mundo. Mas o fato é que o período colonial nos legou disfunções que sucessivas gerações de brasileiros têm procurado derrotar.

1.2.2 Algumas disfunções da formação social brasileira

Três disfunções atávicas marcam a trajetória do Estado brasileiro: o patrimonialismo, o oficialismo e a cultura da desigualdade. O *patrimonialismo* remete à nossa tradição ibérica, ao modo como se estabeleciam as relações políticas, econômicas e sociais entre o imperador e a sociedade portuguesa, em geral, e com os colonizadores do Brasil, em particular. Não havia separação entre a Fazenda do rei e a Fazenda do reino, entre bens particulares e bens do Estado. Os deveres públicos e as obrigações privadas se sobrepunham. O rei tinha participação direta e pessoal nos tributos e nos frutos obtidos na colônia. Vem desde aí a difícil separação entre esfera pública e privada, que é a marca da formação nacional. É um traço tão forte que a Constituição brasileira precisou de um dispositivo expresso para vedar que os agentes públicos utilizassem dinheiro público para promoção pessoal. A aceitação resignada do inaceitável se manifesta na máxima "rouba, mas faz".

A segunda disfunção que vem de longe é o *oficialismo*. Esta é a característica que faz depender do Estado – isto é, da sua bênção, apoio e financiamento – todos os projetos pessoais, sociais ou empresariais. Todo mundo atrás de emprego público, crédito barato, desonerações ou subsídios. Da telefonia às fantasias de carnaval, tudo depende do dinheiro do BNDES, da Caixa Econômica, dos fundos de pensão, dos cofres estaduais ou municipais. Dos favores do presidente, do governador ou do prefeito. Cria-se uma cultura de paternalismo e compadrio, a república da parentada e dos amigos. O Estado se torna

---

[6] Sobre o período, v. Laurentino Gomes, *1808*. São Paulo: Planeta do Brasil, 2007.

mais importante do que a sociedade. Um dos subprodutos dessa compulsão se expressa na máxima do favorecimento e da perseguição: "Aos amigos tudo; aos inimigos, a lei".

A *cultura da desigualdade* é o nosso terceiro mal crônico. A igualdade no mundo contemporâneo se expressa em três dimensões: a igualdade *formal*, que impede a desequiparação arbitrária das pessoas; a igualdade *material*, que procura assegurar as mesmas oportunidades a todos; e a igualdade como *reconhecimento*, que busca respeitar as diferenças de gênero e proteger as minorias, sejam elas raciais, de orientação sexual ou religiosas. Temos problemas nas três dimensões. Como não há uma cultura de que todos são iguais e deve haver direitos para todos, cria-se um universo paralelo de privilégios: imunidades tributárias, foro privilegiado, juros subsidiados, auxílio moradia, carro oficial, prisão especial. A caricatura da cultura da desigualdade ainda se ouve, aqui e ali: "Sabe com quem está falando?".

Vistos alguns aspectos da história colonial e da formação social brasileira, passa-se ao exame do jeitinho brasileiro, com sua projeção nos diferentes domínios da vida.

1.3 O jeitinho brasileiro[7]

1.3.1 Tentativa de definição

Jeitinho brasileiro é uma expressão que comporta múltiplos sentidos, facetas e implicações. Inúmeros autores identificam nela um traço marcante da formação, da personalidade e do caráter nacional. Há quem analise o fenômeno com uma visão mais romântica, vislumbrando certas virtudes tropicais. Existem, por outro lado, análises críticas severas das características associadas ao jeitinho, reveladoras de alguns vícios civilizatórios graves. Na sua acepção mais comum, jeitinho identifica os

---

[7] Sergio Buarque de Holanda, *Raízes do Brasil*. Rio de Janeiro: José Olympio, 1991 (a 1ª edição é de 1936); Roberto DaMatta, *Carnavais, malandros e heróis*: para uma sociologia do dilema brasileiro. Rio de Janeiro: Rocco, 1997 (a 1ª edição é de 1979); e entrevista ao *blog* Mania de história, *O jeitinho brasileiro*. Disponível em: <https://maniadehistoria.wordpress.com/o-jeitinho-brasileiro/>. Acesso em: 22 mar. 2017; Leonardo Flach, O jeitinho brasileiro: analisando suas características e influências nas práticas organizacionais. *Revista Gestão e Planejamento*, v. 12, 2012. Disponível em: <http://www.revistas.unifacs.br/index.php/rgb/article/view/1197>. Acesso em: 26 mar. 2017; Keith Rosenn, Brazil's legal culture: the jeito revisited. *Florida International Law Journal*, v. 1, 1984; Maria Cristina Ferreira *et al.*, Unravelling the mystery of Brazilina jeitinho: a cultural exploration of social norms. *Personality and Social Psychology Bulletin*, v. 38, 2012. Disponível em: <http://journals.sagepub.com/doi/abs/10.1177/0146167211427148>. Acesso em: 26 mar. 2017.

comportamentos de um indivíduo voltados à resolução de problemas por via informal, valendo-se de diferentes recursos, que podem variar do uso do charme e da simpatia até a corrupção pura e simples. Em sua essência, o jeitinho envolve uma *pessoalização* das relações, para o fim de criar regras particulares para si, flexibilizando ou quebrando normas sociais ou legais que deveriam se aplicar a todos. Embutido no jeitinho, normalmente, estará a tentativa de criar um vínculo afetivo ou emocional com o interlocutor.

1.3.2 A visão romântica e a dura realidade

Na vertente positiva ou, ao menos, inofensiva, o jeitinho se manifesta em algumas características da alma nacional: certa leveza de ser, que combina afetividade, bom humor, alegria de viver e uma dose de criatividade. Há, entre nós, uma preocupação existencial em ser *gente boa*, desenvolvendo amizades, cultivando empatias, gentilezas e ajuda mútua. Ainda que apenas superficialmente. A afetividade se expressa, com frequência, em abraços, beijos e o hábito de tocar no interlocutor. Há quem estranhe esse comportamento. Tenho uma história real sobre isso. Eu era advogado de uma empresa cujos controladores eram ingleses. Com alguma frequência, vinha um advogado britânico participar de reuniões que duravam alguns dias e terminavam na sexta-feira. Em uma dessas vezes, aproximando-se o final da semana e, portanto, de sua volta para casa, o fleumático cidadão britânico me confidenciou, bem baixinho: "Ai, meu Deus, agora vem a pior parte: as despedidas. Todo mundo me abraça, me aperta, me sacode...". O jeitinho constitui, também, um meio de enfrentar as adversidades da vida. Está muitas vezes ligado à sobrevivência diante das desigualdades sociais, das deficiências dos serviços públicos e das complexidades legislativas e burocráticas do Brasil. Um critério para saber se o jeitinho é aceitável ou não: verificar se há prejuízo para outra pessoa, para o grupo social ou para o Estado.

Infelizmente, porém, há uma soma de aspectos negativos no jeitinho que fazem com que o conjunto da obra não possa merecer um juízo favorável. Na vertente negativa, a ideia de jeitinho congrega características que não são edificantes. Sem nenhuma intenção de hierarquizá-las, começo pelo *improviso*, a incapacidade de planejar, de cumprir prazos e, em última análise, de cumprir a palavra. Vive-se aqui a crença equivocada de que tudo se ajeitará na última hora, com um sorriso, um gatilho e a atribuição de culpa a alguma fatalidade (falsamente) inevitável, e não à imprevidência. Por exemplo: o Brasil foi eleito, em 2007, para sediar a Copa do Mundo de 2014. Sete anos antes. Quando a data finalmente chegou, nem os estádios, nem os aeroportos, nem as intervenções urbanas estavam concluídas. E tudo isso antes da crise econômica e da recessão que sobreveio. Como de hábito, as coisas terminaram improvisadas e deficientes. O problema aqui não foi a corrupção – ou não apenas –, mas sim a prática do jeitinho, que assume a forma da mediocridade: a ausência de pessoas capazes de cumprirem bem o próprio papel, fazendo a tempo e a hora o que lhes compete fazer.

Uma outra característica intrinsecamente ligada ao jeitinho é *colocar o sentimento pessoal ou as relações pessoais acima do dever para com o próximo e a sociedade*. É o individualismo que se manifesta, não na liberdade ou na inovação, mas na falta de cerimônia em passar o outro para trás. O *nepotismo* é um exemplo emblemático dessa disfunção: o favorecimento dos parentes ou dos amigos na indicação para cargos públicos de livre nomeação ou na contratação de serviços. Quando o Supremo Tribunal Federal julgou uma ação que veio a proibir o nepotismo no Poder Judiciário, um desembargador declarou à imprensa: "Se eu não fizer pelos meus, quem fará?". Há, também, certa expectativa de compadrio, de troca de favores, de solidariedade de grupos. Eu cheguei ao Supremo Tribunal Federal vindo da advocacia. Mais de uma vez chegou a mim a queixa de que eu "virei as costas aos amigos" e que sou um juiz muito duro. Não sou. Mas sou sério, e isso frustrou a expectativa de quem esperava acesso privilegiado e favorecimentos.

O pacote negativo inclui, também, o *sentimento de desigualdade*, de que as regras são para os outros, para os comuns, *e não para os especiais como eu*. E aí não é preciso respeitar a fila, é possível parar o carro na calçada ou entregar a documentação fora do prazo. Por vezes, a quebra de regras sociais transforma-se em *violação direta e aberta da lei*. E aí vêm as pequenas fraudes, como o atestado médico falso, a nota de táxi superfaturada para aumentar o reembolso ou a cobrança de preço diferente com nota ou sem nota. E depois, sem surpresa, vem a *corrupção graúda*, de quem paga propina para vencer a licitação, de quem obtém *inside information* para investir no mercado financeiro com lucros maiores do que os outros ou de quem paga vantagem ao diretor do fundo de pensão de empresa estatal para ele colocar dinheiro dos associados em um negócio pouco vantajoso.

Improviso, sentimentos e interesse pessoais acima do dever, compadrio, cultura da desigualdade, quebra de normas sociais e violação da lei que vale para todos não são traços virtuosos, não podem fazer parte do charme de um povo e muito menos ser motivo de orgulho. Nesses exemplos, o jeitinho nada tem de positivo e consiste, na verdade, em desrespeito ao outro, em desconsideração à sociedade como um todo e em condutas simplesmente criminosas. É preciso retirar o *glamour* do mal e tratá-lo como tal: como um problema que precisa ser superado.

1.3.3 Alguns exemplos contemporâneos

Antes de explorar alguns exemplos contemporâneos e emblemáticos da realidade brasileira, cabe fazer duas anotações importantes. A primeira: o jeitinho alimenta o mito do *brasileiro cordial*.[8] O *cor* ou *cordis* vem de coração e revela o primado da emoção e do sentimento nas relações interpessoais, acima dos formalismos e do verniz superficial da polidez. A cordialidade, nesta acepção, reconduz à versão positiva do jeitinho, manifestado na pessoalização das relações sociais pela afetuosidade, informalidade e bom humor. Mas esta é, também, a raiz das disfunções apontadas acima, que se materializam na indisciplina, no desapreço aos ritos essenciais, no individualismo que se sobrepõe à esfera pública. O mito da cordialidade enfrenta outras dificuldades quando confrontado com alguns dados do país real: o número assombroso de mortes violentas, o machismo ainda indomado, a violência contra mulheres, o racismo velado... Os exemplos são muitos.

A segunda anotação é que o jeitinho exibe uma relação ruim com a lei em geral.[9] Leis têm caráter geral e obrigatório, isto é, valem para todos em igual situação e devem ser obedecidas. Aqui temos dois problemas. Um, diz respeito, de novo, à questão da igualdade: há os que se consideram acima da lei, por sua riqueza ou seus cargos. É o sentimento aristocrático, o representante do rei. O outro problema relaciona-se à legalidade propriamente dita: como o país tem uma tradição autoritária e hierárquica, o cidadão comum vai desenvolvendo mecanismos de se subtrair à norma e à autoridade. Isso poderia se

---

[8] A expressão é de Ribeiro do Couto e seu conteúdo foi aprofundado por Sergio Buarque de Holanda em *Raízes do Brasil*. Rio de Janeiro: José Olympio, 1991 (a 1ª edição é de 1936).
[9] V. entrevista de Roberto DaMatta ao *blog* Mania de história, *O jeitinho brasileiro*. Disponível em: <https://maniadehistoria.wordpress.com/o-jeitinho-brasileiro/>. Acesso em: 22 mar. 2017.

justificar na colônia ou na ditadura. Mas não faz sentido em uma democracia. Esse tipo de jeitinho, aliás, termina por confrontar-se com duas grandes conquistas ligadas ao Estado de direito e à democracia: a legalidade (i.e., o respeito às leis) e a igualdade (todos são iguais perante a lei).

Temos problemas relacionados ao jeitinho assim na ética pública como na ética privada. E em graus diferentes, tanto envolvendo a quebra de normas sociais quanto a violação da lei. Por ética pública eu me refiro ao comportamento dos agentes públicos e às relações entre os indivíduos e o Poder Público. Por ética privada quero significar as relações interpessoais e sociais entre as pessoas, a consideração maior ou menor que uma tem pela outra.

1.3.3.1 Jeitinho e ética pública

No que diz respeito à ética pública, a verdade é que criamos um país devastado pela corrupção. Não foram falhas pontuais, individuais, pequenos deslizes ou acidentes. Foi um modelo institucionalizado, que envolve servidores públicos, empresas privadas, partidos políticos e parlamentares. Eram organizações criminosas, que captavam recursos ilícitos, pagavam propinas e distribuíam dinheiro público para campanhas eleitorais ou para o bolso. Isto é, para fraudar o processo democrático ou para fins de enriquecimento ilegítimo. É impossível não sentir vergonha pelo que aconteceu no Brasil.

O jeitinho brasileiro contribui para esse estado de coisas. Em primeiro lugar, *o hábito de olhar para o outro lado para não ver o que está acontecendo*. Como consequência, as pessoas no Brasil se surpreendem com o que já sabiam. Ou alguém imaginava que partidos políticos se engalfinhavam para indicar diretores de empresas estatais para fazerem coisas boas, para melhor servirem ao interesse público? Essa era uma tragédia previsível. Ainda assim, o país se deu conta, horrorizado, de que quase todo o espaço público estava tomado pela corrupção: Petrobras, Caixa Econômica Federal, Banco Nacional de Desenvolvimento Econômico e Social – BNDES, fundos de pensão. A corrupção virou meio de vida para alguns e modo de fazer negócios para outros. Não se trata de fenômeno de um governo específico, mas que vem acumulando desde muito longe. A corrupção favorece os piores. É a prevalência dos espertos e a derrota dos bons.[10]

---

[10] Sobre o ponto, v. Míriam Leitão, *História do Futuro*. São Paulo: Intrínseca, 2015. p. 177-78.

Uma das causas da corrupção é a *impunidade*. Temos uma dificuldade cultural em punir. A punição é incompatível com a *cordialidade*, supõe o imaginário social brasileiro. Há uma bela música do Chico Buarque, chamada *Fado tropical*, em que uma voz portuguesa declama ao fundo um verso que diz: "E se a sentença se anuncia bruta, mais que depressa a mão cega a executa, pois que se não o coração perdoa". Assim somos, sentimentais e lenientes. Daí os processos que não acabam nunca, mesmo depois de sucessivas condenações; a prescrição que extingue a punibilidade; a nulidade inventada ou "descoberta" ao final do processo, impedindo o desfecho; o foro privilegiado, impedindo ou retardando a punição dos poderosos ou, pior, usado para ajudar os amigos e perseguir os inimigos. E se tudo der errado, anistia-se o caixa 2.

1.3.3.2 Jeitinho e ética privada

Já a ética privada está ligada aos valores e propósitos que norteiam a conduta de cada um, bem como ao grau de respeito pelo outro, quer individualmente ou socialmente. A vida boa inclui a boa-fé (não querer passar ninguém para trás), a boa-vontade (ter uma atitude construtiva em relação a todos) e a compaixão (ser solidário com o sofrimento alheio). O compromisso com o bem está presente em todas as grandes tradições filosóficas e religiosas universais, materializado na regra de ouro: trate os outros como gostaria de ser tratado. Immanuel Kant enunciou a mesma ideia em uma frase memorável: "Aja de tal forma que a máxima que inspira a sua conduta possa se transformar em uma lei universal".[11] Parece complexo, mas é muito simples. Diante da dúvida razoável acerca do modo certo de agir, duas perguntas, como regra geral, poderão resolver o problema: "E se fizessem isso comigo?"; ou, então: "E se todo mundo se comportasse assim?".

Pois bem: o jeitinho oscila em uma escala que vai do favor legítimo à corrupção mais escancarada. E é precisamente porque algumas de suas manifestações não são condenáveis, que ele termina sendo aceito de forma generalizada, sem que se distinga adequadamente entre o certo e o errado, o bem e o mal. A pergunta chave a ser feita aqui para saber se o jeitinho é legítimo ou não é a seguinte: esta conduta traz prejuízo para outra pessoa, para o grupo social ou para o

---

[11] Immanuel Kant, *Fundamentação da metafísica dos costumes*. São Paulo: Martin Claret, 2004. p. 33.

Estado? Se a resposta for afirmativa, dificilmente haverá salvação. Há transgressões óbvias, como furar a fila, ultrapassar pelo acostamento ou desviar suprimentos da empresa em que se trabalha. E há outras que são racionalizadas pela afetividade: há quem acredite que fazer pela família e pelos amigos, mesmo contra o interesse coletivo, é ser solidário, e não egoísta.

Concluo com dois exemplos recentes, que testemunhei pessoalmente. O primeiro: em uma reunião social, ouvi um interlocutor queixar-se das mazelas do país, sobretudo a corrupção. Em seguida, narrou que a empregada que contratara não queria assinar a carteira, de modo a não perder o valor que recebia como bolsa-família. Naturalmente, isto é errado. Pouco à frente, contou que a filha vivia conjugalmente com um companheiro, tinha filhos e uma linda família. Mas que não se casara para não perder a pensão que lhe deixara o avô, e que só beneficia mulheres solteiras. A percepção da primeira atitude como condenável e da segunda como aceitável é sintomática de uma sociedade que pratica uma moral dupla: quando eu faço é legítimo, quando os outros fazem é errado. Evidentemente, a conduta estava errada nos dois casos. A segunda: tenho conhecidos, bem postos na vida, que em determinadas reuniões sociais com muitos convidados dão dinheiro aos garçons para serem mais bem servidos. A prática é vista como inofensiva, quase como uma generosidade, mas na verdade ela traz em si dois problemas: (i) a crença de que as pessoas podem ser compradas; e (ii) a crença de que uns são melhores do que outros e merecem ser mais bem servidos. Para darmos o salto civilizatório de que precisamos, é preciso que cada um comece a mudança por si próprio. A ética pública, de que tanto nos queixamos, é em grande medida espelho da ética privada.

1.4 Conclusão

O jeitinho brasileiro é produto de algumas características da colonização e da formação nacionais. Ele se traduz na pessoalização das relações sociais e institucionais e importa, muitas vezes, no afastamento de regras que deveriam valer para todos. Em sua vertente positiva, ele revela certa leveza de ser, combinando traços de afetividade, criatividade e solidariedade. Presta-se, assim, em muitas situações, a superar as adversidades da vida, em um país marcado por desigualdades sociais, deficiências dos serviços públicos e complexidades burocráticas. Infelizmente, porém, as facetas negativas superam em quantidade e qualidade os aspectos mais glamorosos do jeitinho.

Improviso, relações familiares e pessoais acima do dever e a cultura da desigualdade contribuem para o atraso social, econômico e político do país. Mais grave, ainda, o jeitinho importa, com frequência, em passar os outros para trás, em quebrar normas éticas e sociais ou em aberta violação da lei. Em todas essas situações, ele traz em si um elevado custo moral, por expressar um déficit de integridade pessoal e de republicanismo. Em desfecho deste ensaio, então, é possível concluir que, salvo nas hipóteses pontuais e específicas em que se manifesta por comportamentos legítimos, o jeitinho brasileiro deverá ser progressivamente empurrado para a margem da história pelo avanço do processo civilizatório.

Encerramento. Nada do que eu disse deve ser interpretado como qualquer grau de pessimismo em relação ao Brasil. Pelo contrário. Nós estamos às vésperas de um novo tempo. Minha única aflição é a de não desperdiçarmos a chance de fazer um novo país, maior e melhor. Eu sei que tudo parece muito difícil. Mas não custa lembrar: a ditadura militar parecia invencível. A inflação parecia invencível. A pobreza extrema parecia invencível. Já vencemos batalhas impossíveis anteriormente. A corrupção não é invencível. Não podemos desanimar. Eu concluo com o *slogan* pessoal que tem me animado nos bons e nos maus momentos: "Não importa o que esteja acontecendo à sua volta: faça o melhor papel que puder. E seja bom e correto, mesmo quando ninguém estiver olhando".

CAPÍTULO 2

COMBATE À CORRUPÇÃO, REFORMA POLÍTICA E JUDICIALIZAÇÃO NO BRASIL[1]

2.1 Introdução

Senhor Embaixador Anthony Harrington e Juiz Peter Messitte:

Eu tenho muito prazer e muita honra de estar aqui e de compartilhar algumas ideias e algumas reflexões sobre o Brasil, suas aflições atuais e as perspectivas para o futuro. Gostaria de agradecer ao Wilson Center e, especialmente, a Paulo Sotero, pela gentileza do convite. Eu estou muito feliz de estar aqui. Quase não consegui chegar. Meu voo de Miami para cá foi cancelado em razão do furacão Irma. A vida é irônica: eu saí do Brasil achando que estava escapando da tempestade e fui colhido por uma aqui. Não adianta: a gente não consegue escapar do próprio destino.

O Brasil atravessa um momento muito difícil. Devo dizer, porém, que não me deixei levar pela onda de negatividade que se abateu sobre o país. Por muitas razões. Uma delas é familiar aos senhores e foi lembrada por um americano, vencedor do Prêmio Nobel de Economia, James Tobin, que disse algo assim: "O otimismo não funciona. Não há prova de que ele faça as coisas ficarem melhores. Mas o pessimismo funciona. Ele faz tudo ficar pior". Uma outra razão é que eu acho que, apesar de tudo, temos razões para sermos confiantes em relação ao futuro.

---

[1] Palestra proferida no Brazil Institute, do Wilson Center, em Washington, D.C., em 8.9.2017. Esta é a versão para o português de texto elaborado como anotações para uma apresentação oral.

Eu dividi a minha apresentação em duas partes. No título 2.3, *O momento institucional brasileiro*, pretendo traçar um retrato do momento institucional brasileiro. Começo lembrando algumas conquistas importantes desses 30 anos de democracia para, em seguida, analisar alguns temas da atualidade, nesses dias difíceis que temos atravessado. Já adianto que faço um diagnóstico severo do que está acontecendo no Brasil. Mas acho, também, que temos uma chance de mudar de patamar como país e como sociedade. Minha maior angústia, no momento, é desperdiçarmos esta chance.

No título 2.4, procuro traçar uma agenda para o futuro, com uma seleção de temas que precisarão ser enfrentados em meio à tempestade e depois da tempestade. Não com um olhar de curto prazo, nesse país onde, tradicionalmente, o horizonte mais largo que se enxerga é o das próximas eleições. Precisamos pensar lá na frente, como fazer um país maior e melhor. Sobretudo, precisamos sair, com urgência, desse momento de desolação e de baixa autoestima.

2.2 Algumas conquistas a celebrar

Quando eu ingressei na faculdade, em outra vida, há quarenta anos, e comecei a pensar e a me afligir com o Brasil, minhas grandes preocupações eram três: (i) como derrotar a tortura, que ainda maculava de perversão a história do Brasil; (ii) como acabar com a censura, que selecionava as notícias que o povo brasileiro podia ler ou às quais poderia assistir; e (iii) como construir instituições democráticas em um país marcado por golpes e quebras da legalidade constitucional. Tudo parecia muito difícil, quando não impossível de se conseguir em uma geração.

Hoje, finda a tortura política, a censura e com trinta anos de democracia, nós estamos discutindo a melhor forma de enfrentar a corrupção, dentro de um quadro de respeito à Constituição e às leis; de elevar o patamar da ética pública e privada do país; de como passar de um país de renda média para entrarmos verdadeiramente no clube dos países desenvolvidos. Comparados com os desafios de quarenta anos atrás, estes parecem muito mais estimulantes.

Ainda nessa nota inicial positiva, eu gostaria de lembrar que nestes 32 anos de poder de civil e 29 anos de Constituição democrática, nós temos uma série importante de conquistas para celebrar, que inclui:

a) *Estabilidade institucional*: deixamos para trás a tradição de quarteladas e quebras da legalidade constitucional, e temos

atravessado crises e tempestades com todas as instituições funcionando (com escândalos que vão dos *Anões do Orçamento* à *Lava-Jato*, passando pelo *Mensalão* e pelo *impeachment* de dois presidentes).
b) *Estabilidade monetária*: todas as pessoas que têm mais de 40 anos viveram uma parte da sua vida adulta dentro de um contexto econômico de hiperinflação. Cada um de nós terá o seu próprio registro de horror da convivência com sucessivos planos econômicos que não deram certo: Cruzado I, Cruzado II, Bresser, Collor I e Collor II. Até que a inflação veio a ser domesticada com o Plano Real, a partir de julho de 1994.
c) *Inclusão social*: nas últimas três décadas, entre 30 e 40 milhões de pessoas deixaram a zona de pobreza extrema, passando a desfrutar de alguns dos benefícios da sociedade de consumo e da vida civilizada. Ao longo do mesmo período, o Índice de Desenvolvimento Humano – IDH, medido pelo Programa das Nações Unidas para o Desenvolvimento (PNUD), foi o que mais cresceu entre os países da América Latina e do Caribe. Um dos objetivos do milênio, da ONU, entre 1990-2015, era reduzir a pobreza em 50%. Conseguimos reduzi-la em 72,7%. Eu sei que houve alguma reversão de expectativas nessa área, em razão da crise econômica dos últimos anos. Mas o saldo ainda é extremamente positivo.

Veja-se, portanto, que em menos de uma geração, derrotamos o autoritarismo, a hiperinflação e a pobreza extrema. Nada é impossível. Temos andado na direção certa, ainda quando não na velocidade desejada. Neste momento, há uma enorme demanda por integridade, idealismo e patriotismo na sociedade brasileira. E esta é a energia que pode mudar paradigmas e empurrar a história.

2.3 O momento institucional brasileiro

2.3.1 O combate à corrupção

2.3.1.1 Uma fotografia do momento atual

É impossível falar sobre o momento institucional brasileiro sem olhar em volta e constatar que: a) o presidente da República foi denunciado por corrupção passiva; b) um ex-presidente da República foi condenado por corrupção passiva em primeiro grau de jurisdição;

c) dois ex-chefes da Casa Civil foram condenados criminalmente, um por corrupção ativa e outro por corrupção passiva; d) mais de um ex-governador de estado se encontra preso sob acusações de corrupção passiva e outros crimes; e) todos os conselheiros (menos um) de um Tribunal de Contas estadual foram presos por corrupção passiva; f) um senador, ex-candidato a presidente da República, foi denunciado por corrupção passiva; g) o ex-presidente da Câmara dos Deputados foi condenado pelos crimes de corrupção, lavagem de dinheiro e evasão de divisas.

Além disso, a colaboração premiada de mais de 70 executivos da empreiteira Odebrecht resultou na delação de 415 políticos, de 26 partidos, aí incluídos ex-presidentes da República, atuais e anteriores presidentes da Câmara dos Deputados e do Senado Federal, 14 prefeitos ou ex-prefeitos de capitais, 22 governadores ou ex-governadores, 25 senadores ou ex-senadores e 18 ministros ou ex-ministros de Estado. Já a colaboração da empresa JBS envolveu 1829 políticos, de 28 partidos, bem como o presidente atual, ex-presidentes e dezenas de deputados, senadores e governadores. Alguém poderia supor que há uma conspiração geral contra tudo e contra todos! O problema com esta versão são os *fatos*: os áudios, os vídeos, as malas de dinheiro, os apartamentos repletos de dinheiro, assim como as provas que saltam de cada compartimento que se abra.

2.3.1.2 O papel do direito penal e as consequências da impunidade

O Poder Judiciário, ou pelo menos parte dele, tem sido identificado pela sociedade como elemento decisivo para o tardio e árduo enfrentamento da corrupção no Brasil. Isso não significa que a atuação de juízes e tribunais venha sendo homogênea e linear. Pelo contrário, ela é frequentemente errática, com idas e vindas. A cultura ancestral de leniência e impunidade com a criminalidade do colarinho branco tem representantes em toda parte. Ainda assim, tem cabido aos juízes e tribunais, em conjunto com o Ministério Público e a Polícia Federal, os esforços mais bem-sucedidos nessa área. O combate à corrupção e o papel do sistema penal neste processo exigem alguma reflexão. É o que se faz a seguir.

Corrupção significa levar vantagem indevida para fazer ou deixar de fazer alguma coisa. Ela se disseminou no Brasil em níveis espantosos, endêmicos. Não foram falhas pontuais, individuais. Foi um fenômeno generalizado, sistêmico e plural, que envolveu empresas estatais, empresas privadas, agentes públicos, agentes privados, partidos políticos, membros do Executivo e do Legislativo. Havia esquemas profissionais de arrecadação e distribuição de dinheiros desviados mediante superfaturamento e outros esquemas. Tornou-se o modo natural de se fazerem negócios e de se fazer política no país. Onde você destampa tem coisa errada: Petrobras, Fundos de Pensão, Caixa Econômica Federal, BNDES. É impossível não sentir vergonha do que aconteceu.

Não se muda o Brasil nem o mundo com direito penal, processos e prisões. A construção de um país fundado em justiça, liberdades individuais e igualdade exige:

a) *educação de qualidade* desde a pré-escola, para permitir que as pessoas tenham igualdade de oportunidades e possam fazer escolhas esclarecidas na vida;

b) *distribuição adequada de riquezas*, poder e bem-estar, para que as pessoas possam ser verdadeiramente livres e iguais, e se sentirem integrantes de uma comunidade política que as trata com respeito e consideração; e

c) *debate público democrático e de qualidade*, no qual a livre circulação de ideias e de opiniões permita a busca das melhores soluções para as necessidades e angústias da coletividade.

Dentro dessa perspectiva, o sistema punitivo está longe de figurar no topo da lista dos instrumentos mais importantes para realizar o ideário constitucional de igualdade, pluralismo e tolerância. Talvez por isso mesmo ele tenha sido largamente negligenciado no Brasil desde a redemocratização. A verdade, porém, é que no atual estágio da condição humana o bem nem sempre consegue se impor por si próprio. A ética, o ideal de vida boa precisa de um impulso externo também. Entre nós, no entanto, um direito penal seletivo e absolutamente ineficiente em relação à criminalidade de colarinho branco criou um país de ricos delinquentes, o país da fraude em licitações, da corrupção ativa, da corrupção passiva, do peculato, da lavagem de dinheiro sujo.

O sistema punitivo deixou de cumprir o seu papel principal, que é o de funcionar como *prevenção geral*: o temor da punição inibe os comportamentos criminosos. As pessoas na vida tomam decisões baseadas em incentivos e riscos. Se há incentivos para a conduta ilícita – como o ganho fácil e farto – e não há grandes riscos de punição, a sociedade experimenta índices elevados de criminalidade. Em passagem que se tornou clássica, Cesare Beccaria assentou que é a certeza da punição, mais do que a intensidade da pena, o grande fator de prevenção da criminalidade. Não é necessário o excesso de tipificações nem tampouco a exacerbação desmedida da pena. O sistema punitivo pode e deve ser moderado. Mas tem que ser sério.

Ninguém deseja um Estado Policial, uma sociedade punitiva, um direito penal onipresente. É preciso assegurar o direito de defesa e o devido processo legal. Mas não um sistema em que processos nunca chegam ao fim e no qual ninguém que ganhe mais do que cinco salários mínimos jamais seja punido. O país precisa de um Estado de justiça. Uma sociedade justa não pode conviver com a empresa que ganha a licitação porque deu propina para o administrador que conduzia o certame. Ou com o político que exige vantagem indevida do empresário como condição para não interferir negativamente na sua atividade econômica. Ou com o banqueiro que ganha no mercado financeiro porque tem *inside information*. Ou com o fiscal que achaca o contribuinte, ameaçando-o com injusta autuação. Ou com o fundo de pensão de empresa estatal que torra o dinheiro dos seus segurados em projetos inviáveis, porque o dirigente recebeu uma vantagem. Este não é um país justo. Este é um país triste e desonesto.

2.3.1.3 Mudanças de atitude, da legislação e da jurisprudência

O combate à criminalidade do colarinho branco, especialmente da corrupção, tem exigido mudanças de atitude na sociedade e nas instituições; mudanças na legislação; e mudanças na jurisprudência dos tribunais. No tocante à mudança geral de atitude – de aceitação passiva do inaceitável, como se fora uma inevitabilidade –, o julgamento da Ação Penal nº 470, conhecida como *Mensalão*, foi um marco emblemático. A sociedade demonstrou de forma ativa a sua rejeição a práticas promíscuas entre o setor privado e o Poder Público, historicamente presentes na vida nacional. E o Supremo Tribunal Federal foi capaz de interpretar este sentimento e, num ponto fora da curva – que veio a mudar a curva –, decretou a condenação de mais de duas dezenas de pessoas, entre empresários, políticos e servidores públicos, por delitos como corrupção ativa e passiva, peculato, lavagem de dinheiro, evasão de divisas e gestão fraudulenta de instituição financeira.

Na sequência, a magistratura, o Ministério Público e a Polícia Federal conduziram a chamada Operação Lava-Jato, o mais extenso e profundo processo de enfrentamento da corrupção na história do país. Talvez do mundo. Utilizando técnicas de investigação modernas, processamento de *megadata* e colaborações premiadas, a operação desvendou um pacto oligárquico de saque ao Estado brasileiro, celebrado por empresários, políticos e burocratas. Em meados de 2017, já havia em torno de 140 condenações em primeiro grau de jurisdição. A verdade é que poucos países no mundo tiveram a capacidade de abrir suas entranhas e expor desmandos atávicos como o Brasil.

Ao longo dos anos, lenta, mas progressivamente, também houve mudanças importantes na legislação, com foco na criminalidade do colarinho branco. Veja-se, ilustrativamente: Lei dos Crimes contra o Sistema Financeiro (Lei nº 7.492/86); Lei dos Crimes contra a Ordem Tributária (Lei nº 8.137/90); agravamento da pena por corrupção ativa e corrupção passiva (Lei nº 10.763/2003); Lei de Lavagem e Ocultação de Bens, Direitos e Valores (Lei nº 9.613/98, aperfeiçoada pela Lei nº 12.683/2012). E, embora a possibilidade de colaboração premiada já existisse, de modo incipiente, desde a Lei de Crimes Hediondos (Lei nº 8.072/90), e tenha sido reforçada com a Lei da Lavagem referida acima, foi a Lei nº 12.850/2013 ("Define organização criminosa e dispõe sobre a investigação criminal") que veio a detalhá-la melhor. Merece menção, ainda, a chamada Lei Anticorrupção (Lei nº 12.846/2013), que permitiu a responsabilização objetiva de pessoas jurídicas e o chamado acordo de leniência. Na mesma onda de combate à corrupção e à improbidade, sobreveio a Lei Complementar nº 135/2010, conhecida como Lei da Ficha Limpa, pela qual quem foi condenado por órgão colegiado por crimes graves não pode concorrer a cargos eletivos. Uma medida importante em favor da moralidade administrativa e da decência política. Muita gente é contra. Paciência. Nós não somos atrasados por acaso. Somos atrasados porque o atraso é bem defendido.

Por fim, houve alterações ou movimentos significativos trazidos pela jurisprudência do próprio Supremo Tribunal Federal. A mais importante delas, sem dúvida, foi a possibilidade de execução de decisões penais condenatórias após o julgamento em segundo grau, fechando a porta pela qual processos criminais se eternizavam até a prescrição. Também merece destaque a declaração de inconstitucionalidade do modelo de financiamento eleitoral por empresas, que produziu as práticas mafiosas desveladas pela Operação Lava-Jato. Igualmente, insere-se nesta tendência de maior seriedade penal a validação das investigações conduzidas pelo Ministério Público. E, no âmbito da execução das penas do *Mensalão*, ficou estabelecido que a progressão de regime prisional dependia da devolução do dinheiro desviado, em caso de peculato, e do pagamento da multa condenatória, nas condenações em geral.

Ainda não foi concluído o julgamento pelo qual se propôs a redução drástica do foro por prerrogativa de função, pejorativa e apropriadamente apelidado de foro privilegiado. Trata-se do conjunto de regras constitucionais que atribui ao Supremo Tribunal Federal o julgamento, por crimes comuns, de um conjunto amplo de autoridades, aí incluídos todos os parlamentares. Quando suspenso o julgamento, em 1º.6.2017, já havia quatro votos no sentido de restringir a competência do STF aos fatos praticados no exercício do cargo e quando diretamente relacionados ao seu exercício. O sistema até aqui vigente é extremamente disfuncional, gerando demora, sobe e desce de processos e prescrições.

Uma parte relevante da corrupção no Brasil está associada ao custo das eleições e ao financiamento eleitoral. Portanto, uma reforma política capaz de baratear as disputas eleitorais poderá ter impacto significativo sobre esta disfunção crônica da vida brasileira. Isso depende do Congresso Nacional e cabe à sociedade pressionar para que essa agenda avance. Outro elemento de fomento à corrupção é o que se vem discutindo aqui: a impunidade. Sempre lembrando que ela deve ser enfrentada com seriedade, mas com moderação e proporcionalidade, respeitando os direitos da defesa, sem caça às bruxas ou vingadores mascarados. Não se trata de uma expedição punitiva, mas de uma jornada de incentivo ao bem. É preciso mudar o Brasil dentro da legalidade democrática e do respeito aos direitos humanos. O enfrentamento da corrupção e da impunidade produzirá uma transformação cultural importante: a valorização dos *bons* em lugar dos *espertos*. Quem tiver talento para produzir uma inovação relevante capaz de baixar custos será mais importante do que quem conhece a autoridade administrativa que paga qualquer preço, desde que receba vantagem.[2] Esta talvez seja uma das maiores conquistas que poderá vir de um novo paradigma de decência e seriedade.

2.3.1.4 Os riscos da criminalização da política

Em uma democracia, política é gênero de primeira necessidade. Seria um equívoco pretender demonizá-la e, mais ainda, criminalizá-la.

---

[2] Sobre este ponto, denunciando o círculo vicioso que premia os piores, v. Míriam Leitão, *História do Futuro*. Rio de Janeiro: Intrínseca, 2015. p. 177-78.

A vida política nem sempre tem a racionalidade e a linearidade que uma certa ânsia por avanços sociais e civilizatórios exige. Mas é assim em todo o mundo democrático: progresso e retrocesso, idas e vindas, vencedores e vencidos. E uma dose inelutável de facciosismo. Assim é, porque sempre foi, desde as primeiras experiências, com as divisões entre esquerda e direita na Assembleia Nacional francesa e entre republicanos e federalistas – Madison *v.* Hamilton – nos primórdios da política americana.

O mundo e o Brasil viveram experiências históricas devastadoras com tentativas de governar sem política, com a ajuda de militares, tecnocratas e da polícia política. Nenhuma delas foi mais bem-sucedida do que a democracia, a despeito de suas agruras. A propósito, nos trinta e poucos anos de poder civil e constitucionalismo democrático no país, há importantes vitórias a celebrar, que incluem o mais longo período de estabilidade institucional da República, a conquista de estabilidade monetária e uma expressiva inclusão social de milhões de pessoas que superaram a linha da pobreza extrema. Porém, assim como não se deve criminalizar a política, não se deve politizar o crime. Não há delito por opiniões, palavras e votos. Nessas matérias, a imunidade é plena. No entanto, o parlamentar que vende dispositivos em medidas provisórias, cobra participação em desonerações tributárias ou canaliza emendas orçamentárias para instituições fantasmas (e embolsa o dinheiro), comete um crime mesmo. Não há como "glamourizar" a desonestidade.

2.3.1.5 As resistências às mudanças

Como seria de se esperar, o enfrentamento da corrupção tem encontrado resistências diversas, ostensivas ou dissimuladas. Em primeiro lugar, as denúncias, processos e condenações têm atingido pessoas que historicamente não eram alcançadas pelo direito penal. Supondo-se imunes e inatingíveis, praticaram uma quantidade inimaginável de delitos. Tem-se, assim, a segunda situação: muitas dessas pessoas, ocupantes de cargos relevantes na estrutura de poder vigente, querem escapar de qualquer tipo de responsabilização penal. O refrão repetido é o de que sempre foi assim. Agora que a história mudou de mão, consideram-se vítimas de um atropelamento injusto. A verdade é que não dá para a história voltar para a contramão. Por outro lado, outros tantos, como os fatos insistem em comprovar, não desejam ficar honestos nem daqui para frente. Sem serem capazes de captar o espírito do tempo, trabalham para que tudo continue como sempre foi.

Pior: poderosos como são, ambos os grupos – o dos que não querem ser punidos e o dos que não querem ficar honestos nem daqui para frente – têm aliados em toda parte: em postos-chave da República, na imprensa, nos poderes e mesmo onde menos seria de se esperar. Têm a seu favor, também, a cultura da desigualdade, o privilégio e o compadrio que sempre predominaram no Brasil. O Judiciário tem procurado, ele próprio, sair desse círculo vicioso e romper o pacto oligárquico referido acima. Mas parte da elite brasileira ainda milita no tropicalismo equívoco de que corrupção ruim é a dos outros, a dos adversários. E que a dos amigos, a dos companheiros de mesa e de salões, esta seria tolerável.

Com isso retardam a consolidação de uma cultura do bem e da honestidade. Uma sociedade democrática pode conviver, alternadamente, com projetos liberais, conservadores ou progressistas de país. Mas não com projetos de apropriação privada do espaço público e de desonestidade. Não deveria ser difícil difundir esta crença. Mas basta olhar para o Brasil de hoje para ver que não é bem assim. O mal é persistente e a desonestidade se dissimula em muitas roupagens. Quem quer que olhe em volta pode constatar que a "Operação Abafa" é visível, ostensiva e indecente. O momento é tão delicado que em alguns círculos tem sido necessário reavivar alguns valores básicos que regem a atuação do Poder Judiciário, entre os quais: (i) a lógica de um juiz não pode ser a do amigo/inimigo, mas sim a do correto, justo e legítimo; (ii) o poder, inclusive o de juízes e tribunais, não existe para proteger amigos e perseguir inimigos, mas para servir ao bem e à justiça; e (iii) juiz que faz favores transaciona com o que não lhe pertence.

A grande dificuldade, nessa matéria, é que as reformas de que o país precisa dependem, para serem feitas democraticamente, como se impõe, da deliberação de pessoas cujos interesses são afetados pelas mudanças necessárias.

Uma fotografia do momento atual pode dar a impressão de que o crime compensa e o mal venceu. Mas seria uma imagem enganosa. O país já mudou e nada será como antes. Uma semente foi plantada. Uma semente do bem e da honestidade. Pode demorar um pouco, mas ela vai vingar.

2.3.2 A indispensável reforma política

A corrupção no Brasil tem sido fomentada pela impunidade, como apontado acima, e pelo sistema político. Todas as pessoas trazem em si o bem e o mal. O processo civilizatório existe para potencializar o bem e reprimir o mal. O sistema político brasileiro faz exatamente o contrário. O sistema político envolve o sistema de governo (presidencialismo ou parlamentarismo), o sistema eleitoral (proporcional, majoritário ou misto) e o sistema partidário (regras que regem a criação e o funcionamento dos partidos políticos). Temos problemas nos três. A grande dificuldade, nessa matéria, é que as reformas de que o país precisa dependem, para serem feitas democraticamente, como se impõe, da deliberação de pessoas cujos interesses são afetados pelas mudanças necessárias.

Como sistema de governo, eu proponho a atenuação do hiperpresidencialismo brasileiro com um modelo semipresidencialista, inspirado pelo que existe na França e em Portugal. Na minha proposta, o presidente da República seria eleito por voto direto e conservaria competências importantes, mas limitadas – como exemplo, a condução da política internacional, a indicação de embaixadores e de ministros de tribunais superiores, a nomeação dos comandantes militares –, inclusive a de nomear o primeiro ministro, que, todavia, dependeria de aprovação do Congresso. Já ao primeiro ministro caberia a condução do dia a dia da política, e estaria sujeito às turbulências próprias função. Em caso de perda de sustentação política, poderia ser substituído pela vontade majoritária do Congresso, sem que isso importasse quebra da legalidade constitucional. Defendo esta ideia desde a proposta de reforma política que escrevi e publiquei em 2006. E penso que se esta fórmula estivesse em vigor, teríamos evitado o trauma do *impeachment* recente.

Mas não é o sistema de governo que está na mesa de discussão neste momento, mas sim o sistema eleitoral e o sistema partidário. A eles são dedicados os parágrafos que se seguem. Todos perdem com a persistência de um modelo que produziu um perigoso descolamento entre a classe política e a sociedade civil. A reforma política de que o Brasil precisa deverá ser capaz de atender a três objetivos: (i) baratear o custo das eleições; (ii) incrementar a legitimidade democrática; e (iii) facilitar a formação de maiorias e, consequentemente, a governabilidade

O problema mais grave está no sistema eleitoral, especialmente no modelo de eleição para a Câmara dos Deputados, que adota o sistema proporcional com lista aberta. Além de ser caríssimo, pois todos os candidatos fazem campanha no estado inteiro, ele apresenta um gravíssimo problema de legitimidade democrática. É que, na prática, só 10% dos deputados são eleitos com votação própria; 90% são eleitos pela transferência de votos feita pelo partido. Tem-se, assim, uma fórmula em que o eleitor não sabe exatamente quem elegeu e o candidato não sabe exatamente a quem prestar contas. Não tem como funcionar.

Além disso, as regras sobre o sistema partidário fomentam a multiplicação de partidos e a criação de legendas de aluguel. A política deixa de ser a disputa pela melhor forma de realizar o interesse público e o bem comum, e passa a ser um negócio privado, voltada para o acesso ao fundo partidário, ao tempo de televisão e à venda de apoio.

A reforma precisa conciliar muitos interesses legítimos e encontrar um caminho do meio, com concessões recíprocas e consensos possíveis. Uma ideia que tem amplo curso é a adoção de um sistema distrital misto, inspirado no alemão, em que metade das cadeiras da Câmara seria preenchida por voto distrital e a outra metade pelo voto no partido. O eleitor, assim, teria direito a dois votos: o primeiro para a escolha do representante do seu distrito, onde cada partido lançaria um candidato, sendo os distritos demarcados em função de quantitativos populacionais. O segundo voto seria no partido. O voto seria em lista, mas o eleitor teria a faculdade de mudar a ordem de preferência dos candidatos. O candidato que obtivesse individualmente o quociente eleitoral furaria a lista. Ao final do pleito, faz-se o ajuste necessário para preservar a proporcionalidade entre votação e número de cadeiras.

No tocante ao sistema partidário, há razoável consenso de que se devem proibir coligações em eleições proporcionais e de que deve haver cláusula de barreira. Já há proposta de emenda constitucional aprovada no Senado e encaminhada à Câmara com as duas medidas. Com relação à cláusula de barreira – que exige uma votação mínima em âmbito nacional para o partido ter acesso ao fundo partidário e a tempo de televisão –, previu-se uma votação de 2% do total de votos para deputado federal em pelo menos 14 estados, em 2018, passando o percentual para 3% em 2022. É a possibilidade de coligações e a ausência de cláusula de barreira que mantêm vivas legendas vazias de representatividade e conteúdo programático, produzindo uma fragmentação no Legislativo que acaba exigindo o "toma-lá-dá-cá" do fisiologismo.

Quanto ao financiamento eleitoral, o melhor modelo é o misto, que combina financiamento público, via propaganda eleitoral gratuita e fundo partidário, como já temos hoje, e financiamento privado, mas só por pessoas físicas e com limite máximo de contribuição. O modelo anterior que tínhamos, de financiamento por empresas, era contrário à moralidade administrativa e à decência política porque:

a) uma empresa podia tomar dinheiro emprestado no BNDES e utilizar para financiar os candidatos da sua escolha, isto é, usava o dinheiro que era de todos para bancar seus interesses privados;
b) uma empresa podia financiar, por exemplo, os três candidatos que tinham chance de vitória. Naturalmente, se financia candidatos concorrentes, não está exercendo direito político, para quem acha que empresa tem direito político. Quando isso ocorre, ou a empresa foi achacada ou está comprando favores futuros. Qualquer uma das duas opções é péssima;
c) uma empresa podia fazer doação de campanha e depois ser contratada pelo governo que ajudou a eleger. E, aí, o favor privado, que foi a doação de campanha, é pago com dinheiro público, que é o contrato com a Administração.

Recentemente, eu estive falando em um evento para empresários, e ouvi de um deles um apelo para que não se voltasse à fórmula de financiamento por empresas. Segundo me disse, sua empresa era rotineiramente "extorquida" por políticos para contribuir, sob pena de retaliação. Por evidente, não há garantia prévia de sucesso em nenhuma fórmula, seja quanto ao sistema eleitoral, o sistema partidário ou a forma de financiamento. Mas a permanência do modelo atual é garantia de fracasso. *Nós precisamos de um Plano Real para a política.*

2.3.3 A judicialização da vida no Brasil

Nos últimos tempos, a vida brasileira se judicializou extensa e profundamente em todos os domínios relevantes. A ascensão institucional de juízes e tribunais é, até certo ponto, um fenômeno mundial. Mas há um conjunto de características muito particulares na intensidade com que ocorre no Brasil. A verdade, entre nós, é que o Supremo Tribunal Federal e a justiça em geral entraram com destaque na paisagem política e no imaginário social. Não há um dia sequer em que alguma das principais manchetes do noticiário não envolva matéria decidida por algum tribunal. A judicialização alcança (i) as grandes questões nacionais, (ii) questões afetas ao dia a dia dos cidadãos e (iii) questões políticas delicadas, que geram tensões entre os poderes. Não é difícil ilustrar esta constatação.

No que diz respeito às grandes questões nacionais, no plano ético e dos *costumes*, juízes e tribunais foram chamados a decidir, por exemplo: (i) se é legítimo o casamento entre pessoas do mesmo sexo; (ii) se uma mulher deve ter reconhecido o seu direito de interromper gestação indesejada durante o primeiro trimestre de gravidez; (iii) se a lei pode autorizar pesquisas com células-tronco embrionárias, o que importa na destruição de embriões congelados que sobraram dos procedimentos de fertilização *in vitro*. Em matéria *econômica*, igualmente, questões complexas e de grande impacto chegaram às portas do Judiciário, como as que envolvem saber: (i) se os titulares de caderneta de poupança têm direito à reposição de perdas que teriam sofrido por ocasião da mudança do padrão monetário decorrente do Plano Real; (ii) se os juros devidos pelos estados da Federação na renegociação de suas dívidas com a União são simples ou compostos. Em temas de natureza *social*, a lista também é longa e inclui temas controvertidos e delicados, como os que demandam respostas à seguinte pergunta: é compatível com a Constituição (i) o estabelecimento de cotas raciais para ingresso em universidades (ii) e a reserva de um percentual de vagas em concursos públicos para candidatos negros?

Mas não é só. Para além dessas questões transcendentes, existem outras tantas que fazem parte da rotina da vida e que terminam em pronunciamentos judiciais. Pequenas ou grandes atribuições do dia a dia. Alguns casos ilustrativos, que inundam juízes e tribunais: *bancos* têm o dever de indenizar seus correntistas em caso de (i) inscrição indevida em órgão de proteção de crédito; (ii) devolução equivocada de cheque; e (iii) constrangimento em porta dotada de detector de metais na agência. Também já se pacificou que *companhias aéreas* estão obrigadas a reparar danos sofridos por seus clientes devido a (i) *overbooking*; (ii) atraso que resulte na perda de compromisso relevante; e (iii) extravio de bagagem. Na mesma linha, *companhias telefônicas* ou *de eletricidade* são responsáveis pelos prejuízos causados em razão de interrupção do serviço de telefonia celular ou de fornecimento de energia elétrica. A enunciação seria interminável.

Por fim, há no Brasil uma constante judicialização de matérias que se situam na fronteira entre o direito e a política. Em meio à turbulência da vida nacional nos últimos anos, era inevitável que muitas das questões que sacudiram o país chegassem em algum momento ao Supremo Tribunal Federal. Não é singela a tarefa de conservar a posição de árbitro em meio à crise e, sobretudo, diante das paixões que dividiram a sociedade brasileira. Tal papel trouxe para o Tribunal tensões com a sociedade e fricções com os outros poderes. Os exemplos são muitos, já que coube ao STF: (i) o julgamento das ações penais contra parlamentares, sendo que cerca de um terço deles efetivamente respondem a processo; (ii) a fixação do rito do *impeachment* da Presidente Dilma Rousseff, que estava sendo conduzido erraticamente pela Câmara dos Deputados; (iii) a recusa da apreciação do mérito da decisão do Senado que afastou a presidente, considerada matéria essencialmente política e, consequentemente, insindicável juridicamente; (iv) o afastamento do então presidente da Câmara do cargo e do mandato, por interferência indevida com as investigações conduzidas contra ele; (v) prisão de um senador da República, acusado de crimes e de interferência nas investigações. Os exemplos se multiplicam.

Há múltiplas situações em que a intervenção dos tribunais é inevitável. E outras em que deve ser evitada. Existe uma distinção importante a ser feita entre judicialização e ativismo. *Judicialização* identifica a possibilidade de ingressar em juízo para debater qualquer direito ou pretensão; *ativismo*, por outro lado, designa um modo proativo e expansivo de atuação judicial. O contrário do ativismo é a autocontenção. Em linha com as ideias que defendo em meus escritos acadêmicos, o Judiciário deve ser autocontido quando estejam em discussão temas referentes à economia, à Administração Pública e a escolhas políticas em geral. Regulação econômica, regime jurídico de servidores, escolha de ministros ou demarcação de terras indígenas são bons exemplos de situações em que o Judiciário deve se ater a verificar se houve devido processo legal, evitando interferir no mérito das decisões. De outra parte, temas envolvendo direitos fundamentais (*e.g.*, liberdade de expressão, proteção de minorias), moralidade administrativa (*e.g.*, proibição do nepotismo) ou defesa da democracia (*e.g.*, definir previamente o procedimento a ser observado no *impeachment*) podem legitimar um comportamento mais ativista.

A judicialização da vida exibe uma evidente faceta negativa: o excesso de litigiosidade na sociedade e o fato de que há muitas demandas sociais que deságuam no Judiciário porque não são atendidas pelos poderes políticos. Por certo, há um lado positivo também: há uma instituição satisfazendo ao menos parte dessas demandas da sociedade. Mas isso não significa que o Judiciário e o Supremo Tribunal Federal acertem sempre. Há intervenções judiciais pouco felizes, de que são exemplo (i) o julgado que considerou inconstitucional a cláusula de barreira, legitimando a multiplicação de partidos de aluguel; (ii) a decisão que manteve o monopólio postal do Estado, por intermédio da Empresa Brasileira de Correios e Telégrafos, na era da internet; e (iii) decisões em diferentes graus de jurisdição que impulsionaram a judicialização da saúde.

2.4 Uma agenda para o futuro
2.4.1 Introdução

No título 2.3 da presente exposição, analisei o momento institucional brasileiro, com destaque para os temas do combate à corrupção, da reforma política e da ampla judicialização da vida ocorrida no Brasil. O título 2.4 deveria ser dedicado a lançar um olhar para o futuro e esboçar uma agenda de etapas que precisaremos vencer para alcançarmos os resultados que documentam o sucesso de uma nação: prosperidade, segurança, justiça e bem-estar social. Minhas ideias para o que considero um projeto progressista para o país fundam-se no tripé *democracia, livre iniciativa* e *justiça social*. Ser progressista é ter compromisso com as melhores formas de geração e de distribuição de riquezas, com a emancipação das pessoas, com a tolerância e a igualdade de oportunidades. No Brasil, isto pode significar enfrentar uma direita indiferente à pobreza e à desigualdade, bem como uma esquerda apegada a dogmas superados e à preservação de privilégios corporativos.

Infelizmente, não haverá tempo para debater esta agenda. Um bom pretexto, portanto, para eu ter que voltar uma outra vez e desfrutar da boa companhia de todos aqui. Por essa razão, vou me limitar a enunciar os pontos que considero relevantes, com um brevíssimo comentário sobre cada um deles.

2.4.2 Valorização da iniciativa privada e do empreendedorismo

O capitalismo no Brasil se desenvolveu sob a forma de capitalismo de Estado, com seu paternalismo, distorções e favorecimentos. Isso gerou, na sociedade brasileira, um preconceito e uma desconfiança contra a livre iniciativa e o empreendedorismo que precisamos superar. Para tanto, é preciso criar um ambiente em que haja concorrência, risco, igualdade entre os agentes econômicos, inovação e regras claras, que não penalizem o sucesso e o lucro. É preciso gerar riquezas, para distribuí-las adequadamente.

2.4.3 Redimensionamento do Estado

O Estado no Brasil ficou grande demais e a sociedade já não consegue sustentá-lo. Trata-se de uma estrutura cara, inchada e que presta serviços deficientes. Os estados da Federação estão tomando dinheiro emprestado e vendendo empresas, não para fazer investimentos em benefício da sociedade, mas para pagar os servidores. É o fim de um modelo e de uma era. Aqui será preciso derrotar uma crença falsamente progressista de que a presença do Estado significa proteção aos pobres e é fonte de justiça social. Não é verdade. O Estado brasileiro é apropriado privadamente. O mercado regulado adequadamente é mais democrático do que este Estado privatizado.

2.4.4 Reformas imprescindíveis

Algumas reformas são imprescindíveis no Brasil para enfrentar o déficit fiscal, a concentração de renda e o desemprego. São elas as reformas: da Previdência, tributária e trabalhista.

1. *Reforma da Previdência*: não se trata aqui de uma questão de ideologia, mas de aritmética. Nós vamos entregar um país arruinado aos nossos filhos se não fizermos algo rapidamente. Até agora não se conseguiu fazer nem o mais simples e óbvio, que é estabelecer os 65 anos como idade mínima para a aposentadoria.
2. *Reforma tributária*: o sistema é excessivamente complicado e regressivo, isto é, concentrador de renda. Precisamos torná-lo mais simples e reduzir a tributação indireta, a tributação sobre consumo, em que ricos e pobres pagam o mesmo valor, compensando as perdas com moderado aumento na tributação do capital e da renda.
3. *Reforma trabalhista*: não sou contra a Justiça do Trabalho, muito menos contra o núcleo essencial dos direitos do trabalhador, que envolve salário, segurança e repouso. E, naturalmente, se o empregador descumprir suas obrigações, o empregado tem o direito de demandá-lo e de receber o que lhe é de direito. Dito isso, há alguma coisa errada neste domínio o Brasil. No ano de 2015, foram ajuizadas 4 milhões de ações trabalhistas. Na França, foram 75 mil. Nos Estados Unidos, 200 mil.[3]

---

[3] Os dados constam do relatório apresentado na Câmara dos Deputados pelo relator da Reforma Trabalhista, Deputado Rogério Marinho.

2.4.5 Educação

Quando o Presidente Michel Temer sucedeu a Presidente Dilma Rousseff, a discussão central no país era acerca da economia e de quem seria o ministro da Fazenda, o presidente do Banco Central e do BNDES. A educação, no entanto, entrou na divisão geral dos partidos políticos. Não deve ser assim. A educação precisa ser tratada com a mesma importância da economia: quem são os melhores nomes, quais as experiências mais bem-sucedidas no mundo, o que pode ser replicado, quais as melhores consultorias internacionais na matéria. E, a partir daí, fazer o planejamento para os próximos 5 anos, 10 anos, 20 anos e 50 anos. A educação não pode ser um *slogan*.

2.4.6 Uma agenda social

Todos os diagnósticos e propostas de reformas se destinam a um propósito: fazer um país melhor e maior. Isso significa, em última análise, dar às pessoas dignidade, qualidade de vida e igualdade de oportunidades. Por essa razão, é preciso incluir na lista de prioridades do país uma agenda social voltada para os pobres, para os que não são competitivos porque não podem ser. A seguir, alguns itens de uma agenda social:

1. *Saneamento básico*: esta é a mais importante política pública de saúde preventiva, segundo parâmetro mundial, além de ser decisiva para a proteção do meio ambiente. Nossos indicadores nessa matéria, no tocante à coleta e tratamento de esgoto, manejo de águas pluviais e dos resíduos sólidos (lixo), são muito ruins.
2. *Habitação popular*: os problemas aqui se concentram no déficit habitacional, na inadequação de domicílios e na regularização fundiária. O déficit é superior a 6 milhões de unidades, concentrado, sobretudo, na faixa de renda de até 3 salários mínimos.
3. *Mobilidade urbana*: há metrópoles brasileiras em que o tempo médio para ir e voltar do trabalho, sobretudo para a classe trabalhadora, é medido em horas. Levar duas a três horas por dia em deslocamento é um fator altamente comprometedor da qualidade de vida da população. Opções equivocadas, ao longo do tempo, priorizaram o transporte individual e rodoviário, em detrimento da qualidade do transporte público e de opções mais racionais e ambientalmente amigáveis.

4. *Continuidade dos programas sociais*: no Brasil ou em qualquer país do mundo com elevado grau de desigualdade, programas de redistribuição e transferência direta de renda são essenciais para a garantia de condições mínimas de subsistência. Quem tem fome não pode esperar.[4] As depressões e recessões econômicas, embora imponham evidentes restrições financeiras ao Estado e à sociedade, não podem servir de argumento para a paralisação de políticas públicas sociais. Para colocar as coisas em perspectiva adequada, vale relembrar que o Bolsa Família representa apenas 0,87% da receita total estimada nos orçamentos fiscal e da seguridade social de 2017.

5. *Preservação do meio ambiente e, particularmente, da Amazônia*: a meta deve ser o desmatamento líquido zero,[5] com uma política de reflorestamento em níveis correspondentes à derrubada inevitável da floresta. É boa hora, no Brasil, de se passar a ver a preservação da floresta como um ativo, um investimento, e não um passivo a ser eliminado. Coerente com essa ideia, devem-se pensar formas criativas e legítimas pelas quais o mundo e o país recompensem a Amazônia pela preservação da floresta, criando incentivos que funcionem como alternativa a ocupações ambientais danosas com grilagens, queimadas, plantio de soja ou criação de gado.

2.4.7 Outros debates

Há outros debates importantes no Brasil, não apenas de cunho econômico, mas de relevante alcance social. Entre eles se incluem temas polêmicos, sobre a descriminalização da maconha, com tratamento análogo ao do cigarro; e a descriminalização da interrupção da gestação no primeiro trimestre, como praticado em todos os países democráticos e desenvolvidos do mundo. São discussões instigantes, mas já não há tempo para levá-las adiante agora.

---

[4] Ou, na conhecida frase do sociólogo Herbert de Souza, o Betinho, que se tornou, nos anos 1990, o grito de guerra contra a miséria no Brasil, "quem tem fome tem pressa".

[5] Beto Veríssimo, Vamos reduzir o desmatamento a zero. Saiba como. *Americas Quarterly*. Disponível em: <http://www.americasquarterly.org/content/vamos-reduzir-o-desmatamento-zero-saiba-como>. Acesso em: 3 abr. 2016.

2.5 Conclusão

O Brasil só começou verdadeiramente como país em 1808, com a vinda da família real, fugindo de uma Europa à mercê de Napoleão. Até então, os portos eram fechados a todas as nações que não Portugal, i.e., não havia comércio exterior. A metrópole proibia a construção de estradas e a existência de manufaturas. Não havia escolas e 98% da população era analfabeta. Um terço dos habitantes da colônia eram escravos.[6] Mais que tudo, não éramos herdeiros da tradição cultural e política que produziu, por exemplo, a Magna Carta inglesa, ainda em 1215, mas, sim, do último país da Europa a acabar com a Inquisição, com o tráfico negreiro e com o absolutismo. Começamos lá atrás e percorremos um longo caminho, até nos tornarmos uma relevante democracia de massas e uma das dez maiores economias do mundo.

Apesar da crise devastadora que vivemos neste momento, somos um país que tem muito o que celebrar. E se olharmos à nossa volta, temos problemas menos graves do que a maioria dos países que estão no mesmo estágio de desenvolvimento que nós: Rússia, Índia, África do Sul e China. Eu tenho o sentimento de que estamos às vésperas de um novo tempo. Minha única aflição é a de não desperdiçarmos a chance de fazer um novo país, maior e melhor. Eu sei que tudo parece muito difícil. Mas não custa lembrar: a ditadura militar parecia invencível. A inflação parecia invencível. A pobreza extrema parecia invencível. Já vencemos batalhas impossíveis anteriormente. Eu concluo com o *slogan* pessoal que tem me animado nos bons e nos maus momentos: "Não importa o que esteja acontecendo à sua volta: faça o melhor papel que puder".

---

[6] Sobre o período, v. Laurentino Gomes, *1808*. São Paulo: Planeta do Brasil, 2007.

O MOMENTO INSTITUCIONAL BRASILEIRO E UMA AGENDA PARA O FUTURO[1]

3.1 Introdução

3.1.1 Apresentação do tema

1 Eu tenho muito prazer e muita honra de participar do *Brazil Forum UK 2017*, que se realiza na London School of Economics e na Universidade de Oxford. Agradeço aos organizadores a honra elevada de me designarem presidente de honra do evento. Provavelmente, o critério adotado foi o de que eu sou o mais velho entre todos os presentes. Ou – a vida é feita de algumas ilusões – jovem há mais tempo do que a maioria.

Recebo a homenagem com muita humildade, lembrando uma reflexão de Ortega y Gasset: "Entre o querer ser e o crer que já se é, vai a distância entre o sublime e o ridículo".

2 Eu dividi a minha apresentação em duas partes. Na primeira parte, pretendo traçar um retrato do momento institucional brasileiro. Começo lembrando algumas conquistas importantes desses 30 anos de democracia para, em seguida, analisar alguns temas da atualidade, nesses dias difíceis que temos atravessado. Já adianto que faço um diagnóstico severo do que está acontecendo no Brasil. Mas acho, também, que temos uma chance de mudar de patamar como país e como sociedade. Minha maior angústia, no momento, é desperdiçarmos esta chance.

---

[1] Palestra proferida na London School of Economics, em 13.5.2017, no *Brazil Forum UK 2017*. O texto foi elaborado como anotações para uma apresentação oral.

3 Na segunda parte, procuro traçar uma agenda para o futuro, com uma seleção de temas que precisarão ser enfrentados em meio à tempestade e depois da tempestade. Não com um olhar de curto prazo, nesse país onde, tradicionalmente, o horizonte mais largo que se enxerga é o das próximas eleições. Precisamos pensar lá na frente, como fazer um país maior e melhor.

3.1.2 Algumas conquistas a celebrar

1 Quando eu ingressei na faculdade, em outra vida, há quarenta anos, e comecei a pensar e a me afligir com o Brasil, minhas grandes preocupações eram três: (a) como derrotar a tortura, que ainda maculava de perversão a história do Brasil; (b) como acabar com a censura, que selecionava as notícias que o povo brasileiro podia ler ou às quais podia assistir; e (c) como construir instituições democráticas em um país marcado por golpes e quebras da legalidade constitucional. Tudo parecia muito difícil, quando não impossível de se conseguir em uma geração.

2 Hoje, finda a tortura política, a censura e com trinta anos de democracia, eu tenho participado de fóruns diversos para discutir e pensar como acabar com a corrupção, como melhorar a justiça, como retomar os anos de desenvolvimento econômico e social elevados. A primeira coisa para a qual eu gostaria de chamar a atenção, portanto, é como melhorou a qualidade das nossas preocupações. Hoje, a nossa agenda é como passar de um país de renda média para um país do primeiro mundo, como elevar o patamar ético e privado do Estado e da sociedade brasileira. Comparados com os desafios de quarenta anos atrás, estes parecem muito mais estimulantes.

3 Ainda nesta nota inicial positiva, eu gostaria de lembrar que nestes 31 anos de poder civil e 28 anos de Constituição democrática, nós temos uma série importante de conquistas para celebrar, e que inclui:
   a) *Estabilidade institucional*: deixamos para trás a tradição de quarteladas e quebras da legalidade constitucional, e temos atravessado crises e tempestades com todas as instituições funcionando (com escândalos que vão dos Anões do Orçamento à Lava-Jato, passando pelo Mensalão e pelo *impeachment* de dois presidentes).
   b) *Estabilidade monetária*: todas as pessoas que têm mais de 40 anos viveram uma parte da sua vida adulta dentro de um

contexto econômico de hiperinflação. Cada um de nós terá o seu próprio registro de horror da convivência com sucessivos planos econômicos que não deram certo: Cruzado I, Cruzado II, Bresser, Collor I e Collor II. Até que a inflação veio a ser domesticada com o Plano Real, a partir de julho de 1994.

c) *Inclusão social*: nas últimas três décadas, entre 30 e 40 milhões de pessoas deixaram a zona de pobreza extrema, passando a desfrutar de alguns dos benefícios da sociedade de consumo e da vida civilizada. Ao longo do mesmo período, o Índice de Desenvolvimento Humano – IDH, medido pelo Programa das Nações Unidas para o Desenvolvimento (PNUD), foi o que mais cresceu entre os países da América Latina e do Caribe. Um dos objetivos do milênio, da ONU, entre 1990-2015, era reduzir a pobreza em 50%. Conseguimos reduzi-la em 72,7%. Duas observações:

i) Eu sei que houve certa regressão de expectativas nessa área, com a persistente recessão, desemprego e cortes nos programas sociais. Segundo o economista Marcelo Neri, 3,6 milhões de pessoas voltaram à linha da pobreza em 2015.[2]

ii) Mas há uma novidade no Brasil: consciência social. Houve uma época, ela não está muito longe, em que a classe dominante brasileira imaginava que poderia ter um projeto de país só para si e para os seus. Isso mudou. Hoje em dia, você pode ter projetos de inclusão social mais liberais ou mais conservadores. Mas todo mundo tem um. Ou fazemos um país para toda a gente, ou teremos que andar de carros blindados e viver trancados em condomínios cercados.

Vejam, portanto, que em menos de uma geração derrotamos o autoritarismo, a hiperinflação e a pobreza extrema. Nada é impossível. Temos andado na direção certa, ainda quando não na velocidade desejada. Sou convencido que com ideias no lugar, pessoas certas e algumas gotas de idealismo e de patriotismo, nós poderemos fazer um grande país.

---

[2] Cássia Almeida *et al.*, Mais 3,6 milhões de brasileiros entram na pobreza, mostra Pnad. *O Globo*, 26 nov. 2016. Disponível em: <https://oglobo.globo.com/economia/mais-36-milhoes-de-brasileiros-entram-na-pobreza-mostra-pnad-20545635>.

3.2 O momento institucional brasileiro

3.2.1 O combate à corrupção

A corrupção favorece os piores. É a prevalência dos espertos e a derrota dos bons.

1 Corrupção significa levar vantagem indevida para fazer ou deixar de fazer alguma coisa. Ela se disseminou no Brasil em níveis espantosos, endêmicos. Não foram falhas pontuais, individuais. Foi um fenômeno generalizado e sistêmico. Tornou-se o modo natural de se fazerem negócios e de se fazer política no país. Onde você destampa tem coisa errada: Petrobras, fundos de pensão, Caixa Econômica Federal, BNDES. É impossível não sentir vergonha do que aconteceu.

2 Não se muda o mundo com direito penal e prisões. Muda-se o mundo com educação, distribuição justa de renda e liberdades públicas. Mas um direito penal seletivo e absolutamente ineficiente em relação à criminalidade de colarinho branco criou um país de ricos delinquentes. O país da fraude em licitações, da corrupção ativa, da corrupção passiva, do peculato, da lavagem de dinheiro sujo. O direito penal deixou de cumprir o seu papel principal que é o de funcionar como *prevenção geral*: é o temor da punição que inibe os comportamentos criminosos. No atual estágio da condição humana o bem nem sempre consegue se impor por si próprio. A ética, o ideal de vida boa precisa de um impulso externo também.

3 Ninguém deseja um Estado policial, uma sociedade punitiva, um direito penal onipresente. É preciso assegurar o direito de defesa e o devido processo legal. Mas não um sistema em que processos nunca chegam ao fim e ninguém que ganhe mais do que 5 salários mínimos jamais é punido. Nós queremos uma sociedade justa. Mas uma sociedade justa não pode conviver com a empresa que ganha a licitação porque deu propina para o administrador que conduzia o certame. Ou com o banqueiro que ganha no mercado financeiro porque tem *inside information*. Ou com o fundo de pensão de empresa estatal que torra o dinheiro dos seus segurados em projetos inviáveis, porque o dirigente recebeu uma vantagem. Este não é um país justo. Este é um país triste e desonesto.

A corrupção é fomentada: pela (a) impunidade e (b) pelo sistema político. Sem enfrentar esses dois problemas, não haverá salvação. A *impunidade* faz parte da cultura nacional, vejam: (a) a dificuldade para permitir a execução de condenações após o 2º grau; (b) a dificuldade para restringir o foro privilegiado; (c) e agora o movimento pela anistia do caixa 2.

É preciso enfrentar o tropicalismo equívoco de parte da elite brasileira que acha que corrupção só é ruim se for dos outros, de quem a gente não gosta. A corrupção dos amigos, dos parceiros de mesa, essa merece tolerância. Os que frequentam os mesmos banquetes não punem entre si.

Há duas situações delicadas e complexas na atualidade brasileira:
a) as reformas de que o país precisa dependem, para serem feitas democraticamente, como se impõe, da deliberação de pessoas cujos interesses são afetados pelas mudanças necessárias;
b) as pessoas que há décadas vivem de desviar recursos públicos – dinheiro que não vai para a saúde, para a educação, para estradas, enfim, para salvar vidas – são poderosas e têm conexões, parceiros e aliados nos poderes da República, na imprensa e mesmo em lugares onde menos seria de se esperar. Se a "operação abafa" vencer, continuaremos trotando na história, liderados pelos piores.

Nós já conseguimos separar o joio do trigo. O problema é que há quem prefira o joio.

Para o sistema político, estou abrindo um tópico próprio.

3.2.2 Redução do foro privilegiado

O poder, inclusive o poder de julgar, tem de ser um instrumento do bem e da justiça. Não pode ser um mecanismo para proteger os amigos e perseguir os inimigos.

1 Uma das causas da impunidade é o chamado foro privilegiado, isto é, o fato de que um conjunto muito amplo de autoridades não é julgado pelo juiz natural de todos os demais cidadãos. Alguns dados relacionados ao foro privilegiado no STF merecem destaque aqui:
a) existem cerca de 500 processos, entre inquéritos e ações penais, em curso no Tribunal. Isso antes da delação premiada dos executivos da Odebrecht. Todos eles são contra parlamentares;
b) o STF leva 565 dias para receber uma denúncia e instaurar ação penal. Um juiz de primeiro grau leva menos de uma semana. Geralmente, 48 horas. O procedimento no STF é muito mais complexo;
c) desde que o STF começou a julgar efetivamente ações penais (a partir da EC nº 35/2001, que deixou de condicionar ações contra parlamentares à autorização da casa legislativa), já ocorreram mais de 60 casos de prescrição, entre inquéritos e ações penais.

2 O ideal aqui, portanto, é o Congresso Nacional, mediante emenda constitucional, produzir uma drástica redução do foro, limitando-o aos chefes de poder e aos ministros do STF. Só incluo ministros do STF porque haveria um problema estrutural de o ministro do STF ser julgado pelo juiz cujas decisões revê. Enquanto não sobrevier a mudança da Constituição pelo Congresso, eu propus, em um caso que ainda será submetido ao Plenário, que se faça uma interpretação restrita da competência do STF, para limitá-la aos atos que o parlamentar tenha praticado no cargo e em razão do cargo. Se o fato foi praticado antes de ele ser parlamentar – quando ele era prefeito, por exemplo –, a competência não será do STF. Se o fato não tiver relação com o mandato – por exemplo, cometeu falsidade ideológica na venda de um imóvel –, tampouco a competência será do STF. Segundo levantamento da FGV, essa minha proposta daria cabo de 93% dos casos que atualmente se encontram no STF.

3 Porém, se prevalecer a sugestão de drástica redução do foro, por meio de emenda constitucional, será preciso decidir o que se vai colocar no lugar. Uma ideia seria aplicar-se a regra geral: processos penais, em geral, são da competência da Justiça estadual. Essa solução livra o Supremo do desprestígio de uma competência que não consegue exercer bem. Porém, não enfrenta adequadamente o problema da impunidade. Na Justiça dos estados, parlamentares podem ser protegidos ou perseguidos, pela existência de um inevitável grau de ingerência política na atuação da Justiça estadual.

Por isso, propus a alternativa de se criar uma Vara Federal especializada em Brasília (na verdade, duas: uma para julgar ações penais; e outra para julgar ações de improbidade administrativa). O juiz titular seria escolhido pelo STF e teria um mandato de 4 (quatro) anos, ao final dos quais seria automaticamente promovido para o 2º grau. Teria tantos juízes auxiliares quantos necessários, mas seria um único titular para dar unidade aos critérios de decisão. De suas sentenças caberia recurso para o STF ou para o STJ, conforme a autoridade. Uma terceira ideia seria fixar a competência, nos casos que hoje são de foro privilegiado, na Justiça Federal. Embora a Justiça Federal atue nos próprios estados, ela é (um pouco) menos sujeita a ingerências políticas. Mas não totalmente, na medida em que as indicações para o STJ costumam vir com apoio de parlamentares locais. Parodiando o antigo líder soviético Mikhail Gorbachev, às vezes o problema não é matar o elefante, mas sim enterrar o cadáver.

Eu não tenho certeza se a minha ideia vai prevalecer imediatamente. Nós não somos atrasados por acaso. Somos atrasados porque o atraso é defendido. Mas o trem saiu da estação. E em algum momento ele vai chegar. Na frase feliz de Victor Hugo: "Nada é mais poderoso que uma ideia cujo tempo chegou".

3.2.3 A necessária reforma política

Todas as pessoas trazem em si o bem e o mal. O processo civilizatório existe para potencializar o bem e reprimir o mal. O sistema político brasileiro faz exatamente o contrário.

1 O sistema político envolve o sistema de governo (presidencialismo ou parlamentarismo), o sistema eleitoral (proporcional, majoritário ou misto) e o sistema partidário. Temos problemas nos três. Como sistema de governo, eu proponho a atenuação do hiperpresidencialismo brasileiro com um modelo semipresidencialista, inspirado pelo que existe na França e em Portugal. Defendo esta ideia de longa data, mas não é este o tema que está na mesa neste momento. Por essa razão, vou falar aqui sobre os outros dois: sistema eleitoral e sistema partidário.

2 Todos perdem com a persistência de um modelo que produziu um perigoso descolamento entre a classe política e a sociedade civil. A reforma política de que o Brasil precisa deverá ser capaz de atender a três objetivos: (i) baratear o custo das eleições; (ii) incrementar a legitimidade democrática; e (iii) facilitar a formação de maiorias e, consequentemente, a governabilidade.

3 O problema mais grave está no modelo atual de eleição para a Câmara dos Deputados, que adota o sistema proporcional com lista aberta. Além de ser caríssimo, pois todos os candidatos fazem campanha no Estado inteiro, ele apresenta um gravíssimo problema de legitimidade democrática. É que, na prática, só 10% dos deputados são eleitos com votação própria; 90% são eleitos pela transferência de votos feita pelo partido. Tem-se, assim, uma fórmula em que o eleitor não sabe exatamente quem elegeu e o candidato não sabe exatamente a quem prestar contas. Não tem como funcionar.

4 Além disso, as regras sobre o sistema partidário fomentam a multiplicação de partidos e a criação de legendas de aluguel. A política deixa de ser a disputa pela melhor forma de realizar o interesse público e o bem comum, e passa a ser um negócio privado, voltada para o acesso ao fundo partidário, ao tempo de televisão e à venda de apoio.

5 A reforma precisa conciliar muitos interesses legítimos e encontrar um caminho do meio, com concessões recíprocas e consensos possíveis. Uma ideia que tem amplo curso é a adoção de um sistema distrital misto, inspirado no alemão, em que metade das cadeiras da Câmara seria preenchida por voto distrital. Cada partido lançaria um candidato por distrito, sendo os distritos demarcados em função de quantitativos populacionais. A outra metade seria eleita por voto no partido. O voto seria em lista, mas o eleitor teria a faculdade de mudar a ordem de preferência dos candidatos. Ao final do pleito, faz-se o ajuste necessário para preservar a proporcionalidade entre votação e número de cadeiras.

6 No tocante ao sistema partidário, há razoável consenso de que se devem proibir coligações em eleições proporcionais e de que deve haver cláusula de barreira. Já há um projeto de lei aprovado no Senado e encaminhado à Câmara com as duas medidas. Com relação à cláusula de barreira – que exige uma votação mínima em âmbito nacional para o partido ter acesso ao fundo partidário e a tempo de televisão –, previu-se uma votação mínima de 2% do total de votos para deputado federal em pelo menos 14 estados, em 2018, passando o percentual para 3% em 2022. É a possibilidade de coligações e a ausência de cláusula de barreira que mantêm vivas legendas vazias de representatividade e conteúdo programático, produzindo uma fragmentação no Legislativo que acaba exigindo o "toma-lá-dá-cá" do fisiologismo.

7 Quanto ao financiamento eleitoral, o melhor modelo é o misto, que combina financiamento público, via propaganda eleitoral gratuita e fundo partidário, como já temos hoje, e financiamento privado, mas só por pessoas físicas e com limite máximo de contribuição. O modelo anterior que tínhamos, de financiamento por empresas, era contrário à moralidade administrativa e à decência política porque:

    a) uma empresa podia tomar dinheiro emprestado no BNDES e utilizar para financiar os candidatos da sua escolha, isto é, usava o dinheiro que era de todos para bancar interesses privados;

    b) uma empresa podia financiar, por exemplo, os três candidatos que tinham chance de vitória. Naturalmente, se financia candidatos concorrentes, não está exercendo direito político, para quem acha que empresa tem direito político. Quando isso ocorre, ou a empresa foi achacada ou está comprando favores futuros. Qualquer uma das duas opções é péssima;

c) uma empresa podia fazer doação de campanha e depois ser contratada pelo governo que ajudou a eleger. E, aí, o favor privado, que foi a doação de campanha, é pago com dinheiro público, que é o contrato com a Administração.

Recentemente, eu estive falando em um evento para empresários, e ouvi de um deles um apelo para que não se voltasse à fórmula de financiamento por empresas. Segundo me disse, sua empresa era rotineiramente "extorquida" por políticos para contribuir, sob pena de retaliação.

8 Por evidente, não há garantia prévia de sucesso em nenhuma fórmula, seja quanto ao sistema eleitoral, ao sistema partidário ou à forma de financiamento. Mas a permanência do modelo atual é garantia de fracasso. *Nós precisamos de um Plano Real para a política.*

3.2.4 Fricções entre os poderes

1 Em meio à turbulência da vida política brasileira, e tendo em vista o elevado grau de judicialização da vida entre nós, era inevitável que muitas das questões que sacudiram o país chegassem em algum momento ao Supremo Tribunal Federal. Não é singela a tarefa de conservar a posição de árbitro em meio à crise e, sobretudo, diante das paixões que dividiram a sociedade brasileira. Tal papel trouxe para o STF tensões com a sociedade e fricções com os outros poderes. Vejam-se alguns exemplos:

   a) Rito do *impeachment*. O procedimento para destituição de um presidente da República é um dos momentos mais traumáticos possíveis em uma democracia. Por isso mesmo, tem que ter regras estáveis e predefinidas. No entanto, no caso brasileiro, a Câmara dos Deputados vinha adotando um procedimento errático, mudando as regras a cada passo, de acordo com a vontade de seu presidente. O STF parou o jogo, definiu as regras a serem seguidas e mandou recomeçar do começo. Foram adotadas, como seria lógico de se supor, as mesmas normas que haviam valido para o *impeachment* do Presidente Collor, em 2002. No entanto, uma vez aprovado o *impeachment* na Câmara e no Senado, o STF recusou-se a apreciar o mérito da decisão das casas legislativas, considerando, acertadamente, que esta era uma questão essencialmente política, na qual não lhe cabia interferir.

b) Afastamento do presidente da Câmara. O STF determinou o afastamento do presidente da Câmara (*Speaker of the House*), tanto do cargo de presidente como do mandato parlamentar que exercia. O fundamento foi o de que presidente, no exercício do cargo e do mandato, procurava influenciar e interferir na investigação criminal que sofria, por participação no escândalo conhecido como Lava-Jato. Não havia precedente na história de algo parecido.

c) Afastamento do presidente do Senado da linha sucessória do presidente da República, em razão do recebimento de denúncia criminal por crime de peculato.

d) Prisão de um senador da República, diante de evidências de que ele procurava influenciar testemunhas e interferir em investigação em curso.

e) Interferência na tramitação de projetos de lei, por inobservância do rito próprio, em temas como Lei de Telecomunicações e medidas contra a corrupção.

2 Como intuitivo, o fato de ser do STF a competência para os inquéritos e ações penais instaurados contra dezenas de parlamentares, inclusive o presidente da Câmara e o presidente do Senado, mantém certa tensão nas relações entre o Tribunal e o Legislativo. Seja como for, são intervenções a favor da democracia, a favor da política – e não contra.

3.2.5 Judicialização da vida e ativismo judicial

1 É pertinente uma observação inicial para estabelecer a distinção entre judicialização e ativismo judicial. *Judicialização* é a possibilidade de ingressar em juízo. Essa é muito ampla e decorre do arranjo institucional brasileiro. *Ativismo*: é uma atitude, um modo proativo e expansivo de interpretar a Constituição. A judicialização no Brasil é ampla. Mas as hipóteses de atuação ativista são limitadas.

Ativismo é um termo que assumiu conotação negativa, e quem o utiliza normalmente se refere ao exercício impróprio da jurisdição. Na verdade, como pretendo demonstrar a seguir, há situações em que o Judiciário deve ser autocontido e outras em que sua atuação deve, de fato, ser mais expansiva. Portanto, para que o mesmo termo não tenha um significado ora positivo, ora negativo, o ideal é que se utilize outra denominação para identificar as intervenções judiciais mais abrangentes, quando necessárias e legítimas. Proponho, provisoriamente, a expressão "interpretação construtiva".

2 Como dizia, a judicialização no Brasil é ampla, mas os casos de ativismo são pouco comuns. Exemplos de judicialização sem ativismo: a) pesquisas com células-tronco embrionárias: a matéria foi judicializada perante o STF, mas a decisão foi no sentido da manutenção da lei, considerada válida; b) cotas no acesso à universidade: apesar da polêmica que envolvia o tema, o STF julgou constitucional a lei; c) Lei da Copa: igualmente controvertida, a lei teve sua constitucionalidade afirmada pelo Tribunal.

3 A premissa básica na matéria é a seguinte: decisões políticas devem ser tomadas por quem tem voto e, portanto, como regra, o STF deve exercitar autocontenção (*self restraint*). Isso é especialmente verdadeiro quando estejam em discussão temas como:
    a) regulação econômica (ex.: normas de transição de uma moeda para outra, salvo situações absurdas);
    b) questões tributárias (salvo violação inequívoca de algum direito fundamental dos contribuintes);
    c) questões político-administrativas (transposição de rios, demarcação de terras indígenas).

O Judiciário tem uma capacidade institucional limitada para lidar com temas com esse grau de complexidade. O que lhe cabe fazer é verificar se o procedimento adequado foi seguido.

4 Existem, todavia, situações em que o Judiciário deve ser mais ativista. São as que envolvem a proteção (a) de direitos fundamentais; (b) das regras democráticas; e (c) da moralidade político-administrativa. Vejam-se alguns exemplos:
    a) Direitos fundamentais:
        i) liberdade de expressão: o STF declarou inconstitucionais (interpretando conforme a Constituição) as normas do Código Civil que exigiam autorização prévia para a divulgação de biografias. Considerou que isso constituía uma forma de censura, cujo efeito seria o de criar um país chapa branca;
        ii) igualdade e dignidade: o STF equiparou as uniões homoafetivas às uniões estáveis convencionais, abrindo o caminho para o casamento de pessoas do mesmo sexo;
        iii) direito das mulheres: decisão da 1ª Turma considerou inconstitucional a criminalização da interrupção da gestação até o terceiro mês, assegurando às mulheres o direito fundamental à liberdade individual e à igualdade;

iv) direito de privacidade: embora o julgamento tenha sido suspenso, há uma sinalização do Tribunal no sentido de ser inconstitucional a criminalização do porte de maconha para uso pessoal;
v) proteção de minorias estigmatizadas: o STF retomará em breve os julgamentos que envolvem o tratamento social dos transexuais: direito à mudança de nome e ao uso de banheiro correspondente à sua percepção da própria sexualidade.

Eu trago no coração uma frase de Elie Wiesel, vencedor do prêmio Nobel da paz, sobrevivente de Auschwitz, recentemente falecido: "A gente tem que escolher lados. A neutralidade protege o opressor, nunca a vítima".

b) Regras do jogo democrático:
i) fidelidade partidária: o STF considerou que fraudava o processo democrático a mudança de partido por deputados após as eleições;
ii) rito do *impeachment*: a destituição de um presidente da República tem que obedecer a regras prévias e claramente definidas.

c) Moralidade político-administrativa:
i) nepotismo: a proibição do nepotismo nos três poderes se deu por decisão do Supremo Tribunal Federal;
ii) financiamento eleitoral: o STF declarou inconstitucional o modelo imoral de financiamento eleitoral no país.

5 Há alguns casos de ativismo judicial menos feliz do STF, na minha visão. Alguns candidatos fortes são: a) o julgado que considerou inconstitucional a cláusula de barreira, legitimando a multiplicação de partidos de aluguel; b) o julgado que manteve o monopólio (*rectius*: privilégio) postal da Empresa Brasileira de Correios e Telégrafos, na era da internet; c) julgados que impulsionaram a judicialização da saúde.

3.3 Uma agenda para o futuro

Uma agenda progressista para o Brasil deve se assentar sobre o tripé *democracia*, *livre iniciativa* e *justiça social*. Ser progressista é ter compromisso com as melhores formas de geração e de distribuição de riquezas, com a emancipação das pessoas, com a tolerância e a igualdade de oportunidades. No Brasil, isto pode significar enfrentar uma direita indiferente à pobreza e à desigualdade, bem como uma esquerda apegada a dogmas superados e à preservação de privilégios corporativos.

3.3.1 Valorização da iniciativa privada e do empreendedorismo

1 Precisamos superar o preconceito e a desconfiança que ainda existem no Brasil em relação à iniciativa privada e ao empreendedorismo. Temos uma cultura excessivamente dependente do Estado para tudo. A história demonstrou, no entanto, que ao menos no atual estágio da condição humana a iniciativa privada é melhor geradora de riquezas do que a atuação estatal. É importante aceitar esta realidade e pensar a vida a partir dela. A origem desse preconceito e dessa desconfiança está no modo como o capitalismo evoluiu no Brasil. Nos países de industrialização tardia e de iniciativa privada frágil, o capitalismo de Estado foi a forma de contornar a concessão de setores estratégicos da economia nacional a empresas estrangeiras. Desde a década de 40 do século passado até meados da década de 90, quando vieram reformas econômicas importantes, havia mais de 300 empresas estatais, da CSN (uma das primeiras) até a Embraer, passando pela Vale do Rio Doce e Petrobras. O capitalismo de Estado, com seu paternalismo e distribuição discricionária de benesses, fomentou o preconceito e a desconfiança.

2 Essa trajetória do capitalismo brasileiro gerou duas consequências negativas. De um lado, o imaginário social ainda associa o capitalismo doméstico (a) a concessões com favorecimentos; (b) à obra pública com licitações duvidosas; (c) a golpes no mercado financeiro; (d) a latifúndios improdutivos. De outro lado, muitos grandes empresários brasileiros são avessos ao risco, à concorrência e à igualdade entre os atores econômicos, conceitos-chave do capitalismo. Preferem financiamento público, reserva de mercado e favorecimentos. Capitalismo sem risco, concorrência ou igualdade, isto é, com dinheiro público, protecionismo e vantagens competitivas, não é capitalismo, mas socialismo com o sinal trocado. Para tornar tudo mais difícil, muitos dos fatos desvendados em investigações recentes confirmaram algumas das piores suspeitas: licitações cartelizadas, financiamento público a empresas com base em critérios não transparentes, medidas provisórias com benesses contrabandeadas a peso de ouro.

Ainda assim, é preciso enfrentar a mentalidade, historicamente superada, de que o Estado deve ser protagonista. Precisamos, mesmo, é de mais sociedade civil e de capitalismo verdadeiro, com risco privado, concorrência, empresários honestos e regras claras, estáveis e propiciadoras de um bom ambiente de negócios.

3.3.2 Redimensionamento do Estado

1 O Estado no Brasil ficou grande demais e a sociedade já não consegue sustentá-lo. Trata-se de uma estrutura cara, inchada e que presta serviços deficientes. Começando pelos *custos*: em 2015, aproximadamente 4% do PIB foi gasto com folha de pagamentos do funcionalismo público. Some-se a este valor as necessidades de custeio (equipamentos para saúde, educação, segurança pública, equipamentos urbanos, presídios, asfalto) e a constatação é evidente: não sobra um vintém para investimento. Não bastasse, a folha de pagamentos tem um aumento vegetativo decorrente de adicionais de tempo de serviço, promoções e reposição de aposentados. No momento atual, boa parte dos estados da Federação não consegue honrar seus compromissos com fornecedores, prestadores de serviços e mesmo com o funcionalismo. Há estados que precisam tomar empréstimo para pagar salários, o que ilustra, de maneira emblemática, a falência do modelo. Por outro lado, a má qualidade dos serviços públicos em geral tornou-se fonte permanente de tensão e de manifestações populares. Faltam recursos, gestão de qualidade e profissionais qualificados e comprometidos com a eficiência e com o interesse público. Em síntese: as perspectivas do Estado como Administração Pública são cinzentas. E não há solução juridicamente simples nem politicamente barata.

2 Quase um terço dos brasileiros sobrevive da folha estatal. Cerca de 60 milhões de pessoas recebem algum tipo de pagamento do Estado.[3] Este contingente pode ser dividido em três grupos bem distintos:
    a) os servidores públicos (ativos, inativos e pensionistas);
    b) os que recebem benefícios do INSS; e
    c) a população atendida por programas sociais (como exemplo, Bolsa Família).

Como esses pagamentos se distribuem? A maior fatia está nos gastos com o INSS, que consome R$557 bilhões, correspondentes a mais ou menos 44,8% do orçamento e atinge 28 milhões de pessoas. Aqui há um contraste importante: a Previdência do setor público, que atinge apenas 1 milhão de pessoas, custa cerca de R$110 bilhões, o equivalente

---

[3] V. Renata Mariz, Um terço do país sobrevive da folha estatal. *O Globo*, 7 maio 2017.

a 8,9% do orçamento. Quem tiver olhos de ver perceberá que o sistema previdenciário brasileiro envolve uma imensa transferência de renda dos setores mais pobres para os mais abastados. Já programas sociais, como o Bolsa Família, que alcança 13,4 milhões de beneficiários diretos (ou cerca de 45 milhões de pessoas, considerando o tamanho das famílias), consumira, R$27,4 bilhões em 2016. Estes números afastam desde logo a crença equivocada de que aí estava a causa do déficit e da quebra do país.

3 Nesse tema, será preciso derrotar a crença falsamente progressista de que a presença do Estado significa proteção aos pobres e é fonte de justiça social. Não é verdade. O Estado brasileiro é apropriado privadamente por muitos: as grandes empresas que vivem do financiamento público, o corporativismo de órgãos e empresas estatais, pela classe política, pelo nepotismo. O mercado regulado adequadamente é mais democrático do que este Estado privatizado. Ainda esses dias os jornais divulgaram que um político poderoso voltou a apoiar o governo porque conseguiu "emplacar" nomes de sua preferência em órgãos públicos. Em plena Operação Lava-Jato, as práticas não mudaram. E o que fazem diretores de órgãos estatais indicados por políticos? Cartas para a Petrobras, Eletrobras, Caixa Econômica Federal...

Uma observação importante: diminuir o Estado não significa desfazer-se de programas sociais imprescindíveis em um país de população ainda pobre, como Bolsa Família, habitação popular ou qualificação de trabalhadores. Significa tirar o Estado de onde não deve estar.

3.3.3 Reformas imprescindíveis

Algumas reformas são imprescindíveis no Brasil para enfrentar o déficit fiscal, a concentração de renda e o desemprego. São elas as reformas: da Previdência, tributária e trabalhista.

3.3.3.1 Reforma da Previdência

1 O sistema previdenciário no Brasil compreende o setor público (regime próprio) e o setor privado (regime geral). O sistema é deficitário e regressivo, isto é, custa mais caro do que o país pode pagar e concentra renda. O tamanho do déficit é devidamente quantificado: em 2016 ele beirou R$150 bilhões, e a previsão para 2017 é de R$180 bilhões.

A persistência desta situação nos levará à ruína. Desnecessário repisar o lugar comum de que os brasileiros estão vivendo mais, com o aumento da população de idosos e a diminuição de jovens que sustentarão o sistema.

2 O sistema, como dito anteriormente, envolve uma enorme transferência de renda dos mais pobres para os mais ricos. Retomem-se os números, já citados acima.[4] A Previdência dos trabalhadores privados (INSS) consumiu R$557 bilhões (44,8% do orçamento) e atende a mais de 33 milhões de pessoas. A Previdência dos funcionários públicos federais custa cerca de R$110 bilhões (8,9% do orçamento), e atende a aproximadamente 1 milhão de pessoas. A disparidade entre o setor privado e o setor público é evidente. Se nós somarmos os gastos com o setor público e o setor privado, vamos verificar que 54% do orçamento destina-se a pagar os inativos (aposentadorias e pensões). Isso corresponde a cerca de 14% do PIB.[5]

3 É bem mais do que o dobro de tudo o que o governo gastou com saúde, educação e todos os programas direcionados às famílias mais pobres.[6] Nesse contexto, a reforma da Previdência não surge como uma escolha política, filosófica ou ideológica. É uma questão de aritmética e de justiça intergeracional. Se não a fizermos, vamos entregar um país devastado aos nossos filhos.

Portanto, medidas como idade mínima de 65 anos e teto no setor público igual ao do setor privado, para focar em dois itens da proposta em tramitação no Congresso, não podem enfrentar opositores de boa-fé.

3.3.3.2 Reforma tributária

1 Esta é possivelmente a reforma mais difícil, porque de certa forma produz perdedores e ganhadores, ao menos no curto prazo e à primeira vista, tanto entre os entes estatais quanto entre os contribuintes, pessoas físicas e jurídicas. Os dois maiores problemas do sistema são (a) complexidade e (b) injustiça. Quanto à complexidade, temos um dos sistemas mais complicados do mundo, com uma multiplicidade

---

[4] Os dados aqui utilizados foram colhidos em José Márcio Camargo e André Gamerman, Os mais ricos e o orçamento. *O Globo*, 19 mar. 2017.
[5] Alexandre Schwartsman, A solução para sair da crise: sangue, suor e lágrimas. *Um Brasil*, n. 5, 2015-2016.
[6] José Márcio Camargo e André Gamerman, Os mais ricos e o orçamento. *O Globo*, 19 mar. 2017.

de imposições que se superpõem e entrelaçam. Essa complexidade aumenta em muito o custo de *compliance* tributário[7] dos contribuintes, reduzindo a competitividade das nossas empresas.[8]

2 Quanto à injustiça, o sistema é extremamente regressivo, contribuindo para a má distribuição de renda do país. Não é uma questão de aumento da tributação. Comparado com os países mais desenvolvidos (Estados Unidos, Reino Unido, França, Canadá), o que se verifica é que o Brasil é, de todos eles, o que mais tributa o consumo – i.e., a tributação em que pobres e ricos pagam a mesma coisa – e o que menos tributa o capital.

3 A carga tributária no Brasil é de cerca de 35% do PIB. Há quem ache que é excessiva (é uma das mais elevadas entre os países emergentes: Ricardo Amorim) e há quem ache que há espaço para algum aumento (Armínio Fraga). Mas não é disso que estou tratando aqui. Independentemente de aumento ou não da carga, é urgente se pensar em um modelo de reforma tributária que tenha três vetores: (i) o que traga uma maior simplificação para o ambiente tributário e diminua drasticamente os custos dos contribuintes com *compliance* tributário; (ii) o que unifique a tributação sobre o consumo com a criação de um IVA federal que englobe: ISS, ICMS, IPI, PIS e COFINS; (iii) o que redistribui a carga tributária, com a diminuição da tributação sobre o consumo, acompanhada de um aumento da tributação sobre a renda e o capital, que aproxime o Brasil das principais democracias do mundo.

3.3.3.3 Reforma trabalhista

1 Gostaria de dizer, de saída, que não sou contra a Justiça do Trabalho, nem muito menos contra o núcleo essencial dos direitos do trabalhador, que envolve salário, segurança e repouso. E, naturalmente, se o empregador descumprir suas obrigações, o empregado tem o direito de demandá-lo e de receber o que lhe é de direito. Dito isso, há alguma coisa errada neste domínio no Brasil.

---

[7] De forma simples, *compliance* tributário pode ser entendido como o custo para estar em conformidade e cumprir as diversas leis e regulamentos tributários. No caso das pessoas jurídicas, a variar segundo o porte e a finalidade, isso significa custos com contadores, advogados internos e externos, empresas de auditoria, consultores, etc.

[8] Dulce Moraes, Custo da burocracia tributária no Brasil impacta diretamente a competitividade da indústria, afirma Roriz. *FIESP*, 26 set. 2013. Disponível em: <http://www.fiesp.com.br/noticias/o-custo-da-burocracia-tributaria-no-brasil-impacta-diretamente-na-competitividade-das-industrias/>.

2 Recentemente, em um debate com o economista Eduardo Gianetti, ele afirmou que só um banco privado brasileiro tinha mais reclamações trabalhistas do que todas as ações dessa natureza existentes nos Estados Unidos. Há pouco tempo, também, li uma entrevista do Presidente das Lojas Riachuelo, Flávio Rocha, em que ele afirmou o seguinte: "O Brasil, com 2% da população mundial, gera mais ações trabalhistas que os restantes 98% do mundo".[9]

3 Em seguida, lembrou que o Citibank está deixando a operação de varejo no Brasil. E acrescentou: "A operação brasileira do Citibank representa 1% da receita mundial, mas gera 93% das ações trabalhistas". Numa democracia, nenhum tema é tabu. Se alguma coisa não está fazendo muito sentido, é preciso fazer diagnósticos e encontrar soluções. Assim como a excessiva oneração da folha de pagamento desincentiva a formalização do contrato de trabalho, o risco trabalhista passou a fazer parte do custo e do risco Brasil. Quem são os maiores prejudicados? O emprego e o trabalhador.

O Supremo Tribunal Federal, em acórdão do qual eu mesmo fui relator, começou a enfrentar este tema, na percepção de que o excesso de proteção, em última análise, desprotege. Tratava-se de um caso que envolvia programa de demissão incentivada, ajustado em acordo coletivo entre sindicatos patronal e dos empregados. A adesão ao programa era voluntária. Uma senhora aderiu ao programa e recebeu 80 meses de salário para rescindir o contrato. Em troca, assinou uma quitação geral. Dias depois, entrou com uma reclamação dizendo que não recebia as horas extras corretamente.

A jurisprudência do TST era no sentido de que a quitação só vale em relação às verbas especificamente discriminadas, não se admitindo quitação geral. Disse eu: a lógica de proteção do trabalhador individual, lado mais fraco da relação trabalhista, não se aplica quando se trate de acordo coletivo, negociado por sindicatos em igualdade de condições. No fundo, essa empregada não estava sendo correta: recebeu o benefício gordo, deu quitação e foi em busca de mais. Observei no meu voto: o Estado pode proteger o hipossuficiente; mas não deve incentivar

---

[9] Não foi possível a comprovação desta estatística. De acordo com o relatório *Justiça em números*, do Conselho Nacional de Justiça, foram ajuizadas, no ano de 2015, cerca de 4 milhões de novas ações trabalhistas. Do relatório da reforma trabalhista, na Câmara dos Deputados, constou a informação de que, nos Estados Unidos, no mesmo período, foram 200 mil ações, e, na França, 75.000.

ninguém a ser incorreto. A partir daí, em decisões seguintes, o STF passou a adotar o entendimento de que o que seja legitimamente negociado prevalece sobre o legislado.

Ah, sim: e é necessário, também, uma reforma sindical que enfrente o tema da contribuição sindical e da unicidade sindical. Sindicatos exercem um monopólio, com receita fixa garantida. Qualquer economista dirá que este é o caminho seguro para a ineficiência, o benefício pessoal e a corrupção.

3.3.4 Educação

1 Em matéria de educação, a despeito dos progressos dos últimos anos, ainda estamos defasados mesmo em termos de América Latina. Um projeto educacional ambicioso deve ter em conta dois grandes objetivos: (i) a capacitação de todos para uma vida melhor, com acesso a conhecimentos essenciais, a uma profissão, à informação e ao exercício esclarecido da cidadania; e (ii) a identificação dos grandes talentos, dos virtuoses, daqueles que devem receber incentivos e investimentos diferenciados, porque serão os líderes da inovação e do avanço social. Precisamos de projetos ambiciosos em relação ao ensino fundamental e ao ensino médio, que compõem hoje o denominado ensino básico; e precisamos de projetos mais ousados ainda para a universidade. Eu tenho algumas ideias a esse respeito, já escrevi sobre o tema, mas aqui gostaria de enfatizar um único ponto.

2 Todos estamos de acordo que educação é o melhor caminho. É o único caminho. E não é só uma questão de dinheiro, de investimentos. A revista *The Economist* recentemente trouxe uma matéria noticiando que na África do Sul os gastos são elevados e os resultados muito ruins. Além de dinheiro, precisamos de metas de curto, médio e longo prazo e de gestão de primeira linha.

3 Quando da transição do governo da Presidente Dilma Rousseff para o governo do Presidente Michel Temer, os formadores de opinião e a imprensa tinham uma preocupação obsessiva: quem vai cuidar da economia? Especulava-se o melhor nome para ministro da Fazenda, para presidente do Banco Central, para o BNDES. E tanto quanto eu ouço dos meus amigos economistas, fizeram-se escolhas de nomes do primeiro time. Pois bem: a educação precisa ser tratada como a economia foi tratada na transição a que me referi.

3.3.5 A agenda social

Todos os diagnósticos e propostas de reformas se destinam a um propósito: fazer um país melhor e maior. Isso significa, em última análise, dar às pessoas dignidade, qualidade de vida e igualdade de oportunidades. Isto é, assegurar condições materiais mínimas para a busca da felicidade. É preciso não perder isso de vista. Por essa razão, é preciso incluir na lista de prioridades do país uma agenda social voltada para os pobres, para os que não são competitivos porque não podem ser. A seguir, alguns itens de uma agenda social.

3.3.5.1 Habitação popular

1 No topo da lista vem a questão do direito à moradia, que remete ao déficit habitacional e à inadequação de domicílios no Brasil. O *déficit habitacional* identifica a necessidade de construção de novas moradias e tem em conta pessoas que vivem em condições precárias (domicílios rústicos ou improvisados), com excessivo número de famílias convivendo em um mesmo ambiente e sem condições de pagar aluguel. A *inadequação de domicílios* significa, principalmente, a carência de infraestrutura urbana, compreendendo itens como energia elétrica, água, esgotamento sanitário e banheiro. Domicílios que prejudicam a qualidade de vida de seus moradores. E há também o problema da regularização fundiária e das áreas de risco. Em números redondos de 2014, o Brasil tem um déficit habitacional de 6 milhões de unidades, concentrado, sobretudo, na faixa de renda de até 3 salários mínimos.[10]

É imprescindível, portanto, a adoção constante e consistente de políticas públicas voltadas para a construção de novas unidades habitacionais e para a oferta de infraestrutura, urbanização de favelas, cuidados ambientais, saneamento básico e transporte público. Para estes dois últimos itens abrem-se os tópicos a seguir.

3.3.5.2 Saneamento básico

1 O saneamento básico é a principal política pública de saúde preventiva, conforme parâmetro mundialmente aceito, além de ser vital

---

[10] As informações e dados deste tópico foram colhidos no documento *Déficit Habitacional no Brasil 2013-2014*, elaborado pela Fundação João Pinheiro, em 2016, com base nos dados das Pesquisas Nacionais por Amostra de Domicílios (PNAD) 2103-2014, colhidos pelo Instituto Brasileiro de Geografia e Estatística (IBGE).

para impedir o comprometimento do solo, dos mananciais (fontes de água para abastecimento), rios e praias. O saneamento básico consiste em ações de abastecimento de água, coleta e tratamento de esgoto, bem como manejo das águas pluviais e dos resíduos sólidos. Nossos indicadores nessa área são muito ruins. Mais da metade dos domicílios brasileiros não têm acesso a uma rede de coleta de esgoto. Além disso, mais de 70% dos municípios brasileiros não têm qualquer sistema de tratamento de esgoto instalado, despejando-o diretamente no meio ambiente.

2 No tocante aos resíduos sólidos, mais de 50% dos municípios os destinam a vazadouros a céu aberto, conhecidos como lixões. Epidemias associadas ao mosquito *Aedes aegypti*, como dengue, zika e outras, têm como uma de suas causas principais disfunções associadas ao saneamento básico. Por combinar política de saúde pública, proteção ambiental e condições mais dignas de vida, uma abrangente e ambiciosa política pública de saneamento básico deve ser uma opção prioritária para o país. O Estado não tem recursos para os investimentos necessários. Também aqui é indispensável a superação do preconceito contra a iniciativa privada. De nada adianta o apego a dogmas, tampouco a afirmação retórica de que este é um serviço público essencial, sendo dever do Estado prestá-lo. As pessoas estão morrendo de doenças facilmente evitáveis, e deixá-las morrer em nome de um discurso ideológico não pode ser uma opção legítima para pessoas de bem.

3.3.5.3 Mobilidade urbana

1 A mobilidade urbana é um desafio que se coloca em todas as principais metrópoles do mundo e que assume proporções dramáticas no Brasil. O problema até parece ser democrático, na medida em que o trânsito é infernal para todos, ricos e pobres. Mas, na verdade, a situação é muito pior para quem depende de transporte público, que são os trabalhadores em geral. Em São Paulo, por exemplo, o tempo médio que as pessoas gastam para ir e voltar para o trabalho em um dia útil é de 93 minutos, sendo que 30% gastam mais do que 2 horas por dia se deslocando, 35% esperam o transporte por mais de 20 minutos por dia na estação, 17% percorrem mais de 12 km por viagem e 25% fazem pelo menos duas baldeações por dia.[11] A vida fica muito penosa.

---

[11] Moovit, *Relatório global sobre o uso do transporte público nas grandes cidades*, 2016. Disponível em: <https://media.wix.com/ugd/658d28_564ff4f46c5e4a78b618532cc4d6e231.pdf>. Acesso em: 10 maio 2017.

Opções equivocadas, ao longo do tempo, priorizaram o transporte individual e rodoviário, em detrimento da qualidade do transporte público e de opções mais racionais e ambientalmente amigáveis, como as diferentes modalidades de transporte sobre trilhos (trens, metrô, VLT). O uso de bicicletas e ciclovias seguras ainda são um sonho distante. Para quem tiver boa memória, as manifestações de maio e junho de 2013 tiveram como uma de suas principais causas o custo alto e a má-qualidade dos transportes públicos.

Habitação digna, saneamento básico e transporte público eficiente são componentes básicos para uma vida de qualidade.

3.3.5.4 Continuidade dos programas sociais

1 No Brasil ou em qualquer país do mundo com elevado grau de desigualdade, programas de redistribuição e transferência direta de renda são essenciais para a garantia de condições mínimas de subsistência. Quem tem fome não pode esperar.[12] As depressões e recessões econômicas, embora imponham evidentes restrições financeiras ao Estado e à sociedade, não podem servir de argumento para a paralisação de políticas públicas sociais. Além de os reflexos de uma crise econômica serem mais agudos para aqueles que dependem do Estado para o atendimento de necessidades básicas, o peso de programas sociais, como o Bolsa Família e Minha Casa, Minha Vida, é relativamente pequeno no orçamento da União. A título exemplificativo, o Bolsa Família representa apenas 0,87% da receita total estimada nos orçamentos fiscal e da seguridade social de 2017.[13]

3.3.5.5 Preservação do meio ambiente e particularmente da Amazônia

1 O Brasil tem diferentes conjuntos de ecossistemas ou biomas que merecem proteção especial. Entre eles se inclui o que restou da Mata Atlântica, o Pantanal, o Cerrado e a Caatinga. A grande

---

[12] Ou, na conhecida frase do sociólogo Herbert de Souza, o "Betinho", que se tornou, nos anos 1990, o grito de guerra contra a miséria no Brasil, "quem tem fome tem pressa".

[13] Nos termos do art. 2º da Lei nº 13.414, de 10.01.2017, a receita total estimada nos orçamentos fiscal e da seguridade social é de R$3.415.431.200.238,00. Enquanto isso, de acordo com o quadro 6C da LDO-2017, anexo I, inc. VI, há a previsão de que a despesa com inclusão social por meio do Bolsa Família será de R$29.825.065.509.

preocupação do momento, todavia, se volta para a preservação da Amazônia e sua floresta tropical, uma das maiores riquezas em biodiversidade do mundo. Entre 1970 e 2013, foi desmatada uma área da Amazônia equivalente ao território de duas Alemanhas.[14] [15] Houve uma significativa redução do desmatamento ao longo dos anos, mas ainda assim a destruição da floresta atingiu, em 2014, cerca de 5.000 km^2, o que equivale a uma extensão próxima ao tamanho de Brasília.[16]

2 A meta deve ser o desmatamento líquido zero,[17] com uma política de reflorestamento em níveis correspondentes à derrubada inevitável da floresta. É boa hora, no Brasil, de se passar a ver a preservação da floresta como um ativo, um investimento, e não um passivo a ser eliminado. Coerente com essa ideia, devem-se pensar formas criativas e legítimas pelas quais o mundo e o país recompensem a Amazônia pela preservação da floresta, criando incentivos que funcionem como alternativa a ocupações ambientais danosas com grilagens, queimadas, plantio de soja ou criação de gado.

3.3.6 Outros debates

1 Há outros debates importantes no Brasil, não apenas de cunho econômico, mas de relevante alcance social. Entre eles se incluem temas polêmicos, sobre a descriminalização da maconha, com tratamento análogo ao do cigarro; e a descriminalização da interrupção da gestação no primeiro trimestre, como praticado em todos os países democráticos e desenvolvidos do mundo. São discussões instigantes, mas já não há tempo para levá-las adiante agora. De modo que precisarei voltar no ano que vem.

3.4 Conclusão

1 O Brasil só começou verdadeiramente como país em 1808, com a vinda da família real, fugindo de uma Europa à mercê de Napoleão.

---

[14] Antonio Donato Nobre, *O futuro climático da Amazônia*: relatório de avaliação científica. São José dos Campos: CCST-INPE; INPA, 2014.

[15] RAISG – Rede Amazônica de Informação Socioambiental Georreferenciada, *Deforestación en la Amazonía (1970-2013)* São Paulo: Instituto Socioambiental, 2015. p. 47.

[16] Brasília tem área de 5.802km^2.

[17] Beto Veríssimo, Vamos reduzir o desmatamento a zero. Saiba como. *Americas Quarterly*. Acesso em: 3 abr. 2016. Disponível em: <http://www.americasquarterly.org/content/vamos-reduzir-o-desmatamento-zero-saiba-como>.

Até então, os portos eram fechados a todas as nações que não Portugal, i.e., não havia comércio exterior. A metrópole proibia a construção de estradas e a existência de manufaturas. Não havia escolas e 98% da população era analfabeta. Um terço dos habitantes da colônia eram escravos.[18] Mais que tudo, não éramos herdeiros da tradição cultural e política que produziu, por exemplo, a Magna Carta inglesa, ainda em 1215, mas, sim, do último país da Europa a acabar com a Inquisição, com o tráfico negreiro e com o absolutismo. Começamos lá atrás e percorremos um longo caminho, até nos tornarmos uma relevante democracia de massas e uma das dez maiores economias do mundo.

2 Apesar da crise devastadora que vivemos neste momento, somos um país que tem muito o que celebrar. E se olharmos à nossa volta, temos problemas menos graves do que a maioria dos países que estão no mesmo estágio de desenvolvimento que nós: Rússia, Índia, África do Sul e China. Eu tenho o sentimento de que estamos às vésperas de um novo tempo. E o nosso papel é empurrar a história. É isso que nos cabe fazer, como intelectuais, empresários, trabalhadores, como pessoas socialmente engajadas, a serviço da causa da humanidade. Eu sei que tudo parece muito difícil. Mas não custa lembrar: a ditadura militar parecia invencível. A inflação parecia invencível. A pobreza extrema parecia invencível. Já vencemos batalhas impossíveis anteriormente. A corrupção e a mediocridade não são invencíveis. Não podemos desanimar. Eu concluo com o *slogan* pessoal que tem me animado nos bons e nos maus momentos: "Não importa o que esteja acontecendo à sua volta: faça o melhor papel que puder".

---

[18] Sobre o período, v. Laurentino Gomes, *1808*. São Paulo: Planeta do Brasil, 2007.

CAPÍTULO 4

ESTADO E LIVRE INICIATIVA NA EXPERIÊNCIA CONSTITUCIONAL BRASILEIRA[1]

4.1 Introdução

1 Em 1978, eu era editor de um jornal universitário na Faculdade de Direito da UERJ e escrevi um artigo intitulado *Socialismo e liberdade*. No texto eu afirmava, com a onisciência da juventude: "O mundo caminha decisivamente para o socialismo". Não preciso lembrar a ninguém que de lá para cá caiu o muro de Berlim, desfez-se a União Soviética, abriram-se todas as economias da Europa Oriental e até a China pratica capitalismo selvagem. Diante do fiasco que foi a minha primeira incursão no mundo da vidência, passei a me dedicar à atividade menos arriscada de comentarista de videoteipe. Depois que as coisas acontecem, eu compareço, explico e, geralmente, não erro o resultado.

2 Eu faço parte de uma geração que acreditava no Estado como o grande protagonista do processo social. A geração que perdeu o embate ideológico quando o muro caiu. Em um texto do início da década de 90, eu escrevi:

> Em meio aos escombros, existe no Brasil toda uma geração de pessoas engajadas, que sonharam o sonho socialista, que acreditavam estar comprometidas com a causa da humanidade e se supunham passageiras do futuro. Compreensivelmente abalada, esta geração vive uma crise de valores e de referencial. De fato, onde se sonhou a solidariedade, venceu a competição. Onde se pensou a apropriação coletiva, prevaleceu o lucro.

---

[1] Apontamentos para a conferência de encerramento do Congresso Brasileiro de Direito Comercial, que aconteceu em São Paulo, em 11.4.2014.

Quem imaginou a progressiva universalização de países, confronta-se com embates nacionalistas e éticos. Mas surpreendente que tudo: os que viveram o sonho socialista não viam a hora de acordar e se livrar dele [...]. É indiscutível: nós perdemos e eles venceram.

3 Em favor da nossa geração, há uma frase clássica do político francês George Clemenceau: "Um homem que não seja socialista aos 20 anos, não tem coração. Um homem que aos 40 ainda seja socialista, não tem cabeça". O tempo e a idade me tornaram um liberal igualitário, algo próximo a um social democrata. Há um ponto ótimo de equilíbrio entre o mercado e a política. Esse ponto está no cruzamento da livre iniciativa, de um lado, e serviços públicos de qualidade, do outro, juntamente com uma rede de proteção social para os que não são competitivos porque não podem ser. Na minha vivência brasileira, sou convencido de que o Estado, na sua atuação econômica, é quase sempre um Midas pelo avesso: o que ele toca vira lata. Em seguida, enferruja.

4.2 Evolução da ordem econômica na experiência brasileira

4.2.1 Três disfunções históricas do Estado brasileiro

4 Três disfunções atávicas marcam a trajetória do Estado brasileiro: o patrimonialismo, o oficialismo e o autoritarismo. O *patrimonialismo* remete à nossa tradição ibérica, ao modo como se estabeleciam as relações entre o Imperador e a sociedade portuguesa em geral e os colonizadores do Brasil em particular. Não havia uma separação entre a Fazenda do Rei e a Fazenda do Estado, entre o público e o privado. Os deveres públicos e as obrigações privadas se sobrepunham. O rei tinha participações diretas, pessoais nos frutos obtidos na colônia. Vem desde aí a difícil separação entre a esfera pública e privada que é a marca da formação nacional. O ministro utilizar servidores públicos como governanta de casa ou como motorista da esposa é apenas a face, digamos assim, alegórica, desse traço da formação nacional.

5 É um traço tão forte que a Constituição brasileira precisou de um dispositivo expresso para vedar que os agentes públicos utilizassem dinheiro público para promoção pessoal (art. 37, §3º).[2] E o STF precisou

---

[2] CF, art. 37: "§1º A publicidade dos atos, programas, obras, serviços e campanhas dos órgãos públicos deverá ter caráter educativo, informativo ou de orientação social, dela não podendo constar nomes, símbolos ou imagens que caracterizem promoção pessoal de autoridades ou servidores públicos".

julgar procedente uma ação declaratória de constitucionalidade para afirmar que é vedado o nepotismo no Poder Judiciário, i.e., não é legítimo nomear a parentada para cargos públicos. E embora possa parecer difícil de acreditar, um tribunal de justiça estadual ingressou no processo como *amicus curiae* sustentando a tese de que há um direito fundamental à nomeação de parentes e que esse direito não poderia ter sido restringido pelo CNJ, mas somente mediante lei.

6 O *oficialismo* é a característica que faz depender do Estado – isto é, da sua bênção, apoio e financiamento – todo e qualquer projeto pessoal, político ou empresarial de grande porte. Sem o apoio da situação não se consegue concessão, obra pública ou projeto relevante. Quase tudo no Brasil depende de financiamento do BNDES, da Caixa Econômica, dos fundos de pensão, com tudo que isso acarreta em termos de burocracia e ingerência governamental. Se o presidente da República não gosta do presidente de uma empresa privada, mesmo que ela seja de capital aberto, a sorte do indigitado está selada, porque sem boa-vontade governamental é quase impossível empreender, em larga escala, no Brasil. Este não é um fenômeno de uma pessoa ou de um governo. É como tem sido desde sempre.

7 O *autoritarismo* é ainda mais fácil de exemplificar. A quebra da legalidade constitucional no Brasil é uma marca registrada que nos vem desde o início da República, quando Floriano Peixoto, vice de Deodoro, deixou de convocar eleições após a renúncia do presidente, permanecendo no cargo até o final do mandato. Fazendo um corte de 1930 para cá, esta foi a tônica: Revolução de 30, Intentona Comunista de 35, golpe do Estado Novo de 1937, deposição de Getúlio em 1945, rebeliões contra Juscelino em 1956, veto à posse de João Goulart em 1961, Golpe Militar de 1964, AI 5, outorga da Constituição de 1969, Anos de Chumbo do período Médici, fechamento do Congresso por Geisel. Sob a Constituição de 1988, no entanto, nós superamos muitos dos ciclos do atraso e vivemos o mais longo período de estabilidade institucional da história brasileira. Isso é algo que merece ser celebrado. "Só quem não soube a sombra não reconhece a luz".

8 Há uma última característica, digamos assim, da formação nacional que não tem cunho institucional, mas que também é digna de nota e carece de superação. Refiro-me à crença de que os recursos financeiros do Estado saem de lugar nenhum e que, portanto, o Estado pode tudo, devendo ser o provedor paternalista de todas as necessidades. Em síntese: as relações da cidadania brasileira com o Estado têm a marca de disfunções graves e atávicas. Fazer de conta que esses problemas não existem não é a melhor forma de se livrar deles. Já há na sociedade a percepção crítica desse fenômeno e o ânimo para superá-lo, embora esses processos sejam lentos. Mas andar na direção certa é mais importante do que a velocidade.

4.2.2 A tradição intervencionista do Estado na economia

9 Nos países de industrialização tardia, em que a iniciativa privada era frágil, somente o Estado detinha o capital ou, seu substituto desastrado, a máquina de imprimir dinheiro. Nesse cenário, a atuação econômica e empresarial do Estado tornou-se inevitável como instrumento do desenvolvimento e como alternativa à concessão de setores estratégicos à exploração da iniciativa privada estrangeira. Foi assim entre nós, a partir da década de 40, com a criação de empresas estatais como a Companhia Siderúrgica Nacional, a Fábrica Nacional de Motores, a Companhia Vale do Rio Doce e a Companhia Hidrelétrica do São Francisco. Na década de 50, foram criados o Banco Nacional do Desenvolvimento Econômico – BNDE (depois BNDES) e a Petróleo Brasileiro S.A. – Petrobras.

10 Curiosa e paradoxalmente, o avanço e o agigantamento do Estado Econômico brasileiro se deram durante o regime militar iniciado em abril de 1964. Ao longo da década de 60 e, sobretudo, da década de 70, foram criadas mais de 300 empresas estatais: Eletrobras, Nuclebrás, Siderbrás etc. Foi a era das empresas "brás". Em setembro de 1981, recenseamento oficial arrolava a existência, apenas no plano federal, de 530 pessoas jurídicas públicas, de teor econômico, inclusive autarquias, fundações e entidades paraestatais.³

11 A Constituição de 1988, embora tenha sido uma reação veemente ao modelo político do regime militar, não confrontou – antes aprofundou – o modelo de atuação direta do Estado no domínio econômico, pelo controle de numerosas empresas. Além disso, foi mantido o modelo protecionista que impunha diversas restrições à participação de empresas e capitais estrangeiros na economia nacional. A verdade é que um ano após a promulgação da Constituição, em 5.10.1988, o mundo passou por uma enorme reviravolta política e ideológica, representada pela simbologia radical da queda do Muro de Berlim. O descrédito do Estado como protagonista do processo

---

³ Caio Tácito, O retorno do pêndulo: serviço público e empresa privada. O exemplo brasileiro. *RDA*, Rio de Janeiro, v. 202, p. 1-10. p. 3.

econômico-social e a globalização retiraram o suporte ideológico de boa parte das disposições da Constituição brasileira.

12 Como consequência, a década de 90, no Brasil, foi o cenário de um conjunto amplo de transformações econômicas que mudaram o perfil do Estado brasileiro. De fato, por meio de emendas constitucionais e de legislação ordinária, produziram-se três ordens de mudança de grande relevância, a saber: (a) a *extinção de parte das restrições ao capital estrangeiro* (recursos minerais, navegação de cabotagem, retirada da Constituição da empresa brasileira de capital nacional, propriedade de empresas jornalísticas); (b) a *flexibilização dos monopólios estatais* (gás canalizado nos estados, petróleo e telecomunicações); (c) *privatização* ou *desestatização*.

13 A desestatização se deu com base no Programa Nacional de Privatização, implementado por via de legislação ordinária e decretos regulamentares. Seu objetivo principal era o de reordenar a posição estratégica do Estado na economia, transferindo à iniciativa privada atividades indevidamente exploradas pelo setor público. O programa de desestatização foi levado a efeito por mecanismos como (a) a alienação, em leilão nas bolsas de valores, do controle de entidades estatais, tanto as que exploram atividades econômicas como as que prestam serviços públicos e (b) a concessão de serviços públicos a empresas privadas. No plano federal, inicialmente foram privatizadas empresas dos setores petroquímico, siderúrgico, metalúrgico e de fertilizantes, seguindo-se a privatização da infraestrutura, envolvendo a venda da empresa com a concomitante outorga do serviço público, como se passou com as empresas de energia e telecomunicações e com rodovias e ferrovias.

14 Até recentemente, havia ocorrido um refluxo significativo na privatização, por motivos ideológicos. Nos últimos tempos, no entanto, constatou-se a evidência: ausência de capital para investir não é uma questão ideológica. É um fato insuperável da vida. Como consequência – com atraso, mas não tarde demais –, foram retomadas as concessões ou parcerias com o setor privado em áreas de infraestrutura, como aeroportos, rodovias e portos.

4.2.3 Necessidade de superação do preconceito contra o empreendedorismo

15 Precisamos superar o preconceito e a desconfiança que ainda existem no Brasil em relação ao empreendedorismo e à iniciativa privada. Temos um capitalismo envergonhado. Ser progressista significa querer distribuir as riquezas de forma mais justa. Mas a história provou que, ao menos no atual estágio da condição humana, a iniciativa privada é melhor geradora de riquezas do que o Estado. Trata-se de uma constatação e não de uma opção ideológica. Precisamos aceitar esta realidade e pensar a vida a partir dela. Qual a origem dessa desconfiança e desse preconceito?

16 Basicamente, foram as distorções resultantes do capitalismo de Estado, do paternalismo governamental e da distribuição discricionária de benesses. O imaginário social brasileiro ainda associa o capitalismo doméstico: (a) a concessões com favorecimentos; (b) à obra pública com licitações duvidosas; (c) a golpes no mercado financeiro; e (d) a grandes latifúndios. É uma percepção que vem do tempo em que toda a riqueza era injusta, quando não desonesta. O empreendedorismo, o lucro e a riqueza eram associados às relações com o governo, aos negócios escusos, no máximo à sorte. Não eram associadas ao trabalho, à inovação e à assunção de risco.

17 Precisamos superar essa visão, que está por trás de uma concepção de que o Estado deve ser protagonista de tudo. Governo é para garantir as regras do jogo, criar infraestrutura e ajudar os pobres, arrecadando tributos com eficiência e justiça fiscal, redistribuindo renda, bancando programas sociais e, sobretudo, prestando serviços públicos de qualidade. Excepcionalmente, em áreas estratégicas, é possível ter o Estado atuando diretamente em atividades econômicas. Mas, como regra, não em regime de privilégio, de exclusividade, de monopólio.

18 Precisamos de marcos regulatórios claros, competição, incentivos ao empreendedorismo e à inovação. Não há vergonha em ganhar dinheiro honesto. Por estranho que pareça, o sucesso empresarial ainda é muito mal visto no Brasil.

4.3 Aspectos da ordem econômica na Constituição brasileira: serviços públicos, atuação econômica do Estado e livre iniciativa

4.3.1 Modalidades de intervenção do Estado no domínio econômico

19 Ao dispor sobre a ordem econômica, a Constituição cuida tanto das modalidades de intervenção do Estado no domínio econômico como da livre iniciativa. O Estado intervém no domínio econômico por três conjuntos de mecanismos: pela disciplina, pelo fomento e pela atuação direta. O Estado *disciplina* a economia mediante a edição de leis, regulamentos e pelo exercício do poder de polícia. Aliás, a extensão dessa competência normativa, sobretudo quando exercida por órgãos como o Banco Central ou a CVM, independentemente de lei, é fonte de debates e litígios.

20 O Estado interfere no domínio econômico por meio do *fomento* quando apoia a iniciativa privada e estimula determinados comportamentos. Os instrumentos típicos são os incentivos fiscais, a elevação ou a redução de tributos e o financiamento público, mediante, por exemplo, linhas de crédito do BNDES. Por fim, o Estado intervém no domínio econômico mediante *atuação direta,* que inclui: (a) a prestação de serviços públicos; e (b) a exploração da atividade econômica.

4.3.1.1 Prestação de serviços públicos (CF, art. 175)

> Art. 175. Incumbe ao poder público, na forma da lei, diretamente ou sob regime de concessão ou permissão, sempre através de licitação, a prestação de serviços públicos.

21 O Estado pode prestar serviços públicos (a) *diretamente*: pelos órgãos despersonalizados integrantes da Administração; ou (b) *indiretamente*: (i) pela *outorga* a entidades com personalidade jurídica própria, como autarquias, empresas públicas e sociedades de economia mista, mediante lei (art. 37, XIX); ou (ii) pela *delegação* à iniciativa privada, mediante licitação e ato negocial (concessão, permissão), da prestação do serviço (art. 175).

22 Fossem outras as circunstâncias de tempo, seria de proveito explorar aqui os dois modelos de prestação de serviço público que disputaram a primazia ao longo do século XX, mesmo nos países capitalistas: o francês e o americano.

    a) O modelo francês identifica a prestação dos serviços públicos com a soberania estatal. Nesse modelo, o serviço público é cometido ao Estado, sem participação direta da iniciativa privada, em um regime não concorrencial. Com o tempo, o Estado, sem perder a titularidade, passou a poder delegar, em certos casos, a prestação do serviço a empresas privadas.

    b) O modelo americano de *public utilities* gira em torno da prestação privada dos serviços, em regime concorrencial. O Estado, no entanto, participa como regulador. O que dá o toque público ao serviço é a sua regulação muito mais extensa e profunda, e não a titularidade do Estado.

23 Não é segredo para ninguém que, à medida que se aproximava o final do século XX, o modelo americano foi se tornando crescentemente dominante. No Brasil, inclusive, a delegação à iniciativa privada e a introdução do regime concorrencial passaram a ser a tônica. Para os fins aqui relevantes, os serviços públicos podem ser classificados em três grandes categorias:

    a) *inerentes*: ligados à soberania estatal, ao exercício do poder de império: prestação jurisdicional, diplomacia, defesa externa (Forças Armadas);

    b) *por opção político-normativa*: atividades de natureza econômica que, por decisão do constituinte, são subtraídas da iniciativa privada e atribuídas ao Estado: telecomunicações, energia elétrica, radiodifusão. Estes serviços são os normalmente delegados à iniciativa privada (v. arts. 21, XI, XII, 25, §2º e 30, V);

    c) *serviços públicos franqueados aos particulares*: referem-se a setores em que o Estado e a sociedade têm interesse na maior oferta possível – educação, saúde, previdência.

4.3.1.2 Exploração da atividade econômica pelo Estado (CF, art. 173)

> Art. 173. Ressalvados os casos previstos nesta Constituição, a exploração direta de atividade econômica pelo Estado só será permitida quando necessária aos imperativos da segurança nacional ou a relevante interesse coletivo, conforme definido em lei.

24 A exploração da atividade econômica pelo Estado, em um regime de livre iniciativa, é a exceção, somente se admitindo nas seguintes hipóteses previstas constitucionalmente:

    a) imperativo da segurança nacional (art. 173, *caput*);

    b) relevante interesse coletivo (art. 173, *caput*);

    c) monopólio outorgado à União (art. 177: ciclos econômicos do petróleo e dos minérios e minerais nucleares).

25 A exploração da atividade econômica pelo Estado poderá se dar em dois regimes:

a) monopolizado;
b) concorrencial.

26 No caso da exploração de atividade econômica em regime concorrencial, o Estado atuará sob a forma de sociedade de economia mista ou de empresa pública. Nesse regime não se impede o desempenho da mesma atividade pelo particular e se exigem condições de competitividade equivalentes, vedado o favorecimento à empresa estatal. Nessa linha, a Constituição prevê:
    a) art. 173, II: sujeição ao mesmo regime das empresas privadas, inclusive em matéria de direito civil, comercial, trabalhista e tributário;
    b) art. 173, §2º: vedação de privilégios fiscais não extensíveis ao setor privado.

4.3.2 Surgimento das agências reguladoras

27 Uma palavra sobre o surgimento das agências reguladoras, no âmbito do processo de privatização e de modificação do papel estratégico do Estado. As agências, portanto, surgem no seguinte contexto histórico:
    a) serviços públicos passam a ser prestados por empresas privadas, mas continuam públicos, i.e., são responsabilidade do Estado;
    b) atividades econômicas estratégicas passam a ser desenvolvidas pela iniciativa privada, mas continuam estratégicas.

28 Surge, assim, o Estado regulador e fiscalizador, em substituição ao Estado prestador direto de serviços públicos e explorador de atividades econômicas. As agências têm como suas principais funções: (a) regular o setor, nos limites da lei; (b) fiscalizar o cumprimento dos contratos, inclusive e notadamente as metas de universalização, quando existentes; (c) controlar tarifas e preços; (d) fomentar a competição; e (e) arbitrar conflitos entre poder concedente, concessionário e usuários.

4.3.3 A livre iniciativa

29 Por fim, chegamos à livre iniciativa e ao papel a ela reservado na Constituição. A livre iniciativa funciona, em primeiro lugar, como um dos *fundamentos* do Estado brasileiro, isto é, um dos seus princípios fundamentais inscritos logo no art. 1º, ao lado da soberania, cidadania, dignidade humana, valores sociais do trabalho e pluralismo político.

A livre iniciativa é uma expressão da ideia geral de liberdade, e faz parceria com outros princípios constitucionais relevantes, como o da legalidade e o da autonomia da vontade. Nesse sentido, ela transcende uma dimensão puramente econômica, significando que a regra geral, em todos os domínios, é que as pessoas sejam livres para suas escolhas existenciais, profissionais, filantrópicas, de lazer etc. O Estado não pode determinar onde um indivíduo vai morar, qual profissão vai seguir, o que vai fazer com o seu dinheiro ou a quem vai ajudar ou deixar de ajudar.

30 Além de ser um princípio fundamental do Estado brasileiro, a livre iniciativa é também um princípio geral da ordem econômica. Isso significa uma clara opção por um regime de economia de mercado – que gravita em torno da lei da oferta e da procura – e não de uma economia planificada, em que os agentes econômicos são obrigados a seguir as diretrizes estatais. Ao contrário, o art. 174 da Constituição especifica que o planejamento econômico é "determinante para o setor público e indicativo para o setor privado". É possível extrair, da própria Constituição, os elementos essenciais do conteúdo desse princípio:

   a) *Propriedade privada* (art. 5º, XXII [é garantido o direito de propriedade] e XXIV [desapropriação mediante prévia indenização]): traço típico do regime capitalista e de economia de mercado é a apropriação privada dos bens e meios de produção. O Estado, como se sabe, interfere em alguma medida com o direito de propriedade, mediante a tributação. Ainda assim, existem limitações constitucionais ao poder de tributar, sendo vedado o confisco.

   b) *Liberdade de empresa* (art. 170, parágrafo único) *e de trabalho* (art. 5º, XIII): é assegurado a todos o livre exercício de qualquer atividade econômica, salvo nos casos previstos em lei (banco, refinaria). É livre o exercício de qualquer trabalho, ofício ou profissão, atendidas as qualificações profissionais que a lei estabelecer (Exame de Ordem, mas não exigência de curso superior para jornalista).

   c) *Livre concorrência* (art. 170, IV): livre concorrência significa liberdade de fixação dos preços e do lucro, como regra geral. Dentro de uma cultura cronicamente inflacionária, essa questão do controle de preços é um capítulo especial. O outro é a correção monetária e seu irmão mais cruel, que é a indexação. O controle de preços e a indexação são duas tentações permanentes, que levam direto para o inferno. Desnecessário lembrar que um percentual expressivo de litígios existentes no Brasil envolve as consequências dos diversos planos econômicos pelos quais passou o país, como os planos Cruzado, Bresser, Verão, Collor etc.

d) *Liberdade de contratar* (art. 5º, II): no setor público, a contratação de pessoas exige concurso; a contratação de obras, serviços ou bens exige licitação. Não é assim no setor privado, no qual prevalece, como regra, a autonomia da vontade do contratante na decisão de contratar. Fosse outro o nosso tema, valeria a pena abrir um capítulo específico para demonstrar como o tratamento legal da licitação no Brasil tem sido um fiasco. Uma legislação que impede os honestos de serem eficientes e não impede os corruptos de se locupletarem.

4.3.3.1 Ponderações constitucionais à livre iniciativa

a) Função social da propriedade e da empresa.
b) Repressão ao abuso do poder econômico e proteção do consumidor.
c) Valorização do trabalho e normas para sua proteção.

4.3.4 Algumas linhas jurisprudenciais do STF

31 É relativamente escassa a jurisprudência do STF em matéria de livre iniciativa. Segue-se referência sumária a algumas linhas jurisprudenciais sobre temas conexos:

a) *Controle de preços*. Embora o STF tenha admitido o controle de preços das mensalidades escolares, em uma antiga decisão do Ministro Moreira Alves, o fato é que em diversos precedentes mais recentes o STF considerou haver dever de indenização por parte do Poder Público, em casos de tabelamento ou congelamento de preços. Sobretudo quando hajam ocasionado a venda de produtos e serviços abaixo do seu preço de custo. Há precedentes no tocante ao setor sucroalcooleiro e ao setor aéreo.

b) *Imunidade tributária*. O STF tem estendido o conceito de imunidade tributária recíproca às empresas públicas e mesmo a sociedades de economia mista que prestem serviço público. O alcance exato do benefício e a sua própria legitimidade, porém, ainda são objeto de discussão.

c) *Sanções políticas*. O STF, de longa data, veda sanções políticas contra devedores tributários, sobretudo quando envolvam o impedimento de suas atividades econômicas. O que não impediu que se reconhecesse a validade de norma que prevê a regularidade fiscal mínima como requisito para o ingresso em regime simplificado de tributação.
d) *Importação de pneus*. O STF considerou legítima a proibição da importação de pneus, em uma ponderação entre a livre iniciativa e a proteção do meio ambiente.
e) *Passe livre e meia entrada*. Também considerou constitucional legislação que concedeu passe livre a portadores de deficiência, bem como meia entrada a doadores de sangue.

4.4 Conclusão

1 O Brasil é uma democracia jovem. Na verdade, somos um país jovem. Só começamos a existir verdadeiramente como nação após a vinda da família real, em 1808. Antes disso, os portos eram fechados ao comércio internacional, era proibida a abertura de estradas e não havia educação adequada em qualquer nível.

2 Em pouco mais de 200 anos, deixamos de ser colônia de um Império que se atrasara na história, para nos tornarmos uma das 10 maiores economias do mundo.

3 Nada obstante isso, ainda não nos libertamos inteiramente de disfunções como o patrimonialismo e o oficialismo. A intervenção excessiva do Estado na economia e a persistente desconfiança em relação à iniciativa privada são herdeiras dessa cultura.

4 Tem sido lenta a superação do atraso. Mesmo o setor privado é viciado em financiamento público e avesso ao risco. Mas temos avançado. Como disse antes, na vida o rumo certo é mais importante do que a velocidade.

5 Ah, sim: temos um sistema político que inibe o bem e nos torna reféns do mal. Se não o alterarmos, vamos dedicar a vida a contabilizar escândalos. O debate público no Brasil hoje é: "o seu partido roubou mais do que o meu". É imperioso reconhecer: esta é uma área da vida brasileira em que o mal venceu. Pelo menos até agora.

6 Mas já vencemos outros males na vida brasileira. A escravidão, no Império; as oligarquias estaduais, na República Velha; duas ditaduras: a do Estado Novo e a militar. E uma inflação que parecia invencível. Vamos superar, também, esse momento político, que mistura baixa representatividade, disfuncionalidade, fisiologismo e corrupção. Precisamos de um Plano Real para a política. Talvez isso ajude a modificar, também, a cultura dominante em matéria econômica, que asfixia o verdadeiro empreendedorismo e atrela o sucesso empresarial, em grande medida, à capacidade dos agentes econômicos de gravitarem em torno do Poder Público.

CAPÍTULO 5

A REVOLUÇÃO DO NOVO – A TRANSFORMAÇÃO DO MUNDO: POLÍTICA, ECONOMIA E VALORES ÉTICOS NO INÍCIO DO MILÊNIO[1]

> *O maior perigo, para a maioria de nós*
> *não é que o alvo seja muito alto*
> *E não se consiga alcançá-lo.*
> *É que ele seja muito baixo*
> *E a gente consiga.*
> (Michelangelo, 1475-1564)

5.1 Introdução

5.1.1 Abertura

Em 1978, quando todos éramos mais jovens, mais bonitos e mais esquerdistas, eu era editor de um jornal universitário na Faculdade de Direito da UERJ e escrevi um artigo intitulado *Socialismo e liberdade*. No texto eu afirmava, com a certeza que só a juventude proporciona, "O mundo caminha decisivamente para o socialismo". Não preciso lembrar a ninguém que de lá para cá caiu o muro de Berlim, desfez-se a União Soviética, abriram-se todas as economias da Europa Oriental

---

[1] Apontamentos para a conferência de abertura do evento "Revolução do Novo – As transformações do Mundo", organizado pelas revistas *Veja* e *Exame*, realizado em São Paulo, em 5.6.2017.

e até a China pratica capitalismo selvagem. Diante do fiasco que foi a minha primeira incursão no mundo da vidência, passei a me dedicar à atividade menos arriscada de comentarista de videoteipe. Depois que as coisas acontecem, eu compareço, explico e, geralmente, não erro o resultado. Provavelmente sem saber desse meu passado, as revistas *Veja* e *Exame* me convidaram para procurar lançar um olhar sobre o futuro.

Quando recebi o *e-mail* me convidando para fazer esta abertura, eu estava lendo um livro intitulado *Seven brief lessons on physics*, de Carlo Rovelli. O livro prometia explicar os principais conceitos da física de uma forma acessível para leigos. Eu já havia lido as duas primeiras lições, sobre a teoria da relatividade e sobre a mecânica quântica, e me sentia mais confuso do que antes. Com o convite, eu pude, legitimamente, colocar de lado o livro, que já começava a afetar minha autoestima, e passar adiante para outras leituras, mais relacionadas como nosso tema. Queria, portanto, em primeiro lugar, agradecer a lembrança do meu nome e o fato de me haverem poupado, ao menos por algumas semanas, de um penoso constrangimento intelectual. E queria dar o crédito de que as ideias que compõem a parte inicial da minha apresentação se beneficiaram de informações e *insights* colhidos no livro de Marcelo Gleizer, *Criação imperfeita*, e nos dois *best sellers* de Yuval Noah Harari, *Sapiens* e *Homo Deus*.[2]

5.1.2 Um pingo de história

Tudo começou há cerca de 13,5 bilhões de anos, quando ocorre o *Big Bang* e surge o universo, com seus elementos fundamentais: matéria, energia, tempo e espaço. Depois veio a Terra, onde os primeiros sinais de vida orgânica remontam a aproximadamente 4 bilhões de anos. Os antepassados mais remotos dos humanos teriam aparecido há 2,5 milhões de anos. Nossos ancestrais diretos, o *homo sapiens*, têm sua linhagem reconduzida a mais ou menos 70 mil anos. Somos crianças no universo. A escrita foi inventada entre 3.500 e 3.000 a.C. Até então, obras emblemáticas da história da humanidade, como a *Bíblia* hebraica, a *Ilíada* grega, o *Mahabarata* indiano e as primeiras escrituras budistas passaram de geração a geração como narrativas orais.[3] De acordo com Yuval Noah

---

[2] Marcelo Gleizer, *Criação imperfeita*, 2012; Yuval Noah Harari, *Sapiens*, 2015 e Yuval Noah Harari, *Homo Deus*.

[3] Yuval Noah Harari, *Sapiens*, 2015, p. 1; 15; 122; 127; 130. Marcelo Gleizer, *Criação imperfeita*, 2012, p. 110; 237; 240.

Harari, três grandes revoluções moldaram a história da humanidade: a Revolução Cognitiva, a Revolução Agrícola e a Revolução Científica.

A *Revolução Cognitiva* deu-se por volta de 70 mil anos atrás, marcando verdadeiramente o início da história. A partir desse momento se desenvolve o traço distintivo essencial que singulariza a condição humana, que é a comunicação, a linguagem, a capacidade de transmitir informação, conhecimento e ideias. A *Revolução Agrícola* tem lugar há cerca de 10 mil anos, com o domínio de técnicas de plantio e a domesticação de animais. A possibilidade de produzir alimentos em vez de ir buscá-los ou caçá-los fixou os grupos humanos em lugares determinados, fazendo com que passassem de nômades a sedentários. Começam a surgir as cidades, os estados e os impérios. Por fim, veio a *Revolução Científica*, que tem início ao fim do Renascimento, na virada do século XV para o XVI, e se estende até os dias de hoje. Um rico período da história da humanidade, que incluiu a publicação da obra revolucionária de Nicolau Copérnico e a conquista da lua, passando pelo Iluminismo até chegar ao mundo interligado por computadores. Éramos 500 milhões de pessoas em 1500, ao final da Idade Média. Somos 7 bilhões hoje.

Já agora, tudo sugere que há uma nova revolução em curso, capaz de mudar, substancialmente, a vida na Terra e a própria condição humana: a Revolução Digital ou Tecnológica – a *Revolução do Novo*, que dá título a este evento –, com suas promessas e desafios no plano político, econômico e social. O ensaio que se segue – meras anotações para um debate, sem qualquer pretensão acadêmica – é dividido em três partes. Na parte 5.2, procuro identificar os valores e projetos vitoriosos no final do século XX. Na parte 5.3, aponto os impactos das novas realidades e circunstâncias do século XXI sobre aqueles valores e projetos. Na parte 5.4, tento esboçar uma agenda para o futuro de curto e médio prazo do Brasil. E arremato com os valores que, a meu ver, continuam a ser os grandes propósitos do homem – de cada pessoa – na sua passagem pela Terra.

5.2 O mundo ao final do século XX

5.2.1 No plano político: a vitória da democracia constitucional

A democracia constitucional – ou constitucionalismo democrático – foi a ideologia vitoriosa do século XX. Nesse arranjo institucional se condensam duas ideias que percorreram trajetórias diversas: o *constitucionalismo*, herdeiro das revoluções liberais – a inglesa, do final do século XVII, e a americana e a francesa, do final do século XVIII –, com sua promessa de poder limitado e de respeito aos direitos fundamentais. A *democracia*, por sua vez, traduz-se em soberania popular, governo da maioria, fórmula que somente se consolida quando já avançado o século XX, com o fim do voto censitário, das restrições raciais e a introdução do voto feminino. O ideal constitucional e a doutrina democrática forneceram a energia e a inspiração que ajudaram a reconstruir países devastados pelo nazismo e pelo fascismo, a superar projetos socialistas autoritários e a derrotar as ditaduras civis na Europa e militares na América Latina e na África.

O modelo vencedor – o constitucionalismo democrático – chegou ao Brasil com atraso, mas não tarde demais, às vésperas da virada do milênio. Ainda hoje somos uma democracia em construção, procurando superar as vicissitudes de uma herança colonial pesada e complexa. Nela se inclui uma dívida social imensa, decorrente da escravidão; uma estrutura sociocultural patrimonialista, incapaz de separar adequadamente o espaço público do espaço privado; e um modelo político oficialista, em que tudo depende de um Estado de tradição autoritária, paternalista e historicamente apropriado por elites autocentradas. E, como os fatos vêm demonstrando, penosamente, corruptas, tanto no setor público quanto no setor privado.

Mas seria injusto não fazer uma nota positiva sobre estas três décadas de democracia e poder civil. Temos conquistas relevantes a celebrar, das quais destaco três:

1. *Estabilidade institucional*: deixamos para trás a tradição de quarteladas e quebras da legalidade constitucional, e temos atravessado crises e tempestades com todas as instituições funcionando (com escândalos que vão dos *Anões do Orçamento* à *Lava-Jato*, passando pelo *Mensalão* e o *impeachment* de dois presidentes).
2. *Estabilidade monetária*: todas as pessoas que têm mais de 40 anos viveram uma parte da sua vida adulta dentro de um contexto econômico de hiperinflação. Cada um de nós terá o seu próprio registro de horror da convivência com sucessivos planos econômicos que não deram certo: Cruzado I, Cruzado II, Bresser, Collor I e Collor II. Até que a inflação veio a ser domesticada com o Plano Real, a partir de julho de 1994.

3. *Inclusão social*: apesar da subsistência de indicadores muito ruins, é fora de dúvida que nas últimas décadas entre 30 e 40 milhões de pessoas deixaram a zona de pobreza extrema, passando a desfrutar de alguns dos benefícios da sociedade de consumo e da vida civilizada. Eu sei que houve certa regressão de expectativas nessa área, com uma quantidade expressiva de pessoas retornando à linha da pobreza. Mas vamos acreditar que seja circunstancial e temporário.

Vejam, portanto, que em menos de uma geração, derrotamos o autoritarismo, a hiperinflação e a pobreza extrema. Nada é impossível. Temos andado na direção certa, ainda quando não na velocidade desejada. Sou convencido de que com ideias no lugar, pessoas certas e algumas gotas de idealismo e de patriotismo nós poderemos fazer um grande país.

5.2.2 No plano econômico: a hegemonia capitalista

O século XX foi palco do embate histórico entre capitalismo e socialismo, tendo como pano de fundo assustador a Guerra Fria e a ameaça nuclear. O denominado socialismo científico se configura a partir do *Manifesto comunista* (1848), redigido por Karl Marx e Friedrich Engels, e da obra *O capital*, de Marx (1º volume datado de 1867), tendo como primeira experiência concreta pioneira a União Soviética, instituída em 1922, como desdobramento da Revolução de Outubro de 1917. O modelo socialista fundava-se na economia planificada, na propriedade coletiva dos meios de produção, em severas restrições à propriedade privada e em declarados propósitos distributivistas e igualitários. Um terço dos países do mundo chegou a adotar o modelo, que teve importante expansão após a Segunda Guerra Mundial.

O capitalismo, por sua vez, foi o modo de produção econômica que se desenvolveu paulatinamente após a superação histórica do sistema feudal, tendo sofrido impulso decisivo após a Revolução Industrial, que iniciou o seu ciclo no final do século XVIII. O modelo capitalista ou de livre iniciativa tem como características essenciais a propriedade privada dos bens em geral, inclusive dos meios de produção (terra, fábricas, infraestrutura), bem como o livre mercado, que constitui um ambiente marcado pela livre concorrência, pela liberdade de contratar e pela liberdade de preço. O Reino Unido foi a principal potência capitalista ao longo do século XIX e parte inicial do século XX, até a ascensão hegemônica dos Estados Unidos, após a Segunda Guerra. Um dos traços mais visíveis do capitalismo, na virada do século XX, foi a globalização. O socialismo, ao menos na quadra atual da humanidade, foi historicamente derrotado pelo capitalismo. Figuram como marcos dessa derrocada a queda do Muro de Berlim, em 1989, e a dissolução da União Soviética, em 1991.

No Brasil, ainda precisamos superar o preconceito e a desconfiança que existem em relação à iniciativa privada e ao empreendedorismo. Temos uma cultura excessivamente dependente do Estado para tudo. A verdade é que nos países de industrialização tardia e de iniciativa privada frágil, o capitalismo de Estado foi a forma de contornar a concessão de setores estratégicos da economia nacional a empresas estrangeiras. Desde a década de 40 do século passado até meados da década de 90, quando vieram reformas econômicas importantes, havia mais de 300 empresas estatais, da CSN (uma das primeiras) até a Embraer, passando pela Vale do Rio Doce e Petrobras. O capitalismo de Estado, com seu paternalismo e distribuição discricionária de benesses, fomentou o preconceito e a desconfiança.

Essa trajetória do capitalismo brasileiro gerou duas consequências negativas. De um lado, o imaginário social ainda associa o capitalismo doméstico (i) a concessões com favorecimentos; (ii) à obra pública com licitações duvidosas; (iii) a golpes no mercado financeiro; e (iv) a latifúndios improdutivos. De outro lado, muitos grandes empresários brasileiros são avessos ao risco, à concorrência e à igualdade entre os atores econômicos, conceitos-chave do capitalismo. Preferem financiamento público, reserva de mercado e favorecimentos. Capitalismo sem risco, concorrência ou igualdade, isto é, com dinheiro público, protecionismo e vantagens competitivas, não é capitalismo, mas socialismo com o sinal trocado. Para tornar tudo mais difícil, muitos dos fatos desvendados em investigações recentes confirmaram algumas das piores suspeitas: licitações cartelizadas, financiamento público a empresas com base em critérios não transparentes, medidas provisórias com benesses contrabandeadas a peso de ouro. Ainda assim, é preciso enfrentar a mentalidade, historicamente superada, de que o Estado deve ser protagonista. Precisamos, mesmo, é de mais sociedade civil e de capitalismo verdadeiro, com risco privado, concorrência, empresários honestos e regras claras, estáveis e propiciadoras de um bom ambiente de negócios.

5.2.3 No plano social: a busca por justiça social

A exploração abusiva do trabalho foi a marca do capitalismo, notadamente após a Revolução Industrial. A reação veio com a organização dos trabalhadores e a difusão do socialismo de base marxista, com seu apelo por uma sociedade igualitária. Os capitalistas, no entanto, souberam ler Marx e reconfiguraram as relações entre capital e trabalho, incorporando progressivamente à superestrutura jurídica normas de proteção ao trabalhador, como salário-mínimo, jornada máxima de trabalho, repouso remunerado e direito de greve. Com a mesma linha de preocupações, a própria Igreja Católica procurou desenvolver sua doutrina social, com vistas à proteção do trabalho e à contenção do avanço socialista. Encíclicas importantes foram editadas, como *Rerum Novarum* (1891), *Quadragesimo Anno* (1931) e *Mater e Magistra* (1961). Na medida em que avançava o século XX, a ideia de *justiça social* foi incorporada por boa parte das democracias europeias, com a substituição do Estado Liberal novecentista pelo Estado Social. Mesmo nos Estados Unidos, historicamente refratário ao intervencionismo, o *New Deal* de Roosevelt veio acompanhado de programas sociais e da criação da seguridade social.

O conceito de justiça social se tornou corrente, sobretudo, após a 2ª Guerra Mundial, com a ideia de que o Estado tinha deveres redistributivistas em relação aos segmentos mais pobres. Já sem o viés revolucionário marxista, a social democracia se fortalece em diferentes partes do mundo. No novo cenário, são instituídos sistemas tributários mais justos, eficientes e progressivos, e a Administração Pública se expande para oferecer serviços públicos e utilidades sociais que incluem educação pública, saúde básica, previdência social, financiamento habitacional e redes de proteção aos pobres em geral. Aumentou, igualmente, a regulação dos mercados, especialmente em setores de monopólios naturais ou nos quais havia riscos de concentração econômica. Em suma, a segunda metade do século XX assistiu, em democracias desenvolvidas e, mesmo em países em desenvolvimento, o esforço de redução da pobreza, a proteção do trabalho e maior igualdade de oportunidades. Com a queda do Muro de Berlim e o refluxo do socialismo, houve um decréscimo nas preocupações com justiça social e relevante diminuição do modelo de Estado de Bem-Estar Social que dominou boa parte do século.

No Brasil, a pobreza e a desigualdade extrema sempre foram marcas indeléveis da nossa formação social. Não obstante isso, o país foi um dos grandes sucessos econômicos do século XX, tendo multiplicado o seu PIB *per capita* em mais de 12 vezes e se tornado uma das dez maiores economias do mundo. Tomando-se como corte temporal os trinta anos de democracia que se seguiram ao fim do regime militar, será possível verificar que, apesar do atraso em diversas áreas, os avanços são muito significativos. De acordo com o IPEA, de 1985 a 2012, cerca de 24,5 milhões de pessoas saíram da pobreza, e mais 13,5 milhões não estão mais em condições de pobreza extrema. Ainda segundo o IPEA, em 2012 havia cerca de 30 milhões de pessoas pobres no Brasil (15,93% da população), das quais aproximadamente 10 milhões em situação de extrema pobreza (5,29% da população). O Programa Bolsa Família, que é um programa de transferência condicionada de renda, apesar de ter enfrentado má vontade e preconceitos, produziu importante impacto sobre esta realidade. Conforme dados divulgados em 2014, retratando uma década de funcionamento, foram atendidas cerca de 13,8 milhões de famílias, o equivalente a 50 milhões de pessoas, aproximadamente um quarto da população brasileira.

Nas últimas três décadas, o Índice de Desenvolvimento Humano – IDH do Brasil, medido pelo Programa das Nações Unidas para o Desenvolvimento (PNUD), foi o que mais cresceu entre os países da América Latina e do Caribe. Nessas três décadas, os brasileiros ganharam 11,2 anos de expectativa de vida e viram a renda aumentar em 55,9%. Na educação, a expectativa de estudo para uma criança que entra para o ensino em idade escolar cresceu 53,5% (5,3 anos). Segundo dados do IBGE/PNAD, 98,4% das crianças em idade compatível com o ensino fundamental (6 a 14 anos) estão na escola. Os avanços, portanto, são notáveis. Porém, alguns dados ainda são muito ruins: o analfabetismo atinge ainda 13 milhões de pessoas a partir de 15 anos (8,5% da população) e o analfabetismo funcional (pessoas com menos de 4 anos de estudo) alcança 17,8% da população. Também no tocante à desigualdade, houve avanços expressivos, mas este continua a ser um estigma para o país, como atesta o coeficiente Gini, que mede a desigualdade de renda. O Brasil ostenta uma incômoda 79ª posição em matéria de justa distribuição de riqueza.

5.3 O que reserva o futuro

5.3.1 No plano político: o desprestígio da democracia representativa

O alvorecer do século XXI encontrou a política em estado de grande desprestígio e a democracia representativa sob escrutínio severo em diferentes partes do mundo. O descolamento entre a classe política – com seu universo próprio e seus interesses especiais – e a sociedade civil é uma realidade em diferentes partes do mundo. Os custos elevados do processo eleitoral fomentam a corrupção, tornam o sistema presa fácil dos seus financiadores e produzem o afastamento dos eleitores, em comportamentos que vão da indiferença à repulsa. No âmbito da separação de poderes, ao lado do declínio do Legislativo, assiste-se não apenas à velha hegemonia do Executivo, como, também, o contágio de uma onda populista que flerta com o autoritarismo. Não menos importante tem sido uma intensa judicialização da vida, que transfere para juízes e tribunais as decisões de grandes questões políticas, econômicas, sociais e éticas, muitas vezes por falta de articulação e consenso dos órgãos representativos.

Algumas novidades à vista:

1. *O impacto da internet sobre a democracia representativa.* As instituições representativas – pelas quais o povo, em lugar de tomar diretamente as decisões, elege representantes para atuarem em seu nome – foram concebidas por motivos pragmáticos. De fato, nas sociedades de massa do século XX, não seria possível reproduzir o modelo – provavelmente idealizado – da democracia grega em que os cidadãos se reuniam na Ágora, a praça do mercado, para deliberarem sobre as questões de interesse público. Porém, com a rede mundial de computadores e a possibilidade de as pessoas se manifestarem diretamente e em tempo real, parece tornar-se possível o ideal de democracia direta defendida por Jean-Jacques Rousseau. Pergunta importante: será bom e conveniente um processo participativo de larga escala que não conte com a intermediação de instituições, como exemplo, os partidos políticos e o parlamento? Não são raros os casos de regimes autoritários fundados em comunicação direta com o eleitorado, fenômeno do qual Adolf Hitler e Hugo Chaves são casos ilustrativos. De parte isso, a experiência com pesquisas de opinião produz, por vezes, resultados desanimadores, que vão desde a crença de que o marido tem direito de ter relações sexuais com a mulher mesmo contra a sua vontade até à rejeição da identidade sexual de *gays* e transgêneros. Será preciso, portanto, refletir a propósito dessa modalidade de participação direta, sobre quando e quanto deverá ser utilizada.

2. *O impacto das redes sociais sobre a divulgação de fatos e a formação de opinião*. Nesse domínio da comunicação social, há uma observação importante a ser feita: ao longo do tempo, os meios de comunicação foram se agregando uns aos outros de maneira cumulativa. Assim, o surgimento do rádio não eliminou a imprensa escrita. A difusão da televisão não acabou com os mercados dos jornais e das rádios. Da mesma forma, os correios e a telefonia conviveram com todas as inovações. Já agora, porém, a internet começa a afetar esta lógica. Em primeiro lugar, porque um único aparelho – o iPhone, por exemplo – concentra diversas plataformas que antes eram individualizadas: telefone, jornal, rádio, televisão, cinema, correio... O modelo de negócio, sobretudo da imprensa escrita, está abalado no mundo inteiro. Mas o ponto que gostaria de ressaltar é o seguinte: as redes sociais começam a circular informações e a formar opinião sem a intermediação profissional de jornalistas, seja pela via impressa, pelo rádio ou pela televisão. Sem um filtro técnico mínimo de veracidade, plausibilidade e bom senso, o mundo das notícias falsas e da pós-verdade torna-se um risco assustador.

3. *Empoderamento das mulheres*. Enfim uma notícia promissora. A afirmação da condição feminina, com autonomia e igualdade, em sociedades patriarcais como a brasileira, tem sido uma luta histórica e complexa. Mas poucas áreas assistiram a avanços tão expressivos nas últimas décadas. "Protegida" por estruturas sociais e jurídicas criadas por homens, é relativamente recente o processo de conscientização e de reação a uma visão estereotipada do papel social da mulher, que combinava submissão, maternidade e prendas do lar. Com a Constituição de 1988, a esposa conquistou igualdade em relação ao marido – que deixou de ser o *chefe* da sociedade conjugal –, além de haver reconhecido a união estável, modalidade de família que independe do casamento. A ascensão da mulher no mercado de trabalho também é notável, apesar de ainda receber, em média, 68% do que ganham os homens. A luta contra a violência doméstica, difícil em um país de cultura machista, também tem avançado com a Lei Maria da Penha. Em matéria de direitos sexuais e reprodutivos, há uma importante decisão da 1ª Turma do Supremo Tribunal Federal descriminalizando o aborto até o terceiro trimestre de gestação.

E, na política, a ascensão das mulheres é um fato notável e promissor: começa com Margareth Thatcher, no Reino Unido, e passa por muitos outros nomes, como Michelle Bachelet, no Chile, Dilma Rousseff, no Brasil, e Angela Merkel, na Alemanha. Quem sabe não vem um pouco mais de integridade e decência com a presença de mulheres em cargos-chave?

5.3.2 No plano econômico: a revolução digital, a era da informação e a nova economia

O mundo se encontra em meio a uma revolução tecnológica de larga escala e impressionante velocidade, que está alterando substancialmente o modo como as pessoas vivem, trabalham e se relacionam.[4] Trata-se de uma nova revolução industrial, que sucede as anteriores: a que veio com o uso do vapor (1850-1900), a da eletricidade (1900-1940) e a do motor e da automação (1940-1900).[5] A nova revolução é a Revolução Digital. Sem entrar em muitos detalhes técnicos que eu não ousaria tentar explicar, o que ocorreu aqui foi a mudança da tecnologia mecânica e eletrônica analógica para a eletrônica digital.[6] A nova tecnologia permitiu a massificação do computador, do telefone celular digital e, conectando bilhões de pessoas em todo o mundo, a *internet*. Vivemos a era da informação e do acesso quase ilimitado ao conhecimento.

A maneira como se realiza uma pesquisa, fazem-se compras, chama-se um táxi, reserva-se um voo ou ouve-se música, para citar alguns exemplos, foi inteiramente revolucionada. Nós vivemos sob a égide de um novo vocabulário, uma nova semântica e uma nova gramática. A linguagem dos nossos dias inclui um conjunto de termos recém-incorporados, sem os quais, no entanto, já não saberíamos viver: Google, Windows, Mac, WhatsApp, Uber, Dropbox, Skype, Facetime, Facebook, Twitter, Instagram, Waze, Spotify, Amazon, Google

---

[4] Klaus Schwab, The Fourth Industrial Revolution: what it means, how to respond. *World Economic Forum*, 14 jan. 2016. p. 1. Disponível em: <https://www.weforum.org/agenda/2016/01/the-fourth-industrial-revolution-what-it-means-and-how-to-respond/>. Acesso em: 3 jun. 2017.

[5] Klaus Schwab, The Fourth Industrial Revolution: what it means, how to respond. *World Economic Forum*, 14 jan. 2016. p. 2. Disponível em: <https://www.weforum.org/agenda/2016/01/the-fourth-industrial-revolution-what-it-means-and-how-to-respond/>. Acesso em: 3 jun. 2017.

[6] Digital revolution. *Wikipedia*. Disponível em: <https://en.wikipedia.org/wiki/Digital_Revolution>. Acesso em: 3 jun. 2017.

maps, Google translator, YouTube. Para citar alguns. Não há setor da economia tradicional que não tenha sido afetado. Está todo mundo atrás de novos modelos de negócio e, como bússola desse caminho, busca-se também uma nova ética, que consiga combinar liberdade, privacidade, veracidade, proteção contra *hackers*, contra a criminalidade *on-line* e outras vicissitudes. A maior parte dos processos no Supremo Tribunal Federal, hoje, é eletrônica. O interessado faz o *upload* da sua petição onde estiver. E eu decido acessando o sistema de onde estiver, e depois assino eletronicamente por meio de um *app* no meu celular, seja de Brasília, de Londres ou de Vassouras.

A velha economia não morreu e, mais do que isso, procura interagir com a nova economia e beneficiar-se dela. Mas o fato inafastável é que a economia baseada na produção agrícola e na produção industrial, na transformação de matérias-primas e produção de bens materiais – ouro, petróleo, fábricas, trigo – cede espaço à nova economia, cuja principal fonte de riqueza é a propriedade intelectual, o conhecimento e a informação. Há um século, uma *commodity* era responsável pelo crescimento exponencial de uma indústria: o petróleo. Reguladores antitruste tiveram de intervir para evitar a excessiva concentração de poder econômico. Nos dias de hoje, as preocupações que ao início do século eram despertadas pelo petróleo transferiram-se para uma nova indústria: a que lida com dados. Há inquietações diversas, que incluem concorrência, privacidade e desemprego. Google, Amazon, Apple, Facebook e Microsoft são as cinco empresas mais valiosas do mundo. É a chamada economia de dados.[7]

Inovação e avanços tecnológicos constroem esse admirável mundo novo[8] da biotecnologia, da inteligência artificial, da robótica, da impressão em 3D, da nanotecnologia e da computação quântica. O futuro é imprevisível e assustador, em meio a profecias que preveem a própria perda da primazia do *homo sapiens*, tal como o conhecemos. O aclamado autor israelense Yuval Noah Harari acredita que o avanço tecnológico e a engenharia genética criarão *super-homens*, e faz algumas especulações aterradoras sobre o futuro da humanidade. Confiram-se:

---

[7] "The world's most valuable resource" e "Fuel of the future". *The Economist*, 6-12 maio 2017, p. 9 e 19-22.

[8] *Admirável mundo novo* é o título de um livro – livro é uma forma de transmissão de conhecimento e informação impressos em papel e encadernado – de ficção científica, que descreve uma sociedade em que as pessoas são geradas em laboratório e programadas. Eu li no ginásio e fiquei apavorado.

Os principais produtos da economia do século XXI não serão tecidos, veículos e armas, mas corpos, cérebros e mentes. [...]
Enquanto a revolução industrial criou a classe trabalhadora, a próxima grande revolução criará a classe inútil. [...]
O modo como os humanos tratam os animais é um bom indicador de como os humanos *aperfeiçoados* ("*upgraded*") irão nos tratar. [...]
A democracia e o livre mercado entrarão em colapso a partir do momento em que o Google e o Facebook passarem a nos conhecer melhor que nós mesmos, e a autoridade se transfira dos indivíduos para os algoritmos. [...]
Homens e máquinas não entrarão em conflito. Eles se fundirão. Estamos caminhando rumo ao casamento entre eles, e não à guerra.

Devo dizer que, apesar dos riscos reais, não sou devoto desse credo apocalíptico. Pelo contrário, sou militante de crença oposta, que remonta a uma tradição que vem de Tomás de Aquino, Hegel e Kant de que a história é um fluxo contínuo na direção do bem e do aprimoramento da condição humana.[9] O processo civilizatório segue o seu curso como um rio subterrâneo, impulsionado pela energia positiva que vem desde o início dos tempos. Uma história que nos trouxe de um mundo primitivo de aspereza e brutalidade à era dos direitos humanos. É o bem que vence no final. Se não acabou bem, é porque não chegou ao fim.[10]

5.3.3 No plano social: reconhecimento, sustentabilidade e justiça intergeracional

A despeito dos esforços e dos avanços na busca por justiça social, a luta por erradicação da pobreza e por padrões mínimos de igualdade substantiva entre as pessoas é parte da agenda inacabada do século XX. Portanto, o surgimento de novas pautas para o século e o milênio que se iniciam não permite virar esta página. Pior: conflitos de naturezas diversas no mundo muçulmano e na África têm produzido sucessivas crises humanitárias e levas de imigrantes vagando em busca de paz, segurança e trabalho. Um mundo em que um terço da população está vivendo uma vida digna e outros dois terços oscilam

---

[9] Sobre o ponto, v. o notável artigo de Paulo Barrozo, The great alliance: history, reason, and will in modern law. *Law and Contemporary Problems*, v. 78, 2015. p. 257-258.
[10] Fernando Sabino: "No fim, tudo dá certo. E se não deu certo, é porque não chegou ao fim".

entre a desesperança e o desespero ainda apresenta um imenso déficit civilizatório.

Para além da questão da pobreza e da redistribuição de riqueza, poder e bem-estar, novas questões emancipatórias e de busca por justiça em diferentes dimensões se colocam. Uma agenda que experimentou avanços importantes nos primeiros anos do século XXI foi a da igualdade como reconhecimento, que se volta para a proteção das minorias, respeito às diferenças e resguardo de direitos. Na maior parte do mundo ocidental, os direitos da comunidade LGBT, por exemplo, romperam preconceitos e se consolidaram. Por outro lado, programas de ações afirmativas em relação às minorias raciais, sobretudo negros, têm proporcionado uma lenta, mas progressiva reparação histórica em países maculados pela escravidão. E as mulheres, que não são minoria, mas constituem um grupo historicamente vulnerável, vivem um importante momento de ascensão social, econômica e política.

Um tema que foi deslocado para o topo da agenda mundial é o da sustentabilidade em seus diferentes aspectos. O desenvolvimento é um processo de aprimoramento das condições da sociedade em múltiplos planos. Por longo tempo, o desenvolvimento foi pensado em duas grandes dimensões: (i) a dimensão *econômica*, associada à *geração de riquezas*, tendo como indicadores o produto interno bruto, a renda *per capita*, o nível de endividamento do país e o saldo da balança comercial, entre outros; e (ii) a dimensão *social*, ligada à distribuição de riquezas e à qualidade geral de vida da população em termos de habitação adequada, acesso à educação e à saúde básicas, níveis de mortalidade infantil, expectativa de vida e serviços públicos adequados. Aqui, em lugar do PIB, usa-se como índice o IDH. Porém, níveis ilimitados de crescimento e consumo em um mundo cujos recursos são limitados não podem ser sustentáveis. Sem a consciência dessas circunstâncias e as correções de rumo necessárias, estaremos navegando rumo à tempestade perfeita.

Por isso mesmo, desde o final do século passado, um novo conceito obteve consenso mundial: o de *desenvolvimento sustentável*. Trata-se de uma ideia que percorreu um longo caminho, desde que referida pela primeira vez como "ecodesenvolvimento" na Conferência das Nações Unidas sobre Meio Ambiente e Direitos Humanos, realizada em Estocolmo, em 1972. Posteriormente, um célebre documento, intitulado *Nosso futuro comum*, elaborado pela chamada Comissão Brundtland, definiu *desenvolvimento sustentável* como "aquele que atende às necessidades do presente, sem comprometer a possibilidade de as gerações futuras atenderem a suas próprias necessidades".

A sustentabilidade, portanto, está diretamente associada, também, à justiça intergeracional. Há quem aponte insuficiências nessa formulação, mas este é o sentido ainda generalizadamente atribuído à expressão. Em setembro de 2015, após negociações envolvendo 193 países, as Nações Unidas aprovaram um documento definindo metas de desenvolvimento sustentável, intitulado *Transformando o nosso mundo: a Agenda de 2030 para o desenvolvimento sustentável*. Ali se preveem ações em temas diversos, que incluem: *meio ambiente* (água, energia, clima, oceanos), *economia* (crescimento econômico, emprego, produção, consumo) e sociedade (desenvolvimento humano) (pobreza, fome, saúde, educação, igualdade de gênero).

Em conclusão, enfatizando a importância do tema, apresenta-se a lista dos objetivos sustentáveis do milênio, a serem implementados até 2030, de acordo com as Nações Unidas:

Objetivo 1. Acabar com a pobreza em todas as suas formas, em todos os lugares.

Objetivo 2. Acabar com a fome, alcançar a segurança alimentar e melhoria da nutrição e promover a agricultura sustentável.

Objetivo 3. Assegurar uma vida saudável e promover o bem-estar para todos, em todas as idades.

Objetivo 4. Assegurar a educação inclusiva e equitativa e de qualidade, e promover oportunidades de aprendizagem ao longo da vida para todos.

Objetivo 5. Alcançar a igualdade de gênero e empoderar todas as mulheres e meninas.

Objetivo 6. Assegurar a disponibilidade e gestão sustentável da água e saneamento para todos.

Objetivo 7. Assegurar o acesso confiável, sustentável, moderno e a preço acessível à energia para todos.

Objetivo 8. Promover o crescimento econômico sustentado, inclusivo e sustentável, emprego pleno e produtivo e trabalho decente para todos.

Objetivo 9. Construir infraestruturas resilientes, promover a industrialização inclusiva e sustentável e fomentar a inovação.

Objetivo 10. Reduzir a desigualdade dentro dos países e entre eles.

Objetivo 11. Tornar as cidades e os assentamentos humanos inclusivos, seguros, resilientes e sustentáveis.

Objetivo 12. Assegurar padrões de produção e de consumo sustentáveis.

Objetivo 13. Tomar medidas urgentes para combater a mudança do clima e seus impactos.

Objetivo 14. Conservação e uso sustentável dos oceanos, dos mares e dos recursos marinhos para o desenvolvimento sustentável.

Objetivo 15. Proteger, recuperar e promover o uso sustentável dos ecossistemas terrestres, gerir de forma sustentável as florestas, combater a desertificação, deter e reverter a degradação da terra e deter a perda de biodiversidade.

Objetivo 16. Promover sociedades pacíficas e inclusivas para o desenvolvimento sustentável, proporcionar o acesso à justiça para todos e construir instituições eficazes, responsáveis e inclusivas em todos os níveis.

Objetivo 17. Fortalecer os meios de implementação e revitalizar a parceria global para o desenvolvimento sustentável.[11]

5.4 Propostas para o Brasil

5.4.1 Uma agenda para o Brasil

Procuro alinhavar a seguir um conjunto simples e objetivo de ideias para a transformação do Brasil, tendo em conta um projeto progressista fundado no tripé democracia, livre iniciativa e justiça social. Se eu tivesse o poder de visualizar o país ali na frente, eu o desejaria assim.

5.4.1.1 No plano político

a) Sistema de governo: semipresidencialista.
b) Sistema eleitoral: distrital misto, no modelo alemão.
c) Sistema partidário: proibição de coligações em eleições proporcionais; cláusula de barreira e fidelidade partidária (com fechamento de questão nos temas relevantes).

5.4.1.2 No plano econômico

a) Reforma da Previdência.
b) Reforma trabalhista.
c) Reforma tributária.

---

[11] ONUBR, *Transformando nosso mundo*: a Agenda 2030 para o desenvolvimento sustentável. Disponível em: <https://nacoesunidas.org/pos2015/agenda2030/>. Acesso em: 3 jun. 2017.

5.4.1.3 No plano social

a) Qualidade de vida: plano ambicioso de saneamento básico, habitação popular, urbanização e transporte.
b) Meio ambiente: desmatamento zero na Amazônia, com uma política de compensações pela preservação da floresta.
c) Educação: um novo modelo de universidade, que fosse pública nos seus propósitos, privada no seu financiamento, profissional na sua gestão, com professores recrutados em todo o mundo e aulas em português, inglês e espanhol.
d) Continuidade dos programas sociais bem-sucedidos: Bolsa-Família, Minha Casa Minha Vida e FIES.

5.5 Conclusão – Os valores universais

No convite que me foi formulado, os organizadores me pediram que eu falasse, também, sobre "valores éticos no mundo contemporâneo". Não é fácil falar sobre ética tendo como ponto de observação o Brasil. A imagem fica distorcida pela devastação moral que temos assistido. A corrupção, entre nós, não foi produto de falhas individuais, acidentes de percurso, momentos de fraqueza humana. Pelo contrário, foi uma corrupção institucionalizada, planejada, que envolvia esquemas de arrecadação e distribuição de dinheiros. Um pacto lamentável que envolveu agentes públicos, agentes privados, empresas, partidos políticos, membros do Congresso. Gente que vivia de dinheiro público, de dinheiro dos outros, de dinheiro do povo brasileiro. Dinheiro que não foi para a educação, para a saúde, para construir estradas. Dinheiro que não salvou vidas. É impossível não sentir vergonha pelo que aconteceu no Brasil.

E agora, quando tudo foi descoberto, seria de se imaginar que as instituições deveriam estar reagindo para impulsionar um novo começo, para aproveitar a chance de mudar de patamar ético, de imaginar um outro futuro. É este o sentimento da sociedade civil e de muitas de suas lideranças, assim como de boa parte da imprensa. Mas, de parte das instituições, o que se vê, verdadeiramente, é a articulação de uma enorme "Operação Abafa", com aliados, parceiros e cúmplices em todos os lugares, mesmo onde menos seria de se esperar. Gente que não quer ser responsabilizada pelo que fez e que sequer deseja ficar honesta daqui para frente. Se depender deles, o Brasil ficará muito parecido com o que sempre foi, aquém de suas potencialidades, refém de gente desonesta, sem idealismo, sem patriotismo.

Os valores do futuro, a meu ver, são os valores perenes da filosofia moral. Seleciono três, socorrendo-me de três autores distantes no tempo, que iluminaram o mundo com suas ideias: Aristóteles, Immanuel Kant e John Rawls. Três valores que, a meu ver, continuarão a inspirar a condição humana:

1. *A busca pela felicidade*. Está em Aristóteles: esta é a finalidade última da existência humana. A felicidade tem componentes importantes que incluem a eleição de bons propósitos na vida, realizações pessoais e prazeres legítimos. Mas a verdadeira felicidade, a eudemônia, só existe onde há virtude. Esta é a vida boa, a vida digna, a vida ética.
2. *O dever para com o próximo*. Está em Kant: todas as pessoas são um fim em si mesmo, e ninguém nessa vida deve servir como um meio, um mero instrumento para realizar os interesses dos outros ou da sociedade. Este dever se materializa no imperativo categórico: "Aja de tal forma que a máxima que inspira a sua conduta possa se transformar em uma lei universal".
3. *A realização da justiça*. Está em Rawls: uma sociedade justa é a combinação da liberdade individual com a maximização de mecanismos distributivos, assegurado o mínimo vital a cada pessoa.

Termino aqui com uma passagem que ouvi, algum tempo atrás, na saudação do presidente do centro acadêmico de uma renomada universidade federal, uma das melhores do Brasil:

> Ministro: eu não quero viver em outro país. Eu quero viver em outro Brasil.

Vale a pena viver para este projeto.

CAPÍTULO 6

REFLEXÕES SOBRE AS COMPETÊNCIAS E O FUNCIONAMENTO DO SUPREMO TRIBUNAL FEDERAL[1]

6.1 Introdução

Eu tenho muito prazer e muita honra de estar aqui, a convite do Instituto Victor Nunes Leal, para proceder a algumas reflexões acerca das competências e do funcionamento do Supremo Tribunal Federal. Agradeço, especialmente, aos meus queridos amigos José Paulo Sepúlveda Pertence e Pedro Gordilho, bem como à estimada Dra. Lúcia Peluso pela gentileza da lembrança do meu nome.

Sob a Constituição de 1988, o Supremo Tribunal Federal tem prestado bons serviços à democracia brasileira e à sua consolidação institucional. Nos momentos importantes, ele tem sido um bom guardião dos direitos fundamentais e das regras do jogo democrático. Tal avaliação, que pode ser demonstrada com muitos dados objetivos, é confirmada pela percepção social positiva de que o tribunal desfruta. Sem unanimidade, naturalmente, pois um tribunal não poderá jamais agradar a todos simultaneamente. Uma corte constitucional existe para resguardar a Constituição e o Estado de Direito, mesmo quando a fidelidade a determinados valores contraria a paixão eventual das multidões ou de grupos de interesse organizados. A verdade, porém, é que as cortes supremas têm sido eficientes em conciliar a interpretação do sentimento social dominante com uma pauta de avanços sociais

---

[1] Anotações para palestra realizada no I Colóquio sobre o STF: Homenagem a Victor Nunes Leal, realizado em 25.8.2014, na Associação dos Advogados de São Paulo.

moderados, o que lhes têm rendido um protagonismo improvável, no Brasil e no mundo.

Apesar desses bons serviços, o Supremo se aproxima da terceira década de sua existência democrática sob severa crise de funcionalidade. Com a redemocratização, ocorreu no país um expressivo aumento na demanda por justiça, o que significou uma expansão exponencial de litigiosidade e, consequentemente, um grande congestionamento nos juízos e tribunais. De certa forma, esse processo era inevitável em uma sociedade que se tornou mais informada acerca de seus direitos e passou a ter uma maior consciência de cidadania. É chegada a hora, no entanto, de enfrentar com desassombro essa crise de crescimento. Minhas reflexões, nesse momento, concentram-se em alguns aspectos da atuação do Supremo Tribunal Federal.

São anotações despretensiosas acerca de algumas sugestões que tenho feito internamente, desde que cheguei ao Tribunal, em interlocução positiva com diversos colegas. No momento em que nos preparamos para a posse de um novo presidente da Corte, e tendo em vista o honroso convite do Instituto Victor Nunes Leal, pareceu-me bom momento para trazer essas ideias ao debate público. O Ministro Ricardo Lewandowski, o próximo presidente a partir de 10 de setembro, é conhecido pela comunidade jurídica e por seus colegas como um espírito afável, democrático e, sobretudo, altamente preocupado com a eficiência e os bons resultados de sua atuação. Inspirada por essa perspectiva, a discussão de ideias aqui deflagrada tem o propósito de contribuir para que a nova gestão seja tão bem-sucedida quanto possível.

Uma última observação introdutória: nenhuma linha do que estarei dizendo importa crítica ao que se fez até aqui. O país está construindo as suas instituições e, portanto, precisamos de reflexão permanente para aprimorá-las. Desde que entrei para o Tribunal, há um ano, tenho me beneficiado da convivência com pessoas brilhantes e bem-intencionadas. As ideias que irei expor são produto dessa interação permanente e, em ampla medida, são uma criação coletiva de todos os ministros. Falo isso de maneira muito sincera, porque é a expressão do meu sentimento verdadeiro.

6.2 Três grandes gargalos no STF

É possível apontar a existência de três grandes gargalos no Supremo Tribunal Federal, a saber: (i) o congestionamento do Plenário; (ii) o acúmulo de processos com repercussão geral reconhecida; e

(iii) o volume de *habeas corpus*. O presente texto não tratará da questão do *habeas corpus*, tema que exigirá, em futuro próximo, uma reflexão plural e criativa para que o sistema continue viável. Ao assumir o meu gabinete, deparei-me com impetrações que aguardavam julgamento havia alguns anos. Desnecessário enfatizar que *habeas corpus* que ficam pendentes de julgamento por prazos prolongados não preenchem quaisquer dos papéis a que se destinam. A verdade inexorável é que o dia tem um número fixo de horas, e juízes, mesmo no STF, têm uma capacidade máxima de trabalho. Qualquer solução que não leve isso em conta será insatisfatória. Uma boa referência para esse trabalho futuro é a pesquisa desenvolvida pela FGV Rio, divulgada em 17.3.2014.[2]

6.3 Enfrentando o congestionamento do Plenário

6.3.1 Transferência de competências para as Turmas

O congestionamento do Plenário é um dos graves problemas que comprometem a funcionalidade e a celeridade na atuação do STF. Segundo informações da Secretaria, com dados de dezembro de 2013, existia uma fila de 728 processos já liberados pelos relatores, todos aguardando vez na pauta do Plenário. Devo dizer, em favor de todos os ministros e de suas equipes, que o acúmulo não se deve à falta de trabalho. Pelo contrário. Às vezes, ficamos todos tão enredados em processos que sobra pouco tempo para a reflexão. Lembro-me sempre da oração espirituosa que fazia o Ministro Carlos Ayres Britto, quando clamava: "Senhor, não nos deixeis cair em *tanta ação*".

Um passo decisivo para o início da superação desse problema foi dado na sessão de 28.5.2014. Na ocasião, foi aprovada emenda regimental transferindo do Plenário para a Turma a competência para julgar as seguintes matérias: (i) recebimento de denúncia ou queixa; (ii) ações penais contra deputados e senadores (à exceção dos presidentes das Casas), ministros de Estado, comandantes das Forças Armadas, membros dos Tribunais Superiores, membros do TCU, chefes de missão diplomática de caráter permanente; (iii) ações contra o CNJ e o CNMP; e (iv) reclamações.

---

[2] FGV Direito Rio, Projeto *"Panaceia universal ou remédio constitucional? Habeas corpus nos Tribunais Superiores"*. Rio de Janeiro: FGV Direito Rio, 17 mar. 2014. Disponível em: <http://s.conjur.com.br/dl/radiografia-habeas-corpus.pdf>.

Na mesma sessão do Plenário teve concordância geral a proposta de se transferir do Plenário para a Turma o julgamento de todos os mandados de segurança, mandados de injunção e *habeas data*, bem como ações envolvendo litígios entre Estados estrangeiros e a União, e também os conflitos federativos. Com esse conjunto de providências, consuma-se uma revolução profunda e silenciosa na dinâmica de atuação do Plenário, cujas competências ficarão cingidas às de uma corte constitucional: julgar, essencialmente, as ações diretas e as repercussões gerais.

6.3.2 Expansão do Plenário virtual

Há algumas outras providências capazes de desafogar o Plenário, para que a ele fiquem reservadas as questões verdadeiramente importantes. Uma delas é a seguinte: medidas cautelares em ações diretas, quando tenham sido concedidas há mais de 5 (cinco) anos, poderiam ser julgadas em Plenário virtual, por proposta do relator. Se três ministros discordassem da proposta, aí então a matéria iria para julgamento no Plenário físico. O *III Relatório Supremo em Números*, da FGV Direito Rio, apurou que o número médio de dias de vigência de uma liminar em ação direta é de 4.914 dias, equivalente a mais de 13 (treze) anos. Chega a ser constrangedor para o Tribunal julgar definitivamente uma questão tanto tempo depois. A possibilidade de julgar o tema em Plenário virtual abreviaria drasticamente este prazo.

Penso, igualmente, que os agravos regimentais e embargos de declaração que, presentemente, são julgados em listas, também poderiam ser decididos em Plenário virtual. Isso pouparia a todos dos julgamentos em listas, que quase significam a decretação de falência do modelo. No Plenário virtual, seria possível ter acesso ao voto que foi proferido e acompanhá-lo – ou dele divergir – de maneira mais informada, com um prazo de alguns dias. As listas são votadas em segundos. Existe, também, um grande estoque de ações diretas de inconstitucionalidade contra leis estaduais em que as questões se repetem – geralmente envolvendo provimento em cargos públicos sem concurso ou alguma outra inconstitucionalidade flagrante. Nesses casos, em que a decisão consiste em mera reafirmação da jurisprudência do Tribunal, deveria ser possível, tal como se passa com a repercussão geral, que isso fosse feito em Plenário virtual.

Desnecessário reiterar que na medida em que se libera o Plenário da discussão de questões irrelevantes ou repetitivas, potencializa-se a sua capacidade para deliberar sobre as questões que verdadeiramente interessam ao país e à definição de precedentes que sirvam de orientação para os tribunais do país como um todo.

6.4 Equacionamento da repercussão geral

6.4.1 A introdução da repercussão geral e seu impacto inicial

A Emenda Constitucional nº 45/2004 passou a condicionar a admissibilidade do recurso extraordinário à demonstração da *repercussão geral* das questões constitucionais discutidas no caso. A recusa da repercussão geral exige a manifestação de dois terços dos membros do STF (CF, art. 102, §3º).[3] O Código de Processo Civil estabeleceu que, para efeito de repercussão geral, será considerada a existência ou não de "questões relevantes do ponto de vista econômico, político, social ou jurídico, que ultrapassem os interesses subjetivos da causa" (CPC, art. 543-A, §1º).[4] Assim, o Tribunal passou a ter um instrumento para a seleção dos casos que vai julgar, levando em conta a sua relevância e, naturalmente, a capacidade material dos julgadores e seus gabinetes. Atribuir repercussão geral a causas demais significa paralisar centenas de milhares de processos por tempo indeterminado, com grande prejuízo para a prestação jurisdicional.

O instituto da repercussão geral produziu um impacto relevante no número de processos distribuídos no âmbito do Supremo Tribunal Federal. Em 2007, ano de início de vigência da nova sistemática, o número global de processos distribuídos foi de 112.938. Em 2013, este número havia caído para 44.170.[5] Especificamente em relação aos processos ditos recursais (RE, AI e ARE), o número caiu de 59.722

---

[3] CF, art. 102: "§3º "No recurso extraordinário o recorrente deverá demonstrar a repercussão geral das questões constitucionais discutidas no caso, nos termos da lei, a fim de que o Tribunal examine a admissão do recurso, somente podendo recusá-lo pela manifestação de dois terços de seus membros".
[4] CPC, art. 543-A: "§1º Para efeito da repercussão geral, será considerada a existência, ou não, de questões relevantes do ponto de vista econômico, político, social ou jurídico, que ultrapassem os interesses subjetivos da causa" (incluído pela Lei nº 11.418, de 2006).
[5] Ao longo dos anos, a estatística foi a seguinte: 66.873 (2008), 42.729 (2009), 41.014 (2010), 38.019 (2011) e 46.932 (2012) (STF, *Movimentação processual*. Disponível em: <http://www.stf.jus.br/portal/cms/verTexto.asp?servico=estatistica&pagina=movimentoProcessual>. Acesso em: 28 out. 2014).

processos distribuídos em 2008 para 35.977 em 2013.[6] É inegável, portanto, que a introdução da figura da repercussão geral produziu uma queda relevante no número de processos distribuídos.

Nada obstante isso, o número de recursos extraordinários e de agravos em recurso extraordinário que ainda chegam anualmente a cada gabinete excede a capacidade humana dos ministros: mais de 3.000 para cada um. Fora todos os demais processos das outras classes (ações diretas, mandados de segurança, reclamações, *habeas corpus*, ações originárias etc.). Como consequência, a maior parte dos recursos humanos e materiais de cada gabinete acabam sendo consumidos para lidar com um imenso varejo de miudezas, sem qualquer repercussão geral. Processos que deveriam transitar em julgado após o pronunciamento da segunda instância.

De forma sintomática, mesmo após a criação da repercussão geral, mantiveram-se a estrutura burocrática, os bloqueios processuais e a vasta jurisprudência defensiva que haviam sido concebidos para lidar com o espantoso volume de processos existentes. Não há razão para que esse quadro permaneça. O novo modelo foi criado para o Supremo Tribunal Federal selecionar, com critério e transparência, o que vai efetivamente julgar. E não para ficar vergado sob o peso de um trabalho de baixa relevância, levando mais de uma década para concluir o julgamento dos processos.

6.4.2 O congestionamento do sistema de repercussão geral

Feito o registro, cabe analisar a estatística do sistema de repercussão geral, desde sua implantação, em 2007, até dezembro de 2013. Os dados são da Assessoria de Gestão Estratégica do STF:[7]
 – Número de processos submetidos ao exame de RG: 696
 – Número de processos com RG negada: 199
 – Número de processos com RG reconhecida: 493
 – Número de processos com RG julgados: 163
 – Número de processos com RG pendentes de julgamento: 330

---

[6] STF, *Resultados da Repercussão*. Disponível em: <http://www.stf.jus.br/portal/cms/verTexto. asp?servico=jurisprudenciaRepercussaoGeral&pagina=numeroRepercussao>. Acesso em: 29 jan. 2014.

[7] STF, *Resultados da Repercussão*. Disponível em: <http://www.stf.jus.br/portal/cms/verTexto. asp?servico=jurisprudenciaRepercussaoGeral&pagina=numeroRepercussao>. Acesso em: 29 jan. 2014.

Computando-se os dados desde 2008, o Plenário do STF julgou uma média de 27 processos com repercussão geral reconhecida a cada ano, conforme a estatística abaixo:
- Ano de 2008: 26 processos
- Ano de 2009: 25 processos
- Ano de 2010: 19 processos
- Ano de 2011: 38 processos
- Ano de 2012: 11 processos
- Ano de 2013: 44 processos[8]

Tomando-se como referência a média anual de julgamento de processos com repercussão geral admitida, seriam necessários mais de 12 (doze) anos para julgamento do estoque de repercussões gerais já reconhecidas (330 : 27). Mesmo que se levasse em conta o número recorde de repercussões gerais julgadas em 2013, ainda assim seriam necessários mais de 7 (sete) anos para liquidar o estoque (330 : 44). E isso em um cenário contrafactual e indesejável, no qual não se reconheceria qualquer nova repercussão geral ao longo dos próximos anos.

Esta situação de retardamento nos julgamentos se torna muito mais grave diante da sistemática de sobrestamento prevista na disciplina legal da repercussão geral. De fato, nos termos do art. 543-B, §1º do CPC, c/c o art. 328-A do RISTF, os recursos referentes à controvérsia cuja análise de repercussão geral se encontre pendente de julgamento no STF têm o seu andamento sobrestado até o pronunciamento definitivo da Corte. Pois bem: de acordo com informação da Assessoria de Gestão Estratégica do STF, encontram-se sobrestados na origem, aguardando o julgamento de processos com repercussão geral, 570.139 processos.[9]

Diante de quadro assim impressionante, é imperativo para o Tribunal repensar sua atuação nessa matéria, notadamente para o fim de reavaliar o próprio conceito de repercussão geral – que deveria ser a exceção e não a regra. Na prática, isso significa limitar o reconhecimento de novas questões de repercussão geral, bem como administrar com maior celeridade o estoque de repercussões gerais já reconhecidas. Nos tópicos seguintes, apresentam-se propostas relativas à atribuição de novas repercussões gerais, bem como para a administração do estoque

---

[8] STF, *Resultados da Repercussão*. Disponível em: <http://www.stf.jus.br/portal/cms/verTexto.asp?servico=jurisprudenciaRepercussaoGeral&pagina=numeroRepercussao>. Acesso em: 29 jan. 2014.

[9] STF, *Repercussão Geral, Estatísticas e Relatórios*. Disponível em: <http://www.stf.jus.br/portal/cms/verTexto.asp?servico=estatistica&pagina=sobrestadosrg>. Acesso em: 29 jan. 2014.

já existente. As alterações imaginadas não envolvem qualquer mudança legislativa, mas tão somente a alteração de práticas do Tribunal e emendas regimentais.

6.4.3 Como lidar com as novas repercussões gerais a serem reconhecidas

6.4.3.1 Quantidade de repercussões gerais a serem reconhecidas

Até que seja zerado o estoque de repercussões gerais já reconhecidas, o tribunal deverá ser particularmente rigoroso no reconhecimento de novas repercussões gerais. Minha sugestão é de que sejam 10 por semestre. Considero impensável que o STF reconheça mais repercussões gerais do que seja capaz de julgar em um período de um ano. Isso contribui para a percepção social da morosidade e ineficiência da Justiça. É preciso enfrentar e superar essa voracidade de aceitar mais do que se pode julgar.

6.4.3.2 Momento de escolha das repercussões gerais a serem reconhecidas

Atualmente, as sugestões de reconhecimento de repercussão geral são colocadas no Plenário virtual pelos relatores, na medida em que chegam os recursos, e são votadas no prazo regimental de 20 dias. Se não houver dois terços de recusa, a repercussão geral é reconhecida. Com isso, não há controle do número de repercussões gerais que são dadas, pois elas são decididas na medida em que vão chegando. Em oposição a isso, penso que a atribuição de repercussão geral a um caso deve combinar um critério qualitativo – importância da matéria – com um critério quantitativo – capacidade do Tribunal de julgar a questão no prazo de um ano. Como consequência, o reconhecimento de repercussão geral tem uma importante dimensão comparativa: devem ser selecionados os recursos mais importantes daquela safra.

Por essa razão, a seleção de questões que receberão repercussão geral deverá ser feita em conjunto, por semestre, e não na medida em que cheguem. Suponha-se, então, que os ministros convencionem, como aqui se sugere, que por ora sejam reconhecidas apenas 10 (dez) repercussões gerais por semestre. Assim, em votação designada para o final de junho de cada ano seriam selecionados, entre os processos distribuídos no primeiro semestre, os 10 (dez) mais importantes, que receberiam repercussão geral. Até o final de dezembro seriam selecionadas, entre os processos distribuídos no segundo semestre, os 10 (dez) mais importantes, que receberiam repercussão geral.

6.4.3.3 Procedimento para julgamento das repercussões gerais novas

No tocante ao julgamento das novas repercussões gerais reconhecidas, proponho uma revolução no sistema, com alteração substancial do modelo atual. As inovações propostas só dependem de alterações regimentais, não demandando emenda constitucional ou lei. As mudanças se referem à redistribuição dos processos após reconhecida a repercussão geral, a fixação de data para julgamento e a fixação de data para sustentação, separadamente da data do julgamento. Confira-se:

(i) *Redistribuição*. Após a seleção dos casos que receberam repercussão geral, os processos respectivos seriam redistribuídos, equitativamente, para todos os 10 (dez) ministros (o presidente, como se sabe, não recebe distribuição). Isso significa que se forem 10 (dez) as repercussões gerais reconhecidas no semestre, cada ministro receberia uma, mediante sorteio, para relatar. Há duas justificativas relevantes para essa proposta: a) a divisão equânime do trabalho entre os ministros; e b) evitar a tentação de considerar que os recursos que caíram para si são os que têm relevância, inflacionando o número de propostas de repercussões gerais a serem reconhecidas.

(ii) *Data do julgamento*. Para acabar com o tormento que as pautas confusas e atravancadas do STF representam para ministros, advogados e interessados, passaria a haver um cronograma pré-fixado de julgamento, definido com mais de um semestre de antecedência. Por exemplo: as 10 (dez) repercussões gerais reconhecidas em dezembro de 2014 passariam a ser julgadas a partir de agosto de 2015. Acho que o modelo ideal funcionaria assim: a Repercussão Geral 1 (RG1) seria julgada como o primeiro processo da pauta de quarta-feira, dia 5.8.2015. A Repercussão Geral 2 (RG2) seria julgada como o primeiro processo da pauta de quarta-feira, dia 19.8.2015. E assim por diante. Com essa fórmula, os ministros teriam mais de 6 meses para se prepararem para os casos importantes, eliminando os pedidos de vista. Advogados não teriam que viajar sucessivas semanas para Brasília, à espera do julgamento que nunca se sabe exatamente quando vai ocorrer. Os outros processos continuariam a ser pautados pelo presidente do STF, até chegar o dia em que, civilizadamente, a maioria deles teria data pré-designada.

(iii) *Data da sustentação*. As sustentações orais dos casos com repercussão geral reconhecida em dezembro de 2014, por exemplo, e com julgamento a ser realizado a partir de agosto de 2015, seriam realizadas a partir de fevereiro de 2015. Seguir-se-ia a mesma lógica: a sustentação da Repercussão Geral 1 (RG1) teria lugar na quinta-feira, dia 5.2.2015. A sustentação da Repercussão Geral 2 (RG2) teria lugar na quinta-feira, dia 20.2.2015. E assim por diante. O fundamento dessa alteração é por si evidente: sustentação no mesmo dia do julgamento não tem qualquer valia para o relator e, muitas vezes, nem para os demais ministros, que muitas vezes já minutaram seus votos ou formaram a sua convicção. Separando a data da sustentação da data do julgamento, todos os ministros poderiam se preparar levando em conta os argumentos apresentados. A antecedência entre a escolha da repercussão geral e a data da sustentação permitiria ao ministro, quando for o caso, pedir esclarecimentos e debater com o advogado.

6.4.4 Procedimento para julgamento do estoque de repercussões gerais já reconhecidas

Como visto, existem mais de três centenas de repercussões gerais já reconhecidas, que demandariam entre 7 e 12 anos para serem julgadas. É preciso enfrentar este problema. Até porque, em razão do sobrestamento, a pendência das repercussões gerais atravanca tribunais do país inteiro. Quando do início da prática do instituto da repercussão geral, em razão da falta de familiaridade com a sua sistemática, inúmeras repercussões gerais foram concedidas em matérias de baixa relevância ou de jurisprudência já pacificada no tribunal. Muitas delas só foram reconhecidas por falta de votos de ministros suficientes para comporem o *quorum* de dois terços, necessários para a recusa.

Tenho três sugestões simples sobre a matéria, que podem ajudar a desbastar o estoque:
- Proposta 1: cada relator das repercussões gerais já reconhecidas indicará à Presidência os processos que serão submetidos a *julgamento breve*. São casos relativamente simples, que talvez nem devessem ter recebido repercussão geral. Nos casos de julgamento breve, o relator apresentaria seu relatório e voto em até 20 minutos. A primeira divergência procuraria observar o prazo máximo de 15 minutos. Os demais ministros procurariam não exceder 5 minutos nos seus votos. Nesses casos, as partes fariam sua sustentação (pelo modelo tradicional, na data do julgamento) e os *amici curiae* se manifestariam apenas por escrito (ou, caso se adote a sugestão do Ministro Dias Toffoli, fariam sua sustentação em Plenário virtual).
- Proposta 2: cada relator das repercussões gerais já reconhecidas avaliaria se a hipótese é de reafirmação da jurisprudência dominante da Corte, hipótese em que procederia ao julgamento por meio eletrônico, como autorizado pelo art. 323-A do RI. É que esta previsão regimental só foi promulgada em 2010, quando inúmeras repercussões gerais já haviam sido reconhecidas. Mas tratando-se de norma procedimental, não há obstáculo à sua aplicação às repercussões gerais reconhecidas anteriormente.
- Proposta 3: cada relator das repercussões gerais já reconhecidas submeteria, em questão de ordem ao Plenário, a retirada do reconhecimento de repercussão geral nos casos em que, manifestamente, não há questão constitucional em jogo ou relevância da questão constitucional eventualmente presente.

6.5 Algumas outras reflexões

6.5.1 Pauta

Penso que a pauta das sessões plenárias deva ser divulgada com pelo menos 30 dias de antecedência. Sem prejuízo de urgências e emergências serem incluídas em menor prazo. Se um ministro que tenha liberado algum processo para julgamento decidir retirá-lo de pauta, deverá fazê-lo por escrito e formalmente.

6.5.2 Início das sessões

Acho importante, por motivos gerenciais e simbólicos, que as sessões iniciem no horário determinado, que atualmente é às 14 horas. Após esse horário, presente o *quorum* regimental de 6 ministros, o mais antigo poderia dar início à sessão, com o julgamento de listas e processos em mesa.

6.5.3 Circulação prévia dos votos

Até 48 horas antes do julgamento, os relatores deveriam circular a minuta do seu voto entre os demais, respeitado, naturalmente, casos excepcionais, a critério de cada ministro, bem como o direito dos que não concordam com a prática. Este procedimento tem sido adotado na Primeira Turma e, parcialmente, no Plenário, com inequívoco aumento da eficiência e da qualidade das deliberações.

6.5.4 Ementa e tese jurídica

Antes de concluir o julgamento, acho produtivo que o relator submeta, à maioria que se formou, a tese jurídica que constará da ementa do julgado. Isso daria clareza imediata ao que restou decidido pelo Colegiado, facilitando o trabalho do próprio relator e a compreensão pelos demais tribunais e pelo público em geral.

6.5.5 Reuniões mensais

Ao menos uma vez por mês, os membros do Tribunal deveriam se reunir, informalmente, no gabinete da Presidência ou onde se ajustasse previamente. Sugiro, por exemplo, que na primeira terça-feira de cada mês, após a primeira parte da sessão da Turma, nos reuníssemos de 16h30 as 18h. Esta reunião não cuidaria de processos, mas sim de reflexões institucionais e trocas de impressões sobre o funcionamento geral do Tribunal.

6.6 Conclusão

1 Com esse conjunto de providências, a atuação do Plenário ficaria mais funcional, os votos ganhariam em reflexão e qualidade, bem como, provavelmente, em brevidade. É que a brevidade, tal como a simplicidade, dá muito trabalho, como observou Clarice Lispector. Na medida em que haja mais tempo de preparação, pode-se fazer melhor.

2 Em breve, em algum lugar do futuro, vamos consolidar a cultura de que o acesso à Justiça e o devido processo legal se realizam em dois graus de jurisdição. Os Tribunais Superiores – particularmente o STF, o STJ e o TST – devem ter controle da própria agenda e selecionar, como regra geral, os casos que vão julgar, conciliando a relevância dos temas com a capacidade material e física dos tribunais e dos juízes.

3 Um melhor gerenciamento dos recursos a serem admitidos e da agenda de julgamentos contribuirá para transparência, celeridade e qualidade da jurisdição constitucional. Isso permitirá servir melhor ao país e às pessoas.

CAPÍTULO 7

VIDA E MORTE DAS CONSTITUIÇÕES NA AMÉRICA LATINA: EMENDAS CONSTITUCIONAIS, PAPEL DOS TRIBUNAIS E LEGITIMIDADE DEMOCRÁTICA[1]

7.1 Introdução

1 As Constituições têm vocação de permanência. Idealmente, nelas devem ter abrigo as matérias que, por sua relevância e transcendência, convêm sejam preservadas da política ordinária. A constitucionalização retira determinadas decisões fundamentais do âmbito de disposição das maiorias eventuais.

2 Nada obstante isso, Constituições não são eternas nem podem ter a pretensão de ser imutáveis. Elas precisam ter a flexibilidade necessária para serem adaptadas a novas realidades e atenderem a novas demandas da sociedade. Uma geração não pode submeter a outra aos seus desígnios. Os mortos não podem governar os vivos.

3 A adaptação da Constituição a novas realidades pode-se fazer, em primeiro lugar, por intermédio do Poder Judiciário, via interpretação constitucional, sem alteração do texto. A esse tipo de modificação informal se dá o nome de *mutação constitucional*. Em muitas situações, no entanto, torna-se inevitável a alteração do próprio texto da Constituição. Para tanto existem as *emendas constitucionais*.

4 Emendas constitucionais, portanto, impedem que a Constituição seja derrotada pelos fatos e produzem sua adequação aos novos

---

[1] Versão para o português das anotações para palestra proferida no *Global Symposium on Constitutional Amendment and Replacement in Latin America*, em setembro de 2016, na Universidade de Brasília – UnB.

tempos. Porém, elas não podem decretar a morte da Constituição, desfigurando princípios fundamentais ou suprimindo a identidade da Constituição. Emendas não são o meio legítimo para refundar uma ordem constitucional. Para tanto, é preciso convocar o poder constituinte originário.

5 Este risco de perda da identidade da Constituição tem sido enfrentado, por alguns países, pela preservação do seu núcleo essencial, que fica imune ao poder de reforma. As cláusulas que protegem o núcleo essencial da Constituição são apelidadas de cláusulas pétreas, cláusulas de eternidade ou de intangibilidade. Elas funcionam como limites materiais ao poder de reforma.

6 O objetivo deste artigo é discutir os papéis desempenhados pelas emendas constitucionais e pelas cláusulas pétreas nesta tensão entre o velho e o novo, entre os valores fundamentais a serem preservados e as novas demandas a serem atendidas. Em última análise, cuida-se de saber quando é possível preservar a vida e a continuidade de uma Constituição e quando é imperativo reconhecer que o seu tempo se esgotou, e decretar a sua morte. A ênfase da exposição recairá sobre a América Latina e particularmente o Brasil.

7 A apresentação será conduzida em três partes:
  (i) fatores que influenciam a durabilidade das Constituições;
  (ii) conteúdo material das Constituições, o papel das cláusulas pétreas e o controle de constitucionalidade das emendas;
  (iii) o caso brasileiro: mutação e permanência da Constituição.

7.2 A experiência latino-americana

7.2.1 A duração das Constituições: o panorama latino-americano

1 A América Latina tem uma história política conturbada, marcada por golpes de Estado e quebras da legalidade constitucional. A substituição de Constituições é uma prática constante na região, apesar de relativa melhora nos últimos tempos. Confiram-se alguns dados:
  (i) a República Dominicana detém o recorde mundial no tema: já teve 31 Constituições, sendo a atual de 2015;
  (ii) a Venezuela já teve 26 Constituições, sendo a atual de 1999;
  (iii) o Equador já teve 20 Constituições, sendo a atual de 2008.

2 Alguns países tiveram um pouco mais de estabilidade constitucional e são regidos por Constituições mais antigas:

(i) a Argentina teve 6 Constituições, sendo a atual de 1853 (mas nem por isso teve uma história institucional menos instável);

(ii) a Costa Rica é regida desde 1949 pela mesma Constituição.

3 O Brasil seguiu a sina latino-americana, com 8 Constituições, sendo a atual de 1988. A Colômbia, que já teve 9 Constituições, é regida pela de 1991. O Chile já teve 10, estando em vigor, atualmente, a Constituição de 1980.

4 Comparativamente, na América do Norte e na Europa, a taxa de substituição de Constituições é significativamente menor. Os Estados Unidos tiveram uma única Constituição. O Canadá teve duas. Na Europa, viveram sob uma única Constituição países como Bélgica, Dinamarca e Holanda. A França foi uma exceção a esta regra, tendo tido 16 ao todo, embora a Constituição atual esteja em vigor desde 1958. O projeto de Constituição Europeia não chegou a se realizar e, ao menos por ora, parece ter ficado mais distante.

5 Embora a duração de uma Constituição não seja, por si só, prova de sucesso institucional, a falta de continuidade frustra alguns dos objetivos que ela visa promover. Um deles, importante de destacar, é a criação de um *sentimento constitucional*, um misto de afeto e respeito que os cidadãos devem sentir em relação à sua Constituição. Naturalmente, se ela for um documento que não se consolida, ficando à mercê dos ventos políticos, não há como se desenvolver este sentimento.

7.2.2 Fatores que influenciam a durabilidade das Constituições

1 Fatores *ambientais*, naturalmente, têm influência: história, cultura, política, economia. Porém, o *desenho institucional* também faz grande diferença, ao estabelecer o conteúdo da Constituição e seus mecanismos de mudança. No Brasil, por exemplo, a Constituição de 1988 tem ajudado a guiar o país em momentos de crise econômica e turbulência política.

2 Três fatores de *design institucional* capazes de influenciar diretamente a expectativa de vida das Constituições são: (i) a participação na elaboração da Constituição e os interesses efetivamente levados em conta no texto final (*inclusividade da Constituição*); (ii) a abrangência e o grau de detalhamento do texto (*analiticidade*); e (iii) sua capacidade de absorver mudanças e de ser alterada para adaptar-se a novas realidades (*plasticidade*).

7.2.2.1 Inclusividade ou representatividade da Constituição

1 Um primeiro fator é a diversidade de interesses dos grupos sociais e políticos abrigados na Constituição. Isto é, a incorporação pela Constituição dos atores políticos e sociais relevantes.

2 No Brasil, os corredores da Assembleia Constituinte de 1987-88 eram um espetáculo antropológico. Segundo Ulysses Guimarães, tinha "gente de rua, de praça, de favela, de fábrica, de trabalhadores, de cozinheiras, de menores carentes, de índios, de posseiros, de empresários, de estudantes, de aposentados, de servidores civis e militares".

3 O lado negativo de todo esse processo foi uma Constituição que muitas vezes se perdeu no varejo das miudezas e deu excessivo abrigo às corporações (aos interesses de servidores públicos e até de alguns grupos privados).

7.2.2.2 O caráter analítico ou o grau de abrangência da Constituição

1 A extensão da Constituição, a quantidade de temas nela versados e o grau de detalhamento empregado têm influência no seu prazo de permanência.

2 Ao contrário do senso comum de que Constituições sintéticas tenderiam a ser mais duradouras, Elkins, Ginsburg e Melton defendem que com frequência passa-se o contrário: Constituições analíticas por vezes perduram por mais tempo.

3 Por circunstâncias e vicissitudes do processo de elaboração da Constituição brasileira de 1988, seu texto, mais do que analítico, é bastante prolixo: atualmente tem 250 artigos no corpo permanente e 100 disposições transitórias. As disposições transitórias foram aumentando com o tempo, o que não deixa de ser bem estranho.

(i) Em número de palavras, a Constituição brasileira só perde para a da Índia e da Nigéria;
(ii) mas não foge muito do padrão latino-americano. Na região, a mais sintética e duradoura é a da Argentina, de 1853, com 129 artigos e 17 disposições transitórias;
(iii) porém, como prova de que a duração das Constituições não é garantia de estabilidade institucional, a história política da Argentina é tão ou mais acidentada do que a nossa.

7.2.2.3 Grau de plasticidade ou de adaptabilidade da Constituição a novas realidades

1 Este fator diz respeito ao nível de dificuldade para se promoverem modificações formais ou informais do texto constitucional.

2 Nessa matéria, os dois extremos são ruins: procedimentos extremamente difíceis impedem reformas necessárias e tornam os textos defasados; procedimentos facilitados, por sua vez, permitem que maiorias ocasionais comprometam valores e princípios que devem ser duradouros.

3 Além do procedimento formal de emendas, a Constituição está sujeita a mudanças informais, que podem ser produzidas por interpretação judicial e em certos casos por lei. São as chamadas *mutações constitucionais*.

4 Como regra geral, o procedimento para reforma constitucional é mais difícil do que o exigido para a edição de leis ordinárias. Há regras diferenciadas quanto à iniciativa, ao quórum de votação e às instâncias de deliberação. Exemplos quanto ao quórum:

(i) México: 2/3
(ii) Peru: maioria absoluta
(iii) Brasil: 3/5

7.3 O núcleo essencial da Constituição

7.3.1 Normas material e formalmente constitucionais: o indispensável, o necessário e o supérfluo

7.3.1.1 As normas indispensáveis

1 Constituições têm dois propósitos específicos e, consequentemente, dois conteúdos essenciais: a limitação do poder e a proteção dos direitos fundamentais. As normas que têm estes objetos são consideradas *materialmente* constitucionais. Elas são *indispensáveis* em qualquer Constituição.

2 Ao *limitar o poder*, as normas constitucionais cuidam da separação de poderes, da sua organização, da definição das competências de cada um deles e, nos Estados federais, da repartição de atribuições entre União e estados.

3 Já o catálogo de direitos fundamentais é fruto de uma longa evolução, que inclui ao longo do tempo direitos individuais, direitos políticos, direitos sociais e direitos coletivos (como proteção do meio ambiente e do consumidor, entre outros).

7.3.1.2 As normas necessárias

1 Para além das normas materialmente constitucionais, circunstâncias políticas, históricas e culturais podem gerar a necessidade de se constitucionalizarem outras matérias. Surgem, assim, as normas que são apenas formalmente constitucionais, por integrarem o documento que é a Constituição.

2 Inserir determinada matéria no texto da Constituição significa retirá-la da política ordinária, exigindo-se para eventuais reformas quóruns mais elevados. Na Colômbia, por exemplo, a luta contra o narcotráfico motivou a proibição constitucional de que pessoas condenadas por tráfico de drogas se registrassem como candidatos. Na Bolívia, a Constituição veda a instalação de bases militares estrangeiras em seu território. A Constituição de Cuba prevê que o país nunca deverá retornar ao capitalismo.

3 No Brasil, para enfrentar os traços culturais persistentes de patrimonialismo e clientelismo, a Constituição prevê a necessidade de concurso público para provimento de cargos públicos e licitação para contratação com a Administração Pública. Há um dispositivo, igualmente, que proíbe que os administradores utilizem dinheiro público para fazer promoção pessoal. A despeito das normas expressas, não são poucos os problemas nessas três áreas.

7.3.1.3 Normas supérfluas

1 Ao lado dessas previsões necessárias, há outras normas que são incluídas na Constituição ou por má técnica ou para entrincheirar certos interesses de grupos politicamente influentes. São normas supérfluas, do ponto de vista constitucional. Com frequência elas estabelecem vantagens para algumas categorias. A Constituição brasileira tem inúmeras dessas regras, que protegem desde servidores públicos até notários, ou a curiosa previsão de que o Colégio Pedro II terá sede no Rio de Janeiro.

2 Trazer para a Constituição um número excessivo de questões próprias da legislação infraconstitucional acaba fazendo com que a política ordinária tenha de se desenrolar por via de emendas à Constituição.

7.3.2 O núcleo essencial das Constituições latino-americanas: as cláusulas pétreas

1 Constituições devem poder se ajustar a novas realidades e demandas sociais, mediante procedimento formal de emenda. O poder de reformar a Constituição, no entanto, não deve ser o de deformá-la, com a supressão de algum de seus elementos essenciais. Isso significaria o decreto de morte da Constituição. Para que haja sentido na sua preservação, uma Constituição deverá conservar a essência de sua identidade original, o núcleo de decisões políticas e de valores fundamentais que justificaram sua criação.

2 Em alguns países, esse núcleo essencial da Constituição é protegido pela existência de limites materiais ao poder de reforma, previstos de modo expresso na Constituição. São as chamadas cláusulas pétreas ou cláusulas de intangibilidade ou de eternidade. Essas cláusulas não podem ser substancialmente alteradas, nem mesmo por maiorias qualificadas. Cláusulas pétreas, portanto, existem para preservar o núcleo essencial das Constituições.

3 Cláusulas pétreas protegem os conteúdos mais variados. Na América Latina, por exemplo, uma cláusula pétrea presente na Constituição de diferentes países é a proibição de reeleição do presidente da República. Diversos países que não blindaram a cláusula de não reeleição contra emendas tiveram suas Constituições alteradas nesse ponto, a exemplo de Peru (em 1993), Argentina (em 1994), Brasil (em 1996), Venezuela (em 1999 e depois em 2009), Colômbia (em 2004), Equador (em 2008) e Bolívia (em 2009).

4 Outras vezes, as cláusulas pétreas funcionam como respostas contra o passado. É o caso da Constituição da Alemanha, a Lei Fundamental de Bonn, que estabeleceu a democracia e a dignidade humana como preceitos constitucionais imodificáveis, documentando as novas bases de refundação do Estado alemão. Em alguns casos, ainda, as cláusulas pétreas funcionam como proteção de certos interesses ou atores políticos. Na Jordânia, por exemplo, a Constituição proíbe emendas que alterem os "direitos do rei".

5 A Constituição americana de 1787, na sua versão original, impedia a abolição do tráfico de escravos antes de 1808. E, na sua versão atual, proíbe que um Estado seja privado de igual representação no Senado sem consentimento. Boa parte das Constituições do mundo protege de forma absoluta a república como forma de governo. A Constituição brasileira protege, igualmente, contra o poder de emenda, a federação, que no Brasil surgiu associada à república.

6 Cabe ainda mencionar a proteção, em algumas Constituições, sob a forma de cláusula intangível, da democracia, do pluripartidarismo, da separação entre Igreja e Estado, da língua oficial, da religião. Algumas poucas Constituições utilizam termos vagos, como a da Bolívia (que protege as "bases fundamentais" da Constituição), do Equador (que protege "a estrutura fundamental, a natureza e os elementos constitutivos do Estado") e da Venezuela (que protege "a estrutura e os princípios fundamentais da Constituição").

7 O que é fora de dúvida, aqui, é que existe uma tensão entre cláusulas pétreas e democracia, na medida em que elas impõem uma restrição relevante ao exercício do poder das maiorias. Em razão desse caráter contramajoritário e potencialmente antidemocrático, as cláusulas pétreas devem ser interpretadas restritivamente, sem que se alargue o seu sentido e alcance. Nessa linha, a Comissão de Veneza recomenda que as cláusulas de intangibilidade se limitem à tutela dos princípios básicos da ordem democrática e sejam interpretadas e aplicadas de forma restritiva e cautelosa. Há precedente do STF nesse mesmo sentido.

8 Em doutrina, e mesmo na prática de alguns países (como Índia e Colômbia), já se colocou a discussão de que mesmo sem cláusulas de intangibilidade explícitas, emendas constitucionais não podem modificar o núcleo essencial do texto, pois isso significaria a substituição da Constituição.

7.3.3 O controle de constitucionalidade de emendas

1 E existência de cláusulas pétreas não significa, necessariamente, que elas serão passíveis de controle de constitucionalidade por órgão judicial ou análogo. Na França, por exemplo, em mais de uma ocasião, o Conselho Constitucional já declarou não ter competência para se pronunciar sobre a validade de emendas à Constituição.

2 Nos Estados Unidos e em países da Europa, embora em tese seja admissível o controle de constitucionalidade de emendas, na prática não há precedentes. Em países como Áustria, Bulgária e República Tcheca, já houve casos, mas são excepcionais e raros.

3 Na América Latina, o cenário é diverso. Com alguma frequência, Supremas Cortes e Tribunais Constitucionais da região reconheceram sua competência para controlar a constitucionalidade de emendas, bem como invalidaram-nas por motivos formais e materiais. Vale dizer: reconheceram a existência de limites materiais, explícitos ou implícitos, ao poder de reforma.

4 Exemplo emblemático é o da Colômbia. Pelo texto constitucional, a Corte Constitucional somente tem competência expressa para controlar erros de procedimento na formação das emendas. A Corte, porém, desde 2003, expandiu este poder para controlar não apenas vícios formais, mas também materiais. A Corte afirmou que o poder de reforma constitucional não tem competência para a substituição integral da Constituição (teoria da substituição).

5 A teoria da substituição foi aplicada em mais de uma dezena de oportunidades. Em uma delas, julgada em 2005, a Corte apreciou a questão de emenda permitindo a reeleição presidencial. Por maioria apertada de 5 a 4, entendeu legítima a alteração que permitia uma reeleição. Mas alertou que a eleição para mais dois mandatos seria provavelmente inconstitucional.

6 Porém, quando ao final do segundo mandato do Presidente Álvaro Uribe foi aprovada emenda autorizando um terceiro mandato, a Corte declarou, em 2010, a inconstitucionalidade da emenda. Entendeu que havia violação da separação de poderes, por fortalecer excessivamente o Poder Executivo, e do princípio democrático, por afetar a alternância no poder.

7 Não custa aqui reiterar que em razão da tensão entre poder de controle de constitucionalidade de emendas e democracia, os tribunais devem exercer esta competência com autocontenção. Não se deve esquecer que as emendas à Constituição são aprovadas mediante um processo mais dificultoso, que normalmente exige a formação de amplas maiorias, de modo que desfrutam de alto grau de legitimidade democrática e presunção reforçada de constitucionalidade.

7.4 As emendas à Constituição e seu controle no Brasil

7.4.1 Muitas emendas, poucas mudanças constitucionais

1 A Constituição brasileira é excessivamente analítica (*hiperinclusiva*), com grande quantidade de temas, destoando, de certa forma, do padrão mundial. É uma Constituição que cuida, para além da limitação do poder e da definição dos direitos fundamentais, da ordem tributária, da ordem econômica, da ordem social, disciplinando temas como o sistema tributário, o sistema previdenciário, o sistema de saúde, a assistência social, a educação, a exploração mineral, a criança e o adolescente, os idosos, os índios. Está tudo lá. Ela abriga muitos temas de política ordinária.

2 Em razão disso, e previsivelmente, qualquer pequena mudança de conjuntura gera a necessidade de mudança na Constituição. Em verdade, boa parte da política ordinária, no Brasil, acaba sendo feita por via de emendas à Constituição. Sem surpresa, em menos de 30 anos, a Constituição já sofreu 92 emendas (até 12.7.2016), fora as 6 emendas aprovadas durante a revisão constitucional de 1993.

3 Diante desses números espantosos, um observador externo poderia supor que a Constituição de 1988 não se consolidou, que vivemos grande instabilidade constitucional, uma espécie de processo constituinte permanente. E a impressão seria errada. A Constituição tem sido, justamente ao contrário, um grande sucesso, capaz de absorver as crises mais graves sem abalos relevantes para a estabilidade institucional e para a legalidade constitucional. Como explicar este aparente paradoxo?

4 A verdade singela é que o conjunto de emendas aprovadas não afetou nem o núcleo essencial nem a identidade da Constituição. A maioria das emendas aprovadas alterou as normas que eram apenas formalmente constitucionais, normas que, em rigor técnico, sequer deveriam ter ingressado na Constituição. Temas como aposentadoria de servidores e de trabalhadores privados, admissão de professores estrangeiros nas universidades, prescrição de créditos trabalhistas, extensão do prazo da zona de livre comércio de Manaus, na Amazônia, para citar alguns exemplos.

5 As normas materialmente constitucionais, verdadeiramente constitucionais, sofreram poucas emendas. E quando isso ocorreu, as emendas foram para aprimoramento institucional – como a que restringiu o uso de medidas provisórias, uma forma de o Executivo legislar sem prévia intervenção do Congresso – ou para acrescentar novos direitos (ainda que discutíveis), como o direito de moradia ou a razoável duração do processo.

6 Diante do caráter excessivamente analítico da Constituição, o constituinte de 1988 elaborou uma estratégia interessante, que deu flexibilidade ao texto, ao mesmo tempo em que preservou seu núcleo essencial: (i) instituiu um procedimento de emenda relativamente simplificado, que exige quórum de aprovação de apenas 3/5 dos membros de cada casa legislativa e que não depende de aprovação popular ou das assembleias legislativas estaduais, tampouco conta com participação do Executivo; e (ii) institui como contrapartida um conjunto relativamente amplo de cláusulas pétreas, que tornam insuscetíveis de deliberação qualquer proposta de emenda constitucional tendente a abolir: "I - a forma federativa de Estado; II - o voto direto, secreto, universal e periódico; III - a separação dos Poderes; e IV- os direitos e garantias individuais" (CF, art. 60, §4º).

7.4.2 Controle de constitucionalidade de emendas no Brasil

1 A possibilidade de controle de emendas constitucionais no Brasil não é controvertida, e vem de longe. Há precedentes sob a Constituição de 1891, quando o STF discutiu a validade da reforma constitucional de 1926; e sob a Constituição de 1967, quando se discutiu a constitucionalidade da prorrogação do mandato de prefeitos e vereadores. Note-se que desde a primeira hora se entendeu que o controle se dá tanto do ponto de vista procedimental – observância do devido processo legislativo na sua aprovação – quanto do ponto de vista material – controle de conteúdo para verificar se há contraste com a proteção das cláusulas pétreas.

2 Há aqui uma curiosidade importante: a jurisprudência do STF firmou o entendimento, ainda sob a Constituição de 1967, de que qualquer parlamentar tem o direito de fazer cessar a própria tramitação da emenda constitucional, caso se venha a entender que ela contraria cláusula pétrea. Como a Constituição diz que "não será objeto de deliberação" a proposta de emenda que contrariar aqueles pontos que não podem ser alterados, o Tribunal entende ser possível esta modalidade de controle preventivo de constitucionalidade, que se exerce antes mesmo da aprovação da emenda.

3 Sob a Constituição de 1988, o primeiro precedente se deu em relação à Emenda Constitucional nº 2/1992, que antecipou a data do plebiscito previsto na Constituição originária acerca do sistema de governo (parlamentarismo ou presidencialismo) e da forma de governo (república ou monarquia). Por maioria, o Tribunal considerou legítima a antecipação. Desde então já ocorreram inúmeros casos de ações diretas para controle da constitucionalidade, muitas delas acolhidas ao menos em parte.

4 Há uma singularidade que merece destaque, antes de concluir esta apresentação. Quando controla normas que são apenas formalmente constitucionais, isto é, questões na verdade ordinárias, o STF é mais expansivo e atuante. Foi assim ao declarar a inconstitucionalidade de norma tributária que dispensava a observância do princípio da anualidade para instituição do imposto sobre operações financeiras; e também ao declarar a inconstitucionalidade do dispositivo da reforma previdenciária que limitava o benefício a ser pago à mulher, durante a percepção do salário-maternidade.

5 Porém, quando o controle se dá em relação a emendas que tratam de temas materialmente constitucionais, o STF atua de modo mais cauteloso e autocontido. Apenas em dois casos o STF invalidou dispositivo de emendas em temas verdadeiramente constitucionais: considerou inconstitucional a submissão de ministros do STF à nova sabatina, após completarem 70 anos, se desejassem permanecer até a idade de 75 anos; e impediu que a mudança de regra eleitoral sobre coligações partidárias (a chamada "verticalização") se aplicasse às eleições que ocorreriam em menos de um ano da data da emenda.

7.5 Conclusão

1 A América Latina tem uma história política acidentada, marcada pela instabilidade institucional e pela substituição constante de Constituições. A durabilidade de uma Constituição depende de fatores ambientais – históricos, políticos, sociais – e, também, do seu desenho institucional. Constituições representativas dos interesses dos atores políticos e sociais relevantes, bem como capazes de se adaptar às demandas dos novos tempos, tendem a se prolongar no tempo.

2 Constituições têm dois propósitos essenciais: limitar o poder político e preservar os direitos fundamentais. Em muitos países, o núcleo essencial da Constituição é protegido por cláusulas pétreas, insuscetíveis de alteração mesmo por emenda constitucional. Em razão disso, em diversos ordenamentos constitucionais é admissível o controle de constitucionalidade de emendas à Constituição.

3 O desenho institucional brasileiro, traçado em 1988, combina (i) uma Constituição analítica com (ii) um procedimento relativamente fácil de emenda e (iii) um elenco longo de cláusulas pétreas que preservam a identidade da Constituição. No Brasil, apesar do número elevado de emendas constitucionais, o núcleo essencial da Constituição tem sido preservado. A propósito, é da tradição brasileira a possibilidade de controle de constitucionalidade de emendas constitucionais.

PARTE III

ARTIGOS NA IMPRENSA

CAPÍTULO 1

BEM, JUSTIÇA E TOLERÂNCIA[1]

Nessa quarta-feira, ao assumir uma cadeira no Supremo Tribunal Federal, mudo de lado do balcão. Deixo de ser um professor e advogado que há muitos anos participa do debate público de ideias para me tornar juiz. Considero ser um direito da sociedade saber um pouco mais sobre minha visão de mundo. Apresento-me, assim, mais por dever do que por desejo, tendo em mente a advertência severa de Ortega y Gasset: "Entre o querer ser e o crer que já se é, vai a distância entre o sublime e o ridículo".

Filosoficamente, creio no bem, na justiça e na tolerância. Creio no bem como uma energia positiva que vem desde o início dos tempos. Trata-se da força propulsora do processo civilizatório, que nos levou de uma época de aspereza, sacrifícios humanos e tiranias diversas para a era da democracia e dos direitos humanos. Creio na justiça, apesar de saber que ela tarda, às vezes falha, e tem uma queda pelos mais ricos. Mas toda sociedade precisa de um sistema adequado de preservação de direitos, imposição de deveres e distribuição de riquezas. Creio, por fim, na tolerância. O mundo é marcado pelo pluralismo e pela diversidade: racial, sexual, religiosa, política. A verdade não tem dono nem existe uma fórmula única para a vida boa.

Politicamente, creio em ensino público de qualidade, na igualdade essencial das pessoas e na livre iniciativa. Creio que ensino público de qualidade até o final do nível médio é a melhor coisa que um país pode fazer por seus filhos. Creio, também, na igualdade essencial das pessoas, apesar das diferenças. O papel do Estado é o de promover a

---

[1] Publicado no jornal *Folha de São Paulo*, em 26.6.2013, data da minha posse no Supremo Tribunal Federal.

distribuição adequada de riqueza e de poder para que todos tenham paridade de condições no ponto de partida da vida. Ah, sim: e todo trabalho, desde o mais humilde, deve trazer, junto com o suor, o pão e a dignidade. Por fim, creio na livre iniciativa, no empreendedorismo e na inovação como as melhores formas de geração de riquezas. Trata-se de uma constatação e não de uma preferência.

Do ponto de vista institucional, creio que o constitucionalismo democrático foi a ideologia vitoriosa do século XX. Constitucionalismo significa Estado de Direito, poder limitado, respeito aos direitos fundamentais. Democracia significa soberania popular, governo representativo, vontade da maioria. Da soma dos dois surge o arranjo institucional que proporciona o governo do povo, assegurados os direitos fundamentais de todos e as regras do jogo democrático.

Em suma: creio no bem, na justiça e na tolerância como valores filosóficos essenciais. Creio na educação, na igualdade, no trabalho e na livre iniciativa como valores políticos fundamentais. E no constitucionalismo democrático como forma institucional ideal. Esta a minha fé racional. Procurei expô-la do modo simples, claro e autêntico. Espero ser abençoado para continuar fiel a ela e a mim mesmo no Supremo Tribunal Federal.

CAPÍTULO 2

A FÉ, A RAZÃO E OUTRAS CRENÇAS[1]

Sou filho de mãe judia e pai católico. Cresci frequentando sinagogas e igrejas. Aos 15 anos, fiz um intercâmbio no exterior e vivi com uma adorável família presbiteriana. Ao fazer meu mestrado em Yale, meu vizinho de porta e amigo era muçulmano, da Arábia Saudita. Desde cedo na minha vida aprendi a conviver com a diversidade e a apreciá-la. Ao longo do tempo, reforcei a minha convicção de que as pessoas são essencialmente iguais. Não consigo imaginar nada mais triste para o espírito do que uma pessoa se achar melhor do que a outra, seja por sua crença, cor, sexo, origem ou por qualquer outro motivo.

Sou relator, no Supremo Tribunal Federal, de uma ação direta de inconstitucionalidade na qual se discute o papel do ensino da religião nas escolas públicas. Há basicamente duas posições em debate. De um lado, os que defendem que o ensino religioso pode ser ligado a uma específica religião, sendo ministrado, por exemplo, por um padre, um pastor ou um rabino. É o que se chama de ensino religioso confessional. De outro, os que sustentam que o Estado é laico e que o ensino de religião tem de ser de caráter histórico e plural, com a apresentação de todas as principais doutrinas. Isto é: não pode ser ligado a um credo específico.

São diferentes formas de ver o papel da educação religiosa e a vida. Ao STF caberá determinar qual delas realiza mais adequadamente a vontade constitucional. A Constituição não tem uma norma expressa a respeito, mas prevê a existência de ensino religioso facultativo, assim como prevê que o Estado é laico e não deve apoiar ou embaraçar qualquer culto. Convoquei uma audiência pública para debater o tema

---
[1] Publicado no jornal *Folha de São Paulo*, em 14.6.2015.

e convidei representantes de todas as principais religiões. Um debate aberto e plural, no qual pretendo colher a opinião de todos. Também se inscreveram pensadores religiosos, leigos e ateus, que igualmente serão ouvidos. Em seguida, farei um relatório com as principais posições e apresentarei meu voto em plenário.

Há três grandes valores em questão. O primeiro é a liberdade de religião, a possibilidade legítima de se professar uma crença e pretender conquistar adeptos para ela. O segundo é o dever de neutralidade do Estado em relação à religião, que deve se abster de promover qualquer delas, bem como de dificultar o seu exercício. O terceiro envolve o papel da religião na educação e no espaço público, no âmbito de um Estado democrático e de uma sociedade multicultural.

A vida civilizada aspira ao bem, ao correto e ao justo. Há os que buscam esse caminho em princípios religiosos. Há os que o procuram na filosofia moral. Muitas pessoas combinam ambas, a verdade revelada e a ética. E há muitos que professam um humanismo agnóstico ou ateu. A verdade não tem dono, e o papel do Estado é assegurar que cada um possa viver a sua convicção, sem a exclusão do outro. O caminho do meio, feito do respeito ao próximo e da tolerância. Como ensinam o Velho Testamento, os Evangelhos, o Budismo, Aristóteles, Kant e todos os que viveram para um mundo melhor e maior.

CAPÍTULO 3

UM OUTRO PAÍS[1]

Tudo passa, ensinam as principais tradições filosóficas e religiosas do mundo, de Heráclito ao Livro de Jó. Assim será, também, com a crise devastadora que nos aflige. Contrariando um pouco o senso comum, penso que o país vive um momento venturoso de mudança de patamar civilizatório. Há no ar um misto de indignação cívica, interesse de segmentos diversos na superação de práticas condenáveis e idealismo para a construção de um país melhor. Indignação, interesses legítimos e idealismo são o combustível das grandes transformações históricas.

O legado da democracia. Fará bem ao espírito, nesse momento de desencanto generalizado, lembrar que em trinta anos de democracia e de poder civil obtivemos inúmeras conquistas de valor inestimável. Entre elas se incluem a *estabilidade institucional*, a *estabilidade monetária* e a *inclusão social*. Em uma geração, derrotamos o espectro da ditadura, domesticamos a inflação e retiramos milhões de pessoas da linha da miséria extrema. A história aqui andou na direção certa, ainda quando não na velocidade desejada. A seguir, algumas reflexões sobre o momento atual e sua superação, seja qual for o governo.

A corrupção recompensa os piores. As pessoas na vida tomam decisões levando em conta incentivos e riscos. O baixíssimo risco de punição – na verdade, a certeza da impunidade – funcionava no Brasil como um incentivo imenso à conduta de agentes públicos e privados. A superação deste quadro tem exigido mudanças na sociedade e nas instituições. A sociedade deixou de aceitar passivamente o inaceitável. E instituições como o Supremo Tribunal Federal promoveram condenações como as do *Mensalão* e passaram a permitir a execução

---

[1] Publicado na revista *Veja*, em 3.8.2016.

de penas após o julgamento em 2º grau, fechando a porta por onde escapavam corruptos em geral. O enfrentamento da corrupção produzirá uma transformação importante no Brasil: a valorização dos bons em lugar dos espertos.

Reforma política: se nada mudar, todos perdem. A reforma política de que o Brasil precisa deverá ser capaz de atender a três objetivos: baratear o custo das eleições, incrementar a legitimidade democrática e reduzir drasticamente o número de partidos, facilitando a governabilidade. No modelo atual de voto proporcional em lista aberta para a Câmara dos Deputados, menos de 10% dos candidatos são eleitos com votação própria. Dessa forma, o eleitor não sabe quem elegeu e o parlamentar não sabe por quem foi eleito. Um não tem de quem cobrar e o outro não tem a quem prestar contas. De outra parte, o sistema facilita a criação de partidos políticos que vivem da apropriação privada do fundo partidário e de vender tempo de televisão, sem nenhuma autenticidade programática. Há consenso praticamente formado na sociedade sobre a eliminação de coligações em eleições proporcionais e a introdução da cláusula de barreira. E já há bastante apoio a uma alternativa de sistema eleitoral que funciona como um caminho do meio: a do sistema distrital misto. Não dá para fazer tudo sempre igual e esperar resultados diferentes.

Estado e sociedade: discutindo a relação. O Estado no Brasil, além de ineficiente, ficou grande demais e a sociedade já não consegue sustentá-lo. Aproximadamente 4% do PIB é gasto com a folha do funcionalismo. A redução do setor público é inevitável. Ao lado disso, temos um capitalismo que tem aversão ao risco e à concorrência: vive de financiamento público, reserva de mercado, desonerações mal justificadas e cartelização. Isso não é capitalismo, mas socialismo para ricos. Em matéria de economia, o mercado regulado adequadamente é melhor do que a política, que não se consegue regular. Precisamos valorizar a iniciativa privada e incentivar o reflorescimento da sociedade civil, com empreendedorismo social, filantropia e atuação comunitária, que podem incluir a criação de bibliotecas de bairro, a difusão do acesso à internet, a manutenção de uma praça ou o apoio à escola local.

Educação: estamos no final da fila. Em matéria de educação, a despeito dos progressos dos últimos anos, ainda estamos defasados mesmo em termos de América Latina. No tocante ao *ensino fundamental*, alcançada a universalização, é preciso investir em qualidade efetiva. No *ensino médio*, a universalização deve ser elevada à prioridade máxima, por sua capacidade de melhorar a vida das pessoas e a qualidade das escolhas que devem fazer. E temos que pensar em um modelo alternativo de ensino superior. O que temos é caro e não dá retorno proporcional à sociedade. Precisamos de instituições que sejam públicas nos seus propósitos, mas privadas no seu modelo de financiamento, com dotações filantrópicas, geridas profissionalmente e capazes de se multiplicar. Os professores seriam recrutados em todo o mundo, com aulas em português, inglês e espanhol, e bolsas de estudo para os bons alunos que não possam pagar. Não é preciso gastar energia confrontando-se com o modelo existente, basta criar um melhor e mais atraente que a mudança ocorrerá pela força da gravidade.

Livres e iguais: "Sabe com quem está falando?". Somos herdeiros de uma sociedade escravocrata, acostumada a distinguir entre senhores e servos, brancos e negros, ricos e pobres. Fomos criados numa cultura em que a origem social está acima do mérito ou da virtude, e na qual existem superiores e inferiores. Uma democracia verdadeira deve criar uma sociedade de pessoas livres e iguais, com acesso a oportunidades semelhantes no ponto de partida. Nessa linha, oferecer programas sociais para os verdadeiramente pobres é dever do Estado, assim como proteger mulheres contra a violência, negros contra o racismo e homossexuais e transgêneros contra a discriminação. Ah, sim: e reduzir drasticamente o foro privilegiado também ajudará a criar uma cultura republicana e igualitária.

Ética privada: o que eu digo e o que eu faço. Em uma reunião social, ouvi um interlocutor queixar-se contra das mazelas do país, sobretudo a corrupção. Em seguida, narrou que a empregada que contratara não queria assinar a carteira, de modo a não perder o valor que recebia como bolsa-família. Naturalmente, isto é errado. Pouco à frente, contou que a filha vivia conjugalmente com um companheiro, tinha filhos e uma linda família. Mas que não se casara para não perder a pensão que lhe deixara o avô, e que só beneficia mulheres solteiras. A percepção da primeira atitude como condenável e da segunda como aceitável é sintomática de uma sociedade que pratica uma moral dupla: quando eu faço é legítimo, quando os outros fazem é errado. Evidentemente, a conduta estava errada nos dois casos. Para darmos o salto civilizatório de que precisamos, é preciso que cada um comece a mudança por si próprio. A ética pública, de que tanto nos queixamos, é em grande medida espelho da ética privada.

Brasil: um sucesso a celebrar. Termino como comecei: lembrando o longo caminho que percorremos. O Brasil só começou verdadeiramente em 1808, com a vinda da família real. Antes disso, os portos eram fechados, era proibido abrir estradas e não podia haver manufaturas na colônia. Não havia escolas nem moeda, 98% da população era analfabeta e um terço era de escravos. Além disso, éramos herdeiros de uma tradição lusitana que foi a do último país da Europa a acabar com a Inquisição, o tráfico negreiro e o absolutismo. Apesar de tudo, em pouco mais de 200 anos, tornamo-nos uma das dez maiores economias do mundo, somos uma das maiores democracias de massas do planeta e retiramos 30 milhões de pessoas da pobreza extrema. O Brasil foi um dos grandes sucessos do século XX, talvez o maior de todos.

Com atraso, mas não tarde demais, temos uma chance de chegar ao futuro, de nos reinventarmos como país, dentro da legalidade democrática, sem mortos nem perseguidos. E oferecer ao mundo um exemplo de civilização, com justiça material, liberdades públicas, diversidade racial, pluralismo cultural e alegria de viver.

CAPÍTULO 4

UMA TRAPAÇA DA SORTE[1]

> *Quem faz grandes coisas,*
> *E delas não se envaidece,*
> *Esse realiza o céu em si mesmo.*
> (Lao Tsé, Tao Te Ching)

É muito difícil fugir do lugar comum nos momentos de perdas trágicas. A impermanência é o símbolo maior da nossa humanidade. A morte, a única certeza plena dessa vida. Pode acontecer a qualquer um, a qualquer momento. Mas nunca é hora. O Brasil, o Supremo e os amigos não estavam preparados para viver sem Teori Zavascki. Subitamente, nos demos conta de como precisávamos dele. Discreto, avesso a holofotes, Teori ficaria imensamente incomodado com a comoção que causou e a atenção que está recebendo.

Não foram poucas as decisões emblemáticas que passaram por suas mãos em tempos recentes. Entre elas, a possibilidade de execução da pena após a condenação em 2º grau; o afastamento da presidência da Câmara dos Deputados de parlamentar sob acusações graves; a prisão de um senador da República acusado de interferir em investigação em curso. Para citar as que tiveram mais visibilidade. O Brasil vive um momento difícil e grave. Parece haver uma conspiração de circunstâncias negativas. Mas é possível, também, interpretar os acontecimentos como uma virada histórica na direção de um país melhor e

---

[1] Publicado no jornal *Folha de São Paulo*, em 21.1.2017.

maior. Teori tinha essa percepção, e supervisionava a Operação Lava-Jato aristotelicamente: com virtude, razão prática e coragem moral. Continuar o trabalho de mudar o patamar ético do Brasil, com a mesma determinação e serenidade, será a forma mais digna de homenageá-lo.

Teori foi, também, um professor de primeira linha, que ensinou por muitos anos na Universidade Federal do Rio Grande do Sul e produziu alguns livros clássicos. Há poucos meses, por insistência minha, ele havia se integrado ao Programa de Pós-Graduação do Centro Universitário de Brasília, onde lecionaríamos juntos. Também lá fará uma falta imensa. Enfim, caberá ao noticiário enumerar os fatos da sua vida pública e de sua trajetória como magistrado e acadêmico. Aproveito o espaço que resta para um breve depoimento pessoal.

Éramos amigos próximos, mas recentes. Fomos nomeados para o Supremo Tribunal Federal com poucos meses de distância. Antes de virar juiz, estive despachando com ele diversas vezes, postulando direitos que me pareciam legítimos. Admirava-o tanto pela cortesia e consideração com que tratava advogados anônimos quanto pela nossa fraterna e espirituosa convivência no Tribunal. A gente na vida ensina sendo. Teori Zavascki era um bom exemplo disso.

Teori tinha a simplicidade das pessoas profundas. O senso de humor de quem é verdadeiramente sério. A desafetação intelectual de quem sabe bem do que está falando. Amigo é a pessoa com quem você pode simplesmente ficar calado, contar uma derrota ou chorar mágoas, seguro de ouvir uma palavra de alento de um interlocutor de boa-fé. Teori era mais de prudências do que de ousadias. Mais de tradições do que de modernidades. Talvez, por isso mesmo, de uma forma dialética e afetuosa, nos completávamos.

Não faz muitas semanas que eu disse a ele, em plenário: "O país teve muita sorte de tê-lo como relator da Lava-Jato". Com o estilo de sempre, e um sorriso maroto, respondeu: "Quem não teve sorte fui eu". Olhando agora, a constatação é inevitável: nenhum de nós teve. Sentado em um restaurante longe de casa, devastado de tristeza, a comida esfriando na minha frente, escrevo essas palavras como quem chora. Com tinta, em vez de lágrimas. Ajude-nos aí de cima, amigo.

CAPÍTULO 5

UMA NOVA NARRATIVA PARA O BRASIL[1]

Narrativa é a palavra da temporada. Considero-a melhor do que *pós-verdade*, oficialmente vencedora do ano de 2016. Na entrada do Oráculo de Delfos, na Grécia antiga, lia-se a inscrição: "Conhece-te a ti mesmo e conhecerás o Universo e os Deuses". Atribuída a Tales de Mileto, esta frase é considerada o marco do nascimento da filosofia ocidental, ao passar o homem e sua capacidade de reflexão para o centro dos acontecimentos. Cabe a cada indivíduo definir a sua relação consigo mesmo, com os outros e com o mundo. Vale para os países, também. Uma narrativa envolve o esforço de autocompreensão, de reconstrução da própria trajetória e da busca de um sentido para o futuro. Nela está embutida a exigência de se fazerem diagnósticos certos e sem idealizações, e de se buscarem as soluções que o realismo e o bom senso impõem. Este artigo é um breve esforço nesta direção.

Alguns exemplos para o mundo. Temos algumas contribuições importantes para a causa da humanidade. Apesar de ainda existir um velado racismo, somos o país da diversidade racial e da miscigenação. Brancos, negros, índios e todas as combinações possíveis formam a gente brasileira, em uma composição de cores e variados traços físicos. Somos, também, o país da diversidade religiosa, no qual cristãos, judeus, umbandistas e muçulmanos convivem sem atritos relevantes. Ortodoxias exacerbadas e fundamentalismos radicais não frutificaram por aqui. Somos um país de fronteiras pacíficas, de vasta extensão territorial, repleto de belezas e riquezas naturais. O país do bom humor, da alegria de viver, das festas populares e da extroversão. Gente sem medo e sem culpa de ser feliz.

---

[1] Publicado na revista *Veja*, em 8.2.2017.

Alguns fatos para nos envergonhar. Somos, também, o país da desigualdade social extrema. Do número de homicídios superior ao de muitos países em guerra. Da violência contra todos, notadamente pobres, negros, mulheres, homossexuais e transgêneros. Da falta de habitações adequadas, de urbanização, de saneamento. Da favelização ampla, que degrada as pessoas, as cidades e o meio ambiente. Um país com deficiências dramáticas na educação pública, na saúde pública, no transporte público, na segurança pública. Com poucas instituições de ensino de destaque e com monopólios públicos soterrados pela corrupção e pela ineficiência. Um país com estatísticas aterradoras no trânsito. Do *jeitinho* que contorna a lei, a ética e a isonomia. Mais recentemente, fomos protagonistas do maior escândalo de corrupção do mundo.

Uma nova narrativa para o país. A convivência de virtudes incomuns e de vícios primários tem feito com que a percepção do Brasil por seu povo e por seus formadores de opinião oscile entre o ufanismo e a autodepreciação: ou os melhores do mundo ou o sentimento de inferioridade diante de outras experiências nacionais. Precisamos de um exercício de pensamento original que ajude a definir o nosso lugar no mundo, o que somos e o que temos para oferecer. Uma nova narrativa, capaz de olhar para trás e para frente, de apresentar diagnósticos e propostas. Ao longo da história brasileira, pensadores e atores sociais notáveis – idealistas, pragmáticos, céticos ou visionários – empreenderam esforços para compreender, explicar e transformar o Brasil. Gente como Euclides da Cunha, Gilberto Freyre, Sergio Buarque de Holanda, Caio Prado Junior, Raymundo Faoro, Darcy Ribeiro e Roberto Da Matta, para citar apenas alguns. Ou artistas extraordinários, como Villa-Lobos, Chico Buarque ou Caetano Velloso.

Patrimonialismo. Começando pelos diagnósticos, é possível identificar três disfunções atávicas que marcam a trajetória do Estado brasileiro. A primeira delas é o *patrimonialismo*. O termo identifica o modo como se estabeleciam as relações políticas, econômicas e sociais entre o imperador e a sociedade portuguesa, em geral, e com os colonizadores do Brasil, em particular. Não havia separação entre a Fazenda do rei e a Fazenda do reino, entre bens particulares e bens do Estado. Os deveres públicos e as obrigações privadas se sobrepunham. O rei tinha participação direta e pessoal nos tributos e nos frutos obtidos na colônia. Vem desde aí a difícil separação entre esfera pública e privada, que é a marca da formação nacional. A aceitação resignada do inaceitável se manifesta na máxima "rouba, mas faz".

Oficialismo. A segunda disfunção que vem de longe é o *oficialismo*. Esta é a característica que faz dependerem do Estado – isto é, da sua bênção, apoio e financiamento – todos os projetos pessoais, sociais ou empresariais. Todo mundo atrás de emprego público, crédito barato, desonerações ou subsídios. Da telefonia às fantasias de carnaval, tudo depende do dinheiro do BNDES, da Caixa Econômica, dos fundos de pensão, dos cofres estaduais ou municipais. Dos favores do presidente, do governador ou do prefeito. Cria-se uma cultura de paternalismo e compadrio, a república da parentada e dos amigos. Um dos subprodutos dessa compulsão se expressa na máxima do favorecimento e da perseguição: "Aos amigos tudo; aos inimigos, a lei".

A cultura da desigualdade. Este é o nosso terceiro mal crônico. A igualdade no mundo contemporâneo se expressa em três dimensões: a igualdade *formal*, que impede a desequiparação arbitrária das pessoas; a igualdade *material*, que procura assegurar as mesmas oportunidades a todos; e a igualdade como *reconhecimento*, que busca respeitar as diferenças de gênero e proteger as minorias, sejam elas raciais, de orientação sexual ou religiosas. Temos problemas nas três dimensões. Como não há uma cultura de que todos são iguais e deve haver direitos para todos, cria-se um universo paralelo de privilégios: imunidades tributárias, foro privilegiado, juros subsidiados, auxílio moradia, carro oficial, prisão especial. A caricatura da cultura da desigualdade ainda se ouve, aqui e ali: "Sabe com quem está falando?".

Avanços importantes. Ainda somos viciados em estatismo, paternalismo e privilégios. Mas diversas gerações têm enfrentado esses desajustes, que vêm sendo superados com a velocidade possível. Nem sempre tivemos sorte: ao longo da história, o iluminismo sucumbiu em diferentes momentos da vida brasileira. José Bonifácio, Joaquim Nabuco, Ruy Barbosa, Santiago Dantas: nenhum deles foi a voz que prevaleceu no seu tempo. Mas, ainda assim, em épocas mais recentes, conseguimos vitórias importantes: a superação da miséria absoluta, a proibição do nepotismo nos três poderes, a luta aberta contra a corrupção, o enfrentamento da violência contra as mulheres, a legitimação das uniões homoafetivas, um debate mais aberto sobre a questão das drogas e sobre a descriminalização do aborto. Há vitórias a celebrar. A propósito, decisões judiciais até podem ajudar a empurrar a história, mas sem mobilização social, cidadania ativa e espírito cívico, avanços iluministas não se consolidam. A democracia é o governo do povo, não de juízes.

Um projeto progressista. No curto prazo, precisamos de um projeto progressista, que envolve três eixos: *econômico*, com empreendedorismo, inovação, risco e competição, em lugar da dependência e favorecimentos; *social*, com políticas redistributivas equilibradas e justas, que incluem assistência social onde indispensável, serviços públicos de qualidade e um sistema tributário menos regressivo; e *político*, com uma onda de patriotismo e idealismo apta a implantar um sistema eleitoral e partidário melhor, capaz de atrair novas vocações. Para além do curto prazo, é preciso mirar o horizonte.

Um novo começo. A história é um caminho que se escolhe, e não um destino que se cumpre. Precisamos de um esforço de autocompreensão. Identificar nosso patrimônio comum, nossos valores, nosso projeto civilizatório. Sem dogmas nem superstições. A Constituição é uma boa bússola, e não um obstáculo. Sobre o desencanto de uma República que ainda não foi, precisamos de um novo começo.

PARTE IV

PREFÁCIOS

CAPÍTULO 1

O CICLO DA VIDA[1]

Na vida, nunca cessamos de procurar.
E o final de toda procura
Nos leva ao ponto de onde partimos
Para conhecê-lo pela primeira vez.
(T.S. Elliot)[2]

1.1 Da autora e sua trajetória

Este é o terceiro prefácio que escrevo para uma obra da Professora Ana Paula de Barcellos. Um privilégio que a vida me deu. O primeiro deles foi para sua dissertação de mestrado, materializada no livro *Eficácia jurídica dos princípios: o princípio da dignidade da pessoa humana*. Tratava-se de uma viagem bem guiada pelos principais cenários da teoria constitucional e da teoria dos princípios, bem como de uma tentativa, pioneira à época, de dar densidade jurídica à dignidade da pessoa humana. Prenunciando a linda carreira que ela faria, escrevi na ocasião:

> Os professores verdadeiramente comprometidos com seu ofício não podem almejar apenas serem imitados ou seguidos. Este seria um destino medíocre. Justamente ao contrário, devem estimular seus alunos

---

[1] Prefácio do livro *Direitos fundamentais e direito à justificativa: devido procedimento na elaboração legislativa*, 2016, de Ana Paula de Barcellos.
[2] Tradução livre.

a pensarem por si, a ousarem ideias diversas, a buscar os próprios caminhos. Se possível, a irem onde ninguém esteve. Professores por vocação preparam, com esmero, aqueles que vão superá-los, que chegarão mais longe. Esta a sua sina: sublimar a própria vaidade e celebrar o sucesso alheio. Poderia ser uma derrota, mas quem bem entende o que digo sabe que é a glória.

Ana Paula de Barcellos é um dos exemplos mais vistosos do que digo. Uma paixão intelectual.

Mais à frente, nos registros iniciais de um dos meus livros, nos quais fazia menção a pessoas relevantes e queridas na minha vida, disse dela:

> [...] E Ana Paula de Barcellos, que há dez anos ingressou na vida acadêmica pelas minhas mãos, tendo sido minha monitora e minha orientanda de mestrado e de doutorado, até tornar-se professora da UERJ por concurso público. O leitor imaginará que tenha sido proveitosa para a jovem estudiosa a convivência com seu professor. Mas deve saber que a recíproca é mais intensamente verdadeira: de longa data beneficio-me eu de seu talento privilegiado, de sua inteligência emocional e de sua dedicação plena a todos os projetos com os quais se compromete.[3]

Em um segundo livro, correspondente à sua tese de doutorado – *Ponderação, racionalidade e atividade jurisdicional* –, Ana Paula escreveu páginas notáveis sobre a justificação das decisões judiciais, em um mundo que assistia à expansão do espaço interpretativo e à ascensão política e institucional do Poder Judiciário. Impressionado com seu trabalho, ainda hoje um dos melhores sobre o assunto, concluí o prefácio que escrevi na ocasião com a seguinte observação:

> Apenas uma última advertência. Não leia este livro incidentalmente, como um fato casual da rotina dos estudos jurídicos. Há risco de se desperdiçar uma grande oportunidade. O trabalho que se segue é um marco na compreensão das complexidades do direito em nosso tempo e na busca de legitimidade, racionalidade e controlabilidade para a interpretação judicial. Por isso mesmo, é preciso percorrer as suas páginas com os sentidos em alerta e o coração aberto, pronto para uma grande paixão. Há risco de a vida não voltar a ser a mesma.

---

[3] Luís Roberto Barroso, *Temas de direito constitucional*. 2005. t. III. Registros.

Cabe-me agora apresentar a tese com a qual conquistou uma das posições de professora titular de Direito Constitucional da Universidade do Estado do Rio de Janeiro – UERJ, intitulada *Direito Constitucional a um devido procedimento na elaboração normativa: direito a justificativa*. Ana encerra o ciclo formal de sua carreira acadêmica com um trabalho primoroso. Original nas ideias, preciso na organização e sedutor na forma objetiva, simples e persuasiva. A seguir, algumas reflexões sobre o tema.

1.2 O livro e sua temática

A agenda do direito constitucional brasileiro, nos últimos anos, tem tido seus registros centrais em discussões acerca da judicialização, da legitimidade democrática da jurisdição constitucional e dos mecanismos de tutela dos direitos fundamentais. Como pano de fundo de todas essas discussões, tem-se o momento de persistente desprestígio vivido pela política majoritária e pelo Poder Legislativo. O trabalho de Ana Paula de Barcellos, sem fugir desses temas relevantes, procura mudar o foco, transferindo-o das instituições judiciais para as instituições políticas. Ao reconhecer os limites e as possibilidades de atuação do Poder Judiciário, sua tese procura revalorizar a política. Nada mais original e necessário.

Em uma democracia, qualquer democracia, política é gênero de primeira necessidade. Sua desmoralização é a derrota do constitucionalismo democrático. A judicialização da vida não pode ser percebida como solução dos nossos problemas, sejam os de natureza institucional sejam os relacionados aos direitos humanos. O Poder Judiciário é uma instância *patológica* da vida: só se vai a juízo quando exista litígio, briga, desavença. Esta não deve ser a forma ordinária de se resolverem disputas. Disputas devem ser resolvidas amigavelmente, administrativamente, negociadamente, mediante concessões e compromissos. A judicialização deve ser a exceção, e não a regra. Mesmo em matéria de direitos fundamentais. Como bem observou Ana Paula, o Judiciário depende de provocação, decide em âmbito limitado e, frequentemente, atende aos extratos mais elevados da população. Em suas palavras:

> A capacidade de a jurisdição promover direitos fundamentais em caráter geral e de forma equitativa é limitada. O Judiciário apenas decide o que lhe chega às mãos, e apenas uma fração das necessidades de direitos fundamentais lhe é submetida. Ademais, as evidências indicam

que os mais necessitados da população não são, como regra, os que se beneficiam da judicialização. E a própria execução das decisões judiciais, sobretudo daquelas que interfiram com políticas públicas, dependerá da colaboração dos poderes majoritários.

[...] A promoção sustentável e equitativa dos direitos, isto é: que atribua prioridade aos mais pobres, depende sempre de um esforço continuado do poder público que se dará, substancialmente, no espaço democrático por meio da atuação ordinária dos poderes majoritários, Legislativo e Executivo.

Daí o mérito deste trabalho em procurar recolocar o Poder Legislativo no centro das discussões. Para tanto, as ideias apresentadas procuram valorizar o processo de elaboração normativa pelo Congresso Nacional, pela criação de um *devido processo na elaboração normativa* ou *DPEN*. Trata-se de um procedimento que impõe aos órgãos legislativos o dever de apresentarem, com informações factuais, objetivas e inteligíveis, a justificativa da inovação legislativa que pretendem instituir. Com isso, contribuem para o debate público de qualidade, para a informação adequada dos cidadãos e para a legitimidade das escolhas que empreendem. Qual o problema a ser enfrentado? Qual o resultado visado? Quanto custa? Eis algumas das perguntas a serem necessariamente respondidas. Com maestria, expõe a autora os elementos mínimos do DPEN:

> Nesse contexto, o devido procedimento de elaboração normativa é justamente um direito constitucional difuso pelo qual se exige de quem propõe a edição da norma jurídica que apresente justificativa correspondente. Essa justificativa deve conter razões e informações e abordar ao menos os seguintes temas: (i) o problema que a norma pretende enfrentar; (ii) os resultados que se espera sejam produzidos com a execução da norma; e (iii) os custos e impactos que se antecipa decorrerão da norma.

O resultado final visado pela proposta é virtuoso e facilmente identificável: devolver o protagonismo dos poderes eleitos democraticamente – o Legislativo e o chefe do Executivo –, mesmo na proteção dos direitos fundamentais. O Judiciário não tem a chave do cofre nem a espada, de modo que o papel dos demais poderes é indispensável. Ao impor o dever de justificar escolhas político-legislativas, a tese dá ao Legislativo e ao Executivo um trunfo que é responsável por parte do sucesso do Judiciário: o oferecimento de razões, de justificativa para as decisões tomadas. A democracia contemporânea é feita de *votos*, de respeito aos *direitos fundamentais* e do oferecimento de *razões*, argumentos que possam conquistar o espírito humano e obter adesão e apoio. A proposta de Ana Paula traz a exigência de *razões* para o mundo da política. A vontade da maioria temperada por justificações racionais. Ainda que de difícil implementação, trata-se de uma ideia relevante e iluminista.

1.3 Saindo do caminho

Como assinalado acima, o texto que o leitor tem nas mãos deu a Ana Paula de Barcellos a posição de professora titular de Direito Constitucional da UERJ. Trata-se do mesmo título que eu conquistei, a pouco mais de vinte anos atrás, quando ela era minha monitora na faculdade. Desde então, jamais nos afastamos academicamente. É difícil expressar em palavras o conjunto de emoções e de bons sentimentos que o sucesso dela desperta em mim. O ciclo da vida, na biologia, na filosofia e mesmo na poesia, como documenta a epígrafe deste prefácio, é quase sempre associado a uma volta ao começo, ao estado inicial. Ana Paula representa este recomeço, a continuidade, a preservação de um patrimônio comum. Mas simboliza, também, a renovação de ideias, a mudança necessária, a evolução da história. Assistir ao sucesso dela é, para mim, como voltar no tempo e viver uma outra vez a mesma realização que já vivera.

Nessa quadra difícil da vida brasileira, precisamos de talento, integridade e compromissos com o país e sua gente. Precisamos melhorar a qualidade da política, do debate público e das soluções. Nesse ambiente, Ana Paula de Barcellos é a pessoa certa, com ideias no lugar e espírito voltado para pensar e servir o país. Um exemplo que merece ser multiplicado e seguido. Em um mundo que vive a ascensão feminina, lugares mais elevados a esperam. Assim será.

De Brasília para o Rio de Janeiro, 7 de julho de 2016

CAPÍTULO 2

OS DESCAMINHOS DO ESTADO BRASILEIRO, O SUCESSO ACADÊMICO E A IMPERMANÊNCIA[1]

2.1 O autor e sua trajetória

Este é o terceiro prefácio que elaboro para obras do professor Gustavo Binenbojm. O primeiro foi para sua dissertação de mestrado, uma valiosa reflexão sobre a jurisdição constitucional no Brasil. Na ocasião, escrevi:

> No esporte, mais comumente que na vida acadêmica, há pessoas que ficam consagradas pelo descobrimento de um grande talento, um virtuose. Em um lance de inspiração, uma intuição especial, identificam no meio da multidão de aspirantes aquele que tem brilho próprio, que é fora de série, que percorrerá novos caminhos.
>
> [...] Pois antes que apareça algum aventureiro, deixo consignada a minha precedência: percebi a vocação de jurista de Gustavo Binenbojm logo no início da década de 90, quando aluno brilhante no curso de graduação.

O segundo foi para sua tese de doutorado, um lance de olhos criativo e bem-sucedido sobre o direito administrativo brasileiro e as mudanças de paradigma trazidas pela constitucionalização do direito em geral. Ao repassar os muitos anos de nosso convívio pessoal e acadêmico, registrei naquela altura:

> É lugar comum dizer-se que alunos se tornam filhos espirituais dos professores aos quais se ligam. A imagem é gasta, mas é verdadeira.

---

[1] Prefácio do livro *Poder de polícia, ordenação, regulação*, 2016, de Gustavo Binenbojm.

É que ao lado dos vínculos formais da orientação e dos laços intelectuais da discussão de idéias, desenvolve-se e aprofunda-se, também, uma relação de afeto e de cumplicidade, um elo transcendente. Mas os filhos, biológicos ou espirituais, pertencem ao mundo, e não aos pais. Há uma fase na vida em que é possível compartilhar valores, ser exemplo ou dar motivação. Mas em algum momento – doloroso momento – é preciso sair de cena, para converter-se em referência cada vez mais remota. Essa é a glória da paternidade e do magistério: deixar de ser protagonista e tornar-se um espectador engajado. Às vezes, um mero torcedor na arquibancada.

Este novo livro completa a trilogia acadêmica de Gustavo com uma notável revisita à doutrina do poder de polícia, sob o influxo de valores transformadores, como o princípio democrático e a tutela dos direitos fundamentais. De maneira especialmente feliz, o autor identifica dois eixos de mudança paradigmática no direito administrativo. O primeiro deles é o que denominou de "giro democrático-constitucional", que procura derrotar as origens relativamente autoritárias da administração pública em geral, e no Brasil em particular. O segundo giro, referido como "pragmático", transfere o raio de preocupações do direito administrativo para o plano dos resultados, das consequências práticas verificáveis na realidade concreta. Em suas próprias palavras, averbou Gustavo:

> O giro democrático-constitucional do direito administrativo representa um conjunto de modificações que elevam as bases axiológicas da disciplina ao plano da normatividade da Constituição. Em termos operativos, a constitucionalização do direito administrativo importa o reconhecimento da centralidade do sistema de direitos fundamentais e do sistema democrático como fundamentos de legitimidade e elementos estruturantes do Estado Administrativo contemporâneo.
>
> [...] O giro pragmático revela, por seu turno, uma tendência à adoção de estruturas, conceitos, procedimentos e decisões administrativas que sejam aptos a produzir os melhores resultados. Ao pragmatismo interessa, sobretudo, a diferença, em termos práticos, da decisão por uma ou outra proposição. Dá-se, assim, uma ruptura parcial com a Administração Pública burocrática, de matriz *weberiana*, com ênfase no *antifundacionalismo*, no *contextualismo* e no *consequencialismo*, que são as características que permeiam a metodologia pragmatista.

Do primeiro trabalho até aqui, Gustavo se transformou de um jovem brilhante e promissor em um jurista maduro e sofisticado. Acompanhei sua vitoriosa trajetória bem de perto: Gustavo foi meu aluno de graduação, monitor, orientando de mestrado e de doutorado. Também escrevi uma de suas cartas de recomendação para Yale, onde esteve fazendo o LL.M que eu lá fizera, pouco mais de dez anos antes. Na vida profissional, trabalhou comigo em meu escritório por cerca de uma década. E embora o verdadeiro amadurecimento espiritual consista na progressiva libertação do ego, mal consigo disfarçar a vaidade com que descrevo esses fatos. Sinal de que tenho um longo caminho pela frente ainda. Em verdade, é difícil descrever a sensação e o privilégio de ter acompanhado a formação de um dos melhores publicistas da nova geração e participado dela, em alguma medida. Gustavo tem a capacidade de diagnosticar problemas e de propor soluções inteligentes e originais, fora da caixa. E bem estamos precisando disso por aqui.

2.2 Breve reflexão sobre o tema

Tenho por costume, nos prefácios que escrevo, fazer uma breve reflexão sobre o tema do estudo, em homenagem ao autor. A Administração Pública no Brasil vive um momento dramático. A percepção do público em geral é de que ela está imersa numa corrupção sem fim. Há de fato problemas graves nessa área. Mas talvez não sejam maiores do que os representados por uma grande mediocridade geral. Sofremos de certa incapacidade do setor público de atrair quadros de qualidade, reavivar o patriotismo e o idealismo, bem como produzir ideias ousadas e viáveis. Vivemos uma espécie de morte da política como atividade de pensar o interesse público.

Três disfunções crônicas marcam a trajetória do Estado brasileiro: o patrimonialismo, o oficialismo e o autoritarismo. O *patrimonialismo* está ligado à nossa colonização ibérica e à má-separação entre o espaço público e o espaço privado. O *oficialismo* é a cultura que faz depender do Estado – isto é, de sua bênção, apoio ou financiamento – todo e qualquer projeto pessoal, político ou empresarial de grande porte. O *autoritarismo*, por sua vez, vem da dificuldade atávica de respeitar a legalidade constitucional, os limites do poder e, no que interessa ao presente estudo, dar transparência e razões à atuação da Administração. O estudo do poder de polícia e de suas transformações, empreendido com maestria pelo autor, ajuda a compreender e a enfrentar essas vicissitudes. Na sua concepção reconfigurada, o poder de polícia é instrumento importante da autonomia pública e privada, da ordenação da vida econômica e social e da maximização do bem-estar das pessoas, como demonstrou Gustavo Binenbojm.

Sucessivas gerações de brasileiros patriotas e idealistas têm procurado derrotar esse *status quo*. E, apesar da amargura que contamina certos momentos da vida nacional, a verdade é que temos feito progresso. Não temos andado na velocidade desejada, mas temos seguido na direção certa. Reflexões de qualidade e propositivas como as que se materializam neste trabalho ajudam a empurrar a história para o seu destino real. Mesmo quando tudo parece fora do lugar, o que de melhor se pode fazer na vida é cumprir bem o próprio papel. É o que a academia tem procurado fazer, e este livro é um bom exemplo.

2.3 Conclusão

A impermanência, a ideia de que tudo flui constantemente e de que cada coisa tem seu tempo nessa vida permeiam a filosofia moral e religiosa de diferentes povos ao longo da história. "Ninguém se banha duas vezes nas águas do mesmo rio", teria dito Heráclito de Éfeso, alguns séculos antes da Era Comum. Com a chegada de Gustavo Binenbojm à posição de professor titular de Direito Administrativo da UERJ confirma-se um dos fascínios da vida: a renovação constante e benfazeja de pessoas e instituições. Do meu ponto de vista, registro que a maturidade não tem algumas das exuberâncias da juventude, mas traz duas aquisições inestimáveis para o espírito: a possibilidade de se contemplar à distância o caminho que se ajudou a construir e a alegria de vê-lo refeito e aperfeiçoado pelos que vieram depois de nós. A sublime felicidade da impermanência.

A propósito, e como tudo passa – mesmo prefácios compridos chegam ao fim! –, é boa hora de eu sair do caminho. O Professor Gustavo Binenbojm chegou ao ponto culminante da carreira acadêmica na hora certa: como um jurista jovem e plural, com ideias próprias mas sem dogmatismos, capaz de ensinar e de inspirar as novas gerações. Desejo a ele a mesma bênção que a vida me proporcionou, e da qual o seu sucesso é um bom exemplo: a do mestre que um dia é superado por seus alunos. Não há glória maior.

Brasília, 31 de janeiro de 2016.

CAPÍTULO 3

"ASSIM É SE LHE PARECE": O TEATRO, O DIREITO E A VIDA[1]

3.1 Introdução: A busca da razão possível

Luigi Pirandello foi um escritor e dramaturgo italiano, vencedor do prêmio Nobel de Literatura de 1934. Uma de suas peças mais famosas é a referida no título deste prefácio – *Così è (se vi pare)*, no original –, uma "farsa filosófica", segundo o próprio autor. O texto é uma parábola sobre os descaminhos da busca de uma verdade única, o contraste entre a realidade e a aparência, e a circunstância de que as pessoas veem a vida de diferentes pontos de observação.

Não é preciso abraçar o relativismo extremado do autor italiano para diagnosticar a dificuldade que há, na vida em geral e no direito em particular, em se produzir uma única resposta correta para determinadas situações concretas e justificá-la racionalmente. O trabalho que aqui tenho o prazer de apresentar é, de certa forma, uma discussão acerca dos limites da razão, da objetividade possível e da neutralidade impossível. Nessa vida, somos todos prisioneiros da ideologia e do inconsciente. Não existe, portanto, um intérprete isento das complexidades da subjetividade pessoal e das influências sociais. Isto é: sem história, sem memória e sem desejos. O melhor que se pode fazer em relação a isso é ter autocrítica e buscar o autoconhecimento. Este trabalho desenvolve, com maestria, um esforço bem-sucedido nessa direção.

Em seguida o leitor compreenderá porque me pareceu bem utilizar aqui uma alegoria teatral.

---

[1] Prefácio do livro *Nos bastidores do STF*, 2015, de Patricia Perrone Campos Mello.

3.2 A autora

Patricia Perrone Campos Mello é uma pessoa que se reinventa de tempos em tempos. Em meados dos anos 90, ela vivia uma carreira de atriz em ascensão. Viajava pelo país com uma peça de grande bilheteria e foi coprotagonista de uma festejada série de televisão. Com o sucesso batendo à porta, jovem e independente, resolveu mudar de vida e foi estudar Direito. Dos palcos para os compêndios jurídicos gordos e nem sempre emocionantes.

Só vim a conhecê-la pessoalmente aí pelo ano 2000, quando ela foi aprovada com brilho no concurso para procuradora do estado do Rio de Janeiro. Eu dirigia o Centro de Estudos Jurídicos da Procuradoria, presidia a comissão organizadora do concurso e a banca de direito constitucional. Nunca fui um expectador muito atento de televisão, e até hoje me lembro da surpresa com que ouvi o comentário de um colega de banca, meu querido amigo Paulo Galvão: "Essa moça é uma grande atriz".

Bom: o fato é que ela certamente se tornou uma grande procuradora do estado. Consolidada na carreira, Patricia veio fazer mestrado no Programa de Pós-Graduação em Direito Público da Universidade do Estado do Rio de Janeiro – UERJ, onde fui seu orientador. Os deuses da academia sempre foram generosos comigo: mais uma vez, uma jurista jovem e brilhante vinha cruzar o meu destino. Antes dela, em meio a muitos, já haviam vindo Daniel Sarmento, Gustavo Binenbojm, Ana Paula de Barcellos, Jane Reis Gonçalves Pereira e Eduardo Mendonça, para citar só alguns. Na ocasião, Patricia produziu uma dissertação primorosa sobre os *precedentes* no direito brasileiro.

Tempos depois, em seleção desidentificada, Patricia foi aprovada no nosso Programa de Doutorado. Recordo-me até hoje do encantamento que seu projeto me causou, até porque eu havia acabado de escrever um artigo que brevemente tratava da mesma temática.[2] Recentemente, ao arrumar papéis que se acumulam em todos os cômodos da minha existência, deparei-me com o referido projeto. Ali se encontravam, apenas esboçadas, as ideias que se materializariam no presente livro. Bem pensadas, bem desenvolvidas, bem escritas. Uma pesquisa abrangente e pioneira, que traz luzes e reflexão sobre a atuação do Supremo Tribunal Federal e sobre o processo de construção de uma decisão judicial em geral.

---

[2] Luís Roberto Barroso, Constituição, democracia e supremacia judicial: direito e política no Brasil contemporâneo. In: *O novo direito constitucional brasileiro*, 2012.

Recentemente, Patricia aceitou um novo desafio para mudar de vida e de cidade: veio ser minha assessora no Supremo Tribunal Federal. Veio de armas e bagagens, de maneira integral e íntegra, como sempre, com filhos e tudo o mais. Às quintas-feiras à noite, após a sessão do STF, quando embarco para o Rio para dar aula na sexta pela manhã, encontro com Carlos, o marido, a passos largos no aeroporto, apressado e saudoso vindo ao seu encontro. Sou grato a ele pelo privilégio da convivência intelectual e profissional com Patricia, que me ajuda a pensar, a escrever e a ser melhor do que de fato sou.

3.3 O livro

Patricia produziu um trabalho extraordinário em abrangência e profundidade. No seu ponto de partida, ela observa que o Supremo Tribunal Federal, nos últimos anos, passou a se pronunciar acerca das questões mais relevantes para o país, no plano social, econômico e moral. Tais decisões, no entanto, em múltiplas situações, são construídas sem que exista um texto plenamente determinante da solução. São os chamados casos difíceis, para os quais inexistem respostas pré-prontas à disposição do intérprete. E muito embora o juiz ou o tribunal vá colher no sistema jurídico o fio condutor do seu argumento, a autora assenta com precisão que "não há dúvida de que esses elementos são insuficientes para fornecer uma explicação completa sobre o seu comportamento". A partir dessa premissa, a autora sai em busca dos fatores jurídicos e extrajurídicos que influenciam o processo decisório do Supremo Tribunal Federal. Com base em ampla literatura jurídica norte-americana, importada de maneira qualificada e devidamente nacionalizada na fronteira, a autora examina três grandes modelos de comportamento judicial: o legalista, o ideológico e o institucional.

O modelo legalista sustenta que os principais fatores determinantes de uma decisão judicial são as normas positivas, os precedentes dos tribunais e a dogmática jurídica. O fato inafastável, porém, é que a interpretação jurídica contemporânea, sobretudo em matéria constitucional, reserva para o juiz um papel que ultrapassa, com frequência, uma função semiburocrática de mera aplicação de conhecimento técnico.

Nas sociedades complexas atuais, há uma clara dimensão subjetiva na atuação dos tribunais, "não sendo possível isolar o intérprete de suas pré-compreensões ou de suas convicções éticas". Tomando por base essa constatação, Patricia escreve páginas notáveis sobre o modelo ideológico de comportamento judicial, com uma análise pormenorizada da linha de atuação de alguns ministros do STF. Por fim, a autora analisa o modelo institucional, com a fina percepção de que a abordagem legalista ou a projeção de preferências ideológicas encontram limites intransponíveis, tanto internos em âmbito judicial quanto externos, em razão da interação com outros poderes.

No capítulo final, Patricia trata do tema relevante, complexo e delicado das relações entre o Supremo Tribunal Federal, a opinião pública e a imprensa. Embora não sejam eleitos, juízes desempenham, como qualquer agente público em uma democracia, um poder representativo. Eles atuam em nome e no interesse do povo. Todavia, existe nesse domínio uma fina sutileza. Embora devam ser transparentes, motivar as decisões e prestar contas à sociedade, juízes não podem ser subservientes à opinião pública. Muitas vezes, a decisão correta e justa não é a mais popular. Numa democracia constitucional, a soberania popular se converte, pela Constituição, em supremacia constitucional. Ao aplicar a Constituição, mesmo contra as paixões do momento, aparentemente majoritárias, o STF está agindo em nome do poder que a soberania popular a ele confiou. Cabe lembrar, porém, que os tribunais não têm nem a chave do cofre (cabe ao Legislativo aprovar o orçamento) nem a espada (é o Executivo quem comanda as Forças Armadas). Sua autoridade, portanto, depende de seu prestígio institucional e da confiança dos cidadãos. Captando as ambiguidades desse fenômeno, assim se manifestou a autora:

> A opinião pública é substancialmente influenciada pela interação da população com a imprensa. Os cidadãos só conhecem os fatos que lhe são reportados e como lhe são reportados. O modo de funcionar da imprensa e os interesses empresariais a que busca atender podem ensejar coberturas parciais, incompletas, comprometidas com determinada linha editorial e gerar no público percepções distorcidas, reações emocionais e febris. Quando isso ocorre, seguir a opinião pública pode ser um erro, muito embora os juízes encontrem-se sujeitos aos mesmos mecanismos e distorções.

3.4 Conclusão

Em seu trabalho anterior, intitulado *Precedentes: o desenvolvimento judicial do direito no constitucionalismo contemporâneo*, publicado em 2008, Patricia iluminou um tema antigo com um conjunto de novos *insights* que procuravam preparar o país para o papel decisivo e normativo que a jurisprudência passara a desempenhar entre nós. Ou seja: tratou de um tema clássico com um novo olhar. No presente livro, Patricia sai na frente, explorando com ousadia e pioneirismo uma vertente nova do constitucionalismo: a identificação dos fatores que efetivamente influenciam o comportamento judicial. Já ninguém acredita que as decisões judiciais, sobretudo nos casos difíceis e controvertidos, sejam puramente técnicas. Nunca foram. O que há de novidade é que a doutrina e a sociedade já não aceitam passivamente o escamoteamento da ideologia e das opções do julgador. Ao contrário, a moderna teoria constitucional, com o apoio da ciência política, exige honestidade intelectual e transparência. Ainda há quem torça o nariz para esta realidade. Mas de nada adianta quebrar o espelho por não gostar da imagem.

Quis o destino que eu fosse, uma vez mais, o discreto diretor de uma peça jurídica memorável escrita e produzida por Patricia Perrone Campos Mello. Ao identificar, por trás da *persona* do magistrado, os fatores que o influenciam como cidadão do mundo e ator do seu tempo, ela contribui decisivamente para mudar a percepção da plateia acerca do comportamento judicial. A revelação da humanidade dos membros do tribunal antes os engrandece do que diminui. Interpretar é trazer o direito para a vida real. E a vida, como bem captou Charles Chaplin, é uma peça de teatro que não permite ensaios. Assim, descerro a cortina para que o público possa apreciar e aplaudir um trabalho que marcará época.

CAPÍTULO 4

A CONSTITUCIONALIZAÇÃO DO DIREITO ELEITORAL[1]

4.1 A autora

Aline Rezende Peres Osorio é um raio de sol que ilumina os ambientes por onde passa com inteligência, criatividade e *joie de vivre*. Muito jovem ainda, seu texto, suas ideias e sua compreensão de mundo revelam uma pessoa madura e equilibrada. Não a maturidade e o equilíbrio da contemplação, da intelectualidade crítica, mas passiva. Aline é uma dessas pessoas que fazem a vida acontecer, com idealismo e paixão.

Conheci-a quando foi minha aluna no Programa de Pós-Graduação em Direito Público da Universidade do Estado do Rio de Janeiro – UERJ. Ali, entre estudantes especialmente talentosos, ela brilhava com luz própria, em intensidade incomum para quem estava se iniciando nas aventuras do direito. Reencontrei-a estreando na tribuna do Supremo Tribunal Federal, onde sustentou o primoroso memorial, do qual foi coautora, elaborado pela Clínica de Direitos Fundamentais da UERJ a propósito do financiamento de campanhas eleitorais. Na primeira vaga que se abriu na minha assessoria após a sua conclusão dos créditos do mestrado, convidei-a a trabalhar comigo no STF.

Ao logo de quase dois anos que está por aqui, tornando minha vida melhor e mais fácil, Aline exibiu as qualidades que se materializam neste trabalho: originalidade nas ideias, uma visão patriótica e humanista da vida e extraordinária capacidade de execução. Por mais de uma vez, tive de lhe pedir que parasse de trabalhar, descansasse e

---

[1] Prefácio do livro *Direito eleitoral e liberdade de expressão*, 2017, de Aline Osorio.

desse a missão por cumprida, tal a sua obsessão com a perfeição, com a produção do melhor trabalho possível e a conquista do resultado. É uma bênção tê-la por perto.

Apresentada a autora – e não há uma gota de exagero no que venho a dizer –, apresento muito brevemente o seu livro. Faço-o para atender a um pedido de Aline. É que a excelência do livro fala por si só e prescinde de complementos.

4.2 O livro: a necessária constitucionalização do direito eleitoral

A Constituição, como se sabe, não é apenas um sistema em si – com a sua ordem, unidade e harmonia –, mas também um modo de olhar e interpretar todos os demais ramos do direito. Este fenômeno, identificado como *filtragem constitucional*, consiste em que toda a ordem jurídica deve ser lida e apreendida sob a lente da Constituição, de modo a realizar os valores nela consagrados. Nas últimas décadas, inúmeros ramos do direito foram constitucionalizados. No direito civil, as obras dos professores Gustavo Tepedino, Maria Celina Bodin de Moraes e Luiz Edson Fachin foram pioneiras nesse processo.[2] Também os direitos tributário e financeiro passaram por ampla filtragem a partir das normas da Constituição com o trabalho de Ricardo Lobo Torres, seguido por Ricardo Lodi e Eduardo Mendonça.[3] A constitucionalização chegou ainda ao direito administrativo, com Diogo de Figueiredo e Gustavo Binenbojm.[4] Alguns ramos, porém, permanecem em boa medida alheios à Constituição. O direito eleitoral é um deles. Ou melhor, era. Neste livro, a autora dá um passo decisivo para a filtragem constitucional desta disciplina, em especial à luz da liberdade de expressão.

A aproximação do direito eleitoral ao direito constitucional desenvolvida no trabalho tem como ponto de partida a constatação de que parcela significativa da legislação eleitoral, das decisões da

---

[2] V. Maria Celina Bodin de Moraes, A caminho de um direito civil constitucional. *Revista de Direito Civil*, v. 65; Gustavo Tepedino, O Código Civil, os chamados microssistemas e a Constituição: premissas para uma reforma legislativa. In: Gustavo Tepedino (Org.), *Problemas de direito civil-constitucional*, 2000; Gustavo Tepedino, O direito civil e a legalidade constitucional. *Revista Del Rey Jurídica*, v. 13, 2004.

[3] V. Ricardo Lobo Torres, *Tratado de direito constitucional, financeiro e tributário*: valores e princípios constitucionais tributários, 2005.

[4] V. Diogo de Figueiredo Moreira Neto, *Mutações do direito administrativo*, 2000; Gustavo Binenbojm, *Uma teoria do direito administrativo*, 2006.

Justiça Eleitoral e dos atos administrativos relacionados às campanhas políticas limitam indevidamente o exercício desse importante direito fundamental. Em verdade, a autora identifica, no país, uma cultura mais ampla de desprezo pelas liberdades comunicativas, sobretudo quando seu exercício se volta contra autoridades e detentores de poder. Por isso mesmo, Aline traz importante contribuição ao dedicar a primeira parte do texto à sistematização do direito à liberdade de expressão, desenvolvendo um marco teórico capaz de fornecer parâmetros seguros para auxiliar os operadores do direito a equacionar as múltiplas tensões e conflitos da liberdade de expressão com outros direitos fundamentais. Outro ponto alto dessa parte do trabalho é a defesa da proteção especial aos discursos políticos e às críticas sobre agentes públicos e autoridades estatais, inclusive quando ofensivas e exaltadas. Como costumo afirmar, a liberdade de expressão não é garantia de verdade ou de justiça. Ela é uma garantia da democracia. Defender a liberdade de expressão pode significar ter de conviver com a injustiça e até mesmo com a inverdade. É o preço. Isso deve ser especialmente válido para os candidatos e políticos em geral. Quem não gosta de crítica, não deve ir para o espaço público.

Na segunda parte, a autora inicia efetivamente o movimento de constitucionalização do direito eleitoral. De início, propõe uma sistematização clara e original dos princípios substantivos norteadores do direito eleitoral: a igualdade política entre os cidadãos, a igualdade de oportunidades entre os candidatos e partidos, a legitimidade do processo eleitoral e a liberdade de expressão político-eleitoral. Na sequência, Aline desenvolve um notável estudo crítico de boa parte de normas relacionadas às eleições, incluindo as limitações temporais nas campanhas, a divulgação de pesquisas eleitorais, a propaganda política, o acesso aos meios de comunicação durante os pleitos, e, ainda, os gastos eleitorais e financiamento de campanha. Em cada um desses temas, ela identifica restrições injustificadas à liberdade de expressão e busca soluções criativas capazes de melhor equacionar a livre divulgação de ideias, essencial à democracia, com os demais princípios constitucionais eleitorais.

O direito eleitoral, no Brasil, ainda é visto como culto um tanto esotérico, ao qual se dedicam poucos especialistas, e que tem uma jurisprudência que muda como as nuvens no céu. O presente livro pode ser um passo inicial, mas determinante, para se reescrever esta história. A primorosa conjugação dos grandes valores abrigados na liberdade de expressão com os princípios de direito eleitoral, identificados e expostos com maestria, eleva o patamar das discussões sobre o tema no país. Mais que isso, abre caminho para uma nova geração, que poderá aprofundar a discussão da matéria e trazer para o direito eleitoral um maior grau de amadurecimento teórico e estabilidade jurisprudencial. Esta obra, portanto, deverá funcionar como um ponto de inflexão, que divide o estudo de uma questão em antes e depois.

4.3 Conclusão

A leitura do currículo de Aline Osorio é muito impressionante: antes dos 30 anos, já andou pela Science Po, em Paris, e pela Academia de Direito Internacional, da Haia, em busca de conhecimento e aprimoramento. Foi cofundadora da Clínica de Direitos Fundamentais da UERJ, pesquisadora da FGV, defendeu uma dissertação de mestrado aprovada com distinção e louvor, é professora contratada do Centro Universitário de Brasília – UniCEUB e sustentou com brilho perante o STF. Parece uma vida quase completa. Já vi, porém, currículos magníficos que não se materializaram, no mundo real, em pessoas que fazem verdadeiramente diferença.

Pois no caso de Aline acontece o oposto. A leitura do currículo não dá a dimensão do que ele é e representa em termos de pensamento construtivo e atuação positiva para o país e para as instituições. Gosto de dizer, imodestamente, que a minha grande vocação na vida é descobrir, entre meus alunos, aqueles que são virtuoses, que farão diferença, que irão mais longe. Tenho provas: Daniel Sarmento, Ana Paula de Barcellos, Gustavo Binenbojm e Eduardo Mendonça, para citar alguns exemplos, foram meus alunos de graduação e pós-graduação, e trabalharam comigo em algum momento da vida. Penso serem alguns dos grandes nomes do direito público atual. Aline Osório é mais uma estrela de brilho intenso nesta mesma constelação.

Não tenho como fugir do lugar comum: não há realização maior para um professor que ama o seu ofício do que celebrar o sucesso daqueles que ajudou a formar e que o superarão. Aline Osorio é, para mim, a renovação da esperança de que uma nova geração será capaz de fazer melhor e de ir mais longe do que a nossa. Que assim seja. Saio do caminho e deixo o leitor chegar por si só à mesma conclusão.

Brasília, 2 de setembro de 2016.

CAPÍTULO 5

O ESTADO QUE JÁ NÃO PODEMOS SUSTENTAR[1]

5.1 O autor

Fui paraninfo da turma em que se formou Alexandre Santos de Aragão, em 1991, na Faculdade de Direito da Universidade do Estado do Rio de Janeiro – UERJ. Foi a primeira turma em que lecionei direito constitucional. Não era uma turma comum, pela quantidade expressiva de alunos fora de série, muitos dos quais se tornaram professores vitoriosos na própria UERJ e em outras instituições. Aragão era um dos destaques daquele grupo. No discurso de formatura de sua turma, sem qualquer exagero, registrei: "Muitos anos vão se passar até que o acaso volte a reunir um grupo tão especialmente dotado, tão talentoso, alegre, uma gente tão bonita".

Mais à frente, escrevi o prefácio de seu primeiro livro, intitulado *Autonomia universitária no Estado Contemporâneo e no direito positivo brasileiro*. Naquela ocasião, averbei:

> Alexandre Santos de Aragão faz parte de um grupo seleto de jovens juristas que têm seu berço na Faculdade de Direito da Universidade do Estado do Rio de Janeiro, na qual foi meu aluno brilhante na graduação e na pós-graduação. Integra ele o elenco de filhos espirituais que a vida acadêmica me proporcionou e cujo sucesso me traz felicidade e orgulho.

Posteriormente, fui seu professor no curso de mestrado, ocasião em que escreveu uma densa dissertação, publicada comercialmente,

---

[1] Prefácio do livro *Empresas estatais: regime jurídico das empresas públicas e das sociedades de economia mista*, 2017, de Alexandre Santos de Aragão.

sobre *Agências reguladoras e a evolução do direito administrativo*. E, mais à frente, estive na sua banca de doutorado, quando defendeu, na Universidade de São Paulo – USP, um trabalho notável sobre o *Direito dos serviços públicos*. Aragão correspondeu, a cada passo de sua carreira vitoriosa, às melhores expectativas nele depositadas. Já agora, apresenta ele à comunidade jurídica a tese que lhe deu o merecido título de professor titular, versando sobre as novas estratégias de atuação do Estado na economia, publicada sob o título comercial de *Empresas estatais – O regime jurídico das empresas públicas e sociedades de economia mista*. E assim completa a sua trilogia sobre o papel do Estado, tornando-se referência necessária na matéria.

5.2 O livro

Neste livro, o autor realiza um valioso estudo sobre as empresas estatais no direito brasileiro, em uma trajetória de extensão e profundidade. Ao fazê-lo, percorre vasta gama de conteúdos relacionados ao tema, incluindo o conceito, as classificações e a disciplina da atuação empresarial direta do Estado na economia; os regimes constitucional e jurídico das empresas estatais; os controles que incidem sobre elas; e, com especial relevo, os novos mecanismos jurídicos e estratégias de atuação das estatais. E, mais relevante ainda, esses múltiplos tópicos são abordados com densidade reflexiva, apresentando-se não apenas o conhecimento convencional sobre eles, mas também as controvérsias doutrinárias e jurisprudenciais mais atuais e complexas, bem como uma análise crítica a seu respeito.

Aragão traz importante contribuição para o tema, ao demonstrar que, no contexto de uma economia globalizada, complexa e competitiva, as empresas estatais não podem mais conservar uma atuação autocentrada e alheia ao mercado. O regime público a que se sujeitam, com controles e restrições inerentes a quaisquer entidades da Administração Pública indireta, não pode encobrir o regime privado e embaraçar a necessidade de uma atuação eficiente e atenta à lógica da concorrência. Ao contrário, é preciso adotar estratégias e mecanismos capazes de ajustar as estatais a esse regime jurídico híbrido e atípico, e adaptá-las ao novo contexto econômico e político, tais como a possibilidade de constituírem grupos econômicos; terem participações minoritárias em empresas privadas; sujeitarem-se ao antitruste, à arbitragem e à regulação independente; mitigarem o poder de controle absoluto estatal para dar maior segurança jurídica aos seus sócios privados; e aturarem em parceria com empresas privadas.

Vêm em boa hora essas reflexões sobre o Estado na economia. Aqui agrego, com a brevidade que se impõe, a minha própria visão sobre alguns aspectos do tema. Tendo vindo de uma geração que acreditou, por longo tempo, que o Estado deveria ser protagonista, desenvolvi ao longo dos anos uma visão extremamente crítica do intervencionismo econômico. Sou convencido hoje de que precisamos superar o preconceito e a desconfiança que ainda existem no Brasil em relação à iniciativa privada e ao empreendedorismo. Temos uma cultura excessivamente dependente do Estado para tudo. A história demonstrou, no entanto, que ao menos no atual estágio da condição humana, a iniciativa privada é melhor geradora de riquezas do que a atuação estatal. É importante aceitar esta realidade e pensar a vida a partir dela.

A origem desse preconceito e dessa desconfiança está no modo como o capitalismo evoluiu no Brasil. Nos países de industrialização tardia e de iniciativa privada frágil, o capitalismo de Estado foi a forma de contornar a concessão de setores estratégicos da economia nacional a empresas estrangeiras. E, assim, criaram-se no país muitas dezenas de empresas estatais ao longo das décadas de 40 a 80 do século passado. Foi somente na década de 90, já sob o impacto da queda do Muro de Berlim e do fim da Guerra Fria, que se fizeram no Brasil as reformas econômicas que levaram à flexibilização de monopólios estatais, à supressão de restrições ao capital estrangeiro e à desestatização. Ainda assim, o preconceito e a desconfiança contra a livre iniciativa persistiram, como uma consequência renitente das distorções resultantes do capitalismo de Estado, do paternalismo governamental e da distribuição discricionária de benesses.

Essa trajetória do capitalismo brasileiro gerou duas consequências negativas. De um lado, o imaginário social ainda associa o capitalismo doméstico (i) a concessões com favorecimentos; (ii) à obra pública com licitações duvidosas; (iii) a golpes no mercado financeiro; (iv) a latifúndios improdutivos. De outro lado, muitos grandes empresários brasileiros são avessos ao risco e à concorrência, conceitos-chave do capitalismo. Preferem financiamento público e reserva de mercado. Capitalismo sem risco ou concorrência, isto é, com dinheiro público e protecionismo, não é capitalismo, mas socialismo com o sinal trocado. Diante desse quadro, precisamos enfrentar a mentalidade, historicamente superada, de que o Estado deve ser protagonista. E criar um ambiente com mais sociedade civil e de capitalismo verdadeiro, com risco privado, concorrência, empresários honestos e regras claras, estáveis e propiciadoras de um bom ambiente de negócios. E as empresas estatais, por certo, precisam se adaptar às demandas dos novos tempos.

5.3 Conclusão

Alexandre Santos de Aragão integra uma geração de juristas notáveis que tem ajudado a repensar o direito administrativo no Brasil. Um direito administrativo que, progressivamente, deixa de ter seu centro de gravidade apenas nos interesses do Estado e volta-se para a sociedade, em busca da satisfação de direitos, da eficiência e da transparência. A jornada tem sido longa e mais difícil do que antecipado. Mas temos andado na direção certa, empurrando a história na velocidade possível. Nesse contexto, Alexandre Aragão é um importante agente dessa história e seu livro traz ideias e instrumentos para fazê-la avançar.

Brasília, 15 de agosto de 2016.

CAPÍTULO 6

LUZES DA RIBALTA[1]

6.1 O autor e sua trajetória

Meus caminhos e os de Felipe de Melo Fonte cruzaram-se inúmeras vezes em pouco mais de uma década. Ao longo dos anos, fui seu professor na Graduação da Faculdade de Direito da Universidade do Estado do Rio de Janeiro – UERJ e, também, no Programa de Mestrado da mesma universidade. Entre um evento e outro, Felipe foi meu monitor na faculdade, bem como estagiário e advogado no escritório de advocacia que dirigi por muitos anos, antes de ingressar no Supremo Tribunal Federal. Em 2008, participei da banca do concurso para procurador do estado do Rio de Janeiro em que Felipe foi aprovado em primeiro lugar. Posteriormente, quando ele atuava como assessor de ministro do Supremo Tribunal Federal – em época em que eu ainda não integrava o Tribunal –, frequentou ele o meu curso de Direito Constitucional Contemporâneo na Universidade de Brasília – UnB, onde fui professor visitante por alguns anos. E, por fim, tive a oportunidade de estar com ele quando fazia seu LL.M na Universidade de Harvard e por lá passei para falar na Brazil Harvard Conference, em 2015.

Brilhante, espirituoso e dedicado aos estudos, Felipe saiu-se exemplarmente bem em todas as atividades às quais e dedicou. A tese que tive o prazer de orientar e que agora apresento representa o coroamento de sua carreira acadêmica, exibindo boa pesquisa, informações relevantes e reflexão crítica de alta qualidade. A TV Justiça, no Brasil, nunca foi uma unanimidade no meio jurídico. A despeito disso, ela se consolidou progressivamente como uma realidade da qual já não era

---

[1] Prefácio do livro *Jurisdição constitucional e participação popular: o Supremo Tribunal Federal na era da TV Justiça*, 2016, de Felipe Fonte.

mais possível retroceder. Sem ignorar alguns inconvenientes, a verdade é que ela contribuiu decisivamente para a visibilidade, compreensão e legitimação do Supremo Tribunal Federal perante a sociedade. A seguir, algumas reflexões sobre o tema.

6.2 O livro e a relevância atual do tema

Tenho por costume, nos prefácios que escrevo, fazer uma breve elaboração sobre o tema do estudo, em homenagem ao autor. O livro de Felipe Fonte tem por objeto uma das questões mais controvertidas e fascinantes do direito constitucional brasileiro: a TV Justiça e seus impactos sobre o Supremo Tribunal Federal. Como relatado no texto, a inserção das câmeras na Corte, a partir de 2002, por iniciativa do Ministro Marco Aurélio, tem gerado opiniões fortes. De um lado, há aqueles que acreditam que o STF tem sido refém da opinião pública, fruto do televisionamento constante de suas decisões; de outro lado, há os que veem na TV Justiça um relevante mecanismo de democratização da jurisdição constitucional. Qualquer que seja a opinião do leitor, a obra que ora prefacio apresenta subsídios fundamentais para a realização de um debate de qualidade sobre a questão.

A primeira parte da obra discute o tema geral do televisionamento de julgamentos. Analisando a literatura existente sobre o assunto, o autor apresenta os argumentos favoráveis e contrários à transmissão. De modo geral, a defesa do televisionamento tem sido associada à legitimação da função jurisdicional, educação do público, proteção contra arbitrariedade e difusão de efeitos preventivos. A crítica tem se situado na transformação da justiça em entretenimento, nos efeitos adversos desconhecidos e na proteção da intimidade daqueles que buscam o Poder Judiciário. Ainda na primeira parte da obra, o autor faz importante compilação das experiências internacionais, experimentos psicológicos e empíricos sobre o televisionamento. A partir destes dados, ele reconhece que a publicidade gerada pelas câmeras traz consigo potenciais efeitos positivos e negativos, e que a decisão final é uma questão essencialmente de política pública, a ser tomada democraticamente pela sociedade.

A segunda parte é a que contém as descobertas mais interessantes. A partir da comparação dos tamanhos de acórdãos proferidos em ações diretas de inconstitucionalidade entre os períodos anterior e posterior à TV Justiça, o autor produz conclusões sobre os impactos concretos do televisionamento sobre o STF. É interessante notar como as decisões aumentaram vertiginosamente de tamanho com o passar dos anos, fenômeno que não se verificou, na mesma proporção, na classe processual dos *habeas corpus*, que serve de grupo de controle. O crescimento dos votos, por outro lado, foi acompanhado de um declínio da produção colegiada, e de um crescimento importante das decisões individuais dos ministros. Isso teria contrabalançado o travamento do Plenário.

Já analisando a questão sob o prisma qualitativo, o autor defende que isso se deve a uma mudança na própria compreensão do papel que os ministros têm a desempenhar. Segundo ele, os ministros do STF passaram a dialogar diretamente com a sociedade. O *by-pass* dos filtros tradicionais, como a mídia especializada e a advocacia, teria se refletido (i) no reconhecimento de que a Corte constitucional tem uma função pedagógica; (ii) no recurso a argumentos extrajurídicos nas decisões; e (iii) na requalificação da importância da opinião pública. Sem afastar eventuais outras manifestações, o autor entende que essas três são consequências do diálogo direto entre a Corte e o público.

Na terceira parte do livro, o autor esforça-se por justificar uma visão positiva em relação à TV Justiça. Segundo ele, a exposição do público à jurisdição constitucional teria o condão de aumentar a confiança pública no Poder Judiciário. Trata-se de aplicação da conhecida "teoria da positividade" dos cientistas políticos Gibson e Caldeira. De forma ousada, defende que o capital político gerado pelo televisionado teria permitido ao STF promover uma "revolução dos direitos fundamentais", sem correr riscos políticos sérios. Ele defende, ainda, que o televisionamento teria o condão de gerar ganhos hermenêuticos, por meio do incentivo à participação popular, e de criação de um novo espaço cívico, pelo despertar de interesse pelas questões constitucionais.

Finalmente, o autor registra o importante papel dos tribunais constitucionais na construção de um projeto de sociedade civilizada. O argumento foi ao encontro da função iluminista que tenho reconhecido às cortes constitucionais. Mesmo diante de dificuldades imensas na conformação da realidade pela via do direito e de decisões judiciais, o discurso produzido pelos ministros em seus votos tem contribuído, em alguma medida, para a formação de uma cultura de diálogo e tolerância na esfera pública. O autor arremata afirmando que esse é o grande ponto positivo do televisionamento. Esse propósito, registre-se, tem pautado minha própria atuação no Supremo Tribunal Federal.

6.3 Conclusão

Meu querido mestre José Carlos Barbosa Moreira gostava de dizer que no Brasil as pessoas *acham* muita coisa sem haver procurado. Referia-se ele à prática de se manifestarem opiniões sem pesquisa prévia, sem informações objetivas, sem avaliação dos impactos sociais das opções feitas. De fato, o palpite sempre foi um hábito nacional, movido por intuição pura e bolas de cristal defeituosas. Mas as coisas estão mudando.

O trabalho magnífico de Felipe Fonte se insere em uma linhagem acadêmica que valoriza a pesquisa empírica, os dados da realidade e, com base neles, ajuda a compreender os fenômenos sociais e a aprimorar as instituições. Nesta obra, o leitor terá a oportunidade de conhecer anos de pesquisa e levantamento de materiais que resultaram em argumentos sólidos de defesa da TV Justiça e do modelo de diálogo público adotado no Brasil. Tudo amparado em boa dogmática jurídica e sofisticada filosofia constitucional.

Em um mundo desencantado, as instituições públicas precisam de transparência, credibilidade e capacidade de interlocução com a sociedade. A TV Justiça tem cumprido bem esse papel. É preciso não esquecer que o imaginário social entre nós ainda supõe – não sem boas razões – que por trás de qualquer porta fechada estão ocorrendo tenebrosas transações. A transmissão dos julgamentos do Supremo Tribunal Federal exibe onze pessoas debatendo aberta e francamente a melhor solução para os grandes problemas nacionais. É uma boa imagem, legitimadora das decisões de um Tribunal que cada vez mais influencia o curso da vida nacional. Felipe Fonte soube captar com maestria este cenário, entregando ao público um trabalho pioneiro e denso, que ilumina o tema e aponta os melhores caminhos.

Brasília, 6 de novembro de 2015.

CAPÍTULO 7

QUANDO MENOS É MAIS: REPENSANDO A JURISDIÇÃO CONSTITUCIONAL BRASILEIRA[1]

7.1 A autora

Daniela Allam e Giacomet produz, com o presente trabalho, uma valiosa reflexão sobre os filtros de acesso às Cortes Constitucionais, inclusive o Supremo Tribunal Federal brasileiro, com ênfase nas demandas pelo aperfeiçoamento da jurisdição constitucional no Brasil. Seu texto reflete a experiência de muitos anos de atuação perante os tribunais superiores, tanto como procuradora do estado do Rio de Janeiro quanto como advogada privada. Tive o prazer de conviver com a autora quando minha aluna no curso de Mestrado do Programa de Pós-Graduação da Faculdade de Direito da Universidade do Estado do Rio de Janeiro – UERJ, ocasião em que produziu a primeira versão do presente texto, em dissertação defendida em setembro de 2011. O livro que o leitor ora tem em mãos revela o empenho sério, dedicado e bem-sucedido de repensar diversos aspectos do trabalho da Suprema Corte brasileira, notadamente no exercício do controle difuso de constitucionalidade, por meio de recursos extraordinários. Não posso deixar de fora o registro de que Daniela é não apenas intelectualmente preparada, como pessoalmente adorável, com inteligência sofisticada e personalidade carismática.

---

[1] Prefácio do livro *Filtros de acesso a cortes constitucionais*, 2017, de Daniela Allam e Giacomet.

7.2 O livro e algumas de suas ideias

Poucos temas, na atualidade jurídica brasileira, têm a importância e as consequências deste que é objeto do presente livro de Daniela Giacomet. A Justiça brasileira está congestionada da primeira à última instância, à espera de soluções ousadas e criativas que mudem práticas, paradigmas e resultados. O primeiro grau, no qual reside o maior congestionamento, precisará ser salvo por uma mudança de mentalidade geral, que importe na redução da litigiosidade e na desjudicialização. O segundo grau terá de deixar de ser encarado como uma instância de passagem rumo aos tribunais superiores. Pelo contrário, é ali que como regra os processos deverão terminar, cumprindo-se o ciclo do devido processo legal. Conformar-se com esta realidade e aprimorar a composição e o funcionamento dos tribunais de segundo grau são tópicos essenciais para a futura racionalização do sistema processual.

O acesso aos tribunais superiores e, notadamente, ao Supremo Tribunal Federal há de se dar por escolhas discricionárias. Não arbitrárias, como bem intui Daniela, mas, ainda assim, a definição do que será julgado – algumas dezenas em um universo de muitos milhares de recursos – sempre terá uma forte dimensão política. Daniela explica, com ideias arrumadas e exposição didática, os sistemas americano, francês e alemão. De cada um se podem extrair contribuições dignas de consideração. Em seguida, a autora expõe e critica o modelo brasileiro de repercussão geral, pelo qual se faz a filtragem dos recursos extraordinários entre nós. Vive-se, em relação a esta matéria, como em quase tudo na vida, a tensão entre as fórmulas ideais e as opções pragmáticas inevitáveis. Daniela condensa suas ideias em três proposições, assim alinhavadas:

> As sugestões trazidas para aprimoramento do modelo atual de filtragem assentam-se em um tripé: a possibilidade de escolha discricionária de processos pelo Tribunal, para o exercício do controle difuso de constitucionalidade; o fim do procedimento de escolhas dos processos com repercussão geral, através do Plenário virtual; e o estabelecimento de uma agenda de julgamento para o Supremo, com a determinação de pauta de temas para o ano judiciário do Tribunal.

O diagnóstico é preciso e é impossível não concordar com a primeira e a terceira proposição. No que diz respeito ao abandono do Plenário virtual, a despeito da argumentação densa e contundente, temo que a realidade devastadora de quase 50 mil processos por semestre impeça a solução artesanal proposta pela autora. Mesmo assim, ali está expressa uma visão do tema, esposada por parte representativa da comunidade jurídica. A seguir, em diálogo com o trabalho de Daniela, algumas reflexões sobre a matéria.

7.3 Um diálogo com a autora

Ao lidar com os filtros de acesso ao Supremo Tribunal Federal – e aos tribunais superiores em geral –, é preciso estabelecer uma premissa filosófica e metodológica inicial: não se devem admitir mais recursos com repercussão geral do que seja possível julgar em um ano. Como a repercussão geral importa na sustação dos processos que versam aquele tema, se o tribunal levar vários anos para julgar um tema – como acontece atualmente –, acaba atravancando a prestação jurisdicional no país.

Se assim é, o segundo conceito básico é o de que a repercussão geral deve ser atribuída dentro de um contexto comparativo: terão repercussão geral os processos mais importantes de determinado período. Minha sugestão é que a escolha seja feita por semestre, em junho e em dezembro. Enquanto o Tribunal não se desembaraçar do estoque de mais de três centenas de repercussões gerais já reconhecidas, não deverá admitir mais do que 20 por semestre, perfazendo um total de 40 ao ano. Os processos não selecionados transitariam em julgado. E aqui vem um ponto crucial, que precisamos admitir corajosamente: o maior contrassenso da jurisdição constitucional do Supremo Tribunal Federal é a necessidade de os relatores produzirem decisões monocráticas em todo os processos não selecionados para repercussão geral. Metade da força de trabalho dos gabinetes dedica-se a processos em que a decisão de origem será mantida. Tinha que ser mais simples: o recurso não selecionado deveria transitar em julgado, e ponto. Sem qualquer consequência para além do caso concreto, isto é, sem qualquer efeito sobre a tese em discussão. É assim em todos os países desenvolvidos do mundo.

Por fim, atendendo à pertinente demanda de Daniela por uma agenda mais previsível e racional, as repercussões gerais escolhidas em junho deveriam ter suas datas de julgamento marcadas com a antecedência de pelo menos um semestre. Funcionaria assim: a Repercussão Geral nº 1, reconhecida em final de junho de 2016, seria apreciada pelo Plenário como o primeiro processo da pauta da primeira quarta-feira de fevereiro de 2017. A Repercussão Geral nº 2 entraria como o primeiro processo da pauta da segunda quarta-feira de fevereiro de 2017. E assim sucessivamente. A vida ficará mais previsível para ministros e advogados.

7.4 Conclusão

Enfim, estas são apenas algumas improvisadas ideias que o oportuno e bem inspirado trabalho de Daniela Giacomet suscita. Com base nas informações e reflexões por ela trazidas, será possível travar um debate público de qualidade capaz de produzir uma síntese que ajude a retirar a jurisdição constitucional brasileira da crise atual, marcada pelo congestionamento de processos, falta de filtros de acesso eficazes e com uma agenda imprevisível. Boa leitura a todos.

Brasília, 28 de agosto de 2016.

CAPÍTULO 8

AVANÇO SOCIAL, EQUILÍBRIO INSTITUCIONAL E LEGITIMIDADE DEMOCRÁTICA[1]

8.1 O autor e seu trabalho

Carlos Alexandre de Azevedo Campos foi meu aluno no Programa de Pós-Graduação em Direito Público da Universidade do Estado do Rio de Janeiro no ano de 2010. Em uma turma de mestrandos e doutorandos de grande qualidade, ele já se destacava por sua inteligência arguta, sentido crítico aguçado e pela fidalguia no trato pessoal. Passei a acompanhar com interesse e atenção a sua trajetória, que o conduziu do interior do estado do Rio de Janeiro à condição de assessor de ministro do Supremo Tribunal Federal, em Brasília. Sem surpresa, o jovem e estudioso acadêmico tem se saído bem em todos os ambientes.

O texto que ora tenho a honra de apresentar corresponde à dissertação de mestrado do autor, escrita sob a orientação inspiradora do Professor Daniel Sarmento. Pois bem: Carlos Alexandre produziu um notável estudo acerca da expansão do Poder Judiciário – e, particularmente, do Supremo Tribunal Federal (STF) – nos últimos anos. Seu trabalho, na verdade, oferece, em qualidade e quantidade, muito mais do que o título modesto sugere. O leitor tem em mãos um texto denso e claro que, na minha leitura, apresenta três conteúdos diversos e complementares.

---

[1] Prefácio do livro *Dimensões do ativismo judicial*, 2014, de Carlos Alexandre de Azevedo Campos.

Em primeiro lugar, a dissertação apresenta um amplo e rico painel do direito comparado. Sua minuciosa exposição acerca do ativismo judicial nos Estados Unidos, com análise dos casos mais emblemáticos e das diferentes fases da Suprema Corte, constitui uma preciosa síntese de duzentos anos de história. Por igual, a apresentação bem pesquisada do ativismo judicial pelo mundo – com o exame de casos da Alemanha, Itália, Colômbia, Costa Rica, Canadá e África do Sul – ajuda à compreensão de um fenômeno que é global e possui muitas causas comuns.

Outra parte destacada do livro é dedicada à trajetória do papel político do Supremo Tribunal Federal, desde sua criação. Ao discorrer sobre a debilidade dos desenhos institucionais, o autor realiza um rico passeio histórico pelo Império, República Velha, Estado Novo e Regime Militar. Não foram poucos os percalços em sucessivos ciclos de autoritarismo e de insegurança institucional. Ao tratar do tema após a Constituição de 1988, Carlos Alexandre percorre, com conhecimento de causa, o caminho que levou ao avanço do que ele denomina de ativismo judicial.

Por fim, no ponto alto de seu trabalho, o autor sistematiza o que batizou de cinco dimensões do ativismo judicial: metodológica, processual, estrutural, de direitos e antidialógica. Após exaustiva análise de cada uma delas, Carlos Alexandre conclui o seu precioso estudo acerca da expansão do papel do STF com as seguintes palavras:

> Com efeito, é possível defender um Supremo ativista na tarefa de expandir os significados da Constituição, em face do poder político, para avançar posições de liberdade e igualdade e, ao mesmo tempo, repudiar suas posturas de *soberania judicial*: a *dimensão antidialógica é única manifestação aprioristicamente ilegítima do ativismo judicial*.

8.2 Algumas breves reflexões

Cumprindo o protocolo, apresento duas ou três reflexões sobre o tema. Adianto que, no geral, minhas ideias estão em sintonia com as que foram desenvolvidas na dissertação. Parece-me próprio, de início, reforçar a distinção, que considero relevante, entre judicialização e ativismo. A judicialização – vale dizer, a circunstância de o Judiciário se tornar o palco final de decisões de largo alcance político, moral ou social – é uma consequência do arranjo institucional brasileiro, em que a constitucionalização é abrangente e os mecanismos de controle de constitucionalidade, pródigos. É um fato, portanto. Já o ativismo judicial é uma atitude: um modo proativo e expansivo de interpretar a Constituição, dela extraindo regras não expressamente criadas pelo constituinte ou pelo legislador. A esse propósito, penso que vivemos, inegavelmente, uma judicialização ampla; nada obstante, as hipóteses de ativismo, a despeito de sua grande visibilidade, são mais restritas.

Cabe aqui um breve comentário sobre dois papéis que o STF tem desempenhado na quadra atual no Brasil: o contramajoritário e o representativo. O papel contramajoritário se manifesta, sobretudo, quando tenha havido determinada atuação do Legislativo ou do Executivo e o Judiciário vem a invalidá-la. Por exemplo: uma lei é editada e o STF a declara inconstitucional; ou, existindo uma política pública conduzida pela Administração em relação a determinada matéria, o tribunal determina sua modificação ou uma política alternativa. Nesses casos, o Judiciário sobrepõe a sua própria valoração à que foi feita pelo Executivo. Esta é uma competência que deve ser exercida com grande cautela institucional. Com efeito, juízes e tribunais deverão ser deferentes para com as opções feitas pelo Congresso ou pelo presidente. Decisões políticas, como regra geral, devem ser tomadas por quem tem voto, por quem tem o batismo da representação popular. E este não é o caso dos ministros do STF. Todavia, quando a ação política contrariar, de modo inequívoco, a Constituição, não haverá alternativa. Salvo uma ou outra decisão fora da curva, é possível afirmar que o STF exerce, com bastante parcimônia, sua função contramajoritária.

Interessantemente, por muitas circunstâncias brasileiras, o STF tem exercido, com mais frequência, uma função representativa. Vale dizer: o atendimento de demandas sociais inequívocas que não foram satisfeitas a tempo e a hora pelo processo político majoritário. E, nesses casos, sua atuação é mais ativista. Foi assim, por exemplo, quando equiparou as uniões homoafetivas às uniões estáveis convencionais. Ou quando autorizou a interrupção da gestação de fetos anencefálicos. Em ambas as situações, direitos fundamentais ficavam paralisados pela incapacidade de o Legislativo editar lei regulamentadora. Mas, como o problema existia na vida real e o Judiciário precisava resolvê-lo, a criação judicial do direito se tornava inevitável. O mesmo se passou em relação à regulamentação da greve nos serviços públicos: passadas mais de duas décadas sem a edição da lei exigida pela Constituição, o STF dispôs a respeito. Ninguém vislumbrará excessos nesses exemplos. Mais próximas da fronteira, é certo, estão decisões como a que impôs a perda de mandato parlamentar quando da mudança de partido. Mas também aqui é possível vislumbrar uma imensa demanda social por reforma política, não satisfeita pelo processo político majoritário.

Aqui chega-se ao ponto em que a questão se torna mais complexa. E, de certa forma, a teoria constitucional que se pratica no mundo acaba não se ajustando com precisão à realidade brasileira. A maior parte dos autores que critica a expansão judicial se baseia na premissa de que o Judiciário é uma instância conservadora, que protege as elites contra o avanço do processo democrático, que se expressaria nos outros dois poderes. Isso certamente não é verdade no caso brasileiro. Como bem demonstrou o episódio envolvendo a regulamentação do dispositivo constitucional que cuidava da indenização do trabalhador por demissão imotivada – em que, sob pressão das classes empresariais, uma lei foi aprovada a toque de caixa quando o STF anunciou que regulamentaria a matéria –, a jurisdição constitucional se situa, no geral, à esquerda da política ordinária. De modo que essa crítica político-ideológica não se aplica sem ressalvas grandes ao Brasil. Em segundo lugar, tornando a matéria ainda mais intrincada, é possível afirmar que, em certa medida, pelos desmandos do sistema eleitoral e partidário, o Judiciário tornou-se mais representativo do que o Legislativo. É estranho, mas a sociedade se identifica mais com seus juízes do que com seus deputados. Também aqui um exemplo pode ser expressivo: quando o Congresso aprovou as pesquisas com células-tronco embrionárias, o tema passou despercebido. Quando a lei foi questionada no STF, assistiu-se a um debate nacional.

É evidente que há uma distorção quando isso acontece. E é urgente que a política recupere o seu espaço original. Mas aqui, de novo, sem uma reforma política que diminua o poder do dinheiro nas eleições e dê maior autenticidade programática aos partidos, a tarefa se torna muito difícil. Acompanhe-se o raciocínio. Juízes são recrutados, na primeira instância, mediante concurso público. Isso significa que pessoas vindas de diferentes origens sociais, desde que tenham cursado uma faculdade de direito e tenham feito um estudo sistemático aplicado, ingressam na magistratura. Isso produziu um drástico efeito democratizador do Judiciário. Por outro lado, o acesso a uma vaga no parlamento envolve um custo financeiro tremendo, que obriga o candidato, com frequência, a buscar financiamentos e alianças com diferentes atores econômicos e empresariais. Esse fato produz uma inevitável aliança com alguns interesses particulares. Por essa razão, em muitas circunstâncias, o Judiciário se tornou um representante mais autêntico da sociedade do que muitos agentes eletivos.

Há, ainda, e por fim, um aspecto ainda mais complexo e delicado, que estaria a exigir uma reflexão política e sociológica à parte: o nível de formação e qualificação dos integrantes do Judiciário, selecionados em concursos públicos árduos e competitivos, tende a ser mais elevado do que o dos outros poderes. Tal circunstância, por vezes, leva à imposição de certa racionalidade judicial sobre as circunstâncias argumentativamente menos bem-postas de outros agentes. Como intuitivo, esse desequilíbrio é ruim e o risco da arrogância judicial é real e, evidentemente, negativo, como é a arrogância em geral. Mas esta é uma outra história.

8.3 Conclusão

A vida de um professor é feita da soma de muitas pequenas alegrias. Entre elas se destaca testemunhar as conquistas dos seus alunos: a aprovação em um concurso, a vitória em uma causa, o reconhecimento acadêmico. Pois ao concluir a leitura aplicada do trabalho de Carlos Alexandre vivi um desses bons momentos de gratificação intelectual e espiritual: assistir à ascensão e ao sucesso de um acadêmico de caráter exemplar e intelecto privilegiado – e, de certa forma, participar deles. Seu trabalho oferece um extraordinário painel da ascensão institucional do Judiciário e do Supremo Tribunal Federal na experiência constitucional brasileira. Asseguro ao leitor que, ao final da leitura, suas ideias sobre a questão estarão melhor informadas e mais bem arrumadas.

Brasília, 15 de maio de 2013.

CAPÍTULO 9

DEMOCRACIA, DIREITO E DIGNIDADE HUMANA: A TRAJETÓRIA INACABADA DO PROCESSO CIVILIZATÓRIO[1]

9.1 De Shakespeare a Sófocles: a viagem de volta

Ao abrir um grande encontro internacional, a atriz Melina Mercouri, à época ministra da Cultura da Grécia, anunciou que pronunciaria algumas palavras em sua língua natal. A plateia mirou-a com certa surpresa e desencanto, antecipando que nada entenderia. Não foi o que se passou, todavia, quando ela falou, sonora e pausadamente: "Democracia. Política. Matemática. Teatro".[2] Vocábulos de uma língua universal, que fazem parte da semântica do mundo contemporâneo. Se fosse para utilizar um chavão da temporada, não haveria excesso em dizer: "Somos todos gregos". Em última análise, é isso que acaba por demonstrar este pequeno grande livro, que aqui tenho o prazer e a honra de apresentar.

José Roberto de Castro Neves acertou novamente. Em sua incursão anterior no domínio do direito e literatura, ele produzira *Medida por medida: o direito em Shakespeare*. Tratava-se de uma viagem lúdica e documentada pelas principais peças do autor inglês e suas relações com o fenômeno jurídico. Uma epopeia cultural e humanística. Pois este *A invenção do direito: o nascimento do direito em Ésquilo, Sófocles, Eurípedes e Aristófanes* segue o mesmo padrão superlativo: estilo leve,

---

[1] Prefácio ao livro *A invenção do direito: as lições de Ésquilo, Sófocles, Eurípedes e Aristófanes*, 2016, de José Roberto Castro Neves.
[2] V. Simon Goldhill, *Amor, sexo e tragédia: como gregos e romanos influenciam nossas vidas até hoje*, 2007. p. 7.

texto cativante, reflexão sofisticada. O direito entra como contrabando em meio à literatura de primeira linha. José Roberto nos reconduz às origens de nossa civilização, resgatando registros históricos, textos que atravessaram os séculos e ideias que moldaram o mundo.

Na história da cultura, obras como *Ilíada* e *Odisseia*, de Homero, marcam o início da literatura ocidental. Peças como *Hamlet* e *Julio Cesar*, de Shakespeare, são alguns dos seus pontos culminantes. E tragédias como *Prometeu acorrentado*, *Antígona* e *Medeia* estão na origem dos dilemas e angústias que levaram à invenção do direito. O autor traça um arco notável ligando as diferentes dimensões – éticas, jurídicas e políticas – dos conflitos entre paixão e razão, ódio e amor, vingança e justiça. Um tributo à nossa humanidade, no seu desalento e fascínio.

9.2 Isso é grego para mim

No mundo ocidental, somos herdeiros de uma tradição conhecida como *romano-germânica*. Só por grave injustiça não consta da certidão que é também *helênica*: foram os gregos os inventores da ideia de razão, do conhecimento científico fundado em princípios e regras de valor universal. Como lembrou José Roberto a certa altura de seu texto, lá foram criadas a história, a astronomia, a física, a biologia, a filosofia e a geografia, entre outras ciências. Sem falar das artes. Somente uma pólis segura de sua estabilidade político-institucional, como a Atenas do século V a.C., poderia incentivar o surgimento de filósofos, historiadores e autores teatrais, que mereceram o respeito de seus contemporâneos e as homenagens da posteridade. Tiranias têm medo da liberdade de pensamento e da criação artística. Como destaca este livro, obras como *Oresteia*, de Ésquilo, *Édipo Rei*, de Sófocles, ou *Medeia*, de Eurípedes, permeiam a cultura e o imaginário do mundo civilizado ao longo dos séculos.

Ao percorrer as páginas eruditas e saborosas deste livro, dei-me conta de quantas vezes me utilizei de referências gregas na minha própria produção acadêmica e atuação profissional. Em artigo sobre o neoconstitucionalismo, citando dois outros autores nacionais, averbei: "Ontem os Códigos, hoje as Constituições. A revanche da Grécia contra Roma".[3] A referência é ao fato de que o direito constitucional e o direito

---

[3] A primeira parte da frase é de Paulo Bonavides. A segunda, de Eros Grau. Ambas foram pronunciadas em discursos no Instituto dos Advogados Brasileiros, por ocasião do recebimento da medalha Teixeira de Freitas.

público em geral, que têm o seu berço em Atenas, conquistaram, nas últimas décadas, um largo espaço no cenário jurídico contemporâneo, historicamente dominado pela tradição romanística de direito privado. Aliás, a relação entre Grécia e Roma, desde os primórdios, foi retratada em passagem clássica de Horácio, descrevendo a ironia histórica: "A Grécia capturada conquistou seu feroz dominador e trouxe civilização ao rude Lácio".[4] Em uma aula inaugural em que afirmava que a vida é feita de prudências e ousadias, narrei a passagem clássica do Canto XII da *Odisseia*. Nela se contém o famoso episódio em que Ulysses, para escapar do canto das sereias, obriga seus companheiros a remarem com os ouvidos tapados por cera, e se faz amarrar ao mastro da embarcação, para escapar à tentação de seguir a música envolvente e espatifar-se contra os recifes. Porém, sempre me encantou o fato de que ele não tapou os próprios ouvidos. Ou seja: neutralizou o risco, mas não se privou do prazer legítimo.

Em sucessivos discursos de formatura que a vida me proporcionou fazer, encontrei-me igualmente imerso em cultura grega. Ao falar do tempo, lembrei a história mitológica de Cronos, que teria investido contra o pai, Urano, e devorado os próprios filhos. Numa nota mais romântica, assinalei que o amor de Penélope por Ulysses havia derrotado o tempo e a distância. Como sabido, era ela assediada por muitos pretendentes, que lhe diziam da morte do marido. Havendo prometido desposar um deles quando terminasse de tecer a mortalha em que estava trabalhando, desfazia à noite o que avançara durante o dia, dando tempo ao tempo, até o regresso triunfal de Ulysses. Ao falar da vida boa, remeti à inscrição do Oráculo de Delfos, "Conhece-te a ti mesmo e conhecerás o Universo e os Deuses". Com mais de 2.500 anos, esta frase, atribuída a Tales de Mileto e difundida por Sócrates, é considerada o marco do nascimento da filosofia, ao passar o homem e sua capacidade de reflexão para o centro dos acontecimentos.

Em texto sobre a interpretação jurídica, anotei que o termo *hermenêutica* vem de Hermes, personagem da mitologia grega encarregado de transmitir as mensagens dos deuses aos homens. Ao ingressar no STF e verificar o volume de processos que chegava a cada dia, a primeira imagem que me veio à mente foi a de Sísifo, personagem mitológico condenado a empurrar uma pedra montanha acima, eternamente. Sempre que se aproximava do cume, a pedra rolava de volta

---

[4] Horácio, Epístolas, livro II, 1, 156-157.

e era preciso começar tudo de novo. Relembro uma última referência: em caso midiático e dramático que envolvia a extradição de um antigo militante da esquerda italiana, no qual eu ainda atuava como advogado, o julgamento terminou empatado. Caberia, assim, ao presidente do Tribunal o voto de desempate. Em memorial, lembrei que o voto de Minerva, na sua origem histórica, era em favor da defesa. Se empatou, é porque havia dúvida. A propósito, José Roberto dedica inúmeras páginas ao tema, ao narrar o julgamento de Orestes, que matou a mãe para vingar o pai. "Trata-se do primeiro Hamlet", lembrou ele, registrando mais adiante:

> O julgamento é feito e há empate entre os votos dos 12 jurados. Cabe a Atenas desempatar e a deusa decide em favor de Orestes [...].
> A justiça da vingança é substituída pela benevolência. A retribuição do mal é sucedida por uma nova ordem.
> [...] O novo direito ignora a maldição familiar, desconsidera a lei de talião.

9.3 As ideias essenciais reavivadas nesta obra

José Roberto inicia o livro com uma cronologia didática e conveniente. Reiterando a importância de Homero, colhe nele lições que atravessaram os tempos, ainda quando pouco aplicadas. Como exemplo, "a atividade do líder não deve ser guiada pela ira" e, sobretudo, "o líder não deve pensar em si, mas no interesse comum". Ou esta outra, de que os homens não são joguetes nas mãos dos deuses, mas "senhores de seus destinos". Aí a raiz do livre-arbítrio. Em um resgate histórico recente e emblemático, lembrou que a ditadura dos coronéis gregos, entre 1967 e 1974, proibiu a encenação de Antígona, a mulher que enfrentou o tirano para enterrar o irmão. O texto destaca, ainda, passagem de Eurípedes, na qual defende a igualdade entre filho ilegítimo e filho legítimo, senhor e escravo. Para em seguida enunciar uma máxima moral eterna: "a nobreza não decorre da origem, mas do caráter". Já próximo ao fim, José Roberto noticia um marco civilizatório que seria perdido pouco à frente, com o Império Romano: a separação entre religião e Estado, entre a lei divina e a lei humana. Em suas palavras, "a filosofia mata os deuses".

No ponto culminante do seu argumento, José Roberto de Castro Neves enuncia as ideias e valores que se projetaram na história e que ainda hoje são o estado da arte em matéria institucional. Garimpando a essência dos autores que estudou, destaca ele a democracia, a dignidade humana, os direitos fundamentais, a igualdade e a disputa entre a lei natural e a lei dos homens, a lei positiva. São temas que merecem uma reflexão final. Com a queda da Grécia para a Macedônia, no fim do século IV a.C., a democracia desaparece da face da Terra. Só voltou a dar sinais com as revoluções liberais, no século XVIII. Sua consolidação, todavia, é um fenômeno do século XX, com o fim do voto censitário e das restrições raciais, o voto feminino e mesmo dos analfabetos. Mais de dois milênios depois, o constitucionalismo democrático veio a ser a ideologia vitoriosa do século que se encerrou, derrotando autoritarismos e fundamentalismos diversos. Nela se condensam as grandes promessas da modernidade (ou seriam da antiguidade?), que sintomaticamente se identificam com os valores apontados pelo autor.

A *dignidade da pessoa humana* voltou à agenda do mundo civilizado após a tragédia moral e política do fascismo e do nazismo na Europa. Depois da Segunda Guerra Mundial, passou a ser um conceito incorporado à maior parte dos documentos internacionais e das constituições democráticas. Dignidade humana significa que todas as pessoas são um fim em si mesmas, têm igual valor intrínseco e autonomia, devendo viver a própria vida com autodeterminação e fazendo suas próprias escolhas existenciais. O limite há de ser os direitos fundamentais de todos e alguns valores sociais legitimamente impostos. Os *direitos fundamentais*, por sua vez, foram alçados ao centro dos sistemas jurídico-constitucionais, constituindo uma reserva de justiça para proteção de todos os indivíduos, impondo ao Estado deveres de abstenção e atuação. A *igualdade*, na sua dimensão formal, material e de reconhecimento (dos direitos das minorias), continua a ser a grande aspiração da humanidade, sua grande causa inacabada. Ainda assim, há avanços importantes na derrota dos privilégios, na redução da pobreza e nos direitos de grupos vulneráveis, aí incluídos mulheres, negros, *gays* e transgêneros.

Por fim, na filosofia jurídica, sem uma volta ao jusnaturalismo, vive-se a superação do positivismo normativista tradicional, que reduzia o direito à lei e o afastava da justiça e da legitimidade democrática. Um caminho do meio, representado por uma cultura pós-positivista, respeita o papel da lei e das decisões políticas majoritárias, mas reaproxima o direito da filosofia moral e da filosofia política. Polinices já pode ser enterrado em paz. Justiça e legitimidade democrática são valores dos quais nenhuma ordem jurídica civilizada pode prescindir. Como sabemos desde a Grécia antiga, mas vez por outra esquecemos.

9.4 Conclusão

Ao sintetizar o plano de *As suplicantes*, de Ésquilo, o autor descreve que 50 mulheres fugidas do Egito pedem asilo ao rei Pelasgo, de Argos. A fuga se deu para escaparem de casamentos forçados. A concessão do asilo traria consequências graves e, possivelmente, a guerra. Ainda assim, o rei se dispôs a ouvi-las, não sem antes advertir: "Longa fala, porém, não agrada a cidade". O conselho é oportuno e, tendo atravessado os séculos, é de grande valia para a comunidade jurídica em geral. Eu mesmo sou militante da utopia de que em algum lugar do futuro, juristas falarão menos, escreverão menos e não serão tão apaixonados pela própria voz.

Por essa razão, é boa hora de sair do caminho do leitor e deixar que desfrute, com prazer e proveito, das páginas bem pesquisadas, bem pensadas e bem escritas deste trabalho notável. Em sua segunda incursão nas fronteiras entre o direito e a literatura, José Roberto de Castro Neves oferece ao público um pouco da sabedoria desses dois mundos. E a ela agrega a sua própria, tornando-se uma voz culta, libertária e civilizatória, valores que vêm de longe e que estamos mesmo precisando cultivar por aqui.

Brasília, 9 de agosto de 2015.

CAPÍTULO 10

UMA VIDA COMPLETA[1]

Conheci Nelson Nascimento Diz em uma distante tarde de junho de 1985, quando prestei meu concurso para procurador do estado do Rio de Janeiro. Ele era membro da banca de direito constitucional, assunto que nunca chegou a dominar com desembaraço. Pelo menos é o que falsamente digo a ele, há muitos anos, num dos traços mais marcantes da nossa amizade fraterna, intensa e imune a intrigas: a irreverência e o bom humor. Ficamos amigos desde aquele primeiro momento. E trabalhamos juntos desde então, tanto na vida pública como na advocacia privada. Fui seu assessor no Gabinete do Procurador-Geral do Estado e estivemos juntos, pouco à frente, na Secretaria de Estado de Justiça.

De 1988 a 1990, quando fui fazer minha pós-graduação fora, era ele um dos meus correspondentes mais constantes. Ainda não eram tempos de computadores portáteis, internet e correio eletrônico, mas de cartas escritas à mão, envelopadas, seladas e enviadas pelo correio. Parece que foi em outra vida. Pois, recentemente, Nelson desencavou uma dessas cartas que lhe enviei, onde se lia a seguinte "pérola":

> New Haven (Yale), 6.02.1989.
> Caro Nelson: o anonimato é uma coisa devastadora. Aqui é cada um por si e ninguém olha para o lado. Sob muitos aspectos, essa experiência é um exercício de humildade (o ato de aprender, você sabe, exige sempre uma postura despojada); o que para mim é fácil, mas para você e a maioria dos nossos companheiros poderia ser fatal. Rs.

---

[1] Prefácio ao livro *Democracia e direitos fundamentais*, 2010, de Nelson Nascimento Diz.

Como Procurador do Estado, Nelson serviu a todos os governos, desde 1962, de Lacerda a Brizola, com a mesma proficiência. Sempre teve um sentido de dever e de fazer bem feito que não envolvia ideologia ou preferências políticas. Era competente e leal, sem olhar a quem. E de uma franqueza que chegava a ser divertida. A uma respeitável e provecta Secretária de Estado de Educação, tendo a mim por testemunha, disse sem cerimônia, no calor da discussão: "Isso é de uma burrice federal. E a senhora é uma secretária estadual". A pobre senhora conservou o espanto no olhar até os últimos dias nesse mundo.

Já na advocacia privada, Nelson foi diretor jurídico de uma das maiores empresas do Brasil, por muitos anos. Para algumas questões, contratou os meus serviços; embora, voluvelmente, costeasse o alambrado e utilizasse inúmeros outros profissionais. Numa das vezes em que me procurou, escreveu: "Caro Barroso: peço-lhe uma proposta de honorários". Apresentada a módica postulação, respondeu-me: "*Caríssimo* Barroso...". Quando finalmente se aposentou, convidei-o a trabalhar comigo no escritório. Ele hesitou e eu lhe disse: "Chega de você mandar em mim. Agora vamos inverter". Nunca consegui, devo confessar. Mas ao longo dos anos, tenho me beneficiado de suas ideias, sua amizade e seu senso de humor desconcertante. Ah, sim: e de suas dicas sobre arte. Apesar de ele ter um gosto muito esquisito.

No escritório, composto predominantemente por advogados jovens, ele é o interlocutor de todos. Seus conselhos às vezes são prudentes, às vezes desassombrados; nunca previsíveis. Por muitos anos, Nelson dirigiu o *Boletim de Direito do Estado*, editado mensalmente. Era uma forma de estarmos atualizados com o que acontecia no direito público brasileiro. Nele, publicávamos uma seleção de ementas de acórdãos, informações sobre artigos doutrinários, notícias relevantes e legislação publicadas no período. Em cada número, Nelson escrevia um comentário a uma decisão que selecionava. São esses comentários preciosos que compõem esse volume. A *boutade* que mais gostava de contar é que o escritório vivia "da minha fama (?), das ideias dele, do trabalho da Ana e da beleza da Karin". Ria de se acabar.

Este livro é um pequeno fragmento de uma vida completa, no serviço público e na iniciativa privada. Foi feito escondido, para não termos de enfrentar o folclórico retraimento do autor, que em eventos sociais senta sempre ao lado da porta de saída, por onde se projeta na primeira oportunidade. Uma forma simples e carinhosa de homenagear um dos maiores juristas que conheci, cuja aversão à publicidade o manteve desconhecido do grande público. Mas quem esteve com ele uma vez sequer não esquece jamais da sua verve, inteligência rápida e carisma arrebatador.

Nelson, meu querido amigo, meu parceiro, meu irmão mais velho: vida longa!

1º de fevereiro de 2010.

CAPÍTULO 11

DO DIREITO À POESIA: A VIAGEM REDONDA

Não tenho metas ou objetivos a alcançar
Tenho princípios e
na companhia deles
nem me pergunte aonde vou chegar.

(Carlos Ayres Britto)

Conheci Carlos Ayres Britto em uma tarde distante, em 1982, em Belo Horizonte, no Congresso do Instituto Brasileiro de Direito Constitucional. Eu era recém-formado e aquele era um dos primeiros eventos acadêmicos a que comparecia. Carlos já era, desde então, esta figura carismática e adorável que conquistou amigos e admiradores pela vida afora. Desde a primeira vez que nos vimos, aplicou-se a nós uma passagem inspirada de Vinícius de Moraes: "A gente não faz amigos. A gente os reconhece".

A partir dali, passei a desfrutar do convívio com uma pessoa notável e de espírito elevado. Tenho na minha estante, com dedicatórias que os tornam infungíveis, alguns de seus livros de poesia. Ele é bom nisso também. Nossos caminhos se cruzaram seguidamente em congressos e eventos acadêmicos. Muito antes de Carlos ir para o Supremo Tribunal Federal, entreguei a ele uma separata de um artigo que escrevera, sobre os fundamentos teóricos e filosóficos do direito constitucional brasileiro, com a seguinte dedicatória: "Querido Carlos, você já na poesia e eu ainda no direito". Foi apenas mais uma vez em que a minha bola de cristal me enganou: pouco mais à frente, Carlos Ayres foi nomeado para o Supremo e voltou para o direito, onde fez história.

Além de um estilo único, caracterizado pelo humanismo e pela fidalguia, Carlos prestou inestimáveis serviços ao país e à sua jurisprudência. Destaco alguns capítulos importantes que escreveu. Foi sob a sua presidência, por exemplo, que teve início o julgamento da Ação Penal nº 470, fato que exigiu grande persistência e determinação, à vista das resistências existentes. Foi ali que teve início o processo lento, árduo e inacabado de enfrentamento da criminalidade de colarinho branco no Brasil, sobretudo quando associada à atividade política.

Carlos Ayres Britto foi, também, relator e autor de votos decisivos em casos difíceis e de alta repercussão social, tais como os que envolveram decisões sobre pesquisas com células tronco embrionárias, proibição do nepotismo e o reconhecimento das uniões homoafetivas. Pelos desígnios do destino, fui advogado e estive na tribuna do Supremo em todas estas causas, que não poderiam ter sido conduzidas por melhores mãos. Dele se pode dizer, com Nelson Mandela: "Uma boa cabeça e um bom coração formam uma formidável combinação". Também coube a Carlos Ayres empurrar para a margem da história a Lei de Imprensa que vinha desde o regime militar.

Aliás, com toda a elegância, Carlos Ayres Britto não deixa de ser um observador crítico atento da realidade brasileira. Frasista do primeiro time, produziu esta pérola acerca da corrupção, que é uma foto do que temos vivido: "Há quem chegue às maiores alturas para fazer as maiores baixezas". Tendo nos aproximado no início da minha vida acadêmica e havendo nossos caminhos se cruzado, como juiz e advogado em casos emblemáticos, a vida me reservou mais uma surpresa boa: a de ocupar no Supremo Tribunal Federal a cadeira que Carlos Ayres honrou por cerca de uma década. Também a convite dele, juntei-me ao corpo docente do Centro Universitário de Brasília – UniCEUB, onde encontrei um ambiente acadêmico instigante e acolhedor.

Por todas estas razões, tenho muita honra e alegria em escrever estas palavras iniciais, no livro que lhe presta a homenagem devida e merecida. Aqui se reuniram autores de muitas gerações, que têm como traço comum a admiração pela figura humana e pela *persona* jurídica de Carlos Ayres Britto, um dos grandes que já passaram por aqui. Vida longa, meu amigo.

CAPÍTULO 12

A DIGNIDADE HUMANA NO DIREITO CONTEMPORÂNEO: EM BUSCA DE UM SENTIDO MÍNIMO UNIVERSAL

Recebo, com muita honra, o convite para elaborar o prefácio à obra que reúne os trabalhos do projeto *Simulação das Nações Unidas para Secundaristas – SiNUS*, do Instituto de Relações Internacionais da Universidade de Brasília – UnB, sob o tema geral "Trilhando Caminhos para a Dignidade Humana". É uma boa oportunidade para assentar alguns conceitos básicos na matéria, procurando evitar que a ideia de dignidade se transforme em uma embalagem para qualquer produto ou venha a ser banalizada por uma utilização desatenta à sua verdadeira densidade e dimensão.

O constitucionalismo democrático tem por fundamento e objetivo a dignidade da pessoa humana. Após a Segunda Grande Guerra, a dignidade tornou-se um dos grandes consensos éticos do mundo ocidental, materializado em declarações de direitos, convenções internacionais e constituições. No plano abstrato, poucas ideias se equiparam a ela na capacidade de seduzir o espírito e ganhar adesão unânime. Tal fato, todavia, não minimiza – antes agrava – as dificuldades na sua utilização como um instrumento relevante na interpretação jurídica. Com frequência, ela funciona como um mero espelho, no qual cada um projeta a sua própria imagem, os seus valores e convicções.

Não por acaso, pelo mundo afora, a dignidade humana tem sido invocada pelos dois lados em disputa, em temas como interrupção da gestação, eutanásia, suicídio assistido, uniões homoafetivas, *hate speech*, negação do Holocausto, clonagem, engenharia genética, inseminação artificial *post mortem*, cirurgias de mudança de sexo, prostituição, descriminalização de drogas, abate de aviões sequestrados, proteção contra a autoincriminação, pena de morte, prisão perpétua, uso de detector de mentiras, greve de fome, exigibilidade de direitos sociais. A lista é longa. Naturalmente, não é bom que seja assim. Por essa razão, torna-se necessário um esforço doutrinário para determinar sua natureza jurídica e o seu conteúdo.

O presente prefácio dedica-se a três propósitos principais. O primeiro deles é o de registrar a importância que a dignidade da pessoa humana assumiu no direito contemporâneo, no plano doméstico, internacional e no discurso transnacional. Trata-se de um conceito que tem viajado entre países e continentes e que, por isso mesmo, precisa de uma elaboração apta a dar alguma uniformidade à sua utilização. O segundo propósito é o de precisar a natureza jurídica da dignidade da pessoa humana, como pressuposto da determinação do seu modo de aplicação. Direito fundamental, valor absoluto ou princípio jurídico são algumas das qualificações feitas em diferentes países, tendo por consequência embaraços teóricos e práticos. O terceiro objetivo visado é o de definir conteúdos mínimos para a dignidade humana, como premissa indispensável para libertá-la do estigma de uma ideia vaga e inconsistente, capaz de legitimar soluções contraditórias para problemas complexos.

12.1 A dignidade humana no direito internacional e no discurso transnacional

A despeito de sua relativa proeminência na história das ideias, foi somente no final da segunda década do século XX que a dignidade humana passou a figurar em documentos jurídicos, a começar pelas Constituições do México (1917) e da Alemanha de Weimar (1919).[1] Após a Segunda Guerra Mundial, a dignidade humana foi incorporada aos principais documentos internacionais, como a Carta da ONU (1945), a Declaração Universal dos Direitos do Homem (1948) e inúmeros outros tratados e pactos internacionais, passando a desempenhar um papel central no discurso sobre direitos humanos. Mais recentemente, recebeu especial destaque na Carta Europeia de Direitos Fundamentais, de 2000, e no Projeto de Constituição Europeia, de 2004. Como

---

[1] Cristopher McGrudden, Human dignity and judicial interpretation of human rights. *The European Journal of International Law*, v. 19, 2008. p. 664.

consequência de sua difusão no direito internacional, a ideia de dignidade humana tem sido recorrentemente invocada em decisões da Corte Europeia de Justiça, da Corte Europeia de Direitos Humanos e da Corte Interamericana de Direitos Humanos.[2]

Nos últimos anos, cortes e tribunais constitucionais de todo o mundo começaram a se engajar em um crescente diálogo constitucional[3] envolvendo citação mútua, intercâmbio acadêmico[4] e organização de fóruns públicos como a Comissão de Veneza.[5] Dois fatores têm contribuído para o aprofundamento desse processo. Em primeiro lugar, os países onde o Estado de Direito foi instaurado mais recentemente se espelham, com frequência, na experiência de democracias mais sedimentadas. Nas últimas décadas, ondas de democratização alcançaram diversas partes do mundo, incluindo a Europa nos anos 1970 (Grécia, Portugal e Espanha), a América Latina na década de 1980 (Brasil, Chile, Argentina) e a Europa Central e Oriental nos anos 1990. Órgãos como a Suprema Corte dos Estados Unidos e o Tribunal Constitucional Federal da Alemanha têm desempenhado um significativo papel de modelo para essas novas democracias. Embora o fluxo de ideias seja mais intenso em um sentido do que em outro, também é verdade que, como em qualquer outra forma de intercâmbio, esta é uma avenida de mão dupla.

O segundo fator envolve o compartilhamento de experiências entre as democracias mais maduras e tradicionais. Sociedades plurais e altamente complexas se deparam com desafios em áreas que vão da segurança nacional até questões religiosas, raciais e sexuais. Decisões judiciais estrangeiras podem oferecer novas informações e perspectivas,

---

[2] Para uma série de exemplos de cada uma dessas cortes internacionais, v. Luís Roberto Barroso, "Aqui, lá e em todo lugar": a dignidade humana no direito contemporâneo e no discurso transnacional. Revista dos Tribunais.
[3] V. Anne-Marie Slaughter, *A new world order*, 2004. p. 70.
[4] Antigos membros de cortes constitucionais, como Aaron Barak, da Suprema Corte de Israel, e Dieter Grimm, do Tribunal Constitucional Federal da Alemanha, são visitantes frequentes de faculdades de direito americanas, como Yale e Harvard. Na Yale Law School, o Seminário Constitucionalismo Global, dirigido por Robert Post, reúne um grupo de cerca de quinze membros de cortes e tribunais constitucionais de todo o mundo. V. <http://www.law.yale.edu/academics/globalconstitutionalismseminar.htm>. V. também Mark Tushnet, *A court divided*: the rehnquist court and the future of constitutional law, 2005. p. 176.
[5] De acordo com o seu sítio eletrônico, a Comissão Europeia para Democracia Através do Direito, mais conhecida como Comissão de Veneza, é um órgão consultivo do Conselho da Europa e um grupo de reflexão sobre o direito constitucional. V. <http://www.venice.coe.int/site/main/Presentation_E.asp>.

e também ajudar na construção de consensos.⁶ Parece ser esse o caso em relação à pena de morte (com exceção dos Estados Unidos) e, em alguma medida, também ao aborto (Estados Unidos, Alemanha, França e Canadá, entre outros, possuem legislação similar nessa matéria). Em todas as questões mais controvertidas do ponto de vista ético, encontra-se subjacente a discussão acerca do sentido e alcance da dignidade humana, que crescentemente vem se tornando um conceito transnacional. Como intuitivo e fora de qualquer dúvida, as decisões judiciais estrangeiras têm apenas uma autoridade persuasiva, não sendo vinculantes. Somente esse fato já seria suficiente para afastar qualquer espécie de temor provinciano.

12.2 A dignidade da pessoa humana é um princípio jurídico

Justamente por ter se tornado um conceito que viaja entre países e jurisdições, é relevante assentar algumas bases comuns para utilização do conceito de dignidade humana. A dignidade humana é um valor fundamental. Valores, sejam políticos ou morais, ingressam no mundo do direito assumindo, usualmente, a forma de princípios. A dignidade, portanto, é um princípio jurídico de *status* constitucional.⁷ Como valor e como princípio, a dignidade humana funciona tanto como justificação moral quanto como fundamento normativo para os direitos fundamentais. Na verdade, ela constitui parte do conteúdo dos direitos fundamentais. Os princípios constitucionais desempenham diferentes papéis no sistema jurídico. Destacam-se aqui dois deles: a) o de fonte direta de direitos e deveres; e b) o interpretativo.

Os princípios operam como fonte direta de direitos e deveres quando do seu núcleo essencial de sentido se extraem regras que incidirão sobre situações concretas. Por exemplo: o conteúdo essencial da dignidade humana implica a proibição da tortura, mesmo em um ordenamento jurídico no qual não exista regra expressa impedindo tal conduta. Já no seu papel interpretativo, o princípio da dignidade

---

⁶ Anne-Marie Slaughter, *A new world order*, 2004. p. 77-78.
⁷ A dignidade humana é melhor caracterizada como um princípio, e não como um direito fundamental, como se sustenta, por exemplo, na Alemanha. V. 27 *BVerfGE* 1 (caso Microcensus) e 30 *BVerfGE* 173 (1971) (caso Mephisto). Esta posição, aliás, tem sido pertinentemente questionada. V. Dieter Grimm, Die Würde des Menschen ist unantastbar. In: *24 Kleine Reihe*, 2010. p. 5.

humana vai informar o sentido e o alcance dos direitos constitucionais. Além disso, nos casos envolvendo lacunas no ordenamento jurídico, ambiguidades no direito, colisões entre direitos fundamentais e tensões entre direitos e metas coletivas, a dignidade humana pode ser uma boa bússola na busca da melhor solução. Mais ainda, qualquer lei que viole a dignidade, seja em abstrato ou em concreto, será nula.[8]

12.3 O conteúdo jurídico da dignidade humana

Para que possa funcionar como um conceito operacional do ponto de vista jurídico, é indispensável dotar a ideia de dignidade de um conteúdo mínimo, que dê unidade e objetividade à sua aplicação. A primeira tarefa que se impõe é afastá-la das doutrinas abrangentes, sejam elas religiosas ou ideológicas. As características de um conteúdo mínimo devem ser a *laicidade* – não pode ser uma visão judaica, católica ou muçulmana de dignidade –, a *neutralidade política* – isto é, que possa ser compartilhada por liberais, conservadores e socialistas – e a *universalidade* – isto é, que possa ser compartilhada por toda a família humana. Para levar a bom termo esse propósito, deve-se aceitar uma noção de dignidade humana aberta, plástica e plural. Em uma concepção minimalista, dignidade humana identifica (i) o valor intrínseco de todos os seres humanos, assim como (ii) a autonomia de cada indivíduo, (iii) limitada por algumas restrições legítimas impostas a ela em nome de valores sociais ou interesses estatais (valor comunitário). Portanto, os três elementos que integram o conteúdo mínimo da dignidade, na sistematização aqui proposta, são: valor intrínseco da pessoa humana, autonomia individual e valor comunitário.

O *valor intrínseco* é, no plano filosófico, o elemento ontológico da dignidade, ligado à natureza do ser. Trata-se da afirmação da posição especial da pessoa humana no mundo, que a distingue dos outros seres vivos e das coisas. As coisas têm preço, mas as pessoas têm dignidade, um valor que não tem preço.[9] A inteligência, a sensibilidade e a capacidade de comunicação (pela palavra, pela arte, por gestos, pelo olhar ou por expressões fisionômicas) são atributos únicos que

---

[8] Uma lei é inconstitucional em abstrato quando é contrária à constituição em tese, isto é, em qualquer circunstância, e por isso é nula. Uma lei é inconstitucional em concreto quando em tese é compatível com a constituição, mas produz uma consequência inaceitável em uma circunstância particular.

[9] Immanuel Kant, *Groundwork of the Metaphysics of Morals*, 1998. p. 42.

servem para dar-lhes essa condição singular. No plano jurídico, o valor intrínseco está na origem de uma série de direitos fundamentais, que incluem:

a) *direito à vida*: todos os ordenamentos jurídicos protegem o direito à vida. Como consequência, o homicídio é tratado em todos eles como crime. A dignidade preenche, em quase toda sua extensão, o conteúdo desse direito. Não obstante isso, em torno do direito à vida se travam debates de grande complexidade moral e jurídica, como a pena de morte, o aborto e a eutanásia;

b) *direito* à igualdade: todas as pessoas têm o mesmo valor intrínseco e, portanto, merecem igual respeito e consideração, independentemente de raça, cor, sexo, religião, origem nacional ou social ou qualquer outra condição. Aqui se inclui a igualdade formal – o direito a não ser discriminado arbitrariamente na lei e perante a lei – assim como o respeito à diversidade e à identidade de grupos sociais minoritários (a igualdade como reconhecimento). É nesse domínio que se colocam temas controvertidos como ação afirmativa em favor de grupos sociais historicamente discriminados, reconhecimento das uniões homoafetivas, direitos dos deficientes e dos índios, entre outros;

c) *direito à integridade física*: desse direito decorrem a proibição de tortura, do trabalho escravo ou forçado, as penas cruéis e o tráfico de pessoas. É aqui que se colocam debates complexos como os limites às técnicas de interrogatório, admissibilidade da prisão perpétua e regimes prisionais. E, também, do comércio de órgãos e das pesquisas clínicas;

d) *direito à integridade moral ou psíquica*: nesse domínio estão incluídas a privacidade, a honra e a imagem. Muitas questões intrincadas derivam desses direitos da personalidade, nas suas relações com outros direitos e situações constitucionalmente protegidas. Têm sido recorrentes e polêmicas as colisões entre a liberdade de expressão, de um lado, e os direitos à honra, à privacidade e à imagem, de outro.

A *autonomia* é, no plano filosófico, o elemento ético da dignidade, ligado à razão e ao exercício da vontade em conformidade com determinadas normas. A dignidade como autonomia envolve a capacidade de autodeterminação do indivíduo, de decidir os rumos da própria vida e de desenvolver livremente a sua personalidade.

Significa o poder de fazer valorações morais e escolhas existenciais sem imposições externas indevidas. Decisões sobre religião, vida afetiva, trabalho e outras opções personalíssimas não podem ser subtraídas do indivíduo sem violar a sua dignidade. No plano jurídico, a autonomia envolve uma dimensão privada, outra pública e tem, ainda, como pressuposto necessário, a satisfação do mínimo existencial, conceitos examinados sumariamente na forma a seguir:

a) *autonomia privada*: está na origem dos direitos individuais, das liberdades públicas, que incluem, além das escolhas existenciais acima referidas, as liberdades de consciência, de expressão, de trabalho e de associação, entre outras;

b) *autonomia pública*: está na origem dos direitos políticos, dos direitos de participação na condução da coisa pública. A democracia funda-se na soberania popular – todas as pessoas são livres e iguais e podem e devem participar das decisões que afetem sua vida –, constituindo uma parceria de todos em um projeto de autogoverno. A autonomia pública identifica aspectos nucleares do direito de cada um participar politicamente e de influenciar o processo de tomada de decisões, não apenas do ponto de vista eleitoral, mas também através do debate público e da organização social;

c) *mínimo existencial*: trata-se do pressuposto necessário ao exercício da autonomia, tanto pública quanto privada. Para poder ser livre, igual e capaz de exercer plenamente a sua cidadania, todo indivíduo precisa ter satisfeitas as necessidades indispensáveis à sua existência física e psíquica. O mínimo existencial corresponde ao núcleo essencial dos *direitos fundamentais sociais* e seu conteúdo corresponde às pré-condições para o exercício dos direitos individuais e políticos, da autonomia privada e pública.

O *valor* comunitário constitui o elemento social da dignidade humana, o indivíduo em relação ao grupo. Aqui, a dignidade é moldada pelos valores compartilhados pela comunidade, seus padrões civilizatórios, seu ideal de *vida boa*. O que está em questão não são escolhas individuais, mas responsabilidades e deveres a elas associados. A autonomia individual desfruta de grande importância, mas não é ilimitada, devendo ceder em certas circunstâncias. A dignidade como valor comunitário destina-se a promover, sobretudo:

a) *a proteção dos direitos de terceiros*: a autonomia individual deve ser exercida com respeito à autonomia das demais pessoas, de seus iguais direitos e liberdades. Por essa razão, todos os ordenamentos jurídicos protegem a vida, criminalizando o homicídio; protegem a integridade física, criminalizando a lesão corporal; protegem a propriedade, criminalizando o furto, em meio a inúmeros outros bens jurídicos tutelados pelo direito penal e outros ramos do direito;

b) *a proteção do indivíduo contra si próprio*: em certas circunstâncias, o Estado tem o direito de proteger as pessoas contra atos autorreferentes, suscetíveis de lhes causar lesão. Assim, portanto, é possível impor o uso de cinto de segurança ou de capacete, tornar a vacinação obrigatória ou estabelecer o dever de os pais matricularem os filhos menores em escolas. Nesse domínio se inserem questões controvertidas, como eutanásia, sadomasoquismo e o célebre caso do arremesso de anão;[10]

c) *a proteção de valores sociais*: toda sociedade, por mais liberais que sejam seus postulados, impõe coercitivamente um conjunto de valores que correspondem à moral social compartilhada. Proibição do incesto, da pedofilia, da incitação à violência constituem alguns consensos básicos. Mas, também aqui, existem temas divisivos, como a criminalização da prostituição ou a descriminalização das drogas leves. A imposição coercitiva de valores sociais – em geral pelo legislador, eventualmente pelo juiz – exige fundamentação racional consistente e deve levar seriamente em conta: (i) a existência ou não de um direito fundamental em questão; (ii) a existência de consenso social forte em relação ao tema; e (iii) a existência de risco efetivo para o direito de outras pessoas. É preciso evitar o paternalismo, o moralismo e a tirania das maiorias.

É possível que essa arrumação de ideias contribua para a contextualização adequada dos diversos trabalhos que integram este volume. De fato, aqui se encontram debatidas algumas das questões mais interessantes e complexas associadas à dignidade humana no mundo contemporâneo, que incluem a paz mundial, a segurança alimentar, a proteção do meio ambiente, questões afetas à orientação sexual, ao tráfico de crianças, à Justiça de transição, à reconstrução democrática

---

[10] O caso envolveu a proibição, por violar a ordem pública e a dignidade humana, da prática do evento "arremesso de anão", levado a efeito em algumas casas noturnas. Nela, um anão era arremessado pelos clientes do estabelecimento à maior distância possível, em disputa por um prêmio. V. Conseil d'État, Decisão 136727, 27 out. 1985. V. também Long *et al.*, *Le grands arrêts de la jurisprudence administrative*, 1996. p. 790 e ss.

após conflitos internos prolongados e bioética, em meio a outros temas. Pedindo desculpas ao leitor por haver ocupado tanto espaço, saio do caminho para permitir que cada um desfrute, com prazer e proveito, da valiosa contribuição que este livro traz à afirmação da dignidade humana no cenário transnacional.

Brasília, 30 de dezembro de 2012.

PARTE V

PARECER

CAPÍTULO 1

LEGITIMIDADE DA RECUSA DE TRANSFUSÃO DE SANGUE POR TESTEMUNHAS DE JEOVÁ. DIGNIDADE HUMANA, LIBERDADE RELIGIOSA E ESCOLHAS EXISTENCIAIS[1]

Ementa: 1 A liberdade de religião é um direito fundamental, uma das liberdades básicas do indivíduo, constituindo escolha existencial que deve ser respeitada pelo Estado e pela sociedade – **2** A recusa em se submeter a procedimento médico, por motivo de crença religiosa, configura manifestação da autonomia do paciente, derivada da dignidade da pessoa humana – **3** A gravidade da recusa de tratamento, sobretudo quando presente o risco de morte ou de grave lesão, exige que o consentimento seja genuíno, o que significa dizer: válido, inequívoco, livre e informado.

1.1 A hipótese

1 Trata-se de consulta formulada pela Excelentíssima Senhora Procuradora-Geral do Estado do Rio de Janeiro, Dra. Lúcia Léa

---

[1] Trabalho desenvolvido com a colaboração de pesquisadores do Instituto Ideias, notadamente o doutorando Eduardo Mendonça e o mestrando Thiago Magalhães Pires. Agradeço a ambos pela contribuição valiosa. Sou grato, igualmente, à Professora Ana Paula de Barcellos, pela leitura atenta e sugestões importantes. O texto se beneficia, muito intensamente, de minha interlocução com Letícia de Campos Velho Martel, de quem fui orientador de doutorado, bem como da pesquisa e das ideias materializadas em sua tese *Direitos fundamentais indisponíveis – os limites e os padrões de consentimento para a autolimitação do direito fundamental à vida*, mimeografada, defendida em 2010, no âmbito do Programa de Direito Público da Universidade do Estado do Rio de Janeiro – UERJ, e aprovada com nota máxima.

Guimarães Tavares, acerca da atitude a ser tomada pelos médicos do estado em face da recusa de determinados pacientes, testemunhas de Jeová, a receber transfusão de sangue e hemoderivados, por fundamentos religiosos. Ao que noticia o processo administrativo respectivo, o problema tem se repetido com frequência no Hospital Universitário Pedro Ernesto (HUPE), motivando o encaminhamento da matéria a esta Procuradoria por parte do Diretor Jurídico da Universidade do Estado do Rio de Janeiro – UERJ, Professor Maurício Mota, com pedido de elaboração de parecer normativo.

2 Distribuído o processo à Procuradoria de Serviços Públicos, foi oferecido parecer pelo Procurador Gustavo Binenbojm, que se manifestou favoravelmente ao direito de recusa de tratamento.[2] Submetido à aprovação superior, o parecer recebeu visto divergente do Procurador-Chefe, Flávio de Araújo Willeman, que não reconheceu o direito de recusa de transfusão de sangue por parte de pacientes testemunhas de Jeová.[3] A divergência de opiniões apenas confirma a

---

[2] Após anotar que o paradigma do *paternalismo médico* vem sendo substituído pela *autonomia do paciente*, destacou o parecerista, em síntese, que: (i) o item nº 2 da Resolução CFM nº 1.021/80 deve ser visto como "expressão atávica do paternalismo ou beneficência médica", na medida em que deixa de respeitar a vontade do paciente quando há risco de morte; (ii) a objeção de consciência das testemunhas de Jeová corresponde ao exercício da autonomia privada do indivíduo, materializada nos direitos fundamentais à privacidade – autodeterminação no plano das escolhas privadas –, ao próprio corpo e à liberdade religiosa; (iii) não cabe ao médico substituir-se a um paciente maior, capaz e informado para reavaliar sua escolha existencial; (iv) o direito à diferença exige do Estado que tolere e proteja posições jurídicas, ainda que consideradas exóticas pelos demais; (v) a decisão do paciente, que se recusa a receber tratamento, é autoexecutória em relação ao médico, na medida em que se funda diretamente nos direitos fundamentais envolvidos, de modo que não se exige a judicialização do tema; e, a despeito de a consulta não abranger o ponto, (vi) no caso de a recusa dizer respeito à saúde de menor de idade, sua manifestação de vontade poderia ser submetida ao Poder Judiciário, a fim de se aferir sua maturidade para tomar essa decisão.

[3] Segundo o Procurador-Chefe, não seria aceitável que alguém, "sob o fundamento de professar crença religiosa, dentro de um hospital (público ou privado) [possa] impedir o médico de cumprir com sua histórica missão de salvar vidas" (p. 6). Sustenta, em suma, que: (i) a legislação pertinente não faculta às pessoas a disposição da própria vida por razões de ordem religiosa; (ii) as diretivas éticas dos Conselhos de Medicina obrigam os médicos a proceder ao tratamento necessário para salvar a vida do paciente, sem o seu consentimento ou a despeito da sua recusa; (iii) o Código Civil de 2002, "em franca interpretação autêntica da CRFB/88" (p. 14), determina a irrenunciabilidade dos direitos da personalidade, bem como a indisponibilidade do corpo humano; (iv) "o direito fundamental à vida humana deve ser considerado um *direito universal* quase que absoluto, não podendo ser *relativizado e/ou flexibilizado* para atender a culturas regionais, religiosas e/ou fundamentalistas" (p. 20; grifos no original); (v) o valor da dignidade humana engloba a possibilidade de o ser humano responder pelas suas decisões existenciais, mas "essa concepção não pode ser levada ao extremo, sobretudo em um país como o Brasil, dotado de quantidade imensa de seitas e religiões" (p. 23); (vi) a liberdade religiosa não

complexidade do tema, que suscita debates jurídicos, morais e religiosos em diferentes partes do mundo.

3 O presente estudo será desenvolvido na conformidade do roteiro apresentado no início. Na primeira parte, dedicada aos fundamentos teóricos relevantes para o deslinde da questão, analisa-se a mudança de paradigma na ética médica e exploram-se os sentidos possíveis da ideia de dignidade da pessoa humana, bem como o conteúdo dos dois principais direitos fundamentais que concorrem na hipótese: o direito à vida e a liberdade religiosa. Na segunda parte, faz-se a aplicação das categorias teóricas à situação específica em exame, para concluir que a dignidade da pessoa humana, na sua dimensão de autonomia privada do indivíduo, confere legitimidade à decisão de recusa de tratamento médico por fundamento religioso. Impõem-se, todavia, algumas condições para que a manifestação de vontade nesse sentido possa ser considerada um consentimento genuíno.

4 A seguir, as razões de meu convencimento.

1.2 Fundamentos teóricos

1.2.1 Do paternalismo médico à autonomia do paciente

5 Até meados do século XX, as relações entre médicos e pacientes seguiam o que se convencionou chamar de *ética hipocrática*.[4] Fundada no princípio da *beneficência*, ela determinava ao médico que assumisse a postura de "protetor do paciente", justificando-se qualquer medida destinada a restaurar sua saúde ou prolongar sua vida. Esse paradigma, conhecido como *paternalismo médico*, legitimava a intervenção do profissional por seus próprios critérios, ainda que sem a anuência do paciente ou contra sua vontade expressa.[5] O fim

---

pode impedir o Estado de "agir em defesa da vida humana ao ter ciência de que pessoas estão colocando em risco as próprias vidas – por fundamento religioso – e podem vir a atingir a esfera jurídica de terceiros", já que os médicos poderiam estar sujeitos a sanções administrativas, civis e criminais (p. 25); (vii) a liberdade religiosa deve ser exercida de modo razoável e proporcional, e "a opção do Testemunha de Jeová viola [...] o *princípio da razoabilidade* [...]", na medida em que sacrifica o seu direito à vida (p. 29; grifos no original); (viii) "a paciente, ao se dirigir ao hospital, optou pela salvação de sua vida, cabendo, portanto, o método e o tratamento final ao médico" (p. 33).

[4] Referência ao "Juramento de Hipócrates", declaração solene tradicionalmente feita pelos formandos em medicina, na qual se comprometem a usar a medicina "para o bem do doente [...], nunca para causar dano ou mal a alguém" (Wikipédia, *Juramento de Hipócrates*). Disponível em: <http://pt.wikipedia.org/wiki/Juramento_de_Hip%C3%B3crates>.

[5] Heloisa Helena Barboza, A autonomia da vontade e a relação médico-paciente no Brasil. *Lex Medicinae – Revista Portuguesa de Direito da Saúde*, v. 2, 2004: "Desde os tempos de

da Segunda Guerra Mundial assinala o começo da superação do paradigma do paternalismo. O marco desse movimento foi o Código de Nuremberg,[6] de 1947, destinado a regular as pesquisas com seres humanos. Fundado no princípio da *autodeterminação da pessoa*,[7] o Código estabeleceu o *consentimento informado* como requisito para a validade ética das experiências médicas.[8] Essas diretrizes foram posteriormente incorporadas pela Declaração de Helsinki, editada pela Associação Médica Mundial (AMM) em 1964.[9] O modelo estendeu-se, igualmente, às relações médico-paciente.

Hipócrates até os nossos dias, busca-se o bem do paciente, ou seja, aquilo que, do ponto de vista da medicina, se considera benéfico para o paciente, sem que esse em nada intervenha na decisão. Esse tipo de relação, apropriadamente denominada paternalista, atribui ao médico o poder de decisão sobre o que é melhor para o paciente. Similar à relação dos pais para com os filhos, foi durante longo tempo considerada a relação ética ideal, a despeito de negar ao enfermo sua capacidade de decisão como pessoa adulta". V., também, José Luiz Telles de Almeida, *Respeito à autonomia do paciente e consentimento livre e esclarecido*. Tese (Doutorado) – Fiocruz, Rio de Janeiro, 1999. p. 18; 75; Carmela Salsamendi de Carvalho, Respeito às diferenças (às crenças religiosas): a autonomia do paciente e a oposição dos seguidores da religião "Testemunhas de Jeová" quanto à transfusão sanguínea. *Direitos Fundamentais e Democracia*, v. 6, 2009; Jeovanna Viana Alves, *Ensaios Clínicos*, v. 8, 2003 *apud* Lydia Neves Bastos Telles Nunes, O consentimento informado na relação médico-paciente: respeitando a dignidade da pessoa humana, *Revista Trimestral de Direito Civil*, v. 29, 2007.

[6] O termo "Código de Nuremberg" identifica uma parte da sentença do chamado *Julgamento dos Médicos* (*Doctor's Trial*), oficialmente conhecido como United States of America *v.* Karl Brandt, *et al*. Tratou-se de um julgamento por crimes de guerra, realizado por um tribunal militar dos EUA na Alemanha ocupada. Os crimes eram relacionados à experimentação humana durante o regime nazista e vinte dos vinte e três réus eram médicos. V. U.S. National Archives, Records of the United States Nuernberg War Crimes Tribunal: United States of America *v.* Karl Brandt *et al.* (Case I) November 21, 1946 – August 20, 1947, 1974. Disponível em: <http://www.archives.gov/research/captured-german-records/microfilm/m887.pdf>. Acesso em: 9 fev. 2010. Sobre o caso, v. também George G. Annas e Michael A. Grodin, *The Nazi doctors and the Nuremberg Code*: human rights in human experimentation. Oxford: Oxford University Press 1995. p. 61 e ss.

[7] Sobre o Código de Nuremberg, Dirce Guilhem e Debora Diniz apontam que os inúmeros experimentos nazistas e "sua ampla divulgação mundial após a Segunda Guerra levaram à elaboração de diretrizes internacionais para a pesquisa científica com pessoas. O objetivo era garantir que princípios dos direitos humanos – em particular a dignidade da pessoa humana e a autonomia da vontade – seriam o ponto de partida de qualquer pesquisa científica envolvendo pessoas. Foi nesse marco da gênese da cultura dos direitos humanos que, em 1947, se elaborou o Código de Nuremberg" (Dirce Guilhem e Debora Diniz, *O que é ética em pesquisa*, 2008. p. 19). V. também Ezekiel J. Emanuel, David Wendler e Christine Grady, What makes clinical research ethical? *JAMA: the Journal of the American Medical Association*, v. 20, 2008: "[...] the Nuremberg Code was part of the judicial decision condemning the atrocities of the Nazi physicians and so focused on the need for consent and a favorable risk-benefit ratio [...]".

[8] Evelyne Shuster, Fifty years later: the significance of the Nuremberg Code. *The New England Journal of Medicine*, v. 337, 1997.

[9] Debora Diniz e Marilena Corrêa, Declaração de Helsinki: relativismo e vulnerabilidade. *Cadernos de Saúde Pública*, v. 3, 2001.

6 A partir daí, verificou-se uma profunda alteração nos paradigmas da ética médica: o paternalismo e a beneficência deram lugar à *autonomia do paciente* como fundamento da bioética.[10] Nesse ambiente, o paciente deixa de ser um objeto da prática médica e passa a ser sujeito de direitos fundamentais. Tais transformações são impulsionadas pelo reconhecimento da dignidade da pessoa humana, que assegura a todas as pessoas o direito de realizar autonomamente suas escolhas existenciais. Daí resulta, como consequência natural, que cabe ao paciente anuir ou não com determinado exame ou tratamento; o médico não pode substituir-se a ele para tomar essa decisão ou impor qualquer espécie de procedimento, ainda que fundado em critérios técnicos.[11] Antes mesmo do Código de Nuremberg, essa orientação já vinha encontrando acolhida em algumas partes do mundo.[12] Vale notar, no entanto, que essa nova perspectiva não inverte a equação para sujeitar o médico ao paciente: também o profissional pode se recusar a realizar um procedimento ou a acompanhar um paciente que se recuse a receber

---

[10] Lydia Neves Bastos Telles Nunes, O consentimento informado na relação médico-paciente: respeitando a dignidade da pessoa humana. *Revista Trimestral de Direito Civil*, v. 29. p. 99-100, 2007.

[11] Claus Roxin, *A proteção da vida humana através do direito penal*. Disponível em: <http://www.buscalegis.ufsc.br/arquivos/C_170707-2.pdf>. Acesso em: 11 fev. 2010: "Se o paciente recusa, portanto, a operação que salvaria sua vida, ou a necessária internação numa unidade de tratamento intensivo, deve o médico abster-se de tais medidas e, se for o caso, deixar o paciente morrer. Esta solução é deduzida, corretamente, da autonomia da personalidade do paciente, que pode decidir a respeito do alcance e da duração de seu tratamento". No mesmo sentido, v. Carmela Salsamendi de Carvalho, Respeito às diferenças (às crenças religiosas): a autonomia do paciente e a oposição dos seguidores da religião "Testemunhas de Jeová" quanto à transfusão sanguínea. *Direitos Fundamentais e Democracia*, v. 6, 2009: "o consentimento livre e esclarecido do paciente ou o seu eventual dissentimento a uma terapia médica resulta do seu direito de autodeterminação, de tomar decisões relativas à sua vida, à sua saúde e à sua integridade físico-psíquica".

[12] Nesse sentido foi a decisão da Suprema Corte de Nova York no caso Schloendorff v. Society of New York Hospital, de 1914. Considerado um marco da doutrina da autonomia do paciente, esse caso envolvia um pedido de indenização em face de médico que, sem o consentimento da paciente, procedeu a uma cirurgia de retirada de um tumor abdominal. O pedido foi julgado procedente sob o fundamento nao apenas da integridade física do paciente, mas também de seu direito à autodeterminação. Para Manuel Durán, "a decisão do Tribunal de Apelação de Nova York no caso Schloendorff (1914) marca do começo da doutrina segundo a qual a mera intervenção de um médico sem o consentimento do paciente supõe uma agressão (*assault*), pela qual se pode reclamar legalmente danos [...]" (Manuel Carrasco Durán, Aborto, eutanásia, recusa a tratamento médico e reprodução assistida: interpretação constitucional e biodireito. *Jurisprudência Catarinense*, v. 114, 2007). Nos termos da decisão: "Todo ser humano de idade adulta e com o direito de determinar o que será feito com seu próprio corpo; e o cirurgião que realiza uma operação sem o consentimento do seu paciente comete uma lesão [*assault*], por cujos danos pode ser responsabilizado" (Schloendorff v. Society of New York Hospital, 211 N.Y. 125, 105 N.E. 92 (1914). Tradução livre).

tratamento. Dessa forma, preserva-se também o direito do médico de se pautar pelos seus padrões éticos em matéria de cuidado à saúde.[13]

7 A autonomia, porém, não será real se o consentimento não for genuíno, fruto de uma vontade livre e informada. Isso será tão mais relevante quanto mais graves os efeitos da decisão, como é o caso de recusa de tratamento, com risco de morte. O tema não é desconhecido do direito positivo brasileiro, que o tem disciplinado em questões envolvendo pesquisas clínicas,[14] assim como em relação aos usuários do sistema em geral. De fato, em 2006, foi aprovada, pelo Ministério da Saúde, a *Carta dos Direitos dos Usuários da Saúde* (Portaria nº 675/2006), que disciplina o consentimento ou recusa de procedimentos,[15] bem como o dever do paciente de assumir a responsabilidade pela decisão tomada.[16]

8 Em suma: o paradigma paternalista deu lugar à autonomia do paciente, nas suas relações com o médico. Ao profissional não se reconhece mais autoridade para impor determinada terapia ou para se substituir ao indivíduo nas decisões essenciais a respeito de sua integridade física e moral. A manifestação de vontade do paciente, no entanto, sobretudo quando importe recusa de tratamento, deve estar cercada de um conjunto de cautelas e exigências.

---

[13] "[...] é também direito dos médicos não se envolver em algo que considerem como comprometedor dos padrões de cuidado em saúde sem sangue. [...] Se os médicos sentem, por fim, que a recusa à transfusão de sangue vai fazer o procedimento mais difícil, e não querem assumir qualquer risco de um procedimento sem transfusão de sangue depois de pesar os benefícios do procedimento de cura da condição do paciente, eles não devem ser obrigados a realizar o procedimento contra sua consciência e devem ter o direito à objeção de consciência (da mesma forma que outros procedimentos médicos eticamente controvertidos, como a interrupção da gravidez e o tratamento de fertilidade)" (R. Chua e K. F. Tham, Will no blood kill Jehovah's Witnesses? *Singapore Medical Journal*, v. 47, 2006. Disponível em: <http://www.sma.org.sg/smj/4711/4711me2.pdf>. Acesso em: 12 fev. 2010. Tradução livre).

[14] V. Resolução CNS nº 196/96, item II.11: "Consentimento livre e esclarecido - anuência do sujeito da pesquisa e/ou de seu representante legal, livre de vícios (simulação, fraude ou erro), dependência, subordinação ou intimidação, após explicação completa e pormenorizada sobre a natureza da pesquisa, seus objetivos, métodos, benefícios previstos, potenciais riscos e o incômodo que esta possa acarretar, formulada em um termo de consentimento, autorizando sua participação voluntária na pesquisa".

[15] V. Portaria nº 675/2006, 4º princípio: "O respeito à cidadania no Sistema de Saúde deve ainda observar os seguintes direitos: [...] V - consentimento ou recusa de forma livre, voluntária e esclarecida, depois de adequada informação, a quaisquer procedimentos diagnósticos, preventivos ou terapêuticos, salvo se isso acarretar risco à saúde pública; VI - o consentimento ou recusa dados anteriormente poderão ser revogados a qualquer instante, por decisão livre e esclarecida, sem que lhe sejam imputadas sanções morais, administrativas ou legais".

[16] V. Portaria nº 675/2006, 5º princípio: "Todo cidadão deve se comprometer a: [...] V - assumir responsabilidades pela recusa a procedimentos ou tratamentos recomendados e pela inobservância das orientações fornecidas pela equipe de saúde".

1.2.2 A dignidade da pessoa humana e suas possibilidades de sentido[17]

1.2.2.1 Generalidades

9 A dignidade da pessoa humana tornou-se, ao final da Segunda Guerra Mundial, um dos grandes consensos éticos do mundo ocidental. Ela é mencionada em incontáveis documentos internacionais, em Constituições, leis e decisões judiciais.[18] Na Constituição brasileira, a dignidade da pessoa humana vem inscrita como um dos *fundamentos* da República (art. 1º, III).[19] Funciona, assim, como fator de legitimação das ações estatais e vetor de interpretação da legislação em geral. Tais considerações não minimizam a circunstância de que se trata de uma ideia polissêmica,[20] que funciona, de certa maneira, como um espelho: cada um nela projeta a sua própria imagem de dignidade. E, muito embora não seja possível nem desejável reduzi-la a um conceito fechado e plenamente determinado, não se pode escapar da necessidade de lhe atribuir sentidos mínimos. Onde não há consenso, impõem-se escolhas justificadas e convenções terminológicas.

10 Na sua expressão mais essencial, a dignidade exige que toda pessoa seja tratada como um fim em si mesma, consoante uma das enunciações do imperativo categórico kantiano.[21] A vida de qualquer ser humano tem uma valia intrínseca. Ninguém existe no mundo

---

[17] Muitas das ideias desse tópico foram colhidas em Luís Roberto Barroso e Letícia de Campos Velho Martel, A morte como ela é: dignidade e autonomia no final da vida. In: Tânia da Silva Pereira, Rachel Aisengart Menezes e Heloisa Helena Barboza, *Vida, morte e dignidade humana*, 2010. p. 175-212.

[18] Para uma revisão profunda do tema, inclusive quanto a documentos anteriores à Declaração Universal de Direitos Humanos de 1948, v. Christopher Mccrudden, Human dignity and judicial interpretation of human rights. *The European Journal of International Law*, v. 19, n. 4, p. 664-671, 2008. O autor nota que, em documentos mais atuais, não apenas a expressão "dignidade humana" passou a figurar nos preâmbulos dos documentos internacionais de direitos humanos, como também foi introduzida na parte substantiva dos textos.

[19] CF/88, art. 1º: "A República Federativa do Brasil, formada pela união indissolúvel dos Estados e Municípios e do Distrito Federal, constitui-se em Estado Democrático de Direito e tem como fundamentos: [...] III - a dignidade da pessoa humana; [...]".

[20] Nesse sentido, reconhecendo que o conceito de dignidade apresenta diferentes "dimensões" e "elementos", v. Ingo Wolfgang Sarlet, As dimensões da dignidade da pessoa humana: construindo uma compreensão jurídico-constitucional necessária e possível. In: Ingo Wolfgang Sarlet (Org.), *Dimensões da dignidade*: ensaios de filosofia do direito e direito constitucional, 2005. p. 13-43. Na mesma linha, v. Maria Celina Bodin de Moraes, O conceito de dignidade humana: substrato axiológico e conteúdo normativo. In: Ingo Wolfgang Sarlet (Org.), *Constituição, direitos fundamentais e direito privado*, 2003. p. 105-147.

[21] Immanuel Kant, *Fundamentação da metafísica dos costumes*, 2004. p. 68 e ss.

para atender aos propósitos de outra pessoa ou para servir a metas coletivas da sociedade. O valor ou princípio da dignidade humana veda, precisamente, essa instrumentalização ou funcionalização de qualquer indivíduo. Outra expressão da dignidade humana é a responsabilidade de cada um por sua própria vida, pela determinação de seus valores e objetivos. Como regra geral, as decisões cruciais na vida de uma pessoa não devem ser impostas por uma vontade externa a ela.[22] No mundo contemporâneo, a dignidade humana tornou-se o centro axiológico dos sistemas jurídicos, fonte dos direitos materialmente fundamentais.

11 De fato, no plano dos direitos individuais, ela se expressa na *autonomia privada*, que decorre da liberdade e da igualdade das pessoas. Integram o conteúdo da dignidade a autodeterminação individual e o direito ao igual respeito e consideração. As pessoas têm o direito de eleger seus projetos existenciais e de não sofrer discriminações em razão de sua identidade e de suas escolhas. No plano dos direitos políticos, ela se traduz em *autonomia pública*, no direito de participação no processo democrático. Entendida a democracia como uma parceria de todos em um projeto de autogoverno,[23] cada pessoa tem o direito de participar politicamente e de influenciar o processo de tomada de decisões, não apenas do ponto de vista eleitoral, mas também através do debate público e da organização social. Por fim, a dignidade está subjacente aos direitos sociais materialmente fundamentais, que correspondem ao mínimo existencial.[24] Todo indivíduo tem direito a prestações e utilidades imprescindíveis à sua existência física e moral, cuja satisfação é pré-condição para o próprio exercício da autonomia privada e pública.[25]

12 Assim, sem prejuízo das muitas variações existentes sobre o tema, identifica-se um consenso razoável no sentido de se considerar a dignidade humana o fundamento e a justificação última dos direitos fundamentais. A preservação e promoção desses direitos têm uma

---

[22] Sobre essas duas "dimensões" ou "princípios" da dignidade – valor intrínseco da vida humana e responsabilidade pessoal –, v. Ronald Dworkin, *Is democracy possible here?* 2006. p. 9 e ss.

[23] Ronald Dworkin, *Is democracy possible here?* 2006. p. xii.

[24] A respeito do aspecto material da dignidade humana e seu elo com o mínimo existencial, v. Ricardo Lobo Torres, *O direito ao mínimo existencial*, 2009; Ana Paula de Barcellos, *A eficácia jurídica dos princípios constitucionais – O princípio da dignidade da pessoa humana*, 2008; John Rawls, *Uma teoria da justiça*, 1997.

[25] Seria possível estender e aprofundar o debate, a fim de fazer a ligação entre dignidade e direitos de nova geração, como os de natureza ambiental e o direito à paz. Mas o desvio seria excessivamente longo para os fins desse trabalho.

dimensão individual e outra social. A dimensão individual está ligada ao sujeito do direito, seus comportamentos e suas escolhas. A dimensão social envolve a atuação do Estado e de suas instituições na concretização do direito de cada um e, em certos casos, de intervenção para que comportamentos individuais não interfiram em direitos próprios, de outros ou de todos. A intervenção estatal, portanto, pode ser: (i) de oferta de utilidades que satisfaçam a dignidade; (ii) de restrição a condutas individuais que violem a dignidade do próprio agente; e (iii) de restrição a condutas individuais para que não violem a dignidade de outros ou determinados valores comunitários. As dimensões individual e social da atuação fundada na dignidade humana são também referidas, respectivamente, pelas designações de dignidade como autonomia e como heteronomia.[26]

1.2.2.2 A dignidade humana como autonomia

13 A *dignidade como autonomia* é a concepção subjacente aos grandes documentos de direitos humanos do século XX,[27] bem como a inúmeras Constituições do segundo pós-guerra. Essa é a perspectiva que serve de fundamento para os direitos fundamentais, dando origem a uma esfera inviolável de proteção à pessoa. A relevância da ideia de autonomia moral para o presente trabalho é intuitiva, uma vez que se cuida de investigar a legitimidade de uma escolha pessoal, baseada em argumento religioso, cujas consequências são potencialmente fatais. Entre os muitos aspectos envolvidos na noção de autonomia, dois deles, mutuamente implicados, apresentam especial interesse na hipótese. O primeiro é a capacidade de autodeterminação, que constitui o próprio núcleo da autonomia. O segundo é a exigência de que haja condições adequadas para o exercício da autodeterminação, de modo a evitar que ela se converta em mero formalismo ou em justificativa para a violação de direitos fundamentais do próprio indivíduo. Convém desenvolver cada um deles.

14 A dignidade como autonomia envolve, em primeiro lugar, a *capacidade de autodeterminação*, o direito de decidir os rumos da própria vida e de desenvolver livremente a própria personalidade. Significa o poder de realizar as escolhas morais relevantes, assumindo a

---

[26] Sobre autonomia e heteronomia, v. Immanuel Kant, *Fundamentação da metafísica dos costumes*, 2004. p. 75.
[27] Deryck Beyleveld e Roger Brownsword, *Human dignity in bioethics and biolaw*. 2004. p. 10.

responsabilidade pelas decisões tomadas. Por trás da ideia de autonomia está um sujeito moral capaz de se autodeterminar, traçar planos de vida e realizá-los. Nem tudo na vida, naturalmente, depende de escolhas pessoais. Há decisões que o Estado pode tomar legitimamente, em nome de interesses e direitos diversos. Mas decisões sobre a própria vida de uma pessoa, escolhas existenciais sobre religião, casamento, ocupações e outras opções personalíssimas que não violem direitos de terceiros não podem ser subtraídas do indivíduo, sob pena de se violar sua dignidade.

15 O segundo aspecto destacado diz respeito às *condições para o exercício da autodeterminação*. Não basta garantir a possibilidade de escolhas livres, sendo indispensável prover meios adequados para que a liberdade seja real, e não apenas retórica. Para tanto, integra a ideia de dignidade o denominado *mínimo existencial*, instrumental ao desempenho da autonomia. Para que um ser humano possa traçar e concretizar seus planos de vida, por eles assumindo responsabilidade, é necessário que estejam asseguradas mínimas condições econômicas, educacionais e psicofísicas. Além de permitir o exercício efetivo da prerrogativa de escolher, as condições da autonomia servem para evitar que decisões com grave repercussão para o indivíduo sejam tomadas de forma caprichosa ou simplesmente desinformada. Ainda quando a vontade pessoal deva prevalecer, é razoável que a coletividade imponha certos requisitos em defesa do valor objetivo da pessoa.

16 A visão da dignidade como autonomia valoriza o indivíduo, sua liberdade e seus direitos fundamentais. Com ela são fomentados o pluralismo, a diversidade e a democracia de uma maneira geral. Todavia, a prevalência da dignidade como autonomia não pode ser ilimitada ou incondicional. Em primeiro lugar, porque o próprio pluralismo pressupõe, naturalmente, a convivência harmoniosa de projetos de vida divergentes, de direitos fundamentais que podem entrar em rota de colisão. Além disso, escolhas individuais podem produzir impacto não apenas sobre as relações intersubjetivas, mas também sobre o corpo social e, em certos casos, sobre a humanidade como um todo. Daí a necessidade de imposição de valores externos aos sujeitos. Surge, então, a noção de dignidade como heteronomia.

1.2.2.3 A dignidade humana como heteronomia

17 A *dignidade como heteronomia* traduz uma visão da dignidade ligada a valores compartilhados pela comunidade, antes que a escolhas individuais.²⁸ Nela se abrigam conceitos jurídicos indeterminados como bem comum, interesse público e moralidade. Nessa acepção, a dignidade não é compreendida na perspectiva do indivíduo, mas como uma força externa a ele, tendo em conta os padrões civilizatórios vigentes e os ideais sociais do que seja uma *vida boa*. Como intuitivo, o conceito de dignidade como heteronomia funciona muito mais como uma constrição externa à liberdade individual do que como um meio de promovê-la. Inúmeros autores chancelam a noção de dignidade como freio à liberdade, no sentido de obstar escolhas que possam comprometer valores sociais ou a dignidade do próprio indivíduo cuja conduta se cerceia.²⁹

18 Disso se extrai que, na concepção heterônoma, a dignidade não tem na liberdade seu componente central, mas, ao revés, é a dignidade que molda o conteúdo e dá limite à liberdade. Existem algumas decisões consideradas emblemáticas para a visão da dignidade como heteronomia. Uma delas, por variados fatores, tornou-se muito conhecida no Brasil: o caso do arremesso de anões.³⁰ São também consideradas paradigmáticas para a ideia de dignidade como heteronomia as decisões que consideram ilícitas relações sexuais sadomasoquistas consentidas. Tanto no Reino Unido³¹ quanto na

---

²⁸ Deryck Beyleveld e Roger Brownsword, *Human dignity in bioethics and biolaw*. 2004. p. 29.
²⁹ V. Oscar Vieira Vilhena, *Direitos fundamentais* – Uma leitura da jurisprudência do STF, 2006. p. 67.
³⁰ O prefeito da cidade de Morsang-sur-Orge interditou a atividade conhecida como *lancer de nain*, atração existente em algumas casas noturnas da região metropolitana de Paris. Consistia ela em transformar um anão em projétil, sendo arremessado de um lado para outro de uma discoteca. A casa noturna, tendo como litisconsorte o próprio deficiente físico, recorreu da decisão para o tribunal administrativo, que anulou o ato do prefeito por excesso de poder. O Conselho de Estado, todavia, na qualidade de mais alta instância administrativa francesa, reformou a decisão e restabeleceu a proibição, afirmando que a liberdade de trabalho e a liberdade empresarial não poderiam se sobrepor à dignidade da pessoa humana. V. Pierre Delvolvé *et al.*, *Le grands arrêts de la jurisprudence administrative*, 1996, p. 790 e ss. Veja-se, em língua portuguesa, o comentário à decisão elaborado pelo Ministro Joaquim Barbosa, O poder de polícia e o princípio da dignidade da pessoa humana na jurisprudência francesa. *Seleções Jurídicas ADV*, v. 12, 1996. Ainda sobre o tema, v. Alexandre dos Santos Cunha, A normatividade da pessoa humana – O estatuto jurídico da personalidade e o Código Civil de 2002. p. 249. Convém reportar que já houve registro do arremesso de anão também em Portugal e nos Estados Unidos. Nesse sentido, v. Arthur Kuflik, The inalienabilty of autonomy. *Philosophy and Public Affairs*, v. 13, n. 4, p. 271-298, Autumm, 1984; e José Carlos Vieira de Andrade, *Os direitos fundamentais na Constituição portuguesa de 1976*, 2004. p. 333.
³¹ House of Lords, R. *v*. Brown. [1993] All ER 75. Disponível em: <http://www.parliament.the-stationery-office.com/pa/ld199798/ldjudgmt/jd970724/brown01.htm> Acesso em: dez. 2008.

Bélgica,[32] prevaleceu o ponto de vista de que o consentimento não poderia funcionar como defesa em situações de violência física. Outro caso típico de consideração da dignidade como heteronomia, refere-se aos chamados *peep shows*, em que uma pessoa se submete, como objeto, à vontade de outra.[33]

19 Entretanto, assim como a dignidade como autonomia, a "dignidade como heteronomia" também possui inconsistências teóricas e práticas. Como críticas principais, é possível compendiar: a) o emprego da expressão como um rótulo justificador de políticas paternalistas,[34] moralistas e perfeccionistas; b) o enfraquecimento dos direitos fundamentais mediante o discurso da dignidade, especialmente em sociedades democrático-pluralistas; c) a perda da força jurídico-política da locução *dignidade humana*; d) problemas práticos e institucionais na definição dos valores compartilhados por uma comunidade ou sociedade política. Em razão disso – das insuficiências de cada uma das

---

[32] CEDH, Affaire K. A. et A.D. c. Belgique (Requêtes nºs 42758/98 et 45558/99), 2005.

[33] O Tribunal Federal Administrativo alemão considerou atentatória à dignidade humana a realização desse tipo de apresentação. V. Dierk Ullrich, Concurring visions: human dignity in the Canadian Charter of Rights and Freedoms and the Basic Law of the Federal Republic of Germany. *Global Jurist Frontiers*, v. 3, n. 1, 2003. p. 83.

[34] O *paternalismo jurídico* é um princípio que justificaria a constrição de um direito de liberdade (geral ou específico), autorizando o emprego da coerção, da proibição, do não reconhecimento jurídico de atos ou de mecanismos análogos para a proteção do indivíduo ou grupo contra comportamentos próprios autoinfligidos ou consentidos, sem contar com o endosso atual dos que são destinatários da medida. São institutos afins: a) o *moralismo jurídico*: a.1) *em sentido estrito*: pode ser justificado para o Estado proibir uma conduta por ser ela inerentemente imoral, mesmo que não cause nem dano nem ofensa a terceiros; a.2) *em sentido amplo*: pode ser justificado para o Estado proibir condutas que causem *mal* aos outros, sem que causem dano ou ofensa; b) *o princípio do benefício aos demais*: é justificado ao Estado proibir certas condutas quando a proibição for provavelmente necessária para a produção de algum benefício a terceiros; c) o *perfeccionismo*: é justificado ao Estado proibir condutas que são provavelmente necessárias para o aprimoramento do caráter dos indivíduos (para que eles se tornem moralmente mais elevados); d) o *moralismo jurídico paternalista*: o princípio refere-se à manutenção de um ambiente moral em uma sociedade política, ou seja, que uma sociedade, mesmo liberal, deve preservar a ideia de "um mundo moralmente melhor". V. Joel Feinberg, Legal paternalism. In: Rolf Sartorius (Ed.), *Paternalism*, 1987. p. 3-18; Gerald Dworkin, Paternalism: some second thoughts. In: Rolf Sartorius (Ed.), *Paternalism*, 1987. p. 105-112; Joel Feinberg, *Harm to others* – The moral limits of the criminal law, 1986. v. 1; Macário García Alemany, *El concepto y la justificación del paternalismo*. Tese (Doutorado) – Universidade de Alicante, Alicante 2005. p. 160-161. Disponível em: <http://www.cervantesvirtual.com/FichaObra.html?Ref=14591&ext=pdf&portal=0>. Acesso em: set. 2007; Dan Brock, Paternalism and promoting the good. In: Rolf Sartorius (Ed.), *Paternalism*, 1987. p. 237-260; Manuel Atienza, Discutamos sobre paternalism. *Doxa: Cuadernos de Filosofía del Derecho*, n. 5, 1988. p. 203; Ronald Dworkin, *A virtude soberana*. A teoria e a prática da igualdade, 2005 (especialmente os capítulos 5 e 6); e Ernesto Garzón Valdés, ¿És eticamente justificable el paternalismo jurídico? *Doxa: Cuadernos de Filosofía del Derecho*, n. 5, 1988.

dimensões da dignidade isoladamente – é preciso delinear a convivência entre essas perspectivas da dignidade, de modo a assegurar e promover, na maior intensidade possível, os direitos fundamentais.

20 Relatados os principais conteúdos da expressão *dignidade humana*, passa-se a discorrer sobre a coexistência dessas duas perspectivas no exercício dos direitos fundamentais.

1.2.3 O exercício de direitos fundamentais: restrições legítimas e possibilidade de disposição pelo titular

1.2.3.1 A preferência relativa da dignidade como autonomia na Constituição brasileira

21 Como se acaba de descrever, as perspectivas autônoma e heterônoma da dignidade humana parecem apontar em direções opostas. A dignidade como autonomia traduz as demandas pela manutenção e ampliação da liberdade humana, respeitados os direitos de terceiros e presentes as condições materiais e psicofísicas para o exercício da capacidade de autodeterminação. A dignidade como heteronomia tem o seu foco na proteção de determinados valores sociais e no próprio bem do indivíduo, aferido por critérios externos a ele. No primeiro caso, prevalecem o consentimento, as escolhas pessoais e o pluralismo. No segundo, o paternalismo e institutos afins, ao lado dos valores morais compartilhados pela sociedade. A liberdade e as escolhas individuais são limitadas mesmo quando não interfiram em direitos de terceiros.[35] Embora essas duas perspectivas frequentemente se contraponham, há também certa complementaridade, na medida em que a formação da personalidade individual é afetada por percepções sociais.

22 Trazendo o debate para o âmbito do sistema jurídico brasileiro, não parece possível adotar, de forma excludente, um ou outro viés da dignidade humana. No entanto, tendo como ponto de partida a Constituição, afigura-se fora de dúvida o predomínio da ideia de dignidade como autonomia. Dentro de uma perspectiva histórica, a Carta de 1988 representou uma ruptura com o modelo ditatorial

---

[35] Nesse sentido, v. Christopher Mccrudden, Human dignity and judicial interpretation of human rights. *The European Journal of International Law*, v. 19, n. 4, 2008; Dierk Ullrich, Concurring visions: human dignity in the Canadian Charter of Rights and Freedoms and the Basic Law of the Federal Republic of Germany. *Global Jurist Frontiers*, v. 3, n. 1, 2003. p. 83; e Deryck Beyleveld e Roger Brownsword, *Human dignity in bioethics and biolaw*. 2004. p. 20 e ss.

intervencionista, constituindo o marco inicial da reconstrução democrática do Brasil.[36] Daí a sua ênfase nas liberdades pessoais, parte essencial de um longo elenco de direitos individuais e garantias procedimentais. A dignidade como heteronomia obteve menos ênfase. Como visto, ela se move em torno de conceitos indeterminados como "moral pública" e "bons costumes", por exemplo, que nem figuram no texto constitucional brasileiro.[37] Outras locuções, como "interesse público" e "ordem pública" são mencionadas no texto para hipóteses bem contadas e de aplicação específica, que não incluem – ao menos expressamente – a restrição a direitos fundamentais.

23 Na jurisprudência do Supremo Tribunal Federal há inúmeros julgados que se referem à dignidade humana. Por vezes, o emprego da locução é puramente ornamental. Em muitos casos, ela não é o único ou o principal fundamento de decidir, sendo frequentemente associada a um direito fundamental específico, como reforço argumentativo. Sem embargo, é possível detectar uma predominância da ideia de dignidade como autonomia sobre a dignidade como heteronomia.[38] A análise dos diferentes votos permite apontar certas formulações recorrentes, que

---

[36] Luís Roberto Barroso (Org.), *A reconstrução democrática do direito público no Brasil*, 2007.

[37] Na Constituição de 1967, as locuções "bons costumes" e "ordem pública" foram utilizadas uma vez para autorizar expressamente a restrição da liberdade de culto (art. 150, §5º). Na Constituição de 1946, há dispositivo análogo ao mencionado, e, duas vezes, a "ordem pública" é o autorizador expresso para restrição de direitos, a reunião pacífica e a permanência de estrangeiro no território nacional (art. 141, §§7º e 11 respectivamente). A Constituição de 1937, por seu turno, foi mais pródiga na utilização dos termos "moral pública", "moralidade pública", "bons costumes" e "ordem pública", para autorizar a restrição expressa de direitos, como: a) liberdade de manifestação do pensamento (art. 15, *b*); b) a liberdade de culto (art. 122, 4º); c) o direito de manifestação dos parlamentares (art. 43) e d) como justificadores da instituição, por lei, da censura prévia (art. 15, *a*) e da condução dos rumos da educação (art. 132). Do exposto, percebe-se que a Constituição de 1988 efetivamente consagrou o não uso de tais conceitos indeterminados (ou similares) para autorizar expressamente a restrição de direitos fundamentais.

[38] Quanto à dignidade como autonomia, especialmente: a) a discussão sobre a recepção de artigos da Lei de Imprensa na ordem constitucional pós-88. Nos votos, demarcada está o cunho pluralista e protetor das liberdades. A correlação direta com a dignidade está no voto do min. relator e, indiretamente, perpassa todo o *decisum*; b) a discussão da constitucionalidade da proibição de progressão de regime nos crimes hediondos. É bem de ver, todavia, que há insinuação de um elemento da "dignidade como heteronomia" em alguns votos desse acórdão, dado o modo de compreender a ressocialização dos condenados criminalmente. Porém, impera a vertente autonomista, como atesta longo trecho da lavra do Min. Cezar Peluso sobre a assimetria entre o direito e a moralidade, o crime e o pecado. A laicidade e a pluralidade são consideradas limites ao *jus puniendi*, o que está de todo associado à "dignidade como autonomia"; c) o elo entre dignidade e as *condições* mínimas de vida. Quanto à dignidade como heteronomia, o caso paradigmático é, sem dúvida, o chamado *caso Ellwanger*, acerca dos discursos do ódio. Entretanto, convém registrar que a CF/88 contém dispositivo específico sobre o crime de racismo (art. 5º, XLII). V. STF, ADPF nº 130/DF, Rel. Min. Carlos Britto. *DJe*, 7 nov. 2008; STF, HC nº 82.959-7/SP, Rel. Min. Marco Aurélio. *DJ*, 1º set. 2006. STF, HC nº 82.424/RS, Rel. Min. Moreira Alves. *DJ*, 19 mar. 2004.

figuram como "consensos sobrepostos"[39] na matéria, que podem ser assim sumariados: a) não instrumentalização do indivíduo e garantias constitucionais da liberdade;[40] b) manutenção da integridade física e moral dos indivíduos;[41] c) proibição da tortura, da *imposição* de tratamento desumano ou degradante e da crueldade.[42]

---

[39] *Consenso sobreposto* é uma expressão cunhada por John Rawls. Ao elaborar sua célebre *teoria da justiça*, tomou ele como pressuposto o fato do pluralismo, assumindo que é um traço permanente da cultura política de uma democracia a convivência de diversas crenças religiosas, filosóficas, políticas e morais. Para que seja possível a construção de uma sociedade política, faz-se necessária a adesão razoável de todos a princípios básicos de justiça. A partir dessa adesão primeira, formam-se, mediante emprego do procedimento da razão pública, outros pontos de consenso político, justamente aqueles que podem ser razoavelmente aceitos por indivíduos ou grupos que não compartilham as mesmas crenças. Tais pontos correspondem ao chamado *consenso sobreposto* (John Rawls, *Justiça como eqüidade* – Uma reformulação, 2003. p. 44-53).

[40] Vários julgados consolidaram o entendimento de que o indivíduo não pode, a pretexto de manutenção da ordem e da segurança públicas: a) ter sua liberdade cerceada no curso do processo penal por tempo indeterminado ou maior do que os prazos permitidos, se não deu causa à mora processual, ou se, ressalvados outros fatos muito relevantes, exauriu-se a justificativa para mantê-lo preso; b) ser conduzido ou mantido preso no curso do processo apenas em razão da gravidade ou da repercussão do crime, ainda que hediondo, tampouco por fundamentos decisórios genéricos; c) ter o seu silêncio, na persecução penal, interpretado em seu desfavor; d) não ser devidamente citado em processo penal. Na linha de casos, a motivação é a de que o indivíduo não pode ser mais uma engrenagem do processo penal, ou seja, não pode ser instrumentalizado para o efetivo funcionamento da máquina persecutória estatal, impondo-se sua dignidade a proteger as liberdades e as garantias constitucionais da liberdade. Ademais, por insistência do Min. Gilmar Mendes, a prisão instrumental à extradição está sendo revisitada, pois, como entende o ministro, o extraditando torna-se um instrumento ante objetivos estatais. A ideia kantiana de "fim-em-si" foi utilizada em acórdão que discutiu a competência para o julgamento de crimes de redução de pessoas à condição análoga a de escravo. Pese embora ser o conteúdo da dignidade passível de leitura como "heteronomia", pois a escravidão é considerada um mal em si, o seu conteúdo é fortemente relacionado à preservação da liberdade humana e de suas pré-condições. V. STF, HC nº 92.604/SP, Rel. Min. Gilmar Mendes. *DJe*, 25 abr. 2008; STF, HC nº 88.548/SP, Rel. Min. Gilmar Mendes. *DJe*, 26 set. 2008; STF, HC nº 91.657/SP, Rel. Min. Gilmar Mendes. *DJe*, 14 mar. 2008; STF, HC nº 91.414/BA, Rel. Min. Gilmar Mendes. *DJe*, 25 abr. 2008; STF, HC nº 91.121/MS, Rel. Min. Gilmar Mendes. *DJe*, 1º fev. 2008; STF, HC nº 91.524/BA, Rel. Min. Gilmar Mendes. *DJe*, 24 abr. 2008; STF, HC nº 91.662/PR, Rel. Min. Celso de Mello. *DJe*, 4 abr. 2008 (neste acórdão, o ponto principal da motivação é o *due process of law*); STF, HC nº 92.842/MT, Rel. Min. Gilmar Mendes. *DJe*, 25 abr. 2008; e STF, RE nº 398.041/PA, Rel. Min. Joaquim Barbosa. *DJe*, 19 dez. 2008.

[41] O *leading case* quanto a integridade física parece ser o que versou sobre a possibilidade de realização compulsória de exame de DNA para fins de comprovação de paternidade. Mesmo que deveras relevante o interesse do outro polo da relação processual, o STF considerou que a realização forçada de exames invadia a privacidade, a intimidade e a integridade física individuais, protegidas pela dignidade. Mais recente foi a discussão sobre o uso de algemas, que culminou, inclusive, na edição da Súmula Vinculante nº 11. O uso acriterioso de algemas e a divulgação abusiva de imagens de indivíduos nessa condição foram considerados tratamentos humilhantes e desonrosos. Nesse sentido, v. STF, HC nº 71.373/RS, Rel. Min. Francisco Rezek. *DJ*, 22 nov. 1996; STF, HC nº 89.429/RO, Rel. Min. Cármen Lúcia. *DJ*, 2 fev. 2007.

[42] É possível referir novamente os acórdãos e a súmula sobre o uso de algemas, bem como a decisão acerca do crime de tortura perpetrado contra crianças e adolescentes. V. STF,

24 Em suma: à luz do sistema jurídico brasileiro, é possível afirmar certa predominância da dignidade como autonomia, sem que se deslegitime o conceito de dignidade como heteronomia. O que significa dizer que, como regra geral, devem prevalecer as escolhas individuais. Para afastá-las, fora dos casos expressos ou inequívocos, impõe-se um especial ônus argumentativo. O tema da (in)disponibilidade dos direitos fundamentais situa-se na fronteira entre as duas vertentes da dignidade.

1.2.3.2 A questão da indisponibilidade dos direitos fundamentais[43]

25 Os direitos fundamentais envolvem a autonomia privada, a autonomia pública e o mínimo existencial. Deles decorre um conjunto de posições individuais e de prestações exigíveis do Poder Público ou de particulares. Esta a dimensão subjetiva dos direitos fundamentais. Ao lado dela, o pensamento jurídico contemporâneo identifica, também, uma dimensão objetiva: o Estado tem deveres de proteção em relação aos direitos fundamentais, devendo criar e manter instituições, mecanismos e procedimentos para sua efetiva realização.[44] Ademais, toda a ordem jurídica deve ser lida à luz dos direitos fundamentais, que ocupam, assim, uma posição de centralidade no sistema jurídico. Ao enunciarem as características essenciais dos direitos fundamentais, a maior parte dos autores destaca sua *indisponibilidade*. O próprio Código Civil brasileiro, de 2002, aponta nessa direção, ao afirmar que os direitos da personalidade – expressão dos direitos fundamentais nas relações privadas – são intransmissíveis e irrenunciáveis.[45]

26 O tema envolve muitas complexidades e sutilezas. Em rigor, contudo, a afirmação peremptória da indisponibilidade parece

---

HC nº 70.389/SP, Rel. Min. Celso de Mello. *DJ*, 10 ago. 2001. Na doutrina estrangeira, v. Jeremy Waldron, Inhuman and degrading treatment: a non-realist view. *NYU Public Law Colloquium*, April, 23 (second draft).

[43] Este tópico e o próximo beneficiam-se, extensamente, da pesquisa e das ideias que se encontram em Letícia de Letícia de Campos Velho Martel, *Direitos fundamentais indisponíveis* – Os limites e os padrões de consentimento para a autolimitação do direito fundamental à vida. Tese (Doutorado) – Programa de Direito Público, Universidade do Estado do Rio de Janeiro – UERJ, Rio de Janeiro, 2010.

[44] Sobre os deveres de proteção, v. Dieter Grimm, A função protetiva do Estado. In: Cláudio Pereira de Souza Neto e Daniel Sarmento (Coords.), *A constitucionalização do direito*: fundamentos teóricos e aplicações específicas, 2007. p. 149 e ss.

[45] Código Civil, art. 11: "Com exceção dos casos previstos em lei, os direitos da personalidade são intransmissíveis e irrenunciáveis, não podendo o seu exercício sofrer limitação voluntária".

imprecisa ou, no mínimo, exige qualificações e exceções. A disposição de posições jurídicas subjetivas decorrentes de direitos fundamentais faz parte, com frequência, do próprio exercício do direito.[46] É o que ocorre, por exemplo, com a cessão do direito de imagem para uma campanha publicitária ou a autolimitação do direito de privacidade por parte das pessoas que aceitam participar de um *reality show*.[47] Da mesma forma, tatuar o corpo de alguém contra a sua vontade representa uma forma grave de violação à integridade física e moral, mas basta o consentimento para que a conduta se torne socialmente aceita. Portanto, existe no mínimo um problema conceitual por trás da afirmação de que direitos fundamentais são indisponíveis. Na sua dimensão subjetiva, é perfeitamente legítimo que o titular de um direito fundamental, voluntariamente, abra mão de certas posições jurídicas.

27 Naturalmente, existem na matéria inúmeras variáveis possíveis. Uma autolimitação parcial, temporária e revogável será diferente de uma renúncia total e definitiva. Embora a Constituição não fale em lugar algum da indisponibilidade de direitos fundamentais, existem, por certo, limites implícitos. De parte isso, a ordem jurídica pode, igualmente, instituir restrições expressas para proteger o direito de terceiros, a ordem pública ou o próprio titular do direito fundamental. O que o Estado não pode fazer é anular integralmente a liberdade pessoal e a autonomia moral do indivíduo, vivendo sua vida para poupá-lo

---

[46] A doutrina tem destacado a necessidade de se interpretar normas como o art. 11 do Código Civil à luz da Constituição, de modo a evitar que o Estado assuma uma posição paternalista e termine por sufocar o espaço próprio das escolhas individuais, indispensável à realização plena da personalidade. Sobre o tema, v. Laura Schertel Mendes, Um debate acerca da renúncia aos direitos fundamentais: para um discurso dos direitos fundamentais como um discurso de liberdade. *Direito Público*, v. 13, 2006. p. 130; e Daniel Sarmento, *Direitos fundamentais e relações privadas*, 2006. p. 177. Em sentido semelhante, v. Gustavo Tepedino, Heloisa Helena Barboza e Maria Celina Bodin de Moraes, *Código Civil interpretado conforme a Constituição da República*, 2004. p. 36; Paulo Mota Pinto, Notas sobre o direito ao livre desenvolvimento da personalidade e os direitos da personalidade no direito português. In: Ingo Wolfgang Sarlet, *A Constituição concretizada*: construindo pontes com o público e o privado, 2000. p. 81-82; e J. J. Gomes Canotilho e Jónatas Machado, *Reality shows e liberdade de programação*, 2003. Igualmente relevante é o Enunciado nº 4, aprovado na I Jornada de Direito Civil do Centro de Estudos Judiciários (CEJ), Conselho da Justiça Federal, que afirma: "o exercício dos direitos da personalidade pode sofrer limitação voluntária, desde que não seja permanente nem geral".

[47] Em estudo específico sobre os *reality shows*, J. J. Gomes Canotilho e Jónatas Machado (*Reality shows e liberdade de programação*, 2003) concluem pela inexistência de violação à intimidade e à privacidade, considerando que esses direitos destinam-se precipuamente a dar aos indivíduos a liberdade de decidir sobre a exposição de suas vidas, e não a censurar determinadas escolhas pessoais. A liberdade seria, portanto, o principal vetor interpretativo, sem prejuízo da existência de limites.

do risco. Vigora, no direito constitucional brasileiro, o princípio da liberdade, do direito geral de liberdade, expresso no art. 5º, II, da Constituição: "ninguém será obrigado a fazer ou deixar de fazer alguma coisa senão em virtude de lei". Desnecessário enfatizar que a lei há de ser compatível com a Constituição e que há limites para a restrição a direitos fundamentais.

28 Se assim é, chega-se à conclusão de algo surpreendente – os direitos fundamentais são, em princípio, disponíveis, haja vista que a liberdade é a regra e a disposição, em muitos casos, é uma forma de exercer o direito.[48] Isso não significa que algumas posições jurídicas de direito fundamental não possam ser consideradas indisponíveis pelo sistema jurídico.[49] Mas, nessas hipóteses, o Estado terá o ônus argumentativo de demonstrar que se trata de uma restrição legítima, e não uma violação à liberdade de escolha do indivíduo. A proteção à dignidade exige que o próprio interessado seja o principal responsável pela definição do seu conteúdo, sob pena de se abrir espaço para uma espécie de *totalitarismo dos direitos humanos*.[50] A indisponibilidade dos direitos fundamentais, portanto, não resulta de um mandamento constitucional. Como consequência, a validade ou não de um ato de disposição terá de ser verificada caso a caso, tendo em vista a natureza

---

[48] Sobre o ponto, v. Virgílio Afonso da Silva, *A constitucionalização do direito*: os direitos fundamentais nas relações entre particulares. Tese (Livre-docência) – Universidade de São Paulo – USP, São Paulo, 2004. p. 163; 167: "[...] É comum que se faça referência à irrenunciabilidade ou à inegociablilidade dos direitos fundamentais. Mas por que seriam os direitos fundamentais irrenunciáveis ou inegociáveis? Essas características decorrem da estrutura desses direitos? São alguma conseqüência lógica? São uma convenção? Ou são um mero *lugar comum generalizante* contra o qual, dada sua consolidação, ninguém se atreve a argumentar? [...] Ora, se os direitos fundamentais são essencialmente direitos de liberdade do cidadão, nada mais coerente que aceitar a liberdade de não exercitá-los, de deles dispor ou de a eles renunciar. Renunciar a direitos fundamentais seria um exercício do direito geral de liberdade, imanente à essência dos direitos fundamentais".

[49] Paulo Mota Pinto, Notas sobre o direito ao livre desenvolvimento da personalidade e os direitos da personalidade no direito português. In: Ingo Wolfgang Sarlet, *A Constituição concretizada*: construindo pontes com o público e o privado, 2000. p. 81-82: "Vimos já que esses direitos [da personalidade] são indisponíveis, mas isso não obsta a que possam sofrer limitações voluntárias [...]. O carácter fundamental dos bens protegidos, e a conseqüente inadmissibilidade de *constitutiones in servitudinem*, que subjazem àquele carácter indisponível, impõem, todavia, que seja sempre observado o limite das exigências de ordem pública [...]".

[50] Jorge Reis Novais, Renúncia a direitos fundamentais. In: Jorge Miranda (Org.), *Perspectivas constitucionais*, 1996. p. 328-329. v. 1: "[...] o próprio conteúdo da dignidade pessoa é condicionado pelo consentimento do lesado e pelas suas convicções acerca do sentido da sua dignidade. [...] procura-se hoje privilegiar uma concepção de dignidade da pessoa humana como conceito aberto a um preenchimento onde impera a autonomia do interessado e o seu poder consequente de conformação da própria vida".

do direito em questão, a natureza de eventuais direitos contrapostos e os valores sociais relevantes que possam ser legitimamente impostos na situação.⁵¹

1.2.4 Os elementos em aparente conflito: valor da vida humana e liberdade de religião

29 A complexidade e o pluralismo das sociedades modernas levam ao abrigo da Constituição valores, interesses e direitos variados, que eventualmente entram em choque. Essas colisões de normas constitucionais podem assumir configurações diversas, entre as quais se incluem, para os fins aqui relevantes, a) a contraposição entre direitos fundamentais; e b) a contraposição entre um direito fundamental e um valor constitucionalmente protegido. Ambas as situações estão presentes na hipótese aqui examinada, com a singularidade de que estão em choque, não direitos de pessoas diversas, mas dois direitos de um mesmo titular. O equacionamento da questão posta envolve, de um lado, a vida humana – como direito individual e como valor protegido pela ordem constitucional – e, de outro, a liberdade religiosa, igualmente compreendida como um direito fundamental. À vista do princípio da unidade da Constituição, o intérprete não pode escolher arbitrariamente um dos lados, já que não há hierarquia entre normas constitucionais. De modo que ele precisará demonstrar, argumentativamente, à luz dos elementos do caso concreto, que determinada solução realiza mais adequadamente a vontade da Constituição, naquela situação específica. Antes de prosseguir, cumpre fazer uma breve nota sobre o direito à vida e à liberdade de religião.

---

⁵¹ Na síntese de Letícia de Letícia de Campos Velho Martel, *Direitos fundamentais indisponíveis* – Os limites e os padrões de consentimento para a autolimitação do direito fundamental à vida. Tese (Doutorado) – Programa de Direito Público, Universidade do Estado do Rio de Janeiro – UERJ, Rio de Janeiro, 2010. p. 99: "Quando for aceita a tese da jusfundamentalidade do direito geral de liberdade em ordenamento jurídico que não possua enunciado normativo na Constituição estabelecendo a indisponibilidade dos direitos fundamentais, as posições subjetivas de tais direitos serão *prima facie* disponíveis. A proibição da disposição exigirá do Estado a defesa dos motivos, que deverão ser argumentativamente suficientes para configurar uma restrição a direitos fundamentais. Caso não seja cumprido o ônus argumentativo, a proibição será uma violação e, portanto, inconstitucional".

1.2.4.1 A vida como direito fundamental e como valor objetivo

30 Ao avançar no debate, é preciso ter em conta que o direito à vida é de fato especial. Qualquer flexibilização da sua força jurídica ou moral é delicada e deve envolver cautelas múltiplas. Um dos consensos mínimos que compõem a dignidade nas sociedades ocidentais é a preservação da vida, tanto como um direito individual[52] quanto como valor objetivo. Diante disso, criminalizar atos que atentem contra a vida humana faz parte do receituário básico de qualquer sociedade civilizada. No caso brasileiro, pune-se não apenas o homicídio[53] e o auxílio ou instigação ao suicídio,[54] mas também o transplante de órgãos que resulte em morte certa do doador,[55] mesmo que seja a única forma de salvar outra vida, como a de um ente querido. Por outro lado, o próprio texto constitucional brasileiro contempla a possibilidade de restrição ao direito à vida, ao admitir a pena de morte em caso de guerra declarada (art. 5º, XLVII, *a*). E, na legislação infraconstitucional, o Código Penal exclui expressamente a ilicitude da conduta que ocasione morte de outrem quando o ato é praticado em estado de necessidade, em legítima defesa ou em estrito cumprimento do dever legal.[56]

---

[52] CF/88, art. 5º: "Todos são iguais perante a lei, sem distinção de qualquer natureza, garantindo-se aos brasileiros e aos estrangeiros residentes no País a inviolabilidade do direito à *vida*, à liberdade, à igualdade, à segurança e à propriedade, nos termos seguintes".

[53] Código Penal, art. 121: "Matar alguém: Pena - reclusão, de seis a vinte anos".

[54] Código Penal, art. 122: "Induzir ou instigar alguém a suicidar-se ou prestar-lhe auxílio para que o faça. Pena - reclusão, de dois a seis anos, se o suicídio se consuma; ou reclusão, de um a três anos, se da tentativa de suicídio resulta lesão corporal de natureza grave. Parágrafo único: A pena é duplicada: I - se o crime é praticado por motivo egoístico; II - se a vítima é menor ou tem diminuída, por qualquer causa, a capacidade de resistência".

[55] Lei nº 9.434/97, art. 9º: "É permitida à pessoa juridicamente capaz dispor gratuitamente de tecidos, órgãos e partes do próprio corpo vivo, para fins terapêuticos ou para transplantes em cônjuge ou parentes consangüíneos até o quarto grau, inclusive, na forma do §4º deste artigo, ou em qualquer outra pessoa, mediante autorização judicial, dispensada esta em relação à medula óssea. (Redação dada pela Lei nº 10.211, de 23.3.2001) [...] §3º Só é permitida a doação referida neste artigo quando se tratar de órgãos duplos, de partes de órgãos, tecidos ou partes do corpo cuja retirada não impeça o organismo do doador de continuar vivendo sem risco para a sua integridade e não represente grave comprometimento de suas aptidões vitais e saúde mental e não cause mutilação ou deformação inaceitável, e corresponda a uma necessidade terapêutica comprovadamente indispensável à pessoa receptora".

[56] Código Penal, art. 23: "Não há crime quando o agente pratica o fato: I - em estado de necessidade; II - em legítima defesa; III - em estrito cumprimento de dever legal ou no exercício regular de direito".

31 Conquanto não seja absoluto,[57] tampouco hierarquicamente superior, é razoável sustentar que o direito à vida tem um peso abstrato maior, desfrutando de uma posição preferencial dentro do sistema constitucional.[58] E isso não apenas pela valia do seu conteúdo intrínseco, mas também por ser pré-condição para a própria dignidade e para o exercício dos demais direitos fundamentais.[59] Como consequência, inverte-se aqui a proposição assentada em relação aos direitos em geral: o direito à vida é, *prima facie*, indisponível, não sendo o ato de vontade do titular – o consentimento – causa suficiente para sua flexibilização. Nesse caso, o direito geral de liberdade cede o passo, preterido pela legítima imposição da dignidade como heteronomia, pelos deveres de proteção do Estado em relação ao próprio titular do direito e mesmo em relação a terceiros, que não estarão exonerados de responsabilidade penal ainda que tenha havido renúncia do direito à vida pela vítima.[60]

32 Aqui se chega ao ponto crítico do presente estudo: embora o simples consentimento não seja suficiente para um ato de disposição do direito à vida por seu titular – ou, mais tecnicamente, de posições subjetivas relacionadas ao direito à vida –, é possível que outros valores ou direitos fundamentais justifiquem essa decisão. Vale dizer: a imposição taxativa da indisponibilidade pode causar impacto negativo sobre outras posições jurídicas fundamentais tuteladas pela Constituição. Ocorrendo a colisão, não pode o sistema jurídico estabelecer, *a priori*, a prevalência de um direito constitucional sobre outro. Impõe-se, aqui, a análise caso a caso e a ponderação adequada, à luz da Constituição.

---

[57] Nesse sentido, v. STF, MS nº 23.452/RJ, Rel. Min. Celso de Mello. *DJ*, 12 maio 2000: "Os direitos e garantias individuais não têm caráter absoluto. Não há, no sistema constitucional brasileiro, direitos ou garantias que se revistam de caráter absoluto".

[58] Letícia de Letícia de Campos Velho Martel, *Direitos fundamentais indisponíveis* – Os limites e os padrões de consentimento para a autolimitação do direito fundamental à vida. Tese (Doutorado) – Programa de Direito Público, Universidade do Estado do Rio de Janeiro – UERJ, Rio de Janeiro, 2010. p. 309.

[59] Sem desconsiderar, no entanto, que em certos contextos será possível falar da dignidade do feto ou de uma pessoa já morta.

[60] Como seria o caso, para utilizar um precedente real ocorrido nos Estados Unidos, de uma mulher que consentiu, por escrito, em ser morta durante uma relação sexual. V. Letícia de Letícia de Campos Velho Martel, *Direitos fundamentais indisponíveis* – Os limites e os padrões de consentimento para a autolimitação do direito fundamental à vida. Tese (Doutorado) – Programa de Direito Público, Universidade do Estado do Rio de Janeiro – UERJ, Rio de Janeiro, 2010. p. 325; 424, onde escreveu: "[...] [É] justificável, no sistema jurídico brasileiro, a proibição da disposição de posições subjetivas do direito à vida como linha de princípio, em função: (ii.1) da proteção de direitos de terceiros, fundamentalmente os não-consentientes; (ii.2) da manutenção de níveis adequados dos *deveres e ações ordenadas estatais* de promoção e de proteção do direito à vida (dimensão objetiva); (ii.3) da dignidade humana como heteronomia".

O valor objetivo da vida humana deve ser conciliado com o conjunto de liberdades básicas decorrentes da dignidade como autonomia. Por exemplo: o Estado não pode proibir alguém de prestar ajuda humanitária em uma região de guerra, ou de praticar esportes radicais, ainda que o risco seja elevado ao extremo. Essas são escolhas existenciais legítimas.

33 Os exemplos poderiam ser multiplicados. Uma pessoa que tenha histórico familiar de câncer não pode ser obrigada a se submeter a exames periódicos ou a evitar fatores de risco para a doença. Não se pode impedir uma mulher de engravidar pelo fato de ser portadora de alguma condição que esteja associada a elevado risco de morte na gestação. Como se vê, admite-se sem maior controvérsia que a vida seja colocada em risco pelo próprio indivíduo para que ele possa levar adiante inúmeras decisões pessoais e realizar seu próprio projeto de vida. Em outras palavras, admite-se o risco de morte quando seja indissociável do exercício autônomo da vida, que não pode se converter em mera subsistência, privada de sentido para o seu próprio titular. Isso não significa, naturalmente, que quaisquer escolhas sejam aceitáveis, sendo legítimo que o Poder Público imponha determinadas constrições à liberdade individual em nome do valor objetivo da vida humana. É possível visualizar esse tipo de racionalidade, *e.g.*, na obrigatoriedade do uso do cinto de segurança ou de dispositivos de proteção em determinados ambientes de trabalho.

34 Em suma: o valor objetivo da vida humana desfruta de uma posição preferencial no ordenamento jurídico, podendo o direito à vida ser considerado indisponível *prima facie*. Nada obstante, não se trata de um direito absoluto, havendo hipóteses constitucionais e legais em que se admite a sua flexibilização. A assunção do risco de morte poderá ser legítima quando se trate do exercício de outras liberdades básicas pelo titular do direito. Impõe-se, nesse ambiente, uma análise caso a caso, na qual se possam analisar os diferentes elementos em jogo, com destaque para a repercussão das restrições sobre o conceito do próprio indivíduo acerca de sua dignidade. A discussão sobre a recusa de tratamento médico por fundamento religioso insere-se nesse contexto e será abordada em tópico próprio.

1.2.4.2 A liberdade religiosa

35 A religião está presente na vida das pessoas e das comunidades políticas desde o início dos tempos. A condição humana nela tem buscado, ao longo dos séculos, respostas para questões existenciais básicas, relacionadas ao sentido da vida, ao mundo à volta e à posteridade.

Desde as teocracias que assinalaram as primeiras civilizações, passando pela adoção do cristianismo pelo Império Romano, até chegar ao direito divino dos reis, que legitimava o poder no Estado absolutista, religião e política caminharam juntas na história da humanidade. Em nome da religião, foram lutadas guerras diversas, pelos séculos afora, que incluíram as cruzadas contra o islamismo e os embates entre católicos e protestantes. Sem mencionar a Inquisição. Com a Paz de Westfalia, em 1648, consolida-se o processo de separação entre o poder espiritual e o poder temporal – isto é, do Papado e dos Estados soberanos –, abrindo-se o caminho para uma fase de maior tolerância religiosa.

36 Ainda assim, foi a fuga à perseguição religiosa que levou inúmeros súditos ingleses a instalar colônias na costa leste da América do Norte, no curso do século XVII. A conquista da liberdade religiosa somente se consumou com as revoluções liberais do século XVIII e a superação da máxima *cuius regio, eius religio* – o súdito segue a religião do rei – que vigorava largamente na Europa absolutista. John Locke (1632-1704), um dos principais precursores e teóricos do liberalismo, defendeu a liberdade religiosa como um componente essencial da liberdade individual.[61] Suas ideias influenciaram a Declaração de Independência dos Estados Unidos, de 1776,[62] sendo que a primeira emenda à Constituição americana de 1787 previu a separação entre religião e Estado e assegurou seu livre exercício.[63] A partir daí, progressivamente, a liberdade de religião – o direito de professar uma crença e seguir os seus ritos, sem restrições outras que não as ditadas pela ordem pública e pelos direitos de terceiros – foi sendo incorporada a documentos constitucionais, declarações de direitos e diplomas internacionais, como a Declaração dos Direitos do Homem e do Cidadão (1789),[64] a Declaração Universal dos Direitos do Homem

---

[61] V., *e.g.*, John Locke, *Carta sobre a tolerância*, 1985. p. 84: "A preocupação com a alma de cada homem e com as coisas do Céu, que não pertence à comunidade nem pode ser submetida a ela, deve ser deixada inteiramente a cada um. [...] seja falsa ou verdadeira, [a religião] não traz prejuízos aos interesses mundanos [...] [dos] súditos conterrâneos [dos magistrados], que são a única coisa que está sob os cuidados da comunidade".

[62] Declaração de Independência dos EUA: "Consideramos as seguintes verdades como autoevidentes, a saber: que todos os homens são criaturas iguais, dotadas pelo seu Criador de certos direitos inalienáveis, entre os quais a vida, a liberdade e a busca da felicidade".

[63] 1ª Emenda à Constituição dos EUA, primeira parte: "O Congresso não editará qualquer lei relacionada ao estabelecimento de uma religião, ou proibindo o seu livre exercício [...]". As dez primeiras emendas à Constituição americana, aprovadas em 1789, são conhecidas como *Bill of Rights*.

[64] Declaração de Direitos do Homem e do Cidadão, art. 10: "Ninguém deve ser inquietado pelas suas opiniões, mesmo religiosas, desde que as suas manifestações não prejudiquem a ordem pública estabelecida pela lei".

(1948),[65] o Pacto Internacional sobre Direitos Civis e Políticos (1966),[66] a Convenção Americana de Direitos Humanos (1969),[67] a Convenção Europeia de Direitos Humanos (1953)[68] e a Declaração das Nações Unidas sobre a Eliminação de Todas as Formas de Intolerância e de Discriminação Baseadas em Religião ou Crença (1981).[69]

---

[65] Declaração Universal dos Direitos Humanos, art. 18: "Toda pessoa tem direito à liberdade de pensamento, consciência e religião; este direito inclui a liberdade de mudar de religião ou crença e a liberdade de manifestar essa religião ou crença, pelo ensino, pela prática, pelo culto e pela observância, isolada ou coletivamente, em público ou em particular".

[66] Pacto Internacional sobre Direitos Civis e Políticos, art. 18: "1. Toda pessoa terá direito à liberdade de pensamento, de consciência e de religião. Esse direito implicará a liberdade de ter ou adotar uma religião ou crença de sua escolha e a liberdade de professar sua religião ou crença, individual ou coletivamente, tanto pública como privadamente, por meio do culto, da celebração de ritos, de práticas e do ensino. 2. Ninguém poderá ser submetido a medidas coercitivas que possam restringir sua liberdade de ter ou de adotar uma religião ou crença de sua escolha. 3. A liberdade de manifestar a própria religião ou crença estará sujeita apenas às limitações previstas em lei e que se façam necessárias para proteger a segurança, a ordem, a saúde ou a moral públicas ou os direitos e as liberdades das demais pessoas. 4. Os Estados-partes no presente Pacto comprometem-se a respeitar a liberdade dos pais – e, quando for o caso, dos tutores legais – de assegurar aos filhos a educação religiosa e moral que esteja de acordo com suas próprias convicções".

[67] Convenção Americana de Direitos Humanos, art. 12: "Liberdade de Consciência e de Religião. 1. Toda pessoa tem direito à liberdade de consciência e de religião. Esse direito implica a liberdade de conservar sua religião ou suas crenças, ou de mudar de religião ou de crenças, bem como a liberdade de professar e divulgar sua religião ou suas crenças, individual ou coletivamente, tanto em público como em privado. 2. Ninguém pode ser objeto de medidas restritivas que possam limitar sua liberdade de conservar sua religião ou suas crenças, ou de mudar de religião ou de crenças. 3. A liberdade de manifestar a própria religião e as próprias crenças está sujeita unicamente às limitações prescritas pela lei e que sejam necessárias para proteger a segurança, a ordem, a saúde ou a moral públicas ou os direitos ou liberdades das demais pessoas. 4. Os pais, e quando for o caso os tutores, têm direito a que seus filhos ou pupilos recebam a educação religiosa e moral que esteja acorde com suas próprias convicções".

[68] Convenção Europeia de Direitos Humanos, art. 9º: "1. Qualquer pessoa tem direito à liberdade de pensamento, de consciência e de religião; este direito implica a liberdade de mudar de religião ou de crença, assim como a liberdade de manifestar a sua religião ou a sua crença, individual ou coletivamente, em público e em privado, por meio do culto, do ensino, de práticas e da celebração de ritos. 2. A liberdade de manifestar a sua religião ou convicções, individual ou coletivamente, não pode ser objeto de outras restrições senão as que, previstas na lei, constituírem disposições necessárias, numa sociedade democrática, à segurança pública, à proteção da ordem, da saúde e moral públicas, ou à proteção dos direitos e liberdades de outrem".

[69] Declaração das Nações Unidas sobre a Eliminação de Todas as Formas de Intolerância e de Discriminação Baseadas em Religião ou Crença, art. 4º: "Todos os Estados devem tomar medidas efetivas para prevenir e eliminar a discriminação fundada em religião ou em crença no que se refere ao reconhecimento, ao exercício e à fruição de direitos humanos e liberdades fundamentais em todos os campos da vida civil, econômica, política, social e cultural. 2. Todos os Estados devem realizar todos os esforços para editar ou revogar legislação quando necessário para proibir qualquer discriminação desse tipo, e para tomar todas as medidas apropriadas para combater a intolerância baseada em religião ou em outras crenças nesta matéria".

37 No Brasil, a proteção da liberdade religiosa começou tímida na Carta Imperial de 1824,[70] que consagrava o catolicismo romano como religião oficial e adotava o regime do *padroado*, conferindo à autoridade secular – no caso, o imperador – poder sobre a administração da Igreja católica no país.[71] Esse quadro mudou, após o advento da República, com o Decreto nº 119-A/1890, editado pelo Governo Provisório do Marechal Deodoro da Fonseca, que extinguiu o padroado, proibiu a fixação de religiões oficiais e a discriminação por fundamentos religiosos, além de garantir a liberdade religiosa e a personalidade jurídica das igrejas.[72] A partir desse marco, a separação entre Estado e religião seria mantida e desenvolvida pelas Constituições republicanas.[73] A Carta de 1988

---

[70] Constituição de 1824, arts. 5º e 179, V: "Art. 5º. A Religião Catholica Apostolica Romana continuará a ser a Religião do Imperio. Todas as outras Religiões serão permitidas com seu culto domestico, ou particular em casas para isso destinadas, sem fórma alguma exterior do Templo. [...] Art. 179. A inviolabilidade dos Direitos Civis, e Politicos dos Cidadãos Brazileiros, que tem por base a liberdade, a segurança individual, e a propriedade, é garantida pela Constituição do Imperio, pela maneira seguinte: [...] V – Ninguem póde ser perseguido por motivo de Religião, uma vez que respeite a do Estado, e não offenda a Moral Publica".

[71] Sobre o padroado, v. Maurilio Cesar de Lima, *Breve história da Igreja no Brasil*, 2004. p. 23. Cabia ao Imperador, por exemplo, nomear os bispos (art. 102, I) e "conceder, ou negar o Beneplacito aos Decretos dos Concilios, e Letras Apostolicas, e quaesquer outras Constituições Ecclesiasticas que se não oppozerem á Constituição; e precedendo approvação da Assembléa, se contiverem disposição geral" (art. 102, XIV).

[72] Nada obstante, autorizou que se continuasse a custear os então serventuários do culto católico. Confira-se o texto do decreto: "Art. 1º E' prohibido á autoridade federal, assim como á dos Estados federados, expedir leis, regulamentos, ou actos administrativos, estabelecendo alguma religião, ou vedando-a, e crear differenças entre os habitantes do paiz, ou nos serviços sustentados á custa do orçamento, por motivo de crenças, ou opiniões philosophicas ou religiosas. Art. 2º A todas as confissões religiosas pertence por igual a faculdade de exercerem o seu culto, regerem-se segundo a sua fé e não serem contrariadas nos actos particulares ou publicos, que interessem o exercicio deste decreto. Art. 3º A liberdade aqui instituida abrange não só os individuos nos actos individuaes, sinão tabem as igrejas, associações e institutos em que se acharem agremiados; cabendo a todos o pleno direito de se constituirem e viverem collectivamente, segundo o seu credo e a sua disciplina, sem intervenção do poder publico. Art. 4º Fica extincto o padroado com todas as suas instituições, recursos e prerogativas. Art. 5º A todas as igrejas e confissões religiosas se reconhece a personalidade juridica, para adquirirem bens e os administrarem, sob os limites postos pelas leis concernentes á propriedade de mão-morta, mantendo-se a cada uma o dominio de seus haveres actuaes, bem como dos seus edificios de culto. Art. 6º O Governo Federal continúa a prover á congrua, sustentação dos actuaes serventuarios do culto catholico e subvencionará por anno as cadeiras dos seminarios; ficando livre a cada Estado o arbitrio de manter os futuros ministros desse ou de outro culto, sem contravenção do disposto nos artigos antecedentes".

[73] A Carta de 1981 garantiu o exercício público e livre dos cultos religiosos (art. 72, 3º); a Constituição de 1934 manteve a proibição ao Poder Público de estabelecer, subvencionar e embaraçar cultos, ou estabelecer alianças ou dependências com denominações religiosas, mas ressalvou a "colaboração recíproca em prol do interesse coletivo" (art. 17, II e III); a Lei Fundamental de 1937 autorizou o ensino religioso nas escolas primárias, secundárias e normais, desde que não fosse "objeto de obrigação dos mestres ou professores, nem de freqüência compulsória por parte dos alunos" (art. 133); a Constituição de 1946 previu a

aprofundou o tratamento do tema em diversas disposições, instituindo ampla proteção às confissões religiosas, como se verifica das normas destacadas a seguir:

(i) a igualdade de todos, "sem distinção de qualquer natureza" (art. 5º, *caput*);

(ii) a inviolabilidade da "liberdade de consciência e de crença, sendo assegurado o livre exercício dos cultos religiosos", garantida, ainda, "na forma da lei, a proteção aos locais de culto e a suas liturgias" (art. 5º, VI);

(iii) a assistência religiosa nas entidades civis e militares de internação coletiva (art. 5º, VII);

(iv) a possibilidade de prestação de serviço alternativo pelos que aleguem escusa de consciência para eximir-se de obrigações gerais, inclusive em relação ao serviço militar obrigatório (arts. 5º, VIII, e 143, §1º);

(v) a proibição de estabelecimento, subvenção ou embaraço de cultos pelo Poder Público, ou de relações de alianças e dependências com denominações religiosas, sempre ressalvando, "na forma da lei, a colaboração de interesse público" (art. 19, I);

(vi) a imunidade de "templos de qualquer culto" a impostos de todos os entes (art. 150, VI, *b*);

(vii) a possibilidade de se ministrar ensino religioso nas escolas públicas de ensino fundamental, sendo facultativa a matrícula (art. 210, §1º); e

(viii) a atribuição de efeitos civis ao casamento religioso (art. 226, §2º).

38 De tudo isso se extrai que a ordem jurídica brasileira não é hostil ao fenômeno religioso. Muito ao revés: embora rejeite a criação de religiões oficiais ou a subvenção de credos pelo Erário, a Constituição tutela amplamente a liberdade religiosa e traça inúmeras relações entre o Estado e as religiões por meio de medidas como a previsão de assistência religiosa, de ensino religioso nas escolas públicas e de colaborações de interesse público, além da possibilidade de alegar

---

assistência religiosa, "sem constrangimento dos favorecidos", nas Forças Armadas e nos estabelecimentos de internação coletiva (art. 141, §9º), impediu a perda de direitos pelos que alegassem escusa de consciência para não atender à obrigação imposta em caráter geral, desde que prestassem serviço alternativo (art. 141, §8º), e ainda concedeu efeitos civis ao casamento religioso (art. 163, §§1º e 2º). As Cartas de 1967 e 1969 não inovaram substancialmente na matéria.

escusa de consciência para se eximir de obrigação imposta a todos. Nesse sentido, o Estado brasileiro adota a *laicidade*, mas não prega o *laicismo* – compreendido como a defesa da ignorância ou da hostilidade em relação ao elemento religioso.[74] A ordem constitucional reconhece a religião como uma dimensão relevante da vida das pessoas, quer sejam crentes, quer ateias ou agnósticas. Afinal, submeter um crente a práticas contrárias à sua religião é tão invasivo quanto determinar a um ateu que se ajuste a padrões religiosos. Em qualquer dos casos haverá a imposição externa de valores existenciais e a consequente violação da dignidade como autonomia.

39 Em conclusão: a liberdade religiosa é um direito fundamental, que integra o universo de escolhas existenciais básicas de uma pessoa, funcionando como expressão nuclear da dignidade humana. O Poder Público, como consequência, não pode impor uma religião nem impedir o exercício de qualquer delas, salvo para proteger valores da comunidade e os direitos fundamentais das demais pessoas. A pergunta que resta responder é a seguinte: pode o Estado proteger um indivíduo em face de si próprio, para impedir que o exercício de sua liberdade religiosa lhe cause dano irreversível ou fatal? Este é um caso-limite que contrapõe o paternalismo à autonomia individual. A indagação não comporta resposta juridicamente simples nem moralmente barata.

1.3 Aplicação dos fundamentos teóricos à hipótese examinada

1.3.1 legitimidade da recusa de tratamento médico por fundamento religioso

40 Como se pretendeu demonstrar, a dignidade humana apresenta duas perspectivas que se complementam. A dignidade como

---

[74] Sobre laicidade e laicismo, v. Jónatas Eduardo Mendes Machado, *Liberdade religiosa numa comunidade constitucional inclusiva*, 1996. p. 306: "A primeira expressão [laicidade] pretende designar uma atitude de neutralidade benevolente por parte dos poderes públicos, respeitadora do religioso nas suas diversas manifestações, nos termos da qual estes se abstém de tomar posição sobre o problema da verdade religiosa. A segunda [laicismo], como resulta do texto, designa uma verdadeira filosofia ou ideologia, no sentido da concepção global do mundo, da existência e da conduta moral". Sobre o ponto, v. também Daniel Pêcego, *Da educação religiosa em escolas públicas*. Dissertação (Mestrado) – Programa de Pós-Graduação, UERJ, Rio de Janeiro, 2007. p. 30: "A visão do laicismo implica não apenas em estabelecer a diferenciação entre Estado e religião, como se afirmou acima, mas propugna a ignorância do fator religioso e até mesmo, em casos mais extremos, a hostilidade a ele".

autonomia tutela a capacidade de autodeterminação e a responsabilidade moral do indivíduo por suas escolhas, notadamente as de caráter existencial, entre as quais se inclui a liberdade religiosa. A dignidade como *heteronomia* envolve a imposição de padrões sociais externos ao indivíduo, o que, no caso concreto, significaria a proteção objetiva da vida humana, mesmo contra a vontade do titular do direito. As duas dimensões da dignidade, como visto, não se excluem, muito embora se possa identificar uma primazia da dignidade como autonomia, tanto na filosofia moral contemporânea quanto no sistema constitucional brasileiro. As conclusões aqui sustentadas alinham-se a essa premissa. Sem a pretensão de veicular verdades objetivas e absolutas, passa-se à demonstração das razões pelas quais se afigura mais consistente com os princípios constitucionais o ponto de vista que tolera a recusa de determinados tratamentos médicos pelas testemunhas de Jeová, em respeito à sua convicção religiosa.

41 As testemunhas de Jeová professam a crença religiosa de que introduzir sangue no corpo pela boca ou pelas veias viola as leis de Deus, por contrariar o que se encontra previsto em inúmeras passagens bíblicas.[75] Daí a interdição à transfusão de sangue humano, que não pode ser excepcionada nem mesmo em casos emergenciais, nos quais exista risco de morte. Por essa razão, as testemunhas de Jeová somente aceitam submeter-se a tratamentos e alternativas médicas compatíveis com a interpretação que fazem das passagens bíblicas relevantes.[76] Tal visão tem merecido crítica severa de adeptos de outras confissões[77] e de autores que têm se dedicado ao tema,[78] sendo frequentemente taxada de ignorância ou obscurantismo. Por contrariar de forma intensa o senso comum e por suas consequências potencialmente fatais, há quem sustente que a imposição de tratamento seria um modo de fazer o *bem* a esses indivíduos, ainda que contra sua vontade. Não se está de acordo com essa linha de entendimento. A crença religiosa constitui

---

[75] Gênesis, 9:3-4; Levítico, 17:14; e Atos 15:28-29. Estas referências foram retiradas do sítio oficial das testemunhas de Jeová: <http://www.watchtower.org/t/jt/index.htm>.

[76] Sobre o tema, v. Cláudio da Silva Leiria, Religiosos têm direito a negar transfusão de sangue. *Consultor Jurídico*, 20 jun. 2009. Disponível em: <http://www.conjur.com.br/2009-jun-20/testemunhas-jeova-direito-negar-transfusao-sangue>. Acesso em: 2 abr. 2010.

[77] V. Pr. Airton Evangelista da Costa, Testemunhas de Jeová: transfusão de sangue é caso de polícia. *Sola Scriptura*. Disponível em: <http://solascriptura-tt.org/Seitas/TJ-TransfusaoSangueEhCasoPolicia-AECosta.htm>. Acesso em: 2 abr. 2010.

[78] V. Ana Carolina Reis Paes Leme, Transfusão de sangue em testemunhas de Jeová. A colisão de direitos fundamentais. *Sola Scriptura*. Disponível em: <http://solascriptura-tt.org/Seitas/TJ-TransfusaoSangueEhCasoPolicia-AECosta.htm>. Acesso em: 2 abr. 2010.

uma escolha existencial a ser protegida, uma liberdade básica da qual o indivíduo não pode ser privado sem sacrifício de sua dignidade. A transfusão compulsória violaria, em nome do direito à saúde ou do direito à vida, a dignidade humana, que é um dos fundamentos da República brasileira (CF, art. 1º, IV).

42 Veja-se que não cabe ao Estado avaliar o mérito da convicção religiosa, bastando constatar a sua seriedade. Em outras palavras, o que interessa aqui não é o acerto ou desacerto do dogma sustentado pelas testemunhas de Jeová, mas sim o direito, ostentado por cada um de seus membros, de orientar sua própria vida segundo esse padrão ético ou abandoná-lo a qualquer momento, segundo sua própria convicção. A proteção seletiva a determinados dogmas religiosos equivaleria à negação da liberdade de religião e do pluralismo, violando a exigência de que os diferentes grupos sociais sejam tratados com igual consideração e respeito. A única avaliação legítima de que se pode cogitar diz respeito à seriedade do fundamento religioso ou do que pode ser razoavelmente qualificado como religião.[79] Mas isso não está em questão no que diz respeito às testemunhas de Jeová, confissão tradicional que existe desde o final do século XIX e conta, segundo suas próprias informações, com 6 milhões de adeptos em mais de 230 países.[80] Vale o registro de que, na linha da conclusão que se acaba de enunciar, a recusa de tratamento pelas testemunhas de Jeová é aceita em diversos países,[81] entre os quais a Itália,[82] a Espanha,[83]

---

[79] Ser fanático por um time de futebol ou por uma banda de *rock* certamente não preencheria o requisito.

[80] V. sítio oficial das testemunhas de Jeová: <http://www.watchtower.org/t/jt/index.htm>.

[81] Mas não em todos. Na França, por exemplo, o Conselho de Estado decidiu que o médico tem o dever de realizar o tratamento necessário, ainda que o paciente tenha recusado por qualquer razão (Ass., 26 out. 2001, nº 198546).

[82] Corte de Cassação italiana, Sentença nº 23.676/2008, que reconhece o "princípio mais geral (de inquestionável importância constitucional, que emerge, dentre outros, tanto do Código de Ética Médica como do documento de 20.6.1992 da Comissão Nacional de Bioética) sob a égide do qual deve ser reconhecido ao paciente um verdadeiro direito de não se curar, ainda que tal conduta ponha em risco a própria vida" (tradução livre); Sentença nº 11.335/2008: "[...] a manifestação do consentimento ao tratamento por parte do paciente constitui um verdadeiro requisito para a licitude da atividade do médico, a quem não é atribuído um direito genérico e incondicional de curar, ao passo que o ordenamento reconhece ao mesmo paciente, não apenas a faculdade de escolher entre diferentes soluções terapêuticas, mas também a de eventualmente rejeitar qualquer terapia ou a de interrompê-la a qualquer tempo" (tradução livre).

[83] Espanha, Lei nº 41/2002: "Artículo 2. Principios básicos. [...] 3. El paciente o usuario tiene derecho a decidir libremente, después de recibir la información adecuada, entre las opciones clínicas disponibles. 4. Todo paciente o usuario tiene derecho a negarse al tratamiento, excepto en los casos determinados en la Ley. Su negativa al tratamiento constará por escrito".

os EUA[84] e o Canadá.[85] Além disso, tal possibilidade foi incorporada pelo Código de Ética da Sociedade Internacional de Transfusão de Sangue, adotado pela OMS em 2000, que dispõe: "o paciente deveria ser informado do conhecimento dos riscos e benefícios da transfusão de sangue e/ou terapias alternativas e tem o direito de aceitar ou recusar o procedimento".

43 Relembre-se, como já assinalado, que a ordem jurídica respeita até mesmo decisões pessoais de risco que não envolvam escolhas existenciais, a exemplo da opção de praticar esportes como o alpinismo e o paraquedismo, ou de desenvolver atuação humanitária em zonas de guerra. Com mais razão deverá respeitar escolhas existenciais. Por tudo isso, é legítima a recusa de tratamento que envolva a transfusão de sangue por parte das testemunhas de Jeová. Tal decisão funda-se no exercício de liberdade religiosa, direito fundamental emanado da dignidade da pessoa humana, que assegura a todos o direito de fazer suas escolhas existenciais. Prevalece, assim, nesse caso, a dignidade como expressão da autonomia privada, não sendo permitido ao Estado impor procedimento médico recusado pelo paciente. Em nome do direito à saúde ou do direito à vida, o Poder Público não pode destituir o indivíduo de uma liberdade básica, por ele compreendida como expressão de sua dignidade.

---

[84] St. Mary's Hosp. *v.* Ramsey (465 So.2d 666 (Fla. 4th DCA 1985)): "A preservação da vida é não somente uma reconhecida meta a que o Estado, os médicos e os agentes de saúde aspiram, é uma meta que compele. Porém, esta não é uma ordem incontornável. Sustentamos, até este momento, que um paciente adulto tem o direito constitucional à privacidade, à liberdade de escolha e o direito à autodeterminação. [...] Desse modo, se um paciente adulto, competente, recusa a transfusão de sangue, pareceria que ele tem o direito a fazê-lo, visto que não há uma razão insuperável por que sua vida devesse ser preservada. Ademais, transfusões de sangue não são livres de risco e são de conhecimento geral a existência de conseqüências adversas, talvez repugnantes para o receptor, as quais podem advir de uma transfusão de sangue impuro" (tradução livre).

[85] Canadá, Health Care Consent Act, arts. 5º, 10 e 26: "Artigo 5º. Uma pessoa pode, enquanto capaz, expressar desejos referentes a tratamento, admissão a agências de saúde ou serviço de assistência pessoal [...]. Artigo 10. (1) Um agente da saúde que proponha tratamento a uma pessoa não deve realizar o tratamento, e deve tomar passos razoáveis para assegurar que não será realizado, a não ser que, (a) ele ou ela tenha a opinião de que a pessoa é capaz em relação ao tratamento, e a pessoa tiver dado consentimento; ou (b) ele ou ela tenha a opinião de que a pessoa é incapaz em relação ao tratamento, e o responsável por tomar decisões em nome dessa pessoa tenha dado consentimento em seu nome, de acordo com este ato. [...] Artigo 26. O agente da saúde não deverá realizar tratamento, conforme o estabelecido na seção 25, se o agente da saúde tiver motivos razoáveis para acreditar que a pessoa, enquanto capaz e após completar 16 anos de idade, expressou um desejo, aplicável às circunstâncias, de recusa a consentimento ao tratamento" (tradução livre).

1.3.2 Condições para o exercício válido da autonomia

44 Assentada a possibilidade de recusa de tratamento pelas testemunhas de Jeová, resta abordar uma questão central para a legitimidade da conclusão enunciada. Além de proteger a capacidade de autodeterminação moral do indivíduo, a dignidade como autonomia exige que lhe sejam asseguradas condições próprias para a tomada de decisões. Entra em cena, então, um requisito essencial para a disposição de um direito fundamental, que se torna tanto mais relevante quando se trate da recusa de tratamento, com risco de morte. Trata-se da validade e da adequação da manifestação de vontade, vale dizer, o *consentimento genuíno*. Para que ele se caracterize, é imperativo verificar a presença de aspectos ligados ao sujeito do consentimento, à liberdade de escolha e à decisão informada.[86]

45 O *sujeito do consentimento*[87] é o titular do direito fundamental em questão, que deverá manifestar de maneira válida e inequívoca a sua vontade. Para que ela seja *válida*, deverá ele ser civilmente capaz e estar em condições adequadas de discernimento para expressá-la. Portanto, além da capacidade, o titular do direito deverá estar apto para manifestar sua vontade, o que exclui as pessoas em estados psíquicos alterados, seja por uma situação traumática, por adição de substâncias entorpecentes ou por estarem sob efeito de medicamentos que impeçam ou dificultem de forma significativa a cognição. Para que se repute o consentimento como *inequívoco*, ele deverá ser, ainda, personalíssimo, expresso e atual. Personalíssimo exclui a recusa feita mediante representação, somente se admitindo que o próprio interessado rejeite a adoção do procedimento.[88] A decisão, ademais, haverá de ser expressa, não se devendo presumir a recusa de tratamento médico. É assim na

---

[86] Para um debate aprofundado sobre o tema do consentimento genuíno, v. Letícia de Letícia de Campos Velho Martel, *Direitos fundamentais indisponíveis* – Os limites e os padroes de consentimento para a autolimitação do direito fundamental à vida. Tese (Doutorado) – Programa de Direito Público, Universidade do Estado do Rio de Janeiro – UERJ, Rio de Janeiro, 2010. p. 212-267.

[87] A locução "sujeito do consentimento" foi utilizada por Deryck Beyleveld e Roger Brownsword, *Consent in law*, 2007.

[88] Veja-se que no direito brasileiro até mesmo a opção pela nacionalidade brasileira é personalíssima (STF, RE nº 418.096/RS, Rel. Min. Carlos Velloso. *DJ*, 22 abr. 2005). Não faria sentido que a assunção de um risco de morte não fosse. É assim, também, no Reino Unido. As instruções para os *living wills* (testamentos vitais) encontram-se em: <http://www.direct.gov.uk/en/Governmentcitizensandrights/Death/Preparation/DG_10029683>.

Itália[89] e na Espanha, onde tem de ser escrita.[90] Ainda que essa exigência possa não ser absoluta, ela certamente é recomendável, inclusive para resguardo do médico e do Estado. Por fim, a vontade deve ser atual, manifestada imediatamente antes do procedimento, e revogável.[91]

46 Para que seja considerado genuíno, o consentimento precisará também ser *livre*, fruto de uma escolha do titular, sem interferências

---

[89] Corte de Cassação italiana, Sentença nº 23.676/2008: "[...] na hipótese de grave e iminente perigo para a vida do paciente, o dissenso do mesmo deve ser objeto de *manifestação expressa*, clara, atual, informada. Isto é, deve exprimir uma vontade não abstratamente hipotética, mas *concretamente estabelecida*, uma intenção não meramente programática, mas *absolutamente específica*, uma cognição de fatos não meramente 'ideológica', mas *fruto de informações específicas acerca de sua própria situação de saúde; um juízo* e não uma 'pré-compreensão': em suma, um dissenso que siga e não preceda as informações relativas à caracterização de um perigo de vida iminente e inevitável de qualquer outra forma, um dissenso que seja atual e não preventivo, uma recusa *ex post*, e não *ex ante*, na ausência de qualquer consciência da gravidade de suas condições de saúde atuais" (grifos nossos; tradução livre).

[90] Lei nº 41/2002: "Artículo 2. Principios básicos. [...] 4. Todo paciente o usuario tiene derecho a negarse al tratamiento, excepto en los casos determinados en la Ley. Su negativa al tratamiento constará por escrito".

[91] Não se pode aceitar que alguém esteja vinculado por uma recusa de tratamento efetuada muito tempo antes do procedimento. Em qualquer caso, a manifestação pode ser revogada a qualquer tempo. Sobre a questão dos "testamentos vitais", v. Diaulas Costa Ribeiro, Autonomia: viver a própria vida e morrer a própria morte. *Cadernos Saúde Pública*, v. 22, 2006: "A autonomia não dispensa a capacidade para expressá-la. Há situações em que o paciente se torna incapaz de decisões instantes, como nos estados de inconsciência em geral, justificando o surgimento dos testamentos vitais e das diretivas antecipadas, instrumentos de manifestação de vontade para o futuro, com a indicação negativa ou positiva de tratamentos e assistência médica". Admitindo o testamento vital no Brasil, v. Celso Ribeiro Bastos, Direito de recusa de pacientes submetidos a tratamento terapêutico às transfusões de sangue, por razões científicas e convicções religiosas. *RT*, v. 787, 2001: "Tem validade legal a manifestação de vontade antecipada do paciente, por escrito, recusando determinado tratamento médico, para o caso de ele vir a estar inconsciente? Em termos de manifestação de vontade, há de se atentar apenas para os requisitos de sua validade, ou seja, agente capaz, objeto não proibido pelo Direito e forma prescrita em lei. No caso presente, cumpre acentuar que não se trata de objeto proibido pelo Direito, antes sendo decorrência direta do princípio da liberdade"; Maria de Fátima Freire de Sá e Ana Carolina Brochado Teixeira, Responsabilidade médica e objeção de consciência religiosa. *Revista Trimestral de Direito Civil*, v. 21, 2005: "A segunda situação que vislumbramos é a de paciente maior, mas inconsciente. Aqui temos duas outras situações. Caso haja prova acerca da crença adotada pelo paciente, seja através de documento de identificação religioso, seja através de declaração firmada pela pessoa, registrada em cartório, ou declaração que tenha a assinatura de duas testemunhas, onde rechaça qualquer tratamento que tenha por finalidade a transfusão sanguínea, não vemos outra alternativa senão privilegiar sua vontade. Caso contrário, ou seja, inexistindo provas, o ato deve ser praticado. Nossa opinião é coerente, portanto, com um dos fundamentos constitucionais da República Federativa do Brasil, qual seja, a dignidade da pessoa humana. Também a liberdade é princípio constitucional que deve ser materialmente interpretado. Ora, submeter alguém a uma transfusão de sangue mediante o emprego da força significa fazê-la objeto de tratos desumanos e degradantes. A possibilidade de decidir o próprio destino diante das encruzilhadas da vida é um ato que afeta a liberdade mais íntima de autodeterminação".

indevidas. Isso significa que ele não deve ter sido produto de influências externas indevidas, como induções, pressões ou ameaças. Por derradeiro, o consentimento tem de ser *informado*, o que envolve o conhecimento e a compreensão daquele que vai consentir acerca de sua situação real e das consequências de sua decisão. Nessa linha, os elementos relevantes devem ser transmitidos em linguagem acessível ao indivíduo, conforme indicado na Carta dos Direitos dos Usuários da Saúde (Portaria MS nº 675/2006), em seu Terceiro Princípio, item IV, e na Lei Estadual (RJ) nº 3.613/2001.[92] Essa mesma advertência é encontrada na Declaração sobre a Promoção dos Direitos dos Pacientes na Europa,[93] editada pela Organização Mundial da Saúde, e no *Health Care Consent Act* canadense.[94]

1.3.3 Interpretação adequada dos enunciados legais e ético-profissionais pertinentes

47 As conclusões a que se chegou baseiam-se no sistema constitucional, mais especificamente na interpretação sistemática do princípio

---

[92] Lei Estadual nº 3.613/2001, art. 2º, VI: "São direitos dos usuários dos serviços de saúde no Estado do Rio de Janeiro: [...] VI - receber informações claras, objetivas e compreensíveis sobre: a) hipóteses diagnósticas; b) diagnósticos realizados; c) exames solicitados; d) ações terapêuticas; e) riscos, benefícios e inconvenientes das medidas diagnósticas e terapêuticas propostas; f) duração prevista do tratamento proposto; g) no caso de procedimentos de diagnósticos e terapêuticos invasivos, a necessidade ou não de anestesia, o tipo de anestesia a ser aplicada, o instrumental a ser utilizado, as partes do corpo afetadas, os efeitos colaterais, os riscos e consequências indesejáveis e a duração esperada do procedimento; h) exames e condutas a que será submetido; i) a finalidade dos materiais coletados para exame; j) alternativas de diagnósticos e terapêuticas existentes, no serviço de atendimento ou em outros serviços; e l) o que for necessário; VII - consentir ou recusar, de forma livre, voluntária e esclarecida, com adequada informação, procedimentos diagnósticos ou terapêuticos a serem realizados [...]".

[93] OMS, Declaração sobre a Promoção dos Direitos dos Pacientes na Europa, item nº 2: "2. Informação. [...] 2.2. Os pacientes têm o direito de ser inteiramente informados sobre seu estado de saúde, incluindo fatos médicos sobre sua condição, sobre o procedimento médico proposto, além dos potenciais riscos e benefícios de cada procedimento; sobre alternativas aos procedimentos propostos, incluindo os efeitos do não-tratamento; e sobre o diagnóstico, prognóstico e progresso do tratamento. [...] 2.4. As informações devem ser comunicadas ao paciente de forma coerente à sua capacidade de entender, minimizando o uso de terminologia técnica e pouco familiar. Se o paciente não falar a linguagem comum, alguma forma de interpretação deve estar disponível. [...] 2.7. Pacientes devem ter a possibilidade de obter uma segunda opinião" (tradução livre).

[94] Canadá, Health Care Consent Act, art. 11 (2): "(2) O consentimento ao tratamento é informado se, antes de dá-lo, (a) a pessoa recebeu a informação sobre as questões relacionadas na subseção (3) que uma pessoa razoável demandaria, nas mesmas circunstâncias, para tomar uma decisão sobre o tratamento; e (b) a pessoa recebeu respostas a seus pedidos por informação adicional sobre essas matérias".

da dignidade da pessoa humana e dos direitos à vida e à liberdade religiosa. Os dispositivos constitucionais são dotados de força normativa e superioridade hierárquica, de modo que a inexistência de lei específica sobre o tema não impede a incidência da solução constitucionalmente adequada. Na verdade, nos termos da conclusão apurada, a imposição do tratamento viola o princípio da dignidade da pessoa humana, de modo que eventual lei ou ato normativo que dispusesse nesse sentido seria inconstitucional. Por esse mesmo fundamento, o exercício da escolha consciente não depende de manifestação judicial.[95] Sem prejuízo dessas considerações, convém tratar brevemente de alguns dispositivos legais e regulamentares que apresentam pertinência em relação ao tema.

1.3.3.1 Código Civil

48 Embora não se dirijam especificamente à hipótese aqui analisada, há dois dispositivos do Código Civil que merecem ser considerados no presente estudo:

> Art. 11. Com exceção dos casos previstos em lei, os direitos da personalidade são intransmissíveis e irrenunciáveis, não podendo o seu exercício sofrer limitação voluntária. [...]
>
> Art. 15. Ninguém pode ser constrangido a submeter-se, com risco de vida, a tratamento médico ou a intervenção cirúrgica.

49 Na sua dicção literal, o art. 11 parece consagrar a tese de que os direitos da personalidade – entre os quais se incluem os direitos à vida e à integridade física – seriam insuscetíveis de qualquer limitação, inclusive voluntária. O dispositivo requer algum esforço hermenêutico, sob pena de incorrer em flagrante inconstitucionalidade, esvaziando os direitos que se destina a proteger, bem como a liberdade individual. Isso porque, como demonstrado, o exercício da autonomia pessoal envolve escolhas que, vistas por um observador externo, poderiam ser facilmente enquadradas no conceito de renúncia. Não é o caso de repisar os muitos exemplos que foram fornecidos. No momento, basta constatar que o excesso retórico do art. 11 deve ser harmonizado com o restante da ordem jurídica.

---

[95] Como referido no início, a mesma conclusão foi sustentada pelo Professor e Procurador Gustavo Binenbojm no parecer que produziu acerca da questão.

50 Em uma sociedade plural, é inevitável que os direitos da personalidade entrem em conflitos potenciais ou reais entre si, exigindo temperamentos e até a imposição de restrições recíprocas ou condicionadas. O ponto não é minimamente controverso, aceitando-se de forma pacífica, como já registrado, que não há direitos absolutos. Nesse sentido, um enunciado normativo que pretenda estabelecer a impossibilidade genérica de restrição aos direitos da personalidade, ainda que voluntária, acaba por evocar uma realidade não apenas contrafactual, mas também incompatível com o pluralismo consagrado pela Constituição. A única leitura possível de tal dispositivo seria no sentido de entender que ele veda disposições caprichosas ou fúteis, sem prejuízo da possibilidade de que a convivência entre direitos distintos imponha escolhas e compromissos. De outra forma, o art. 11 será, mais do que inconstitucional, verdadeiramente inaplicável. Afinal, em um conflito entre direitos da personalidade, simplesmente não há como figurar uma solução em que ambos incidam sem qualquer temperamento.

51 O art. 15, por sua vez, não diz nada a respeito das situações em que a recusa de tratamento médico possa ocasionar ou agravar um risco para a vida do paciente. Ao contrário, ele permite a recusa de tratamento que seja, em si mesmo, arriscado. Veja-se que o dispositivo não faz nenhuma ressalva, não se cogitando da possibilidade de que o médico imponha o tratamento arriscado por considerar que a inação levaria à morte certa. Assim, o dispositivo não consagra a ideia de que a vida deva ser mantida a qualquer custo. Em vez disso, respeita a escolha pessoal, que pode ter se baseado na perspectiva de uma sobrevida ou mesmo no receio da perda da consciência e da autonomia moral. Nesse sentido, é até possível enxergar o dispositivo como – mais uma – confirmação de que o valor objetivo da vida humana não é tratado de forma absoluta na ordem jurídica brasileira, devendo ceder espaço diante de escolhas existenciais especialmente relevantes.[96]

---

[96] Gustavo Tepedino, Heloisa Helena Barboza e Maria Celina Bodin de Moraes, *Código Civil interpretado conforme a Constituição da República*, 2004. p. 41. v. 1: "Na esteira de tais considerações, há de ser interpretado o art. 15: não só o constrangimento que induz alguém a se submeter a tratamento com risco deve ser vedado, como também a intervenção médica imposta a paciente que, suficientemente informado, prefere a ela não se submeter, por motivos que não sejam fúteis e que se fundem na afirmação de sua própria dignidade. Nesta sede, a normativa deontológica há de se conformar aos princípios constitucionais". No mesmo sentido, v. Diaulas Costa Ribeiro, Autonomia: viver a própria vida e morrer a própria morte. *Cadernos Saúde Pública*, v. 22, 2006, para quem: "[a] leitura desse artigo 'conforme a Constituição' deve ser: ninguém, nem com risco de vida, será constrangido a

52 Essa leitura se compatibiliza com aquela que se acaba de fazer a respeito do art. 11, também do Código Civil: as recusas de tratamento – como eventuais restrições ou conformações de direitos fundamentais – são legítimas desde que não sejam caprichosas, i.e., desde que haja um fundamento consistente associado ao exercício da capacidade de autodeterminação, derivada da dignidade como autonomia. Com isso, evita-se a funcionalização dos direitos, sem recair em um individualismo exagerado.

1.3.3.2 Código Penal

53 O Código Penal também não traz nenhum dispositivo específico sobre a questão. A única menção próxima consta do art. 146, que criminaliza o constrangimento ilegal, mas ressalva a conduta do médico que realiza procedimento sem obter o consentimento do paciente em casos de iminente risco de vida.[97] Como é fácil perceber, o artigo não trata como crime a conduta do médico que respeite a vontade do paciente. Nesse sentido, o máximo que se poderia extrair diretamente da disposição seria a inexistência de responsabilidade penal do médico em caso de imposição do tratamento.

54 Na verdade, porém, é perfeitamente possível dar ao referido artigo uma interpretação conforme a Constituição, limitando sua aplicação aos casos em que, havendo iminente risco de vida, não seja possível a obtenção do consentimento. Tal leitura se harmoniza com as conclusões obtidas no presente estudo, em que se assentou a necessidade de consentimento personalíssimo, livre e informado para a recusa de tratamento por motivação religiosa. No entanto, obedecidos esses requisitos, a manifestação da vontade deverá ser respeitada por força dos princípios constitucionais que incidem diretamente na hipótese. Por tais fundamentos, seria impossível qualificar a conduta do médico como homicídio ou omissão de socorro, ou ainda enquadrá-la em qualquer outro tipo em tese cogitável.

---

tratamento ou a intervenção cirúrgica, em respeito à sua autonomia, um destacado direito desta Era dos Direitos".

[97] Código Penal, art. 146: "Constranger alguém, mediante violência ou grave ameaça, ou depois de lhe haver reduzido, por qualquer outro meio, a capacidade de resistência, a não fazer o que a lei permite, ou a fazer o que ela não manda: Pena - detenção, de três meses a um ano, ou multa. [...] §3º Não se compreendem na disposição deste artigo: I - a intervenção médica ou cirúrgica, sem o consentimento do paciente ou de seu representante legal, se justificada por iminente perigo de vida; II - a coação exercida para impedir suicídio".

1.3.3.3 O novo Código de Ética Médica

55 Por fim, faz-se um registro de dois atos editados por conselhos de regulamentação da profissão médica. Embora disposições dessa natureza não sejam capazes de se sobrepor à conclusão extraída diretamente do texto constitucional, é natural que a comunidade médica atente para as suas previsões, justificando o comentário. O primeiro ato regulamentar a ser analisado é o novo Código de Ética do CFM – Conselho Federal de Medicina, em vigor a partir de abril de 2010. Embora esse diploma não discipline o tema aqui tratado de forma específica ou conclusiva, é possível dar às suas previsões interpretação compatível com a solução constitucionalmente imposta, evitando-se que seja considerado incompatível com a Constituição. A demonstração do argumento não é complexa.

56 Em primeiro lugar, veja-se que o novo Código de Ética estabelece como princípio fundamental o respeito à dignidade do paciente, vedando violações à sua integridade, expressão que naturalmente não se limita à dimensão física.[98] A invocação da dignidade como diretriz fundamental abre caminho para todas as considerações desenvolvidas no presente estudo, no qual se pretendeu demonstrar que a recusa de tratamento por motivação religiosa deve ser regida pela incidência da dignidade como autonomia. Todas as demais previsões pertinentes do Código podem ser interpretadas em reforço a essa conclusão ou, quando menos, de forma a se afastar eventual contradição. Por sua relevância para o exercício profissional da medicina, o ponto merece ser explicitado.

57 Já nos seus *consideranda*, o Código de Ética assume como premissa a "busca de melhor relacionamento com o paciente e a garantia de maior autonomia à sua vontade". De forma ainda mais expressiva, ao tratar dos direitos do médico, o diploma lhe assegura a prerrogativa de *indicar* o tratamento que lhe pareça adequado.[99] A inexistência de um poder para obrigar o paciente a receber determinado tratamento é confirmada por outro dispositivo – incluído no capítulo referente aos

---

[98] Código de Ética do Conselho Federal de Medicina, Capítulo I, item VI: "O médico guardará absoluto respeito pelo ser humano e atuará sempre em seu benefício. Jamais utilizará seus conhecimentos para causar sofrimento físico ou moral, para o extermínio do ser humano ou para permitir e acobertar tentativa contra sua dignidade e integridade".

[99] Código de Ética do Conselho Federal de Medicina, Capítulo II, item II: "Indicar o procedimento adequado ao paciente, observadas as práticas cientificamente reconhecidas e respeitada a legislação vigente".

direitos humanos –, que veda de forma taxativa a conduta de "deixar de garantir ao paciente o exercício do direito de decidir livremente sobre sua pessoa ou seu bem-estar, bem como exercer sua autoridade para limitá-lo".[100] Essas duas disposições alinham-se inteiramente com o novo paradigma da ética médica e com as conclusões aqui produzidas, no sentido de se privilegiar a dignidade como autonomia.

58 A sequência da análise traz novos elementos em amparo a essa constatação. No capítulo relativo aos princípios fundamentais, encontra-se – além da já mencionada previsão de respeito à dignidade –, a exigência de que o médico respeite a orientação do paciente na definição dos métodos de diagnóstico ou tratamento, observada sua consciência, os ditames legais e as indicações científicas pertinentes.[101] Como se vê, o dispositivo estabelece de forma clara a necessidade de consentimento do paciente, ao passo que as exigências indicadas não parecem justificar a imposição de tratamento. O que está dito é que o médico pode se recusar a conduzir o tratamento na forma desejada pelo paciente – hipótese em que deverá indicar outro médico e velar pela transição segura –[102] e que não poderá prescrever terapia vedada pela lei ou não recomendada pelo conhecimento médico, o que chega a ser intuitivo, não se cogitando de uma suposta prerrogativa do paciente para obrigar o profissional a adotar técnicas heterodoxas ou incompatíveis com seus padrões morais.

59 Ainda em reforço a tais afirmações, o Código proíbe o médico de "desrespeitar o direito do paciente ou de seu representante legal de decidir livremente sobre a execução de práticas diagnósticas ou terapêuticas, salvo em caso de iminente risco de morte".[103] Ao

---

[100] Código de Ética do Conselho Federal de Medicina, art. 24.

[101] Código de Ética do Conselho Federal de Medicina, Capítulo I, item XXI: "No processo de tomada de decisões profissionais, de acordo com seus ditames de consciência e as previsões legais, o médico aceitará as escolhas de seus pacientes, relativas aos procedimentos diagnósticos e terapêuticos por eles expressos, desde que adequadas ao caso e cientificamente reconhecidas".

[102] A prerrogativa de se afastar de tratamento que contrarie sua consciência é prevista entre os direitos do médico. V. Código de Ética do Conselho Federal de Medicina, Capítulo II, item IX: "Recusar-se a realizar atos médicos que, embora permitidos por lei, sejam contrários aos ditames de sua consciência". No que concerne ao dever de assegurar a transição adequada do paciente para os cuidados de outro profissional, confira-se o art. 36, §1º, do mesmo diploma: "Ocorrendo fatos que, a seu critério, prejudiquem o bom relacionamento com o paciente ou o pleno desempenho profissional, o médico tem o direito de renunciar ao atendimento, desde que comunique previamente ao paciente ou a seu representante legal, assegurando-se da continuidade dos cuidados e fornecendo todas as informações necessárias ao médico que lhe suceder".

[103] Código de Ética do Conselho Federal de Medicina, art. 31.

mesmo tempo, impõe ao profissional que se valha de todos os meios de diagnóstico e tratamento que estejam ao seu alcance e sejam cientificamente reconhecidos.[104] Como é intuitivo, ambas as disposições devem ser interpretadas à luz do *direito humano de decidir sobre a realização de tratamentos*, estabelecido de forma taxativa e sem reservas.

60 Assim, a ressalva relativa ao risco iminente de morte só pode ser compreendida como uma dispensa da obtenção de consentimento nos casos em que isso seja impossível, *e.g.*, em razão do estado de inconsciência. Aliás, tal leitura vai ao encontro da ressalva, feita no presente estudo, de que se deve realizar a transfusão de sangue nas situações em que não seja possível obter ou confirmar a recusa personalíssima, expressa e informada do paciente, mesmo contra a vontade de familiares ou amigos. Da mesma forma, a exigência de que sejam empregados todos os recursos disponíveis não autoriza que estes sejam impostos ao paciente. Em vez disso, o dispositivo parece impedir que meios disponíveis ao médico e consentidos pelo paciente deixem de ser utilizados por fatores externos, como os eventuais custos.

61 Finalmente, duas previsões que tratam sobre tema diverso e igualmente polêmico ilustram a prevalência da dignidade como autonomia na sistemática do Código de Ética. A primeira, incluída no capítulo dos princípios fundamentais, estabelece que, em situações de doença irreversível ou terminal, o médico se abstenha de empreender medidas obstinadas e se concentre na melhoria da qualidade de vida do paciente.[105] Tal disposição é complementada por outra de mesmo teor, na qual se faz referência expressa ao necessário respeito à vontade do paciente.[106] O conjunto formado por esses dois artigos corrobora a conclusão de que o novo Código de Ética do Conselho Federal de Medicina se pauta pela ideia de dignidade como valor complexo, e não pela atribuição de peso supostamente absoluto ao valor objetivo

---

[104] Código de Ética do Conselho Federal de Medicina, art. 32: "Deixar de usar todos os meios disponíveis de diagnóstico e tratamento, cientificamente reconhecidos e a seu alcance, em favor do paciente".

[105] Código de Ética do Conselho Federal de Medicina, Capítulo I, item XXII: "Nas situações clínicas irreversíveis e terminais, o médico evitará a realização de procedimentos diagnósticos e terapêuticos desnecessários e propiciará aos pacientes sob sua atenção todos os cuidados paliativos apropriados".

[106] Código de Ética do Conselho Federal de Medicina, art. 41: "Abreviar a vida do paciente, ainda que a pedido deste ou de seu representante legal. Parágrafo único. Nos casos de doença incurável e terminal, deve o médico oferecer todos os cuidados paliativos disponíveis sem empreender ações diagnósticas ou terapêuticas inúteis ou obstinadas, levando sempre em consideração a vontade expressa do paciente ou, na sua impossibilidade, a de seu representante legal".

da vida humana. Basta essa constatação para que o diploma se abra a uma interpretação conforme ao sistema constitucional, permitindo que se leve em conta a dignidade, em sua dupla perspectiva. Na hipótese de que se trata – recusa de determinados tratamentos por testemunhas de Jeová – tal interpretação conduz à prevalência da autonomia em respeito à decisão existencial fundada em convicção religiosa.

62 Veja-se que não se está propondo qualquer distorção dos enunciados contidos no referido diploma. Ao contrário, cuida-se apenas de interpretar os dispositivos supostamente lacônicos ou dúbios de forma a realizar a diretriz explícita do artigo que enuncia, como direito humano, a prerrogativa do paciente de decidir autonomamente sobre a realização de tratamentos, ao mesmo tempo em que proíbe o médico de se valer de coação. Ademais, convém lembrar uma vez mais que a possibilidade de recusa na situação em tela foi extraída diretamente da Constituição, de modo que a eventual incompatibilidade do Código de Ética nesse particular redundaria na sua invalidade, e não no afastamento das conclusões obtidas. O que se defende, no momento, é a possibilidade de conferir a esse ato normativo um sentido conforme a Constituição.

63 No entanto, se é verdade que as disposições do Código de Ética do CFM comportam esse tipo de leitura, o mesmo não se pode dizer da Resolução nº 136/99, do CREMERJ – Conselho Regional de Medicina do Estado do Rio de Janeiro, que trata especificamente da recusa em receber transfusão de sangue e hemoderivados.[107] Esse ato determina que os médicos tentem evitar a necessidade de transfusões, mas prevê a sua realização forçada em caso de risco iminente à vida. Pelas razões expostas ao longo do estudo, verifica-se aqui uma incompatibilidade incontornável com o princípio da dignidade da pessoa humana na perspectiva da autonomia, bem como violações adicionais à liberdade de religião, à igualdade e ao pluralismo. Diante dessa constatação,

---

[107] Resolução CREMERJ nº 136/99: "Art. 1º. O médico, ciente formalmente da recusa do paciente em receber transfusão de sangue e/ou seus derivados, deverá recorrer a todos os métodos alternativos de tratamento ao seu alcance. Art. 2º. O médico, sentindo a impossibilidade de prosseguir o tratamento na forma desejada pelo paciente, poderá, nos termos do Parágrafo Primeiro, do artigo 61, do Código de Ética Médica, renunciar ao atendimento. [...] Art. 3º. O médico, verificando a existência de risco de vida para o paciente, em qualquer circunstância, deverá fazer uso de todos os meios ao seu alcance para garantir a saúde do mesmo, inclusive efetuando a transfusão de sangue e/ou seus derivados, comunicando, se necessário, à Autoridade Policial competente sobre sua decisão, caso os recursos utilizados sejam contrários ao desejo do paciente ou de seus familiares".

sequer é necessário enveredar pela discussão da incompatibilidade entre a resolução e o novo Código de Ética do CFM, interpretado à luz da Constituição.

1.4 Conclusão

64 As conclusões obtidas ao longo do presente estudo podem ser sumariadas nas seguintes proposições objetivas:

a) Nas últimas décadas, a ética médica evoluiu do paradigma paternalista, em que o médico decidia por seus próprios critérios e impunha terapias e procedimentos, para um modelo fundado na autonomia do paciente. A regra, no mundo contemporâneo, passou a ser a anuência do paciente em relação a qualquer intervenção que afete sua integridade.

b) A dignidade da pessoa humana é o fundamento e a justificação dos direitos fundamentais. Ela tem uma dimensão ligada à autonomia do indivíduo, que expressa sua capacidade de autodeterminação, de liberdade de realizar suas escolhas existenciais e de assumir a responsabilidade por elas. A dignidade pode envolver, igualmente, a proteção de determinados valores sociais e a promoção do bem do próprio indivíduo, aferido por critérios externos a ele. Trata-se da dignidade como heteronomia. Na Constituição brasileira, é possível afirmar a predominância da ideia de dignidade como autonomia, o que significa dizer que, como regra, devem prevalecer as escolhas individuais. Para afastá-las, impõe-se um especial ônus argumentativo.

c) É legítima a recusa de tratamento que envolva a transfusão de sangue, por parte das testemunhas de Jeová. Tal decisão funda-se no exercício de liberdade religiosa, direito fundamental emanado da dignidade da pessoa humana, que assegura a todos o direito de fazer suas escolhas existenciais. Prevalece, assim, nesse caso, a dignidade como expressão da autonomia privada, não sendo permitido ao Estado impor procedimento médico recusado pelo paciente. Em nome do direito à saúde ou do direito à vida, o Poder Público não pode destituir o indivíduo de uma liberdade básica, por ele compreendida como expressão de sua dignidade.

d) Tendo em vista a gravidade da decisão de recusa de tratamento, quando presente o risco de morte, a aferição da vontade real do paciente deve estar cercada de cautelas. Para que o consentimento seja genuíno, ele deve ser válido, inequívoco e produto de uma escolha livre e informada.